U0071075

乌托邦的幻灭

延安一代士林

裴毅然 著

序

一本逼人深思的书
——裴毅然《延安一代士林》

钱理群

（一）

酷暑中读完裴毅然先生这本好沉重的书——不仅是书的篇幅“重”，更是其内容之“沉”，我长长吐了一口气：此书出版，正当其时！

我这么说，基于我对当下中国思想文化问题的一项判断。约于 2010 年初，郭小川（他正属于本书所研究的“延安一代”）诞辰九十周年纪念座谈会上，我有一篇发言，谈到如何认识“革命时代”和当下“我们的时代”，这两个有着内在联系的时代，“实际上是当下中国知识界、思想文化界、学术界所面临的一个核心问题，也是争论的焦点”；并且有这样的分析：“据我的观察，存在着四种倾向。一是对革命时代和当下中国现实的全面肯定和赞扬，将革命理想化、现实盛世化；二是对革命和现实都持尖锐的批判态度，以至全盘否定；三是肯定革命年代而否定现实社会；四是肯定现实而否定革命时代。”事实上，这些不同倾向，已经有了理论上的表述，一方面是党内毛派呼吁“回归毛泽东时代”，一部分知识分子提出“集权为民”的“中国道路”、“中国模式”、“北京共识”；另一方面，党内民主派高扬“民主社会主义”，另一部分知识分子提出以“宪政民主”为中心的零八宪章等等，其背后都隐含着对革命时代与当下时代的不同评价与态度。

在发言中，我还谈到自己的困惑：

> 这四种倾向，在我看来，都有两个特点，一是观点明快，态度鲜明，立场坚定；二是立场、观点在先，缺乏具体的分析、研究。谈历史，

> 实际上对历史了解甚少，根本没有进入具体的历史情境；讲现实，多从感情、道德、义愤出发，缺乏具体实际的调查研究，更不用说理论的辨析和批判。我的困惑在于，尽管我自有必须坚守的基本信念和基本判断，但我更愿意把问题看得复杂一些，对所有过于明快的判断，我都有些怀疑，总觉得在明快因而痛快的背后，遮蔽了一些东西。因此，在对历史与现实作出判断时，我常常犹豫不决，即使作出了一些判断，也有些心虚，自己就先怀疑起来。这样的立场就显得不够坚定，在这处处要求站队的时代，就不免把自己置于尴尬的境地。

在发言的最后，我还表达了这样的期待：

> 作为一个学者，一个知识分子，我们要做的，所能做的，不是急急忙忙地表态，而是要坐下来，踏踏实实地进行研究，创造对历史与现实都具有阐释力的新的批判理论。而这样的探讨，又应当从个案研究入手。

我正是以这样的期待来看裴毅然先生的这本新著，论定它的出版“正当其时”，不仅是因为本书对当下中国政治、思想、文化、学术界争论的焦点问题，旗帜鲜明地表达了自己的看法，对时代所提出的重大问题作出了自己的回应，表现了在当下中国学术界特别难能可贵的知识分子的社会责任感；更因为本书是作者坐下来踏踏实实地研究的成果，其用功之力、思考之深，表明这是一个学者的回应，它的鲜明的观点，是建立在学术研究基础上的，读者尽可以不完全同意研究的结论，但确实能够从中得到许多启示。

我尤其欣赏的，是作者采用的“个案研究”的方法，而且选择“延安一代知识分子”作为研究对象，这显示了一种锐利的学术眼光：延安一代人，如作者所说，是上承五四一代，大革命一代，下启解放一代及红卫兵一代的，因此拎起这一代，可以把握与揭示二十世纪中国知识分子历史道路的全景。或许更为重要的是，延安这一代还在深刻地影响着中国的现实，前文提到的党内毛泽东派与党内民主派的主要骨干都是延安一代人，意味着延安一代在当代的分化。因此，以延安一代人作为个案进行研究，总结历史经验教训，能够有助于人们认清当下这些争论的历史渊源及其深厚的历史内容：这是一个极好的历史与现实的结合点。

（二）

我更看重本书的，是作者的研究对当下争论的启示。

本书的最大特点是史料的详实，这也是作者的自觉追求："尽量还原史实，以据立论，重在对具体历史情境的剖析"。这本来是学术研究的基本要求，但在当下的中国政治、思想、文化、学术界却成了问题。这也是本书所揭示的历史的积弊："为实现自己头脑中的红色概念，无视具体现实，尤其无视革命造成的悲惨现实"；立场在先，观念在先，判断在先，而且不需要事实的支撑，甚至不顾及基本历史事实，睁了眼睛说瞎话。比如说，一位毛泽东派的带头人宣称"文革前三年天下大乱，后七年天下大治——亿万人民意气风发，各行各业硕果累累，社会主义新生事物层出不穷，新型革命秩序初步确立"——作者自可以为毛泽东时代辩护，但用这样歪曲事实的作法来唱赞歌，就有些离谱。还有一位鼓吹"中国模式"的学者，则扬言"人类在解决收入贫困、人类贫困、知识贫困和生态贫困四类贫困中没有什么太大成功的案例，只有中国在其特定的国情条件和体制下，才取得了初步的成功"——这样的描述和判断，与真实地生活在中国这块土地上的普通人的实际感受大相径庭。这位学者尽可以采取支援中国现行"体制"的立场，但如此不顾事实，在我看来，无异于在帮倒忙。

这当然不是一个单纯的学风问题，它其实正是这些年当局推行"强迫遗忘"的思想、文化政策的产物。而且不能低估这样的遮蔽、否认历史事实的"强迫遗忘"国策的有效性。比如说，今天一些青年已经不知道，进而不相信 1959～1961 年中国曾经发生过大饥荒引发的大规模死人的事实——人们对死人的具体数字与造成非正常死亡的原因尽可以有不同的认定和分析，但讨论的前提，是必须承认历史上确实发生过大规模非正常死亡这一基本事实。如果把论断建立在不承认基本事实的基础上，那是无法讨论问题的。理论与观点的力量正在于，能面对所有的事实，并作出有说服力的解释与分析。也就是说，揭示与面对所有的事实，这应该是我们讨论中国革命时代和当下时代问题的前提与基础。从客观存在的事实出发，得出结论：不管人们在认识上存在怎样的分歧，但在这一基本方法论或基本讨论规则上应该取得共识，不然是越争论越糊涂的。

我读本书，最为感佩的，就是作者敢于面对事实的胆识。本书所揭示的事实，在今天的某些年轻人看来，是不可思议的，因而是可疑的；对历史的当事人而言，这些事实又是不堪回首的，对年轻时候深受延安这一代人影响的作者来说，面对这些事实，也会引发痛苦的记忆；而应该对这段历史负责的执政者，不仅不愿正视这些事实，更因为对事实的揭示、分析与批判，会触动他们的统治利益，而运用权力对揭示者进行打压。这就意味着，作者要面对历史事实，必须顶住来自各方面的压力——不仅是体制的，权力掌握者的外在压力，更来自研究对象，接受对象，以至作者自身的内心恐惧。这是需要勇气、良知和学术与历史责任感的。

真正面对全部事实也不容易，除了主观有意无意的遮蔽外，也还有材料不足的困难，事实上历史也不可能完全复原；由此决定了任何对已掌握的事实作出的判断，都具有相对性，随着新的史料不断发现，就可能对已有结论作出补充修正，以至局部或全部否定。而要面对不利于自己分析的材料，并作出合理解释，则更不容易。比如本书多次谈到一些延安人至今也还局部或全面地坚持自己当年的选择和观念，作者没有回避这样的事实，但却归之于这些历史当事人缺乏反省和觉悟，迷途而不知返的局限，这就有点简单化，是应该作更复杂的分析的。其实这是反而有助于对问题的深入认识和讨论的，作者错过了这样的机会，有点可惜。

我一直记着恩格斯的一句话：道德的义愤，代替不了科学的研究。学术研究不能局限在对历史或肯定或否定的价值判断上，而应该对所发生的一切，作出学理的追问和解释，并从中总结历史的经验教训，这样才能做到“将历史苦难转化为精神资源”。这正是本书的着力点，在这方面是显示了作者思考的深度和功力的，也同样给今天的争论以启发。比如，延安这一代人的最大悲剧，是所谓“从这道门进入，却走到了另一个房间”。

用作者的话来说，就是“寻找中失去了寻找的东西，在努力中失去了努力的价值”。本书特地引述了原毛泽东秘书李锐先生的反思：

> “无产阶级革命和无产阶级专政”的道路从根本上就错了。一场以消灭私有制为结局的革命，一种以排斥先进生产力为特征的社会制度，无论以什么堂皇的名义，都是没有前途的。代表先进生产力的资产阶级和私有制，无论遭到多大误解，无论怎样被妖魔化，最终都会被人类认同的。……资本家和知识分子代表先进生产力和先进文化，是不能消灭的，消灭了还得请回来。这是二十世纪国际共产主义运动的失败留给后世的最根本的教训。

这其实也是所有面对这段历史的人们，包括研究者，都必须认真思考的。于是，就注意到这样的现象：延安这一代所献身的中国革命事业除了它的现实性以外，还有强烈的“乌托邦”色彩，每一个命题在逻辑与历史的起点上，都充满纯粹、崇高的理想主义、浪漫主义、乌托邦主义精神，而其逻辑的展开，历史的实现的结果，却显示出专制主义的血腥味。如作者所说，“一切非理性的所谓‘抒情诗’都有导向专制与恐怖的可能”。而且终点的专制主义并非对起点的理想主义和浪漫主义、乌托邦主义的反叛，而恰恰是其逻辑与历史展开的必然结果。这也就是说，专制主义的后果正孕育于起点的理想主义、浪漫主义、乌托邦主义之中。

本书的探讨，最有价值的部分，就是对上述起点的追问，作者用大量的史实，锐利的分析，真实而具体地揭示了这些真诚的革命者，是在什么地方、通过怎样的思想、逻辑而落入陷阱的。例如，以建立“至善至美”的“地上天堂”为目标，将彼岸理想此岸化，必然导向现实地狱化的后果；追求思想的至善至美性，绝对真理性，必然导致马克思主义的绝对化与宗教化，同时也使自身发生了异化，“以信仰代替思考”，放弃探索真理的权利，而成为“真理的执行者”、“专横的启蒙者”；追求至善至美的人性，鼓吹“毫不利己，专门利人”的圣徒道德，强调对人性的“改造”，必然导致人的异化，成了“驯服工具”和“用响亮的口号包装自私的目标”的“伪君子”；将“人民”理想化神圣化，制造民粹主义的“人民崇拜”，其现实落实，必然变成对自称“人民代表”的党和领袖的“组织崇拜”与“领袖崇拜”；将斗争、矛盾、反抗、运动绝对化，鼓吹“阶级斗争”、“斗争哲学”，也必然诱发人的嗜杀性，导致灾难性后果，同时也将自身变成“终身生活在斗争思维和仇恨之中”的“政治动物”，等等。这样一些追根溯源的分析，都是以大量的事实为依据，是从事实出发的，但又不是对事实的简单描述，是高于事实，更具有理论的高度与深度的，这样的建立在科学理性的分析基础上的批判，才是真正有力的，由此总结出的历史经验教训，就具有了某种普遍的启示意义，足以警戒后人。——这正是我们的研究、讨论、争论的目的所在。

本书自然也有可能引起争论的方面。前文已经谈到，作者对历史与现实的批判立场是十分鲜明的，在行文中就常常忍不住跳出来发表许多含有主观感情的尖锐议论，这固然可以取得“振聋发聩”之效，但也很容易遭到批评。如作者在序言中所说，就有学者批评本书“感情色彩强烈，太重褒贬，文学笔调，缺乏学术性”。尽管我也认为作者对自己的主观情感如有所抑制，或许更好；但却愿意为作者作一点辩护。其实，本书的写作，某种程度上，是“当代人写当代史”，也就是说，作者所要研究的这段历史，是和自己的生命攸关的，是直接影响了自己人生道路与命运的，有着太多的刻骨铭心的记忆和种种身历其中者才有的生命体验。因此，在研究与描述这段历史时，就很难做到“纯客观”，有必要把自己的生命投掷其中。这样的主体投入式的研究，或许有它的局限，但同时又获得了完全根据文献资料来进行客观研究与冷静描述的学术研究所不具有的特殊价值。它不仅对远溢于文字、文献之外的历史情境有深切的把握，对文字、文献内在的言外之意有精微的体验，这都是仅凭文献来把握历史的后世研究者所难以达到的；而且它自身就构成一种价值，读者读到的不仅是研究对象的历史，也包括研究者自身的历史，连同它的局限也都是一种历史现象，可以作历史的解释，可以折射出历史的某一侧面。

这一点，作者也是高度自觉的。他一再强调自己“红卫兵一代，知青一代”的身份，强调：“红卫兵无论价值理念，文化构成，思维方式，行为范式，都出自延安一代的母体。”在这个意义上，我们可以说，本书写的是“红卫兵一代眼里的延安一代”，更准确地说，是一位幡然醒悟的红卫兵对曾经是自己“精神之父”延安一代的反思反叛，所展现的是处于精神纠缠中的两代人的精神史。这大概是本书的真正意义和价值所在。

它自有不可取代的特殊价值，但同时也就有了对其进行再反思的余地。比如说，作者对精神之父的反思与反叛的背后，是一种刻骨铭心的“弑父情结”；而这又恰恰是延安一代觉醒的起点。如作者所说，延安一代对于五四一代也同样存有“弑父情结”，而且不止于弑父，几乎对所有的老祖宗都持尖锐的批判、否定的态度。而如作者所分析，这样的和前辈、传统的彻底决裂的决绝态度，发展到极端，就成为延安一代人后来走向迷误的一个重要原因。我们从总结历史经验教训的角度看，对各代人都难免的弑父情结，包括延安一代的弑父，都要有同情的理解，因为不对前辈进行反思和反叛，就永远被传统所笼罩，无法走出自己的路，但同时更要看到将必要的反思反叛，推向极端，就会成为一个陷阱。因此，我读完本书，就不免产生一个疑惑：难道延安一代除了惨烈的教训，就没有给后代人留下任何精神财富吗？他们的精神价值，仅存在于他们晚年的反思、忏悔显示的“真”吗？他们早年的“真”，难道仅仅是一种需要反思的幼稚与天真？作者也承认，延安一代人的特点是：“正直天真、嫉私如仇、浪漫激越、憎恨自由、害怕个性、思维偏狭”。不可否认，这样的精神气质，是他们后来走向精神迷误的内在原因，这里确实包含了惨痛的历史教训；但它难道就没有正面的价值和意义？在我看来，今天大陆理想丧失激情不再是非不明，整个社会弥漫着遊惰、虚假、世故、市侩之气，延安一代人精神气质在经过反思以后，是可以转化为新的精神资源的。——这里有两条界限：一是不能不加反思，批判，也就是绝不能把那一代人和那个时代理想化，那就会重犯历史的错误；二是又不能因为反思和批判而将其全盘否定，那我们就会犯“把孩子和脏水一起倒掉”的新的历史错误。

（三）

本书的叙述，给我的一个强烈印象，是处处充满了“大彻大悟，回头是岸”的气息。而这恰恰是我最为担忧的。因为这恰恰是延安一代曾经落入的一个陷阱。本书引述了当年丁玲在批判王实味会议上的发言，其中心意思就是大谈她的“大彻大悟，回头是岸”。客观地说，当年丁玲的“彻悟”：从个人主义皈依集体主义，从自由、民主的理想到皈依追求平等、正义的社会主义理想，从追求个性解放到皈依争取工农解放的革命，是自有逻辑，有局部的合理性的，并非完全的盲从，而且在丁玲看来，她所皈依的是“真理”，因此，她说自己“回头是岸”，是有相当的真诚性的，当然也不排斥有屈服于外在压力的成分。对这两方面都不可忽视，这正是显示了历史和人的思想的复杂性。丁玲的真正迷误在于，她将自以为找到的“真理”绝对化，把“回头”看到的那个“岸”（革命，社会主义，马克思主义等等）终极化，其结果就是本书所总结的：走到了当初追求的反面，从理想主义、乌托邦主义走向了专制主义。我们不能一面总结这样的历史教训，一面又自觉、不自觉地以另一种形式，从另一个极端，重复历史的错误。也就是说，前文所概括的本书对延安一代的精神迷误的批判、经验教训的总结，不仅要警示世人，也应该警示作者自己。其实，作者对此也并非没有警觉：他在本书的〈跋〉里就谈到了“自己也难以避免像空气一样进入体内的红色思维，难以避免‘以赤反赤’”，反思、批判者与被反思、批判者之间，研究者与研究对象之间存在着思维方式的类似或相同，正是深刻地反映了我们在前面一再强调的两代人之间“生命的纠缠”，这也从一个侧面反映了作者所要批判的“从理想主义到专制主义”的思维毒害与危害之深重，并且反映了这段革命历史的复杂性与丰富性。

本书作者曾引述了一位著名学者的一个观点：应该在“保守”与“激进”之间保持必要的“张力”。在我看来，这一命题具有普遍意义。我们应该在一切方面——民主、自由与平等之间，个人主义和集体主义之间，资本主义与社会主义之间……都保持一定的张力。当然，就个人的具体选择而言，总是有“偏至”的，所以鲁迅有《文化偏至论》之说。也就是说，在现实政治思想文化的选择中，有的人偏向于民主、自由，个人主义，资本主义，有的偏向社会平等，集体主义，社会主义，这都是正常的。问题是，一不能把自己的选择绝对化，终极化，二不能把不同于己的选择妖魔化，而且还要善于从中吸取合理的资源。做到后者就自会有一种博大、宽容的胸襟，这是保证自身思想的健全发展和民族与世界文化的多元化的一个前提；做到前者，就会和自己信奉的思想、社会制度之间，保持一个距离，形成一种张力，这是保证自身思想、学术和精神上的独立性、批判性与创造性的前提，而在我看来，这样的独立性、批判性和创造性，是一切真正的知识分子的生命之根本。在这方面，鲁迅对民主、科学、自由、平等等工业文明的基本价值观所采取的“既坚持又质疑”的态度，有极大的启示意义。

写到这里，我突然想起了捷克著名改革家、思想家、前总统哈威尔的一个警告。我们知道，哈威尔也有过从理想主义的共产党人到批判自己参与建构的体制、推动民主改革的经历，和本书所讨论的老延安人的思想发展有类似之处。他在谈到自己这一代的“历史经验”时，就提醒说，时刻不要忘记我们曾被“一种透明的乌托邦所捕获”。因此，我们必须“怀疑所有的乌托邦”，怀疑所有“形形色色的意识形态产物”，要永远保持“对任何不能自审的东西的反感”和本能的警惕与抵制。应该说，缺乏这样的怀疑和警惕，正是延安一代发生精神迷误的重要原因，后来人应该永远引以为戒。

当然，我对自己对本书的疑惑也有一个自我警戒：说不定我的疑惑正是本文一开始就提到的我在当前这场论争中的“犹豫不决”，“不鲜明不坚定”，因而常“陷入尴尬”状态的表现。因此，我的疑惑也只能“仅供参考”，说说而已。而我确实从本书中受到很大启示和教益，包括引发的某些疑惑，也是能逼人深思的。我想，这或许也是作者对我们读者的期待。

2010 年 8 月 14～18 日

引　言

延安涩重，史页难翻。延安一代演出结束，即将整体隐入历史帷幕的皱褶。但曾经大红大紫的“延安一页”，还未彻底翻过去，赤色乌托邦虽然幻灭，意识形态强大的滞后性使延安理念还在弥漫播迁——控制现实、影响未来。

拙著以延安一代红色士林为研究对象，以个体行迹为依据，以集体整合为旨归，以微观细节支撑宏观概括，具体展示赤潮祸华过程中对延安一代的实际影响。拙著力求还原历史进程的整体性，化抽象为感性，汇个例证整体。这一研究方法，庶可避免此前史学研究之两难——或过于宏观、缺乏具体实证；或过于微观，失之宏观整合。

拙著旨在剖析延安一代悲剧的过程中，全面检讨赤潮祸华的各项致因：激烈动荡的时代背景、日寇入侵的历史机缘、老旧孱弱的传统文化、辨别赤说的致命时差、中共“闹红”的真实过程、拖垂至今的现实影响。同时，剖驳马列谬说、刨挖赤学歪根，为史立说，为后立警。惟愿宏力拙，一士之力耳。

资料来源上，除依托综合史、思想史、政治史、社会史、党派史等，尽量参照各种传记——自传、评传、回忆录，以个人具体感受辨析各种史料史评，力避红色史著“以论带史”之恶弊。尽量还原史实，以据立论，重在对具体历史情境的剖析，以史实、资料、言行等客观材料佐证各种归纳。如延安一代的学历、知识结构、五四方向何以被逆转、延安与反右与文革与当下的联系、马列赤说何以被广泛接受……因研讨中共奉为神灵的意识形态，为避“恶攻”[1]，也必须握有结实可靠的论据。

如果延安之航大方向正确，怎会一步步走向暴烈土改、恐怖镇反、三反五反、“扩大”肃反、反右反右倾、“人祸”大馑、十年文革、六四坦克？大批中共元勋怎么成了反革命？声名赫赫的林总竟成“叛国林

1　文革重罪，全称“恶毒攻击毛主席和无产阶级司令部的现行反革命罪”，至少涉及十余万人。参见寓真：〈聂绀弩刑事档案〉，载《中国作家》（北京）2009 年第 4 期，页 14。

贼”？一场“最伟大最彻底”的革命，怎么还是演成那么熟悉的鸟尽弓藏兔死狗烹？天翻地复慨而慷的大变革还是一场昔日旧戏？

后人当然有权转动今日阳光去照射昔日阴霾，用今天的人文标准检剔昨日的斑斑污点。社会进化与时代进步，精髓当然是人文评判标准的提高。“革命人民”今天多少有点觉醒了：历史不能任由统治者按需解释；用哪一种理念阐释历史等于选用哪一根规尺裁量今天，即选用哪一种价值标准安排未来，兹事体大呵！对中共历史的阐释与判认自然不能任凭中共自评自摆，对延安一代的评议也不能由延安人自裁自量。

延安一代红色士林，时代特征烈然鲜明，价值取向浑然整一。无法复制的一段历史使他们裹带上浓密的红色资讯，身后倚托着百年国史，脚下也就埋有史家最感兴趣的史料，成为共产革命的重要标本。

“东风”“西风”，谁的“主义”真，是骡是马还不得看政经效绩？取决为社会带来什么。如今，俄中东欧越柬等赤国东风落篷，“风向”已定。虽然马列旗帜尚在中国大陆飘扬，谁都明白：红旗打不久了。事实上，文革后中共改革转向——恢复私有制，承认市场经济，第一站就必须摘除毛泽东思想，必须与马列主义有所剥离。虽然至今仍闪左灯，经济实体毕竟早已右拐，资本主义早已复辟，“西风”已经压倒“东风”。大陆今天的“言”“行”不一（打左灯向右行），当然是特殊的历史产物，“言”“行”终将合一。

延安一代与马列主义相始终，一辈子高举赤色大旗，由延安人自己去降旗，虽然只是少数“两头真”，其间史蕴已够史家啜吸。仅仅这一大转折，就值得后人循阶上山，嚼延安橄榄，览红色风景。延安一代，风景独异呵！研析延安一代，厘清这代赤士何以整体走歪走斜，等于解剖赤色时代的骨骼，刨挖赤潮根须。

太阳明天还会重新升起，中国已从极左深巷折返，二十世纪一路滴淌的鲜血都将在二十一世纪模糊褪色，但对于那些注定在黎明前走进历史褶皱的数代红色士林，却是真正西风残照，汉家陵阙。如果后人不从他们那儿提炼经验教训，不从他们巨大的价值背反中找到悲剧成因，不从他们的脚步中总结出“千万不要忘记”，认清“夺权大于原则”的延安之痛，那才叫最大的悲剧——还会在原地再摔第二跤。

延安一代的悲剧也许是中国现代化进程中无法规避的“俄狄浦斯命运”，但存在并非必然合理，今人有权要求终止这一“必然”。扩大每一代人的选择权，而非限制甚至褫夺后人的选择权，乃是历史发展的前提，也是人类必须持守的基本人文价值。否则，自由的内涵还剩下什么？

延安一代演出结束了，大幕即将合闭，惟少数耄耋延安老者“人还在，心未死”，凭借历史形成的高度发挥余热，对当下仍有重大影响，个别重要人物（如李锐、万里、杜润生、杜导正）余热尚炽。京中流谚：“老年燃烧，青年取暖。”观之前人、验之当世、参之后人，研析延安一代似有历史、现实与未来三重意义。

黑格尔（1770～1831）：“密纳发的猫头鹰要等黄昏到来，才会起飞。”[2]对某一大型社会现象的理性认识，须待其形成过程结束才会开始。延安一代，变数几尽，“密纳发的猫头鹰”庶可起飞矣。

---

[2] （德）黑格尔（G·W·F·Hegel）:《法哲学原理》，范扬、张企泰译，商务印书馆 1961 年版，页 14。密纳发，希腊神话智慧女神雅典娜的罗马名字，她身边蹲着一头象征思想与理性的猫头鹰，黄昏才悄然起飞。

目 次

第一章

代际作用

壹、黄金一代

中共党史上，延安一代士林承上启下，对 1930 年代以后的国史走向作用巨大。1949 年，共军进城，青年学生到处唱起〈延安颂〉。巍巍宝塔山，滚滚延河水……北大女生乐黛云（1931～）："让我感到又神秘又圣洁，真是无限向往心醉神迷。"[1]

1949 年以后，"延安出身"成为新政权上流社会入门券，没有这一出身的文化界昔日主角缩退边缘，"延安一代"一统天下。延安士林不过数百（包括大革命一代），他们推着炮车将马列主义送进城，成为红色意识形态掌门人，1950～70 年代寰内知识界主导群体。

1980 年代，中共将延安时期视为"黄金时代"，延安一代呼为"黄金一代"。李维汉（1896～1984）："现在有些同志把延安的这段时间称为'黄金时代'，说整风对于小资产阶级知识分子的改造确实力量大，效果好。"[2]1989 年 11 月，中顾委常委王首道（1906～1996）："延安成为出政策、出干部、出经验的革命圣地。"[3]延安一代也大多认为延安时期是人生的黄金岁月。23 岁抵延的胡绩伟（1916～2012）："延安时期，真如鱼在江河，鸟在天空，自由遊弋，自由翱翔，意气风发地度过了十年的编报生涯。"[4]

延安一代以"一二・九"群体为核心，抗战前后加入中共阵营。一些大革命时期入党但主要作用始于延安的，也"扩大"收入，如陈伯达、周

[1] 乐黛云：《绝色霜枫》，百花洲文艺出版社（南昌）2000 年版，页 28。

[2] 李维汉：《回忆与研究》，中共党史资料出版社（北京）1986 年版，下册，页 495。

[3] 陈俊岐：《延安轶事》，人民文学出版社（北京）1991 年版，页 2。

[4] 胡绩伟：《青春岁月——胡绩伟自述》，河南人民出版社 1999 年版，页 205。

扬、杨献珍等。延安一代主要活动于1940～90年代，所持所守的共产学说，如今至少三分天下有其一，仍牢牢攫握中国大陆社会生活各条经脉。

延安时期，一些青年精英陆续成为中共要角秘书，参赞军机，跻身梯队，形成“青年学士”集群：周小舟、陈伯达、胡乔木、田家英、吴冷西、李昌、黄华、廖盖隆、李锐、邓力群、吕振羽、宋平、廖鲁言、刘家栋、刘祖春、师哲、姚依林、周太和、匡亚明、马洪……

1950年代崭露头角并陆续进入中高层的延安一代：杨秀峰（最高法院院长）、曾涛（新华社书记）、王任重（湖北省委第一书记）、蒋南翔（高教部长）、周扬（中宣部副部长）、吴冷西（中宣部副部长）、林默涵（中宣部副部长）、邓拓（人民日报总编）、范长江（人民日报社长）、许立群（马恩编译局长）、艾思奇（中央党校副校长）、钱俊瑞（文化部党组书记）、陈虞孙（《文汇报》总编）、周惠（湖南省委第一书记）、潘复生（河南省委书记）、何伟（教育部长）……

文革时期，延安一代进入政治局：华国锋（中央主席兼总理）、纪登奎（副总理）、张春桥（中常委、副总理）、吴德（北京市委书记）、江青（政治局委员）、叶群（政治局委员）；部长一级：乔冠华（外长）、钱正英（水电部长）、熊复（新华社长、《红旗》总编）。名噪一时者：王力（中央文革成员、《红旗》副总编）、关锋（中央文革成员）、聂元梓（中候委）、马天水（中委）、鲁瑛（《人民日报》总编）……

1981年，中组部统计3900万中共党员，1949年10月前入党仅6.8%，[5]多入中高层。1982年中共十二大，赵紫阳、万里、胡乔木、姚依林、方毅、乔石、田纪云、吴学谦、陈慕华等延安一代进入政治局；李锐、蒋南翔、谷牧、王丙干、张劲夫、胡绳、崔月犁、杨静仁、芮杏文、何东昌、邓力群、许家屯、朱穆之、穆青、彭冲、贺敬之、钱其琛进入中委，全面接班。

1987年中共十三大，各省市及重要部门均由延安一代出长：阎明复（书记处书记）、任仲夷（广东省委书记）、项南（福建省委书记）、汪道涵（上海市长）、吴南生（广东省委书记兼深圳第一书记、市长）、梁湘（海南省长）、许士杰（海南省委书记）、林若（广东省委书记）、高扬（河北省委

5 《胡乔木传》编写组编：《胡乔木谈中共党史》，人民出版社（北京）1999年版，页179。

书记）、池必卿（贵州省委书记）、杨易辰（黑龙江省委书记）……还有于光远（中社科院副院长）、胡绩伟（人民日报社长）、李庄（人民日报主编）、曾涛（新华社长）、李普（新华社副社长）、曾彦修（人民出版社长）、刘顺元（中纪委副书记）、熊向晖（统战部副部长）……

1990 年代，以延安保育院为核心的红色后代，“喝过延河水的孩子们”进入政治局：李鹏、李铁映、叶选平、伍绍祖、阮崇武……他们的基础教育与价值理念均形成于延安。江泽民、曾庆红、邹家华、贾春旺等“红二代”亦属这一序列。

延安是中共治国的“逻辑之始”。1937 年 7 月，丁玲（1904～1986）：“青春的心／燃烧着／要把全中国化成像一个延安。”[6]1942 年 9 月，周扬（1907～1989）：“我们今天在根据地所实行的，基本上就是明天要在全国实行的。为今天的根据地，就正是为明天的全国。”[7]延安整风塑造了此后 50 年大陆国人的思维大框架，规范了几代人的思想，制约了几代人的价值走向。2009 年 8 月 16 日，新华社仍豪称：“革命圣地延安——永远的精神财富、不竭的力量源泉，共和国从这里走来。”[8]

从代际角度，延安一代继承了大革命两湖农运的一系列逻辑，成为文革红卫兵（法西斯别动队）的直接母体。精确地说，刘少奇、张闻天、彭德怀是被他们自己架设的逻辑打倒的。1941 年 7 月 2 日，刘少奇在华中局党校演讲〈论党内斗争〉，疾呼“党内斗争是党外阶级斗争的反映”。[9]文革时，毛泽东举着这一理论“名正言顺”地打倒了这一逻辑的倡导者。

不同的意识形态、不同的社会制度捏塑不同的一代人，代际之间原本就存在价值差异，尤其社会思潮大起大落的二十世纪，价值落差起伏甚大，代沟相当明显。当大红大紫的赤色思潮“落花流水春去也”，代际冲突也就不可避免拴系思想冲突，昔日的“绝对真理”一逆而成需要革命的对象。

延安一代整体远去，带着无限辉煌无限留恋无限懊恼无限……无论如何，演出结束了。存世的延安老人年届九旬，再有伏枥壮心，也只能“忆

6　丁玲：〈七月的延安〉。载《丁玲文集》第三卷，湖南人民出版社 1983 年版，页 356。

7　周扬：〈艺术教育的改造问题〉。载《周扬文集》第一卷，人民文学出版社（北京）1984 年版，页 411。

8　新华社西安 2009 年 8 月 16 日电，载《文汇报》（上海）2009 年 8 月 17 日，第 2 版。

9　刘少奇：〈论党内斗争〉，参见《中共党史参考资料》（四），人民出版社（北京）1979 年版，页 278。

往昔峥嵘岁月稠”。那么，他们的“演出”效果如何？带走什么？留下什么？交出怎样的“成绩单”？一代人走的路终将浓缩为历史座标，一个智慧的民族应该及时察看前人的脚印。

延安一代越来越受史家垂注。毕竟，共产革命为全球带来宿命般的赤灾，也留下重大人文课题——研析这场“世界波”的革命。全身浸赤的“黄金一代”，也就有了黄金般的代际价值。二十世纪中国三次大规模知青运动：五四、延安、红卫兵，延安一代承上启下，来自五四却走偏方向，领出红卫兵一代。

二十世纪历代知识分子的代际作用庶可简括如下：五四一代开启现代化之航；大革命一代开始偏航；延安一代继续误航；解放一代接力续误；红卫兵一代先错后正，重回五四之航，成为纠正延安之误的主力。

以李慎之、李锐为首的延安一代“两头真”（青年晚年求真、中年稀里糊涂跟着售假），晚年梦醒，彻底反思革命，承认“走错了路”。朝野各方都很清楚，堡垒内部这一“不同声音”意味着什么。延安一代的思想分裂，既是赤色思潮败落的标志，也是当代大陆社会转型的前提。

贰、自养坐大的既定方针

延安既是中共进城前的雏型，也是夺取全国政权的准备期；内修守战之具，外行扩张之策。1936 年 7 月 9 日，周恩来在陕北白家坪对斯诺说：“无疑中国革命现在正接近另一个高潮。它可能通过抗日运动取得政权。”“假如抗日运动发展起来，蒋介石的独裁权几乎一定会被剥夺（丧失独裁式的控制）。”[10]“抗日战争展开之日，乃是蒋介石开始复亡之时。”[11]克里姆林宫指示：一、与国民党组成统一战线，以削弱或打败日本对共产党祖国苏联的威胁；二、利用抗战扩大部队，以最终推翻国民党。[12]1944

---

10 （美）爱德加·斯诺（Edgar Snow）：〈周恩来谈第一次国共合作与蒋介石〉，张苓华译，载《党史研究资料》第二集，四川人民出版社 1981 年版，页 178～179。

11 （美）爱德加·斯诺：《我在旧中国十三年》，夏翠薇译，三联书店（北京）1973 年版，页 70。

12 吴国桢：《夜来临：吴国桢见证的国共争斗》，吴修垣译，香港中文大学出版社 2009 年版，页 138。

年 12 月 20 日，毛泽东："这次抗战，我们一定要把中国拿下来"[13]中共对抗战的这一"有利观"，渗透反映在这一时期岭南大学历史政治系的学士论文："抗日持续时间越长，对中国共产党越有利。"[14]

抗战乃中共得以"龙兴"的历史机遇。夏志清（1921～2013）："虽然面临种种困难，蒋介石已建立了比较升平和统一的局面，这是中国自辛亥革命以来所未有的。如果当时没有日本不断扩张的侵略来困扰，他的成就还会更大。"[15]司徒雷登（1876～1962）："蒋介石的国民政府健全了政府组织机构，也改进了税收和财政管理方法。""1927 年至 1937 年这十年间，尽管共产党挑起内战，日本进行侵略，但是中国仍然逐步取得了统一，在经济和其他方面也曾照样取得了显著的成就，这一切都是众所周知的。"[16]蒋的成就更大，中共的"成就"自然就不可能大了。

史家黄仁宇（1918～2000）：

> 国民党的运动可以算是壮观的失败，在最终的失败前，毕竟经过辛勤的努力，打造出许多成就。……蒋介石的政府是第一个给予中国人民方向感和希望的政府。……废除大多数的不平等条约，结束中国一百多年来的羞辱和奴役。他的政府是第一个现代中国的政府。[17]

1932 年 4 月 15 日中共对日宣战，但中共此时尚在江南，无法与日军接战。所谓宣战，意在树旗，争取社会同情，以"一致对外"换取"停止内战"，减轻围剿压力。同时也是应斯大林的要求——"武装保卫苏联"，借中国之力阻止日本北攻苏俄。1934 年 10 月，江西红军"反围剿"失败，奔突湘川滇黔崇山峻岭，"北上抗日"只是借名。抗战天赐良机，

---

13 〈后方军事工作的政治方针〉（1939 年 5 月 5 日）；〈毛泽东在董必武十月关于大后方工作报告上的批示〉（1944 年 12 月 20 日）。杨奎松：《毛泽东与莫斯科的恩恩怨怨》，江西人民出版社 2005 年版，页 221。

14 徐百柯：〈七十年前中国青年的理想与见识〉，载《中国青年报》（北京）2011 年 9 月 28 日。

15 夏志清：《中国现代小说史》，刘绍铭等译，香港中文大学出版社 2001 年版，页 97。

16 约翰・司徒雷登（John Leighton Stuart）：《在华五十年》，程宗家译，北京出版社 1982 年版，页 112～113。

17 黄仁宇：《黄河青山：黄仁宇回忆录》，张逸安译，九州出版社（北京）2007 年版，页 168。

使中共握有敦促国府“停止内战”的政治王牌。1935 年 4 月，还在粤赣边油山密林里煎熬的陈毅鼓励悲观部属：

> 我们只要坚持到抗日战争爆发，现在几个人就可以成立几十个人的队伍，几十个人就可以成立几百个人的队伍……总有那么一天，国民党会派军乐队欢迎我们下山的。[18]

1938 年 10 月，国府发现中共秘密文件〈中国共产党之策略路线〉：

> 现在，革命情绪低落，我们的力量有限而弱小，因此必须同国民党妥协以便保存和发展我们进攻的力量。
>
> 无疑，统一战线是一种妥协，在性质上是改良主义的，但它只是暂时离开用革命手段推翻现行制度的政策，是一种逐渐改变现行制度的曲线政策，其目的是给革命力量恢复元气的时间，节省力量并锻造新的工具，以期将来的进攻。[19]

中共基层干部十分明确：“(统战)就是借政府名义，发展抗日力量。”1938 年进入赤营的何家栋（1923～2006）晚年说：“我明白了，统战统战，借窝下蛋；当面一套，背后一套；明统暗战，这不道德。”[20]

中共“一大”政纲——夺取政权以推行共产制度，消灭资本家私有制。1924 年冬，中共党员沈泽民（1900～1933）对女生陈学昭说：“现在我们同国民党一起革命，将来我们还要革国民党的命！”[21]中共广东省委书记陈延年（1898～1927，陈独秀长子）向新党员交代任务：“目前党的政策是在国民党的一切组织中取得实权与工作，亦即是利用国民党各级党部以掌握工农运动的领导权，使广大的工农群众团结在本党周围，以实现本党的主张。”[22]无论奉持宗旨还是价值追求，国共都只能是打倒军阀

[18] 陈丕显：〈赣南三年游击战争〉，载《中共党史资料》第二辑，中央党校出版社 1982 年版，页 40～41。

[19] 吴国桢：《夜来临：吴国桢见证的国共争斗》，吴修垣译，香港中文大学出版社 2009 年版，页 145～146。

[20] 杜光：〈何家栋的尊严〉，载《炎黄春秋》（北京）2010 年第 5 期，页 30。

[21] 陈亚男：《我的母亲陈学昭》，文汇出版社（上海）2006 年版，页 164。

[22] 龚楚：《龚楚将军回忆录》，明报出版社（香港）1978 年版，上卷，页 18。

的“同路人”，1927 年国共不掰，共产党也很难与国民党携手完成国民革命，两家对“北伐后”，一开始就存在重大分歧。

1937 年 8 月洛川会议，毛泽东强调抗战时期两大方针——独立自主、只打游击。彭德怀不同意只打游击，提出应打一些运动战，1959 年庐山会议成为“与毛不合作”的一大罪证。[23]周恩来也不同意毛的“山地游击战”，婉转提出“还是运动游击战好”。[24]整个抗战时期，除了初期参与平型关伏击战、彭德怀组织的百团大战，中共再无规模性出击，时人揶评“游而不击”。1944 年 5 月中旬，胡宗南的参谋长向中外记者团抱怨：共军不服从军令，违反二战区司令长官阎锡山的命令，非法扩展赤占区，“过去六年，共产党没有和日本人打过一次仗。”[25]1939 年，刘亚洲父亲与家乡六位农民一起参加八路军，1947 年 5 月孟良崮战役阵亡六人。如果一直与日寇作战，1939～45 年间怎么可能无一人伤亡？[26]

1937 年 10 月，博古在南京派人找项英（南方中共游击队总负责人），要求信使熟诵：一、负责人可下山谈判，部队绝不能下山；二、提高警惕，部队靠山驻扎，如有来犯，坚决击退；三、谈判过程中努力扩大部队，筹集给养，不要放松；四、谈判成功，得到政府给养，停止继续以红军名义筹饷，但仍应继续扩大部队。[27]

1938 年初，延安致电山东省委：“游击战争上都必须采取积蓄力量保存力量的方针，即是‘赚钱就来，失本不干’。”[28]1938 年 11 月，李先念将赴鄂豫边区，毛泽东、刘少奇交代：“第一是武装，第二是武装，第三

[23] 李锐：《庐山会议实录》，春秋出版社（北京）、湖南教育出版社 1989 年版，页 92、124。

[24] 周恩来在中共政治局扩大会议上的发言，1937 年 8 月 22 日。参见高文谦：《晚年周恩来》，明镜出版社（香港）2003 年初版，页 81。

[25] （美）哈里森・福尔曼（Harrison Forman）：《北行漫记》（Repot From Red China），陶岱译，解放军文艺出版社（北京）2002 年版，页 9。

[26] 刘亚洲：〈信念与道德〉，2005 年 1 月 2 日对空军昆明基地营以上干部讲话，网上挂载。

[27] 顾玉良：〈出狱后一次特殊任务〉，载《上海党史资料通讯》1988 年第 4 期，页 12～13。

[28] 〈中央关于发动游击战争建立根据地和党的工作问题给山东省委的指示〉（1938 年 1 月 15 日）。载中央档案馆编：《中共中央文件选集》，中央党校出版社（北京）1991 年版，第 11 册，页 419。

是武装。”[29]1943 年 3 月 16 日，毛在中共政治局会议交底：“中央的工作方针，是研究与指导，要达到保存骨干、准备将来之目的。”[30]

1959 年 7 月 31 日庐山，毛泽东：“一些同志认为日本占地越少越好，后来才统一认识，让日本多占地，才爱国。否则变成爱蒋介石的国了。”[31] 同年 8 月 17 日，毛泽东：“提出‘和平民主新阶段’是为了争取时间，准备夺取政权。日本投降早了一点，再有一年我们就会准备得更好一些。”[32] 1964 年 8 月 18 日，毛：“为了夺取全国政权，我们准备了好多年，整个抗战就是准备。”[33]

1960 年 6 月 21 日，毛对日本文学代表团说：

> ……日本帮了我们中国的大忙。假如日本不占领大半个中国，中国人民不会觉醒起来。在这一点上，我们要“感谢”日本“皇军”。

1961 年 1 月 24 日，毛对日本社会党议员黑田寿男说：

> 日本军阀占领了大半个中国，因此教育了中国人民，不然中国人民不会觉悟，不会团结，那么我们到现在也还在山上，不能到北京来看京戏。就是因为“皇军”占领了大半个中国，中国人民别无出路，才觉悟起来，才武装起来进行斗争，建立了许多抗日根据地，为解放战争的胜利创造了条件。所以，日本军阀、垄断资本干了件好事，如果需要“感谢”的话，我宁愿“感谢”日本军阀。[34]

---

29 任质斌：〈新四军第五师的抗战历程〉，载中共中央党史资料征集委员会、中共中央党史研究室编：《中共党史资料》第 19 辑，中共党史资料出版社（北京）1986 年版，页 67。

30 中共中央文献研究室编：《毛泽东文集》第三卷，人民出版社（北京）1996 年版，页 10。

31 李锐：《庐山会议实录》，春秋出版社（北京）、湖南教育出版社 1989 年版，页 223。

32 1959 年 8 月 17 日，毛泽东谈话。北大 1968 年编印：《毛泽东文选》。转引自丁抒：《人祸》，90 年代杂志社・臻善有限公司（香港）1997 年版，页 203。

33 龚育之：〈听毛泽东谈哲学〉，原载《北京党史》2003 年第 12 期。参见《龚育之回忆：“阎王殿”旧事》，江西人民出版社 2008 年版，页 225。

34 中华人民共和国外交部、中共中央文献研究室编：《毛泽东外交文选》，中央文献出版社 1994 年版，页 438；460～461。

1964 年 7 月 10 日，毛对日本社会党佐佐木更三："感谢日本皇军侵华。……没有你们皇军侵略大半个中国，我们就夺取不了政权。"[35]1972 年 9 月下旬，毛再向日本首相田中角荣表示："皇军"帮助中国革命提早成功。余英时先生（1930～）认为毛感谢皇军："确是一句由衷之言。"余先生评共："靠民族主义起家，趁民族危机夺权。"[36]

中共价值序列上，革命大于抗日高于民主。"统一战线"乃向国府要钱要粮，底牌是"放手发动群众，壮大人民武装，坚决走独立自主的道路"（毛语）；"抗日战争成为真正全国范围内的大革命。"（胡乔木语）[37]1938 年 9 月中共六届六中全会，毛："别人要问：'你们共产党是利用抗战来壮大自己的力量。'发问的人若是自己人或是可靠的朋友，你可以向他点点头，要是别有用心，你可以回答：'没有人民力量的发展就没有全民抗战。'"邱会作："从 1942 年起，各根据地就逐渐将干部送到延安'保存培养'去了，这一决策对解放战争起了重大作用。"[38]

1938 年 4 月，国府赈济委员曹仲植携赈款十万赴延，发现延安报刊刻意强调两党磨擦："《新中华报》每五天才出一张，每一张还要把磨擦的问题写得这样多，连个人与个人之间的冲突都写上了。"[39]1944 年 12 月 5 日，贵州独山失守，重庆震动，8 日国军收复独山，"新华日报拒不登载，引起读者重大反感。"[40]

西安事变后，中共得到国府资助。1937 年 2 月 6 日，范长江与博古、罗瑞卿同车自西安往肤施（延安），车上"最重要的是从紫金山那里运来的几十万法币"。[41]舒湮《边区实录》记载 1937 年初："自从统一战线完成后，中央对第八路军有饷额补助每月五十万元。"[42]中共也承认：八路

35 古鹤翔：〈何时打碎水晶棺〉，载《开放》（香港）1993 年 11 月号，页 74。

36 余英时：〈中共政权的历史起源〉，载金钟主编：《共产中国五十年》，开放出版社 2006 年版，页 4。

37 胡乔木：《中国共产党的三十年》，人民出版社（北京）2008 年版，页 49。

38 《邱会作回忆录》，新世纪出版及传媒有限公司（香港）2011 年版，上册，页 112、119。

39 金城：《延安交际处回忆录》，中国青年出版社（北京）1986 年版，页 76。

40 王健民：《中国共产党史稿》，中文图书供应社（香港）1974～75 年，第三编・延安时期（下），页 673。

41 范长江：《塞上行》，新华出版社（北京）1980 年版，页 189。

42 舒湮：《边区实录》，国际书店（上海）1941 年 4 月版，页 12。

军每月得到国府 50 万元军饷及衣物药品等军需补充。[43]1938 年 3 月 24 日，毛对记者说：国府每月拨给八路军几（五）十万元经费。[44]1940 年 6 月初，朱德向陈嘉庚介绍：国民政府承认中共军队三万人编制，每月拨饷 68 万元，步枪子弹 800 万粒，中共则实行三民主义。[45]1937 年 12 月 3 日，八路军兰州办事处主任谢觉哉（1884～1971）日记："中央（按：国府）发给八路军饷械比其他部队为优先，所以未能全部解决，大概中央亦很困难之故。"[46]1937 年 10 月 21 日，叶挺首次领取新四军开办费五万元；此后每月至少 6.5 万。[47]1992 年中共《中共党史研究》："由国民政府供给军饷、武器弹药和其他军需物资。按规定每月应发给军饷 73 万元（八路军 60 万元、新四军 13 万元）。军需物资按红军改编时的编制 5.2 万余人配发。"[48]

《扫荡报》记者访延："每月在中央取得 60 万元津贴，又把边区发行的纸币在中央银行换了若干万法币，中央为了解救陕北人民的危机，也自动地放了近百万元的急赈，这样才把红军救活，才把共产党人救活，才把边区 50 万奄奄待毙的人民救活！"[49]

1939 年 6 月，江文汉（1908～1984）率基督教访问团入延："中央政府对边区政府似乎已经给予事实上的承认。我们可以从以下事实中看出这一问题：民族救济委员会已给他们十万元的拨款。交通部一个月给他们十万元用于筑路。经济部在土地开垦的项目中也给他们以帮助。"[50]

1938 年，武汉"八办"除了向延安运送军需物资，还运送大批粮食（300 吨大米、40 吨面粉）、办公用品、毛巾袜子、文娱用品、钢材生铁、

---

[43] 钱之光：〈我所了解的八路军南京办事处成立前后国共合作的有关情况〉，载《中共党史资料》第 16 辑，中共党史资料出版社（北京）1985 年版，页 193。

[44] 逄先知主编：《毛泽东年谱（1893～1949）》（中卷），中央文献出版社（北京）2005 年版，页 17、59。

[45] 陈嘉庚：《南侨回忆录》，岳麓书社（长沙）1998 年版，页 180～181。

[46] 《谢觉哉日记》，人民出版社（北京）1984 年版，上册，页 190。

[47] 《中共中央东南局》，中共党史出版社（北京）2006 年版，下卷，页 499、512。

[48] 王宝书等：〈八路军、新四军驻各地办事机构在抗日战争中的作用〉，载《中共党史研究》（北京）1992 年第 5 期，页 31。

[49] 原景信：《陕北剪影》，新中国出版社（武汉）1938 年版，页 6～7。

[50] 江文汉：〈延安访问记〉，载《档案与史学》（上海）1998 年第 4 期，页 8。

硫磺原料等，甚至纺织机床、皮革厂造纸厂毛毯厂所需机械设备，延安成立“工业机械局”。[51]

抗战前，陕北红区也跟南方苏区一样，红军不时烧杀掳掠，“共产党又乘机暴动，抢粮、杀人，不但旧有积蓄被洗劫一空，甚至因社会秩序混乱，农民离开了耕地，生产机构惨遭粉碎。”延川县长李腾芳：“延川县城在陕北向以文风鼎盛出名，自被共产党攻陷后，杀人放火，不久即成空城一座。西安事变之前，还是只有狼踪，没有人影。”[52]

第二次国共合作后，得到国府军饷，中共也“实践出真知”，认识到过分激烈的左倾政策行不通，无法得到群众拥护，政策由激进转宽缓，“没收地富一切财产”转为减租减息，逃跑的地主若归来，另给土地房屋，或从已没收的土地中划出一部分归还。[53]1938 年 3 月的延安街头大标语——“欢迎商人投资”、“改善人民生活”、“实行广泛的民主政治！”[54]

延安时期，革命手段无限制、道义原则工具化的极左倾向有所遏制。十年“闹红”杀富济贫的绝对平均主义，短期内虽能动员一部分农民“入伙”，但这种只破坏不建设的暴烈政策至多见效于一时，难以维持于长久。1929 年 2 月 25 日，湘赣边界特委书记杨克敏（1905～1930）向中央汇报：

> 红军经济唯一的来源全靠打土豪，又因对土地革命政策的错误，连小资产阶级、富农、小商也在被打倒之列，又以大破坏之后，没有注意到建设问题，没有注意到经济恐慌的危机，以致造成乡村全部的破产，日益激烈的崩溃。
>
> 因为供不应求之故，价值的昂贵，等于上海的物价，因为经济如此的崩溃，经济恐慌到了如此程度，一般民众感觉得非常痛苦，而找不到出路，所以富中农多反水，中农动摇，贫农不安，农村中

---

51 钱之光：〈抗战初期的国共合作和八路军驻南京、武汉办事处概况〉，载《革命回忆录》第 18 辑，人民出版社（北京）1985 年 12 月第一版，页 57。

52 原景信：《陕北剪影》，新中国出版社（武汉）1938 年版，页 5～6。

53 舒湮：《边区实录》，国际书店（上海）1941 年版，页 4。

54 齐世杰：《延安内幕》，华严出版社（重庆）1943 年版，页 4。

> 革命战线问题发生了严重的危机。……这个经济恐慌的危机，是边界割据的致命伤。[55]

延安时期实行减租减息，不再彻底剥夺地富。地主、资本家被包括在“人民”之内，排位还在农民、工人之前。[56]边区经济较之此前苏区有了更多推进力——因允许求富而敢于思富。政治方面也立竿见影，得到知识分子与中间阶层的支持。1944 年 6 月，边区政府秘书长李维汉〈陕甘宁边区建设简述〉，承认“以私有财产为基础、自愿为原则。”[57]

此时，中共打出完全拥护蒋委员长的旗帜。毛泽东在大会上高呼“蒋委员长万岁！”毛会客室悬挂孙蒋列斯四像，孙蒋居中，列斯在侧。[58]各赤区高悬青天白日旗。[59]延安各校最时兴歌曲都强调国共合作：“两党合作，中国就兴旺；两党分裂，中国就灭亡”；“同志们，请记着，一切服从统一战线，一切经过统一战线。”[60]1940 年，彭德怀报告：

> 华北战争不是孤立的，有全国抗战的配合，特别是有全国二百几十万友军的配合，使敌人不能集中兵力专对华北。[61]

抗大课程开设“三民主义”；毛对来访宾客强调：抗战胜利后的任务是实现三民主义，中共不想把苏维埃照搬到中国，实现新的社会制度可以通过议会票决方式，允许宗教自由。[62]1945 年延安歌曲：“看／在自由幸福的陕甘宁／人人都团结得像兄弟／在边区政府的施政下／实行了真正

---

55 江西省档案馆、中共江西省委党校党史教研室编：《中央革命根据地史料选编》，江西人民出版社 1982 年版，上册，页 19～20。

56 〈陕甘宁边区施政纲领〉，载《中共党史教学参考资料》（三），人民出版社（北京）1959 年版，页 2。

57 李维汉：《回忆与研究》，中共党史资料出版社（北京）1986 年版，下册，页 614。

58 舒湮：《边区实录》，国际书店（上海）1941 年 4 月合版，页 77。

59 姚依林：〈一年来的冀东游击战〉，原载《八路军军政杂志》第 1 卷第 12 期（1939 年 12 月 25 日）。魏宏远主编：《抗日战争时期晋察冀边区财政经济史资料选编》，南开大学出版社 1984 年，页 191。

60 何方：《从延安一路走来的反思》，明报出版社（香港）2007 年版，上册，页 37～38。

61 彭德怀：〈敌后抗日根据地的财政经济建设〉（1940 年 9 月），原载《解放》第七集第 123 期。魏宏远主编：《抗日战争时期晋察冀边区财政经济史资料选编》，南开大学出版社 1984 年，页 327。

62 江文汉：〈延安访问记〉，载《档案与史学》（上海）1998 年第 4 期，页 6、10。

的三民主义。”[63]中共减缓各种极端化政策，文化上向传统示归，得到寰内部分士林认同，这一认同乃中共日后胜利不可或缺的社会基础。

1941年皖南事变后，国府停饷，延安财政立陷窘境。闹翻后，前恩一笔勾销，中共从此讳言曾领国府薪饷。依傍国府，有损“独立奋斗”呵！弄得后人以为第二次国共合作只在政治上，不明白国民党史家“养虎成患”的真正出处。

其实，若无孙中山1924年开门纳共，不给中共搭“北伐”的顺风车，也就不可能有其后十年的“闹红”。再从国际原因，若非英美列强对广州的孙中山袖手旁观，孙中山也不会答应联共。国民党方面痛曰：列宁派越飞与孙中山会谈，只要孙同意与中共合作，“俄国就会给孙博士以军事和经济援助。由于孙博士未能从美国和英国得到帮助，他同意了俄国的条件。”[64]苏联为黄埔军校出资200万现款。[65]

国民党也不傻，当然知道“日本之后”的决战。1941年6月，蒋介石向记者简评皖南事变：“日本人实为微恙，共产党确系心腹之患。”[66]国共两党从根子上汉贼不两立，都不愿与对方“和平共处”，都在为“日本之后”磨刀霍霍。“统一战线”，只是外敌当前被迫的暂时妥协。当时，国民党当朝，共产党在野，中共理应主动配合“维稳”。国共存隙，正中日本下怀。史料表明：如何使中国分裂内乱，乃日本侵华国策的一项支持性战略方针。中国哪儿出现反对中央的政治力量，日本就千方百计支持反对派（如支持孙中山、陆荣廷、两广事变），内耗将使中国失去对抗日本的整体国力。日本当然明白“中国的分裂乃是日本的机会”。

1954年3月，曾任国府上海市长、台湾省主席兼保安司令的吴国桢因抨击蒋介石独裁被开除国民党籍，但他对中共渐大撮言精准：

> 如果不是1929年至1931年间蒋忙于同桂系和阎、冯两将军作战，共产主义就绝不会有机会在中国牢牢扎根，也不会熟谙游击

63　钱钢：《旧闻记者》，上海书店出版社2008年版，页93。

64　吴国桢：《从上海市长到“台湾省主席”》，吴修垣译，上海人民出版社1999年版，页60。

65　《包惠僧回忆录》，人民出版社（北京）1983年版，页150～151。

66　（美）白修德（T·H·White）：《中国抗战秘闻——白修德回忆录》，崔阵译，河南人民出版社1988年版，页87。

> 战，更不会在其周围形成一个为获得权力而不择手段的坚强核心。而且，如果没有1937年至1945年间终于到来的抗日战争，迫使那时的中国和国民党将所有的资源都用于对抗外国入侵，那么共产主义就不会飞速发展，大大扩展势力，乃至到战争结束时对中国政府构成致命的威胁。共产主义总是靠战争和混乱而兴旺。
>
> 如果蒋不是穷于应付内战，他很可能轻易地将毛的努力消灭于萌芽状态。毛泽东最初逃到井冈山时只有大约四百人，当1928年同朱德会合后，他们之间共计也（就）拥有不超过二千支步枪。
>
> 在彼此的生死斗争中，日本侵略者和政府军都全神贯注于自己的事情，顾不得关注共产主义的危险。
>
> 如果政府像以前一样继续保持警惕，共产党确实很难扩大自己的组织与影响。[67]

中共胃口也一点点在延安扩大。1937年6月，国共议定八路军三个师12个团4.5万人。[68]1942～43年，林彪只向国府要求四个军12个师的编制；1944年，林伯渠已在要求六个军18个师。1944年3月，陈毅对美国外交官说新四军有30万正规军，能迅速扩至40万。其他中共领导人："给我们一年时间，我们将能够占领满洲边境到海南岛的整个华东。"[69]

1944年11月，国民党军队200万，中共军队63万；[70]1945年4月，中共党员121万，[71]军队91万、民兵220万，[72]19块根据地，95万平方公里，人口9550万。[73]中共《抗大史》："1937年8月，红军主力改编为八路军时有4.6万余人。到1945年8月，八路军、新四军部队发展到120余

---

67 吴国桢：《夜来临：吴国桢见证的国共争斗》，吴修垣译，香港中文大学出版社2009年版，页103、107、141～142、145。

68 钱之光：〈我所了解的八路军南京办事处成立前后国共合作的有关情况〉，载《中共党史资料》第16辑，中共党史资料出版社（北京）1985年版，页182。

69 （美）谢伟思（John S. Service）：《在中国失掉的机会》(Lost Chance In China)，罗清、赵仲强译，国际文化出版公司（北京）1989年版，页204；323；285。

70 《胡乔木回忆毛泽东》，人民出版社（北京）1994年版，页354。

71 胡乔木：《中国共产党的三十年》，人民出版社（北京）2008年版，页56。

72 中共中央文献编委会编：《朱德选集》，人民出版社（北京）1983年版，页149。

73 何干之主编：《中国现代革命史》，上海人民出版社1985年版，页274～275。

万人，民兵达 260 余万人。”[74]新四军“由统一改编时 10300 余人发展到 31 万余人。”[75]

总之，抗战结束时，中共已具对抗实力，敢于向国府度长絜大比权量力，参与对中国未来的安排。1946 年内战爆发，中共立即发动土改，“以便进一步调动广大农民的革命和生产的积极性，使正在胜利发展的解放战争获得源源不断的人力物力的支持。”[76]无偿剥夺地主、富农的所有财产，既调动穷棒子去“打老将”，也为解决战争所需财政。

> 斗了地主老财，接着就给老百姓开仓放粮，分田分地分骡子分马，老百姓跳着脚喊“共产党万岁！”[77]

1948 年东北农村流谚：“后方不斗争，前方没有兵。”[78]如今若发动“二次土改、二次工商业改造”，再搞一回劫富济贫，相信还会再次得到无数穷人的欢呼“万岁”。

参、最重要的组织基础

毛泽东说中共抗战期间主要干了两件事：在战区尽可能扩充、在大后方鼓动民主。[79]对国统区地下党提出十六字方针：“隐蔽精干、长期埋伏、积蓄力量、以待时机。”[80]1940 年 5 月 5 日，中共书记处电示各省委：“凡服务于国民党军政教育机关之秘密共产党员遇强迫全体公务员入党时，应即加入国民党，必要时可不必事先征求党组织的同意，以免露出破绽，但事后必须呈报党组织追认。”1940 年 8 月 3 日，再电南方局：“地方党部

---

74 王茂润主编：《中国人民抗日军事政治大学史》，国防大学出版社（北京）2000 年版，页 3。

75 袁伟：〈国民革命军陆军新编第四军沿革概况〉，载《中共党史资料》第 11 辑，中共党史资料出版社（北京）1984 年版，页 346。

76 胡绳主编：《中国共产党的七十年》，中共党史出版社（北京）1991 年版，页 240。

77 蒋巍、雪扬：《中国女子大学风云录》，解放军出版社（北京）2007 年版，页 329。

78 段克文：《“战犯”自述》（第一部），世界日报社（台北）1978 年版，页 12。

79 张稼夫：〈庚申忆逝〉（之二），载《中共党史资料》第 8 辑，中共党史资料出版社 1983 年版，页 240。

80 南方局党史资料征集小组：〈中共南方工作委员会概况〉，载《中共党史资料》第 12 辑，中共党史资料出版社（北京）1985 年版，页 110。

应允许所有共产党员公务人员一律加入国民党或三青团；当入党入团时，不必表示迟疑态度，以免引起怀疑；同时，如入党入团一般的均须填写反共表格及作反共宣誓时，可照例举行仪式。”[81]

美军观察组也看出：“共产党人积极支持战争，因为这给他们以机会去动员、组织、教育人民，并创建和训练一支高效率的军队。他们选择在日军战线后方地区作战，因为在那里他们相对地免于受到国民党的干扰。”[82]利用对日作战合法扩张。因为，国人“多数人都没有什么政治主张，但却有爱国情绪。”[83]正好利用“爱国”掩护“革命”。

坐大延安，固为中共既定方针，亦需相应的客观条件。繁乱纷杂的诸因中，人的因素第一。大批知青赴延与集体接受马列主义，实为第一要素。若无延安一代集合在“毛泽东旗帜的皱褶里”，若无这一支绝对听命效力疆场的基干队伍，中共将不可能根须渐肥，不可能获得山呼海啸般的集团力量。延安一代是中共崛起最关键的人才保证。

1944 年 5 月 21 日，毛泽东在六届七中全会上：“我们在抗战初期只是一个很小的党（不超过四万有组织的党员）和一个很小的军队（只有 4.5 万人）……当 1935 年冬季中央苏区红军长征到陕北时，只剩下 7000 人，成了‘皮包骨’。”[84]另有资料：抗战之初八路军仅 3.2 万人，[85]江南新四军（南方八省游击队合编）1.03 万余人，[86]东北抗联一万人，[87]总共五万余人。在国统区，中共力量更是微如星火。

---

[81] 荣高棠：〈关于南方局的组织机构和南方局组织部的情况〉，载《中共党史资料》第 12 辑，中共党史资料出版社（北京）1985 年版，页 64。

[82] （美）谢伟思（John S. Service）：《在中国失掉的机会》（Lost Chance In China），罗清、赵仲强译，国际文化出版公司（北京）1989 年版，页 223。

[83] 张秀山：《我的八十五年》，中共党史出版社（北京）2007 年版，页 23。

[84] 中共中央文献研究室编：《毛泽东文集》第三卷，人民出版社（北京）1996 年版，页 139。

[85] 一、李锐：《庐山会议实录》，春秋出版社、湖南教育出版社 1989 年版，页 223。二、据吴法宪回忆录：红一方面军到达延安 6000 余人，红四方面军在西路军失败后仅一万余，红二方面军约二万余，合计四万余人。《吴法宪回忆录》，北星出版社（香港）2007 年版，上卷，页 102、158。三、王明：《中共 50 年》，东方出版社（北京）2003 年版，页 25、27。

[86] 袁伟：〈国民革命军陆军新编第四军沿革概况〉，载《中共党史资料》第 11 辑，中共党史资料出版社（北京）1984 年版，页 328。

[87] 逄先知主编：《毛泽东年谱（1893～1949）》（中卷），中央文献出版社（北京）2005 年版，页 107。

1927 年莫斯科中山大学，伍修权（1908～1997）："持国民党观点的人到处宣传他们的旧三民主义，有的党员受他们的影响，转向了国民党方面。在我的印象里，原来是国民党观点的，转到我们这边来的，好像不多。"[88]1931 年 6 月中共总书记向忠发（1880～1931）被捕，供词："共党现有干部全国不过二百人，在莫斯科者亦不过二百人，人才极感缺乏。"[89]

1932 年"一・二八"后，中共扩求党员，上海得三千；至 1933 年 5 月，脱离者两千以上。[90]"1934 年时北平我地下党的组织已几乎全遭受破坏。当时北平尚有几个党员，但是没有党的组织。1935 年初，党组织才开始恢复起来。……党员全市共有十来个，连共青团员不过二十个左右。"[91]1935 年"一二・九"运动之初，北平只有九名党员，加上团员也仅约 20 人。[92]陕北中共事后才得知北平爆发大规模学运，1936 年初急派刘少奇前往主持北方局："整个北方局能够联络到的党员不过三十人左右。"[93]1936 年春，经冯雪峰与潘汉年审定的上海党员约二百余，中共组织部承认的骨干只有 47 人。[94]四川地下党直至 1936 年秋尚未恢复活动。[95]1938 年春，中共重建湖北省委，此前湖北已不存在中共组织，只有极少数幸存党员有一点个别活动。[96]仅凭这点实力，以陕北区区之地，何以问鼎中原？

1934 年 6 月～1935 年 2 月，中共四川省委迭遭破获：1934 年 7 月 5 日省委宣传部长殷自强被捕叛变；7 月 7 日，组织部长冯伯谦裹卷 850 元经费潜逃；7 月 10 日，前省委书记史伯康被捕叛变；10 月，省委书记刘道生潜逃；1935 年 2 月，省委秘书长余若萍被捕，供出省委书记刘克谐等。

88　〈伍修权同志回忆录〉，载《中共党史资料》第一辑，中央党校出版社（北京）1982 年版，页 131。

89　原载《转变》，中华民国 1933 年 10 月出版，页 343。王健民：《中国共产党史稿》第二编，中文图书供应社（香港）1974～75 年出版，页 164。

90　王健民：《中国共产党史稿》第二编第十三章。转引自《党史研究参考资料》1981 年第 15 期，页 19。

91　清华大学校史组：〈彭涛同志谈"一二・九"运动〉，载《中共党史资料》第 17 辑，中共党史资料出版社（北京）1986 年版，页 191。

92　冯兰瑞：〈"一二・九"运动到底是谁发动的〉，载《炎黄春秋》（北京）2009 年第 1 期，页 10。

93　黄峥：《王光美访谈录》，中央文献出版社（北京）2006 年版，页 465～466。

94　陈修良：《拒绝奴性》，香港中和出版有限公司 2012 年版，页 130。

95　《青春岁月——胡绩伟自述》，河南人民出版社 1999 年版，页 60。

96　马识途：《风雨人生》，参见《马识途文集》第九集（上），四川文艺出版社 2005 年版，页 147。

自此，至 1937 年 12 月，四川无中共省委机构。[97]1937 年 11 月下旬，新任川省工委书记邹风平、副书记廖志高等六人从延安领命赴川，从罗世文处接手的全省党员仅百名左右。[98]

1938 年 3 月 2 日，《新华日报》成都推销处，三天内仅订出四份，至 4 月中旬才近百份。[99]并不像中共宣传的那样，国人对中共如仰天露。

第二次国共合作还使中共从国府监狱得到数千骨干。著名者有薄一波、杨献珍、刘澜涛、安子文、赵林、王其梅、徐子荣、任作民、傅大庆等。南京“八办”记述：“从南京、苏州、上海、杭州出狱的大约有一千多人，其中大部分转送延安，少部分留在南京、上海、西安工作，也有一些让他们回本地开展群众工作。对少数自首、叛变的，就发路费让他回家。”也因国共合作，“有些青年到解放区去，办事处为他们开介绍信。这时八路军的通行证，是沿途通行无阻的。”南京出狱著名者：张琴秋、夏之栩、陶铸、方毅、王鹤寿、钱瑛、彭康、潘梓年、周惠年、刘顺元、刘宁一、黄杰、熊天荆（伍云甫妻）、王根英（陈赓妻）、曹瑛、黄文杰、张月霞、陶万蓉、吴仲廉（江华妻）。包括判刑十五年以上的重要政治犯，亦于 1937 年 9 月下旬陆续获释。[100] 1937 年 5～6 月，太原四所监狱二三百名中共政治犯获释，其中一百几十人组成一个连。王若飞出狱时，阎锡山赠赴延安路费两千元，王若飞请示刘少奇后拒收。[101]

1937 年 9 月～1938 年 9 月，中共在南方 13 省恢复省委，发展党员至 6.7 万余。[102]截止 1938 年夏，南昌党员从不足百人扩至四千；福建发展党员近四千；截止 1939 年 3 月，江西从 1300 余党员发展到 1.8 万余。[103]1938

[97] 中共四川省委党史工作委员会、四川省档案馆：〈中共四川省委员会组织史资料〉（1926～1949），载《四川党史研究资料》（成都）1985 年第 1 期，页 12。

[98] 廖志高：〈抗日战争初期重新建立四川秘密党的主要情况〉，载《四川党史研究资料》（成都）1984 年第 2 期，页 2、5。

[99] 曹孟泉：〈回忆《新华日报》成都推销处〉（1938 年 2 月～1939 年 7 月），载《四川党史研究资料》（成都）1985 年第 1 期，页 13～16。

[100] 钱之光：〈我所了解的八路军南京办事处成立前后国共合作的有关情况〉，载《中共党史资料》第 16 辑，中共党史资料出版社（北京）1985 年版，页 190、193。

[101] 薄一波：〈若飞同志出狱前后〉，载《红旗飘飘》第 17 集，中国青年出版社 1979 年版，页 179～181。

[102] 胡绳主编：《中国共产党的七十年》，中共党史出版社（北京）1991 年版，页 161。

[103] 《中共中央东南局》，中共党史出版社（北京）2006 年版，上卷，页 339、331。

年 3 月底，川省党员 340 余人；10 月底，3400 余人。[104] 1938 年 10 月，鄂省发展至 3300 余人。1939 年，河南发展 8800 余名。据不完全统计，各地"八办"抗战初期发展党员 20 余万。[105]

仅有来自山上的"枪杆子"，缺少来自亭子间的"笔杆子"，只有"力"没有"理"，无法"从一个胜利走向另一个胜利"。1928 年 7 月 8 日，江西省委〈江西工作近况〉："干部分子的缺乏。……得力干部分子仍然感着极度的恐慌……感着知识干部分子缺乏之恐慌了，各地秘书之缺乏，苏维埃政府写布告都没有人，这也是江西工作的困难和缺点。"[106]1928 年 10 月，毛泽东在苏区大会上："共产党是要左手拿传单、右手拿枪弹才可以打倒敌人的。"[107]办好一个印刷厂，抵得上一个师。[108]毛在延安读到乔冠华在香港的国际评论："乔的文章顶得上两个坦克师。"[109]

1940 年 9 月，中共将茅盾从延安派往重庆，出任国府军委会文化工作委员会常委，不恢复党籍，因为茅盾在重庆的作用比在延安大得多。[110] 1941 年初皖南事变后，重庆赤士或赴延或赴港，周恩来指示："有名望的作家去香港。"茅盾、以群、黄药眠、宋之的、葛一虹、田汉等去了香港，"可影响更多青年"。[111]

大批知青加盟，毛泽东政治灵敏很高，再三说服工农干部笑脸迎纳。1939 年 12 月 1 日，毛下发〈大量吸收知识分子的决议〉，同年所撰〈中国革命和中国共产党〉："革命力量的组织和革命事业的建设，离开革命的知识分子的参加，是不能成功的。"[112]1939 年 12 月 10 日，中组部长陈云（1905～1995）在边区党代会上："许多革命是靠知识分子来领导的。我

---

[104] 廖志高：〈抗日战争初期重新建立四川秘密党的主要情况（省工委时期——1937 年 12 月至 1938 年 11 月）〉，载《四川党史研究资料》（成都）1984 年第 2 期，页 7。

[105] 王宝书等：〈八路军、新四军驻各地办事机构在抗日战争中的作用〉，载《中共党史研究》（北京）1992 年第 5 期，页 33。

[106] 〈江西工作近况——综合性报告〉（1928 年 7 月 8 日），载江西省档案馆、中共江西省委党校党史教研室编：《中央革命根据地史料选编》，江西人民出版社 1982 年版，上册，页 8。

[107] 《胡乔木回忆毛泽东》，人民出版社（北京）1994 年版，页 445。

[108] 赵海编：《毛泽东延安纪事》，陕西人民出版社 1993 年版，页 55。

[109] 乔松都：《乔冠华与龚澎——我的父亲母亲》，中华书局（北京）2008 年版，页 262。

[110] 茅盾：〈延安行〉，载《新文学史料》（北京）1985 年第 1 期，页 24～25。

[111] 程光炜：《艾青传》，北京十月文艺出版社 1999 年版，页 321。

[112] 《毛泽东选集》第二卷，人民出版社（北京）1966 年横排本，第 1～2 卷合印本，页 604。

们再看农村里的革命，也是知识分子领导的。”陈云在内部说得更透彻：“我们的革命是在农村里面，可是农民不识字，需要提高文化水准，必须依靠知识分子，所以我们要吸收知识分子。没有知识分子，革命就不能胜利。”[113]赤色思想就是随着延安知青的脚板走向全国，这批有文化有能力的学生娃乃是各地“革命事业”的真正骨干。

1940 年 10 月，中宣部、中央文委〈关于各抗日根据地文化人与文化团体的指示〉：“应该重视文化人，纠正党内一部分同志轻视、厌恶、猜疑文化人的落后心理。须知一个在社会上有相当地位、相当声望、能有一艺之长的文化人，其作品在对内对外上常常有很大的影响。应该用一切方法在精神上、物质上保障文化人写作的必要条件，使他们的才力能够充分的使用，使他们写作和积极性能够最大的发挥。”[114]延安纸笔十分紧张，每人每月仅供应五张，作家特别优待，领取纸笔不加限制。[115]

高干挑选秘书绝大多数为北大清华生、燕京生，名校生素质就是高人一筹。此时如赠帽“资产阶级知识分子”，京沪大学生还会千里赴延么？姚依林先后入学清华化学系与天津工商学院经济系，他既利用化学知识制造土炸药，又利用经济学知识管理晋察冀边区政府，任秘书长、财经办副主任、工业局长。金陵大学化学系毕业生李苏，在延安制造出黄色炸药。辅仁大学化学系教师张珍任晋察冀兵工厂长。中央大学军工专业生惠永昌，新四军军工部长。[116]名校生迅得重用，不是充任领导秘书，便是留在中直机关或执教各校，几无直接派用前线。

中共当时也只能以知青为主要发展对象。四川工委副书记兼组织部长廖志高（1913～2000）：

> 大量发展党员，在哪里发展呢？我们研究确定：着重在大学、高中的青年学生和中小学教员、产业工人以及国民党的机关职员中发

[113] 刘家栋：《陈云在延安》，中国方正出版社（北京）2005 年版，页 87。
[114] 中央档案馆编：《中共中央文件选集》第 12 册，中共中央党校出版社（北京）1991 年版，页 496。
[115] 黄炎培：《八十年来》，文史资料出版社（北京）1982 年版，页 131。
[116] 马识途：《风雨人生》，参见《马识途文集》第九集（上），四川文艺出版社 2005 年版，页 169。

展，同时要注意尽可能的发展农民入党。结果，发展的青年学生党员最多，占一半以上，其次是工人、职员，农民极少。[117]

尽管国民党出台〈限制异党活动办法〉，中共还是蓬蓬勃勃发展起来。除了延安，中共开辟敌后根据地，挺进国府无力伸达的辽阔沦陷区，树抗日大旗，充一党之力。如山西大批国民党县长逃跑后，薄一波利用牺盟会调大批赤干出任空缺县长，全省 105 县，70 个县长由中共党员担任。[118]

八路军 115 师在五台山留兵三千创建晋察冀根据地，不到两月发展至两万余人；1937 年 9 月，120 师主力 8200 余人挺进晋西北，1938 年扩充至 2.5 万余人；1937 年 11 月～1938 年 10 月，129 师开辟晋冀豫及冀南，九千余人发展至五万余。"据统计，1938 年底八路军发展到 15.6 万余人，1939 年发展到 27 万人，至 1940 年底，发展到近 40 万人。"[119]彭德怀：八路军抗战第一年从不足三万扩至 25 万。[120]第二年，华北成为中共最大根据地——党员 60 万、军队 20 余万。[121]新四军由最初的 1.02 万人发展为 1938 年 10 月的 2.5 万人，[122]至 1939 年秋，新四军第一、二支队已由初到苏南的四千余人扩至 1.4 万余，吸收了大量知青和医务、技术人员，不少来自沪宁等大城市，提高了全军的文化素质。[123]

胡乔木（1912～1992）《中国共产党三十年》："到 1940 年抗日战争三周年时，中国共产党所领导的人民抗日军队已由三年前的四万多人发展到近 50 万人……解放区和游击区人口发展到近一万万。共产党员也由三年前的四万人发展到 80 万人。"[124]

中共扩张超过供饷极限，一度不得不精兵简政。中央机关 2.4 万人，要求减至五六千。1942 年 12 月 1 日，毛泽东指令各根据地："军队在抗

---

[117] 廖志高：〈抗日战争时期四川地下党的重建和川东党组织发展、巩固的主要情况〉，载《中共党史资料》第 12 辑，中共党史资料出版社（北京）1985 年版，页 80。

[118] 胡绳主编：《中国共产党的七十年》，中共党史出版社（北京）1991 年版，页 157。

[119] 王茂润主编：《中国人民抗日军事政治大学史》，国防大学出版社（北京）2000 年版，页 39～40。

[120] 《彭德怀自述》，人民出版社（北京）1981 年版，页 227～229。

[121] 逄先知主编：《毛泽东年谱（1893～1949）》（中卷），中央文献出版社（北京）2005 年版，页 145。

[122] 胡绳主编：《中国共产党的七十年》，中共党史出版社（北京）1991 年版，页 158。

[123] 《中共中央东南局》，中共党史出版社（北京）2006 年版，上卷，页 339。

[124] 胡乔木：《中国共产党的三十年》，人民出版社（北京）2008 年版，页 49。

战期间原则上不再补兵，全军准备在明年至后年缩小一半，由 57 万准备缩至 20 余万。”[125]

八路军十倍于国府额定的三万人，但因其发展于沦陷区，国民党难以指责。1940 年，不希望国共内讧的侨领陈嘉庚（1874～1961）：“西安事变时，许他（指中共）军队限定三师团，现已增加十倍，据言不如此不足以抗敌，亦不足以自卫，且多在沦陷区组织游击队，为中央不能办到者。”[126]

肆、代际作用

中国赤潮兴衰轨迹：五四解缆，北伐热销，井冈存种，延安蓄力，1949 年夺国，反右转逆，文革涨顶，毛死落帆，“南巡”籓散，但意识形态长长拖滞，垂绪至今。中共发展史上，延安蓄力的重要性不言而喻，延安一代推助中共 1949 年立国。

从中共党内代际序列上，大革命一代、红军一代为举旗打江山的第一代，延安一代为续力的第二代。抗战时期，各赤区中共首脑均为大革命一代与红军一代，年轻的延安一代尚处贯彻执行的中层，还未上升到参与决策的高层。领导层均为第一代红士，长征红军乃中共组织核心。这一政治格局一直延续到文革后。

延安时期，延安一代只有极少数青年学士渗入高层，参赞机枢。绝大多数延安一代散布各根据地，起着基层骨干作用。李维汉：“从抗战开始到 1940 年底，是我们军队和根据地大发展时期，那时我们派些干部深入敌后，几个月、半年、一年，就能拉起一支队伍，建立根据地。”陕公中后期毕业生 80%分配前线。[127]中共需要大批知青脱下长衫拿起武器，走向农村发动并组织农民“咸与革命”。

历史证明，哪一集团能够凝聚时代精英、召集知青，哪一政治集团便能成事。大批知青加盟，使中共迅速扭转只能提拔工农干部的局限，基层细胞迅速知识化，整体品质旋得提高，各种意向的落实有了组织保证。

---

[125] 《毛泽东选集》第三卷，人民出版社（北京）1966 年横排本，第 3～4 卷合印本，页 894。
[126] 陈嘉庚：《南侨回忆录》，岳麓书社（长沙）1998 年版，页 237。
[127] 李维汉：《回忆与研究》，中共党史资料出版社（北京）1986 年版，上册，页 401、423。

1945年7月黄炎培（1878～1965）访延："我认为中共有这些表现，并没有奇异。集中这一大群有才有能的文人武人，来整理这一片不小也不算大的地方，当然会有良好的贡献。"[128]蜷缩陕北的中共与红色理念，随着延安知青的脚板幅射全国。中共"七大"时40万干部，高中以上赴延知青已整体处于中高层，据笔者有限搜索，陆续成名于各界的头面人物：

政界：赵紫阳、华国锋、周惠、吴德、万里、江青、王任重、方毅、王力、纪登奎、胡乔木、吴冷西、李锐、李慎之、李昌、田家英、胡克实、张春桥、田纪云、黄敬、杨秀峰、许涤新、杨西光、赵德尊、李锡铭、许家屯、杜润生、叶群、杜星垣、刘芝明、姚溱、刘祖春、齐燕铭、王阑西、刘导生、刘彬、韩天石、汪海粟、聂元梓、任仲夷、章泽、关山复、项南、梁湘、吴南生、乔石、谷牧、宋振庭、汪道涵、姚依林、邓力群、廖鲁言、安志文、崔月犁、宋平、张劲夫、邹家华、王丙干、王汉斌、池必卿、杨易辰、杨静仁、芮杏文、裴丽生、刘仰峤、王思华、李哲人、林淡秋、袁庚、王匡、彭敏、姚仲明、吴象、钱其琛、王光美、姚文元……

思想界：陈伯达、周扬、艾思奇、杨献珍、顾准、黎澍、许立群、于光远、王元化、王若望、胡绳、廖盖隆、马洪、熊复、苏绍智、于浩成、汪澍白、许良英、谢韬……

外交界：黄华、乔冠华、吴学谦、龚澎、章文晋、浦寿昌、陈家康、符浩、王殊、章曙、邵天任、何方、陈叔亮、陈楚、柯华、丁雪松……

新闻界：范长江、彭子冈、刘宾雁、梅益、胡绩伟、曾涛、朱穆之、李普、李庄、戈扬、杨刚、穆青、杜导正、秦川、温济泽、丁济沧、穆广仁、金尧如、彭迪、司马璐、张彦、丁一岚、黄钢、安岗、吴象、王若水、戴煌、于冠西……

教育界：何干之、蒋南翔、何东昌、陆平、常溪萍、江丰、郭影秋、何伟、钟敬之、王中、张庚、欧阳凡海、吕骥、侯维煜、朱凡、刘达、张承先、宗凤鸣……

---

[128] 黄炎培：《八十年来》，文史资料出版社（北京）1982年版，页149～150。

文化界：王实味、丁玲、冯雪峰、聂绀弩、邓拓、萧军、高长虹、陈企霞、钟惦棐、周立波、高士其、何其芳、萧也牧、艾青、陈学昭、陈荒煤、郭小川、冯牧、鲁藜、柳青、公木、田间、康濯、孔厥、柯仲平、徐懋庸、舒群、白朗、海默、吴伯箫、林默涵、叶以群、欧阳山、周而复、秦兆阳、杜鹏程、刘白羽、张光年、严文井、严辰、沙汀、关露、陈涌、杨沫、孙犁、贺敬之、马加、草明、魏巍、周巍峙、徐光耀……

文艺界：贺绿汀、李劫夫、崔嵬、塞克、陈强、田方、田华、陈波儿、于蓝、颜一烟、王大化、张瑞芳、张平、华君武、陈亚丁、欧阳山尊、王昆、干学伟……

出版界：陈翰伯、韦君宜、曾彦修、范用、陈茂仪、董边、阎明诗、王子野、何家栋……

学术界：范文澜、王朝闻、李新、许觉民……

2001年，李慎之（1923～2003）："今年70岁到90岁这个年龄段的知识分子（当时都叫小资产阶级知识分子）……这批人实际上是中国共产党最主要的骨干。中国共产党所以能打败国民党，建立新中国，赢得相当民心，取得若干成就，这一年龄段的人的功劳是主要的。"[129]没有延安一代的"输入"，中共不可能迅速壮大。

中组部长陈云："干部决定一切。"山东某地只去了几个党员与一位八路军，号召抗日，一下子就来了几千人，至1938年9月已上万人。[130] 1947年，东北长白县委宣传部长白介夫（1921～2013）："领导和参加土改的干部，大部分是从延安派来的。"[131]

2008年，李锐分析中共成员从成立到建政三类构成：

第一类——建党初期本土知识分子与留欧归来的知识分子，深受俄化马克思主义与苏俄革命影响，早已褪去五四独立人格色彩。这一群体在党内人数不多，却一直是党内权力的实际掌控者。

---

[129] 李慎之：〈革命压倒民主——《历史的先声》序〉，笑蜀编：《历史的先声》，博思出版集团有限公司（香港）2002年版，页21。

[130] 陈云：〈论干部政策〉（1938年9月抗大讲演）。参见《陈云文选》第一卷，人民出版社（北京）1995年版，页109、114。

[131] 白若莉：〈长白山地区土改运动纪实——白介夫日记摘录〉，载《炎黄春秋》2008年第1期，页62。

第二类——1920～40 年代军事斗争中先后加入的大批农民与城镇贫民，大多对社会不满却缺乏独立政治人格与人文理念。这一群体在党内居多数，且为武装力量骨干，乃党权的社会基础。

第三类——“一二·九”及抗战时期入党的知青，怀抱民主自由投身共运，具有更多的理想色彩与独立人格。[132]

正因了“一二·九”一代带有民主自由色彩，晚年才能形成“两头真”，才具备特殊的代际作用。大革命一代、红军一代，好像只有陆定一勉强可算“两头真”（以正式言论为准），不像延安一代的“两头真”形成规模。大革命一代、红军一代与延安一代之间这一代际差异，内涵甚丰。

截止中共“七大”，红色死难者至少 75 万余，其中党员 32 万。[133]较之大革命一代、红军一代，延安一代可谓获利最丰的一代——奋斗时间最短、支付成本最小，拥享红利最多。随着共军进城，延安一代成为新社会宠儿，三十多岁就已厅处级，少数进入省军级，个别进入中委。1950 年代，“三八式”不少进入军级、兵团级。[134]中共给了不少人“价值实现”的机会。1942 年冬，太行山、延安两地为刘伯承祝寿。刘说：离开党，我们这些人都搞不出什么名堂，如果去世后能在墓碑上书写“中国布尔什维克刘伯承之墓”，乃莫大安慰。[135]很晚入党的陈学昭也认为中共给了自己发挥作用的机会。[136]若非这场共产革命，中小知识分子的延安一代（有的还是小学生），短短十来年，怎能攀升至掌控一方生灵的省市大员？

但也因为资历浅、入营晚，上面压着大革命一代、红军一代，延安一代在党内始终有点“长不大”。16 岁赴延的何方（1922～）认为长征老红军看待“三八式”始终如父母看子女，怎么看都有毛病；“三八式”在老红军面前难以抬头：

---

[132] 李锐：〈李昌和“一二·九”那代人〉，载《炎黄春秋》（北京）2008 年第 4 期，页 2。

[133] 《温济泽自述》，中国青年出版社（北京）1999 年版，页 383。

[134] 《邱会作回忆录》，新世纪出版及传媒有限公司（香港）2011 年版，上册，页 294～295。

[135] 《邓小平文集》（第三卷），人民出版社（北京）1993 年版，页 189。

[136] 李寿葆、施如璋主编：《斯特朗在中国》，三联书店（北京）1985 年版，页 187。

> 整个一代“三八式”在中国历史上没有起到应有的作用。应当说，这对我们党是一大不幸，在一定意义上也是中华民族的一大悲剧。
>
> 因为延安整风立下的主要信任工农老干部而不大信任知识分子的规矩和传统，使从中央到省部一级的所有重要领导职务都只能由老干部担任，但他们中的大多数（不是全部）并不懂新的业务，又轻视学习新的知识，还看不起专家学者，所以只能跟着上面的风走，造成“大跃进”时期上下相互影响的恶性循环。例如冶金部长王鹤寿在八大二次会议上的发言题目是“十五年赶上美国”，说“钢产量完全可以五年超英，十五年超美。”过了一个多月后又向中央报告，把 1962 年的指标从三千万吨提高到六千万，说超英用不了五年，有两年就行。至于九千万人上山砍树炼钢，造成多严重的后果，恐怕绝不只是个头脑发热的问题，主要原因还是不懂业务，迎合领导。因为生物学家头脑再热也不会提倡在除“四害”中消灭麻雀，农学家头脑再热也不信亩产数十万斤粮。[137]

1955 年的中国科学院哲学社会科学部，学部委员 61 人，主体即延安士林，尤以延安中央研究院为核心：陈伯达、胡乔木、周扬、艾思奇、胡绳、范文澜、尹达、张如心等。其他进入“学部”的延安士林或左翼知识分子：何其芳、于光远、王学文、王亚南、郭大力、杨献珍、邓拓、薛暮桥、吴玉章、向达、刘大年、潘梓年、杜国庠、季羡林、冯至、黎锦熙、吕振羽、骆耕漠等，甚至新疆政角包尔汉。较之 1948 年胡适主持评选的 81 名中央研究院士，1955 年版学部委员，实绩、层次、人望均相差甚远。专业分布上，延安士林轧堆人文界，经济界、科技界极少。

延安时期，红色士林的活跃领域为意识形态。大革命一代身居高层，工作繁忙，无暇顾及思想文化方面的末事；红军一代大多为武人，知识层次低下，无力参与“文化事业”。因此，从代际角度，延安一代首先接班

[137] 何方：《党史笔记》，利文出版社（香港）2005 年版，上册，页 259、262～263。

赤色文化，首先从意识形态“接过革命的枪”。这一“接班”也顺带将他们领上歧路，何方晚年叹评延安一代：

> 延安整风形成的这种思想管理体制，很难在哲学社会科学和文学艺术的各领域培养出公认的大师级的专家学者来，即使原有的大师级人物也很难拿出大师级的作品。这曾使一些著名的学者和作家抱憾终生。他们想研究的问题不能研究，想写的东西不能写，想出版的书不能出，想演的戏不能演，哪里有过什么“双百方针”，只是口头上说说而已！[138]

胡乔木喜欢写诗，生搬硬凑，斧痕极重，诗味全无。70多岁写的诗，品级仍低，一望可知功力太差。

延安一代，悲壮凄惶——沿着天堂的路标走进地狱。早年走入社会主义甬道，晚年却拐入资本主义花园；从这条路进去，却从那条路出来。“悲壮赤误”成为中共数代士林的徽章。他们出于救国救民的赤诚，“抛头颅洒热血”，却将祖国推入“伟大的毛泽东时代”。在中国走向极左受难地的路途中，延安一代“功不可没”。文革红卫兵无论价值理念、文化构成、思维方式、行为版式，都出自延安一代的母体。没有狂热的母亲，就不可能有极端的儿女；病在孩子，根在家长；没有延安一代的孕育，便不可能出现红卫兵这一历史怪胎。

中共党内最早开始反思国际共运，对“党的事业”产生质疑，亦起于延安一代。1981年，胡乔木惊呼：“许多反对四项基本原则的话都出自社会科学院。”[139]此时的中国社科院，各级领导均为“延安人”。1980年代初，中共开始转弯子，推动力量也来自延安一代。经济上，赵紫阳、万里、杜润生、孙冶方、于光远等从理论到实践开始“别求新声”；外交政策上，李一氓、宦乡、何方等力促放弃此前对国际形势的判断——“帝国主义和无产阶级革命时代”、“三个世界理论”，终止愚蠢至极、没敌设敌的极

---

[138] 何方：《党史笔记》，利文出版社（香港）2005年版，上册，页266。

[139] 于光远：〈从“阶段风波”到“社会主义初级阶段”〉，载《炎黄春秋》（北京）2008年第8期，页4。

左外交路线。[140]而压制延安一代"解冻"的最大阻力，则来自大革命一代、红军一代。此时的"老一代无产阶级革命家"岁入暮年，资讯闭塞，早已僵化，无力对赤潮进行整体检视。第一代中共党人回忆录，只能读到对革命的自豪与对信仰的坚定。除了张国焘、龚楚这样的"叛徒"，无一人对国际共运进行深度反思，对中共亦缺乏稍有深度的剖析。涉及"悔不当初"，总是强调历史条件，以"不知后来"轻描淡写一笔带过，一切都是历史必然，自己与伟大的党毋须躬身自检。

延安一代就不同了，发出"堡垒内部的不同声音"，且形成相当规模效应，先后进入反思行列的延安一代名士：

赵紫阳、万里、田纪云、项南、任仲夷、杜润生、李锐、李慎之、胡绩伟、刘宾雁、王若水、王若望、王元化、芮杏文、梁湘、吴南生、于光远、孙冶方、黎澍、许家屯、李普、李昌、戈扬、苏绍智、曾彦修、安志文、何方、许良英、杜导正、廖盖隆、韦君宜、司马璐、宗凤鸣、于浩成、谢韬、彭迪、穆广仁、何燕凌、童式一、戴煌、吴象……

大革命一代的陶铸与延安一代的赵紫阳，代际差异凸显。2009 年 3 月 22 日，杜导正（1923～）评价这两位粤省前主要领导："赵紫阳的独立思考比陶铸更多。在处理'逃港'问题上，陶铸主张压制，赵紫阳则要求疏导。不少问题处理上，他比陶铸求实而温和。"1987 年，赵紫阳起草十三大政治报告，邓小平再三告诫：无论如何不能有三权分立的意思，一点痕迹也不能有。这一时期，邓多次对外宾说：三权分立，互相制约，这种体制没有效率，办不成事——

> 社会主义国家有一个最大的优势，凡是一件事，只要一下决心，一作出决议，不受牵制，就能够立即执行，不像议会民主经过那么多复杂，那么多反复，议而不决，决而不行。就这方面总的说，我们效率是高的，决定了就马上执行。我讲的是总的效率，这方面是我们的优势，我们要保持这个优势。

140 何方：《从延安一路走来的反思》，明报出版社（香港）2007 年 9 月初版，下册，页 830。

邓小平把不受制衡这一集权劣势，视为“我们总的优势”，甚至说“我看美国搞不过苏联，苏联政治局开个会就能把这件事办成（按：出兵阿富汗），美国能办到吗？”可是，决策错了咋办？有什么纠误力量？视劣为优，倒置本末，如此低水准理解民主，当然不可能再去推进民主。行政速率上，民主确实比不上独裁，但在集智与纠误的优率上则远远高于独裁。至于“美国搞不过苏联”，苏联都已不存在了。

1980 年代，延安一代与大革命一代的政治歧见日益豁显。1986 年、1989 年两次学潮，邓小平高举“反资产阶级自由化”，不接受任何批评，并将这种批评视为必须镇压的当然理由。在邓小平的政治理念中，只有专政，不认识也不理解民主。赵紫阳（1919～2005）晚年说：“要真正着手政治体制改革难度非常大，党内那些老同志几乎没有人支持这种改革。所以十三大以后，政治体制改革实际上处于停滞状态。”[141]

“六·四”枪响，一批延安人彻底惊醒。除极少数高官（如姚依林），延安一代普遍无法接受事实——学运起家的中共居然也会镇压学运，理由竟是维护“革命成果”——无产阶级专政！“六·四”后，四名中顾委员因赞同“在民主与法治的轨道上处理学运”，挨批数月，“犯有严重的资产阶级自由化错误”，险被开除党籍——“暂不履行党员登记”，史称“四老风波”。非常巧合，四人全是延安一代——李锐、李昌、于光远、杜润生。[142]另一自由化分子、《人民日报》总编胡绩伟，停职审查三年、挨批二年，禁止出席一切集会、禁止报刊发表其文，每年敏感期（如六四）两名“国安”楼下监视三天。胡绩伟每于港美发表文章，《人民日报》领导必登门“劝告”（2003 年后终止）。[143]受打压的延安一代还有李慎之、任仲夷、梁湘、王若水、李洪林等。清晰表明延安一代已在政治上思想上与大革命一代、红军一代产生原则性分歧，出现整体代沟。

由于对中共知根知底，且多入高层，内讯灵通，加之进入生命倒计时，不怵专政，反思光芒甚劲。李洪林（1925～）评“四项基本原则”：

---

141 赵紫阳：《改革历程》，新世纪出版社（香港）2009 年版，页 4、274～275、281。

142 李锐：〈李锐对改革开放的个人回顾〉，载《炎黄春秋》（北京）2008 年第 11 期，页 18。

143 胡绩伟：〈巨石下奋起的一株老倔松〉，载《争鸣》（香港）2008 年 10 月号，页 54。

> 其实这个讲话的听众哪里只是务虚会的几百人？整个首都的头面人物都出席了，坐满了人民大会堂！这分明是一次面向全党全国的政治动员大会：现在又要“反右”了！中国人民刚刚从“两个凡是”下面解放出来，立刻又被套上“四个凡是”，直到现在它仍然套在中国人的脖子上！
>
> 三十年的一党专政已经使中共成为垄断整个国家权力的特权集团。思想解放也好，改革开放也好，都不许影响一党独掌政权。这就是他们的底线。邓小平的转变其实是这个党本性的一次发作。邓小平的“四项基本原则”是这个特权集团根本利益的集中表现。……邓小平这个〈坚持四项基本原则〉的讲话稿，既未经中共中央讨论，也未经全国人民代表大会通过，只是胡乔木把稿子弄好了，邓小平以个人身份拿到理论工作务虚会上一讲，各省当权者无不闻风而动，雷厉风行。他们早就不满三中全会，这一下有了“四项基本原则”，可以“纠正”三中全会的“右倾”了。于是很快就在全国范围内掀起一场向三中全会路线反攻的高潮……不管是什么偶然因素促使邓小平向左转，他这个左转完全符合中共统治集团的根本利益，因此才能受到各级领导骨干那样热烈的拥护，使全国形势急速左转。[144]

整体走势上，延安一代走出“否定之否定”螺旋型轨迹，从否定别人开始，至否定自己结束。披荆斩棘的社会改造者，最后发现最需要纠正的竟是自身，最可怕的偏误竟是革命！延安一代最大的代际作用乃是用自己的人生证实国际共运的失败，向后人骇然昭示：“千万不能走这条路！”作为赤色实验中国版的参与者，他们提供了从迷狂到渐悟的完整标本，为后世革命者留下一针来之不易的免疫剂。

[144] 李洪林：〈往事回忆〉（七），载《争鸣》（香港）2008 年 5 月号，页 54～55。

第二章

学历构成

壹、谁抢到了知识分子，谁就抢到了天下

人类学家与思想史家都意识到民族主义始终是不可忽视的巨大力量，越落后越弱势的国家，民族主义的力量就越大。余英时："中国近百年来的变化，一个最大的动力就是民族主义。一个政治力量是成功还是失败，就看它对民族情绪的利用到家不到家。如果能够得到民族主义的支持，某一种政治力量就会成功，相反就会失败。"[1]中共的迅速壮大，正是成功利用了民族主义，从而完成一系列政治思想整合与组织准备。

中外史界都认为知识分子的走向（尤其知青走向）预示着未来10～20年的社会景色，一个政权抛弃知识分子，则是一场大革命的先兆。[2]反之，谁得到知识分子，也就意味着攥有偷窥神器的资本。1905年，风雨飘摇的清廷仓促废除科举，百万士子进身之阶顿时被堵，不少人转身革命。从社会转型角度，停废科举势在必行；从政权"维稳"角度，骤停科举则为社会动荡助添干柴，成为清廷"失鹿"的政策性导火索——大大增加社会活跃力量（中青年士子）对政权的离心力。最后一届秀才谢觉哉："最末一次的举人秀才，革命的很少，参加无产阶级革命的更少，然而这皆是当时的优秀。"[3]清吏验别革命党人的方法很简单，秀才黄炎培："因我读书多，在第二次被控革命党时，清朝官吏认为读这些书，绝不是革命党，获释。"[4]出路既明，何必犯上作难？风险到底很大。

---

1 余英时：《钱穆与中国文化》，上海远东出版社1994年版，页203。

2 （美）费正清（John King Fairbank），《费正清对华回忆录》，陆惠勤等译，知识出版社（沪版）1991年版，页336。

3 《谢觉哉日记》，人民出版社（北京）1984年版，上册，页457。

4 黄炎培：《八十年来》，文史资料出版社（北京）1982年版，页22。

1935年华北事变后，大批知青投身军政，国共两党都认识到“谁抢到了知识分子，谁就抢到了天下。”[5]中共组织部长陈云再三强调：“现在各方面都在抢知识分子，国民党在抢，我们也要抢，抢得慢就没有了。日本帝国主义也在收买中国的知识分子为它服务。如果把广大知识分子都争取到我们这里来，充分发挥他们的作用，那末，我们虽不能说天下完全是我们的，但是至少也有三分之一是我们的了。”[6]中共中央迅速改变1928年“六大”以来对知识分子的关门政策，高擎抗日民主两面大旗，以“总理遗嘱”相号召——外争独立、内求民主，改共青团为“民先”（中华民族解放先锋队）以强调抗日。[7]批判“关门主义”的同时，打开大门“广招天下士，诚纳四海人”，电令各地大力输送青年赴延。平津沪宁港穗汉蓉等地左翼报刊发表许多介绍延安的文章，鼓动青年赴延。[8]

1938年3月15日，中共发布〈关于大量发展党员的决议〉：“大批的革命分子要求入党，这给了我们发展党以极端有利的条件。”1938年4月9日，东南分局给各省委、特委下达〈猛烈发展党的指示信〉。[9]1938年3月，抗大教育长罗瑞卿向党务科长李逸民交待：每连党员要发展至80%。[10]国统区中共各级组织第一要务就是发展党员。1938年春，18岁的冯兰瑞入党，不到一年就发展了12名党员。[11]为降低门槛，入党誓词中去掉“阶级斗争”，“服从纪律”改为“遵守党的纪律”，“牺牲个人”改为“不怕牺牲”，最关键的“永不叛党”也拿掉了，1982年才恢复。[12]

上海、西安、重庆、成都、广州、香港、太原、桂林、长沙、洛阳、兰州、贵阳、新乡、迪化等地，均设立八路军办事处，千方百计将一批批知青送往延安，放低身段“来去自由”——来则欢迎，去则欢送，再来再欢迎。对有名望的文化人，更是摇伸橄榄枝。1937年10月，中共欢迎巴金、茅盾、曹禺、老舍、沈从文、萧乾等十位著名作家前往延安，提供写

5 刘家栋：《陈云在延安》，中国方正出版社（北京）2005年版，页28。

6 中共中央文献编委会：《陈云文选》（1926～1949），人民出版社（北京）1984年版，页115。

7 王力：《王力反思录》，北星出版社（香港）2008年版，下册，页860。

8 祝均宙、萧斌如编：《萨空了文集》，上海科学技术文献出版社2002年版，页67～71。

9 《中共中央东南局》，中共党史出版社（北京）2006年版，下卷，页539、563。

10 《李逸民回忆录》，湖南人民出版社1986年版，页101。

11 冯兰瑞：《别有人间行路难》，时代国际出版社有限公司（香港）2005年版，页360～361。

12 〈让我们重温各时期入党誓词〉，载《光明日报》（北京）2011年4月27日。

作上一切便利。[13]冼星海于“八·一三”后才闻知延安之名，1938 年冬因得创作出入双自由之诺赴延。[14]

1937 年 8～10 月，八路军南京办事处，接待并审查了千余名江南各地出狱的政治犯，其中 700 余人转送延安；1938 年 3～5 月，八路军武汉办事处介绍 280 人赴延；[15]5～8 月，武汉、西安八路军办事处介绍赴延知青 2288 人。[16]动身前，在“八办”集中，发给军服、零用钱，再送到车站。[17]由川入陕不易，至 1939 年底，川东党组织亦至少向延安输送党员、学生百余人，包括万县天主教神学院的三名学生。[18]

1937～42 年，延安先后创办抗大、陕公、鲁艺、马列学院、自然科学院、中国女大、安吴堡战时青训班（接收未立即获准入延者）等 17 所院校，向全国招生。

1938 年 3 月，中共中央电示东南分局多多招收南方学生：

> 南方学生来得很少，因此，改变方法，不必举行考试，也不必介绍信，立即通知各地党部、左翼团体、同情者，向外放出空气，凡纯洁能吃苦耐劳者，不拘年龄、性别、职业、学历均可自动北来入学。……并告以保障入学，来者不拒，一律收容，学习时间三个月至六个月，毕业后工作可自由选择，愿回家工作者，路费酌由学校发给。[19]

延安各校一开始还收点膳费，很快一律免费，统一发放土布军装。抗大生每月一元津贴，校方须为每生平均支付 10.5 元／月。[20]倒贴政策对许多贫苦学生的诱惑自在不言。

---

13 沈从文：〈《湘行散记》序〉，参见《沈从文全集》第 16 卷，北岳文艺出版社（太原）2002 年版，页 391。

14 冼星海：〈我学习音乐的经过〉。马可：《冼星海传》，人民文学出版社（北京）1980 年版，页 264。

15 梅剑：《延安秘事》，红旗出版社（北京）1996 年版，上册，页 336。

16 李志民：〈抗大抗大·越抗越大〉（之三），载《中共党史资料》第 11 辑，中共党史资料出版社（北京）1984 年版，页 197。

17 钱之光：〈抗战初期的国共合作和八路军驻南京、武汉办事处概况〉，载《革命回忆录》第 18 辑，人民出版社（北京）1985 年版，页 58。

18 杜之祥：〈下川东的抗日救亡运动〉，载《四川党史研究资料》1985 年第 8 期，页 22。

19 〈东南分局转来延安招收南方学生指示〉（1938 年 3 月 29 日），载《中共中央东南局》，中央党史出版社（北京）2006 年版，下卷，页 556。

20 江文汉：〈延安访问记〉，载《档案与史学》（上海）1998 年第 4 期，页 6。

抗大组织科长李志民（1906～1987，上将）：毛泽东一再指示“革命青年，来者不拒。”要求抗大招生广告从延安一直贴到西安，每根电线杆一张。抗大新生每至百余名，毛辄接见。毛清晰意识到抗大有可能成为中共的黄埔军校。当时，抗大教职员纷纷要求上前线，毛要他们认识到自己培养的可是未来的连长、营长、团长、师长！1939 年 2 月，鲁艺美术系两位教师申请入党，毛特约面谈。[21]1939 年 5 月，抗大生刘力功不愿下基层，坚持升学马列学院或回原籍工作，不满足要求就退党，刘最后同意去华北，但一定要在八路军总司令部。开除之前，谈话七次，竭尽挽留。[22]1938 年暑假，重庆中央大学两名学生坚决要求退党，“党的力量只有这样一点，要想革命成功，不知要等到哪一年”。川东青委书记杨述、川东特委书记廖志高、长江局书记王明先后找谈话，无法劝阻，只得开除。[23]

中组部广开大门，竭望粒珠无遗。何其芳（1912～1977）记述：

> 抗大的名额满后从这里到西安的沿途电线杆上都贴着“抗大停止招生”，“抗大停止招生”，但还是有许多青年徒步走来，而且来后还是得到了学习或工作的机会，没有一个人被拒绝回去。他（按：某中共高干）说到认识人不能单看缺点，而且从缺点也可以看出长处：骄傲的人有自信心，可以把计画好的工作交他去做；怯懦的人谨慎，可以当会计；吊儿郎当的人会交际；而普通认为背景复杂的人多半经验丰富，知道许多理论，总会接近真理，承认真理……[24]

中共还在南方举办各式“抗大”、各种军政干训班。1937 年底鄂中应城汤池训练班，国府湖北建设厅主办，但由陶铸主持，仅办三期，作用甚

---

[21] 何其芳：〈毛泽东之歌〉，参见《何其芳文集》第三卷，人民文学出版社（北京）1983 年版，页 50。

[22] 陈云：〈为什么要开除刘力功的党籍〉（1939 年 5 月 23 日），原载《解放》（延安）第 73 期。参见《陈云文选》第一卷，人民出版社（北京）1995 年版，页 123～124。

[23] 廖志高：〈抗日战争时期在南方局直接领导下重建、发展、巩固川东地下党的主要情况（1939 年 12 月～1943 年 9 月）〉，载《四川党史研究资料》（成都）1984 年第 3 期，页 2。

[24] 何其芳：〈我歌唱延安〉（1938 年 11 月 16 日），原载《文艺战线》（延安）创刊号（1939 年 2 月）。参见《何其芳文集》第二卷，人民文学出版社（北京）1982 年版，页 176～177。

巨。600 余学员，多为平津流亡大学生，江北新四军与鄂豫根据地干部来源。蒋介石指为“红军大学”，1938 年 5 月勒令停办。[25]

鄂豫皖老区黄安七里坪“党训班”，主任方毅，副主任彭康。知名学员马识途（中央大学）、韦君宜（清华大学）、刘西尧（武汉大学）。训期两个月，四门课程：党的建设、游击战争、统一战线、群众工作。[26]

1938 年 1 月，浙南平阳县山门举办“抗日救亡训练学校”，校长粟裕。1939 年 2 月，万县国华中学开学，全校教职工 19 人，13 人为中共党员，5 人为“进步教师”，不到半年发展党员三四十人，“这所抗大式的学校为党培养和造就了一批抗日救亡的人才”。[27]1938～40 年，中共闽西南潮梅特委（书记方方）在龙岩、永定办了几期党训班，培训粤闽知青，其中一期学员七八十名（“大多是知识分子”）。“老伙夫”竟是当年的游击队司令刘永生（1904～1983，后为福建省军区司令、少将）。[28]1940 年 12 月 13 日，陕北中央要求中原局开办两万人的大学校，尽量招收上海、苏北知青：

> 不分男女、信仰、党派、阶级，只要稍微有点抗日积极性的，一概招收，来者不拒。不要怕反动分子混入，让其混入一些，然后再淘汰。[29]

待遇上对知识分子也相当倾斜，学校干部津贴高于部队干部、教员优于行政干部；前方营连干部每月津贴 3 元，学校队长、指导员、参谋 3.5 元，教员 4 元，主任教员 4.5 元，校长 5 元。[30]1937 年延安生活极端艰苦，小米熬白菜是抗大全校伙食，但每月补助教员两斤大米、一斤鸡蛋、几斤

25　苏全有：〈汤池训练班与中国共产党〉，载《武汉文史资料》2004 年第 2 期，页 17。
雍文涛：《鄂中烽燧——忆陶铸同志主办汤池训练班》，载《红旗飘飘》第 21 集，中国青年出版社 1981 年版，页 105。

26　马识途：《风雨人生》，参见《马识途文集》第九集（上），四川文艺出版社 2005 年版，页 133。

27　杜之祥：〈下川东的抗日救亡运动〉，载《四川党史研究资料》（成都）1985 年第 8 期，页 22。

28　谢毕真：〈战斗在闽粤赣边的刘永生〉，载《革命回忆录》第 16 辑，人民出版社 1985 年版，页 116～117。

29　〈中央关于开办学校大量招收青年职工和知识分子给中原局的指示〉，载中央档案馆编：《中共中央文件选集》，中央党校出版社（北京）1991 年版，第 12 册，页 577。

30　王茂润主编：《中国人民抗日军事政治大学史》，国防大学出版社（北京）2000 年版，页 375。

面粉，吸烟教员四包“风车牌”。学员津贴一元，“只有从外面请来的教员十元，高出（校领导）一倍以上。”[31]1938 年，陕公校长成仿吾薪金五元，教员薪金却有高至 12 元。印刷工人薪金 20～30 元（边区最高）。[32]

1940 年代，中共晋冀鲁豫、晋察冀、晋西北等根据地先后公布〈优待专门技术干部办法〉，诚聘各项技术人员，每月津贴 15～50 元。[33]

> 抗战初期……每人每月发一元生活补贴，教师比一般干部多发五角。当时边区待遇比较好的有教师、医生、保育员、小孩和各种技术专家。以后由于国民党的封锁，边区财政更困难了，老师和政府工作人员的待遇才一样了。但在政治待遇方面还是受到尊重。一些农村教师被选为人民代表，开乡民代表大会时，教师和乡的领导干部都坐在主席台上。[34]

此时，中共尚无傲视知识分子的资本。1938 年，晋察冀七所医院的伤兵，真正能够提供现代医疗服务的只有诺尔曼·白求恩大夫一人。[35]江西苏区时期，迫于现实，中共颁布《征求专门技术人才启事》，对电讯、医务、军事教育专家予以优待，津贴从五角直至百元，红军技术人员最高不超过十元，士兵更低。[36]

投奔新四军，“凡是有点学历的人，到了新四军先享受干部待遇，再考虑分配工作，担任文化教员、文工团员或是别的适宜发挥其特长的工作。当医生的参军，更受优待。”一位上海医生，一到就给团级待遇。[37]

---

[31] 李志民：〈抗大抗大·越抗越大〉（之三），载《中共党史资料》第 11 辑，中共党史资料出版社（北京）1984 年版，页 216。

[32] 舒湮：《边区实录》，国际书局（上海、香港）1941 年合版，页 25、68。

[33] 赵德昌：《知识分子问题研究》，山西人民出版社 1989 年版，页 154～164。

[34] 李善英：〈回忆陕甘宁边区第一次文教大会〉。延安市政协文史资料研究委员会编：《延安文史资料》第一辑，1984 年 9 月印，页 98。

[35] （美）埃文斯·福代斯·卡尔逊（Evans Fordyce Carlson）：《中国的双星》，祁国明、汪杉译，新华出版社（北京）1987 年版，页 205。

[36] 〈中央革命军事委员会——适于红军供给标准的规定〉（1933 年 7 月 30 日）。余伯流：《中央苏区经济史》，江西人民出版社 1995 年版，页 404、401。

[37] 张云龙：〈新四军成立初期的艰苦岁月〉，载《革命回忆录》第 11 辑，人民出版社 1984 年版，页 55。

1940 年 11 月，中宣部下文，“动员民众优待小学教师，政府奖励优良小学教师并提高良好教师的政治社会地位。”[38]1944 年，边区中学教师年收入七石小米，比教育厅长柳湜的待遇还高，但愿干的人仍不多，师资甚缺。[39]出于统战，凡有民主人士到访，毛泽东必亲自接待。从毛泽东那封〈给萧军的信〉[40]，可看出毛对士子的怀柔。1946 年 10 月，王光美飞延，供职军委外事组，中办主任杨尚昆安排她吃中灶。[41]

国共争抢知识分子的重头在知青，而非中老年高知。中老年高知，价值定型、思想稳固，身体、家庭等条件也不允许远赴延安。延安中国女大学员，“大部分是刚出校门、家门的青年学生，平均年龄只有 20 岁。”[42]四川万县大户之女李文放 14 岁赴延入女大，还不是“最低记录”。

1936 年 2 月，范长江在三原客店遇到一位 68 岁投共者，他听说中共将来“不得了”。“七•七”事变后，成千上万的知青怀着憧憬投奔延安，最小只有十二三岁，绥德小学生白纪年（1926～），1939 年春步行赴延，1942 年入党，1984 年出任陕西省委书记，1985 年进中委。最老则有 75 岁老头。大学教授、工程师、新闻记者，各党各派都有，甚至有爱吃大菜爱上舞场的上海小姐、有凸肚少妇，有南洋华侨。[43]甚至还有国民党前延安县长。[44]

1937 年 3 月抗大一成立，西安至延安 370 公里的路上就出现步行知青，且多为中产及富家子弟。[45]1938 年夏秋，达到高潮，每天百八十人到达延安，姐妹相携、师生相伴、僚属相邀、夫妇同行、父子同程、母女同志。每天成群结队，不绝于道。[46]一支从西安赴延队伍达 800 人。[47]“陕公每过几天就编成一个队，很快就编到第 27 队。”[48] 1938 年，抗大学员一万、陕

---

38 《中共中央文件选集》，中共中央党校出版社（北京）1991 年版，第 12 册，页 567。
39 赵超构：《延安一月》，上海书店 1992 年版，页 164。
40 《毛泽东文集》第二卷，人民出版社（北京）1993 年版，页 364。
41 黄峥：《王光美访谈录》，中央文献出版社（北京）2006 年版，页 33。
42 石澜：《我与舒同四十年》，陕西人民出版社 1997 年版，页 74。
43 原景信：《陕北剪影》，新中国出版社（武汉）1938 年 5 月初版，页 20。
44 翟作军：〈在毛主席身边一年〉，载《革命回忆录》第 7 辑，人民出版社 1982 年版，页 183。
45 （西德）王安娜（Amna Liese）：《中国——我的第二故乡》，李良健、李希贤校译，三联书店（北京）1980 年版，页 120～124。
46 陈亚男：《我的母亲陈学昭》，文汇出版社（上海）2006 年版，页 100。
47 蒋巍、雪扬：《中国女子大学风云录》，解放军出版社（北京）2007 年版，页 198。
48 《温济泽自述》，中国青年出版社（北京）1999 年版，页 115。

公三千、青训班二千，加上鲁艺、马列学院、党校，共约两万人。[49]抗大学员最多时达 13390 人。[50]1937～38 年，国府对赴延知青从无阻拦。[51]

1940 年国府教育部统计，全国专科以上学校（不计沦陷区），尚有 85 所，分布西南及陕甘，学生总数约三万余。战前，全国专科以上院校不过 108 校，在校生 42922 人。[52]品质上，赴延学生多数非"专科以上"，数量上却占绝对优势。陈云秘书刘家栋（1917～2012）："整个抗战期间，约有 20 万人次的干部在延安接受了短期训练，仅抗大就有十万人次。"[53]

1938 年 9 月，延安已聚集万余学生，陈云感慨："天下英雄豪杰云集延安。我记得 1932 年在上海开办一个学校，训练工人干部，只讲了六天，学生也只有六个……一万个跟六个比一比，相差多少？"[54]国民党史家："此一大量新血输入，实为中共再起之重要凭借。"[55]

赴延知青绝大多数来自城镇，几无工农。此时沦为抗大讲师的李德（Otto Braun，1900～1974）："几万名年轻知识分子从城市来到这里，他们中间有教师和大学生，有官员和职员，有艺术家和作家，以及其他所谓的脑力劳动者，但几乎没有工人和农民。"[56]所谓工农运动，事实上是知识分子去运动工农，并非工农自发运动。贫困少知的工农衣食尚忧，哪有空闲有能力去理解马列主义？怎么可能理解"只有解放全人类才能最后解放自己"？工农从来都是被"运动"的大众，连自己都"解放"不了。

1938 年秋，抗大已无力扩容，延安到西安的电线杆一路张贴"抗大停止招生"，还是有许多青年徒步走来。[57]江南一些投奔新四军的学生，因

---

[49] 逄先知主编：《毛泽东年谱（1893～1949）》（中卷），中央文献出版社（北京）2005 年版，页 99。

[50] 叶尚志：〈培养革命军政干部的摇篮〉，载《世纪》（上海）2006 年第 4 期，页 52。

[51] 茅盾：〈延安行——回忆录（二十六）〉，载《新文学史料》（北京）1985 年第 1 期，页 9。

[52] 李锐：〈关于大后方的大学教育〉，原载《中国青年》（延安）1940 年第 2 卷第 9 期。参见李锐《窑洞杂述》，湖南人民出版社 1981 年版，页 131。

[53] 刘家栋：《陈云在延安》，中国方正出版社（北京）2005 年版，页 29。

[54] 陈云：〈论干部政策〉（1938 年 9 月抗大讲演）。参见《陈云文选》第一卷，人民出版社（北京）1995 年版，页 112～113。

[55] 王健民：《中国共产党史稿》，中文图书供应社（香港）1974～75 年，第三编・延安时期（上），页 316。

[56] （德）奥托・布劳恩：《中国纪事（1929～1939）》，李六逵等译，东方出版社 2004 年版，页 327。

[57] 何其芳：〈我歌唱延安〉（1938 年 11 月 16 日），原载《文艺战线》（延安）创刊号，1939 年 2 月。参见《何其芳文集》第二卷，人民文学出版社（北京）1982 年版，页 176。

无介绍信，硬给撵回去。[58]1939 年起，赴延青年急剧减少，来自大后方的生源基本断绝。一则国共关系开始紧张，赴延学生受到拦阻；二则国统区左青已不多。[59]此时，中共限制学生入党，“如果我们长期地吸收过多的知识分子入党，那就真的会存在党内小资产阶级观点日益占据统治地位的危险。”（博古语）[60]1939 年，中共强调新党员质量，反对“拉伕主义”。[61]小小延安吸纳能力毕竟有限，已极度饱和。1942 年，延安总人口达四万，“三万党政军，一万老百姓。”[62] 1941 年，约 50 名要求赴延知青在洛阳“八办”耽搁很久，有些等了数月才获准。[63]

国府虽未主动抛弃知青，但知青的天然叛逆使国民党在这场知青争夺战中始终处于下风。许多知青虽不了解共产党，但却很嫌恶国民党。韦君宜说她四妹夫妇：“他们夫妻俩对于共产党实在没有什么认识，一本书也没看过。但是对国民党却很有认识。”[64]

左翼青年贾植芳：“抗战以后起来的一代知识分子，都是在五四新文化运动的教育、薰陶下成长起来的……从小就知道独立人格的宝贵，有一种藐视一切权威、反抗一切压迫的个人主义冲动。这种冲动在国共两大政治力量对峙的时候，促使他们本能地同情、偏向共产党的一边。”抗战爆发后，国府在武汉、广州、西安、南昌等地也办起名目繁多的各类抗日学校与培训班，尽量吸引青年学生。南京开办的“中央政治学校留日学生特别训练班”，结业后授予上尉以上军衔（最高中校），待遇相当不错。[65]

南昌有国府的青年服务团训练班，学生千人，但多为中共利用。1938 年 2 月 16 日，项英向中央报告“我们的影响在其中很大”。[66]国共合作有

---

58 陈荣坤等：〈无悔的追求——粟裕夫人楚青访谈录〉，载《百年潮》（北京）2007 年 8 月号，页 51。

59 何方：《从延安一路走来的反思》，明报出版社（香港）2007 年版，上册，页 61。

60 （美）爱德加·斯诺：《红色中华散记》（1936～1945），奚博铨译，江苏人民出版社 1991 年版，页 31～32。

61 廖志高：〈抗日战争时期四川地下党的重建和川东党组织发展、巩固的主要情况〉，载《中共党史资料》第 12 辑，中共党史资料出版社（北京）1985 年版，页 85。

62 〈中共中央关于审查干部的决定〉（1943 年 8 月 15 日）。载《中共党史参考资料》（五），人民出版社（北京）1979 年版，页 150。

63 （美）谢伟思（John S. Service）：《在中国失掉的机会》（Lost Chance In China），罗清、赵仲强译，国际文化出版公司（北京）1989 年版，页 6。

64 韦君宜：《思痛录》，人民文学出版社（北京）2013 年版，页 223。

65 贾植芳：《狱里狱外》，天地图书有限公司（香港）2001 年版，页 47、114～115。

66 《中共中央东南局》，中共党史出版社（北京）2006 年版，下卷，页 531。

一条协议：中共不得在国统区发展组织，包括外围组织，“民先”在这一背景下不得不解散。但中共明的不行暗的来，等国民党恍然醒悟，明白这场青年争夺战的战略意义，为时已晚。1938 年 10 月武汉失守后，国府开始拦路截堵。洛川、宜川、庆阳等三个方向设关布卡，堵截赴延青年，交送胡宗南西安战干第四团受训。[67]1940 年 4 月 15 日，抗大六期开学，4900 余名学员，知青大幅降低，仅 14%，本地工农骤增；文盲、半文盲 43%，高小 24%，中学 31%，大学 2%，近半学员不能做笔记，高小文化也只能简单笔记，大部分学员自学及理解能力很差。[68]

整个抗战期间，国共两党都清晰意识到“抗战后”的决战，本党命运取决于抗战期间的各项准备。国民党也不乏“有识之士”。1937 年 11 月初，西北绥靖公署厅长谷正鼎（1903～1974）在西安机关会议上：

> 现在是抗战时期，大家都跟着喊抗日，其实我们真正的敌人并不是日本人而是共产党。共产党有赤色帝国主义俄国做后台老板，比日本人还要可怕。俗话说家贼难防，共产党就是我们的家贼、腹心之患。我们不能消灭共产党，就要被共产党所消灭。我们与日本人还可以讲和，现在虽然抗战，终究还有和解的一天，我们与共产党那就完全不同了。我们与共产党势不两立，没有什么价钱可讲的。[69]

中共对知青的“争抢”意识一直很强。1937 年 3 月“燕大学生参观团”访延，毛刘周朱与军事将领都出来接见，全团十人回校积极宣传延安见闻，影响极大，抗战爆发后二三百燕京生进入红区。燕京在校生仅 800 余，每届只招 200 余名，学杂费约 150 银圆／年，入学考试严格，学生多为精英。[70]清华大学在校生亦不过 1200 余名，每生至少 120～130 元／年。[71]

---

67 张汉武：〈延安回忆〉。载延安政协文史委编，《延安文史资料》第三辑，1986 年 11 月，页 53。
68 王茂润主编：《中国人民抗日军事政治大学史》，国防大学出版社（北京）2000 年版，页 116～119。
69 张严佛（军统西北区长）：〈抗战前后军统特务在西北的活动〉，载全国政协文史委编《文史资料选辑》第 64 辑，中华书局（北京）1979 年版，页 99。
70 乔松都：《乔冠华与龚澎——我的父亲母亲》，中华书局（北京）2008 年版，页 11。
71 姚锦编著：《姚依林百夕谈》，中国商业出版社（北京）1998 年版，页 17、11。

1934 年报考清华大学四千余人，正取 317 名，备取 60 名，实际报到 287 名。[72]出身名校的"小资学生"，对优化中共队伍起着重大作用。

中共很留意收揽青年英俊。1938 年，17 岁武汉女生范元甄在街头演讲，王明指着说："这种人应该是共产党员。"[73]国统区大学生，尤其名校生，只要有意赴延，各地"八办"鼎力相助，竭诚安排。成都燕京生彭迪、钱行夫妇便是由八路军渝办安排，1944 年赴延。燕京高才生李慎之 1946 年赴延。1945 年 11 月中旬，鲁艺与延安大学最后一批领导将赴东北，毛泽东面嘱：你们去东北的任务是去争取青年，办大学。[74]

对一些有特殊影响的高知，只要表达入党意愿，立即批准，毋须候补期。陈学昭 1945 年 7 月初递交入党申请，很快批下来，无候补期，宣誓日期定在 7 月 14 日——法兰西国庆日，纪念她十年留法。十分细致，很人性化，不放过每一个让人高兴的细节。[75]

抗战时期，从中央至分局、省委、特委，均设立青年工作委员会，要求国统区党员须有合法社会身分，尽可能广交朋友，学生党员则须"三勤"——勤学、勤业、勤友。南方局青委从未停止向根据地输送知青。抗战后期，中共则动员知青扎根农村，在"反动统治基础薄弱"的农村建立巩固据点，等待时机发动武装斗争。1945 年 1 月南方局《青年生活》号召："知识青年的岗位在农村"，不少红青成为云南游击队骨干。[76]

1940 年 6 月 3 日，中共书记处下文："今后在国民党区学生运动的根本方针，应是长期的潜伏发展，积蓄力量，争取人心。""在斗争中绝对避免支部及支部负责人的暴露，支部及支部负责人应站在暗中推动、旁边赞助的地位，他们应深深的埋藏在学生群众中间。"6 月 7 日，再下发〈中央关于加强战区青年工作的指示〉："加强青年工作是全党的责任"、"不

72　何炳棣：《读史阅世六十年》，广西师大出版社（桂林）2005 年版，页 56。

73　李南央编著：《我有这样一个母亲》，开放杂志出版社（香港）2003 年版，页 1。

74　何其芳：〈毛泽东之歌〉，参见《何其芳文集》第三卷，人民文学出版社（北京）1983 年版，页 122。

75　陈亚男：《我的母亲陈学昭》，文汇出版社（上海）2006 年版，页 114。

76　南方局党资料征集小组青年组：〈南方局领导下的青年工作（1939・1～1947・2）〉，载《中共党史资料》第 13 辑，中共党史资料出版社（北京）1985 年版，页 246、250、260～262。

应排斥地主商人的子弟”、“积极团结小学教员”、“吸收乡间游离知识分子青年参加各种工作”、“注意影响敌占区及大后方的青年”。[77]

中共高举“修正一切现弊”的大旗，使国民党在抢夺知青的政治大战役中明显落败。截至1943年，国民党一百几十万党员，学生党员仅约三万（主要1940年以后发展），[78]显然未能抢过共产党。而大革命期间，国民党员从1926年的15万猛增至1929年的63万，1/3为25岁以下青年。[79]青年的流向不仅标志人心向背，更重要的是决定了社会潜在的价值走向。抗战结束后，吴国桢向蒋介石汇报：三青团效率很低，仅通过财力诱征学生，不能得到最优秀的人才。三青团名声很坏，许多中立分子反感。[80]

反对党＋抗日＋共产主义，乃是中共吸引青年学生的三面大旗。国府对“一二·九”运动的处理又不甚明智。爱德加·斯诺（1905～1972）：“革命的所有起因中，知识青年完全丧失了对一个政权的信心，是促成革命的一个要素。”[81]燕京毕业生李慎之晚年说：

> 当时没有其他的路可以选择。我们要抗日，看到的却是国军不断溃退；我们要民主，感受到的是国民党当局的专制统治。而共产党则高举抗日和民主的大旗。我们是带着自由、民主、解放的理想奔向共产党的。只要当年内心还有一点热血、一点良知，就不会选择另一条路。[82]

文化的局促限制了时代，限制了这代青年的选择，使他们没有选择第三条道路的可能。赤说泛滥的“红色的三十年代”，一代青年将马列主义认作民主、自由的化身，义无反顾地投身中共阵营。

---

77 中央档案馆编：《中共中央文件选集》，中央党校出版社（北京）1991年版，第12册，页396～397、400～401。

78 资料为周恩来提供。参见《胡乔木回忆毛泽东》，人民出版社（北京）1994年版，页279。

79 （美）费正清、费维恺主编：《剑桥中华民国史》，中国社会科学出版社（北京）1994年版，下集，页136～137。

80 吴国桢：《从上海市长到“台湾省主席”》，吴修垣译，上海人民出版社1999年版，页37。

81 （美）爱德格·斯诺：《我在旧中国十三年》，夏翠薇译，三联书店（北京）1973年版，页60。

82 谢韬：〈我们从哪里来，到哪里去？〉，载燕凌等编著：《红岩儿女》第三部（上），真相出版社（香港）2012年版，页7。

蒋介石的《苏俄在中国》：“我们在宣传上缺乏主动，在思想上缺少内容。”夏志清认为三民主义属于西方观念，“并不是什么深思熟虑的学说，不易吸引知识分子。孙中山……毕竟是典型的现代自由派的分子，天真、善意但缺乏智慧。他很难给自己的民生主义同马克思的社会主义清楚地划清界线，因为他不能完全摈弃后者。”夏志清指出国民党“一个更基本的弱点：它没有一个睿慧的思想纲领去战胜共产主义，赢得知识分子的支持。许多知识分子和作家，他们自 1927 年国民党迫害共产党之后不满国民党的，在这十年间仍然不满国民党。这批人后来造成有利于共产主义的舆论，间接助长其发展，对共产党来说，真是功不可没。”[83]

1927 年“四・一二”清共后，国民党失去一部分知识分子支持。蒋介石败台后总结：忽视意识形态竞争，输在思想领域，失去知识分子支持乃败因之一。北伐前，孙中山在国民党内讲演：〈革命成功全赖宣传主义〉。[84] 1950 年底国民党再登记，“把内战中与党失去联系”的党员重新召入，作为种子发展新党员，尤重吸收知识分子。1952 年，台籍国民党员 40%高中以上学历，且从 1949 年 5 万党员增至 28 万。国民党在台根基渐固。[85]

延安一代还有“战斗在敌人心脏”的地下党员，人数少能量大，绩效高。江西时期，项南之父搞特科，四次反围剿有他的情报功劳，决定长征也是他送了情报。[86]抗战初期，一些抗大生被亲共的国民党将领招募入伍，成为天然第五纵队。1941 年，西康刘文辉的秘书竟由董必武选送，带着电台一直在刘身边工作了近十年。[87]中共西安情报处“后三杰”（胡宗南心腹熊向晖、申健、陈忠经）、美国新闻处 Z 记者；[88]双面特工杨登瀛、安娥；[89]徐蚌会战时发挥关键作用的张克侠（1929 年入党）、何基沣（1939 年入党）；向中共输送百余次重要情报并成功率部反水的国府国防部作战厅长、第 22 兵团司令郭汝瑰；蒋介石最信任的侍从室高参、第 46 军长韩练成（1926 年

---

[83] 夏志清：《中国现代小说史》，香港中文大学出版社 2001 年版，页 115、99、98。
[84] 《青春岁月——胡绩伟自述》，河南人民出版社 1999 年版，页 138。
[85] 石岩：〈蒋介石日记解读〉，载《南方周末》（广州）2008 年 7 月 24 日，D23 版。
[86] 李锐：〈我的延安经历〉（三），载《争鸣》（香港）2011 年 6 月号，页 66。
[87] 郑南：〈西康起义经过〉，载《革命回忆录》第 10 辑，人民出版社 1983 年版，页 125、131。
[88] 乔松都：《乔冠华与龚澎》，中华书局（北京）2008 年版，页 51。前三杰为钱壮飞、李克农、胡底。
[89] 卢荻：〈杨登瀛：“双面间谍”？红色特工？〉，载《同舟共进》（广州）2013 年第 5 期，页 40～47。

入团，1942 年入党）[90]……1939 年 11 月在延安训练班结业的阎又文（1914～1962），遣入西北军马鸿逵部，再入晋军傅作义部，北平围城期间，阎代表傅作义与中共谈判。张发奎司令部的秘密党员一直坚持到 1947 年。[91]

中共一再标榜与国民党"所争不在权力而在宗旨"，争的是"主义"，是改造社会的方案，但底牌当然还是"首在政权"，没有政权就没有宗旨的推行权呵！

贰、地方师范为中共储才

戊戌后，清政府兴办新式学堂，各省办起师范馆。1902 年济南创立省立师范馆（省立一师前身）。1901 年，清廷传令州县兴办小学；1902 年各省书院一律改办学堂。一些新学堂还免学费，如鲁迅 1898 年考入的南京水师学堂。辛亥后，北洋政府投资兴办各级师范以及一些免学费的附小，以期普及教育。1913 年，蔡和森入湖南省立一师，"不收学膳费"。[92]1917 年，汪寿华入浙江一师，免收学杂费，供给半膳。[93]1918 年，浙江龙泉东乡地主之子李逸民，上初小每年不过一吊钱，拥地百亩的父亲仍有点肉疼。[94]1919 年，16 岁小学毕业的冯雪峰偷偷考入金华省立七师，师范有官费津贴，祖父宽恕了他。[95]1920 年，十岁伍修权入学武昌高等师范附属免费"单级学校"，1921 年再入武昌高师免费附小。[96]1916 年，浙江诸暨 17 岁贫家子弟俞秀松被浙江一师录为免费生。[97]1922 年，江苏宜兴 15 岁贫家子弟徐铸成入无锡省立三师，"师范不收学费，膳宿费也全免。"[98]

---

[90] 陈益南：〈超级卧底郭汝瑰的入党问题〉，载《南方周末》（广州）2009 年 10 月 22 日。参见卢荻：〈潜伏："隐形将军"韩练成〉，载《同舟共进》（广州）2011 年第 6 期，页 53～57。

[91] 杨应彬：〈回忆从事秘密工作的日子〉，载《同舟共进》（广州）2011 年第 7 期，页 18。

[92] 刘昂：〈浩气贯天地・风雨送征船——缅怀蔡和森同志〉，载《红旗飘飘》第 19 集，中国青年出版社 1980 年版，页 3。

[93] 郑庆声：〈汪寿华传〉，载《红旗飘飘》第 31 集，中国青年出版社 1990 年版，页 29～30。

[94] 《李逸民回忆录》，湖南人民出版社 1986 年版，页 1、4。

[95] 冯夏熊：〈冯雪峰——一位坚忍不拔的作家〉，原载《北疆》（哈尔滨）1983 年第 1 期；参见包子衍、袁绍发编《回忆雪峰》，中国文史出版社（北京）1986 年版，页 3。

[96] 〈伍修权同志回忆录〉（之一），载《中共党史资料》第一辑，中央党校出版社（北京）1982 年版，页 110。

[97] 任武雄：〈关于俞秀松烈士〉，载《党史研究资料》第二集，四川人民出版社 1981 年版，页 75。

[98] 徐铸成：《徐铸成回忆录》，三联书店（北京）1998 年版，页 15。

1921 年 10 月，恽代英应聘四川泸州师范学校教务主任，后代理校长，向学生介绍《新青年》、《少年中国》，成立社会主义青年团。1923 年，四川最早三党员之一童庸生，与罗世文建立重庆 SY（社会主义青年团），陆续在川东师范、巴县中学建立团支部。[99]

"九·一八"后北大学运领袖之一千家驹（1909～2002），1926 年夏毕业于浙江金华师范，"师范学校完全公费，膳费公家也津贴一半，我一年只花三四十元便可以对付。大学一年要二三百元，全家不吃不用，供我一个人上大学也不够。"千家驹后入学北大，其母组织十多亲友"合会"，每人每年资助 5～20 元，约定儿子大学毕业后分期归还。[100]

1921 年初留法女生 18 人，16 人出自川湘粤苏四省师范：四川省立一师、湖南省立一师、长沙周南女师、广东香山县立女师。驰名者有蔡畅、蒋碧薇。[101]搬挪一句赤语，"腐朽阶级总是愚蠢地锻造自己的掘墓人"。大革命时期，各级师范成了赤窝红源。据有限收集，各校著名左派师生：

浙江一师（杭州）：陈望道、茅盾、施存统、梁柏台、俞秀松、宣中华、汪寿华、叶天底、柔石、冯雪峰、潘谟华、应修人。

湖南一师（长沙）：毛泽东、何叔衡、蔡和森、萧楚女、夏曦、郭亮、罗学瓒、肖子升（萧三）、李维汉、张昆弟、陈昌。

湖南二师（常德）：粟裕、滕代远、丁默村。

湖南三师（衡阳）：张秋人、蒋先云、黄静源、曾希圣、江华、张际春。

周南女师（长沙）：杨开慧、蔡畅、丁玲、王剑虹（瞿秋白妻）。

湖南女一师：向警予。

湖南女二师（桃源县）：王一知（张太雷妻）。

湖南女三师（衡阳）：曾志、彭家将（四姐妹）、刘深、郭怀振、吴统莲（吴仲廉，江华妻）、杨佩兰、李青、廖彩兰。

湖北女师：杨子烈（张国焘妻）、陈碧兰（彭述之妻）、徐全直（陈潭秋妻）、夏之栩（赵世炎妻）、李哲时（罗亦农妻）、庄有义（陆沉妻）。

---

99 中国革命博物馆党史研究室编：《党史研究资料》，四川人民出版社（成都）1983 年版，页 222。

100 千家驹：〈我在北大〉，载全国政协文史资料研究委员会编：《文史资料选辑》第 95 辑，文史资料出版社（北京）1984 年版，页 39。

101 梁大为辑：〈《吴虞日记》〉（摘录），载中国革命博物馆党史研究室编：《党史研究资料》第二集，四川人民出版社 1981 年版，页 19～20。

四川省立女二师（重庆）：张闻天、李伯钊、廖划平、廖竹君。

天津女一师：邓颖超、郭隆真、刘清扬。

湖北一师：董必武、陈潭秋、刘子通。

山东一师：王苨美。

山西国民师范：徐向前、薄一波、程子华。

江西三师（抚州）：饶漱石、李井泉。

重庆省立女二师，在教员恽代英、萧楚女、张闻天引导下，一些十三四岁的女生读了《共产主义 ABC》、《新社会观》，如李伯钊（1911～1985）1925 年入团，1926 年送俄（嫁杨尚昆），1931 年回国转党。邓季惺（1907～1995，吴敬琏之母）也深受赤色教师影响，著名左翼女报人（1957 年与丈夫陈铭德双双划右）。1923 年，中共党员吴渊（1898～1939）前往徐州省立女三师执教，1924 年就发展苏同仁（吴渊妻）、苏同侍姐妹入团入党，建立中共徐州党组织，吴渊后任山东省委秘书长兼宣传部长。[102]

中共女杰之一胡兰畦（1901～1994），毕业成都毓秀女师，在恽代英引导下，1922 年加入“马克思主义研究会”，参加妇运；1926 年赴广州，入黄埔军校六期女生队，结识同乡陈毅（1937 年与陈订婚）；1930 年经廖承志、成仿吾介绍在德国入党，1957 年因看望章伯钧划右，劳改 20 年。[103]

陈潭秋乃中共湖北支部首任书记，他以武昌高师附小为中心，培养了一批红色骨干，使附小成为武昌红色中心。17 岁的伍修权就是在这所学校读到第一本红书——布哈林的《共产主义 ABC》。[104]湖北省立二师，在教员萧楚女引导下，16 岁的潘文郁首次接触赤说，入团转党，莫斯科中大首批学员，中共“六大”代表，共产国际中共代表团秘书长，1928 年底回国，长期潜伏张学良身边，因盗取核心机密被张处决。[105]

中共星火一开始就落在各地师范与中学。1921 年 10 月，出席“一大”回湘的毛泽东，在夏明翰陪同下赴衡阳，“把自己的工作重点放在学界，

---

[102] 苏红：〈延安忆旧〉，载贾芝主编《延河儿女——延安青年的成才之路》，人民出版社（北京）1999 年版，页 259～260。

[103] 武宜三：《“陈毅是个好同志”吗？》，五七学社出版公司（香港）2009 年版，页 199。

[104] 〈伍修权同志回忆录〉（之一），载《中共党史资料》第一辑，中共中央党校出版社（北京）1982 年版，页 115、119。

[105] 穆玉敏：〈潘文郁——张学良身边的红色谍工〉，载《文汇报》（上海）2010 年 3 月 2 日。

决定首先在基础较好的衡阳三师开展工作，创造条件，建立党团据点。”[106] 1923 年夏，北师大哲学系学生党员李子洲（1892～1929）毕业回陕，由蔡元培、李大钊推荐，陕北最高学府榆林中学（初中）聘请李子洲、魏野畴执教，他们将“新思想”带入该校，榆林中学成为陕北赤潮摇篮。李、魏二人乃中共西北党组织创建人，李子洲为陕西省委代理书记。[107]1924 年秋，李子洲出长绥德省立四师，公开党员身分，聘请左倾教师，在校内发展首批党团员，建立党团特支，成员有白乐亭、李卓然等，直属北方区委李大钊领导。这批党团员再去榆林一中、延安四中发展刘志丹、郭洪涛、武开章、张秀山等。他们再渗入陕军井岳秀部，发展阎红彦等。[108]

1926 年，300 余名学生的绥德四师，240 余人参加中共党团，内有安子文、马明芳、刘澜涛、贾拓夫、马文瑞等。[109]渭北各县中学，1923～24 年普遍接受赤说，教员 90%加入“进步”的共进社，《向导》、《新青年》、《中国青年》、《民国日报》、《晨报》等左派报刊尽列图书馆、书店。1923 年，三原省立甲种工业学校学生张仲实（1903～1987，后为马恩列斯翻译局副局长、学部委员）代售《向导》（每期五六十份）、《中国青年》（每期百份以上）。上海团中央根据《中国青年》在三原的销量，判定该地学生接受赤色思想较普遍，1924 年暑假派上海大学三原籍学生李子建（团员）回乡发展组织，至十月即发展十余名团员，成立团特支，渭北赤焰由是更燃。[110]

赣西红色火种亦由吉安知青罗石冰等三人带回，三人 1924 年在沪入党。1926 年 1 月，罗石冰奉令回赣，3 月成立中共吉安特支。吉安七师学生不少人团，其中骨干由南昌党支部次年吸收入党。1927 年 1 月初，赣西 12 县均建立中共组织。[111]

---

106 中共衡阳市委党史办公室、湘南学联纪念馆：〈毛泽东早年在衡阳的革命活动〉，载《革命回忆录》第 15 辑，人民出版社（北京）1985 年版，页 2。

107 张秀山：《我的八十五年》，中共党史出版社（北京）2007 年版，页 7。

108 崔田民：〈陕北革命根据地的发展和粉碎国民党的一、二、三次围剿〉，载《中共党史资料》第四辑，中共中央党校出版社（北京）1982 年版，页 202～203。

109 高浦棠、曾鹿平：《延安抢救运动始末》，时代国际出版有限公司（香港）2008 年版，页 256。

110 张仲实：〈陕西省三原县团、党组织的建立经过〉。载中国革命博物馆党史研究室编：《党史研究资料》第二集，四川人民出版社 1981 年版，页 635～636。

111 余伯流、凌步机：《中央苏区史》，江西人民出版社 2001 年版，页 20。

河北的保定二师、邢台四师、大名七师、泊镇九师，以及临清的武训中学，“大革命时期，这些学校大都建立了中共地下党组织，或请了一些进步的教员。尤以第二、第四、第七师范学校，在学生中发展了不少党员。这些知识分子党员和进步分子，在冀南区不少地方发展了党组织和党的周边组织，曾发动若干次群众斗争。”[112]

董必武、陈潭秋创办的武汉中学吸收黄麻青年王树声、蔡济璜、徐子清、胡静山、徐其虚等，他们将“革命真理”带回大别山，启发农民的“阶级觉悟”，成为鄂豫皖赤色根据地最初的火种。[113]

除京沪平津穗汉等大城市，各地师范均为当地最高学府、文化中心。1919 年，400 余师生的浙江一师，订阅《新青年》100 多份，《星期评论》400 来份，还订阅《每周评论》等。[114]李伯钊晚年明确表述共产思想的外烁式植入：“我不是一开始就知道共产党、共产主义，而是慢慢地经过教育才知道的。”[115]赤化者必首先出自知识分子，各地中小学辄成赤窝，各地军阀倒也简便易认。1927 年，贵州炉县小学教员王小林与国民党有联系，省主席周西成派人将他从课堂叫出，“就地枪决”于县城外。[116]国共分裂后中共闹红，“火种”也首先落在各地学校，闽西苏区创建人张鼎丞回忆录：“大多数乡村都有小学校，小学教师绝大多数是共产党员或共产主义青年团员。大多数乡村都有党和团的组织。”[117]

1927 年国民党执政后，大力推广地方师范，十年间高教、中教成倍增长，学生翻倍，师范学校几达 1927 年的三倍。1930 年代初，河南几乎每县一所师范，鲁陇等省师范占中等教育 1/2。大力发展地方师范成为中共得到一代精英的第一级推进器。[118]出生 1910～20 年代的青年，正好赶上国

---

[112] 阎之青：〈冀南区史料钩沉〉，载《革命回忆录》第 15 辑，人民出版社 1985 年版，页 137。
[113] 许世友：《我在红军十年》，解放军战士出版社（北京）1983 年版，页 38。
[114] 施复亮：〈筹建中共上海发起组和社会主义青年团的经过〉。王来棣：《中共创始人访谈录》，明镜出版社（香港）2008 年版，页 52。
[115] 李伯钊：〈我的回忆〉，载《中共党史资料》第 17 辑，中共党史资料出版社 1986 年版，页 169。
[116] 张毕来：〈张毕来自述〉，载高增德、丁东编：《世纪学人自述》第五卷，北京十月文艺出版社 2000 年版，页 34～35。
[117] 张鼎丞：《中国共产党创建闽西革命根据地》，人民出版社（北京）1983 年版，页 7。
[118] 丛小平：〈通向乡村革命的桥梁：三十年代地方师范学校与中国共产主义的转型〉，载《二十一世纪》（香港）2006 年 8 月号，页 40。

民党发展地方师范，学费低廉或全免，甚至免费膳宿，作为回报，仅毕业后执教两年小学，相当一部分贫家子弟得以接受初中教育。

中共一向将国府说成一片黑，似乎惟有中共赤炬照亮祖国山川大地。夏志清认为抗战前十年："国民政府在发展工商业和改善人民生活方面，做了许多事，尤其是在它直接管辖的省分。但是光靠这方面的成绩，既不能赢得尊敬，也不能阻遏不满。"[119]像发展师范这样利国利民的基本建设，不仅未得赞颂，反而锻造了掘墓人。1935 年初，中共河北地下党"共有 1000 多名党员，党的主要干部大都是由保定师范和濮阳师范出来的学生。"[120]1936 年初，济南中共各支部集中于各学校，鲁西北特委党员主要来自各县乡村师范及小学教员。[121]1938 年 7 月 6 日冀东大暴动，骨干为 300 多名小学教师的地下党员，他们很快当了连长、指导员、团长。[122]1938 年 4 月入党的许家屯（1916～）："抗战时，我开辟敌后根据地，先从中、小学教师做工作，出干部。他们不满现状，为求个人出路参加革命。"[123]

白色恐怖亦非像中共描绘得那样严重。"四・一二"后，中共党员刘晓（1908～1988，后任驻苏大使）被派沪郊奉贤一所中学（设附小），"大多数教师都是共青团员和共产党员。整个学校很快就革命化了。我们常在学校唱《国际歌》和《红旗歌》，我们把国民党发的教科书丢到一边，只教共产党的书。大部分学生加入了共产党或者共青团。建立了许多农民组织。"[124]1933 年 4 月 23 日，中共地下党将李大钊的落葬搞成大遊行，从北京城南宣武门入城，拐至西直门外万安公墓，一路散发赤色传单、高呼口号："共产党万岁！""打倒刮民党！"还不时有地下党员拦路公祭、郊祭。[125]当今"六・四"难属想都不敢想的悼念场面。

---

[119] 夏志清：《中国现代小说史》，香港中文大学出版社 2001 年版，页 98。

[120] 高文华：〈1935 年前后北方局的情况〉，载《中共党史资料》第一辑，中共中央党校出版社（北京）1982 年版，页 173。

[121] 黎玉：〈山东党组织的恢复和发展〉，载《中共党史资料》第二辑，中共中央党校出版社（北京）1982 年版，页 282、292。

[122] 姚锦编著：《姚依林百夕谈》，中国商业出版社（北京）1998 年版，页 68、71。

[123] 《许家屯香港回忆录》，香港联合报有限公司 2008 年版，上册，页 134。

[124] （美）爱德加・斯诺：《红色中华散记》（1936～1945），奚博铨译，江苏人民出版社 1991 年版，页 77～78。

[125] 宇斧：〈李大钊烈士殡葬记实〉，载《革命回忆录》第 13 辑，人民出版社 1984 年版，页 119～123。

地方师范急速扩张，师资紧缺，收留了北伐后流落县乡村镇的中共党员与左翼人士，许多中小学校长为中共党员。他们延聘左翼教员，将一大批不满现状的愤青引入党内，培养成活跃于一线的组织细胞。抗战爆发后，这批知青党员动员民众、“拉伕”入党，乃中共这一时期发展壮大不可或缺的社会基础。北伐后，中共在城市主要发展大中学生，乡村则主要发展小学教师，然后依靠教师再去发动农民。师范教育成了中共向乡村渗透的主管道。没有知识的火把，便不可能点燃赤色烈火。没有一点知识，既理解不了革命，也不会靠近组织，更不会为组织看重。

处于社会中下层的城乡知青天然不满于现状，免费或半免费的师范又正好提高他们的文化能力，似懂非懂地接受赤说，从而“升华”自己的人生不满。他们处穷困之境，咸不安其位，既有攀援向上的心理，又装揣“变天”之愿，寄望社会变革，以获得更多上升机会。1931 年初，知青陈白尘（1908～1994）在皖北涡阳教书：“生活在小县城里，容易使得知识分子变得狂妄起来，大有众醉独醒，革命事业舍我其谁的样子。”[126]

中小知识分子年轻气旺，因知识而存寄望，因失意而怀怅恨，落拓极而牢骚起，抑郁发而叱吒生。一有风吹草动，奋翅而起，云合雾集，熛至风啸，最具潜在威胁力，最危险的不安定因素。尤其当社会矛盾激化的各朝末期，怨愤不平的下层士人与落第举子往往成为能量巨大的人物。如刘邦、刘备、王仙芝、黄巢、李自成、洪秀全以及围绕着他们的那批智囊，便是此类“社会边缘人”。一个能够吸纳贤士的政府才能降低知识分子的普罗化比例，增加政权稳固度。为使中下层士子沾享政权利益，“牢笼英彦”的科举制才诞生并持续 1300 年。唐太宗在端门见新进士一个个欣欣然缀行而入，一高兴抚掌掉底：“天下英雄尽入吾彀中矣！”

1925 年，少年伍修权在武昌街头进行红色鼓动，“听众中大都是年轻的工人、职员和学生。”愿意接受赤色思想者大多为下层青少年。中共十大元帅家庭出身：朱德、彭德怀、贺龙为贫农；刘伯承、徐向前乃秀才、林彪富农、陈毅小地主、罗荣桓教师、聂荣臻小业主、叶剑英小商人。无一出身中上层家庭。

---

[126] 陈白尘：《对人世的告别》，三联书店（北京）1997 年版，页 396。

伍修权，1923年由陈潭秋介绍入团，晚年陈述参加革命原由：

> 我参加革命符合“穷则思变”的道理。因为家庭破落，在社会矛盾中处于下层阶级，贫困与苦闷迫使我要求改变现状，要寻求出路，除了投身革命行列外，别无他法。这是我走上革命道路起首要作用的第一个社会物质生活的因素。还有第二个精神意识的因素，就是有了陈潭秋等同志和几位进步老师的引导教育。他们的革命真理之火，落在我们这些要求变革的贫困青年的干柴堆里，必然会燃烧起来。第三个因素是由于当时的社会环境所给予自己的现实教育，半封建半殖民地的中国的悲惨现实，随时随地都在启发我们初步的革命思想。这也就是存在决定意识。正是这三个因素，促使我走上了革命道路。[127]

伍修权参加革命的三项理由，其实只有两项——穷则思变与老师启发。只有接触“革命真理之火”，才会发现社会的“悲惨现实”。两项原因中，“真理之火”尤为重要，否则怎么会朝着赤色方向去“图变”？

1930年代，中国知识分子稀少。据国府教育部统计，1932～33年全国大专院校注册学生42170名，1933～34年46785名。1933年大学毕业生7311名，1934年7552名。1934年大学程度者0.88名／万人；土耳其1928年每万人大学生三名。[128]若非国府大力拓展地方师范，从总量上拓展中小知识分子，中共便不可能获得迅猛发展所必需的人才基础。国府地方师范教育政策，客观上成为中共干部的输血管。1930 年代由地方师范加入中共者有王任重、谷牧、潘复生等。第一位向少年李慎之输送赤说的，是其初一级任教师陈迅易，无锡地下党员（烈士）。[129]

后任河南省委第一书记、黑龙江革委会主任的潘复生（1905～1986），1931年10月在济南省立第一乡师入团，12月转党，1932年任山东团省委

---

[127] 〈伍修权同志回忆录〉（之一），载《中共党史资料》第一辑，中共中央党校出版社（北京）1982年版，页118、111。

[128] （美）费正清、费维恺主编：《剑桥中华民国史》，中国社会科学出版社（北京）1994年版，下卷，页448～449。

[129] 李慎之：〈不能忘记的新启蒙——〈革命压倒民主〉补充〉，载《炎黄春秋》2003年第3期，页12。

组织部长，一月后被捕，蹲狱五年余，1937 年 11 月出狱，旋任胶东文登中心县委书记。1935 年，江苏淮阴师范教师于在春、顾民元乃共产党员，他们引导少年王力（1921～1996）阅读新文学，接触左翼思想。王力 14 岁入团、18 岁入党。这些师范生到达延安与各根据地后，经过中共“热炒热卖”的短训，很快成为基层干部。否则，要将众多文盲培训成能够使用的基层干部，仅靠短期培训是无论如何办不到的。

从文化链条上，民初开始推行的地方师范教育，形成“红色的 1930 年代”不可或缺的历史台阶，为赤潮的大渗透大涌起做了人才准备。姚依林（1917～1994）：抗战时期中共各根据地训练干部，第一批受训者即为当地小学教员，包括中小学生，“中学生在当时农村便是大知识分子了。由于农民群众对于革命道理一时还接受不了，区党委一开始就是依靠地方知识分子开展工作的。他们当年都只有二十一二岁，有的来自大城市，有的是冀东暴动后才参加革命的知识分子。他们能够领导，只因懂得革命道理，对抗日救国、社会革命都能讲出一套话来，所以受到了信任。”[130]

这批小知识分子后来成为中共政权的基层细胞，也是“小知识分子管理大知识分子”的社会基础。靠着这批小知识分子深入农村，才有大批农民的加入。农民文化低弱，绝大多数只能是跟从徒众，起核心骨干作用的只能是知识分子。1945 年 5 月中共“七大”，40 万人中共干部，[131]工农党员虽占多数，但各级起核心骨干作用的，则是来自宝塔山下的知青。

抗大第四期（1938 年 4～8 月）四大队 1017 名学员，学生 525 人，占 51%；小学教员 179 人，17%；文化程度，小学 87 人，仅 8%；中学 665 人，65%；留学、大学 265 人，26%。23 岁以下 677 人，66%；24～30 岁 293 人，29%；30 岁以上 47 人，5%。抗大第六期（1940 年 4～12 月），抗战前培养的各地知青基本就位，抗战后师范停废，这一期知青数量大减，多为根据地工农党员，出身工农 86%，自由职业者、小商人、旧军官 5%，地富、资本家 9%；大多数为农村及中小城市的初中生、小学生；文盲、半文盲 43%，高小 24%，中学 31%，大学仅 2%；比第四～五期学员的文

---

[130] 姚锦编著：《姚依林百夕谈》，中国商业出版社（北京）1998 年版，页 79。
[131] 刘家栋：《陈云在延安》，中国方正出版社（北京）2005 年版，页 86。

化程度大大降低。[132]失去国统区的人才输血，中共就无法直接得到知青干部。不过，中共已收割一批青年精英，党组织细胞已渐粗壮。

参、学历构成

戊戌以后，历次革命参与者的成分日益下沉，越来越青年化下层化。戊戌变法（1895～1898）清一色士绅，领导人物有传可考者 48 人，其中进士 28 人、举人 8 人、贡生 3 人、生员（秀才）2 人，捐官 4 人。稍后的立宪运动（1905～1911），谘议局、资政院 1600 余名议员，911 人有功名，其中进士 4.7%、举人 19.1%、贡生 43.1%、生员 24%，留日或受过新式教育者约 20%。较之戊戌变法，立宪运动参与者的层次有所下降，低级功名已占主流。此后崛起的辛亥党人，1905 年同盟会成立时基本会员 70 人，一年后发展至 6000 余人，1911 年超过两万。同盟会领导层大多为留日生，有功名者甚寡，有传可考的 328 位知名辛亥党人中，进士 2 人、举人 6 人、贡生 2 人、生员 33 人。[133]学历层次下沉趋势更为明显。

不过，同盟会、国民党毕竟以留学生为主，1927 年国民党上台，高层领导多有留学经历。蒋介石、汪精卫、胡汉民、吴稚晖、戴季陶、何应钦、阎锡山、程潜、张继、邹鲁等为留日生；张静江留欧留日；高级文官中不少出自教授，至少有一定学历，无有一位大老粗。中共开列的第一、二批 57 名国府“战犯”学历及主职：

第一批（除蒋介石、宋美龄）

李宗仁（1891～1969）——毕业于广西陆军速成学堂，副总统。

陈　诚（1898～1965）——毕业于浙江第十一师范本科、省立体专、保定军校炮科，国军参谋总长、台湾省长。

---

[132] 李志民：〈抗大抗大．越抗越大〉（之一），载《中共党史资料》第七辑，中共党史资料出版社（北京）1983 年版，页 53、99。

[133] 张朋园：〈清末民初的知识分子〉，载许纪霖编：《20 世纪中国知识分子史论》，新星出版社（北京）2005 年版，页 224～225。

白崇禧（1893～1966）——保定军校三期生，国防部长。

何应钦（1890～1987）——入日本振武学堂，防长、行政院长。

顾祝同（1893～1987）——保定军校毕业生，参谋总长、陆军总司令。

陈果夫（1892～1951）——浙江陆军小学毕业生，中组部长。

陈立夫（1900～2001）——美国匹兹堡大学矿学硕士；立法院副院长。

孔祥熙（1880～1967）——美国耶鲁大学经济学硕士；财长。

宋子文（1894～1971）——哈佛经济学硕士、哥大经济学博士；外长。

张　群（1889～1991）——日本振武学堂出身、同济校长；行政院长。

翁文灏（1889～1971）——比利时鲁汶大学地质学博士，清华代校长，中研院士；行政院长。

孙　科（1891～1973）——美国哥大经济学硕士，行政院长。

吴铁城（1888～1953）——九江同文书院出身，行政院副院长。

王云五（1888～1979）——自学成才、四角号码发明人、商务印书馆总经理，北大、中国公学教授；经济部长、行政院副院长、财长。

戴季陶（1891～1949）——日本大学法科生、中山大学校长；中宣部长、考试院长。

吴鼎昌（1884～1950）——前清商科进士，东京高等商校毕业生，北京法政学堂教师；实业部长、总统府秘书长。

熊式辉（1893～1974）——日本陆军大学毕业生，东北行辕主任。

张厉生（1900～1971）——巴黎大学毕业生，上海中山学院教授；中组部长、行政院副院长。

朱家骅（1893～1963）——柏林大学地质学博士，北大最年轻教授、中央大学校长；中研院长、教育部长。

王世杰（1891～1981）——巴黎大学法学博士，武汉大学校长，中研院士；中宣部长、外长。

顾维钧（1888～1985）——美国哥大政治学博士，外长。

吴国桢（1903～1984）——美国普林斯顿大学哲学博士，中宣部长、上海市长。

刘　峙（1892～1971）——保定军校毕业生，郑州绥署主任、徐州“剿总”司令。

程 潜（1882～1968）——秀才，日本陆军士官学校毕业生，长沙绥署主任兼湖南省长。

薛 岳（1896～1998）——保定军校生，徐州绥署主任、总统府参军长、广东省长。

卫立煌（1897～1960）——陆军大学特别班，东北“剿总”司令。

余汉谋（1896～1981）——保定军校毕业生，陆军总司令、广东绥署主任。

胡宗南（1892～1962）——县小教员、黄埔一期生，西安绥署主任。

傅作义（1895～1974）——保定军校毕业生，华北“剿总”司令。

阎锡山（1883～1960）——日本陆军士官学校毕业生，太原绥署主任兼山西省主席。

周至柔（1899～1986）——保定军校毕业生，空军司令。

杜聿明（1900～1954）——黄埔一期生，东北保安司令。

桂永清（1900～1954）——毕业于南昌一师、黄埔一期、德国步校，海军司令。

王叔铭（1905～1998）——黄埔一期，苏联航校毕业生，空军副司令。

汤恩伯（1898～1954）——入读日本明治大学汉科、日本陆军士官学校毕业生；京沪杭警备总司令。

孙立人（1900～1990）——毕业于清华、美国佛吉尼亚军校，台湾防卫司令。

马鸿奎（1892～1970）——兰州陆军学校毕业生，西北行辕副主任、宁夏省主席。

马步芳（1903～1975）——结业于宁海军官训练团；西北军政长官、青海省主席。

陶希圣（1899～1988）——北大法科毕业生，北大、中央大学法学教授；中宣部副部长、蒋介石秘书、《中央日报》总主笔。

曾 琦（1892～1951）——入学日本中央大学、后留法，青年党魁、总统府资政。

张君劢（1887～1969）——秀才、日本早稻田大学政治学学士、入柏林大学攻博；北大、燕京教授，中华民国宪法之父，民社党主席。

第二批

朱绍良（1891～1963）——日本陆军士官学校毕业生，福建省长兼福州绥靖主任。

郭　忏（1891～1963）——保定军校毕业生，国防部参谋次长。

李品仙（1902～1999）——保定军校毕业生，安徽省长兼徐州绥署主任。

董　钊（1901～1977）——黄埔一期生，联勤总司令。

陈继承（1893～1971）——保定军校毕业生，华北“剿总”副司令、南京卫戍司令。

张　镇（1900～1950）——黄埔一期生，入莫斯科中大，宪兵司令、重庆卫戍司令。

谷正纲（1902～1993）——柏林大学毕业生，入莫斯科中大；中组部副部长、内政部长、社会部长。

俞大维（1897～1993）——哈佛哲学博士，中研院历史语言研究所研究员；兵工署长、军政部次长、交通部长。

杨　森（1884～1977）——四川陆军速成学堂，贵州省长、西南军政副长官。

王绪瓒（1885～1960）——学历不详，四川省长、西南军政副长官。

陈雪屏（1901～1999）——北大哲学系毕业生、美国哥大心理学硕士；燕京、北大、联大教授；青年部长、政务次长。

胡　适（1891～1962）——美国哥大哲学博士，北大校长，中研院士；驻美大使。

于　斌（1901～1978）——上海震旦大学毕业生、罗马传信大学宗教学博士；制宪国民大会主席。

叶　青（1896～1990）——赴法勤工俭学，入莫斯科中大，中共叛徒，国民党中宣部副部长。

第三批战犯中有功名及留学者

徐　谌（1888～1969）——秀才，入学四川高等警官学校；财长。

叶公超（1903～1981）——英国剑桥大学文学硕士，清华教授；外长。

洪兰友（1900～1958）——上海震旦大学毕业生，中国公学、中央政校教授；内政部长。

董显光（1887～1971）——美国密苏里大学新闻学士，入哥大新闻学院攻硕；中宣部副部长、新闻局长。

邓文仪（1905～1998）——黄埔一期生，入莫斯科中大；中常委、国防部政工局长兼新闻发言人。

黄少谷（1901～1996）——伦敦经济学院毕业生，中宣部长、行政院秘书长。

张道藩（1897～1968）——伦敦大学、巴黎最高美专学院毕业生，中宣部长、海外部长、中央电影企业公司董事长。

郑彦棻（1902～1990）——巴黎大学统计学院统计师学位，中山大学法学院长；三青团中央副书记长、立法委员。

郑介民（1898～1959）——黄埔二期生，入莫斯科中大；军统局长、国防部次长。

叶秀峰（1900～1990）——美国匹兹堡大学硕士，中统局长。

左舜生（1893～1969）——上海震旦学院肄业生，执教复旦、大夏大学，农林部长。

陈启天（1893～1984）——南京高师毕业生，川大教授、上海知行学院院长；工商部长。

吴铸人（1902～1984）——北大毕业生、牛津大学经济硕士；北平党部主委、外部副部长、中执委、立法委员。

赖　琏（1900～1983）——两度留美，入康奈尔大学研究院，西北工学院长；中常委、海外部副部长、立法委员。

蒋廷黻（1895～1965）——美国哥大哲学博士，南开、清华史学教授；驻联合国首席代表。

关吉玉（1899～1975）——留学柏林大学，粮食部长、财长。

徐傅霖（1878～1958）——秀才，日本法政大学法学士；民社党宣传部长、总统府资政。

非战犯著名文官、将领

蒋梦麟（1896～1964）——美国哥大教育学博士，教育部长、北大校长。

邵力子（1882～1967）——举人，留日生；陕西省主席、中宣部长。

王正廷（1886～1961）——美国耶鲁法律系毕业生，外长、驻美大使。

俞鸿钧（1899～1960）——上海圣约翰大学毕业生，中央银行总裁。

刘航琛（1896～1975）——北大经济系毕业生，经济部长。

陈　仪（1883～1950）——日本陆军大学毕业生，浙江省长。

廖耀湘（1906～1968）——黄埔六期生，荐送法国圣西尔军校、机械化骑兵专校，兵团司令。

盛世才（1895～1970）——入日本明治大学、陆军大学，新疆省主席。

张辉瓒（1885～1931）——日本士官学校毕业生，师长。

中共公布的三批108名国民党“战犯”学历概况：大学以上（包括同等学力）54人（50%），其中博士14名、硕士5名；留日21名、留苏9名、留美18名、留法11名、留德8名、留英4名、留比、意各一名。秀才三名、进士兼翰林二人（吴鼎昌、张君劢）。[134]

美国记者白修德（1915～1986）：“中国政府中的美国毕业生名单是开列不完的——多得无法计算。从国家卫生署到盐业总局再到外贸委员会比比皆是。中国的驻外使节中，哈佛、哥伦比亚大学的学生也占压倒性的优势。”[135]

民初，孙中山临时政府就有考选官吏动议。北洋政府设立高等文官考试（县长必须有此出身），国府沿袭，早已确立官吏队伍的“知识化”。[136]

---

[134] 晓冲主编：《毛泽东钦点的108名战犯的归宿》，夏尔菲出版有限公司（香港）2003年版，页368～369。

[135]（美）白修德：《中国抗战秘闻——白修德回忆录》，崔阵译，河南人民出版社1988年版，页21。

北洋政府前后 32 届内阁，历届国务总理与阁员，41～93%留学生；南京国民政府 83%为海归，[137]中下级官吏也多为高学历。1947 年上海警察局长俞叔平，维也纳大学法学博士。1946 年上海议长潘公展，上海圣约翰大学毕业生。1946 年上海党部主委方治，毕业东京文理大学。民国政府机关一直很重学历与出身。[138]

有资料表明：北洋高官 70%为海归。1922 年的北洋政府，总理王宠惠，耶鲁法学博士，持有英国律师执照；财长罗文干，牛津法学硕士；教育部长汤尔和，留日医学博士；外长顾维钧，留美法学博士。国民党高干亦以高知为主，坐下来开会都是留洋博士硕士。共产党高干则以中小知识分子为主，坐下来开会没几个大学生。各方面都占优势的国民党竟败于共产党，可嚼可吮的历史内涵多多呵！

从知识结构角度，留美留英生处于最高层，但他们回国后立即发现自己的学问不合时宜，没多少听众。反之，那些留日留苏留法的半吊子留学生，鳌头独占，风光无限。卑言易入，俗语易播。英美生的学问太高太复杂，留日留俄留法学生已得先机，激进简单的赤色学说先入为主，因明快而痛快，任何群众运动总是越偏激的口号越得拥护。

中共嘲笑国府的组织路线“崇洋媚外”，讥笑众多留学生官员“会说英语不解国情”，一直标榜自己干部队伍的“工农化”，革了“高等文官考试”的命。标榜“无知为贵”的中共，整出半文盲副总理陈永贵、纺织女工副总理吴桂贤、营业员副委员长李素文。民国官吏的知识化至少大方向正确。否则，1980 年代以后的中共又何必羞羞答答搞“干部队伍知识化”？何以自弃家珍“工农化”？如今，中共虽推行“知识化”，却仍以任免制为主，仍强调乌纱帽来自“浩荡皇恩”。

---

[136] 北洋政府 1916～17 年举行两届吏考；国府 1931 年举行首届吏考，后两年一届，1936 年蒋介石五十大寿加试一届，1939 年在重庆继续举行。因抗战急需大量文官，改为不定期每年一次；1946、1947 年还都后分别举行一次，1948 年停考。民国政府大陆期间共举行 14 届高等文官考试。

经盛鸿、徐俊文：〈南京国民政府高等文官考试制度述论〉，载《南京师大学报》（社科版）1994 年第 2 期，页 63～64。参见台湾编《中国考试制度史》，台湾正中书局 1955 年版。

[137] 黄朝翰、杨沐：〈知识吸收与东亚文明的兴起〉，载《二十一世纪》（香港）2007 年 4 月号，页 138。

[138] 宋云彬：《红尘冷眼》，山西人民出版社 2002 年版，页 122。

1938 年 3 月，陕北甘泉一县两长，一国一共，国民党县长出身榆林中学校长，共产党县长二十出头，高小文化。中共区长、乡长因学识浅薄，向民众演讲时常常牛头不对马嘴。“边区各县的公务员程度一般均甚低下幼稚，甚至有的县长是打牛腿出身。”[139]

还有两个比较点。一、国府高官离开政坛后多有著书，有的被聘美国大学教授。1954 年 3 月，吴国桢被国民党开除党籍，吴在美国先靠撰稿演讲为生，1965 年得聘大学教授。1990 年代以前的中共高官，哪一位能走上大陆高校讲坛？二、国府成员言论不少思深意远，中共高干则几无箴言传世。于右任：“思以兵救国，实志士仁人不得已而为之；以学救人，效虽迟而功则远。”“欲建设新民国，当先建设新教育。”[140]

知识结构相对较高的中共建党初期，领导层亦无一人拥有欧美正规学历。欧美正规留学生的集体缺席，很有点深刻内涵。陈独秀、李大钊、张申府、陈望道、李达、沈玄庐、沈雁冰等，当年已算高知。马列赤说毕竟有点深奥，农业国的知识分子要理解工业国的最新学说并不容易，至少需要中等文化以上的消化力。这批高知不久陆续脱党，原因固然多多，但最主要的原因还是价值背离，渐渐意识到共产制度“不合国情”。中共创始人之一的沈玄庐甚至成为反共最烈的“西山派”。1920 年夏，戴季陶也一度参加上海共产主义小组筹建。

高知的集体离场，乃一种文化摒拒。高知凭借文化之力感觉到赤说的“不对劲”，以避为拒。此外，慎独守礼的传统型高知也不习惯意见纷歧的民主，十分厌倦整天开会争吵，不愿如此耗费生命。同时，高知多有“学路”可退，随便找个教席，独守寒窗，清静研学，日子过得也不错。中小知识分子因无退路，生计很成问题，可选择道路不多，革命若一旦成功，命运大变、身价立飙。所谓革命信仰坚定云云，多少含有“搏一记”。

高知举旗，小知成事，乃蕴涵颇深且未被发掘的中共党史“风景”之一。北伐后的中共完全小知化，失去高知的中共一并失去沉稳理性，制衡片面化的力量彻底消隐，忠实执行共产国际越来越偏的赤色政策。吴国桢：“他们（按：中共）自己炮制的那些口号，却最有效地把成熟的人士

[139] 原景信：《陕北剪影》，新中国出版社（武汉）1938 年版，页 11～12、33、46。
[140] 张元隆：〈于右任执掌上海大学〉，载《世纪》（上海）2004 年第 1 期，页 38。

从共产主义周围吓跑了。”[141]中小知识分子学识有限，行动大胆，主张出位，无知者无畏。更深层的原因：“坚定的革命信仰”必出于狭窄的知识基础。狭窄者必偏，小知者必激。如果知识面宽阔，知道赤俄革命的惨烈真相，有能力意识到革命这枚钱币的另一面，还偏激得起来么？

1931 年 11 月 7 日，中共在瑞金成立中华苏维埃共和国。毛泽东、周恩来、刘少奇、朱德、任弼时、邓小平、叶剑英、陈云、胡耀邦、杨尚昆等平均年龄仅 31 岁。[142]中共“七大”五大书记——毛泽东（中师）、刘少奇（留苏专科），周恩来（留学肄业）、任弼时（留苏专科）、朱德（留欧肄业），刘、周、任、朱的留苏留欧，均属抗大式进修，并无正规学历。毛泽东六年小学、五年师范。[143]1938 年中共六届六中全会，四人出身工农兵——朱德、彭德怀、陈云、邓发。陈云知识结构的缺陷，成为 1980 年代中国经济发展的“认识瓶颈”，至少耽误上海十年改革。1992 年邓小平南巡，对延误上海十年发展感慨不已。知识结构对中共产生宏观制约。知识层次低下，才会说出类乎夏虫语冰的反右名言：“外行就是能够领导内行”。

大知识分子开创的中国共运，最后由中小知识分子接旗。余英时析曰：“社会上永远有一批政治野心家等在那里，他们属于边缘知识分子，不能自造‘声势’，但却最善于利用已成的‘声势’，这几乎成了中国近代和现代史上的一个规律。”[144]1945 年 7 月，五四学生领袖傅斯年（1896～1950）在延安窑洞对毛泽东说：“我们不过是陈胜、吴广，你们才是项羽、刘邦。”[145]

1965 年 12 月 21 日，毛泽东与陈伯达、艾思奇等谈及：“我们党中央里面的同志，也没有几个大学毕业的。”[146]1961 年周扬：就见识与学养来说，自己这一代远不如梁启超和胡适。[147]请注意，毛泽东说这番话，可是怀着“无产阶级的得意”——这些大知识分子不过尔尔，未能成事。

---

[141] 吴国桢：《夜来临：吴国桢见证的国共争斗》，吴修垣译，香港中文大学出版社 2009 年版，页 84。

[142] 余伯流、凌步机：《中央苏区史》，江西人民出版社 2001 年版，页 374。

[143] 江文汉：〈延安访问记〉，载《档案与史学》（上海）1998 年第 4 期，页 10。

[144] 余英时：《文史传统与文化重建》，三联书店（北京）2004 年版，页 509。

[145] 冯锡刚：〈“刘项原来不读书”〉，载《同舟共进》（广州）2009 年第 9 期，页 67。

[146] 《学习资料》（内部材料），页 205。该书无编纂者、无编印单位、无出版时间，但明确收录了毛泽东 1962～1967 年间历次重要谈话与讲话。

[147] 《无产阶级文化大革命资料选》第二集，香港三联书店 1966 年版，页 148。转引自夏志清：《中国现代小说史》，刘绍铭等译，香港中文大学出版社 2001 年版，页 456。

高知渐悟革命所牵涉的社会震动，因谨慎而“落伍”。五四运动政治主题本为反帝，很快枪口转向，成为政治思潮，指责前次革命不彻底，需要“二次革命”。各地学生居然号令教职员，教职员也甘愿听从学生指挥，学生运动一起，老师辄举臂以援，出现“老师跟着学生跑”的风气。老一代制定改革方案，都向青年寻求支持者。“这种对年轻同盟者的寻求最终发展成了对青年的名副其实的崇拜。他们认为孩子们始终在所有方面都比他们的前辈占有优势……年龄被设想为所有智慧的源泉。”[148]

1950 年代，复旦校长陈望道责问：

> 李希凡、蓝翎一个是二十三岁，一个是二十六岁，说他们是新生力量，但是在复旦大学偷东西的查出来的都是二十一、二岁的青年，因此不能说：凡是青年都是新生力量。[149]

与戊戌后革命阵营学历逐渐下层化同步，社会思潮日益偏激，历史虚无主义渐成气候。五四以后，翻案成风。顾颉刚以疑古成名，郭沫若专做翻案文章，范文澜撰写红色通史——以阶级斗争为纲。所有公理均须重新论证，一切制度均受质疑。人心日浮，无所依傍，不仅无法继承前人经验，亦无法形成社会稳定所必须的基本共识。而人类之所以能进步，就在于继承先人经验，毋须事事“从周口店开始”。

一个中小知识分子占主导的社会，风气必定偏激。因为，社会边缘的中小知识分子企求出言惊世，提出高远理想（必为乌托邦），牵引舆论、掀动变革，以此扬名立万。他们对参与政治有着强烈急迫的内需。鲁迅到广州后发现北伐军都是学生兵。留学日本早稻田大学的杨荫杭（1878～1945）：“他国学生出全力以求学问，尚恐不及。中国学生则纷心于政治，几无一事不劳学生问津。”“终日不读书，但指天划地，作政客之生涯，则斯文扫地矣。”[150]叶挺第 24 师教导大队，“战士大部分是‘马日事变’

[148] （美）舒哲衡（Vera Schwarcz）：〈五四两代知识分子〉。载许纪霖编《20 世纪中国知识分子史论》，新星出版社（北京）2005 年版，页 258～259。

[149] 新华社（北京）：《内部参考》1955 年 1 月 30 日，页 374。

[150] 杨荫杭：《老圃遗文辑》，页 163、422。原载《申报》（上海）1920 年 12 月 20 日、1921 年 9 月 29 日。参见许纪霖主编《20 世纪中国知识分子史论》，新星出版社（北京）2005 年版，页 154。

后从长沙来的知识青年，主要是中学生，青年团员占多数。”[151]第三营指导员李逸民乃上海大学肄业生。

从世界变革规律来看，父代出观念，子辈始实行。从戊戌到五四的20年间，两代知识分子既出观念也身体力行，淘汰速率很快，昨天否定前天，今天又否定昨天，明天再否定今天。最先被淘汰的是康有为，接着梁启超，再就是辛亥猛士章太炎、五四先锋胡适。1918年，胡适还在指斥沪上撑市面的“没有一个不是二十年前的旧古董……这十三年造出来的新角色都到哪里去了呢？”[152]没几年，北伐时，35岁的胡适已被斥为落伍者。成仿吾（1897～1984）名言：“现在是儿子的时代了，不是父亲的时代！”[153]史家评曰：“民初中国思想界的激进化真是一日千里，从新变旧有时不过是几年甚至几个月之事。”[154]

从维新改良到民主革命再到共产革命，社会思潮越行越左、越燃越烈。二十年前的社会先驱，二十年后已沦为落伍者。1924年6月，柳亚子（1887～1958）劝诫同盟会老友：“二十年前，我们是骂人家老顽固的，二十年后，我们不要做新顽固才好。”1923年5月，柳亚子撰文完全接受阶级论，认为士林面对穷苦劳工应受良心责罚，不承认中国有大资本家的知识分子是“替军阀、财阀做走狗的学者”。[155]1932年，刘半农慨叹社会步伐太快：“从民国六年到现在，已整整过了十五年。这十五年内中国文艺界已经有了显著的变动和相当的进步，就我们这班当初努力于文艺革新的人，一挤挤成了三代上的古人”。[156]

越年轻越有冒险犯难的冲动，越年长阅历越深，越容易看到事情的复杂性，也就越趋稳健，甚至退回保守，宁慢勿躁。黄遵宪、严复、梁启超、陈独秀、胡适均走出青年激进、中年缓和、老年保守的人生曲线。黄遵宪、梁启超晚年都退而不问政事，这一集体现象很有深意。

---

151 《李逸民回忆录》，湖南人民出版社1986年版，页47。

152 胡适：〈归国杂感〉。参见《胡适文存》卷四，黄山书社（合肥）1996年版，页449。

153 陈学昭：《延安访问记》（1938～39），广东人民出版社2001年版，页208。

154 罗志田：〈近代中国社会权势的转移——知识分子的边缘化与边缘知识分子的兴起〉。参见许纪霖编《20世纪中国知识分子史论》，新星出版社（北京）2005年版，页151。

155 王晶垚等编：《柳亚子选集》，人民出版社（北京）1989年版，上册，页229、191。

156 刘半农：〈《初期白话诗稿》序目〉，载《初期白话诗稿》，星云堂书店（北平）1939年影印版。参见鲍晶编：《刘半农研究资料》（乙种），天津人民出版社1985年版，页242。

青年学生史识既浅，胸襟狭陋，暴起一时，小成即堕，犹无源之水，得盛雨为潢潦，噪噪然一过，旋成笑料。1939 年 7 月，延安中国女子大学成立，打出横幅“全世界青年联合起来”，与“全世界无产者联合起来”一样大而无当，不可能也不需要联合。青年联合起来，要干什么？无产者联合起来为了去夺有产者财产，青年联合起来，似意在对付中老年。这种联合，值价几何？

1943 年 12 月，任弼时（1904～1950）在书记处工作会议上通报：“抗战后到延安的知识分子总共四万余人，就文化程度而言，初中以上 71%(其中高中以上 19%，高中 21%，初中 31%)，初中以下约 30%。”推算可知，专科以上程度约为八千人。1944 年春，毛泽东说“延安的六七千知识分子”，指的便是专科以上的知识分子。[157]可见，赴延知青的学历普遍不高，多为中小知识分子。

张景超（1943～）统计 1950～60 年代 24 位红色文批家的学历：周扬、林默涵、何其芳、张光年、夏衍、丁玲、陈企霞、陈涌、黄药眠、巴人、以群、冯牧、孔罗荪、沙鸥、刘金、舒芜、郭小川、秦兆阳、邵荃麟、康濯、王若望、于黑丁、姚文元、李希凡。除李希凡、姚文元二人，均为延安一代。24 人中，大学毕业仅四人：黄药眠、何其芳、李希凡、沙鸥（化学）。其余或大学一二年级，或高中、师范，甚至中小学，最后学历均为鲁艺、抗大、陕公。张景超发现：

> 受过从小学到大学的完整教育的人相对来说，总要温和一些。比如何其芳要比林默涵讲究学术性，李希凡比姚文元稍少攻伐气。不知是世俗功名心的催促，还是对欠缺的补偿心理在作怪，越是学历浅，越是经过“左”倾文化过滤的人，批判别人的劲头越狠越凶，姚文元、陈涌不必说，沙鸥、康濯、以群都是五六十年代叱咤风云的人物。他们的批判往往充溢着浓烈的火药味。

[157] 胡乔木：〈延安文艺座谈会前后〉。参见《胡乔木回忆毛泽东》，人民出版社 1994 年版，页 279、251。

> 凡是读过研究生、留学过欧美（留日除外）的人往往对政治功利主义的追求较为淡漠。[158]

器局窄小的中小知识分子，“小知不及大知，小年不及大年”、“朝菌不知晦朔，惠蛄不知春秋。”（《逍遥游》）学历低浅、知识结构残缺，不仅没有使中小知识分子低首下心迎头赶上，反而在轻视书本的延安获得傲视高学历的资本——受资产阶级思想污染较少。学历低浅的小知犹如光脚贫贱者，总惦着一夜暴富，既然学术上先天不足，那就走军政之途。

大革命一代、红军一代、延安一代，三代中共党人有一共同点：除了知晓一点马列教条，思维终身运行于可怜的马列绳圈，不知道马列之外还有什么精彩。对他们来说，马列之外，一切都是“封资修”，毋学毋识，一句“唯心主义”便打发了一切中外学问。

延安一代以初中、小学文化程度为主体，这是其后中共文化政策之所以能够越收越窄的客观基础。从宏观上，干部队伍的学历构成制约着一个政党可能到达的思想层次，决定着中共的整体理解能力与辨误纠偏的概率。以小知为主的中共，也就必然带着种种小知局限性，如毛泽东一听就跳的“小资产阶级狂热性”。

反右前，留德博士乔冠华私下说应借鉴西方民主，轮流坐庄，险些划“右”，乔家被指“裴多菲俱乐部”，党内警告（1980年才撤销）。[159]乔冠华这番“出格”言论，若非留欧背景，怕是想“出格”都没可能。

肆、粗浅单一的知识结构

四万赴延知青81%为中小学生，且多为肄业，就是大学文科毕业生，不过接受一点初浅古文与现代常识。留法博士陈学昭，博士论文《中国的词》将〈八声甘州〉译成〈人声甘州〉。[160]中共教育部副部长李维汉苦口

---

[158] 张景超：《文化批判的背反与人格》，黑龙江人民出版社2001年版，页267～269。

[159] 乔松都：《乔冠华与龚澎——我的父亲母亲》，中华书局（北京）2008年版，页173。

[160] 陈亚男：《我的母亲陈学昭》，文汇出版社（上海）2006年版，页72。

婆心动员干部：“每天读五页书”。[161]“小知笑话”比比皆是。中央党校一位青年政治教员，仅“革命”两字就讲了三小时，学员越听越糊涂，他自己也越讲越不清楚。另一教员批改试题“民族形式的要素”，学员回答得很完整，但未写“斯大林说”，判零分。[162]

女大陕干班童养媳折聚英，剖说参加红军动机：“‘共产’我没啥产，‘共妻’我也认了。”[163]1961 年，《光明日报》总编竟说“1890 年废科举”。[164]文革时期，《人民日报》总编鲁瑛（1927～2007）将墨西哥念成“黑西哥”。[165]1940 年 3 月，延安马列学院一群女生激烈争论——土地革命期间有没有统一战线？工人阶级领导农民与城市小资产阶级，可否称统一战线？[166]这种讨论有解有意义么？抗战结束时，周恩来在党内提倡学术研究，受到“那些认为地球是方的”人阻挠。[167]

1941 年 9 月，中共军委要求老干部：“规定连营干部在一定期间内（由各级按具体情况决定）识两千字，读熟并了解《抗日战士读本》及《战斗条令》；团旅干部规定在一定期间内识五千字，读熟并了解《新民主主义论》、《战斗条令》与《野战条令》。”[168]团旅级干部尚未普及中学，连营级则需普及初小，最起码的《战斗条令》都读不下来。

出身井冈山的上将李聚奎（1904～1995），读过几年私塾，红军中的小知。他记述闹红烧杀现象：“烧掉了房子，群众往哪里住？自己的队伍往哪里住？因此，对盲动主义很反感。可是，那时我们又讲不出多少道理来说服他们。”[169]感觉不对劲，“很反感”，但不知哪儿不对，正是暴烈赤潮得以大面积渗透的社会土壤。

---

161 李维汉：〈中央干部教育部与延安干部教育〉。载《中共党史资料》第 13 辑，中共党史资料出版社（北京）1985 年版，页 7。

162 白栋材：〈五部整风的历史回顾〉。参见《延安中央党校的整风学习》第一集，中央党校出版社 1998 年版。转引自高浦棠、曾鹿平：《延安抢救运动始末》，时代国际出版有限公司 2008 年版，页 8。

163 蒋巍、雪扬：《中国女子大学风云录》，解放军出版社（北京）2007 年版，页 155。

164 穆欣：〈陈赓同志的青年时代〉，载《红旗飘飘》第 16 集，中国青年出版社 1961 年版，页 16。

165 穆欣：《办〈光明日报〉十年自述（1957～1967）》，中共党史出版社（北京）1994 年版，页 355。

166 李南央编：《父母昨日书》，时代国际出版有限公司（香港）2005 年版，上册，页 200。

167 （英）韩素音：《周恩来与他的世纪》，中央文献出版社（北京）1992 年版，页 269。

168 〈中央军委对军队老干部工作的指示〉（1941 年 9 月 16 日），载中央党校党史教研室选编：《中共党史参考资料》（五），人民出版社（北京）1979 年版，页 5。

169 〈李聚奎回忆录〉，载《中共党史资料》第 16 辑，中共党史资料出版社（北京）1985 年版，页 122。

中央研究院乃延安翰林院、最高研究机构，人员构成如下：68%无任何工作经历、84%只接受延安学校短训、79%为20～30岁的青年。[170]该院始终未走出像模像样的研究人员，不少人一生无研究能力，人生轨迹也很糟糕。极左女士草明、石澜等，不仅做人很失败，晚年文字仍相当粗糙。

终身以文学为职事的丁玲承认："我不懂外文，外国文学读得少，中国古典文学也读得少，马列主义的书在延安也没有好好读。"[171]何其芳在上海公学求学时，"乖僻到从来不翻阅社会科学书籍"。[172]

入读广州大学、留苏四年的地主子弟朱瑞（1905～1948），1944年整风写〈自传〉，记述少年教育："除了直观的客观知识加强了我的革命意志外，《岳传》增益了我以热烈的民族思想，《七侠五义》赋予我对屈辱以崇高同情心，《水浒传》给我以朦胧的社会思想及应该捣乱的念头。"1925年参加学潮，"从此次风潮中，我体验到广东教育及上层知识分子中的反动性，一直到今天都坚持的这个认识，即中国大学教育是坏的。做一个国民，初中毕业即可，即有了基本文化科学社会知识以认识社会，即可进入社会活动，不要进大学，大学越学越坏！因中国的大学受阶级性的局限，无例外的只是教导一些统治阶级所需要的奴才货色！"[173]如此浅陋的知识结构，这一代知青既缺乏传统儒学，又缺乏现代知识。朱瑞乃优秀中产子弟，却从明清小说中矗立起"应该捣乱"的价值逻辑。朱瑞怀疑一切既定法则，一切现实都不合理、一切存在都需要重新安排，甚至整体否定大学教育的必要性，"越学越坏"，如此"否定一代"，大事不妙矣！

赴延知青不少出自减免学费的地方师范，大多中产以下平民家庭，基础知识原本浮浅，仅读了一点文学名著。他们以文学想像共产主义，以浪漫代替现实，以幼稚从事政治。17岁赴延的初中生于蓝（1921～），初中时代"贪婪地读了许多中外名著……凡能借到的都粗粗地读了一遍，使我

---

[170] 李维汉：〈中央研究院的研究工作和整风运动〉。温济泽等编：《延安中央研究院回忆录》，中国社会科学出版社（北京）、湖南人民出版社1984年版，页113。

[171] 丁玲：〈我的命运是跟党联在一起的〉（1981年7月5日），参见《丁玲文集》，湖南人民出版社1984年版，第四卷，页340。

[172] 蒋勤国：〈何其芳传略〉，载《新文学史料》（北京）1987年第2期，页166。

[173] 朱瑞：〈我的历史与思想自传〉。载《中共党史资料》第九辑，中共党史资料出版社（北京）1984年版，页221、228。

十分迷恋……这些作品陶冶了我的思想感情，也初步培养了我的艺术鉴赏力，形成了我对人生的美丑观念……这些文学的启蒙，使我日后能够热情、执着地追求与接受共产主义这更高境界的思想体系。"[174]

延安各校仓促开办，资料、师资极度匮乏，"教材教具都极缺乏，基本上没有教科书，图书资料也很少……经费困难，故一学期每人只发一支铅笔，墨水用蓝靛泡，每人发两张油光纸钉笔记本。"[175]"有些书往往要排队相约，按时交换。"[176]能够读到的书除了《共产党宣言》、《联共党史》，便只有列宁的《论"左派幼稚病"》、《帝国主义论》；艾思奇的《大众哲学》、陈伯达的小册子《读"湖南农民运动考察报告"》、《内战时期的反革命与革命》、《关于十年内战》、《评"中国之命运"》、《中国四大家族》。"他（陈伯达）的书是当时解释社会主义、毛泽东思想、马克思主义最好的书。"1947年12月，范元甄（1921～2008）致信丈夫李锐："理论书及较系统的书，你到底真正读过哪一本？你读不下去，你仅仅只能读些杂七杂八的东西。"[177]1944年，延安作家的精神食粮仍极匮乏，"看他们的书架，除了一些几年以前的书籍外，很少新书。"[178]

延安各校多为短训班，最正规的抗大，第1～4期学制仅5～7个月。课程只有四门：马列主义、中国军事问题、军事课、党的建设。"不仅课程少而精，每门课的内容也是少而精。如马列主义就讲三个来源和三个组成部分。"[179]陕公普通队"学习期限一般只有三个月"。陕公最初只开三门课：统一战线与民众运动、游击战争与军事常识、社会科学概论。不分系只分队（普通队与高级队），学员随到随编。普通队学时一般三～四个月，高级队培养师资，学时一年。[180]

---

[174] 于蓝：《苦乐无边读人生》，中央文献出版社（北京）2001年版，页8。
[175] 李维汉：《回忆与研究》，中共党史资料出版社（北京）1986年版，上册，页411～412。
[176] 何方：《党史笔记》，利文出版社（香港）2005年版，上册，页254。
[177] 李南央编：《父母昨日书》，时代国际出版有限公司（香港）2005年版，下册，页181。
[178] 赵超构：《延安一月》，上海书店1992年11月第1版，页117。
[179] 《李逸民回忆录》，湖南人民出版社1986年版，页99。
[180] 李维汉：《回忆与研究》，中共党史资料出版社（北京）1986年版，上册，页408、397、400～401。

1939 年，邓小平带了两位马列学院教员上前方，半途两教员被扣，打了半年官司，八路军总部才派人赎出两名教员。延安给山东送去一二百本《联共党史》，山东只收到七本，途中层层截留。[181]

《共产党宣言》不过一篇青年型文章，规划宏大，激情澎湃，理性贫乏，只有论点没有论证，且倡导暴力，竟成红色《圣经》。其时马克思 30 岁，恩格斯 28 岁，能够储备多少知识？掌握多少历史理性？然浪漫激情的《共产党宣言》，对左翼青年具有极大蛊惑性。

整风期间，刘白羽（1916～2005）："我反复学习了《共产党宣言》，从此以后我十分热爱这本书。但开始我大半还是从文学角度来欣赏这本书的，比如这部书的开端：'一个幽灵，共产主义的幽灵，在欧洲徘徊。'……我对这些词句一咏三叹，击节称赏，这不仅是理论，而且是艺术。"[182]稍有政治常识，读到《共产党宣言》最后结论"暴力推翻全部现存社会制度"，还不可怕么？所有现存制度都被推翻，矗立起来的新制度就一定光芒万丈、优越无比吗？所有被继承的制度，本身就是历史理性的体现、经验之凝结。祖先留存给后人的经验，全部推倒，这样的革命会是人类福音吗？且不说以暴易暴，其暴仍在，就算无产者得到整个世界，有产者难道就活该被彻底消灭么？而且，按照永保革命本色的赤说，胜利后的无产者绝不能成为有产者，否则就意味着背叛与变修。可为了保持革命战斗性，无产者岂非世世代代永远无产永远贫穷？符合人性么？符合革命的目标么？《共产党宣言》这么低级错误的文学性鼓动语，却让延安一代如痴如醉，终身难返。

粗浅狭窄的知识结构所决定的低矮器局，使他们无法从宏观上审视革命，可本身就倾侧偏斜的马列学说，最佳受众恰恰正是这些中小知识分子。他们半懂不懂却搬弄几个马列名词以傲视他人。[183]何方概括延安文风："自设逻辑，把话说死，盛气凌人，强词夺理等。"[184]他们根本

---

[181] 李维汉：〈中央干部教育部与延安干部教育〉，载《中共党史资料》第 13 辑，中共党史资料出版社（北京）1985 年版，页 10。

[182] 刘白羽：〈平地风雷——我经历的整风抢救运动〉。参见朱鸿召编选：《众说纷纭话延安》，广东人民出版社 2001 年版，页 210。

[183] 乐黛云：《四院・沙滩・未名湖》，北京大学出版社 2008 年版，页 13～14。

[184] 何方：《党史笔记》，利文出版社（香港）2005 年版，下册，页 670。

无力辨析这些理论的合理性。青春热血与革命热情使他们只知“打倒万恶的旧社会”、坚决捍卫“革命真理”，幼稚浅薄，阅读能力有限，但绝不缺乏崇拜“导师”的狂热。首长报告在延安盛行一时。

1940年1月9日，毛泽东给五六百人作报告，题目“新民主主义的政治与新民主主义的文化”，即后来发表的〈新民主主义论〉，听众有艾思奇、成仿吾、吴亮平、李初梨、周扬、萧三、张庚、冼星海、丁玲、柯仲平、何其芳、周立波、温济泽……毛从下午一直讲到晚上点起煤气灯，听众“聚精会神，屏息静听，情绪热烈，不时响起一阵阵的掌声。”[185]

延安青年讨论共产主义：“到共产主义有馒头吃也就行了。”抗战胜利后，延安某单位壁报讨论“进城后的第一行动”，有人要先买个洗脸盆，有人先去洗澡，有人“放下行李就下馆子”。[186]也就这点想像力。抗大教员一级的“高知”，想像力也有限得很。

美国汉学家费正清（1907～1991）与燕京女生龚澎、杨刚交往甚密：“在谈话和通信中，我发现这两位妇女知识分子所知道的马克思主义是有限的。她们都毕业于燕京大学，所学到的历史唯物主义知识充其量不过像所学到的英国文学知识那样多。……她们之所以是马列主义者，因为她们信仰党，接受党的训练。但这种信仰实质上是注重实用的，因为她们相信仅靠个人努力，只会一事无成，团结起来才有力量。”[187]

生性叛逆的青年天然倾向于以新为美，亟愿相信凡新必美，一切新生事物都是好东西，此为革命对青年甚有蛊惑力的价值根须。青年只有以新为贵，才能在中老年面前拥有“年龄优势”，才使他们以浅平的“新”否斥深厚的“旧”，通过否定现实以显示自己的超拔。陈望道（1891～1977）：“‘五四’前，新文化内容很杂，凡是中国所没有的，都受到欢迎，认为是‘新’的。那时候，只问新旧，不管内容。”“那时候，介绍朋友，只要说他是搞新文化的，便是自己人。”[188]

---

[185] 《温济泽自述》，中国青年出版社（北京）1999年版，页121～122。

[186] 何方：《从延安一路走来的反思》，明报出版社（香港）2007年版，上册，页74～75。

[187] （美）费正清：《费正清对华回忆录》，陆惠勤等译，知识出版社（沪版）1991年版，页327。

[188] 陈望道：〈我所知道的上海马克思主义研究会〉，载王来棣：《中共创始人访谈录》，明镜出版社（香港）2008年版，页40、42。

食洋为新、凡“新”必美，一锄头就从根子上刨去传统的价值基础。经验不足凭，历史不足恃，一并抛弃了传统对“新文化”校验的合法性。赤潮所有蒙蔽性全来自那面“改变一切”的大旗，惟其全新，无人识见，无法用已有经验予以检验。实践识别又需时日，蛊惑迷幻便有了趁虚而入的时差。

延安一代不惟传统知识贫浅，更无能力消化理解马列原典，后为红色理论家的都是入延之前就已接受高等教育的大学生与教授。1940 年 1 月，曾任蔡元培秘书的范文澜 47 岁入延安。周扬毕业于上海大夏大学、留学日本。陈伯达先后就学集美师范、上海大学、莫斯科中大。胡乔木先后入清华、浙大三年。艾思奇毕业于云南省立一中、留日生。于光远毕业于清华物理系。杨献珍毕业于武昌国立商校。文学上有点“成果”的，陈学昭留法文学博士、丁玲进过上海大学。

1980 年，陈云：“一定要在我们这一代人还在的时候，把毛主席的功过敲定，一锤子敲定。”[189]仅此一言，小知尾巴翘然毕露。毛不是全国人民的领袖么，高干评得？人民评不得？按历史唯物主义，一切都在运动，对毛泽东的认识岂能一锤子敲定？一代人的认识就不能修正么？后人凭什么一定要遵循你的“敲定”？历史如真能被敲定敲死，史学还能发展么？强一己之愿于人，惟一己之标准，确为共产党人之“党性”。

李慎之检点青年时代之所以迷陷赤说：“根本的原因就是文化太低、知识不足，不能把学得的新知识放在整个人类发展的历史背景中来认识。……六十年后回头看，我们这些进步青年其实什么都不懂，既不懂什么叫民主，也不懂什么叫共产主义。”[190]李慎之乃燕京经济系高才生，修过六学分的政治学，啃过王世杰、钱端升的《比较政府》、戴雪的《英宪精义》（均为商务版），尚无御左之力，遑论他者？无论如何，马列主义规模恢宏，以延安一代这样的小知层次，就算闻嗅到阴霉邪气，又上哪儿去找一柄刨拆这座殿堂的镐锄？延安一代绝大多数终身未出国门，长寿者 1990 年代才有机会出去开眼界。许家屯的思想变化源自六年半任职香港：

---

[189] 《胡乔木传》编写组编：《胡乔木谈中共党史》，人民出版社（北京）1999 年版，页 75。

[190] 李慎之：〈革命压倒民主——《历史的先声》序〉，笑蜀编：《历史的先声》，博思出版集团有限公司（香港）2002 年版，页 28、30。

“最主要的变化是对资本主义的看法同过去不一样，从认识香港到认识整个资本主义世界，观点上起了比较大的变化。”[191]

囿于知识结构，延安一代无力从理论上整体检验赤说，无力凭借历史经验辨识赤色悖谬，只能跟大流，绝大多数终身保持延安思维特色——只有情绪化的意识形态反应，缺乏理论修养。1981年，美籍华裔学者聂华苓（1925～）邀请丁玲访美，聂很快发现丁玲：“她的讲话很政治性，意识形态色彩很重。丁玲喜欢批评，她的讲话中只有批评没有批判——批判是需要理性建构的，批评是情绪化不经过思考没有原则的，就是本能反应。”[192]聂华苓端的敏感，一下就抓住了丁玲“革命者思维”的本质缺陷。“喜欢批评”是革命者的本能，“只有批评没有批判”是延安一代的知识库存只有一鳞半爪的“领袖语录”、“导师名言”。而掌握成建构的理论体系，需要整体把握体系，考察论点之间是否抵触，是否吻合人类基本价值，需要“面”的架构，难度高度大大超过仅需一个“点”的批评。换言之，批评只须出示论点，不必出示论据，亦毋须周延性论证。批评所需的价值支撑仅仅来自某一零碎的“语录”。延安一代常常用极端偏窄的论点支撑宏大结论，一句“毋庸置疑”便回避了一切质疑。而要保持“毋庸置疑”的有效性，只能依赖政治暴力——让所有质疑者闭口！不让反对者出声！否则，歪理又怎能长期行走？

偌大中共，各届中委均未出现学者型人物。中共整体知识结构属于旧诗词旧小说＋马列主义。低窄的学历结构从宏观上制约了中共对革命的理解，制约中共制定各种政策的文化含量。中共从上到下只有对马克思主义的信仰，没有对马克思主义的整体理解。绝大多数党员头脑中储存的是简化后的马列公式、不甚了了的抽象概念。他们对现实生活反而失去热情，自以为握有最新最美的马列主义，以绝对真理自居，以长缨在手之势俯视一切。中共所有“最初的偏激”均与其成员低窄的知识结构有关。多大的碗盛多少饭，就看了这么一点书，就这么一点眼光，这么一个固定视角，能够达到博采众长的境界么？能够设计出什么合理的革命蓝图？依靠这样一支只有激情缺乏理性的知青队伍，依靠这么一群并不认识民主自由

[191] 《许家屯香港回忆录》，香港联合报有限公司2008年版，下册，页596。
[192] 夏榆：〈聂华苓专访〉，载《南方周末》（广州）2008年7月24日，D21版。

的小知，已从客观可能性上决定了中共革命的质量。加之马列图纸本身就是一本歪经，走偏道路乃是中国共运无法避免的历史宿命，注定中共只能推翻一个旧社会，不可能建起一座新社会。

延安一代知识结构的低窄，也是中共领导层刻意捏塑的结果。延安时期相对安定，周末舞会翩翩，甚至出现“延安的渥伦斯基”，数万“党政军”本可大力充电。中共白白浪费大好光阴，耗时两年搞整风，只让反复学 27 个文件，学到能背出每一小节，不仅将延安一代整体引入赤色意识形态死巷，人文常识也被局限于低矮层次。1944 年，通俗读物占延安出版总量 30%强，政治类 26%，文艺类 15%，自然科学与军事类最少，社科理论不过 7%。小说仅翻印《三国演义》、《水浒传》。[193]提供的知识与资讯总量不过如此，知识结构当可想知。

南方十年闹红，中共领导层“路线斗争”不断，中央一级就有李立三、瞿秋白、罗章龙、王明、张国焘，媳妇熬成婆的毛泽东很有经验了，明白“民主”只能是对外悬挂的旗幌，内部必须“集中”。思想单纯、价值单一，才能服从命令听指挥，战斗力才越强。无知乃盲从之基础也，知识越多越“反动”呵！

阅读延安一代及其亲属各种回忆录，发现延安士林普遍缺乏阅读社科理论的兴趣，极端轻视欧美“资产阶级学说”。绝大多数甚至没有阅读习惯，喜欢呼朋引伴串门闲聊。不耐寂寞，哪有什么宁静致远的大气。被誉为“学者型革命家”的乔冠华、龚澎夫妇，1949 年后似未啃过大部头，只读文件与参考资料。[194]

小知结构决定了延安一代的通病：胜骄败馁，性格脆弱。逄先知（1929～）评价田家英：“在顺利的时候，容易骄傲；在逆境之中，又往往表现消沉、颓丧。性格比较脆弱，经不起挫折。”[195]低窄的知识结构也使延安一代成为黑白判然的一代：凡是敌人拥护的我们就要反对，凡是敌人反对的我们就要拥护；我们都是红色的正确的，敌人都是黑色的错误的；不满

[193] 赵超构：《延安一月》，上海书店 1992 年版，页 166～167。

[194] 乔松都：《乔冠华与龚澎——我的父亲母亲》，中华书局（北京）2008 年版，页 296。

[195] 逄先知：〈毛泽东和他的秘书田家英〉。载董边等编：《毛泽东和他的秘书田家英》，中央文献出版社（北京）1989 年版，页 83。

国民党等于满意共产党……犹如中魔，延安一代坚信那些由少数孤证推导出来的极端化判断，坚信贫民都是“杨白劳”，地主都是“黄世仁”。1956年，新四军出身的戴煌（1928～）听了赫鲁晓夫《秘密报告》：“一切的一切，并不像我们过去所想像的那么简单：不是白的就是黑的。事实上，许多肯定无疑的东西也许是假的，许多被否定了的事物却可能是真的。”[196]

受整体知识层次制约，延安一代无法对延安阴影产生理性认识。川大政经系肄业生胡绩伟，对整风将“三风”（主观主义、宗派主义、党八股）归为小资思想，有所抵触，“无论从理论上和实践上，我都感到与客观实际不符，在情感上难以接受。”但他无力从感性上升至理性，“当时已经有人从延安这些缺点和阴暗面，看出延安的政治制度和共产党在理论上的毛病，当时我还没有那种水准。”[197]

狭窄的知识底座，使延安一代进入中枢后受到巨大制约。文革后中共意识形态主管之一邓力群，1936年秋入学北大经济系，半年后赴延。据《邓力群自述：十二个春秋》（2006年香港出版），他对西方社科盲然无知，除了马恩列斯毛的著作，自觉绝缘于西方其他学说，并以此自居“真正马列主义战士”、“毛泽东思想捍卫者”。他与胡乔木成为改革之初党内阻力，理由便是改革必然导致“资本主义复辟”。这本2005年定稿的自述，对邓小平“九二南巡”不着一词，字里行间清晰可触根深蒂固的反对。基本价值理念的错位，使邓力群否定个人利益个人价值，认定改革开放开了历史倒车、走了回头路。邓力群一直是毛派精神领袖。

胡适的改良之声最终得到历史的回应，得到绝大多数后代士子认同。胡适之所以能够拒激进而持温和，还是由于他起点正确、眼界开拓、思考精深。1916年1月31日，年仅25岁的他写下一段至今仍值引录的思考：

> 吾并非指责革命，因为吾相信，这也是人类进化之一必经阶段。可是，吾不赞成早熟之革命，因为，它通常是徒劳的，因而是一事无成的。中国有句古话，叫做“瓜熟蒂落”。果子还未成熟，

[196] 戴煌：《九死一生——我的“右派”历程》，中央编译出版社（北京）1998年版，页6。
[197] 《青春岁月——胡绩伟自述》，河南人民出版社1999年版，页230、222。

即去采摘，只会弄坏果子。基于此理由，吾对当前正在进行的中国之革命，不抱太多的希望。诚然，吾对这些革命者则深表同情。

作为个人来说，吾倒宁愿从基础建设起。吾一贯相信，通向开明而有效之政治，无捷径可走。持君主论者并不期望开明而有效之政治。革命论者倒是非常渴望，但是，他们却想走捷径——即通过革命。吾个人之态度则是，“不管怎样，总以教育民众为主。让我们为下一代，打一个扎实之基础。”这是一个极其缓慢之过程，十分必须之过程，可是，人却是最没耐心的！以愚所见，这个缓慢之过程是唯一必需的：“它既是革命之必需，又是人类进化之必需。”[198]

胡适 25 岁达到的认识高度，乃中共领导人及延安一代终身都无法登上的台阶，因为这些革命者一上来就抛弃常识，以自己之是为必是，坚信革命万能，藐视社会改造的艰难性，认定仅凭“阶级觉悟”就可涤荡浊政，治大国如烹小鲜。对社会复杂性严重认识不足，理性准备相当欠缺。但历史偏偏让他们握持国柄推行赤说，为他们的认识错误支付巨大实践代价。

十八世纪英国思想家柏克（Edmund Burke，1729～1797）精辟分析法国大革命：

脱离了自己本然的性质去认定并不属于自己的东西的那些人，绝大部分都对他们所离异的本性和他们所认定的本性茫然无知。

凡是从不向后回顾自己祖先的人，也不会向前瞻望子孙后代。

柏克赞同英美革命反对法国革命，认为英美革命以传统自由理念为价值基础，而法国大革命则以抽象观念为价值基础，即法国大革命的指导思想并非来自现实生活，而是来自空想的哲学概念；因此英美革命维护发扬了传统中的美好价值，而法国革命则以破坏传统为目的。

---

[198]〈胡适致 H.S. 维廉斯教授〉，载曹伯言整理：《胡适日记全编》第二册，安徽教育出版社 2001 年版，页 335～336。

> 一场革命都将是有思想的和善良的人们的最后不得已的办法。……进行革命乃是要维护我们古老的无可争辩的法律和自由。[199]

革命应该捍卫历史已经明确的正义与信条，不能只为了一则尚待验证的新说。能够看清赤潮的危害性，需要相当知识能力。1919 年，傅斯年撰文〈社会革命——俄国式的革命〉，推崇苏俄、仇恨富人。“俄国革命是全世界发展的模式”、“一切有汽车者应判死刑”。此后，他留欧六年，目睹英德实况，接触苏俄革命负弊，转为温和社会主义。1926 年，傅斯年回国，执教广州中山大学，支持国民党清党，1927 年 6 月加入国民党。

晚年转为民主斗士的许良英（1920～2013），青年时代“因为我开始接触马克思主义理论以后，就向往共产主义理想，也接受了无产阶级专政理论，认为专政是通向理想天堂的必由之路。共产党吸引我的，不是臆想的民主自由，而是共产主义理想、无产阶级专政和铁的纪律。直到 1974 年以后我才开始醒悟到：马克思主张专政而否定民主，是他最大的历史错误。”[200]这种认专政为通往天堂的必由之路，当然也只能出自青年小知。

低浅的知识学养大大制约了延安一代运用既有文化过滤赤色学说。1939 年苏德协定出炉，欧美大多数左翼知识分子惊醒，走出教条泥淖，看清苏俄实用主义底货，不再相信苏俄的巧言佞说。而延安一代则几十年都无法认清中共的政治实用主义。无论苏德友好协定、苏日友好协定、王实味事件、整风收束言论、抢救运动……都无法使他们警醒。夏志清评析：“他们跟着共产党走，直到他们发现自己原来也渴望自由的时候，已经为时太晚了。……许多中国作家原先自动放弃个人自由，然后又拼命企图重获自由，可惜为时太晚了。”[201]

1988 年，余英时一段史评甚合延安一代：

---

[199] （英）柏克（Edmund Burke）：《法国革命论》（1790），何兆武等译，商务印书馆（北京）2009 年版，页 15、44；译者序言，页 vi～vii、40～41。

[200] 许良英：〈幻想・挫折・反思・探索〉。载燕凌等编著：《红岩儿女》第三部（上），真相出版社（香港）2012 年版，页 222。

[201] 夏志清：《中国现代小说史》，刘绍铭等译，香港中文大学出版社 2001 年版，页 295。

> 不幸近百年来中国始终在动荡之中，文化上从来没有形成一个共同接受的典范。由于对现实不满，越是惊世骇俗的偏激言论便越容易得到一知半解的人的激赏。一旦激荡成为风气之后，便不是清澈的理性所能挽救的了。……文化要求理性与情感的平衡，而现代中国则恰恰失去了这个平衡。[202]

偏激的延安一代当然更认识不到：良好的政策必须尽可能兼顾每一社会群体，而非仅仅满足其中一部分成员的需求，而且任何社会利益都不可能单独存在，为了几个鸡蛋不能打碎整个蛋筐。然而，以延安一代低窄单一的知识水准，在对待意识形态、政治体制这些宏观领域，缺乏基础学养。眼界狭窄的背后还是文化低弱。

延安一代既缺乏前辈士林的传统教育与留洋经历，亦无后辈学子对西学的渴求愿望。二十世纪中国历代士林，延安一代的知识结构最为单一偏狭，视野最为器小局促。除了左学左论，直到 1980 年代，他们头脑中几无其他不同体系的人文知识，更不知西方现代派诸学。他们因单一而偏狭，因偏狭而绝对，因绝对而排异，因排异而封闭，因封闭而低浅，因低浅而暴力。延安一代只能言必称马列，因为他们只识马列。知识结构中没有其他参照座标，也就不可能得到不同体系的校验纠误。粗浅的知识结构与单一的价值体系，成为延安一代重大代际特征，也是延安一代之所以形成巨大历史局限的根源。这一根本性制约派生出延安一代种种人生悲剧。

[202] 余英时：《文史传统与文化重建》，三联书店（北京）2004 年版，页 509。

第三章

一时气象

壹、赤潮入华

社会思潮从来就是一切政治活动的历史天幕，拉开大幕就会有演出。赤色逻辑在华架设肇始于康有为的“全变论”。康氏〈上清帝第六书〉：“观万国之势，能变则全，不变则亡；全变则强，小变仍亡。”[1]梁启超引申：“守旧不可，必当变法；缓变不可，必当速变；小变不可，必当全变。”余英时评曰：“这是近代中国知识分子的基本心态。一直到今天都还不失其代表性。”[2]戊戌时期，外敌环伺，亟需变法，但“全变论”撬动所有社会价值基础，踢开传统，鼓吹全变。这种携带部分合理内核的激进论，实为其后日益走向赤化之肇始。

中国思想界在戊戌时期走上铺陈危言、喷溅激情的路子，言论日激调门日高。谭嗣同（1865～1898）否定中华传统，指斥两千年之政都是秦政，秦政就是强盗；再指两千年之学都是“荀学”，是乡愿；[3]秦政与荀学狼狈为奸，不但专制政体要变，文化思想传统也要全变。[4]梁启超：“我们当时认为：中国自汉以后的学问全要不得的；外来的学问都是好的。”[5]康有为还倡导暴力开道。1898 年 6 月 16 日，康有为在朝房等候光绪召见，遇荣

---

1 康有为：〈上清帝第六书〉。参见姜义华、张荣华选注：《大同梦幻——康有为文选》，百花文艺出版社（天津）2002 年版，页 55。

2 余英时：《文史传统与文化重建》，三联书店（北京）2004 年，页 505。

3 乡愿：乡中言行不符的伪善欺世者。《论语・阳货》“乡愿，德之贼也。”

4 余英时：〈中国近代思想史的激进与保守〉（1988 年 9 月）。载余英时：《钱穆与中国文化》，上海远东出版社 1994 年版，页 195～196。

5 梁启超：〈悼念夏穗卿先生〉。邓九平主编：《中国文化名人谈恩师》，大众文艺出版社（北京）2003 年版，页 4。

禄。荣禄说："法是应该变的，但是一二百年的老法，怎能在短期内变掉呢？"康有为忿答："杀几个一品大员，法就可以变了。"[6]

成书于二十世纪初的《大同书》，康有为认定私有财产为社会争乱之源，脱苦之策在于毁灭家族，佛门出家不如使无家可出，社会进化的目标首在实现无家族；无私产也首在无家族，无家族而无国家，无国家而行大同；包括男女亦不得相互所属，同栖一年必须易换，孩童亦不能专属父母，出生即入婴幼院，由社会公养。《大同书》成为毛泽东大跃进的文化母本。

辛亥时期，邹容（1885～1905）倡言："革命者，天演之公例也；革命者，世界之公理也。"[7]秋瑾："可怜国事如斯急，无奈同胞梦不醒。"一些倾向革命的父母为孩取名"梦醒"。湘人陈天华、姚宏业见救国无门，投水自杀。虽然不能过分责备戊戌志士、辛亥党人的激进，但左倾赤焰确是如此这般开始点燃。1920 年，梁启超检讨："启超之在思想界，其破坏力确不小，而建设则未有闻。晚清思想界之粗率浅薄，启超与有罪焉。"[8]

辛亥后，无政府主义大行，思潮再次激烈左拐，深入文化层面。1911 年，江亢虎创三无学社（无政府、无宗教、无家族），后又有"三二学社"（无政府、无宗教、无家族、各尽所能、各取所需）。20 岁的顾颉刚（1893～1980）加入中国社会党："我们这一辈人在这时候太敢作奢侈的希望了，恨不能把整个的世界在最短的时间之内彻底的重新造过，种族革命之后既连着政治革命，政治革命之后当然要连着社会革命，从此直可以到无政府无家庭无金钱的境界了。"[9]五四青年张国焘："一般青年的思想是在从一点一滴的社会革新，走向更急进的政治改革方向去。"[10]

犁庭扫穴的大革命风暴从价值形态上已埋下矫枉过正的祸根，营造了急躁失控的社会情绪。鲁迅倡言不看中国书、吴稚晖呼吁将线装书掷入茅厕："中国文字，迟早必废。"钱玄同："欲废孔学、欲剿灭道教，惟有

6　唐德刚：《晚清七十年》，岳麓书社（长沙）1999 年版，页 349。

7　邹容：〈革命军〉，载《邹容文集》，重庆出版社 1983 年版，页 41。

8　梁启超：《清代学术概论》，东方出版社（北京）1996 年版，页 81。

9　顾颉刚：《十四年前的印象》。参见顾潮：《历劫终教志不灰——我的父亲顾颉刚》，华东师大出版社（上海）1997 年版，页 26。

10　张国焘：《我的回忆》，东方出版社（北京）1998 年版，第 1 册，页 21。

将中国书籍一概束之高阁之一法。”[11]毛泽东：“将唐宋以后之文集诗集焚诸一炉。”[12]《东方杂志》主编杜亚泉主张温和渐进、东西文化调和，提倡开明与保守兼备的“接续主义”，遭强烈批判，斥为大大落伍。

1943 年，蒋介石《中国之命运》指责中共导歪风气：

> 以读书求学为反革命，以浪漫放荡为觉悟分子。他们号召青年相率鄙弃我民族的固有道德，甚至以礼义廉耻为顽固，孝悌忠信为腐朽。狂澜溃溢，几乎不可挽救。[13]

楚人一炬可怜焦土，“旧建筑”被烧成一堆废墟。新文化运动对传统二次摧毁，为赤潮凿开传统大坝的豁口，提供了最最重要的价值基础——“革命万岁！”中共争取青年的宣传中，最重要的一条：“三民主义不彻底，要革命还是得加入共产党。”[14]1923 年，郭沫若放言：“我们受现实的苦痛太深巨了。现实的一切我们不惟不能全盘接受，我们要准依我们最高的理想去毁灭它，再造它，以增进人类的幸福。”[15]

如能守住哪怕部分传统，历史理性不被彻底颠复，偏激赤潮无论如何不可能肆行无阻。1922 年 8 月 28 日胡适日记：“现今的中国学术界真凋敝零落极了。旧式学者只剩王国维、罗振玉、叶德辉、章炳麟四人；其次则半新半旧的过渡学者，也只有梁启超和我们几个人。”[16]毛泽东岳丈杨昌济（1871～1920），执教湖南一师与北大，“三不劝”，第一“不劝人送子弟读书”[17]。传统失守，社会价值大幅转换，社会动荡不远矣！

---

[11] 钱玄同：〈中国今后之文字问题〉。参见中国社会科学院近代史研究室编：《五四运动文选》，北京三联书店 1959 年版，页 124～126。

[12] 《毛泽东早期文稿》（1912.6－1920.11），湖南出版社 1995 年版，页 639。

[13] 蒋介石：《中国之命运》，国民党中央党史委员会编印，《先总统蒋公思想言论总集》卷四，页 55。

[14] 陈公博：《苦笑录》，东方出版社（北京）2004 年版，页 55。

[15] 郭沫若：〈未来派的诗约及其批评〉，原载《创造周报》（上海）第十七号（1923 年.9 月 6 日）。参见《郭沫若全集》第 15 卷，人民文学出版社（北京）1990 年版，页 251。

[16] 俞吾金编选：《疑古与开新——胡适文选》，上海远东出版社 1995 年版，页 143。

[17] 《谢觉哉日记》，人民出版社（北京）1984 年版，上册，页 109。

杨昌济留日留英九年，1913～18 年任教湖南省立一师，1918～20 年北大伦理学教授；临终前致信好友章士钊（广州军政府秘书长），推荐学生毛泽东和蔡和森：“吾郑重语君，二子海内人才，前程远大，君不言救国则已，救国必先重二子。”杨氏另二“不劝”：不劝寡妇守节；不劝兄弟共财。

客观上，鸦片战争后，列强怒海而至，炮舰叩岸。1894 年甲午败日，割台赔款，白白被倭寇勒去 23150 万两白银，[18]相当清廷三年岁收、日本四年财政收入。列强肉华，瓜分在即。〈兴中会宣言〉(1895)：

> 有心者不禁大声疾呼，亟拯斯民于水火，切扶大厦之将倾，庶我子子孙孙，或免奴隶于他族。用特集志士以兴中，协贤豪而共济。

思想史家指出：中国现代思想史第一阶段——戊戌时期，几无任何指导性哲学理论，只有个人和社会两个层次的零散观察与比较，西方以实力与富足十分现实地启发康梁一代士林。康有为对儒学的修正及严复对赫胥黎《天演论》的译介，形成儒家化的社会达尔文主义，为改革提供了哲学基础，从而将改革推向第二阶段。这种中国化（即折衷化）的改革哲学，在相当长一个时期内具有强大吸引力，形成胡适、陈独秀为代表的第二代改革派知识分子。同时"一战"暴露了西方近代文明的弱点，巴黎和会不通过中国将山东权益由德转日，使中国士林对西方失去道德信任，而俄国布尔什维克的胜利与放弃在华特权的宣言，则使中国知识界的情感天秤陡然倾向赤俄，儒家化社会达尔文主义的主宰地位被粉碎，迅速集结起第一批中国马列主义者，引入"帝国主义"等概念，为其后"阶级斗争"、"剩余价值"、"受压迫者国际大联合"、"无产阶级先锋队"等等名词，铺设台阶，奠定了接受马克思主义的思想基础。[19]第一批左士的共同特征就是否定一切传统、扬弃所有经验，"觉从前种种，皆是错误，皆是罪恶。"[20]支持中华民族一路走来的传统就这样轻易被抛弃，历史理性闸门就这样悄然被撬开，思想界顿失检验各种新说的经验之尺。

屈辱的近代史使寰内士林爱国情绪高涨，急于"求新声于异邦"，不假思索地整体抛弃传统。戊戌后，推翻满清、建立民国成为士林共识，加上列强压迫的国耻，革命成为时代潮流，"破字当头"拥有一定合理性。

---

18 〈马关条约〉规定赔银二亿两并割台湾与辽东半岛，俄德法干涉还辽，增赔三千万两，日本海军三年不撤威海，监督还款，每年驻费再增 150 万两（原 50 万两），共计 23150 万两赔银。

19 （美）费正清、费维恺主编：《剑桥中华民国史》，中国社会科学出版社 1994 年版，上卷，页 568～572。

20 《新民学会会员通信集》第二集。载中共中央马恩列斯著作编译局研究室编：《五四时期期刊介绍》第一集，三联书店（北京）1978 年版，上册，页 154。

明知暴力破坏性巨大，仍被接受。也因了革命“第一步”的艰难，阻拦了士林对革命途径的思考，更无暇考辨尚为遥远的“革命后”。

辛亥前后，士林“尊西人若帝天，视西籍如神圣”，赤说轻易撬开历史理性闸门，迅速漫堤溢坝。以否定近代文明合理性为内核的马克思主义，对二十世纪初的中国思想界形成“致命诱惑”。五四士林希望觅得能使国家迅速脱贫的强盛药方，欲在西方现代思潮中寻找那“最新最佳”。于是，自称包治资本主义诸弊的马克思主义悄然走近。马克思主义以美丽万分的“各尽所能按需分配”相号召，用剩余价值论证资本主义的罪恶与必然被推翻，以工业化大生产论证工人阶级的天然先进性，提出暴力推翻“旧世界”。在当时各种改造社会的学说中，马克思主义以其终极解决一切社会矛盾的彻底性，诱俘了理性层次较低的中国左翼士林。

五四左翼思想界认为：既然有最新最美的“主义”、最灵最佳的药方，能够避开资本主义之恶弊，何必重走西方之路？再吃西方吃过之苦？跳过资本主义，直接进入共产主义，岂非更妙？穷则思变，越贫穷越想快点富强起来。此时，国际共运两大“灵魂”——暴力革命、共产设计，还很难看清其后果，隐蔽性很强。

一战后，西方对维多利亚时代的制度自信发生动摇，科学万能与理性至上崩坍，“西方文化对文化本身失望”，涌起一股别找药方的思潮。“上帝已死”，价值重建。1919 年，美国记者赛蒙氏对遊欧的梁启超说：“唉！可怜！西洋文明已经破产了……等你们把中国文明输进来救拔我们。”梁启超慨曰：“我初初听见这种话，还当他是有心奚落我。后来到处听惯了，才知道他们许多先觉之士，着实怀抱无限忧危，总觉得他们那些物质文明，是制造社会险象的种子，倒不如这世外桃源的中国，还有办法。这就是欧洲多数人心理的一斑了。”梁启超看到一战后西方的破败之景：“社会革命恐怕是二十世纪史唯一的特色，没有一国能免，不过争早晚罢了。”“我们可爱的青年啊！立正！开步走！大海对岸那边有好几万万人，愁着物质文明破产，哀哀欲绝的喊救命，等着你来超拔他哩。”[21]

---

[21] 梁启超：《梁启超遊记》，东方出版社（北京）2006 年版，页 25、15、57。

文明是一个民族应付环境的总成绩。五四士林（梁启超、梁漱溟、张君劢等）在西人的“谦虚”面前，竟盲目自大起来，乘着东方小舢板嘲笑西方万吨轮，自夸东方文明在精神层面领先西人。辛亥党人、五四精英还不理解民主自由的含义，不明白民主自由何以为西方人文精髓，更不清楚实现民主自由的基础条件，却认为中国民主已经在望。1943 年，清华前哲学教授张申府（中共最早三党员之一）：“在客观上，中国的民主前途已绝对可以断言而完全无可怀疑了。”[22]

十月革命则使马克思主义增添“实践”资本。从根本上，“十月革命一声炮响”毕竟是外因，中国思想界正在寻觅药方，才是迎娶马克思主义的关键内因。然而，其时中国连吞咽近代西方文明尚有困难，怎有能力去接受校正近代文明的“现代主义”？底版尚未打好，对封建主义的第一个否定尚未完成，便要别建新厦，谋求第二个否定之否定——对资本主义的否定，所隐伏的巨大危险可想而知，孕育出“四不像”的中国共运，成为二十世纪中国的宿命。

五四以后，变革正式从政治向文化延伸，新文化运动居然要求中国传统文化对积弱落后负责，整个中华文化都要不得了，不单不能产生民主科学，而且还是民主科学的最大障碍。余英时：“由此可见‘五四’比变法、革命时代的思想又激进多了。康有为还借用孔子、孟子、大同，谭嗣同还讲‘仁’，革命派也强调‘国粹’，‘五四’的领袖则彻底否定中国的传统，直截了当地要向西方寻找一切真理。”[23]

1920 年 11 月 7 日〈《共产党》月刊〉发刊词：

> 要想把我们的同胞从奴隶境遇中完全救出，非由生产劳动者全体结合起来，用革命的手段打倒本国外国一切资本阶级，跟着俄国的共产党一同试验新的生产方法不可。什么民主政治、什么代议政治，都是些资本家为自己阶级设立的，与劳动阶级无关。……我们要逃

[22] 张申府：〈民主原则〉，原载《新华日报》（重庆）1943 年 10 月 8 日。参见《张申府文集》，河北人民出版社 2005 年版，页 469～470。

[23] 余英时：〈中国近代思想史上的激进与保守〉（1988 年 9 月）。参见余英时：《钱穆与中国文化》，上海远东出版社 1994 年版，页 198。

> 出奴隶的境遇，我们不可听议会派底欺骗，我们只有用阶级战争的手段，打倒一切资本阶级，从他们手里抢夺来政权；并且用劳动专政的制度，拥护劳动者底政权，建设劳动者的国家以至于无国家，使资本阶级永远不至于发生。[24]

变革方案日益偏激。经济上否定自由经济，政治上否定代议制度，早期中共明确提出〈共产党在中国的使命〉（1921 年 6 月 7 日）：

> 大家不要妄信经济组织及状况幼稚的国家仍然应采用资本制度；同一起首创造，不必再走人家已经走过的错路了，这就是我们共产党在中国经济的使命。……所谓国会、省议会、县议会，无一不演出种种怪状丑态，简直到了末路了；所谓“议字型大小”的先生们，在人民头脑里比粪坑还臭千百倍。……试问南北各派政党，哪一派免了鼠窃狗偷，哪一派有改造中国底诚意及能力？[25]

这些连今天北京中宣部都只能摇头的左稚论调，贬人自抬，三言两语判定硕大社会问题，漏洞百出。尤其消灭资本阶级与代议政治，已为当今中共悄悄抛弃。但直至 1991 年，中共还拽着国家朝这一方向迈进，并将这一方向说成惟一正确途径，不同意即“反革命”，立遭镇压。

赤色学说为强调彻底革命的必要性，必须将现实描绘成罪恶渊薮，无视历史凝成的社会制度裹含一系列无法挣脱的客观必然。法国十七世纪法学家让·多马（Jean Domat，1625～1696）：惯例乃是自然法的一部分。[26]长期形成的“惯例”实为博弈之果，必然凝聚一定的平衡。无视客观制约因素，单极强调社会的道德缺陷，意在否定社会既有秩序的相对合理性，为赤色革命做舆论上的准备。理性改革当然应以最小代价为目标，变革

---

24 〈《共产党》月刊短言〉，原载《共产党》（上海）第一号（1920 年 11 月 7 日）。参见中共中央党校党史教研室选编：《中共党史参考资料》（一），人民出版社 1979 年版，页 228～229。

25 〈共产党在中国的使命〉（1921 年 6 月 7 日），原载《共产党》第五号。参见《中共党史参考资料》（一），人民出版社（北京）1979 年版，页 273。

26 让·多马：《自然状态中的民法》（1689）。转引自（英）柏克（Edmund Burke）：《法国革命论》（1790），何兆武等译，商务印书馆（北京）2009 年版，页 198。

的必要性也必须为社会效益所证明。但渐进式改良对中共来说“一万年太久”，毛泽东名言：破字当头，立在其中。先一锄头刨去“旧社会”，破了再说，能否“立”起来，先不管了。可“破”完之后，旧制尽弃、旧器尽毁，拿什么去“立”？一群“新青年”，一则新学说，凭空能“立”起一个美好社会么？

1920 年代的左青，否弃实业救国、科学救国，崇尚暴动救国，“我们认为救国救民一定要革命。革命就是城市和农村的工农暴动，才是救国的唯一道路。”瞿秋白指示党团员发动武装暴动。“年轻的党团员，响应党中央号召，勇往直前，不怕牺牲。”[27]大革命时期，汪精卫都有这样的名言：“革命的往左来，不革命的滚出去！”[28]

马克思主义渗入中国，最早译者并非中共党员，乃同盟会要员朱执信。1915～16 年，孙中山、胡汉民、朱执信、廖仲恺已在谈论马克思主义与阶级斗争；朱执信、胡汉民在国民党系刊物《建设》、《星期评论》发表不少介绍马克思主义的文章；无政府主义也宣传社会主义。中共创始人之一邵力子：“陈望道翻译《共产党宣言》以前，已有该书的摘译。”陈望道全文翻译《共产党宣言》，也是应《星期评论》总编戴季陶的约稿。

1920 年上海马克思主义研究会（即上海共产主义小组）由三部分人组成：一、留日生——李达、李汉俊；二、浙江一师师生——陈望道、施存统；三、国民党员——戴季陶、邵力子、沈玄庐。李大钊也是从国民党转为共产党。[29]所谓“十月革命一声炮响，给我们送来了马克思列宁主义”，事实却是国民党首先引进自己的“掘墓人”。工运迭起好像乱了北洋政府，实质动摇了整个社会的基本价值秩序。

“四・一二”后，赤潮原有可能退落，不少中共党员消极，脱党者有施存统、茅盾、郭沫若、章伯钧、千家驹、王芸生……蔡元培更是支持清党“四皓”之一（另三皓：张静江、吴稚晖、李石曾）。[30]此时的国民党虽然反共，其意识形态却与中共同质，所用辞汇也是：“革命”、“同志”、

---

27 叶进明：〈三种救国论〉，载《上海党史资料通讯》1988 年第 4 期，页 7。

28 陈白尘：《对人世的告别》，三联书店（北京）1997 年版，页 261。

29 王来棣：《中共创始人访谈录》，明镜出版社（香港）2008 年版，页 86、174。

30 《胡乔木传》编写组编：《胡乔木谈中共党史》，人民出版社（北京）1999 年版，页 338～339。

“阶级”、“救国”、“打倒军阀”、“驱除列强”等，也搞“纪念五四”。时人指出：中共不过是国民党的左派耳。国民党也被称“前列宁主义政党”。

史家痛心：“国共合作之初，国民党自己在摧毁传统文化结构方面，也做得很积极。”在撬开传统理性这道重闸时，国民党帮了共产党的大忙。夏志清：“国共合作期间（1923～1927），急进派的知识分子和学生影响力和人数都增加不少，清党后这些人大半还是跟着共产党走。”[31] 1926 年 5 月，蒋介石提出限共“整理党务案”，黄埔军校不少国民党左派学生愤怒退出国民党。[32]1929 年，不少国民党员同情中共。[33]

1927 年 5 月，梁启超惊讶并担心赤潮的迅速蔓延：

> 思永（按：梁子）来信说很表同情于共产主义，我看了不禁一惊，并非是怕我们家里有共产党，实在看见像我们思永这样洁白的青年，也会中了这种迷药，即全国青年之类此者何限，真不能不替中国前途担惊受怕。……我所论断现代的经济病态和共产同一的“脉论”，但我确信这个病非共产那剂药所能医的。……思永不是经济学专门家，当然会误认毒药为良方，但国内青年像思永这样的百分中居九十九，所以可怕。[34]

1927 年马日事变前，北伐军某些“新军阀”还参加马恩纪念会。亲历者王一知（1902～1991）晚年回忆：“当时统治者还没有意识到共产主义对他们自己的威胁，所以宣传共产主义比较自由。”[35]“四・一二”后，陕北榆林中学多次在县城召开讨蒋大会。[36]北伐前后，中共赤刊销往湘川

---

[31] 夏志清：《中国现代小说史》，香港中文大学出版社 2001 年版，页 98～99、12。

[32] 《李逸民回忆录》，湖南人民出版社 1986 年版，页 27。

[33] （美）费正清、费维恺主编：《剑桥中华民国史》，中国社会科学出版社（北京）1994 年版，下卷，页 137。

[34] 梁启超：〈给孩子们的书〉（民国十六年五月五日）。丁文江、赵丰田编：《梁启超年谱长编》，上海人民出版社 1983 年版，页 1130～1131。

[35] 王一知：〈17 岁少女投身革命的故事〉，参见王来棣：《中共创始人访谈录》，明镜出版社（香港）2008 年版，页 127。

[36] 张秀山：《我的八十五年》，中共党史出版社（北京）2007 年版，页 7。

两省最多。[37]思想传播的效应很快得到体现，北伐时期湘川中共党员最多，“闹红”亦最烈。毛泽东《湖南农民运动考察报告》满篇鼓噪暴力，成为40年后红卫兵的“行动指南”。据中共《中国现代革命史》，“白色恐怖”最严重的1928年，上海罢工140次，参加者233802人，斗争完全胜利22%，部分胜利19%。[38]工人阶级所享有的自由，远高于当今呵！

抗战期间，阎锡山在山西组织铁血团，以29字排字辈——为实现按劳分配物产证券誓愿共同奋斗到底永久给全人类谋真幸福，[39]很“红”呵！蒋介石的《中国之命运》(1943)，亦对欧美列强、市场经济显存偏岐。[40]

思想如房间，摆入怎样的家俱便形成怎样的风格，输入怎样的元素便组装出怎样的逻辑。构件决定整体，赤色理念输入一代学子，自会左右他们的价值选择，形成“红色一代”。

国民党未能利用“九・一八”以后高涨的爱国热潮凝聚人心，甚为失策。对日政策的软弱，恰好映衬中共激进光芒，剿共也激起大批愤青逆反心理。国民党“铁的纪律”——“批评官吏就是反政府”[41]，推助国人对民主自由的向往，而对国民党的怨恨自然成为向往共产党的推力。连“国母”宋庆龄（1893～1981）都发表反蒋宣言：“中国国民党早已丧失革命集团之地位，至今日已成为不可掩蔽之事实，亡其党者，非党外之敌人，而为其党内领袖。”“借反共之名，行反动之实，阴狠险毒，贪污欺骗，无所不用其极。”（1931年12月19日）[42]

中共利用民族主义，将国家落后归于列强入侵，以抵消西方近代文明对意识形态的影响，为接受赤俄学说扫清障碍。吴国桢分析：

> 那时将中国的灾难全都归罪于外国经济和政治渗透的观点，确实对年轻人几乎有普遍的号召力，因此当共产党创造出帝国主义这个词

---

37 刘清扬：〈关于天津青年接受马克思主义和旅欧支部的回忆〉，参见王来棣：《中共创始人访谈录》，明镜出版社（香港）2008年版，页212。

38 何干之主编：《中国现代革命史》，上海人民出版社1985年版，页115～116。

39 公安部档案馆编注：《在蒋介石身边八年——侍从室高级幕僚唐纵日记》，群众出版社（北京）1991年版，页219。

40 蒋介石：《中国之命运》。参见国民党中央党史委员会编：《先总统蒋公思想言论总集》卷四，页129。

41 陈嘉庚：《南侨回忆录》，岳麓书社（长沙）1998年版，页86。

42 《温济泽自述》，中国青年出版社（北京）1999年版，页45。

> 时，他们确实掌握了进入年轻人头脑的钥匙（中国共产党人对“帝国主义”这个词有中国式的说法）。马克思主义在打动年轻人方面没有多少影响，但“帝国主义”和“反帝国主义”则有。[43]

中共统战策略很成功，评家析曰：“共产党很聪明地利用了这种情绪，使大众很轻易地相信了它的神话，将自己说成是受残酷迫害的爱国分子，好像他们唯一的罪状，就是因为要求全面对日抗战。”[44]

中国并非没有右转的历史可能。北伐时期，有人认识到社会革命可走德美之路，以德美两国的现代化过程为中国范本。1926 年 9 月，胡适日记：“德国可学，美国可学，他们的基础皆靠知识学问。此途虽迂缓，然实惟一之大路也。”[45]可惜胡适的声音太微弱，胡适此时已被斥为“落伍者”。胡适承认：“我在这十年中，明白承认青年人多数不站在我这一边，因为我不肯学时髦，不能说假话，又不能供给他们‘低级趣味’，当然不能抓住他们。”[46]用传统经验提前验别赤说，需要足够的文化底蕴。二十世纪的中国，多为中小知识分子，胡适这样的大知识分子太少了。赤潮利用五四反传统大浪，迅速挣脱传统经验的格挡拦滤，渐行渐兴，一飙狂进，最终走到整个社会大颠倒的文化大革命。

1988 年，余英时先生认为赤潮祸华根本致因还是文化思想：

> 在四十年代末期有什么客观的因素（如经济）决定着中国人非依照苏联的方式组织国家不可呢？分析到最后，我们恐怕不能不承认这是文化的力量。共产主义或社会主义的思想从十九世纪末叶便不断地从西方传到了中国。由于中国文化的价值取向偏于大群体，近代

---

43 吴国桢：《从上海市长到“台湾省主席”》，吴修垣译，上海人民出版社 1999 年版，页 274。

44 夏志清：《中国现代小说史》，香港中文大学出版社 2001 年版，页 98。

45 《胡适的日记（手稿本）》，远流出版公司（台湾）1990 年版，第五册。转引自许纪霖编《20 世纪中国知识分子史论》，新星出版社（北京）2005 年版，页 120。

46 〈胡适致周作人〉（1936 年 1 月 9 日）。中国社科院近代史研究所民国史研究室编：《胡适来往书信选》（中册），中华书局香港分局 1983 年版，页 297。

知识分子比较容易为社会主义的理想所吸引。……中国今天具有这一特殊的国家社会体制，追根溯始，应该说是文化思想的力量。[47]

贰、红色的1930年代

18世纪西方思潮就开始左倾化，19世纪持续增温。法国蒲鲁东（1809～1865）名言——“财产是赃物”。其论据：财产不过是一种维持生命、改善生活的工具，凡有维持生命、改善生活需要的人都有使用这一工具的权利，而生命与生活的权利是平等的，财产多寡现象因此不公。20岁青年瞿秋白顺着这一歪斜逻辑，提出“知识是赃物”，论据是精神生命和生活的权利也应平等，财产与知识较多者，都是依靠明抢暗夺、侵犯他人权利得来的，因此须废除知识私有制。[48]瞿秋白空放激言，实属稚嫩。“知识公平”，且不说社会条件的限制，就是千差万别的个体相异也足以阻碍他的“知识公平”。多学多拥有知识竟成贪占“赃物”？知识私有制又如何废除？荒诞谬言却偏偏搅起大波大澜，甚受追捧。

蒲鲁东的财产工具说、使用者管理说、私财赃物说，连“片面深刻”都谈不上，只有片面谬误。他只看到不平等现象，却脱离形成这种不平等的社会背景。在人类社会相当长历史阶段内，财产、知识的拥有与分布不可能达到人人均衡，就是将所有富国富人之产都拿出来“共”了，也无法拯救所有穷国穷人；就算能够减缓一时之困，之后怎么办？如何保持穷国穷人永久免于困厄？难道可以永远指望富国富人的接济吗？更大的麻烦是：富国富人能永远保持富裕吗？尤其当他们已被共产、已失去致富的资本，也成了穷人，谁还有能力接济他人？

在历史现阶段，人类尚无条件完全遵照理想安排生活，只能根据现实可能性实现相对公平。但马克思主义却挟“公平”以令诸侯，批判一切传

47　余英时：《文史传统与文化重建》，三联书店（北京）2004年版，页497。

48　瞿秋白：〈知识是赃物〉，载《新社会》旬刊第六号，1919年12月21日。参见《瞿秋白文集·政治理论编》第一卷，人民出版社（北京）1987年版，页41～42。

统，横扫一切制度，鼓动青年进行社会革命，以“毕其功于一役”相号召，时髦了一个世纪，得逞一时，最后以实践证误收场。

1930年代是全球整体偏激的时代，各种社会矛盾激化，各种改造社会的学说纷然杂出。马克思主义并不是孤独的左倾儿，她有不少时代伴娘——无政府主义、国家主义、民粹主义、纳粹主义，以及各式各样的社会主义，这些“主义”共同汇成偏激大潮，推耸起“红色的1930年代”。

1930年代的西方，冯·哈耶克（F·A·Hayek，1899～1992）：

> 社会主义已经取代自由主义成为绝大多数进步人士所坚持的信条。……奠定现代社会主义基础的法国作家们毫不怀疑，他们的种种思想只能通过强有力的独裁政府才能付诸实行。……自由思想在他们看来是十九世纪社会的罪恶之源。

如此理解自由，自必分泌出种种反自由的思想。西方思想界的混乱，给了马克思主义可趁之机，社会主义被西方知识界普遍接受，不少激进作家信奉共产赤说，如法国的布列东（1896-1966）、萨特（1905～1980）。此乃赤色学说得以燎原的第一台阶。

更可怕的是社会主义用自由引诱更多青年认同赤色价值，“对更多自由的允诺使越来越多的自由主义者受到引诱走上社会主义道路，使他们受到蒙蔽不能看到社会主义与自由主义者基本原则之间存在着的冲突。”[49]

马克思主义，充其量是一则需要未来证明绩效的理想性学说，但却被绝对神化，置于不容置疑的膜拜之巅，甚至神化一切革命手段，不但红色恐怖绝对必要，压抑人性人权也因此拥有充足理由。

法西斯主义与马克思主义同时流行欧洲，“希特勒在德国上台那年，马克思主义在牛津大学知识分子中时髦的程度，就像每一个人去莫利体育馆那样平平常常。”[50]法国学者雷蒙·阿隆（Raymond Aron，1905～1983）认为共产党乃“不满者之党”，共产主义之所以在亚非成功，原因在于煽

---

[49] （英）哈耶克：《通往奴役之路》，王明毅等译，中国社会科学出版社1997年版，页29、31。

[50] 海伦·斯诺（Helen Foster Snow）：《我在中国的岁月》（My China Years），安危、杜夏译，中国新闻出版社（陕西）1986年版，页188。

动了佃农、自耕农和地主之间的冲突，夸大了地位最低的弱势群体的要求，开发利用了经济萧条所引起的不满。[51]

知识分子的整体左偏成为难以阻遏的时代潮流。德国的海涅、美国的罗曼・罗兰、中国的鲁迅，不少一流知识分子都倾向于共产主义。1934～35 年遊历欧美的戈公振访苏后，写了不少赞扬苏联的通讯。大批知青赴延，身后当然站着支持他们的家长与教师。

共产主义成为第一代赤青的绝对价值。“带镣长街行，告别众乡亲；砍头不要紧，只要主义真；杀了我一个，自有后来人！”（刘伯坚、夏明翰绝命词合编）镣声铿锵，长街壮别，中共烈士带着为人类最美好事业牺牲的价值自信走向刑场。1928 年在沪被捕、被判无期徒刑的李逸民（1904～1982，黄埔四期生），狱题“愿洒满腔青春血，换得人间遍地红。”[52]途径的艰巨性增添神圣性，以个人牺牲求换认同赤说。美国学者法兰西斯・福山（Francis Fukuyama，1952～）：“获得认可的欲望也有它黑暗的一面，致使许多哲学家相信精神是人类邪恶的根源。”[53]美好愿望也可能导出邪恶的人文谬误。卢梭：“人类的灾难来自谬误者多，来自无知者少。”[54]

五四提出“平民文学”，呼吁作家关注社会底层，致力解决底层苦难，本身当属历史进步。但左翼文艺运动很快走向极端，从拓宽视域转入扁平的题材平民化、趣味普罗化、思想赤色化，非此就是“反动文艺”。以批判贵族文化始，以“不得高雅”终，从一个合理的起点很快进入偏激谬误。文学乃捏塑青年价值观念的模具，鲁迅、茅盾、郭沫若、郁达夫、丁玲、巴金等左翼作家走红，全国师生深受浸淫，普遍左倾。1920 年代的左翼文艺孕育出“红色的 30 年代”。

夏志清：

> 文学研究会认真研究文学，翻译着外国文学作品，还能容忍异己；而创造社不但后期崇尚马克思主义，即使在初期提倡浪漫主义的时

---

51 （法）雷蒙・阿隆：《知识分子的鸦片》，吕一民、顾杭译，译林出版社（南京）2005 年版，页 29。

52 《李逸民回忆录》，湖南人民出版社 1986 年版，张爱萍序，页 1。

53 （美）法兰西斯・福山：《历史的终结及最后之人》（1992），黄胜强等译，中国社会科学出版社（北京）2003 年版，页 206。

54 卢梭：《忏悔录》，黎星、范希衡译，人民文学出版社（北京）1982 年版，页 356。

候，也喜欢卖弄学问，态度独断，喜欢笔伐。中国新文学之能树立共产主义的正统思想，大部分是创造社造成的。[55]

1932年，高中生贾植芳（1916～2008），“在我的宿舍墙上，先后挂过托尔斯泰、陀思妥耶夫斯基、耶稣、尼采、克鲁泡特金和马克思的像片，真是五花八门。”[56]五卅后，十八岁的王凡西（1907～2002，后为托派）：“胡适之、梁任公思想已经从我的头脑中彻底廓清，完全站稳了左派的陈独秀立场，虽然在形式上我还不曾加入共产党。”[57]1925年初，夏衍在日本经孙中山批准，戴季陶、李烈钧介绍加入国民党，任国民党驻日总支部常委兼组织部长。1927年4月下旬，夏衍加入中共。

相对中庸的文学研究会斗不过偏狭激昂的创造社，现实主义斗不过浪漫主义，很能说明社会风气的肤浅浮躁，偏激的马列主义遇到浮躁的1920年代中国，干柴烈火，一点即燃。第一次国共合作，中共在广州政府很快取得教育与宣传方面的职席，说明马列主义已为国民党接受。

1929年，国民党湖北省税务局长吴国桢也亲共：“有一度我竟认为不管共产党有什么毛病，看来他们总愿意更多地为国家的福祉而奉献，因此我打算暂时放弃在中国的事业，到苏联去实地研究共产主义的运作。只是由于意外的天命，我在最后一分钟未能成行。”[58]1929年5月，蒋介石任命李明瑞、俞作柏主持广西军政，李、俞同情中共，要求中共派员入桂。邓小平、张云逸、龚楚、叶季壮、陈豪人、何畏、李谦（李立三弟）等四十余名共干进入李明瑞部。[59]这才有是年12月的“百色起义”。

1931年的“左联五烈士”，夏志清评曰：“事实上，这五个其名不甚见经传的作家，不是因为他们宣扬共产主义的写作而被处决，因为有很多名气比他们大得多的共产党员作家在当时（和以后）都能逍遥法外。这五个作家和其他十八人之所以被处决，乃是因为他们是共产党阴谋叛乱分

---

55 夏志清：《中国现代小说史》，香港中文大学出版社2001年版，页81。

56 贾植芳：《狱里狱外》，上海远东出版社1995年版，页125。

57 王凡西：《双山回忆录》，现代史料编刊社（北京）1980年版，页13。

58 吴国桢：《夜来临：吴国桢见证的国共争斗》，吴修垣译，香港中文大学出版社2009年版，页110。吴因赴俄船只被军方临时征用而作罢。

59 袁任远：〈从百色到湘赣〉，载《中共党史资料》第13辑，中共党史资料出版社1985年版，页50。

子，企图到江西参加红军的活动。”[60]国府镇压的是诉诸暴动的中共分子，而非意识形态的马列主义。马列主义在当时不仅可以公开传播，还进了国民党最高学府的课堂。

1930 年，太原成成中学教师向初中生介绍新《呐喊》、《彷徨》、《女神》、《少年漂泊者》、《胡适文存》、《独秀文存》以及翻译小说。北伐（中共称“大革命”）使五四新文化传播迅速，很快从文学革命到革命文学，一代学生普遍吮吸红色文学。1932 年，北平师大社科系举办数月讲座，侯外庐、陶希圣、马哲民等公开讲授马克思主义，课堂上征订王亚南翻译的《资本论》。[61]1934 年春，黄敬（俞启威）在中国大学旁听李达的《资本论》课程。[62]“九・一八”前后，杨虎城主持下的陕西左翼力量活跃，江隆基等左士出任中学校长（西安时无大学），“马克思、列宁的著作，可以在西安和陕西一些地方公开地阅读、讲解和讨论。”[63]1936 年秋，任鸿隽出长川大，政经系教师可以讲马克思的经济学与唯物史观哲学。1938 年，国民党四川省党部设计委员胡素民（1872～1947）的客厅里悬挂四像——马克思、恩格斯、克鲁泡特金、托尔斯泰。[64]

“一二・九”后，清华 1200 余名学生，左翼学生集会能召集 800 人，右翼集会只能召集 200 人，另 200 名不参加任何涉政活动。左右中这一分布很能说明清华生的政治分野。“一二・九”运动中，杨秀峰、黄松龄、张申府、张友渔、阮慕韩等都是有名的红色教授。北平大学教授吴承仕（1884～1939）与齐燕铭（中国大学讲师）同时入党。[65]可见，经五四、北伐，第一代中共党人已将马列赤说散播寰内，在意识形态形成气候。

1932 年入学燕京的黄华（1913～2010）：“燕大……图书馆里可以看到马恩列斯的一些著作的英译本。”[66]1939 年双十节，贵阳放映赤俄影片《列宁》。[67]1940 年代的中央大学（蒋介石一度兼任校长），开设马克思主义课

---

[60] 夏志清：《中国现代小说史》，香港中文大学出版社 2001 年版，页 228。
[61] 贾植芳：《狱里狱外》，天地图书有限公司（香港）2001 年版，页 131～133。
[62] 叶永烈：《江青画传》，时代国际出版有限公司（香港）2008 年版，页 21。
[63] 南新宙：〈南汉宸的故事〉，载《红旗飘飘》第 25 集，中国青年出版社 1982 年版，页 73。
[64] 《青春岁月——胡绩伟自述》，河南人民出版社 1999 年版，页 52～54、102。
[65] 温济泽等编：《延安中央研究院回忆录》，中国社会科学出版社、湖南人民出版社 1984 年版，页 73。
[66] 黄华：《亲历与见闻》，世界知识出版社（北京）2007 年版，页 2。
[67] 李南央编：《父母昨日书》，时代国际出版有限公司（香港）2005 年版，上册，页 130～132。

程。[68]各地矫正思想的青年劳动营（学制两年）、中山室（政治思想室）悬挂的领袖像为蒋介石、罗斯福、邱吉尔、斯大林；女生营中山室里挂着宋庆龄、宋美龄、居里夫人、柯仑泰女士（苏共妇女领袖）。[69]1940年代后期的重庆，红色书籍、苏联书籍、鼓吹民主宪政的书籍，充斥全城书摊。

1944年10月，成都两千余学生集会，谴责国民党一党专政，要求民主自由，不久举行六千余人的“双十一”示威遊行。[70]1945年10月1日，国府宣布取消战时新闻检查制度，印行红书的书店立即在上海开张。1946年，国民党《中央日报》“把关不严”，刊出《资本论》的售书广告，赞曰“人类思想的光辉结晶”。[71]1948年底，共军围城北平，北大校园还能高唱〈延安颂〉。[72]共军渡江前，上海同济中学公开唱迎接共军的〈我们的队伍来了〉、〈山那边呀好地方〉。[73]

李锐分析“一二·九”群体加入中共主要基于二因：一、认同中共抗日救亡主张，反对国民党独裁与妥协政策；二、马克思主义关于推翻剥削阶级消灭剥削制度、建立劳工政权的社会理想，与五四精神的自由、民主、平等有某种价值重合。“民族主义（抗日救亡）和民主主义（反对国民党蒋介石的独裁和专制），是他们投身共产主义运动的基本思想动因。”[74]“我投奔共产党主要是为了救亡，但也要民主。”[75]

地主之子赵紫阳晚年回顾：“在资本主义大危机的三十年代，共产主义是很时髦的，知识分子是很向往的，共产主义是很吃香的。”[76]地主、资产阶级家庭不仅出现“不肖子孙”，还有全家加入中共的“满门忠烈”。河南滑县大地主兼世代名医聂元梓家，拥田几百亩，兄妹七人，六位1933～37年入党，父母捐出土地随军行医，一路跟进北京城；惟二哥从

68 沈容：《红色记忆》，北京十月文艺出版社2005年版，页46。
69 赵超构：《延安一月》，上海书店1992年版，页6～7。
70 谢韬：〈我们从哪里来，到哪里去？〉。载燕凌等编著：《红岩儿女》第三部（上），真相出版社（香港）2012年版，页7。
71 钱钢：《旧闻记者》，上海书店出版社2008年版，页173、183。
72 乐黛云：《四院·沙滩·未名湖：60年北大生涯（1948～2008）》，北京大学出版社2008年版，页2。
73 张敏：《穿墙的短波》（记录红色中国），溯源书社（香港）2012年版，页162～163。
74 李锐：〈李昌和“一二·九”那代人〉，载《炎黄春秋》（北京）2008年第4期，页2。
75 笑蜀：〈“总起来看我还是比较乐观的”——李锐谈社会主义与中国〉，载《炎黄春秋》（北京）2007年第2期，页12。
76 宗凤鸣记述：《赵紫阳软禁中的谈话》，开放出版社（香港）2007年版，页170。

医，亦为烈属。[77]淮安工商地主家庭的清华生杨述（1913～1980），将母哥嫂弟妹五人带入中共，母亲哥嫂不仅入党，还变卖全部细软交了党费。[78]国会议员、大地主家庭出身的李锐，姐弟三人，他与二姐夫妇加入中共，大姐是同情分子。北洋外交官家庭出身的王光美五兄妹先后加入中共。1925年秘密入党的无锡大家子弟严朴，其妻将四个女儿（严慰冰等）带入中共，“一家女八路”。张瑞芳之父早年参加孙中山政府，1928 年捐躯疆场，母亲廉维乃著名“八路军老大姐”，带张瑞芳兄妹五人加入中共。北洋官宦大家姚依林叔伯三兄弟加入中共。1940 年代加入中共的国府高级人士：续范亭中将、范龙章少将、陈瑾昆司长（曾任最高法院院长）、张冲军长。

1944 年 6 月延安大学教育处统计，学员成分中农以上 84.5%，出身学生或教员 77.6%。[79]抗大学生出身中产以上几占一半，四期第四大队 1017 名学员，工农 561 人，55%；反动家庭 194 人，19%。[80]

出身知识世家的钱理群（1939～），父亲为国府农业部常务司长。父亲、三哥是国民党，二姐与另一哥哥是共产党。钱先生：“历史就是这样：在二十年代初中期最优秀的知识分子站到国民党那边，三四十年代最优秀的到共产党这边来。”[81]1930 年代，廖沫沙与岳父为中共党员，妻舅熊笑三（1905～1987）则为国民党铁杆，徐蚌会战国军“五大王牌”第五军军长。[82]

基督将军冯玉祥一度也改信共产主义。1937 年 10 月，国民党中执委谷正鼎（1903～1974，其兄谷正伦、谷正纲）在西安防共会议上痛曰：“我们自己的儿女都不保了，都要跟着共产党跑了。”[83]陈布雷之女陈琏（1919～1967）、傅作义之女傅冬菊（1924～2007）都是中共秘密党员。陈诚侄女

77　聂元梓：《聂元梓回忆录》，时代国际出版有限公司（香港）2005 年版，页 18～19。

78　韦君宜：《思痛录》，北京十月文艺出版社 1998 年版，页 118～119。

79　《延安大学概况》（1944 年 6 月），延安大学教育处编印，油印单行本。参见朱鸿召：《延安文人》，广东人民出版社 2001 年版，页 39。

80　李志民：〈抗大抗大・越抗越大〉（之一），载《中共党史资料》第七辑，中共党史资料出版社（北京）1983 年版，页 53。

81　钱理群：《我的精神自传》，广西师大出版社（桂林）2007 年版，页 17。

82　黄仁宇：《黄河青山：黄仁宇回忆录》，张逸安译，九州出版社（北京）2007 年版，页 150。

83　张严佛（军统西北区长）：〈抗战前后军统特务在西北的活动〉，载全国政协文史资料研究委员会编：《文史资料选辑》第 64 辑，中华书局（北京）1979 年版，页 96。

陈慕华（1921～2011）、居正女婿祁式潜（1915～1966）、国军兵团司令罗广文胞弟罗广斌（1924～1967），则“旗帜鲜明”地加入中共。四川大军阀杨森侄女杨汉秀（1913～1949），1941 年在延安入党，派遣回乡变卖田产搞暴动，三次被捕，关押渣滓洞，秘密处死渝郊。留法弹道专家沈毅，国民党少将专员，在周恩来动员下赴延，成为边区专家。[84]

国民党绥远省主席董其武（1899～1989），1980 年加入中共；国民党新疆警备总司令陶峙岳（1892～1988），1982 年加入中共；除了表明最后的政治选择，也有认同赤说的价值因素。

共产主义标榜消除一切贫富差异与社会弊端，号召力强大呵！无形的精神远比有形的物质更有凝聚力。毛泽东早就认识到：“主义譬如一面旗子，旗子立起了，大家才有所指望，才知所趋赴。”[85]中共高举抗日与革命两面大旗，对急于改革社会又涉世未深的青年具有强大吸引力。蒋介石特赐“黄埔三期”出身的韩练成（1908～1984），中原大战救蒋有功，蒋绝对信任的中将军长，居然是中共“第五纵队”。张治中问周恩来：“这样的人为什么也会跟着共产党走？”周恩来：“这正是信仰的力量。”[86]美国记者白修德 1944 年 10 月访毛：“这个人懂得理想可以使人民扛起枪来，权力是从枪口里喷出来的。”[87]

从思想倾向上，自由知识分子胡风、贾植芳也属于延安一代。他们虽然没到过延安，也没入党，但完全接受并认同延安模式。胡风与周扬的文艺理论虽存差异，但文艺为政治服务则是共同归宿。他们共同参与了红色文学运动，分歧仅在于如何具体为政治服务，对立仅仅源于极不宽容的社会氛围，并无实质性的价值对抗。“小兵张嘎”徐光耀（1925～）晚年说：“那时候，人们的思想能有几个不‘左’呢？……甚至包括胡风，跟党也是跟得很紧的。”[88]1955 年下狱后的胡风及其“分子”，只能发出模糊的迷惘之叹，无力进行深入反思，盖因思想同质，难辨其谬。

---

[84] 何立波、任晶：〈“三反”：建国后反腐第一仗〉，载《检察风云》（上海）2009 年第 7 期，页 68。

[85] 毛泽东给罗璈阶（章龙）的信（1920 年 11 月 25 日），载《毛泽东早期文稿》（1912・6～1920・11），湖南出版社 1995 年版，页 554。

[86] 卢荻：〈潜伏：“隐形将军”韩练成〉，载《同舟共进》（广州）2011 年第 6 期，页 56。

[87] （美）白修德：《中国抗战秘闻——白修德回忆录》，崔陈译，河南人民出版社 1988 年版，页 208。

[88] 邢小群：《丁玲与文学研究所的兴衰》，山东画报出版社（济南）2003 年版，页 162。

章伯钧（1895～1969）不仅对中共必然走向“专政”缺乏政治判断，对马列主义的逻辑发展也缺乏理性警觉，一直是中共的同路人。二号右派罗隆基（1896～1965），1946 年初政协会议期间甚至说：“共产党有百是而无一非，国民党有百非而无一是。”据说此言得到马歇尔、司徒雷登的欣赏。马歇尔（George Marshall，1880～1959）会晤张澜、罗隆基后，认为中共有可能继国民党后成为实现民主政治的力量。为争取与中共合作，马歇尔请国务卿艾奇逊收回新任驻华大使魏德迈的任命，与周恩来协商，另选中共能够接受的司徒雷登。司徒雷登晚年检讨：“回顾往事，就我们今天对共产党的意图和其手法的了解来看，很清楚，将军（按：马歇尔）当时的使命绝没有成功的希望。但当时在我看来，达成一项有益的协定的可能性似乎是存在的。”[89]司徒雷登承认被中共忽悠了。

1944 年 7 月，文化名流邹韬奋（1895～1944）辞世于沪，嘱骨灰带往延安，请求追认中共党员。1945 年 1 月，同盟会元老柳亚子在重庆《新华日报》社发言：“世界的光明在莫斯科，中国的光明在延安。”[90]1946 年 6 月 26 日，国民党空军中队长刘善本（1915～1968）驾驶最新美机 B-24 投共，在延安发表广播讲话，二三十名国民党空军陆续投共。[91]不过，刘善本过了“民主革命的关”，却过不了“社会主义革命的关”。1968 年 3 月 10 日，空军学院少将副教育长刘善本死于红色迫害。

共产主义高举公平旗帜，对资本主义展开强烈批判，占据道德高度，具有相当迷惑性。雷蒙・阿隆说共产主义是知识分子的鸦片烟，“革命的神话为乌托邦思想充当了避难所，并成为现实与理想之间的神秘的、不可预测的说情者。”[92]尤其那一套阶级剥削、计划经济、一切公有、人人无私，终极消灭一切社会弊端，多好呵！一个多么靓丽的美好社会，一套全新的思想体系，从术语到概念，因陌生而新鲜，因新鲜而光芒四射，不知迷倒了多少中小知识分子。1923 年 11 月入莫斯科东方大学的刘伯坚（1895～1935），1924 年 1 月家书：

---

89 （美）约翰・司徒雷登：《在华五十年》，程宗家译，北京出版社 1982 年版，页 172。

90 陈微主编：《毛泽东与文化界名流》，人民出版社（北京）2003 年版，页 211～212。

91 《温济泽自述》，中国青年出版社（北京）1999 年版，页 196～197。

92 （法）雷蒙・阿隆：《知识分子的鸦片》，吕一民、顾杭译，译林出版社（南京）2005 年版，页 67。

……到了没有剥削、没有压迫劳工的国度，一切焕然一新……街头无乞丐、路途无盗贼，真是道不拾遗、夜不闭户，男为此目的而奋斗，望堂上无念！[93]

从人性角度，革命与激进也最容易在青年内心得到喝彩，人性也往往普遍偏向激进，毕竟激进钩挂着灿烂辉煌的理想。青春使生命热情洋溢，想像力丰富澎湃，改造社会的冲动特别强烈，极易不期然而然地走向乌托邦，以理想的名义将国家带入红色灾难。后人认识到：青春是可怕的，因无知而无畏，因无畏而犯下无知的错误。

章士钊（1881～1973）评说赤潮：

盖当时论家好以将来之未知数翻作前提，以折服人。此在逻辑，直犯倒果为因之誖。而论者不顾也。卒之此类论点，往往助长少年人之朝气，于革命里程有益。[94]

用“革命后”的未知数作为革命的价值基础，以未来支撑今说，以明天为赤说立论，倒果为因，自然脚跟发飘，缺乏论证力度，逻辑难通，最终只能倚仗暴力。同时，“革命后”的各种暗疮阴弊尚在潜伏期，一时难察。“革命后”的一切只存在于想像，想像又总是大于高于现实，青年涉世未深，识力有限，哪里具备穿透“革命后”的能力？问题当然在于引导青年的革命党，可哪一路革命家会承认自己是错误方向的引路人？

尤其对喜新逐异的知识分子来说，要他们自觉遏制冲动，本身就是难事。2002 年，美国斯坦福大学苏源熙教授（Haun.Saussy）：“（美国人文知识分子）大部分人心里比较亲左。”[95]既然以改变社会现状为职志，人文知识分子天生偏属左翼。

从根子上，共产革命以理想否定经验、想像代替现实，要求重新码放价值序列，提出颠复性构想。似乎体大思精的共产设计，不过仍以道德净

93 白明高：〈刘伯坚烈士年谱〉，载《党史研究资料》（北京）1985 年第 12 期，页 16。

94 章士钊：〈疏《黄帝魂》〉，载全国政协文史资料研究委员会编：《辛亥革命回忆录》（第一集），文史资料出版社（北京）1981 年版，页 253。

95 黄晓斌：〈苏源熙教授访谈〉，载《社会科学报》（上海）2002 年 10 月 3 日。

化为基石，违背现实可能地反对私有，否定一切个人权利，一场现代乌托邦耳。文革无非走得至偏至远——“狠斗私字一闪念”，既违反现代人权，也违反生物本能。没有自身需求的人不可能存在，也不需要存在了。理想化是共产学说的起点，无私化则是布尔什维克一再挥舞的缚龙长缨——似乎无懈可击的价值地基。既出好心，动机纯正，方式方法即可免疑免检。孰不知，好心办坏事乃是一再上演的历史旧剧。脱离客观现实，再好意的设计也会烧坏整锅汤，用暴力推销主义，当然要闯大祸。更何况，一茬茬“社会边缘人”等着利用人们的慈心掀动革命，以逞各种私欲。

1933 年，国民党系的蒋廷黻说了一段朴实却含至理的话：

> 在政治后进的国家，许多改革的方案免不了抄袭政治先进的国家。在社会状况和历史背景相差不多的国家之间，这种抄袭比较容易，且少危险；相差太远了，则极难而又危险。俄国与欧西相差不如中国与欧西相差之远，但在俄国，知识阶级这种抄袭已引起了许多的政治困难。

历史证明，蒋廷黻的判断十分准确，感觉到位，中共抄袭的恰恰是一种本身尚须证明的模式，且与本国社会环境与文化背景相差甚远，最后弄成不可收拾的“四不像”。针对 1930 年代各项社会改革方案的争论，蒋廷黻认为过于宏远：

> 如果我们政治的主张都限于三五年内所能做到的，我们意见的冲突十之八九就没有了。以往我们不谈三五年内所能做、所愿做的事，而谈四五十年后的理想中国，结果发生了许多的争执，以致目前大家公认为应做而能做的都无法作了。

蒋廷黻还有一段值得重温的话：

> 我们应该积极地拥护中央。中央有错，我们应设法纠正；不能纠正的话，我们还是拥护中央，因为他是中央。我以为中国有一个

> 强有力的中央政府，纵使他不满人望，比有三四个各自为政的好，即使这三四个小朝廷好像都是励精图治的。我更以为中国要有好政府必须自有一个政治始。许多人说政府不好不能统一；我说政权不统一，政府不能好。[96]

似乎完全站在国府一边，实含至理。国家分裂，各政权忙于图存，各拉各的帆，各吹各的号，你死我活，形格势禁，既不可能理解民主，更不可能推行民主，尽管都高悬民主。一个政权既要“维稳”、发展，还要为民办事，一心二用，怎么可能“全心全意为人民服务”？现代政治就是只让总统总理“一心一意”，毋须考虑维稳，宪法替他“维稳”，而他自身的权力亦受宪法约束。“因为是中央”，所以要拥护，就这么简单而深刻。中共今天是很愿意听到这种声音了。

1930 年，胡适意识到：“狭义的共产主义者……武断地虚悬一个共产共有的理想境界，以为可以用阶级斗争的方法一蹴即到，既到之后又可以用一阶级专政方法把持不变。”[97]此时，胡适声音已是嗡嗡蚊吟，没有多少青年要听了。李慎之说当时进步青年“是不大看得起胡适的，认为他战斗性太差，我们景仰的是战斗性最强的鲁迅。”[98]一代青年意识不到自己的这一“进步”——远胡适而亲鲁迅，正是别温和而亲暴力的风向标，离中庸趋极端的入口，最终走向暴烈文革的历史性歧点。

不过，胡适毕竟对共产主义缺乏真正的实际认识。1934 年，胡适有一篇未刊文：主张将东北让给中共去搞共产主义试验，试验好了，可予推广。[99]国府退台后，胡适意识到中共胜利主要得力于赤色思想的传播，十分自责因注重学术忽视思想，未在思想领域与赤潮开展针锋相对的斗争，而以自由宽容赤说，从而导致国府败台。[100]1960 年，蒋梦麟（1886～1964）

---

[96] 蒋廷黻：〈知识阶级与政治〉，原载《独立评论》第 51 号（1933 年 5 月 21 日北平出版）。参见《蒋廷黻选集》，传记文学杂志社（台北）1978 年版，第 2 册，页 302～304。

[97] 胡适：〈介绍我自己的思想〉。欧阳哲生编《再读胡适》，大众文艺出版社（北京）2001 年版，页 157。

[98] 李慎之：〈革命压倒民主——《历史的先声》序〉，笑蜀编：《历史的先声》，香港博思出版集团有限公司 2002 年版，页 20。

[99] 罗尔纲：《师门五年记・胡适琐记》，三联书店（北京）2006 年版，页 120。

[100] 司徒雷登向美国国务卿的报告。参见（美）J・B・格里德（Jerome.B.Grieder）：《胡适与中国的文艺复兴》（Hushi and the Chinese Renaissance），鲁奇译，江苏人民出版社 1996 年版，页 336。

在台北对费正清说："假如我们在大陆时就能达到我们现在这样的认识水准，我们本来是能够打败毛泽东的。"[101]

吴国桢："共产主义通常是在政治和社会不公正并且有传染性的池塘中产卵，以腐败和不满为食，然后发展壮大。"[102]从国家内因上，二十世纪初的中国确实适合赤潮孵卵滋生，不可或缺的外因则是日本侵华。抗战改变了二十世纪国史的运行轨迹，救亡压倒启蒙，给中共搭了历史的顺风车。中共领袖们觑着民族主义与社会主义的共同点——以群体为本位，悄悄将重视个权的文化启蒙转变为集体主义的政治救亡，摧毁旧名教而建立新名教，从而凝聚起一股强大的军政力量。

参、中国的耶路撒冷

西安事变后，第二次国共合作——"停止一切内战、集中国力，一致对外"。1937 年 2 月 10 日，红军改称"国民革命军"，苏维埃政府改称"中华民国特区政府"，后简称"边区"——陕甘宁三省之边地，拥有国府承认的自治权。虽不另行国号，奉行正朔（中华民国年号），取消暴动，停止没收地富土地，停止赤化，不以推翻国府为职志，但中共仍追求"抗日战争中无产阶级领导权"，再三再四强调保持独立性，行政、司法、人事均不容国府过问，包括发行货币，自行扩军等，边区实为"国中之国"。国民党方面指斥："盗统一之名行割据之实，以从事再叛乱之准备。"

边区面积 12.9 万余平方公里，地广人稀，21 个半县，人口 90 万（边区政府主席张国焘说仅 50 余万），平均每县两万余人。[103]"十里不见村，出门行人稀。"城镇只有少数简陋作坊店铺。1936 年延安全城工业年产值仅 2500 元，[104]"买缝衣服的针和生活用品都有很大困难，还得跑外地才能

---

101 （美）费正清：《费正清对华回忆录》，陆惠勤等译，知识出版社（沪版）1991 年版，页 466。

102 吴国桢：《夜来临：吴国桢见证的国共争斗》，吴修垣译，香港中文大学出版社 2009 年版，页 112。

103 梁漱溟：〈访问延安〉，载《我生有涯愿无尽——梁漱溟自述文录》，中国人民大学出版社（北京）2004 年 11 月第 1 版，页 123。

104 陈俊岐：《延安轶事》，人民文学出版社（北京）1991 年 2 月第 1 版，页 57、263。

买到。没有什么工业，只有……大量磨坊和卖烧饼馍的小作坊。”烟枪 500 余，明妓暗娼几十人，[105]大烟馆五所。[106]

陕北穷山恶水、少雨苦旱、地瘠民贫，屡有知县不胜饥饿弃职潜逃。[107]高原性干燥寒冷气候，年降水量仅 400～600 毫米，水土流失面积 67%，大多荒山秃岭，地瘠薄收，亩均产粮约 15 公斤，人畜死亡率很高，人口逐年下降；文教相当落后，文盲 99%，农村方圆几十里无一所学校，延安城也只有中小学各一所，学生约 220 人。[108]1936 年以前，边区 150 万人口识字率仅 1%，有些县（如华池）则为二百分之一。[109]传染病不断，“陕北一向是地球上仅有的几个鼠疫仍旧流行的地方。”[110]匪盗猖獗，行旅不宁。1936 年 2 月初，博古、罗瑞卿迎接第一位国统区记者范长江访延，车至三原：“因为等保护的部队，恐怕路上遇到土匪，费去很多时间。”[111]

1936 年 8 月，斯诺记述：“人们就像五千年前他们祖先那样生活在这黄土群山里。男人蓄发梳辫，妇女全都裹足。他们难得洗澡。据说陕西老乡一生只干净过两次：结婚喜日他自己洗一次澡，再就是出殡那天别人帮他洗。”[112]1938 年 3 月，《扫荡报》记者访延，一路上“既少村庄，又乏人烟，荒凉得不堪入目！……种的是山坡，住的是破窑，吃的是小米。窑洞就是原始人住的‘穴’，又黑又臭。……人民生活表面上虽比原始人好一些，但个个有菜色，实际上却还不如原始人！”[113]1938 年春，巡访陕北的美使馆参赞：“不曾到中国旅行的人不知道中国大多数人的生活是多么原始。”[114]1928～33 年大饥荒，陕西饿死数百万，仅 1928～29 年，据国际

---

[105] 张汉武：〈延安回忆〉，载《延安文史资料》第三辑，1986 年 11 月印，页 46～47。

[106] 李加斌：〈抗日战争时期延安少年儿童工作〉。载《延安文史资料》第二辑，1985 年 8 月印，页 121。

[107] 王健民：《中国共产党史稿》（增订本），中文图书供应社（香港）1974～75 年，第三编・延安时期（上），页 264、255。

[108] 陈俊岐：《延安轶事》，人民文学出版社（北京）1991 年版，页 264。

[109] 林伯渠：〈陕甘宁边区政府对边区第一届参议会的工作报告〉（1939 年 1 月）。载中央教育科学研究所：《老解放区教育资料》（二），教育科学出版社（北京）1986 年版，页 4。

[110] （美）尼姆・威尔斯（Nym Wales）：《续西行漫记》（《Inside Red China》），陶宜、徐复译，三联书店（北京）1991 年版，页 79。

[111] 范长江：《塞上行》，新华出版社（北京）1980 年版，页 192。

[112] （美）爱德加・斯诺：《红色中华散记》（1936～1945），江苏人民出版社 1991 年版，页 127。

[113] 原景信：《陕北剪影》，新中国出版社（武汉）1938 年版，页 5。

[114] （美）埃文斯・福代斯・卡尔逊（Evans Fordyce Carlson）：《中国的双星》，祁国明、汪杉译，新华出版社（北京）1987 年版，页 277。

饥荒救济委员会估计，饿死250万人，几占全省人口1/3，另有50万逃移它省，数不清的人卖掉房子土地，数千妇女儿童卖身为奴。[115]

陕北民谣："端上饭碗照影影，睡在坑上望星星，身穿羊皮垒补钉。"逢年过节才宰猪杀羊吃几顿肉，平时连豆腐都难吃到。[116]百姓穿得破破烂烂，不少十几岁女孩没裤子穿。[117]陇东男人大多赤裸上身，下体围一块破布，女人缩在坑上，脚上缠着厚厚裹脚布，身上几乎一丝不挂，全家满身爬虱，一家只有一条裤子，谁出门谁穿，大半年吃糠咽菜。[118]1936年7月9日，周恩来向斯诺抱怨："在江西和福建，大家都带着铺盖卷来参加红军，这里他们连双筷子都不带，他们真是一贫如洗。"[119]

陕北百姓的思维还停滞于中世纪，相信刘志丹"刀枪不入"。[120]妇女生育只能在羊圈，很多得产褥热，妇婴死亡率很高。[121]整个边区求神祈药盛行，1944年巫神仍有二千人，儿童死亡率60%，成人死亡率3%，是年死七万头牛、20万头羊。[122]

1936年12月16日，红军进入延安。1937年1月13日，毛朱率中共机关由保安迁延安，全城只有2000余人，[123]"饭铺只有四五家，使用着木头挖成的碟子，弯的树枝做成的筷子；商店没有招牌，买错了东西很难找到原家去换，因为它们有着同样肮脏同样破旧的面貌。"厕所尤其原始。

抗战爆发后，大批知青涌入，"这座史前穴居般的小城"顿时成为一座充满朝气的青年城市。中共"五老"——徐特立、吴玉章、谢觉哉、董必武、林伯渠，出生1880年前后，毛刘周任等则"90后"。1938年，"延安的城门成天开着，成天有从各个方向走过来的青年，背着行李，燃烧着

---

115 （美）马克·赛尔登（Mark Selden）：《革命中的中国：延安道路》（China In Revolution: The Yanan Way Revisited），魏晓明、冯崇义译，社会科学文献出版社（北京）2002年版，页14。

116 于光远：《于光远自述》，大象出版社（郑州）2005年版，页95。

117 金城：《延安交际处回忆录》，中国青年出版社（北京）1986年版，页145。

118 蒋巍、雪扬：《中国女子大学风云录》，解放军出版社（北京）2007年版，页132～133。

119 （美）爱德加·斯诺：《红色中华散记》（1936～1945），江苏人民出版社1991年版，页71。

120 （西德）王安娜（Anna Liese）：《中国——我的第二故乡》，三联书店（北京）1980年版，页155。

121 阮雪华：〈结婚曾经是可怕的〉，载《当我年轻的时候》，天津人民出版社1982年版，页120。

122 《谢觉哉日记》，人民出版社（北京）1984年版，上册，页703。

123 黄炎培：〈延安五日记〉。参见黄炎培《八十年来》，文史资料出版社（北京）1982年版，页131。

希望，走进这城门。学习、歌唱，过着紧张的快活的日子，然后一群一群地穿着军服、燃烧着热情，走散到各个方向去。”[124]

“新的市场看上去真像一所学院城，前前后后挤满了学生……讲着不同的方言。”[125]“走在延安街上，自南至北，一条短短的大街，挤着无数的人，同了无数不同的面貌、不同的口音。延安是这样的挤满了人，简直是水泄不通。”[126]“延安是平津失陷后的一座学生城。在延安，最惹人注目的不是边区政府，也不是八路军，却是陕公和抗大。”[127]

白区党员如遊子归乡，不必再东躲西藏，不必再为衣食奔波。原“负有为之才，处无望之世”，如今天高了地阔了，到处可以“自由呼吸”，对比感强烈，通畅极了。1941 年，陶铸、曾志在延安生女，取名斯亮——“这里最明亮”。[128]何其芳抵延两月：“自由的空气，宽大的空气，快活的空气。我走进这个城后首先就嗅着、呼吸着而且满意着这种空气。”[129]

少年何方入延初感：“我终于来到了朝思暮想的延安。那时虽是只身一人，举目无亲，但是情绪高涨，心情愉快，比回到家里还要兴奋。”[130]25 岁的陈荒煤（1913～1996）：“生平第一次可以不愁吃穿，每月还拿回津贴，特别是后来才知道，这是延安最高的津贴，还大吃一惊。”[131]1939 年 12 月，胡绩伟由川抵延，“呼吸到一阵阵自由的空气。……不愁失业、不愁失学、不愁吃穿、不愁住宿，能敞怀议论，能放声歌唱，这不是我们所追求的理想世界吗？”“我最初印象只是没有失业、没有等级制度，没有乞丐，没有妓女，没有对青年、对知识分子的压制迫害，仅仅如此。延安给我的印象，比我原来的想像还要美满。”[132]

---

[124] 何其芳：〈我歌唱延安〉（1938 年 11 月 16 日），原载《文艺战线》（延安）创刊号（1939 年 2 月）。参见《何其芳文集》第二卷，人民文学出版社（北京）1982 年版，页 175、174。

[125] 江文汉：〈延安访问记〉，载《档案与史学》（上海）1998 年第 4 期，页 6。

[126] 陈学昭：《延安访问记》，广东人民出版社 2001 年版，页 6。

[127] 马骏：《抗战中的陕北》，扬子江出版社（汉口）1937 年 12 月 28 日。转引自王健民：《中国共产党史稿》（增订本），中文图书供应社（香港）1974～75 年，第三编・延安时期（上），页 309。

[128] 刘畅：〈陶斯亮回忆母亲曾志〉，载《环球人物》（北京）2009 年第 4 期，页 78。

[129] 何其芳：〈我歌唱延安〉（1938 年 11 月 16 日），原载《文艺战线》（延安）创刊号（1939 年 2 月）。参见《何其芳文集》第二卷，人民文学出版社（北京）1982 年版，页 176。

[130] 何方：《从延安一路走来的反思》，明报出版社（香港）2007 年 9 月初版，上册，页 50。

[131] 陈荒煤：《冬去春来》，江苏文艺出版社 1994 年版，页 186。

[132] 《青春岁月——胡绩伟自述》，河南人民出版社 1999 年版，页 160、162。

柯仲平（1902～1964）："觉得延安什么都是圣洁的，每条河水与山谷都可以写成圣洁的诗。延安比但丁写的天堂好得多，我要描写比天堂高万倍的党。"[133]1944 年 5 月，老外红青马海德（1910～1988）对美国记者说："这儿绝对没有职业上的妒忌。这都是由于没有金钱的刺激，没有特别光荣恩惠的竞争的缘故。我们所有的人一起工作，就像一个大家庭中的人，满意与失望彼此都有份儿。"[134]

冼星海抵延安后，"他的感受是延安的窑洞暖小米香，是最理想的施展才能的地方。"[135]徐懋庸（1910～1977）："对延安的一切非常满意，思想上受到了很多启发。我观察在延安的那些上海的熟人，绝大部分在精神面貌方面也有不同程度的变化，至少都是愉快的。"[136]1938 年 10 月，于蓝到达延安：

> 一切都是那么简陋，一切又都那么热呼呼的……"履历表格上"一边是"中华民族优秀儿女"，另一边是"对革命无限忠诚"。一下子我的眼睛热了起来，一切不愉快瞬间消失了，一股高尚的感情激荡着我的热血，我们是中华民族的优秀儿女！我们仅仅是走了一千多里路，仅仅受了一点点苦，可是，我们却被视为祖国的优秀儿女。我感到自豪，人格受到尊重，我感到自己第一次成为真正的人！我决心迎着一切艰苦，不辱没这优秀儿女的称号。……延安是世界上最艰苦的地方，但延安也是世界上最快乐的地方。我爱延安！[137]

一批上海知青历时 13 个月，行程万里到达延安，"割掉皮肉还有筋，打断骨头还有心，只要还有一口气，爬也要爬到延安城。"许多青年走到南十里铺，哨兵告知从这里开始就算到了延安，有人跪地，捧土紧贴胸口：

---

133 王琳：《狂飙诗人・柯仲平传》，中国文联出版公司（北京）1992 年 7 月第 1 版，页 416。

134 （美）福尔曼（Harrison Forman）：《北行漫记》（Repot From Red China），陶岱译，解放军文艺出版社（北京）2002 年版，页 50。

135 艾克恩：〈毛泽东和延安文艺运动〉，载张素华等编著《说不尽的毛泽东——百位名人学者访谈录》（下），辽宁人民出版社（沈阳）、中央文献出版社（北京）1995 年版，页 203。

136 徐懋庸：《徐懋庸回忆录》，人民文学出版社（北京）1982 年版，页 102。

137 于蓝：《苦乐无边读人生》，中央文献出版社（北京）2001 年版，页 37～38。

“祖国啊，就剩下这块干净的土地了！”赴延知青王云风赋诗〈奔向光明〉：“万重山，难又险，仰望圣地上青天；延安路上人如潮，青年男女浪涛涛。”（1938）[138]一位川籍教师激动伏吻泥土：“啊，自由的土地，我来了，我属于你了！”[139]1941 年 3 月初，画家张仃与艾青、罗烽及严辰夫妇历经 47 次盘查，终于跨进“自己的”土地，见到手执红缨枪的妇童，张仃忍不住在黄土地上打了几个滚，高唱《国际歌》。[140]诗人侯唯动 1993 年还写有“流着牛奶与蜂蜜的延河圣水”。[141]

柯仲平《延安与青年》（1939）：

> 我们不怕走烂脚底板／也不怕路遇“九妖十八怪”／只怕吃不上延安的小米／不能到前方抗战／只怕取不上延安的经典／不能变成最革命的青年！

抗战初期，一位日本士官学校成绩第一的毕业生，国府各军事机关争着要他，他却赴延当了抗大教员，每月仅五元津贴，许多同学劝他回南京当校官，月薪百余元，他一一拒绝。[142]

去不了延安，便就近寻找中共。1938 年 6 月，杨秀峰夫妇在冀中拟办军政训练班，“课程将在 8 月 1 日开始，已收到上千份申请，大多来自从前的大学生。”[143]

1940 年 2 月 1 日，毛泽东在延安讨汪大会上概括边区“十没有”：

> 陕甘宁边区是全国最进步的地方，这里是民主抗日的根据地。这里一没有贪官污吏，二没有土豪劣绅，三没有赌博，四没有娼妓，

[138] 王云风主编：《延安大学校史》，陕西人民教育出版社 1994 年版，页 16。

[139] 朱子奇、张沛编：《延安晨歌》，陕西人民出版社 1984 年版，页 1。

[140] 艾青：〈在汽笛的长鸣声中〉。参见程光炜：《艾青传》，北京十月文艺出版社 1999 年版，页 330～331。

[141] 侯唯动：〈我所认识的高长虹同志〉。参见言行：《一生落寞，一生辉煌——高长虹传》序言，百花文艺出版社（天津）1996 年版，页 6。

[142] 沈醉：《我这三十年》，湖南人民出版社 1983 年版，页 252。

[143] （美）埃文斯・福代斯・卡尔逊（Evans Fordyce Carlson）：《中国的双星》，祁国明、汪杉译，新华出版社（北京）1987 年版，页 217。

五没有小老婆，六没有叫花子，七没有结党营私之徒，八没有萎靡不振之气，九没有人吃摩擦饭，十没有人发国难财。

乳色理想光芒吸引了无数热血青年，他们转身再向亲友发出召唤。“愿将一己命，救彼苍生起”；“两脚踏翻尘世浪，一肩担尽古今愁”；“愿以我血溅后土，换得神州永太平”（车耀先入党誓词）。[144]解百姓于倒悬，建新命于旧邦，怎能不使青年热血沸腾？湖畔诗人冯雪峰（1927 年 6 月入党）：“让我们永远来做（革命的）灶下婢吧！”[145]

青年容易产生改造社会的冲动，革命本身就是青年的盛大节日。蒲鲁东：“让我们革命！在人们的生活中，只有一件事是好的、有实际意义的，那就是革命。”列宁名言：“给我们一个革命家组织，我们就能把俄国翻转过来。”[146]1920 年 8 月，任弼时、萧劲光、刘少奇、彭述之等红色青年在上海渔阳里六号苦学俄语，住亭子间，睡地铺，吃最便宜的包饭，“但一想到将来去俄国学习革命本领，回来改变中国落后的面貌，我们学习的劲头就非常足。”[147]

二十来岁的青年，莫斯科进修两三年，回来就是市委书记、省委书记，虽说是地下党，终究悬着“有朝一日”。彭泽湘（1899～1970），1922 年底入莫斯科东大并入党，1924 年 9 月回国，派任湖北省委书记。[148]皖籍公费留日生童长荣（1907～1934），1925 年入党，1930 年河南省委书记。[149]1938 年 3 月入党的马识途（1915～），当年 10 月枣阳县委书记，1939 年升任施巴（恩施、巴东）特委书记，1940 年鄂西特委（省级）副书记，25 岁已经“省部级”。其妻刘惠馨（中央大学女生），也是宜都县委书记。[150]二十来岁就执掌一县一省，还有比这更“高效”的人生投资么？

---

144 《青春岁月——胡绩伟自述》，河南人民出版社 1999 年版，页 161、60。

145 包子衍、袁绍发主编：《回忆雪峰》，中国文史出版社（北京）1986 年版，页 25。

146 列宁：〈怎么办？〉。中央马恩列斯编译局编：《列宁选集》，人民出版社 1972 年版，第一卷，页 337。

147 萧劲光：《在上海外国语学社》，载《红旗飘飘》第 31 集，中国青年出版社 1990 年版，页 307～308。

148 彭泽湘：〈自述〉，载中国革命博物馆党史研究室编：《党史研究资料》（北京）1983 年第 1 期，页 2。

149 中共党史人物研究会编：《中共党史人物传》第 6 卷，陕西人民出版社 1982 年版，页 319～326。

150 马识途：《风雨人生》，参见《马识途文集》第九集（上），四川文艺出版社 2005 年版，页 188、239～240、268。

1934 年入党的聂绀弩（1903～1986），1922 年参加国民党，黄埔二期生，1928 年国民党中央通讯社副主任，他的入党动机：

> 至于入党，也不是因为真正有了什么觉悟，而不过是因为大势所趋的缘故。像我这样的人，很容易把自己参加革命，想为一种悲悯、义举、高贵的情操，自以为高人一等。[151]

越是艰苦危险，青年的革命热情就越高涨，清贫而欢快。1948 年北大女生乐黛云："我喜欢念书，但更惦记着革命。"革命任何时候都比读书更吸引青年。北大中文系 1948 级 27 名学生，1950 年仅剩五人，全都参军搞革命去了。[152]革命将未来涂抹得一片绚丽，这片绚丽沉淀在青年心中，成为信仰支柱。他们将所有艰苦视为"玉成于汝"，看成对自己的考验。

正义、英勇、浪漫、新奇、神秘……延安知青最欣赏的诗句："何时平胡虏，良人罢远征"（李白）；"愿得此身长报国，何须生入玉门关"（戴叔伦）；"封侯非我意，但愿海波平"（戚继光）。美国访客谢伟思："他们深信他们正处在获得胜利的高潮中。"[153]他们自封"勇于逐鹿的人"。

一切因理想而升华，传唱苏联歌曲："人们骄傲的称呼是同志／它比一切尊称都光荣／有这称呼各处都是家庭／无分人种黑白棕黄红。"符合青年性格的亲密无间的同志关系，甚异国统区的社会氛围，来自各大城市的文化青年，体验斯巴达式生活，感觉新鲜强烈。"可以争得面红耳赤，但并不影响同志关系。在相处中，不分年龄大小、文化高低、天南海北，都是互相尊重、平等相待。"[154]"人人互称同志，官兵一律平等、军民关系融洽。……一种新型的人际关系，一种生活在革命大家庭的民主氛围。"[155]有人调走，欢送会上常有人哭鼻子。

---

[151] 寓真：〈聂绀弩刑事档案〉，载《中国作家》（北京）2009 年第 4 期，页 41。

[152] 乐黛云：《四院・沙滩・未名湖：60 年北大生涯》，北京大学出版社 2008 年版，页 14、24。

[153] （美）谢伟思（John S. Service）：《在中国失掉的机会》（Lost Chance In China），罗清、赵仲强译，国际文化出版公司（北京）1989 年版，页 198。

[154] 何方：《党史笔记》，利文出版社（香港）2005 年版，下册，页 439。

[155] 吴象：《好人一生不平安》，明报出版社（香港）2007 年 9 月初版，页 78。

1940年春，中央党校学员开荒劳动，晚饭后朱德之子朱琦（1916～1974）上伙房排队，为了吃一块小米锅巴（列宁饼干），因在队尾，眼看锅巴快分完，他挤到前面，炊事员硬是不给。有人说："看他是朱总司令的儿子面上，就给他一块吧。"背着大口锅长征的老伙夫硬是不给："不行，谁不排队也不行。"学员们深为赞赏。[156]冒舒湮："法院工作人员与囚犯吃的饭菜都是一锅煮的！"[157]

一些青年感觉爽极了："延安生活真痛快，在延安精神上真痛快！"[158]文学青年何其芳："错误在延安不能长成起来……延安这个名字包括着不断的进步。所以我们成天工作着，笑着，而且歌唱着。""我们没有见过别的国家可以这样的自由呼吸或者我们生来要把童话变成现实"。[159]

1939年底抵延的胡绩伟正好赶上元旦会餐："真是想吃多少就给多少，敞开肚皮吃肉。我似乎觉得自己已经尝到了一点'各取所需'的味道。……到了延安，马上就有工作，马上就不愁吃穿住。当时，对这种'铁饭碗'的供给制，真是'山呼万岁'！民主圣地的延安就像磁铁石一样，紧紧地吸引着我。"[160]

陈学昭："在边区，人与人之间的关系是比中国任何地方好多了。那些人类丑恶的感情，嫉妒，彼此挤压，是比较淡薄多了。"[161]徐懋庸在上海受了周扬等人的气，特有对比感："延安的人与人的关系与上海不同，不像上海那样，很多嘁嘁嚓嚓，是非难分，不易团结。"[162]

文革后期，周扬出狱，冯牧等鲁艺同学去中组部招待所看他，回忆起延安时代，大家非常激动，流了眼泪。冯牧（1919～1995）："如果再回到那个时代该多好啊！"周扬："是啊！那个时候想的都是如何革命，为了

---

[156] 齐速：〈在延安中央党校一天的劳动、学习生活〉。参见朱鸿召编选：《众说纷纭话延安》，广东人民出版社2001年版，页352～354、318。

[157] 舒湮：《边区实录》，国际书局（上海、香港）1941年4月合版，页46。

[158] 陈学昭：《延安访问记》，广东人民出版社2001年版，页152。

[159] 何其芳：〈我歌唱延安〉（1938年11月16日），原载《文艺战线》（延安）创刊号（1939年2月）；何其芳：〈论快乐〉。《何其芳文集》第二卷，人民文学出版社1982年版，页178～179、232。

[160] 《青春岁月——胡绩伟自述》，河南人民出版社1999年版，页159～160。

[161] 陈学昭：《延安访问记》，广东人民出版社2001年版，页26。

[162] 《徐懋庸回忆录》，人民文学出版社（北京）1982年版，页99。

一个目标，无忧无虑。”[163]还有什么能比亲身参与改朝换代更激动人心？还有什么能比亲手托起“新社会的红太阳”更富有诗意？更兴奋更自豪？

知青聚延的核心价值为抗日救亡与改造社会，两项刚性价值使宝塔山成为抗日青年的“红色麦加”、“东方莫斯科”、“青年人的耶路撒冷”。青年中流传口头禅“抗日的到延安去！”[164]王实味：“到革命阵营里来追求‘爱和热’……到延安来追求‘美丽和温暖’。”[165]后为反共旅美作家董鼎山（1922～）：“我们在那时向往‘延安圣地’，凡有朋友偷偷加入新四军的，我们都很羡慕。”[166]一些赴延燕京生向司徒雷登汇报，他们忠诚地履行了燕京校训——为自由真理而服务。[167]

抗日救国，马革裹尸，何其壮烈！此为现实价值。此外，延安乃“民主中国的模型”——鼓励学术研究、保证言论自由、革除封建陋习、主张男女平等、高扬革命道德、宣导平等友爱，实现人类最高理想。中共高调竖旗：“我们既不赞成国民党的一党专政，我们也绝不主张共产党的一党包办。”[168]还有民主建国的长远价值。一切都使赴延青年觉得来对了，党正率领大家走在“民族复兴”的大道上。崇高的道义使他们拥有巨大价值自信，坚决护卫革命。中共依靠抗日民主两面大旗获得强固凝聚力。

从根本上，中共对自由的允诺才是大批知青赴延的最大驱动力，仅仅为了抗日，完全可以就近选择国军。此外，若想反对国民党，只有投靠共产党。贾植芳自况：“饥不择食，慌不择路。”当他得知王实味事件，“使我对 30 年代被称为中国耶路雪伦的圣地产生了疑问……但又想，这也许是个偶然性的不幸事件，或许当局也吸取了教训，下不为例。”[169]正当延安一代庆幸摆脱了国民党的羁绊，浑不知正钻进另一张更可怕的赤网。

---

[163] 陆石：〈劫后重逢〉。王蒙、袁鹰主编：《忆周扬》，内蒙古人民出版社 1998 年版，页 478。
[164] 张国焘：《我的回忆》，东方出版社（北京）1998 年版，第三册，页 372。
[165] 王实味：〈野百合花〉，载《解放日报》（延安）1942 年 3 月 13 日、23 日。
[166] 董鼎山：〈至爱兄弟不了情〉，载《开放》（香港）2009 年 1 月号，页 83。
[167] （美）约翰・司徒雷登：《在华五十年》，程宗家译，北京出版社 1982 年版，页 70。
[168] 《解放》周刊社论：〈论抗日根据地和各种政策〉（1941 年 1 月 15 日），原载《解放》周刊（延安）第 124 期。参见《中共党史参考资料》（四），人民出版社（北京）1979 年版，页 227。
[169] 贾植芳：《狱里狱外》，天地图书有限公司（香港）2001 年版，页 19。

此时延安严刑峻法。1937 年春“凡侵占满二百元以上或贿赂满一百元以上者一律处死。”[170]1938 年 8 月公布：贪污 100 元以下，一年以下徒刑；贪污 300 元以下，一年以上三年以下徒刑；贪污 300 元以上、500 元以下，三年以上五年以下徒刑；贪污 500 元以上，五年以上徒刑或死刑。[171]其他赤区贪污 500 元以上者，均处死刑。[172]赤区并无长期打算的底气，最高徒刑为五年，超过五年就是死刑。[173]

革命党新兴之时，无不标榜无私克己，突出道义力量，否则无以聚召徒众。一旦执掌权柄，政怠宦成，顾忌日懈，道德自持力必定松弛。任何一个革命党都不可能仅靠道德约束将初兴气象维持长久，长绷必懈。夺权成功后，入朝成主，投怀送抱，诱惑多多，贪腐方便，很少有人能长期把持得住。对于这一人性弱点，逆取顺守，乃任何政治集团难以规避之通则，也是法治必须高于德治之根因。

中共之所以在延安进入上升期，还有一个不可或缺的客观制约因素：此时必须务实，至少得与赤色教条保持一定距离。1937 年，中共明令废止土地革命政策，不再无偿没收地富土地分配给贫雇农，改为减租减息。1944 年 7 月，毛泽东数次对美国记者说：“委员长是公认的中国主席。我们一直坚守诺言，并且还要坚持下去。第一，不推翻国民党。第二，不没收土地。第三，我们民主选举产生的政府，都是国民党政府下属的地方政府。第四，我们的军队都是国民党军事委员会管辖下的国民军的一部分。”1944 年 8 月 27 日，毛甚至对美军观察组说：为使中外对中共放心，曾经想到改变党名。毛非常超前地表示：“中国必须工业化，在中国，这只有通过自由企业和外资援助才能做到。”1945 年 3 月，毛泽东对美国使馆人员说：“不管是农民还是全体中国人民，都没有为实现社会主义而作好准备。在未来的很长时间内，他们不会准备好的。必须经历漫长的、民主管理的私

---

170 舒湮：《边区实录》，国际书局（上海、香港）1941 年 4 月合版，页 46。

171 朱鸿召：《延安日常生活中的历史》，广西师大出版社（桂林）2007 年版，页 24。

172 邓小平：〈太行区的经济建设〉，载《中共党史参考资料》（五），人民出版社 1979 年版，页 101。

173 陈复生：《九死复生——一位百岁老红军的口述史》，中央文献出版社（北京）2010 年版，页 175。

人企业时期。侈谈立即进入社会主义是‘反革命的思想’，因为它不现实，而想实行它总会自招失败。”[174]

红色理想因遥远而发光、因尚须追求而神圣。革命尚在进行，效益一时无法检验，未来因未知而模糊，革命者又总是将“革命后”描绘得天好地好，人们并不真正清楚前往何处，此为赤说得以藏形一时的时差暗洞。若想及时验别赤潮，只能用已知测未知，可赤潮一上来便一刀切断世人对它的辨析权——不接受历史经验的检别，只接受未来检验。很高明，也最危险。人类只能根据历史获得经验，根据过去校正现实，再根据现实推导未来。否弃传统、蔑视现实，等于刨掉能够校正人文错误的基础座标。所谓传统，即已由祖先经验证明的“论据”，赤说要求尽弃已到手的经验去换取不知能否到手的新经验，危险系数之大，一望可知。古希腊哲人德谟克利特：“已经实现的好处是比未来的靠不住的好处更可取的。”[175]

肆、延安生活

西安事变前，中共仅据陕北三县，红军只能喝小米粥，毛泽东的吃饭都成问题。毛写信给国府县长，要求借洋面十袋，交换条件是命令红军对此县客气一点，这位县长没买账，一袋没借。[176]抗战初期，边区财政十分困难，中共机关所在地杨家岭，“二百人左右的伙食单位，吃粮不足，瓜菜也不能保证供应。毛主席和群众同甘共苦，在一段时间里，一天三餐只能喝小米稀粥。”[177]1937 年抗大，连饭都吃不饱，8 月第二期学生移驻甘泉、富县就粮，吃完粮食后提前毕业。在这样的条件下，绝对平均主义便是无可选择的客观必须。自下而起的山林革命，都必须考虑对徒众的凝聚力，义军领袖必须体现人格魅力。1937 年 4 月 17 日，国军将领卫立煌一行访延，毛泽东花 50 多元设宴招待，几天后收到匿名信：“有钱请国民

174 （美）谢伟思（John S. Service）：《在中国失掉的机会》（Lost Chance In China），罗清、赵仲强译，国际文化出版公司（北京）1989 年版，页 211、260、328。

175 北大哲学系外哲史教研室编译：《古希腊罗马哲学》，三联书店（北京）1957 年版，页 124。

176 原景信：《陕北剪影》，新中国出版社（武汉）1938 年版，页 6。

177 陈俊岐：《延安轶事》，人民文学出版社（北京）1991 年版，页 3。

党军官吃饭，但几个月不发伙食费……”毛泽东没有照例（凡搞到他头上）发脾气，亲自解释并专门布置伙食费事宜。[178]

造反总是从道德一翼寻找价值起点，以统治者的道德缺失否定社会合理性，从否定既有秩序开始，为变革开道立说。因此，革命集团必须提出高于现政权的道德标准，高举“替天行道”义旗。中共革命也从道德一翼发轫，以道义质疑制度，以理想否定现实。与此前所有农民造反一样，将“新社会”的设计建筑于道德改变之上，似乎很简单很容易，其实最原始最初级，只能是新一轮的乌托邦。但高举理想大旗，以未来许诺民众，毋须现时实证，一下子站得很高，一副长缨在手的正义姿态。

1940 年前的延安，军事共产主义，级差甚微，男女无别，官兵大致平等。斯诺夫人描绘：“中国的共产主义是最原始的共产主义，平分了又平分，一直分到原子。……‘各尽所能——各取最低需要’。”[179]1938 年 3 月的甘泉县，县长与勤杂工一律每天 1.4 斤小米，三分菜钱，一年两套军装，每月一元津贴。县政府每月经费仅 24 元。[180]

1938 年延安津贴标准：士兵（班长）一元、排长二元、连长三元、营长四元、团长以上一律五元，毛泽东、朱德也是五元，边区政府主席林伯渠四元。惟著名文化人、学者五～十元。1938～39 年抗大主任教员艾思奇、何思敬、任白戈、徐懋庸每月津贴十元。[181]王实味、陈伯达每月津贴 4.5 元。冼星海 15 元（含女大兼课三元），鲁艺音乐系教员一律 12 元，助教六元。[182]发的是延安“边币”，一元边币可买两条肥皂或一条半牙膏或两斤肉包子或十几个鸡蛋。[183]也有记述：“每人每月发一元边币，只能够买一把牙刷一包牙粉，最困难时期，连这点钱也停发了。”[184]

1938 年，八路军 115 师团长杨得志尚未婚娶，吕梁山东麓汾阳老乡替他找来一位高小毕业俊姑娘，两头都愿意，姑娘父亲要杨团长出 100 块钱

---

178 《邱会作回忆录》，新世纪出版及传媒有限公司（香港）2011 年版，上册，页 103。

179 （美）尼姆·威尔斯：《续西行漫记》，陶宜、徐复译，三联书店（北京）1991 年版，页 75。

180 原景信：《陕北剪影》，新中国出版社（武汉）1938 年版，页 13。

181 《徐懋庸回忆录》，人民文学出版社（北京）1982 年版，页 121。

182 冼星海：〈我学习音乐的经过〉。参见马可：《冼星海传》，人民文学出版社（北京）1980 年版，页 269。

183 黄华：《亲历与见闻——黄华回忆录》，世界知识出版社（北京）2007 年版，页 43。

184 苏一平：〈延安西北文工团的闪光足迹〉（节选），载艾克恩编《延安文艺回忆录》，中国社会科学出版社（北京）1992 年版，页 244。

彩礼，杨最多只能给几百斤粮食，人家不干。后来，杨升任旅长，过汾河前，还想带走这位姑娘，“可最后还是没有带成，主要还是因为拿不出那100块钱来。”[185]

1939年，国军士兵月饷八元。[186]阎锡山晋军士兵月饷11元法币、少尉24元、中尉33元、少校96元。[187]胡乔木：“国民党的县长月工资为180元，边区的县长津贴仅二元，边区政府主席的月津贴也不过五元。”[188]1944年，重庆《新华日报》：国民党上将月薪1.6万元法币，中将1.1万，少将8千，一等兵55元，二等兵50元（仅能购三四包劣等香烟、五六盒火柴），高低极差320：1。[189]

抗战初期，延安物价低廉，猪肉每斤二角，一角钱可买十来个鸡蛋。[190]1940年，延安物价上涨300%以上，鸡蛋每枚由一分涨至三分，鸡每只由一角涨至四角。[191]1938年香烟0.1元／盒，1941年2～4元／盒，1941年底物价为1937年初的44.2倍。[192]1944年，陕甘宁边币与法币汇率：8.5：1；[193]晋察冀边币与银圆汇率：18～25：1。[194]

赴延路上，“一路投宿，几乎没有一家客栈没有臭虫跳蚤蚊子。”[195]于光远到达延安首夜大战跳蚤，落荒逃出房间，抱被睡在场院几根原木上。[196]胡绩伟记述了终生难忘的大战臭虫：

> 我一个人睡在一个旧窑洞里，臭虫多得可怕，一排排一串串地从各种缝隙中爬出来，结队进攻，真是闻所未闻，见所未见，令人毛骨悚然的怪事。开初我用手指抹杀，以后用手掌抹杀，弄得满手臭黄

---

185 《吴法宪回忆录》，北星出版社（香港）2007年版，页198～199。
186 （美）白修德：《中国抗战秘闻——白修德回忆录》，崔阵译，河南人民出版社1988年版，页54。
187 萧军：《从临汾到延安》，山西人民出版社1983年版，页215。
188 胡乔木：《胡乔木回忆毛泽东》，人民出版社（北京）1994年版，页133。
189 王健民：《中国共产党史稿》（增订本），中文图书供应社（香港）1974～75年，第三编・延安时期（下），页672。
190 徐懋庸：《徐懋庸回忆录》，人民文学出版社（北京）1982年版，页121。
191 陈嘉庚：《南侨回忆录》，岳麓书社（长沙）1998年版，页216。
192 朱鸿召：《延安日常生活中的历史》，广西师大出版社（桂林）2007年版，页46。
193 赵超构：《延安一月》，上海书店1992年版，页74。
194 姚锦编著：《姚依林百夕谈》，中国商业出版社（北京）1998年版，页91。
195 陈亚男：《我的母亲陈学昭》，文汇出版社（上海）2006年版，页99。
196 于光远：《于光远自述》，大象出版社（郑州）2005年版，页77～78。

> 水，还是杀不完。好在我随身带了针线，赶快把自己带来的床单缝成一个口袋，把身体装在里面，尽管这样，还是辗转反侧，到天快亮时才迷糊了一小会儿。起床一看，床单上血迹斑斑。[197]

延安知青吃小米土豆、穿土布蹬草鞋，一周才能吃一次面条或饺子。抗大学生“在延河里洗脸，在露天吃饭。”陕公四人共用一盆洗脸水，三餐小米，四人合吃一铁盒土豆或南瓜。黄华：“伙食很简单：小米饭和七八个人共吃的一小盆水煮萝卜，偶然有一两片土豆。”[198]定额具体：“每人每天一斤粮（高粱粗小米，只能喝稀饭），二钱盐，三钱油。”[199]南方“资产阶级小姐”抱怨：“过去在家时，这（按：小米）都是喂小鸟儿的。……嚼啊嚼啊，唾沫都咽干了，怎么也归不拢。……到延安后半年多还是不适应，吃了小米饭大便不通，憋死了。”[200]粤籍女生：“我们这些由祖国南端而来到北国的女青年，由于气候、环境、饮食的巨大变化，一月三次月经来潮，举步维艰。当时月经使用的粗草纸，把皮肤都擦破了。”[201]

李锐与范元甄第一次吵架，“就是因为我对她的娇气很生气。我们到延安第一要过的就是生活关，要习惯延安的衣食住行。确实有些青年人吃不了苦跑掉了，范元甄的一个中学同学朋友就是这样离开的。”[202]

女生早晨照镜子也是麻烦事，得排队，轮到者左顾右盼不愿离去，镜子主人终于摔镜：“咱们还是‘共产’吧！”每人腰间永远挂着一个罐头盒做的大茶缸，女生用它吃饭喝水、刷牙洗脸，甚至冲脚、洗屁股。[203]1943年，鲁艺秧歌剧〈兄妹开荒〉演遍延安，中央党校几位炊事员送给演员两双袜子、两条毛巾、两块洗衣皂，“这此东西在当时是非常珍贵的，这是

---

[197] 《青春岁月——胡绩伟自述》，河南人民出版社 1999 年版，页 234。

[198] 黄华：《亲历与见闻——黄华回忆录》，世界知识出版社（北京）2007 年版，页 43。

[199] 黄俊耀：〈踏遍陕北山山水水的民众剧团〉。参见艾克恩编：《延安文艺回忆录》，中国社会科学出版社（北京）1992 年版，页 231。

[200] 蒋巍、雪扬：《中国女子大学风云录》，解放军出版社（北京）2007 年版，页 135。

[201] 延安中国女大北京校友会编：《延水情》，中国妇女出版社（北京）1999 年版，页 149～150。

[202] 李锐：〈我的延安经历〉，载《争鸣》（香港）2010 年 11 月号，页 69。

[203] 蒋巍、雪扬：《中国女子大学风云录》，解放军出版社（北京）2007 年版，页 184、135。

由于炊事员工作的特殊需要专门发给他们的，他们舍不得用，送给我们。面对这些东西，我们感动得都哭了。”[204]

入学陕北的第一课是挖窑洞，解决栖身之所，可连根钉子都没有，整个窑洞没有一片金属，玻璃更是奢侈品。上课、吃饭、开会都在室外，所幸陕北少雨。李维汉：“同学们说陕公的室内活动就是睡觉，确是如此。冬天，空中飘着雪花，教员头顶雪花上课；雨天，泥泞满地，教员赤脚上课。数九寒天吃饭，饭凉菜冻，若遇上狂风，饭菜里还要掺杂点沙尘、草芥。课桌课椅是没有的。学员的被子一物两用，白天捆起来当坐凳，晚上打开睡觉。以后在露天广场用石头、泥块砌一些坐墩，算是小小的改善了。”[205]鲁艺教员沙汀（1904～1992）：“没有固定的教室，一般都头上戴顶草帽，在露天里上课。遇到落雨，就挤在一眼较为宽敞的窑洞里进行学习。同学们一般只有用三块木板做成的简易矮凳，双腿上则放块较大的木板，权当书桌。”文学系学员穆青（1921～2003）：“我们每周只上几次课，一般学习都在露天，冬天找块太阳地，夏天躲到阴凉地。大家一人一个小板凳，走到哪儿搬到哪儿，膝盖就是‘自备’书桌。”[206]

最艰苦的1940～41年，棉衣发不下来，凡有破棉衣的，发一块布补一下洞，凑合着穿；1941年夏吃了几个月的煮黑豆和包谷豆；学习用品，每人每月发半根铅笔，得用铁皮夹上写字，写尽为止；纸张也紧张得很，只发几张土麻纸，最好的时候每月发两张油光纸；三个月发一枚蘸水笔尖，墨水自制调配；三人合用一盏小马灯，每晚只有二钱蓖麻油。这还是中共中央很重视的学制正规的自然科学院，“对科技人员是很优待的。教师们吃小灶一天有半斤白面，每年发套新棉衣。我们学生发的铅笔、纸等，在陕北公学是没有的；我们住的木板床几个人铺一条毯子，没有被子的人可

[204] 李波：〈黄土高坡闹秧歌〉，原载《新文学史料》（北京）1985年第2期。参见艾克恩编《延安文艺回忆录》，中国社会科学出版社（北京）1992年版，页209。

[205] 李维汉：《回忆与研究》，中共党史资料出版社（北京）1986年版，上册，页411。

[206] 沙汀：〈漫忆担任主任后二三事〉，原载《文艺报》1988年4月16日；穆青：〈鲁艺情深〉，原载《人民日报》1988年5月26日。参见艾克恩编：《延安文艺回忆录》，中国社会科学出版社（北京）1992年版，页79、139。

发给一床小被子，在陕北公学也是没有的；一周还能吃两次肉，一次馒头，我在陕北公学时，几个月都吃不上一次馒头。”[207]

抗大生何方说二两大的馒头，北方男生一顿起码能吃十三四个，女生也有能吃十一二个。一次改善生活，食量颇大的卢振中（后任武汉华中工学院副院长），二两一个的包子连吃 24 个，然后问：“什么馅？”春夏吃自己种的青菜，秋冬只能吃晒干的菜叶，放点盐撒点生棉仔油。开展大生产后，生活改善较大，十天半月会餐一次，每人一碗红烧肉，撑得不少人无法爬山回宿舍，东一个西一个仰倒路边，还有人不停跑步消食，有人则拉了肚子。即使如此，还是惦着盼着会餐。香烟更是稀罕货，开大会听报告，总有人抢坐第一排，为的是捡拾中央领导扔弃的烟屁股。[208]

1940 年前后，140 万人口的边区要供给八万中共人员；部队、机关等只能自给 1/5，4/5 需边区百姓负担。[209]1944 年，毛泽东：“三年以前大家的伙食不好，病人也很多，据说鲁艺上课有一半人打瞌睡。大概是小米里头维他命不够，所以要打瞌睡。”[210]晋察冀根据地生活艰苦，战斗力受损。姚依林：“到 1942 年，就看清楚了敌我在体力上的差异：我们穿草鞋、布鞋、轻装爬山比不上日本人穿大军靴、背重物爬山爬得快。山地游击战争的大问题是生活问题，它影响了战斗力。”在晋察冀，“那时，吃上一次猪肉一定是过节！”全体欢腾，手舞足蹈，《红缨枪》唱词“拿起红缨枪，去打小东洋”改编为“拿起洋磁缸，去舀猪肉汤！”[211]

情况相当好转的 1945 年，机关学校伙食标准（无论干部战士）：每人每天粮食 1.3 斤、菜一斤；每人每月猪肉一斤、青油一斤。[212]

中国女大生王紫菲：到延安后最深的感受就是馋，又身无分文，走在街上，见了摊上雪花银似的白面馒头，直眼晕，真想偷几个吃。[213]“有些

---

[207] 林伟：〈忆自然科学院发展中的一些情况〉。参见朱鸿召编选《众说纷纭话延安》，广东人民出版社 2001 年版，页 169。

[208] 何方：《从延安一路走来的反思》，明报出版社（香港）2007 年版，上册，页 73～74、93、94～95、120。

[209] 逄先知主编：《毛泽东年谱（1893～1949）》（中卷），中央文献出版社（北京）2005 年版，页 319。

[210] 中共中央文献研究室编：《毛泽东文集》第三卷，人民出版社（北京）1996 年版，页 107。

[211] 姚锦编著：《姚依林百夕谈》，中国商业出版社（北京）1998 年版，页 89～90。

[212] 陈俊岐：《延安轶事》，人民文学出版社（北京）1991 年版，页 164。

[213] 蒋巍、雪扬：《中国女子大学风云录》，解放军出版社（北京）2007 年版，页 135。

同志常常见到老百姓的馍和肉而行注目礼。”[214]三位女大生逛市场，兜里只有二分钱，只能买一瓶老陈醋，刻下三等份，先是很珍贵地用舌尖舔，味道好极了，酸酸甜甜香香的，再也忍不住了，小狼一般咕嘟嘟喝下自己那一份。不久，一位肚子剧痛，满床打滚，呕吐不止，从此不敢再沾醋。[215]华君武（1915～2010）刚到延安，参加晚会回来，肚饿无食，将白天糊窑洞窗纸的浆糊（半碗面粉所调）当了宵夜，“时隔 43 年，似乎还回忆起那碗浆糊的美味，当然，这并不是说经常有浆糊可做宵夜的。”[216]

1939 年 6 月，中国女大“400 多名学生只有一个篮球，书籍和药品也非常缺乏。”[217]陕公、抗大学员七八人挤睡窑洞土坑，只铺一层茅草，挤得连翻身都困难。女大生的卧位只有一尺半宽，起夜回来常常发现没了位置，要拱进去慢慢挤几下才能“恢复失地”。[218]男生炕位也不过二尺半。蜷身睡习者很快得到纠正——直腿挺睡。

早晨六点吹号起床，二十分钟整理内务、洗漱，全校集合点名，早饭后休息片刻就上课。上课时鸦雀无声，认真做笔记，课后对笔记，有时分组讨论。部队 6 点半起床、7 点半早操、9 点半早饭、10 点政治训练、12 点军事训练、14 点一般性教育、16 点半午饭，然后游戏、集会、唱歌，21～22 点睡觉。江文汉记述抗大生活：清晨起床，上午三小时课，午饭后午睡，下午大部分时间为阅读与预习，晚上经常小组讨论，每周一个下午垦荒，周六下午上山拣柴。[219]安娜·路易丝·斯特朗：“每一种教育进行两个小时，往往第一小时上课，第二小时讨论、学习或休息。睡觉的时间相当长，这在某种程度上弥补了口粮的不足。饭是小米饭或馒头加一些蔬菜，但是一天只有两顿。”[220]

---

[214] 奈尔：〈吃在延安〉，载《解放日报》（延安）1942 年 3 月 1 日，第 4 版。

[215] 蒋巍、雪扬：《中国女子大学风云录》，解放军出版社（北京）2007 年版，页 136、

[216] 华君武：〈鲁艺美术部生活剪影〉，原载《延安岁月》。参见艾克恩编：《延安文艺回忆录》，中国社会科学出版社（北京）1992 年版，页 364。

[217] 江文汉：〈延安访问记〉，载《档案与史学》（上海）1998 年第 4 期，页 7。

[218] 蒋巍、雪扬：《中国女子大学风云录》，解放军出版社（北京）2007 年版，页 131。

[219] 江文汉：〈延安访问记〉，载《档案与史学》（上海）1998 年第 4 期，页 6～7。

[220] （美）安娜·路易丝·斯特朗（Anna Louise Strong）：〈人类的五分之一〉（1938）。参见李寿葆、姚如璋主编：《斯特朗在中国》，三联书店（北京）1985 年版，页 138。

延安文化人流传一句笑语——“客请”。延安人太穷，得由外来客人掏兜作东。1938 年 5 月，美国驻华参赞卡尔逊上校（1896～1947）在延安遇上老外医生马海德，邀他上一家八宝饭出名的馆子。一路上，许多人向马海德打招呼，马海德便邀他们一起去，“他如此大方地利用了我的好客使我发笑，他知道我手头不紧。我们走到饭馆时，后面跟随了十几个年轻的男女，他们笑着闹着，完全沉浸在聚餐的快乐中。”每人点了自己要的菜，有人吃完就走，有的大讲个人经历，谁也不感到拘束，也没想到要回报点什么。[221]延安的卫生状况很吓人，饭馆“醉仙楼”（全城仅两家饭馆），“停留在菜刀上的苍蝇，多到好像铺上层黑布。”[222]

1938 年前后的延安，中共毕竟还是伏于草莽的革命党，必须保持一定的道义，“首长现象”并不明显，高中级干部大多尚能自我约束。1941 年春，何方向总书记张闻天汇报工作，中午留饭，“他们吃的小灶和我吃的大灶悬殊并不太大。他们有两个炒青菜，也没肉，油水并不多。我们只有一种大锅菜，都是煮熟的，没油水。主食，我们完全是小米饭，他们却每人有四个约老秤半两的小馒头，小米饭管饱。”[223]

1938 年国统区记者冒舒湮采访张闻天，中餐上了很隆重的海带炖肉汤、火腿、皮蛋与大米饭。张闻天扒完两碗光饭，桌上的“奇异食品”，一筷子都未陪吃，因为这是招待客人的。[224]中央青委领导冯文彬、胡乔木放弃小灶待遇，和青年们一起吃大灶，表示同甘共苦，女生韦君宜深为感佩。[225]星期天常在街上遇见中央领导，晚会上可以“拉”张闻天、朱德、毛泽东等人的节目，毛泽东的窑洞亦可随时直闯。[226]

1940 年 5 月中共“七大”筹委会，任弼时领衔制订干部待遇等级，分设大、中、小灶。高干小灶四菜或二菜一汤、干部服；中层干部中灶；一般干部的大灶为高粱米饭或小米粥、大锅菜、粗布服。差别仍不大。具体如下：

---

221 （美）埃文斯・福代斯・卡尔逊（Evans Fordyce Carlson）：《中国的双星》，祁国明、汪杉译，新华出版社（北京）1987 年版，页 154。

222 赵超构：《延安一月》，上海书店 1992 年版，页 135。

223 何方：《从延安一路走来的反思》，明报出版社（香港）2007 年版，上册，页 104。

224 舒湮：《边区实录》，国际书店（上海）1941 年 4 月合版，页 88。

225 韦君宜：《思痛录》，北京十月文艺出版社 1998 年版，页 5。

226 江英：〈姓名惹的祸〉。朱鸿召编选：《众说纷纭话延安》，广东人民出版社 2001 年版，页 173。

大灶：每月八次肉，每次四两；馒头每月四次；菜内增油四五钱；碾碎细米，米汤加豆；

中灶：饭以现在水准为准；每天三两肉；

小灶：菜维持现在水准；每日米面各一半，饭菜注意调剂变换；[227]

艾青中灶，县团级待遇，妻子韦荧与孩子大灶，中灶每顿送到窑洞门口，如果不想吃，得原封不动拿回去，家人不能享用。[228]1942 年，中直机关食堂还订有十条〈饭厅规则〉。

穿衣上，冬天发一套棉衣裤棉鞋帽，夏天只发一套单衣。衬衣衬裤一开始不发（后来每年发衬衣一件、短裤一条），闹出不少笑话。田家英夏天下延河洗澡，来了一群洗衣女生，他在河里起不来，因为那条裤衩刚刚洗过晒在河滩上。[229]夏天还能下河洗澡，冬天洗澡就麻烦了。抗大二大队一批女生干了一周重活——茅厕起粪，尘土、粪汁、汗水浸透了头发衣服，有的身上长虱子，"'多么想洗个热水澡啊！'但在当时，简直是一种奢想。好不容易到了星期六，大队部给每人发了一脸盆热水。于是人们用这热水先从头发洗起，直洗到脚，最后这盆水也就成为肥料了。"[230]1942 年 7 月 16 日，从不干重活的范元甄在家信中惊呼发现虱子："今天洗头，篦下了一个大的，捉住一个半大的，怎办呢？真要命。"[231]毛泽东对来延安的外国女性说："只有长过虱子的人，才真正算是中国人！"[232]

国难当头，各地民众均积极配合政府一致对外，并非延安一地独得清誉。1944 年 5 月，赵超构赴延途中经阎锡山临时"省治"克难坡，发现经济管制下的山西，工厂、供销社全由政府控制，消灭私商，一切物资由公家掌握；全省禁香烟，不仅不准制造香烟，也不准转贩香烟。赵对"山西新姿"赞誉有加：

---

[227] 朱鸿召：《延安日常生活中的历史》，广西师大出版社（桂林）2007 年版，页 25～27。

[228] 黎辛采访录（1997 年 4 月 17 日）。参见程光玮：《艾青传》，北京十月文艺出版社 1999 年版，页 332。

[229] 董边等编：《毛泽东和他的秘书田家英》，中央文献出版社 1989 年版，页 141。

[230] 石澜：《我与舒同四十年》，陕西人民出版社 1997 年版，页 71。

[231] 李南央编：《父母昨日书》，时代国际出版有限公司（香港）2005 年版，上册，页 259。

[232] （西德）王安娜（Anna Liese）：《中国——我的第二故乡》，李良健、李希贤校译，三联书店（北京）1980 年版，页 322。

> 论物质的享受，这里的确谈不到；但是，在这里，我初次见到所谓“精神”这一种力量。……这里的人物，却没有一个人给我一个做官的印象。所有的官气，也经抗战抗掉了。服装一律的是草绿布的中山装，横腰一条皮带，根本就和平民一样，也无所谓“平民化”了。说话谈论，没有那种“然而……不过”的官腔，年纪在三十到四十岁之间，他们每天办八小时的公事（这叫做“抗战劳动”）。另外还要干四小时的种菜、养鸡、养猪等工作（这叫做“生活劳动”）。脸孔无例外地都晒成紫色的了，这就是我一向敬而远之，而在这里却变得朝夕亲近的委员、局长们的剪影。在阎先生督导之下，山西的政治口号是“干部第一”。的确，活跃于山西政治舞台的，只是干部，并没有“官”。

在克难坡，除了阎锡山的窑洞里有几张椅子，其他所有官员的窑洞里都只有凳子。

革命党不能一开始就腐败，必须尽量体现革命性与优越性，否则“义事”就不可能继续了。1944 年 6 月，赵超构（1910～1992）访延：“就我们在延安视察，一般工作人员的生活享受，虽说有小小的差异，也只是量上的差，而不是质上的异。没有极端的苦与乐，这件事对于安定他们的工作精神自有很大的作用。”[233]

但平均主义与供给制（“连妇女卫生纸都由公家供给”）[234]，隐伏“存在决定意识”的重大暗疾——失去个人私密空间、必须与朝夕相处的集体保持高度一致，否则很快就会暴露“异动”，打为“另类”。抢救运动中，“几乎完全失去人身自由，处处受到监视，班与班之间不能说话，熟人朋友见了面不许打招呼，大小便也得请假，娱乐活动也必须全部参加。总之，任何时候都不容许一个人单独活动。”[235]连博古都受康生所派秘书监视。[236]群体共振效应使每一成员很难不跟着走，不仅必须“跟着

---

[233] 赵超构：《延安一月》，上海书店 1992 年版，页 29～31、78。

[234] 黄炎培：〈延安五日记〉。黄炎培：《八十年来》，文史资料出版社（北京）1982 年版，页 130。

[235] 高浦棠、曾鹿平：《延安抢救运动始末》，时代国际出版有限公司（香港）2008 年版，页 178。

[236] 李锐：〈我的延安经历〉，载《争鸣》（香港）2010 年 12 月号，页 61。

走”才能获得生活资料，而且只有“跟着走”才能得到“社会承认”。这种“万众一心”的群体共振，正是中共高层希望得到的凝聚力。

对边区农民来说，中共所给予的“阳光”很有限。分配土地后，边区人均拥地三垧（三亩／垧），每亩收粮三四十斤／年，每人每年收粮不过三四百斤，吃喝、种粮、喂牲及其他一切用度全都指着这点收成，维持生活已不容易，还得缴“救国公粮”。[237]1946 年底，榆（林）横（山）地区还有一辈子没吃过白面的农民，一件棉袄父传子，儿子也已穿了 18 年，孩子没裤子过冬很普遍，没有一家不吃糠，甚至连糠都吃不上；见八路军运去的谷草秆子很粗，很羡慕。[238]此时，中共已“解放”陕北十年矣！

赵超构记述：1943 年边区农民粮食产量 70%自养，11%交公粮，中农也只有 15%余粮，“这一切可以表明农村的光景仅仅是比从前安定了一点。”1943 年边区征收公粮 18 万石，约占百姓农业收益的 12%，较之古代轻徭薄赋的三十税一，已经够重了。公粮征收标准：五斗起征，地主缴纳收入的 25～35%、富农 20～30%、中农 9～20%、贫农 9～12%、雇农种一点地的，也须缴纳 3～5%。[239]

1941 年，边区政府脱产人员已是 1937 年 9 月成立时的五倍。[240]1942 年边区脱产人员达到总人口的 5.4%。1937 年征收公粮 1.4 万石（一石 150 公斤），为边区粮产量 1.28%，人均负担一升；1938 年升至 1.5 万石，1939 年 6 万石，1940 年 10 万石，1941 年 20.167 万石，占边区粮产量 13.8%，人均负担 1 斗 4 升（合 21 公斤），故 1941 年 6 月乡农有咒：“雷公打死毛泽东”。[241]胡乔木记载：边区 1939 年总人口 200 余万，脱产人员 4 万多；1941 年总人口缩至 140 余万，脱产人口近 8 万（增加卫戍部队），国府 1940 年 11 月停发共军粮饷，“鱼大塘小”的矛盾更加突出，不得不逐年增加

---

[237] 原景信：《陕北剪影》，新中国出版社（武汉）1938 年 5 月初版，页 35。

[238] 《谢觉哉日记》，人民出版社（北京）1984 年版，下册，页 1029。

[239] 赵超构：《延安一月》，上海书店 1992 年版，页 183、219、220。

[240] 薛鑫良：〈久违了，延安精神〉，载《同舟共进》（广州）2009 年第 10 期，页 43。

[241] 1941 年 6 月 3 日，边区政府召开县长会议，一声炸雷劈断小礼堂一柱，延川县代县长被当场劈死。一农民得讯，因对公粮负担不满，怒曰：“老天爷不睁眼，咋不打死毛泽东！”此农被捕。毛泽东获知，旋令放人，并降低公粮征额。

李维汉：《回忆与研究》，中共党史资料出版社（北京）1986 年版，下册，页 501、540。

《青春岁月——胡绩伟自述》，河南人民出版社 1999 年版，页 235～236。

公粮征数，1939 年 5 万石，1940 年 9 万石，1941 年 20 万石。[242]队伍扩充建筑在一而再、再而三向百姓征粮的基础上。1946 年 2 月，边区脱产人员增至七万，谢觉哉惊呼："边区绝不能养这多人。"[243]

伍、延安婚恋

延安"性"事也很有特色。南方十年闹红，提着脑袋闹革命，牺牲之事经常发生，这方面不可能约束过紧。1933 年 5 月 18 日，陶铸在上海被捕，下了南京大狱。其妻曾志（1911～1998），此前已失两夫——夏明震、蔡协民，时任闽东特委组织部长，同时相好于宣传部长叶飞（上将、福建省委书记）、游击队长任铁峰，被撤销职务、留党察看四个月。

> 当时我思想不通，为什么要我负主要责任?!只因为我是女人吗？我并没有去招惹他们，但我承认在这个问题上确实有小资产阶级浪漫情调，我认为恋爱是我的权利……我对叶飞是有好感的……我与他们两人关系较好，工作之余较常来往……陶铸来信说，他被判处无期徒刑，恢复自由遥遥无期。而那时我才 23 岁，我是共产党员、职业革命者，为革命随时都要做出牺牲；同时也早将"三从四德"、贞节牌坊那种封建的东西，抛到九霄云外去了。因此，重新找对象是我的自由，我有权利作出选择。[244]

高岗在西安看到省委领导逛妓院，起初很惊讶，后来理解了——环境险恶，说不定哪天就掉脑袋，过一天算一天！1934 年 1 月，高岗因奸污妇女受严厉处分，但他仍每到一处就找女人。中央红军抵陕，他见党内一些高干与自己"同好"，自然不收勒自羁，还有所发展。随着权位日高，部属投好，女人送怀，高岗从西北一直"玩"到东北再到北京，其妻李力群

[242] 胡乔木：《胡乔木回忆毛泽东》，人民出版社（北京）1994 年版，页 146。
[243] 《谢觉哉日记》，人民出版社（北京）1984 年版，下册，页 899。
[244] 曾志：《一个革命的幸存者》，广东人民出版社 1999 年版，上册，页 207～208。

多次向周恩来哭诉丈夫“腐化”。[245]但“生活小节”并未影响高岗政治上走强，若非毛泽东弃高保刘，高岗差点取代刘少奇成为“接班人”。

大批知青聚延，爱情很快成为“问题”。此时，无论性别比例还是拥挤的居住条件，都决定中共只能以献身抗日之名行禁欲之实。1937 年 9 月“黄克功事件”以前，延安执行清教徒式的禁欲政策，抗大规定学习期间不准谈恋爱——全心全意扑在党的事业上。稍后毛泽东专门到抗大作报告〈革命与恋爱问题〉，[246]虽解“不准恋爱”之禁，仍须“一切行动听指挥”，恋爱可以自由，结婚必须批准，打胎则需要介绍信。高岗在批准范元甄刮宫时说：“让她刮吧，是个可以做工作的女同志。”范很感激：“刮子宫一次两次，党一句话没说地批准了两次。”[247]

红小鬼陈丕显（1916～1995）在皖南新四军部工作期间，二十来岁，常有人介绍对象，不少青年女性也对这位“红军老干部”有好感，但项英、陈毅不同意，陈丕显无法“继续”。项陈首长后替他选了军部女机要，1940 年 2 月“奉令成婚”。[248]延安婚恋属于标本式的“革命＋恋爱”，个体性爱与社会改造紧密结合，微观行为绑缚于宏观价值，雅称“一根扁担挑两头”：一头挑着未来理想，一头挑着过去观念，俗称“同志＋性”。[249]

1941 年，胡耀邦与李昭在延河边“约爱三章”：先是革命同志，然后才是生活伴侣；成家以后，不忘为共产主义奋斗；要经受得住各种考验，同舟共济始终不渝。革命使理想近在眼前，红色情侣们对未来的期待值甚高，既有抗日民族大义，又有民主建国的政治前途，精神幸福指数相当高。但祸兮福所倚，既然享受到革命的热度，也就不得不一起品尝政治的苦涩。十分强烈的泛政治化全面渗透延安生活，最个人化的婚恋问题上，他们接受的诫律也是政治训令：

---

[245] 赵家梁、张晓霁：《半截墓碑下的往事——高岗在北京》，大风出版社（香港）2008 年版，页 66。
[246] 《莫文骅回忆录》，解放军出版社（北京）1996 年版，页 352。
[247] 李南央编：《父母昨日书》，时代国际出版有限公司（香港）2005 年版，上册，页 219；下册，页 234。
[248] 陈小津：《我的“文革”岁月》，中央文献出版社（北京）2009 年版，页 233～234。
[249] 杨尚昆：〈中直学委会对大会讨论的总结〉（1945 年 1 月 31 日）。参见李南央编：《父母昨日书》，时代国际出版有限公司（香港）2005 年版，上册，页 377。

在这伟大的时代中，个人是微不足道的一件事！……革命的同志男女问题，首先要遵从组织决定。我们对一个“爱人”的要求，也正像对任何同志的要求一样，脱离不了“阶级尺度”。必须有坚定不移的“立场”，正确的“观点”和良好的“作风”。男的对女的，女的对男的，也没有什么两样。所以正确的恋爱观，必须是以一定的思想水准与政治认识为基础的！他所谓的“立场”是指“无产阶级立场”；“观点”是指“劳动观点”（亦即所谓为工农兵服务的观点），良好的“作风”是指反对“自由主义作风”的意思。[250]

1939 年夏，出身中央大学的党员刘惠馨向情哥哥马识途表达：

我将永远等着你。禾哥，我永远是属于你的。我的感情，我的身体，我的一切都永远属于你，除非我在战场上……只有死亡才能把我们分离。如果我在战场上倒下了，我只希望胜利后，你来到我的坟头，向我献一束花，并且告诉我：我们终于胜利了。[251]

25 岁的李锐与 21 岁的妻子相约：“两人关系以政治为主，时刻关心到政治。”夫妇幸福度取决于“进步速度”——组织信任与提拔速率。1950 年 4 月 5 日，范元甄家书：“我十年来对你感情要求之强烈，从来是伴随着政治的……如果双方不进步，是不可能有美满的关系的。我有时决心要离婚就确是这样想。”[252]

延安男女性别比例严重失衡。1938 年前 30：1，1941 年 18：1，[253]1944 年 4 月 8：1。[254]女性资源缺乏，男性之间的争斗自然加剧。萧军与丁玲谈过恋爱，与青年女演员王德芬（1920～，榆中县长之女）订婚后辗转赴延，

250 刘绍唐：《红色中国的叛徒》，中央文物供应社（台北）1956 年 12 月第 5 版，页 80。
251 马识途：《风雨人生》，参见《马识途文集》第九集（上），四川文艺出版社 2005 年版，页 210。
252 李南央编：《父母昨日书》，时代国际出版有限公司（香港）2005 年版，上册，页 272；下册，页 180、256。
253 王实味：〈野百合花〉，原载《解放日报》（延安）1942 年 3 月 13 日、23 日。
254 朱鸿召：《延安文人》，广东人民出版社 2001 年版，页 88。

大概王德芬又与萧三“出新闻”。一次会上，萧军、萧三、艾思奇、吴伯箫等十来人到会，萧军从靴中抽出匕首，往桌上一插：“萧三，我要宰了你！”大家面面相觑。老实人艾思奇慢慢说：“萧军，你有什么意见，可以说啊，不能那么野蛮。”萧军才把匕首收起来。[255]

挑大的嫁

女知青大多来自城镇，形貌气质较佳，择偶余地很大，行情热俏，自我感觉“多么的稀有和矜贵”。她们定谱“王明的口才，博古的理论”，[256]非大官、大知识分子不嫁。挑“大”的嫁，乃延安女性的宿命。虽然她们一脑门子妇女解放、独立平等，一些女生还拉起“不嫁首长”的大旗，如女大生郭霁云拒绝过刘少奇，[257]一抗大女生拒绝林彪校长的当面求爱。[258]但她们中的绝大多数还是只能以“革命价值”为价值，以职级高低为高低，以嫁给长征老干部为荣。[259]真正坚持“平等”，终究少数。

城镇女性的到来，掀起一阵离婚再婚热。除了毛泽东娶江青，美籍医生马海德：“刘少奇曾四次离婚，五次再婚，但是每次都是完全合法。”[260]工农干部与小知识分子甚吃瘪，1942 年 10 月 19 日，毛泽东在大会上批评某妇因爱人当了驴马队指导员，就不爱了。[261]男性选择标准一路放低：“一是女的、二是大脚、三是识字就好。男的身分是一落千丈，女的身价是直线上升。……男找女的，几乎到了饥不择食的地步。”[262]

周六下午，延安女大会客室挤满男人。女大生谑称：“礼拜六，四郎探母了！”周六是规定的团圆日，亦称“阵地战”，其他日子相聚，呼为

---

[255] 黎辛：〈“文艺座谈会主要围绕两个人”〉，载《社会科学报》（上海）2012 年 3 月 15 日。

[256] 陈企霞：〈丘比特之箭〉，陈恭怀：《悲怆人生——陈企霞传》，作家出版社（北京）2008 年版，页 127。

[257] 蒋巍、雪扬：《中国女子大学风云录》，解放军出版社（北京）2007 年版，页 340。

[258] 具体细节：介绍人带女生到林彪处即离开，女生并不知情，静等校长说事，林彪一开口就是“我们结婚吧？”女生楞住了，等明白校长在求爱，推门哭出：“我不干！我不干！”
《莫文骅回忆录》，解放军出版社（北京）1996 年版，页 349～350。

[259] 陈学昭：《延安访问记》，广东人民出版社 2001 年版，页 191。

[260]（英）韩素音：《周恩来与他的世纪》，王弄笙等译，中央文献出版社（北京）1992 年版，页 259。

[261] 李南央编：《父母昨日书》，时代国际出版有限公司（香港）2005 年版，上册，页 298。

[262] 赵云升、王红晖主编：《元帅夫人传》，中共党史出版社（北京）2003 年版，页 140。

“游击战”。延安新歌谣：“女大窑洞万丈高！抗大学生够不着……延水河边一对一对真不少，西北旅舍游击战争逞英豪……”一般人对性欲还掖掖藏藏，惟毛泽东敢于直言。一位抗大生写信问毛为什么与贺子珍离婚而与蓝苹结婚？是否符合毛自己提出的三原则？毛回信：“同贺子珍同志是为了意见不合，同蓝苹同志是为了解决性欲……”[263]

“资源”严重匮乏，女青年拒婚几乎不可能。丁玲〈“三八节”有感〉：“女同志的结婚永远使人注意，而不会使人满意的。”若是嫁了工农干部，会受到知识分子干部的嘲讽：“一个科长也嫁了么？”若嫁了知识分子，工农干部也有意见：“他妈的，瞧不起我们老干部，说是土包子，要不是我们土包子，你想来延安吃小米！”[264]还有“组织分配”。1937年，24 岁长征女性王定国被安排给 54 岁的谢觉哉，组织告诉她这是一项庄严神圣的革命任务，王定国爽快应答：“保证完成任务！”打起背包走上夫人岗位。邓小平与卓琳的婚恋，乃邓从前线回延安，一眼相中这位北平大学生，留下一句“请帮忙做做工作”，组织一出面，卓琳虽嫌其矮，还是嫁了。[265]1937 年，王震娶了东北籍的北平大学化学系女生。[266]1945 年，26 岁的朱明嫁给 59 岁的林伯渠。

如未经组织批准而恋爱（更不用说结婚），可是大忌。然未婚先孕的“先行交易”终究难免。14 岁赴延的夏沙，17 岁与文工团同事恋爱，18 岁怀孕，找到副政委张际春坦白，请求处分。张际春给了“无限期延长入党预备期”。整风抢救运动中，“生活问题”与“政治问题”使夏沙成了抗大总校重点批斗对象，她在大会上诚恳检讨“资产阶级生活作风”。[267]新四军画家陈亚军，与盐城中学女生谈恋爱，大会狠批一场。[268]

---

263 齐世杰：《延安内幕》，华严出版社（重庆）1943 年 3 月 1 日初版，页 17、15。

264 丁玲：〈“三八节”有感〉，载《解放日报》（延安），1942 年 3 月 9 日。

265 蒋巍、雪扬：《中国女子大学风云录》，解放军出版社（北京）2007 年版，页 188～189。

266（美）福尔曼：《北行漫记》，解放军文艺出版社（北京）2002 年版，页 47。

267 朱鸿召：《延安日常生活中的历史》，广西师大出版社（桂林）2007 年版，页 244。

268 黄仁柯：《鲁艺人——红色艺术家们》，中央党校出版社（北京）2001 年版，页 68。

窗前选美

组织“乱点鸳鸯谱”，老干部窗前选美，认识 24 小时之内就结婚等“革命爱情”，一路“演出”不断。一些新四军高干利用工作接触或集体广播操等机会，直选城市女生，陈毅、粟裕、彭雪枫……都是这样抱回佳偶。八路军的聂凤智（上将）、向守志（1988 年上将），也是这一时期从女学生中得偶。[269]他们再转身用同样方法为部下解决“个人问题”。“红妃”张宁（林立果未婚妻）之父张富华（1911～1957），1929 年参加红军，时任胶东军区某团政治部主任。女兵连晨操，军区司令许世友窗前问张：“你看上哪一个？”张富华指着一高个美女：“我要那匹大洋马！”此女就是张宁母亲，胶东文登县侯家集方圆百里出名的大美人。次日，组织谈话，三言两语，好事就算定下了。第三天晚上，17 岁的“大洋马”背着行军背包进了张主任屋子。一桌花生红枣、一瓶土烧酒，就算礼成。“妈妈为逃避包办婚姻投奔革命，成了共产党员后，却又由‘组织包办’嫁给了比他大 16 岁的我爸爸。这种事在战争年代不稀奇，许多当年在战争第一线拼命的指战员，他们的夫人有许多是在与我妈妈大同小异的情况下与丈夫结合的。这叫‘革命感情’。”[270]

延安报纸刊出一幅著名漫画〈新娜拉出走〉，讽刺女青年为争取独立自由离家出走，到了延安又沦为大干部附庸。在社会价值高度一元化（官本位）的延安，延安女性婚恋选择的价值多元化实为无本之木。1937 年 12 月 3 日谢觉哉日记：“小资产阶级的恋爱神圣观，应该打倒。因为它一妨碍工作，二自找苦吃。”[271]

由于各级首长多娶城市女生，一些红色女生提出反对“首长路线”，襄樊女生林颖（1920～）乃倡议人之一，一时名噪“小延安”——河南确山竹沟（新四军四师驻地）。但林颖收到彭雪枫（1907～1944）第一封情书二十天后，自破金身，“下嫁”给这位长征老红军。新四军一旅老红军万海峰（1920～，1988 年上将），1943 年 10 月得娶上海护校女生赵政。[272]

---

[269] 郭本敏、袁玉峰主编：《回望硝烟》，中央文献出版社（北京）2007 年版，页 170～198

[270] 张宁：《红妃自传》，内蒙古文化出版社 1998 年版，页 4～5。

[271] 《谢觉哉日记》，人民出版社（北京）1984 年版，上册，页 189。

[272] 郭本敏、袁玉峰主编：《回望硝烟》，中央文献出版社（北京）2007 年版，页 192～195、172。

历经五四好不容易争取来的婚恋自由权，就那么“高尚”地交出去了——组织代替家长掌管婚恋。冯兰瑞欲与前夫离婚，1943 年春递交报告，1944 年才批准。三十二岁的团长高自如申请与二十九岁鲍侃结婚，彭真不批，理由是八路军团长不能与非党员结婚；1947 年 4 月鲍侃入党，获得与爱人结婚的先决条件，可高自如已于 1946 年春在华北前线牺牲。[273]许多恋人因一方出身不佳受到组织拦阻，甚至批判，闹出一幕幕自杀悲剧。1948 年冀察热辽根据地，《群众日报》电报员韩志新与地主女儿恋爱，被批斥“包庇地主”、“接受贿赂”，韩志新十分紧张，当晚用步枪自杀。[274]

临时夫人

江西时期，中共就为李德物色“临时夫人”。萧月华（1907～1983），广东大埔乡姑，1924 年由彭湃妻蔡素屏介绍入团，1927 年转党，时任少共中央局秘书长胡耀邦手下干事，不漂亮但为人厚道，在组织磨泡下，抱着“为革命牺牲”的精神嫁李德，生有皮肤黝黑一子。丁玲嗤鼻：“她充其量只不过是个乡巴佬！”到延安后，李德追求上海影星李丽莲，萧月华哭诉至毛泽东处，坚决要求离婚。[275]

另两位苏联联络员与日共领导人冈野进（野阪参三，1892～1993），也提出“临时夫人”，声明回国时不带走。冈野进 1940 年 4 月抵延，临时夫人为 24 岁的庄涛。1946 年 1 月，冈野进回国，庄涛再嫁黄兴之子黄乃。两位苏联人回国，临时夫人结束任务，临时丈夫各留给一笔钱。[276]

三八式女干部沈容（1922～2004）十分不解：

> 我从来认为恋爱、结婚是神圣的、自由的，怎么可以由组织分配，而且还是临时的？真是不可思议。这两位女士都不懂俄文，真

---

[273] 蒋巍、雪扬：《中国女子大学风云录》，解放军出版社（北京）2007 年版，页 232～233。
[274] 李冰封：〈并非家务事〉，载《书屋》（长沙）2001 年第 6 期，页 43。
[275] 余伯流、凌步机：《中央苏区史》，江西人民出版社 2001 年版，页 1069～1070。
[276] 宗道一：〈日共主席野阪参三的延安恋情〉，载《同舟共进》2010 年第 2 期，页 69、55～57。
李南央编：《父母昨日书》，时代国际出版有限公司（香港）2005 年版，下册，页 258、517。

> 不知道他们的夫妇生活是怎么过的。共产党一直宣传民主自由，反对封建，怎么会答应苏联人的这种无理要求？[277]

中共一夫二妻现象相当普遍，组织相当宽容。1948 年太岳区薄书年有妻有子，参加革命后又与阎姓女子结婚，发妻携子找来，组织令薄与阎离婚，薄怀怨，杀阎与同寝室黄氏，阎死黄残，仅判薄 15 年徒刑。自己也有“抗战夫人”的谢觉哉：“一人二妻，革命干部中颇多有，因战争关系，原妻阻隔不能集合，不能以重婚罪责人。一旦相遇，只要他们自己不发生龃龉，旁人何必多管闲事。必离其一，必有一方失所。”[278]

其他花絮

女大生在延河边洗脚，对岸男同胞列队傻看，女生挤眼嗔笑：“瞧，咱们的‘尾巴’又来了！”时间一长，女生将常来河边的男人呼为“河防司令”，内中有后来的“开国元勋”。抗联出身的留苏女生黎侠，每天清晨都在窑洞窗前发现几封求爱信；哈尔滨姑娘郭霁云“回头率”极高，许多男性以各种方式求爱；南方姑娘钟路遭南洋华侨及广东男士“围追堵截”，窑洞门缝、衣服口袋塞满字条，人称“被围困的女八路”，她只好公开与张力克（后任沈阳市委副书记）的恋情，1941 年早早结婚。[279]老干部的求爱信，一般只有几句，但都有关键内容——“我爱你！”[280]

囿于条件，延安婚恋浪漫指数很低，除了“三天一封信，七天一访问”，情人们唯一浪漫之事就是周末舞会。打谷场上，油灯底下，一把胡琴伴奏，穿着草鞋跳舞。婚礼更是革命化。1942 年 9 月 1 日，长征老干部舒同（1905～1998）与女知青石澜结婚，中央党校校长彭真主婚，庄重婚宴——“粗面馒头，番茄炒洋芋片，并以开水当酒。”[281]这还算好的，有面有菜，办了婚席。大多数只能吃到花生米，俗称“花生米婚礼”。1938

---

[277] 沈容：《红色记忆》，北京十月文艺出版社 2005 年版，页 97。

[278] 《谢觉哉日记》，人民出版社（北京）1984 年版，下册，页 1264。

[279] 蒋巍、雪扬：《中国女子大学风云录》，解放军出版社（北京）2007 年版，页 184、186～187。

[280] 《李逸民回忆录》，湖南人民出版社 1986 年版，页 97。

[281] 石澜：《我与舒同四十年》，陕西人民出版社 1997 年版，页 90。

年 11 月 20 日，毛泽东与江青结婚，也仅在凤凰山窑洞里外摆席四桌，很普通的几个菜，一盆大米饭，没有酒也没有凳子，客人站着吃饭。毛泽东没出来，江青出来转了转，打打招呼。客人自打饭吃，吃完就走，也不辞行。新婚青年没有房子，十几孔窑洞专门辟为“青年宿舍”，只有一张床，被褥自带，不开饭，一天五毛钱。每到周六，小俩口背着被褥来住一晚，第二天各回单位。[282]生活供给制、组织军事化，延安人都有单位，无所谓家，夫妻在各自机关工作，每周见面一次，同一机关也各按各的待遇吃饭。

陈学昭：“爱情！爱情！‘前方正酣热于炮火，后方一切还照旧继续着，人们恋爱、嫉妒、相挤……’”[283]延安婚恋花絮多多，自由恋爱、组织分配、历尽坎坷、第三者插足、爱上老外，三姐妹嫁三兄弟的“三刘嫁三王”，各有各的戏，各有各的故事。延安和平医院王抗博医生，与张看护生下一孩，王医生不肯负责，张看护自杀于医院。“在延安，像这样的事是很平常的。”[284]也有一些封闭环境中长大的女孩，很少接触异性，抵延后，一下子就倒在第一个敢于拥抱她的男人怀里。延安屡闹爱情风波，整风前结婚率离婚率相当高。革命并未改变男尊女卑的国色。丁玲：“离婚大约多半都是男子提出的，假如是女人，那一定有更不道德的事，那完全该女人受诅咒。”[285]也有伙夫强奸并杀死女人的刑案。[286]

禁欲毕竟是红色意识形态主旋律，“个人问题”终究与革命大目标有冲突——顾家难顾国、顾卿难顾党，沉溺卿卿我我自然不能“全心全意”，个人问题再大也是小事。也有个别反例，体现了革命时期的“自由”，胡绩伟就突破传统娶了嫡亲堂姐，且未婚生女。[287]

---

282 《莫文骅回忆录》，解放军出版社（北京）1996 年版，页 353。
283 陈学昭：《延安访问记》，广东人民出版社 2001 年版，页 224。
284 齐世杰：《延安内幕》，华严出版社（重庆）1943 年版，页 14。
285 丁玲：〈“三八节”有感〉，载《解放日报》（延安）1942 年 3 月 9 日。
286 李南央编：《父母昨日书》，时代国际出版有限公司（香港）2005 年版，上册，页 239。
287 《青春岁月——胡绩伟自述》，河南人民出版社 1999 年版，页 343～354。

麻烦的孩子

延安夫妇还有一档最麻烦的事——孩子。高干有服务员给带，或进保育院，一般干部的孩子则很难进保育院。“女同志怀了孕，理智些的人就打胎。”[288]年轻夫妇李锐、范元甄，一边是繁忙工作，一边是麻烦日增的大肚子与哭声不断的新生儿，两人不知吵了多少嘴、伤了多少情。1947 年 7 月 29 日，范元甄家书：“我什么也不能做，整日抱着，心似火烧。思前想后，只想把他勒死。我带他已至毫无乐趣的地步了。”[289]

中共一直有“扔孩子”的传统，婴孩随生随送老乡，组织一手安排。1932 年 1 月，蔡协民、曾志在福州生下第二胎男婴，此前井冈山的第一胎送了老乡。曾母寄来四十大洋，叮嘱女儿千万送回家，她来育养。厦门市委书记王海萍、福州市委书记陶铸来看蔡曾，千拦万拦送子回乡。最后，王书记吐露实情：厦门市委急需经费，听说她刚生孩子，提前给了一位医生，收了 100 大洋，已用得差不多了。蔡曾夫妇只得服从。孩子送走后，因两个多月断了母奶，染上麻疹天花，很快死去。[290]1935 年秋，河北省委与中央失去联系，经费无着。省委书记高文华与负责经费的妻子卖了惟一男孩。“男孩比女孩多卖钱呀，于是就把仅仅四个月的儿子卖了 50 元大洋。这钱……整整维持了北方局三个月的生活。”[291]

1939 年 7 月，抗大与陕公迁往前线，徐懋庸、刘蕴文夫妇随行，新生一子，送给瓦窑堡居民。“解放后去信探问，经当地政府复信，说已因患天花死了。”[292]1943 年春，石澜（1917~2005）生子，一个月后“上级却通知我，要我把婴儿送给别人，而且联系好了，送给王家坪附近的一户农民”，因为石澜有“特嫌”，要接受审查。[293]贺子珍长征中弃女、张琴秋

---

[288] 李锐：〈我的延安经历〉，载《争鸣》（香港）2010 年 11 月号，页 69。
[289] 李南央编：《父母昨日书》，时代国际出版有限公司（香港）2005 年版，下册，页 140。
[290] 曾志：《一个革命的幸存者》，广东人民出版社 1999 年版，上册，页 125～126。
[291] 高文华：〈1935 年前后北方局的情况〉，载《中共党史资料》第一辑，中央党校出版社 1982 年版，页 174～175。
[292] 《徐懋庸回忆录》，人民文学出版社 1982 年版，页 117。
[293] 石澜：《我与舒同四十年》，陕西人民出版社 1997 年版，页 93～97。

西路军时期追兵在后弃子。[294]战争环境下尚可原谅，延安时期再“继续”，裹含“革命高于人权”，延安上空一朵不小的乌云。

鸟枪换炮

陕北首富米脂县，地富女儿绝大多数上学，“该地成为红军干部选妻的重点。在解放军内部，米脂县被称为‘丈人县’。”[295]1949 年进城后，不少共干顶不住“糖衣炮弹”，蹬掉原配，另娶地富女儿与城里资产小姐，号称“婚姻革命”。1953 年，仅法院受理离婚案即达 117 万件。[296]浩然（1932～2008）详述共干的“鸟枪换炮”：

> 邪气是由那些吃上公粮、穿上干部服和军装的农民们给搅和起来的。当初他们在村子里干庄稼活的时候，又穷又苦，很害怕打一辈子光棍儿，千方百计地娶上个老婆，就心满意足地哄着老婆给他生孩子，跟他过日子。后来共产党在农村掀起革命浪潮，出自各种不同的动机他们靠近革命，最终被卷进革命队伍里。随大流跟大帮地挨到胜利时期，他们竟然捞到一个以前做梦都没想到过的官职。地位变化，眼界开阔，接触到年轻美貌又有文化的女人，脑袋里滋生起喜新厌旧的毛病，就混水摸鱼、乘风而上，纷纷起来带头“实践”新婚姻法，生着法子编造诸般理由跟仍留在农村种地、带孩子、养老人的媳妇打离婚。由于他们的行为，形成一种时兴的社会风气：凡是脱产在外边搞工作的男人，如若不跟农村里的媳妇闹离婚，就被视为落后、保守、封建脑瓜，就没脸见人，就在同志中间抬不起头来。
>
> 我们的老县长，年近半百，很追时髦。他在贯彻新婚姻法的工作中，在县直机关起带头作用，跟乡下那位与他同甘共苦患难几十

[294] 陈学昭：《延安访问记》，广东人民出版社 2001 年版，页 199。

[295] （美）周锡瑞（J.W.Esherick）：〈“封建堡垒”中的革命：陕西米脂杨家沟〉，原载冯崇义等主编：《华北抗日根据地与社会生态》，页 9～10。转引自岳谦厚、郝东升：〈抗战时期中共领导下的米脂地主经济〉，载《中共党史研究》（北京）2009 的第 6 期，页 83。

[296] 黄传会：《天下婚姻——共和国三部婚姻法纪事》，文汇出版社（上海）2004 年版，页 99、103、211。

> 年的老伴离婚之后，马不停蹄地跟一个比他儿子还小若干岁的女青年干部配成新夫妻。此事在蓟县传为新闻，传为“佳话”，轰动一时，风光一时。有这么一位领导做表率，县直机关的男人们，不论年岁大小，不论原来的配偶与之感情如何，几乎都比赛似地抢先进、追时兴，吵吵嚷嚷跟乡下的媳妇闹离婚。
>
> ……县委书记彭宏同志指责我思想“封建落后”，不舍得跟一个没文化、梳着小纂的农民媳妇打离婚的事儿。[297]

政治婚姻的苦涩

进入“火红的1950年代”，延安一代的婚恋幸福度达到最高峰值。但政治第一的婚恋也随着一场场政治运动颠簸跌宕，最初的幸福度与此后的痛苦度恰成正比，不少“延安家庭”因政治而崩裂。最著名的有浦安修与彭德怀的离婚。延安女干部郭霁云晚年还闹离婚。[298]舒同与石澜结婚 40年，夫妻关系一直十分紧张。石澜：“我常常把工作中的紧张气氛带到家庭中来，因此与丈夫不断发生龃龉和争吵。”舒同向子女诉苦：“在社会上紧张工作，回到家庭里面也是紧张，这样的家庭，还不如没有。”1982年，舒同震怒石澜对自己的揭发，坚决离婚。石澜在〈离婚通知书〉上悔批八字——“获罪于天，无所祷也”。[299]

李南央评母：“她这辈子过得太不愉快，太不快活。”范元甄自评：“我与李某有过二十年的夫妻生活，那是一个有缺点的共产党（真心革命而入党的）和一个假革命之间的一场阶级斗争。”[300]1950年的李锐，对夫妻生活退守于“只要不吵架，只要有性生活”。范元甄甚至咒骂婆婆：“死，也没什么，只解放了许多人。”陈云听说李锐跪母：“这种母亲还要她作什么？”1959年庐山会议后，李锐白天在机关挨斗，晚上回家，老婆的一场批斗在等着。为革命而结合、为党籍而离婚，在延安一代中十分

[297] 浩然：《我的人生》，华艺出版社（北京）2000 年版，页 96、167。
[298] 丹丹：〈“送烂桔子”朋友的信〉。载李南央编著《我有这样一个母亲》，开放杂志出版社（香港）2003 年版，页 162。蒋巍、雪扬：《中国女子大学风云录》，解放军出版社（北京）2007 年版，页 340。
[299] 石澜：《我与舒同四十年》，陕西人民出版社 1997 年版，页 252。
[300] 李南央：〈她终于解脱！〉，载《开放》（香港）2008 年 3 月号，页 70、68。

普遍，而且得到第一代革命家鼓励。1960 年范元甄离婚不久，去看周恩来夫妇，吃饭时陈毅说："老夫老妻离什么婚呵?!"周恩来正色："嗯，这是大是大非呵！"范因周恩来的理解顿感释然。[301]

1957 年后，延安夫妇郑律成、丁雪松为"左"、"右"不断发生家庭争论，郑律成认为"吃饭不要钱"提得太早、"大炼钢铁"乃糟蹋木材去炼废铁，虽然遭到丁雪松再三"敲打"，郑律成还是在单位直言其见，并公开同情彭德怀。1959 年，郑律成被打"严重右倾"、"反党"，劝其退党。[302]

1994 年，南京电台"今夜不设防"节目收到一封如泣如诉的长信，一位离休女干部倾吐自己 44 年的辛酸情史：

> 她出生文化家庭，少女时代有一位才貌双全的恋人——留日清华生。参加革命后，她向组织坦白有一位出身不太好的男友。组织严肃告知："资产阶级与无产阶级是不能调和的！"她大哭一场，只好将组织的意见信告恋人。不久，文工团的上级领导、某部长为她作媒，一位参加长征的正团干部，大她 14 岁，已有一孩。她说："我不找对象。"部长："不行！"再曰："那我转业复员。""也不行！"组织一次次找她谈话，要她服从安排。她只得成为老红军的第三任妻子。
>
> 这位老红军农民出身，刚开始学文化，她只敬佩他身上的伤疤，忍受不了"战斗英雄"的暴躁性格——动辄"老子枪毙你！"一次将她从楼上打到楼下，左腿骨折。她第二年就要求离婚，组织科长批评她："他对革命有贡献，对待革命功臣应该热爱。你的小资世界观没有改造好。不准离婚！你和他离了婚，他怎么办？谁跟他呢？"
>
> 长期忧郁，她患了严重的神经官能症。她多次提出离婚并向他下跪，他就是不同意。1960 年，她鼓起勇气向法院递交离婚诉状，法院转给单位，领导找她谈话："不准离婚！要好好照顾老同志。"她只得含泪维持死亡婚姻，一日三餐敲碗通知开饭。每晚等老头看

---

301 李南央编：《父母昨日书》，时代国际出版有限公司 2005 年版，下册，页 256、272、270、59。

302 丁雪松：〈忆郑律成同志〉，载《红旗飘飘》第 26 集，中国青年出版社 1983 年版，页 117～118。

完《新闻联播》与天气预防，踱步回房，她再上客厅看自己喜欢的歌舞戏曲或电视连续剧。年年岁岁，一出长长的默剧。

改革开放后，55 岁那年她第五次上司法机关提出离婚，还是不准。组织上说："人都老了，不怕人笑话？将就着过吧。照顾好老同志是你的任务！"她哭诉苍天："这是为什么？"

长信播出后，感动了无数听众。此时，她还在医院陪侍 78 岁的临终丈夫，喂饭擦身、端屎端尿。老头临终前一遍遍问："我死了以后，你还找不找老头？"她不忍心伤害临终者，咬咬牙："我跟孙女过，你放心走吧。"老红军放心走了。当她得到黄宗英与 80 岁冯亦代的黄昏恋，再三感叹："我没有这样的胆量。"[303]

陆、外客眼中的延安

抗战时期，延安俨然中国第二政治中心，但一切对外交流均需通过边区交际处，没有路条无法出入，自由交流是不可能的。1944 年 5 月 31 日～7 月 12 日，中外记者团采访边区，一入边区便有记者"自由行动"，遭负责接待的王震大骂，引起亲共美国记者白修德抗议。[304]

截止 1942 年，延安接待中外来宾两千余人，笔笔有记录。中共一向重视统战，很在意"对外形象"。稍微重要一点的客人，毛泽东都出面接谈。国府行政院考察团要求见毛三次，交际处长挡驾，毛打电话批评。[305]毛很清楚，必须让客人带着好印象离开。周恩来给延安交际处制定八字方针：言传出去，争取过来。统战乃中共之所以成功夺权的重要一翼。

早期中外记者对延安的采访报导多传递"光明"资讯。最早进入的美国记者斯诺、国统区记者冒舒湮（1914～1999），认定中共正在致力民主政治。1938 年初，汉口《抗战三日刊》连载冒舒湮《边区实录》："总之，

[303] 越牛：〈谁能告诉我……——一位离休女干部的辛酸情爱史〉，载《家庭》（广州）1994 年第 4 期。

[304] 文伯：〈陕北之行〉，载《中央日报》（重庆）1944 年 7 月 29 日～8 月 7 日。转引自王健民：《中国共产党史稿》（增订本），中文图书供应社 1974～75 年，第三编・延安时期（上），页 330～331。

[305] 金城：〈延安交际处回忆录〉，中国青年出版社（北京）1986 年版，页 11～12。

边区的行政制度是要向着‘使早达到宪政时期’这一目标前进！”“他（朱德）认为中共绝无阴谋赤化中国的野心。……共产党虽然声明不放弃马克斯列宁主义，然而这并非说就是主张阶级斗争。……改善政治机构的主要目的是为了抗日，而非夺取政权。”他相信毛泽东“共求三民主义的实现”，相信张闻天“往日的分裂招致目前的外患……亲密的合作，共同建立新的民主共和国。”相信中共赞同民主政治，“放弃苏维埃而无遗憾”，连士兵都说：“我们非放弃各种形式的苏维埃权力不可。日本的侵略已强使国民党恢复了革命的倾向，所以我们能够和它合作了。”[306]

1939 年 6 月，毛泽东对北美客人宣讲中共与三民主义的一致性：

> 中国也将试行过去从未享受过的西方式的民主。当前中国大体上还是一个封建主义国家，因为没有议会，也没有普选。公民的权利得不到保护。希望将来人民对政府的事务有发言权，言论、结社和宗教信仰将有完全的自由，通信也不用任何手段干预。这就是孙中山先生第二个主义，所谓的民主。中国取得胜利后，希望资本家重开工厂，普遍的劳动者和农民的生活有所改善，工农业有很大发展。人人有工作，生活过得好，没有土匪，没有内战，这是孙中山先生的第三个主义。

毛向客人声明：虽然中共认为共产主义是历史进程的必然结果，一定会实现，但只有在中国完成资本主义民主以后才能实现，而且国共两党继续目前的合作，新的社会制度便可能通过不流血的投票方式实现。任何人都不得把新的社会制度强加给中国人民，但随着生产力的提高，人们会逐渐认识到一个新社会制度的需要，因此会自然而然实现社会主义。[307]毛泽东这番“新民主主义论”，乃是比任何武力都有力的“政弹”，中外都认为中共真的“脱胎换骨”，很大程度上已抛弃了赤色纲领。

浮光掠影的访客，尤其不谙国情的老外，很容易得出似是而非的结论。1938 年 4 月，美国驻华使馆参赞埃文斯・福代斯・卡尔逊（Evaws・

---

[306] 舒湮：《边区实录》，国际书店（上海）1941 年版，附录《延安行》页 7、71～72、82、6～7。
[307] 江文汉：〈延安访问记〉，载《档案与史学》（上海）1998 年第 4 期，页 10。

Fordyce·Carlson，1896～1947），去了一趟陕北华北红区，向蒋介石汇报："我相信八路军的领导人对蒋委员长是忠诚的"，并向蒋描绘中共在敌后实行代议制政府所采取的步骤。他对国人的整体判断竟是："中国人基本上是个人主义者"、"这个国家的民主意识是很强烈的"，他称延安："中国自由主义的源头"，评价毛泽东"他提供了中国现代的自由思想的基础"，"这是一位谦虚的和善的寂寞的天才，在黑沉沉的夜里在这里奋斗着，为他的人民寻求和平的公正的生活。"认为国共两党政纲完全相同："共产党和国民党都赞成孙中山博士晚年制定的民族目标。概括起来就是三民主义即民族、民权和民生，只是在达到目标的方法上有些差别。"[308]

1941 年 3～4 月，美国作家海明威（Ernest Hemingway，1899～1961）携夫人一路考察韶关、重庆、昆明，与中共方面接触仅周恩来一人，交谈时间也不长，海明威回国后向华盛顿汇报：战后共产党人一定会接管中国，因为那个国家最优秀的人是共产党人。[309]其他访延美国人也说："在边区逗留的全部时间中，没有听到经济贪污或男女关系方面的丑闻。"一位美国人与朱德共进午餐，朱德呼添小米饭，炊事员却端来白菜，告诉总司令：他当天的粮食定量已吃完。[310]

1938 年 2～4 月，台湾名士丘逢甲之子、中山大学教授丘琮（1894～1976）访延，发表观感："你们从上到下，各机关各部门办事效率极高……上级没有官僚架子，下级敢于负责办事，公务从未互相推诿，与国民党的腐朽的衙门作风真是迥然不同啊！""延安诸公，谦恭下士。喜闻摘过，邦纳善言。彬彬有若古贤之理想境，殊出外界意表。"[311]武汉"八办"送延的丘琮，后离开延安，1949 年赴台。[312]

1940 年 5 月 31 日～6 月 8 日，侨领陈嘉庚访延，对边区风气、治安极为满意，回重庆后发表观感："生活比前较好，至公务员如贪污 50 元者

---

[308]（美）埃文斯·福代斯·卡尔逊（Evans Fordyce Carlson）：《中国的双星》，祁国明、汪杉译，新华出版社 1987 年版，页 117、53、120、138、153、271。

[309] 孙闻浪：〈1941 年：海明威肩负使命到中国〉，载《文史春秋》（南宁）2004 年第 11 期，页 15。

[310]（美）费正清：《五十年回忆录》，赵复三译。载《中华民国史资料丛稿·译稿·中国之行》"五十年回忆录"第四部分，中华书局（北京）1983 年 7 月印刷，页 79。

[311] 金城：〈延安交际处回忆录〉，中国青年出版社（北京）1986 年版，页 20、24。

[312] 钱之光：〈抗战初期的国共合作和八路军驻南京、武汉办事处概况〉，载《革命回忆录》第 18 辑，人民出版社（北京）1985 年版，页 59。

革职，500 元者枪毙。县长则为民选，公务员等每日工作七小时，加二小时学党义。"[313]"中国的希望在延安。"[314]断言："国民党蒋政府必败，延安共产党必胜。"[315]抗战时期，延安得到华侨捐赠及各种资助 8899340 元，仅 1938 年 10 月～1939 年 2 月，香港转来的侨捐就有 50 万元，宋庆龄从菲律宾汇来六千元；1938 年得侨捐近 200 万元；1940 年 550 万元。[316]

延安初期，禁止缠足、发展基础教育，赢得一些原本就亲共的老外赞赏。1937 年初，早期党员王炳南德籍妻子王安娜（1909～1990）访延："我注意一下，在延安地区有些地方，缠足的女孩子已不多见了。"[317]抗战后期，延安通过"改造二流子运动"及努力消灭乞丐，美国《巴尔的摩太阳报》记者撰〈我从陕北回来〉："老百姓生活进步"。[318]

中共为表明先进性与改造社会的能力，对边区确实作了一番努力。延安只有四名警察，[319]依靠严密的基层组织与路条制，"小股土匪不易存在，社会秩序已趋安定。"[320]1944 年 7 月，延安开展"十一运动"：

> 一、每户有一年余粮；二、每村一架织布机；三、每区一个铁匠铺，每乡一个铁匠炉；四、每乡一所民办学校或夜校、一个识字组和读报组、一块黑板报、一个秧歌队；五、每人识一千字；六、每区一个卫生合作社，每乡一个医生，每村一个接生员；七、每乡一个义仓；八、每乡一副货郎担；九、每户一牛一猪；十、每户种一百棵树；十一、每村一眼水井，每户一个厕所。[321]

---

[313] 陈嘉庚：《南侨回忆录》，岳麓书社（长沙）1998 年版，页 216。

[314] 金城：《延安交际处回忆录》，中国青年出版社（北京）1986 年版，页 148。

[315] 胡愈之：〈南洋杂忆〉。杨里昂主编；《学术名人自述》，花城出版社（广州）1998 年版，页 243。

[316] 延安王家坪大型"延安革命纪念馆"提供的展览资料，摄于 2011 年 5 月 27 日。

[317] （西德）王安娜（Anna Liese）：《中国——我的第二故乡》，李良健、李希贤校译，三联书店（北京）1980 年版，页 157。

[318] 原载《大美晚报》（重庆），《解放日报》（延安）1944 年 11 月 13 日转译。参见中国社科院新闻研究所、中国报刊史研究室编：《延安文萃》，北京出版社 1984 年版，下册，页 821。

[319] J·L：〈延安市的特点〉，载《新华日报》（重庆）1945 年 4 月 1 日。参见中国社科院新闻研究所、中国报刊史研究室编：《延安文萃》，北京出版社 1984 年版，下册，页 849。

[320] 原景信：《陕北剪影》，新中国出版社（武汉）1938 年版，页 33。

[321] 《谢觉哉日记》，人民出版社（北京）1984 年版，上册，页 693。

靠宣传起家的中共擅长面子工程，牌子先打出来，外人也不可能一户户走访查对。“十一”当然只是形象工程，不可能实现，尤其每户一年余粮、每人识字一千、每乡一个医生、每村一个接生员、每户一处厕所，70年后都“同志仍须努力”。但这种形象工程效果极佳。1945 年 7 月黄炎培访延观感：“政府好像对每一个老百姓的生命和他的生活是负责的”；“中共今天的局面，是从艰苦中得来的。他们是从被压迫里奋斗出来的。他们是进步的，他们在转变。他们现在望着‘不扰民’的目标上尽力做去。”回渝后，黄炎培撰写“一看就感觉到共产党完全为人民服务”的小册子——《延安归来》，并违反书报检查制度径直印刷，表示：我不是替谁宣传，乃受“良心的使命”。《延安归来》初版两万册，几天之内抢购一光，添印十几万册，畅销一时。[322]《延安归来》薄薄 74 页，国共决战前夕出版，作用实难估量。黄炎培后为中共政务院副总理、人大副委员长。

赤区国府代表也会被“一时气象”所蒙蔽。1943 年 1 月，45 岁的刘奠基（1898～1984），山西省党部委员、黄河水利委员、绥靖公署参事，时任晋察冀边区政府委员兼实业处长，对《晋察冀日报》记者说：

> 我从没有想到我二十年来所追求的愿望——民主政治，会在今天敌后残酷的战争环境中实现。我对于孙总理的民权主义是完全相信的。可是我曾经为他奋斗二十年，始终没有得到什么成绩，因此我也曾有过失望的情绪，以为民主自由是可望而不可及，至少是不会在短期内实现的。谁知道在抗战以后，在敌人的后方，在和敌人炮火斗争当中，竟会实行起来呢！[323]

1944 年 7 月、1945 年 3 月，美国中印缅战区司令政治顾问、美军观察组成员约翰·谢伟思在延安与毛周数次长谈。1944 年 9 月 3 日，他给美国政府的报告中：

---

[322] 黄炎培：〈延安归来〉、〈延安五日记〉（1945 年 7 月）；黄大能：〈忆念吾父黄炎培〉（1981 年 3 月）。参见黄炎培《八十年来》，文史资料出版社（北京）1982 年版，页 128、139、100、163。

[323] 〈记晋察冀边区第一届参议会〉，原载《解放日报》（延安）1943 年 3 月 10 日。参见魏宏远主编：《抗日战争时期晋察冀边区财政经济史资料选编》，南开大学出版社（天津）1984 年版，页 98～99。

如果承认存在国民党崩溃——主要由于它自己的不妥协态度——的可能性，我们必须考虑中国什么力量会起而代之。现在看来，最强大的力量肯定是共产党，而且在不要很长时间之后，它就会统一全中国。即使共产党没有机会上升到控制地位，我们必须预期，由于它显示的活力和它赢得的人民支持，它将是中国有影响的党，并且是在必将代之而产生的民主体制中的一个重要因素。

他竭力建议美国政府与中共合作，认为向中共提供援助有助于早日打败日本，因为中共有一种生气勃勃的气象与力量、一种和敌人交战的愿望，这在国民党中难以见到。他判断："中国正在迅速走向内战，而共产党人肯定是胜利者。"（1945 年 2 月）[324]

美军观察组长包瑞德对延安的军民关系赞不绝口："共产党军队则几乎总是能得到当地居民的合作和支持，当地居民总是找到好机会获得关于敌军的重要情报，并且很愿意把情报报告给共产党军队。"[325]

1944 年 10 月，雷伊・卢登等美军人员前往华北执行观察任务：

在华北，老百姓支持共产党的证据比比皆是，而且显而易见，使人不能再相信这是为欺骗外国来访者而设置的舞台。一个统辖着这样广泛的地区，而且全是由中国人掌管的政府，能得到民众的积极支援，使民众参与发展工作，这在中国现代史上还是第一次。

1944 年 11 月，另一观察组员大卫斯报告：

蒋介石的封建的中国是不能同中国北部的充满生气的现代的人民政府长期共存的，共产党一定会在中国扎根。中国的命运不决定于蒋介石，而决定于他们。[326]

---

324 （美）谢伟思（John S. Service）:《在中国失掉的机会》（Lost Chance In China），罗清、赵仲强译，国际文化出版公司（北京）1989 年版，页 273、6。

325 （美）D・包瑞德:《美军观察组在延安》（The United States Army Observer Group In Yanan，1944），万高潮等译，解放军出版社（北京）1984 年版，页 53。

1944 年，费正清录下美国人对延安的感觉："陕甘宁边区首府延安变成了一个政治上的世外桃源，仅有几位从那儿回来的访问者，讲起那里的景象时，都带着极为兴奋的神情，就像刚尝过天降甘露一般。"[327]1980 年代，费正清："当时，延安中国共产党的蓬勃朝气和并非做作的平均主义，并非由于爱德加·斯诺所著《西行漫记》一书而出名。所有到过延安的人——林迈可、美国领事雷·卢登，医护人员等都证实这幅图画的真实性。于是，延安那遥远的地方就日益令人向往。"[328]

在野小党割据偏隅，在国府挤压下，必须小心谨慎，团结对外，必须把各方面工作搞上去。同时，物质的贫困也使中共官员的人性弱点——贪欲，客观上被遏止——原本就没什么可贪可占。如此这般，受制于弱党发展期的各种主客观条件，中共在文化思想方面虽然日渐收缩束窄，价值观念整体左倾，但各种左倾还控制在意识形态领域，尚未铺展于军政经济，其弊其谬尚蹲缩暗处未彰未显。正面的道德性、改革性占据主导地位，尤其各级共干绝大多数还能道德自律，保持新兴革命党的蓬勃朝气，故而"延安气象一时新"，处于"其兴也勃"的上升期。

中共高层很清楚首在夺权，革命的实质不过举着马列旗号的一场现代农民造反。毛泽东精炼概括："中国共产党的武装斗争，就是无产阶级领导之下的农民战争。"[329]要推翻国民党，就必须广泛动员农民参军，必须给予"看得见的利益"，绝不能搞什么"两个决裂"——与私有制与私有关系彻底决裂，步伐不能迈得太快太大，还得一路捡拾历史经验，研究陈胜、项羽、黄巢、李自成、洪秀全何以失败，刘邦、李渊、朱元璋何以成功。无论从形格势禁的现实制约还是南方苏区失败的历史教训，都使中共在实践中相对成熟，形成效率较高的组织系统与一系列实用性政策。

---

[326] 金城：《延安交际处回忆录》，中国青年出版社（北京）1986 年版，页 196。

[327] （美）费正清：《费正清对华回忆录》，陆惠勤等译，知识出版社（沪版）1991 年版，页 313。

[328] （美）费正清（John King Fairbank）：《五十年回忆录》，赵复三译，载《中华民国史资料丛稿·译稿·中国之行》，中华书局（北京）1983 年 7 月印刷，页 80。

[329] 毛泽东：〈《共产党人》发刊词〉（1939 年 10 月 4 日）。参见《毛泽东选集》第二卷，人民出版社（北京）1966 年 7 月横排本，第 1～2 卷合印本，页 572。

延安时期，经济政策上“二五减租”、[330]大力垦荒、鼓励私有经济、改善劳资关系、注意调节税收；政治上“三三制”、统一战线、优待敌俘、民族平等、简政廉政；司法制度上，严刑竣法，枪毙黄克功，优化狱政、保护外侨、保护私生子；文化教育上，兴办学校、降低文盲、剧团下乡；生活上，官兵平等、优抚抗属、村村挖井、兴办福利；社会面目上，改造二流子、鼓励劳动、男女平等、保护妇幼；凡此等等，掩盖了整风抢救运动已经豁露的残酷暴烈，巧妙摒蔽了悄悄爬升的乌云。

中外访客的一片赞誉，中共收益极大，一篇颂文抵得上一个“武装到牙齿”的满员师，深刻影响国统区的人心向背，尤其是知识分子对中共的向心力，亲共自然一转身便是反“国”。

也有一些访客透过现象看到实质。1937 年初，国民党行政院考察团访延半月，团长王德圃返宁后说：延安党政军民关系很团结，行政效能高，但经济文化落后，人民生活十分贫苦，机关干部游击习气很深。[331]1938 年 3 月，《扫荡报》记者批评甘泉县长选举：“共产党提出候选名单，名单上是两个人……民众要普遍参加竞选，竞选的限度却是两个人中间选出一个……朋友，这就是共产党夸耀的民主吗？这就是共产党所说的普选吗？这和指定、包办，又有多少差别呢？”记者还录述边区的“自由”：

> 在边区行动须有身分证明、通行证、护照，似乎算不得自由。居住须经边区政府许可，指定房屋或窑洞，当然也说不上是自由。结社须受共产党领导，不得与共产主义的宗旨相违背（国民党的党部除外），否则也许要被认作托匪组织或汉奸组织……可见结社也不自由。思想自由当然更谈不到，不仅与共产主义相违反的主义（三民主义现在除外）和理论，说出来要被打击得体无完肤不能立足，

[330] “二五减租”：1926 年 10 月北伐军进入湘鄂，国民党将“二五减租”列入《最近政纲》，即不论何种租佃，均减 25%租额，简称“二五减租”。减租后，各类地租一般不得超过收获量的 30%，最大不得超过 45%。南京政府成立后继续执行“二五减租”，颁布《佃农保护法》，规定佃农缴租不得超过收获的 40%，所有苛例一律取消，佃农对所耕地有永佃权。1939 年冬，中共各根据地相继实行“二五减租”，意在取得贫雇农及地富对中共的支持。

杨天石：〈国民党在大陆“二五减租”的失败〉，载《炎黄春秋》（北京）2009 年第 5 期，页 39。

[331] 金城：《延安交际处回忆录》，中国青年出版社（北京）1986 年版，页 12。

甚至和共产党共产主义不相融洽的书籍报章都不允许看。他们并不是公开的禁止，而是严密的统制。在边区政治中心文化中心的延安，我费了很大力气，没有找到一份全国销量最多的《扫荡报》。……新华日报近来常发表文章，说武汉、开封等地查禁刊物，妨碍思想自由，其实若和边区比较起来，似乎还是武汉开封自由得多。因为至少《新华日报》、《解放》在武汉开封还可以买到。那么言论自由怎么样呢？我感觉连自我批判都受压制。[332]

1939年9月，西山会议派核心人物张继（1882～1947）访延日记："我对延安甚为嫌恶。"[333]1938年1月5～25日，梁漱溟（1893～1988）访延，想实地考察"多年对内斗争的共产党，一旦放弃对内斗争，可谓转变甚大；但此转变是否靠得住呢？"三周后，梁漱溟虽称赞延安的学习风气，地主、富农多已回来，整体上表示欣赏，但仍有一些精细观察：

学校……内容组织，课程科目，教学方法，生活上各种安排，值得欣赏之点甚多。自然其中卤莽灭裂，肤浅可笑者亦正不少。这是大胆创造时，所不能免，不足深怪。

……还有一面，即其转变虽不假，却亦不深。因为他们的头脑思想没有变。他们仍以阶级眼光来看中国社会，以阶级斗争来解决中国问题。换句话说，根本上没有变。似乎只有环境事实要他变，他自己情绪亦在变，而根本认识上所变甚少。[334]

赵超构也有敏锐记录：

在边区时从无机会使我们解放开来大笑一场。我们看到的延安人大都是正正经经的脸孔，郑重的表情，要人之中，除了毛泽东先

---

[332] 原景信：《陕北剪影》，新中国出版社（武汉）1938年版，页12、37～39。

[333] 转引自金城：《延安交际处回忆录》，中国青年出版社（北京）1986年版，页127。

[334] 梁漱溟：〈访问延安〉（1941年9月）。朱鸿召编选：《众说纷纭话延安》，广东人民出版社2001年版，页352～354、357。

生时有幽默的语调，周恩来先生颇善谈天之外，其余的人就很少能说一两个笑话来调换空气的。

人总是人，在长期的紧张生活中，总免不了感到枯寂单调。就这点说，我觉得这样的延安生活是不能给人以满足的。

共产党的这种"新民主"办法，一言蔽之是"放弃权力的外貌控住权力的本质"，虽说三三制容许三分之二的党外人士参加，然而"党外人士"并不就等于"反对党"。这是很明白的："各党各派"在边区还是有名无实的。……共产党倘要加强三三制的民主性，还必须进一步，在事实上容许各党各派有组织、宣传、公开竞争的自由，由各党派的组织来选举他们的代表，而不必出于共产党的恩赐。[335]

1946 年底，中间人士对中共有两大怀疑：一、红区是否有言论自由？二、是否有法治？谢觉哉承认："两点怀疑不是全没根据。"1948 年 6 月 1 日谢日记："十年实行的结果，没有那一解放区真是三三制的，证明政策不适合。虽好也不能行。"[336]

赵超构还感受到延安对鲁迅的内外有别：

延安文艺界并非不尊崇鲁迅。我见到他们的作家，谈起鲁迅都是很尊敬的；然而在目前的延安却用不到鲁迅的武器。鲁迅的杂文，好像利刃、好像炸弹，用作对付"敌人"的武器，自然非常有效；可是，如果对自己人玩起这个武器来，却是非常危险的。这一种观点，毛泽东先生在文艺谈话中似乎也曾提到过。这就决定了延安文坛对鲁迅的态度，不免有点"敬而远之"。……我们实在看不到鲁迅精神在延安有多大的权威。他的辛辣的讽刺，他的博识的杂文，并没有在延安留下种子来。惟一的理由，就是目前的边区只需要积极的

---

[335] 赵超构：《延安一月》，上海书店 1992 年版，页 84、85、230。

[336] 谢觉哉：《谢觉哉日记》，人民出版社（北京）1984 年版，下册，页 1031、1208。

> 善意的文艺，不需要鲁迅式的讽刺与暴露。要是需要的话，那也只有在对“敌人”斗争的时候。[337]

历史证明：延安只是从特定角度尊敬鲁迅，仅仅尊敬批评敌人的鲁迅，绝不尊敬秉持鲁迅精神批评阴暗面的王实味。

1969年，美军观察组长包瑞德上校的后见之明：“在1944年的夏天，要想清楚地看出毛泽东和他的追随者们最终将转而反对我们，则不是轻而易举的。我承认，确实有些人，他们主要是持极端保守观点的人，甚至当时就认识到：共产党人就是共产党人，共产主义和资本主义不可能轻易和平共处。”[338]“我在1944年犯下的错误是没有把中共看作是美国的敌人，……我把他们主要当作与我们共同抗日的盟友。”[339]

最厉害的访评出于青年党魁左舜生（1893～1969）。1945年7月初，他与傅斯年等六位国民参政员访延五日，回渝后，左舜生告诉各方：毛泽东蛮横且无知，包括其他中共头目，皆为一个“陋”字，他们绝不肯开诚布公、共谋国是，与中共的任何协商谈判均属多余。为此，他拒绝参加政治协商会议，认为调停国共军事冲突多此一举。[340]7月4日，毛泽东特邀左舜生、章伯钧“竟日之谈”，毛曰：“蒋先生总以为天无二日、民无二主，我就不信邪，偏要出两个太阳给他看看！”[341]“我这几条破枪，既可同日本人打，也就可以同美国人打，第一步我要把赫尔利赶走了再说。”左舜生顿感腾腾杀气，缺乏团结意向与妥协精神，不可能搞民主。对延安秧歌剧，他揶评“低级趣味”。[342]

亲共的谢伟思：“有时过度热心的狂热和以高压推动的生产运动，加上缺乏经验，会造成某些混乱和一些产品的品质低劣。……产品由于品质

---

[337] 赵超构：《延安一月》，上海书店1992年11月第1版，页115。

[338]（美）D·包瑞德：《美军观察组在延安》，万高潮等译，解放军出版社（北京）1984年版，页109。

[339]（英）韩素音：《周恩来与他的世纪》，王弄笙等译，中央文献出版社（北京）1992年版，页242。

[340] 晓冲主编：《毛泽东钦点的108名战犯的归宿》，夏尔菲出版有限公司（香港）2003年版，页268。

[341] 左舜生：〈见闻杂记〉，转引自王健民：《中国共产党史稿》（增订本），中文图书供应社（香港）1974～75年，第三编·延安时期（上），页120。

[342] 钱钢：《旧闻记者》，上海书店出版社2008年版，页100～101。

过于低劣而毫无用处。”1944 年 7 月 28 日，谢伟思给美国政府的报告中：“没有对党的领导人的批评，没有政治闲谈。”[343]

各根据地民众对基层干部的意见已经很大了：“对上级比对下级强，对县级比对区级强，对区级比对村级强。最不满意的，是对村干部。”[344] 民众接触不到上层干部，尚存幻想。

但是，对延安负面资讯的放射幅度远不如正面资讯，上述火眼金睛的智察慧识几乎没有引起国统区知识界的关注。弱势的反对党，天然被同情，一句“反共诬蔑”便使这些“反面意见”光芒顿暗。费正清：“在我们中间，谁也不想支持共产主义。我们所希望的仅仅是容许反对党在正常情况下存在，来替代目前的一党专政。”[345]

美国罗斯福私人代表、驻华大使赫尔利（Patrick • Jay • Hurley，1883～1963），1944 年 8 月～1945 年 11 月调停国共，居然认为国共并不存在原则分歧。1945 年 2 月，调停已彻底陷入困境，他仍向华盛顿汇报：

> 两个基本事实正在出现：1、共产党人事实上不是共产党人，他们正在为民主原则而奋斗；2、国民党的一党、一人的个人政府实际上并不是法西斯，它正在为民主原则而奋斗。

谢伟思甚至认为中共是中国最理性最优美的政党：

> 他们能够增进国家财富、提高生活水准，但同时通过民主管理办法避开强大的私人垄断组织弊端，而这类弊端在纯资本主义国家里却不断引起问题。……中国共产党的目标在于最终实现社会主义，但它希望不通过暴力革命，而是通过长期的、有秩序的民主过程和受控制的经济发展来达到目的。……共产党成了一个追求有秩序地民主成长的、走向社会主义的政党——举例说，如像在英国正

[343]（美）谢伟思（John S. Service）：《在中国失掉的机会》（Lost Chance In China），罗清、赵仲强译，国际文化出版公司（北京）1989 年版，页 190、183。

[344] 王林：《腹地》，解放军出版社 2006 年版，页 114。

[345]（美）费正清：《费正清对华回忆录》，陆惠勤等译，知识出版社（沪版）1991 年版，页 329。

在实现的那样——而不是一个煽动立即的、暴力革命的政党。它变成了这样一个政党，不是寻求及早垄断政权，而是追求它认为是中国的长远利益的政党。[346]

中共最终达到了最大的政治目的——美国政界（许多政治家，如副总统华莱士）普遍流行下列意见：

中共只是一群土地改革者，有原则性、纪律性，热衷于民主，并乐意打日本人，组织得比蒋介石的腐败政府和军队好得多。当对日战争进行时，美国应该为未能充分武装并利用中共军队去打击共同敌人而感到羞愧。战争结束后，也许对中国来说，最好是由共产党来取代国民党政府。无论如何，同进步的中共联合起来迫使国民党政府自由化，对中国和蒋介石是一件有利的事情。

1945 年底，赫尔利目睹毛泽东不愿妥协（不同意立即按比例整编军队），但已无力挽回大多数美国政要已然形成的亲共立场。[347]

1948 年 6 月 4 日，柳亚子、茅盾、章乃器、朱蕴山、胡愈之、邓初民、侯外庐等 125 位名流在香港联名响应中共，号召迅速召开新政协，内有“中共并不如反对者之所恶意中伤，企图再来一个一党专政。……新的政协召开之后，中国历史将翻开灿烂的一页，进一步建立一个统一的真正属于人民的新国家。”[348]

这些外电外评，对国府是摧毁性的，对中共则起着“枪杆子”不可能起到的巨力。李慎之：

上海租界上英文的《密勒氏评论报》、中文的《大美晚报》都起了不小的为共产党宣传的作用。一直到抗战时期中外记者团访问延

---

[346] （美）谢伟思（John S. Service）：《在中国失掉的机会》（Lost Chance In China），罗清、赵仲强译，国际文化出版公司 1989 年版，页 286、222～223。

[347] 吴国桢：《夜来临：吴国桢见证的国共争斗》，吴修垣译，香港中文大学出版社 2009 年版，页 186～187。

[348] 王晶垚：〈《柳亚子选集》序言〉。王晶垚等编：《柳亚子选集》，人民出版社 1989 年版，上册，页 5。

> 安，美国记者如福尔曼，中国记者如赵超构都对延安备致赞美，也都是我们这样的左派学生向其他同学进行启蒙的材料。[349]

1949 年春，三大战役结束，共军渡江，中间派知识分子基本政治态度是送旧迎新——弃国亲共。1949 年 5 月 25 日，闲卧沪上的北洋及国府官吏吴瀛（1891～1959）上街欢迎共军进城，赋诗七律：

> 天降王师壶浆迎，江东父老望旗旌；渡江五月惊奇略，横海千军扫逆鲸；
> 三载鏖兵除暴政，万民额手颂新生；秦皇汉武都陈迹，从此趋风毛泽东。

吴老先生万万没想到，对新政权无限信任，无偿捐出 241 件一级文物（迄今仍为红色中国第一捐赠记录），其子吴祖光竟沦为“人民的敌人”——右派。吴祖光晚年恨极毛泽东。“六・四”后，全国政协委员吴祖光（1917～2003）每年在两会呼吁平反，中共头疼不已。1955 年，吴祖光竭力动员父亲捐出文物：“今天的政府是中国历史上最好的政府。”[350]

储安平（1909～1966？）未到过延安，但根据政治常识，1947 年写下两段“真言”，成为 1957 年划右的“旧账”：

> 坦白言之，今日共产党大唱其“民主”，要知共产党在基本精神上，实在是一个反民主的政党。就统治精神上说，共产党和法西斯党本无任何区别，两者都企图透过严厉的组织以强制人民的意志。在今日中国的政争中，共产党高喊“民主”，无非是鼓励大家起来反对国民党的“党主”，但就共产党的真精神言，共产党所主张的也是“党主”而决非“民主”。
>
> 我们从来没有听见共产党批评斯大林或苏联，从来没有看到左派的报纸批评毛泽东或延安，难道斯大林和毛泽东都是圣中之圣，

---

[349] 李慎之：〈不能忘记的新启蒙〉，原载《炎黄春秋》（北京）2003 年第 3 期，页 13。
[350] 《吴祖光自述》，大象出版社（郑州）2004 年版，页 2、12、168。

竟无可以批评之处？难道莫斯科和延安都是天堂上的天堂，一切都圆满得一无可以评论的地方？[351]

柒、阳光下的阴影

调门甚高的中共，将自己描绘得犹如天兵天将，可文化层次在那儿摆着，能有什么人文境界？且不说“残酷斗争”的权斗，就是生活细节上，也能小处见大。长征途中，红四方面军负责军需的吴永康（1900～1937，留日生），在毛儿盖抱怨：“一方面军太不惜物力了，你们丢的东西，我们沿途拾取。”七七八八捡了一大堆可用的弃物。[352]

延安“一时气象”之下早早蹲伏着簇簇阴影。革命终究不是天然绝缘体，革命者也不可能蹦自石头缝，延安当然不可能是刀枪不入的圣地，外面有的阴暗面，延安也会有，各种俗风俗事照样运行。各级干部哪会一律清廉奉公，人性本能远远大于“阶级觉悟”。江南闹红时期，江西省苏维埃政府 1932 年披露，“各级政府浪费的情形实可惊人，一乡每月可用至数百元，一区一用数千，一县甚至用万元以上，贪污腐化更是普遍，各级政府的工作人员随便可以乱用隐报存款、吞没公款，对所没收来的东西（如金器物品等）随便据为己有，实等于分赃形式。”闽西永定县成了客栈饭店，无论什么人都可在政府吃饭。宁化县主席居然不知手下人数，“只见人吃饭，不见人工作”。中央检察部〈关于中央一级反贪污浪费总结〉：“查出包括总务厅长、局长、所长在内的 43 个贪污分子，贪污款计有大洋 2053.66 元、棉花 270 斤、金戒子 4 个。”中央总务厅长赵宝成数月浪费三四千元；瑞金县财政部长唐仁达贪污 2000 余大洋；区委军事部长范大柱贪污 174 元；区委组织部长钟志龙贪污 52 元；区副主席吞没犯人伙食费

---

351 储安平：〈中国的政局〉，原载《观察》周刊（上海）1947 年 3 月 8 日。参见蔡尚思主编：《中国现代思想史资料简编》第五卷，浙江人民出版社 1983 年版，页 34～35。

352 《谢觉哉日记》，人民出版社（北京）1984 年版，下册，页 732。

2700 多毫、灯油费 100 多元；筠门岭洞头区军事部长“金手表金戒子样样都有”，有病不吃药要吃洋参炖鸡，一次就花去十几元。[353]

1933 年 5～8 月，广昌县被洗刷出党 16 人，其中七人反水或企图反水（含县府主席）、贪污腐化六人；1932 年 11 月～1933 年 8 月，乐安县清洗出党 17 人；石城县清洗 41 人，其中贪污腐化者五人。[354]

1932 年《红色中华》披露，会昌县西岗区政府捉来一土豪婆（靖卫团总儿媳），判罚 40 大洋，但一委员自纳为妻，不罚款了。区政府每月开支 300 元以上，会昌县小密政府将打土豪没收之物留给委员们享用。至于浪费，江西省政治保卫分局，做一面旗子花了九块多大洋；两根手枪丝带花去 1.24 元；日历一买十本，三块多大洋；洋蜡一月点了 30 多包。[355]

1944 年 6 月，中外记者团在洛川见到七位逃兵，“他们都伸出有茧有泡的手掌来，解释他们逃走的理由是‘太苦’。”毛泽东批评：“一部分干部之间发生了贪污赌博等极端恶劣的现象。有个别的干部是被物质所诱惑，因而不愿忠实于共产主义的神圣事业，完全腐化了。所有这些弊端，在一部分军队与一部分机关学校的干部中，都是或多或少地发生的。”120 师几名被追回的逃兵诉说逃跑原因：“我们当兵已多年，还没有老婆。”另一原因是他们病了，未得到照料。[356]

一些高干的生活相当特殊，特权已然存在，只是较隐性。如按延安物价，哈德门牌香烟 3～4 角／盒，毛泽东每月抽烟就得百多块钱，毛当然付不起，公家发。一位知青私下抱怨：“毛主席不纳党费，洛甫吃大前门香烟的钱是那里来的？”[357]1938 年 1 月，梁漱溟与毛泽东在延安窑洞长谈

---

[353] 余伯流：《中央苏区经济史》，江西人民出版社 1995 年版，页 406～407。

[354] 中共江西省委：〈党的组织状况——全省代表大会参考材料之四〉（1933 年 9 月 22 日）。载《中央革命根据地史料选编》，江西人民出版社 1982 年版，上册，页 695～696。

[355] 余伯流、凌步机：《中央苏区史》，江西人民出版社（南昌）2001 年版，页 904。

[356] 文伯：〈陕北之行〉，原载《中央日报》（重庆）1944 年 7 月 29 日～8 月 7 日。转引自王健民：《中国共产党史稿》（增订本），中文图书供应社（香港）1974～75 年，第三编・延安时期（上），页 334、339～340。

[357] 原景信：《陕北剪影》，新中国出版社（武汉）1938 年 5 月初版，页 15、42。

六夜（晚饭后自黎明），毛泽东给梁漱溟斟茶，“而自酌酒，酒是白酒，亦用不着菜肴。烟亦恒不离手。”[358]

1938 年 3 月，张国焘天天喝得醉醺醺，带着四个卫士招摇过市，找何思敬下围棋。[359]1936 年 2 月，范长江报导：“红军士兵的生活，仍然比官长要苦些，不过和旁的军队，程度有差别。”[360]1938 年 2 月 1 日，八路军总部发出〈整军训令〉，要求遏制贪污腐化及干部逃亡现象；怕影响不佳，“此项训令文字发到团级为止。”[361]

1939 年 2 月 22 日谢觉哉日记：“‘赐保命’、‘鹿茸精’因不花钱得到，打了近百针而进步很慢，气体日衰奈何。”延安商店主任因贪污被撤职。至于挪用公款、胡乱罚款、白吃白喝，就更普遍了。[362]1944 年 10 月，美国记者白修德访延：“……奢侈品中并不体现完全的平均主义。以牛奶为例：只供给医院里的病号和伤患，此外牛奶还供应高级官员的家庭和孩子。我提出了这个问题：谁家的孩子可得到牛奶供给？这一下子把他们窘住了。”[363]1941 年中央青委壁报“轻骑队”，杂文〈龙生龙、凤生凤〉批评延安高干的特殊化，托儿所只有首长孩子有牛奶喝。此文被国民党刊物《良心话》转载。

抗战胜利后，东北野战军八纵 23 师，“不少干部思想腐烂了。贪污现象一般干部都有，高级干部也有，甚至首长的警卫员都有。贪污的手段主要是做生产赚钱，做生意可谓是‘群众’性的了。有的高级干部的老婆也经营大烟，这是犯法行为。……买钢笔一个人买两三枝。有的人买两三件大衣……打骂战士的现象尤其严重，竟还有连长（王××）割士兵耳朵的犯罪行为。”[364]1947 年，东北望三奎地区一区长欺压百姓、强奸妇女，民愤极大，予以枪决。[365]

---

[358] 梁漱溟：〈访问延安〉，载《我生有涯愿无尽——梁漱溟自述文录》，中国人民大学出版社（北京）2004 年 11 月第 1 版，页 127。

[359] 《徐懋庸回忆录》，人民文学出版社（北京）1982 年版，页 102。

[360] 范长江：《塞上行》，新华出版社（北京）1980 年版，页 193。

[361] 〈总司令部与野战政治部关于整军训令〉（1938 年 2 月 1 日）。中央档案馆编：《中共中央文件选集》第 11 册，中央党校出版社（北京）1991 年版，页 419。

[362] 《谢觉哉日记》，人民出版社（北京）1984 年版，上册，页 285；下册，页 987。

[363] （美）白修德：《中国抗战秘闻——白修德回忆录》，崔陈译，河南人民出版社 1988 年版，页 188。

[364] 《邱会作回忆录》，新世纪出版及传媒有限公司（香港）2011 年 1 月初版，上册，页 160。

[365] 李逸民：《李逸民回忆录》，湖南人民出版社 1986 年版，页 149。

师哲（1905～1998）揭发康生夫妇：

> 他们工作和生活的一切方面都由秘书来承担，包括给他们洗脚、洗澡在内。他除了伙食标准同中央负责同志看齐外，还有自己的特殊要求。诸如：袜子非狗头牌的不穿；地毯是从中亚带回来的；衣服（特别是大衣和外衣）要穿莫斯科工厂生产的；办公桌上少不了各种干果——花生米、核桃仁、扁桃仁、柿饼等。尽管如此，他仍不断向他所领导的社会部诉苦，以求得格外“照顾”。
>
> 延安是革命圣地，是艰苦奋斗的同义语，竟存在着康生这样的角落，能相信吗？但这是千真万确的事实！他有时享受咖啡，有时饮酒，虽不常饮，但酒量很可观……他由于不得志而以酒浇愁，他把米大夫请到他的住处，搬出珍藏多年的法国、英国名酒，折腾了整整一个下午，二人醉成烂泥。[366]

青年俱乐部等各单位许多人日夜打麻将、推牌九、玩扑克。李锐对无法克制牌欲多次自责，延安也有“麻将热”。[367]

“很多青年在这里染上了偷窃习惯。在学校里、公家的机关商店里、私人的铺子里，常常发生着‘被窃’的新闻。”延安市政府主席刘振明甚至吞没抗属米粮。[368]边区政府教育厅长稍有闲暇就打麻将，将孩子甩给妻子，革命意志明显松懈。[369]1946年8月6日，谢觉哉出席西北局宣传座谈会，批评上面铺张浪费，下面贪污腐化，绝大多数都是老干部。[370]

陈学昭敏感嗅到：

> 延安有一种极奇怪的空气，不止抗大如此。在外边，我从前也这样想，延安总是充满了抛声名、弃地位，纯粹为着抗战，无条件地来到边区学习或工作的人；哪知道延安的空气并不如此，有些

---

366 师哲：《峰与谷——师哲回忆录》，红旗出版社（北京）1992年版，页226。

367 李南央编：《父母昨日书》，时代国际出版有限公司（香港）2005年版，上册，页264、339。

368 齐世杰：《延安内幕》，华严出版社（重庆）1943年版，页13、22。

369 蒋巍、雪扬：《中国女子大学风云录》，解放军出版社（北京）2007年版，页283。

370 《谢觉哉日记》，人民出版社（北京）1984年版，下册，页956。

人，他们对于真正抛弃一切而来的青年或别种人，常常表示极大的惊奇，有时也会天真地问："你既然本来有饭吃的，何必到延安来呢？"我也推究不出为什么有这个空气。[371]

1942年3月12日，罗烽发表于延安《解放日报》的杂文中：

在荒凉的山坑里住久了的人，应该知道那样云雾不单盛产于重庆，这里也时常出现。[372]

1942年4月4日，萧军（1907～1988）写于延安窑洞：

年来，和一些革命的同志接触得更多一些，我却感到这同志之爱的酒也越来越稀薄了！虽然我明白这原因，但这却阻止不了我心情上的悲怆。

近来竟常常接到一些不相识的同志们底信，信里面大致是述说自己的痛苦和牢骚。不满意环境，不满意人，不满意工作……甚至对革命也感到倦怠了……[373]

另一篇闯祸杂文〈论离婚〉，批评延安某些高干喜新厌旧频繁换偶。《轻骑队》壁报被定性"小资产阶级言论"而停刊。

最大的阴影还是革命逻辑下的禁欲主义。海伦·斯诺是最早访问延安的老外之一，撰有《延安四个月》（1937）："清教主义、禁欲主义以及斯巴达主义的哲学，主宰着延安的一切。"[374]低欲无私的清教徒式氛围是延安的基本色调，革命党初期都会提出高于普遍标准的道德尺度，以标榜自己的无私牺牲。如对人类最原始的性欲，延安制定出"二八五七团"的允婚门槛——二十八岁、五年党龄或七年工龄、县团级干部。达不到这三项

[371] 陈学昭：《延安访问记》，广东人民出版社2001年版，页65。
[372] 罗烽：〈还是杂文的时代〉，载《解放日报》（延安）1942年3月11日。
[373] 萧军：〈还同志之"爱"与"耐"〉，载《解放日报》（延安）1942年4月8日。
[374] 朱鸿召编选：《众说纷纭话延安》，广东人民出版社2001年版，页481。

条件，识相点，往后退退。1946 年，张家口华北联大文学系女生田赐，未婚先孕，无法掩盖日渐隆起的肚子，投井自杀。[375]1947～48 年冀中根据地，若发现不正当男女关系，辄拉出遊街。“农村政治斗争也开始有了战争的火药味儿。特别是大村，拉人遊街的事儿，强迫人坦白的事儿，以及对犯了错误和有毛病的人开展大会斗争的事儿，动不动就折腾一回。”[376]

在清教徒式的氛围下，很容易形成壮烈情怀，并陶醉于这种“道德美感”，这固然有利于强化革命者的意志，但壮烈者辄认为有权要求别人也壮烈，牺牲者要求别人也得牺牲。程映虹（1959～）：“在主义面前蔑视自己生命的人，常常容易发展到为了主义而践踏别人的生命。在这些人身上，人性中对于抽象概念的崇拜发展到狂热，便掩盖了人性中本来应有的对于自然生命——不论自己的还是他人的敬畏。因此，自己越是不怕砍头的人，一旦砍起别人的头来越是毫无顾忌，这是为了主义。”[377]延安一代在自我牺牲的同时，“理所当然”地要求别人也牺牲。正如西方史学家所指出：“革命者像清教徒或雅各宾派一样偏爱美德。这种偏爱构成了乐观主义的革命者用自己的纯洁性去要求他人的革命者的特性。”[378]1953 年，七千余志愿军战俘回国，发给他们的读物触目惊心：“共产党员是不能被俘的！”为他们放映影片《狼牙山五壮士》、《八女投江》。[379]

“延安阳光”中最隐蔽最凶险的阴影就是“无私”。由于“无私”具有巨大道德光环，且为吸引一代精英奔赴延安最耀眼的光柱，恰恰这道强劲灿烂的光芒携带着最不易觉察的致命暗弊，成为最初的价值偏误：

一、中共据此理直气壮地要求投奔者“思想改造”，因为你们来自汹汹私欲的“旧社会”，延安则是“无私”圣地，从有私到无私必须经过一番改造。

二、中共成员失去捍卫自身权利的逻辑依据，一提就俗，一路走至文革“狠斗私字一闪念”。举着似乎高尚无比的道德旗帜，褫夺一

---

375 陈恭怀：《悲怆人生——陈企霞传》，作家出版社（北京）2008 年版，页 178。

376 《我的人生——浩然口述自传》，华艺出版社（北京）2000 年版，页 136。

377 程映虹：〈砍头与主义〉，转引自丁东：《精神的流浪》，秀威资讯公司（台北）2008 年版，页 230。

378 （法）雷蒙・阿隆（Raymond Aron）：《知识分子的鸦片》（1955），吕一民、顾杭译，译林出版社（南京）2005 年版，页 46。

379 赵飞鹏：〈在岁月中慢慢消磨被俘的伤痕〉，载《中国青年报》（北京）2011 年 11 月 11 日。

切人权，私念一闪，就得“自觉革命”。灭欲如此，还有什么权利？还需要什么权利？1974 年 9 月 24 日，江青陪菲律宾总统马科斯夫人去小靳庄，车队在路上撞死一人，总统夫人要求赶快停车，江青拒绝停车，疾驰而去。[380]人道主义意识，伟大的无产阶级革命领袖夫人还不如渺小的资本主义国家总统夫人。

三、悄然移换基本价值理念。既然一切自我感受均不可靠，自我就是万恶渊薮，党员也就无法依靠感性辨别是非，无条件接受“革命观念”。既然一切新说建立在人们不熟悉的全新地基上，新旧制度源自完全不同的价值体系，那么一切既有经验也就自动失去检验新制度的资格。

1957 年大跃进，温济泽（1914～1999）心态：“大跃进宣传得那么厉害，我不是那么太相信，但也没有什么根据不相信。”[381]老一代知识分子张奚若（1889～1973）却一眼洞穿大跃进谬根：“鄙视既往，迷信将来。”[382]将来还没有来到，就先把过去拱翻了，使你失去验别其货的量尺。

从核心价值上，共产实践就是致力营建无私社会，这一制度设计之所以在全球遭到惨败，带来巨大人文灾祸，就是这一价值指向完全有违人类天性——不可能也不必消除自私本性。从历史理性角度，承认自私天性并不妨碍同时兼爱他人，努力营造公私双赢的社会制度才是现代社会难度所在与理性高度之体现。理想的社会制度只能适度恰分地抑私扬公，无必要也不可能完全斗私灭欲。因为，从最根本的价值逻辑上，无私即无公，公只是私的集合体，否定了私也就一并否定了公的合理性。很简单，没有了私的公，还有什么实质性的价值内涵？按无私原则，当你“无私”地去帮助另一人，等于助长那人的自私。既然你的这份奉献仅满足那人一己需要，而那人的需求又本无价值，那么你的这份奉献还有什么价值？再说了，那人也应“无私”地拒绝别人奉献，既然大家都应无私，谁还好意思索要并接受别人的帮助？个人私权实为一切集体价值之基石，基石一抽，大厦晃摇，一切皆歪矣！

---

[380] 《胡乔木传》编写组编：《胡乔木谈中共党史》，人民出版社（北京）1999 年版，页 218。
[381] 《温济泽自述》，中国青年出版社（北京）1999 年版，页 286。
[382] 座谈会发言载《人民日报》（北京）1957 年 7 月 15 日。

个人权益不仅是人类一切制度的价值起点，也是社会成员努力奋斗的动力源泉。人人都忙着奉献、忙着“为别人”，“自己”谁来照看？如一下雨都忙着为别人撑伞而自己需要别人来撑伞，岂非又麻烦又憋扭？首先照顾好自己，再去兼爱送伞，难道不是最佳最简便的价值顺序么？救援者首先自己不能成为求援对象，这不是最浅显的道理吗？

挑战人类私心本性，强行要求必须时刻掂着集体与别人，类同愚蠢地向风车作战，当然只能得到历史嘲笑。延安灯塔上熠熠闪光的“无私”，隐伏着重大价值偏移，乃是日后乌托邦实验的歪斜起点。1957 年公社化以后，出售农副产品、养鸡养鸭、努力挣钱都成了万恶的“走资本主义道路”，原本似乎绝对偏袒工农的阶级论，竟也成了绑缚工农的绳索，令“最高贵”的工农惊恐莫名，不知所以。

古希腊普罗泰戈拉名言：“人是万物的尺度”，而人的一切行为皆源于欲望。个人需求乃人类发展第一动力，满足每一社会成员的欲望，乃人类社会的最高理想。否定了欲望的初始价值，等于否定了人本身，否定了人存在的一切意义，灭欲等于灭掉社会发展的初始动力，抽走“万物尺度”的价值基座。这种以抽象集体价值否定具体个人价值的“红色价值论”，完全颠复了社会理性价值序列，使数代国人生活在歪斜的价值逻辑中——活着就是为了压抑欲望。这当然是真正“反动之极”。

延安一代终其一生，包括李慎之、李锐这样最高级别的反思者，无一人认识到“无私”的反动性，认识不到“无私”所包涵的重大价值偏差，认识不到“无私”对人类一切经验的彻底背叛，更认识不到对“无私”的疯狂追求，实为哲学能力之贫弱与文化水准之低下。

数代中共党人（大革命一代、延安一代、解放一代）之所以不易认识赤说之谬，许多“两头真”之所以至今仍认为马克思主义是一部好经、共产主义不失灿烂理想，关键在于共产赤说的迷惑性——利用人性反人性，利用人类要求平等的这部分天性，否定人类天性最大最主要的部分——自私。马克思利用人类对自私本性中丑陋部分的嫌恶，否定自私的正面效应——私权乃一切人类权利之来源，并且是人类社会一切制度的价值基础。红色信徒们认为“平等”、“无剥削”符合绝大多数人的内心呼唤，看不到否定私权使一切公权失去依凭。无私无欲，旗帜艳亮，然调门过高，其实难副，势必孵生虚伪。中共的虚伪氛围，正是在这种主客观差距中逐渐形成。延安一代很快学会用响亮口号包装自私目的，被训练培养成“对善恶都无动于衷”。投奔“自由延安”的知青渐渐习惯于“党纪约束”，自觉训练表里不一的能力。时日一长，阴影里待得久了，也成为阴影的一部分，说真话反而不自然了。

得到“培训”的延安一代在此后历次政治运动中，大多运作自如，较难“跌倒”。后人指出：“说到底，批判者的批判大都包藏着一种个人的动机、个人的目的。从表面上看他们是在捍卫一种社会价值，而实际上是对自己个人利益、社会地位、未来命运的维护。这一点，在那些来自解放区的作家、挂着各种政治牌牌的作家身上，看得特别清楚。”[383]

日常生活中，陈学昭一到延安就感受到“阴影”：

> 因为人人有工作，虽然多或少、重或轻是有分别的，但饭是吃得一样的，何必多花费自己的气力呢？我想也有人这样想的。生活如果太有保障，人们是容易变成懒惰的。
>
> 今日边区在工作上所存在的最大的缺点，就是一切办事机构太不科学化。我这句话说得太老实，太不客气了。……这里缺乏行政人员，就是说缺少官，这怕是一个事实。……说到事务与管理这部分工作的缺陷，实在碰到了这个基本的缺点：太不科学化。为什么我说这是一个基本的缺点呢？譬如一个人要领两斤炭，照理这个事情他可同总务科讲，或同事务科讲，或同管理科（可讲的人太多了，反而没有一个人负专责）讲，结果他统统都讲过了，两斤炭总是不来，总没有地方可去领。最后，他大胆地去信请求部长。这两斤炭也要闹到部长的办公桌上，那么这些总务科、事务科可是做什么的呢？……我可以说，好些机关里的收发都是不大负责的，信件的迟到与失落是常事。

[383] 张景超：《文化批判的背反与人格》，黑龙江人民出版社 2001 年版，页 154。

还有可怕的毫无时间观念的农民习气。1943 年 11 月，陈学昭：

> 一般同志对于时间的概念还是很淡薄，不重视时间，不遵守时间，不抓紧时间，也就是浪费时间。开一次会，要是有几十个人的话，等待开会的时间往往可以和开会本身的时间占得差不多，就是说：两小时的会，要等待两小时。听一个报告也是如此。[384]

1939 年 5 月 10 日，“鲁艺”成立周年庆祝大会，通知下午一点半开会，萧三两点去，没几个人，三点后陆续来人，四点才正式开始。[385]

1940 年 3 月，初到延安的范元甄在私信中频频泄怨：“想想看，这一向的生活够多没意思呵！”“我们的孩子是优秀的，他们比那些乌龟王八蛋的种子总值得宝贵一些吧。”“孤寂之感时常袭我！的确，这儿的生活以及人与人之间的关系是绝不比青年之间的。”“今天早晨刚吃一碗饭，就没有饭了。我当时真想发脾气！……不禁对这种生活深深感慨。反正谁也不关心谁，以后咱们就实行抢。”

1941～42 年，范元甄再三向李锐诉怨：

> 坐在这个山沟里，慢条斯理，搞不出东西的。……应该记得结婚以前的许多“幻想”，不要让延安生活的“庸俗”麻木了我们。
>
> 我对于在这环境里能培养出专家，已经没有信心。
>
> 我是绝不能在此地待下去了的。三次高潮（按：反共高潮）过去以后也许可以出去了吧？[386]

1941 年 7 月下旬，萧军向毛泽东辞行，准备赴渝。萧军向毛谈了延安的阴暗面，建议中共制定文艺政策。毛挽留萧军，托萧军收集文艺界各方意见。[387]这次会谈成为召开“延安文艺座谈会”的起因。萧军万万想

[384] 陈学昭：《延安访问记》，广东人民出版社 2001 年版，页 17、87、82～83、88～89、249。

[385] 萧三：〈“窑洞城”〉，载《红旗飘飘》第 19 集，中国青年出版社（北京）1980 年版，页 308。

[386] 李南央编：《父母昨日书》，时代国际出版有限公司（香港）2005 年版，上册，页 202～203、212、235～237、241、251。

[387] 逄先知主编：《毛泽东年谱（1893～1949）》（中卷），中央文献出版社（北京）2005 年版，页 315。

不到，自己的建议会成为新版“作法自毙”，催生出〈延安文艺座谈会上的讲话〉，日后对他形成一系列迫害。

士绅对中共的态度也是一条大阴影。延安交际处长金城（1906～1991）：

> （绥德、米脂的）开明士绅、地主、商人、高级知识分子的中间和右翼，抗战以来在国共两党之间，多数采取的是两面摇摆态度，但是屁股还是坐在蒋介石一边。他们对我们的减租政策有抵触，对交公粮的态度也不积极。表面上拥护统一战线，实际上若即若离。那里他们最典型的做法是将女儿、孙女送到延安抗大、陕公学习，而把儿子、孙子送到西安去读书。[388]

送女儿、孙女上免费的延安，送儿子、孙子上缴费的西安，骑墙两跨，政治倾向一目了然。这一深有意味的“两边送”，说明这一“先进生产力”阶层对共产制度的背离，体现了有产者对中共的政治向背，意味着共产制度不可能得到“先进生产力”的支持。但中共并不承认乡村士绅是“先进生产力”，而是从“夺其财激其恨”的逻辑看待乡村士绅的政治态度，斥其顽固，责其怀私。阶级论之悖谬，纤毫毕现。难道夺人私财，人家还会递笑脸？李鼎铭（1881～1947）这样的“开明绅士”，对红军时期“从肉体上消灭地主的做法，仍持有疑虑。”[389]

文艺界派系矛盾也在延安形成。周扬的“鲁艺”与丁玲的“文抗”，矛盾渐深，成为日后中共文艺界的最大派系。李一氓（1903～1990）晚年不止一次对何方说：“中国文艺界的不团结，周扬、夏衍一帮人有重大责任。他们把派性从三十年代的上海带到抗战时的延安（分为以周扬为首的鲁艺派和以丁玲、艾青、萧军等代表的文抗派）、重庆。建国后他们又处于全国文艺和文化界的领导地位，就使这种派系斗争一直延续下来。例如冯雪峰被打右派，就只是因为夏衍提出上海滩三十年代的老账。”[390]

---

[388] 金城：《延安交际处回忆录》，中国青年出版社（北京）1986年版，页155。
[389] 张秀山：《我的八十五年》，中共党史出版社（北京）2007年版，页124。
[390] 何方：《党史笔记》，利文出版社（香港）2005年版，下册，页581。

边区政府主席张国焘指出更宏观的阴影：

> 他（指毛泽东）并不了解政府机能的范围和内容，实际上只想使边区政府能在某些方面装点门面（这也许是毛氏不能很好统治一个国家的基本原因之一）。毛泽东等中共要人在这个问题上有许多错误观点，大别之为下例各点：
>
> 一、他们忽略了许多历史教训乃至列宁的遗训，不将政府机构看作最重要的和最有效能的工具，或者换句话说，只有夺取政权的抱负，没有好好运用政府机能的知识。
>
> 二、他们太重视党的权力，而又不了解党与政府的正确关系，因而党部对政府工作干涉太多。
>
> 三、由于革命实行中养成了许多粗糙的革命观念、游击思想、不合理的平等观念等，无法深刻认识法律和制度等的重要性。[391]

中共进城后，以党代政、只重权力不重效率、观念粗糙、无视法治等，确实为这位“叛逃者”不幸而言中。“伟大的毛泽东时代”只有两部法——宪法、婚姻法，宪法装装样子并未执行，真正“无法无天”。

1940 年初，边区已出现不少只要百姓纳粮不管百姓死活的乡县官吏。[392]1941 年夏，清涧县农妇伍兰花之夫耕地时被雷劈死，伍大骂：“世道不好，共产党黑暗，毛泽东领导官僚横行……”社会部将该妇押至延安，报请边区高院公审枪毙。毛泽东顾忌民意，请来伍兰花，伍哭诉：1935 年南方红军来后，分到五亩地，头几年还好……这几年变了，不行了，干部只管多收公粮，谁不交就骂谁，有的话骂得实在难听呵！咱沟畔二十户人家，至少五家交不起公粮，数咱最苦最难；现在丈夫死了，家里顶梁柱没了，咱可怎么活呀！[393]

延安上空的阴影还从一些细小处飘出。1940 年代初，胡绳（1918～2000）、李普（1918～2010）两位小青年主持重庆《新华日报》专栏“解放

[391] 张国焘：《我的回忆》，东方出版社（北京）1998 年版，第三册，页 396～397。
[392] 梅剑主编：《延安秘事》，红旗出版社（北京）1996 年版，下册，页 678。
[393] 薛鑫良：〈久违了，延安精神〉，载《同舟共进》（广州）2009 年第 10 期，页 42。

区漫谈”，专门论证中共如何在民主实践中学习民主，延安正在逐步清除封建专制流毒。但这两位“解放区介绍人”从未去过延安或任何一处赤区，仅仅凭着《解放日报》及少量书刊，就在深入论证“解放区的民主”，并编了一本小册子《光荣归于民主》。[394]

赵超构也嗅出：

> 在延安谈检查制度是无意义之事，因为你们只有一家报纸，出版机关也只有一家解放社，你们的稿子只能向一个地方送，那么，解放社和《解放日报》的主编就可以全权处理你们的稿子了。
>
> 在延安，形式上的检查制度是没有，替代它的是作者自动的慎重和同伴的批评。我知道延安人所说的批评的意义，就是用多数人的意见来控制少数人……延安有一种批评的空气，时在干涉作家的写作。[395]

一些违背现代科学理念的歪歪理公然蹿出。1947 年 6 月 21 日，邓小平（1904～1997）在晋冀鲁豫野战军直属队营级以上干部会：

> 在思想上，我们要提倡两个“主观主义”——这是形容词、加重语。第一，凡是自己思想与党中央、毛主席相抵触的时候，要无条件承认自己错了。毛主席思想是全党的准绳，历史上已经证明了毛主席没有一点不对的……二十多年的历史证明了毛主席是绝对正确的……因此，遇到自己思想与党中央、毛主席思想相抵触的时候，首先承认自己错了，这是改造自己，提高自己觉悟及学习毛主席思想的起点。这样做，也是完全符合党章规定的。第二、凡是地主与农民发生纠纷，不用调查研究，应当首先承认农民是对的，地主是错的。这都是立场问题，要无条件提倡。[396]

---

394 李普：〈悼胡绳〉，载《炎黄春秋》（北京）2000 年第 12 期，页 6。
395 赵超构：《延安一月》，上海书店 1992 年版，页 84～86。
396 中国人民大学中共党史系资料室编：《中共党史教学参考资料》第 10 册，中国人民大学（北京）1981 年 3 月校内自印，页 394～395。

思想认识问题一律上升为政治问题，思想问题政治解决，乃中共一贯逻辑。从邓小平的“两个凡是”放射出去，中共能不走偏路吗？

另一不易被觉察的阴影：军事共产主义所携带的多方位作用。一、促使心理趋同，吃睡都一样，行为还能不一样吗？只能跟着走；二、保证了铁的纪律，必须服从组织，一旦离开组织，不仅失去政治生命，一并失去饭碗；三、有效维护首长权威。我的待遇都与你一样了，你还不应该听我的吗？四、有效防堵异思异见。大家什么都一样，你怎么可以出格？

政治取向上，延安阴影就更明显了，三权分立受到否定。东吴大学法科生谌厚慈（1900～1977），“四・一二”后奔波反蒋，1938 年进入赤区，历任冀西游击司令部总参议、太行太岳冀南司法处长。金城：“1941 年，他因司法与行政、立法关系问题与我党发生意见分歧，他所坚持的‘三权分立’思想受到批驳。”[397]这位中共甚缺的法学人才，被迫脱离司法界，1945 年后历任冀东纸业公司经理、冀东行署交际处长、教育厅副厅长。这当然是中共至今仍称“中国不搞多党制”的延安注脚。

正因为形成领袖“合法”的极权制，毛泽东才能“弄潮儿向潮头立”，驾云乘风，只手祸国。文革后，中共一直强调林彪、四人帮是极少数，其实各级各层都有大小林彪、康生、江青，极权制土壤气候相同，“产品”也就不可能相差太远，只能分娩弄权者阴谋家。

最早的觉醒自然是对阴影的疑惑。胡绩伟赴延前就质疑：既然蒋介石、希特勒的一党专政与民主政治背道而驰，“为什么资产阶级的多党专政是专制制度，而无产阶级的一党专政制度却是民主制度？我那时很不理解。”胡绩伟万万没料道这一最初的不理解，恰恰裹带着最大的政治危险。既然别家的一党专政是专制，为什么你家的一党专政就成了民主？整风后，胡绩伟的疑惑更深入具体：

> 把延安看得不好是小资产阶级，看得太好，也是小资产阶级，那么把延安看成什么样才是无产阶级呢？整风运动就是要弄清楚“无产阶级和小资产阶级的区别”。当时，我没有弄清楚究竟区别在哪

---

397 金城：《延安交际处回忆录》，中国青年出版社（北京）1986 年版，页 170～171。

> 里。在"七大"前后的文件中，对这点讲得更多，但右了、左了都是小资产阶级、资产阶级，只有不左不右才是无产阶级，我还是弄不清楚这是为什么。[398]

对阶级论的这一疑惑，正是马列主义最致命的软肋，即实践中无法进行操作——如何才能做到无产阶级的"不左不右"呢？事实证明：惟列宁、斯大林、毛泽东才能做到，并非他们仨人才是"真正的无产阶级"，而是因为只有他们"免检"，不受任何质疑。

更实质的阴影，1944 年 2 月 24 日谢觉哉日记："延安报告有人民搬家（按：离开边区），原因之一为负担重：一种是丈量土地时将土地等级和产量定得高了，使负担重；一种是交公粮后没得吃，所交公粮之数几乎和全年收入粗粮相等。如白玉宾全家四口人，收入粗粮五大石，须出公粮四石六斗六升。"同年 10 月 9 日谢日记："延安市一年来死 224 人，生 183 人，损失人口 41 人，多危险！"10 月 11 日谢日记：志丹县三区四乡最不讲卫生，人畜同住，1943 年出生率 5.8%，死亡率 8.1%；1944 年上半年出生率 3%，死亡率 14%。[399]

美化穷人道德，波及远在重庆的文化人。美国大兵在渝跳河救人，衣服被偷，上岸后耸耸肩苦笑离去。吴祖光评曰："不要责难任何一个这样的偷窃者吧！只为了贫穷，在这个国度里，他们舍去这种铤而走险的偷窃则别无生存之道了。"[400]因为贫穷，偷窃也可原谅，似乎还该鼓励。

因红色政效均需未来证实，延安一代也就将人生押上革命的赌台。很清楚，正是延安建立的一系列红色逻辑，才有后面的反右、文革，才有红卫兵"合理合法"地去剪女人长发、男人裤管，才有 1980 年代对蛤蟆镜、披肩发、迷你裙犹破天条的集体尖叫，才有"一夜退回五〇年"的惊呼，中国才需要"否定之否定"，才有延安一代晚年的深重叹息。

---

[398] 《青春岁月——胡绩伟自述》，河南人民出版社 1999 年版，页 137、248。

[399] 《谢觉哉日记》，人民出版社（北京）1984 年版，上册，页 579～580；694～695。

[400] 吴祖光：〈偷窃者〉（1946 年 7 月），载吴祖光《风雪夜归人》，新世纪出版社（广州）1998 年版，页 74。

1942年整风后，自由从延安悄然遁去；1949年后，民主也开始隐退；1955年军衔制出台，平等也不见了；1957年反右，话都不能说了，中共正式露出专政獠牙。“前度刘郎今又来”，大变之中无实变，而且大大倒退。因为有“马克思”为“秦始皇”撑腰，诗人为刽子手提供“必须残酷”的理由，毛泽东的能量大大超过秦始皇，确实绘出一幅前无古人的“最新最美图画”——至少六千万国人为他的红色政治殉难。

最隐蔽的延安阴影当然是侵犯人权。除了藐视人权侵犯私权、无有法度，还公然侮辱人格。如犯人得穿左红右黑的对襟囚衣，头发中间“开马路”。前保安处副处长陈复生（1929 年参加红军），仅仅因为与康生吵翻（动手要打），不审不判关押6年11个月。[401]

高尔基早就看出封建幽灵借披红色外衣还魂。1918年8月30日列宁被刺，俄共随即宣布红色恐怖。为报复彼得格勒契卡主席被害，500名“资产阶级代表”立即枪决，400名旧军官推到三个大坑前枪毙。高尔基怒斥：

> 这种极不理智的怯懦的算术……你们摧毁了君主制度的外部形式，但是它的灵魂你们却不能消灭，看吧，这灵魂活在你们的心中，迫使你们失去了人的形象。[402]

---

[401] 陈复生：《九死复生——一位百岁老红军的口述史》，中央文献出版社2010年版，页176～177。

[402]（俄）高尔基：《不合时宜的思想——关于革命与文化的思考》，朱希渝译，江苏人民出版社 1998年版，页110。

第四章

思想框架

壹、隔着纱窗看晓雾

辛亥后，王纲解纽，神器摇撼，天下骚然，主义争流。赤俄以偏激撑张艳帜，以放弃一切在华利益为香饵，轻获中国士林好感。1920 年春，第三国际东方局派维经斯基来华，新文化界人士到处请他介绍苏联情况。[1] 1923 年 1 月，越飞（苏联副外长）在沪会见孙中山，发表孙越宣言，确认苏联此前放弃帝俄在华特权声明有效，且对外蒙无领土野心。[2]接着，越飞与外长顾维钧正式谈判，表示废除帝俄时代条约有一先决条件：中国必须单方面宣布废除与西方列强缔结的条约，与苏联在国际事务方面合作，必须接受"中苏合作"，否则废除帝俄旧约失去前提。越飞访华意在中苏结盟，要求中国"一边倒"。[3]中国政府没同意，越飞来了，只能又走了，所谓"放弃一切在华特权"并未兑现。这一有损苏联形象的重要史实，中共史书一直刻意回避。

越飞来华受到蔡元培、胡适、李大钊及冯玉祥欢迎，但对照莫斯科交代的"底牌"，他密函列宁、托洛茨基，说他每当面对中国人的友好与期待，辄感"愧对"，因为苏联在外蒙和中东铁路没有践行承诺。[4]

---

1 〈李达自传〉，载《党史研究资料》（2），四川人民出版社 1981 年版，页 1。

2 沈庆林：〈第一次国共合作的建立〉。载中国革命博物馆党史研究室编：《党史研究资料》第二集，四川人民出版社 1981 年版，页 271。

越飞，1917 年加入俄共，1918 年驻德大使，1922 年 8 月～1923 年 1 月苏联驻华全权代表，1927 年因苏共内斗而自杀。

3 朱正：〈解读一篇宣言〉，原载《辫子、小脚及其它》，花城出版社（广州）1999 年版。参见刘鹤守编《呼唤：1998 年～2007 年言论选本》第一册，2009 年自印本，页 196。

4 李玉贞：〈九十年前蒋介石访苏内幕〉，载《世纪》（上海）2012 年第 6 期。

可一纸空文“放弃一切不平等条约”，赢得左翼士林极大好感，对赤俄发生极大兴趣，希望找到赤俄何以如此仁慈的原因，中国是不是也能走赤俄之路？他们很快找到“答案”：十月革命适用中国；因为：一、革命的价值——建立没有阶级没有剥削的人间天堂，这不是孔孟大同的实现版？二、革命的道路——发动群众、武装夺权，中国不是早就有刘邦、朱元璋？左翼士林认定十月革命可模仿。以前一直感觉无从着手的中国革命，这回有了明确目标与具体入径。

此时，苏联因遥远而神秘，马克思主义又自称终极解决一切社会弊端，最新最美的人文新说，左翼士林躬身迎请，以为引入一帖救世良方。郭沫若还未读几本马列，1924 年便急急宣布“我现在成了个彻底的马克思主义的信徒了！马克思主义在我们所处的这个时代是唯一的宝筏。”“在社会主义实现后的那时……一切阶级都没有了……一切生活的烦苦除去自然的生理的以外都没有了。”[5]郭沫若对马克思主义的这种信徒式皈依，大致代表了此后两三代赤士的思想基调。

1920 年，瞿秋白有一段后被广为援引的话：

> 社会主义的讨论，常常引起我们无限的兴味。然而究竟如俄国十九世纪四十年代的青年思想似的，模糊影响，隔着纱窗看晓雾，社会主义流派、社会主义意义都是纷乱，不十分清晰的。正如久壅的水闸，一旦开放，旁流杂出，虽是喷沫鸣溅，究不曾自定出流的方向。其时一般的社会思想大半都是如此。[6]

参与中共上海小组筹建的陈公培（1901～1968）：“当时我们对十月革命的认识是很模糊的。”[7]瞿秋白对社会主义都是“隔着纱窗看晓雾”，延

5　郭沫若：〈致仿吾书〉（1924 年 8 月 9 日）。周作人编：《中国新文学大系》第六集，上海良友图书公司 1935 年版，页 219、227。

6　瞿秋白：〈饿乡纪程——新俄国遊记〉。参见《瞿秋白文集・文学编》第一卷，人民文学出版社（北京）1985 年版，页 26。

7　李锐：〈追溯中共初创时期的历史——《中共创始人访谈录》序〉，载《炎黄春秋》（北京）2008 年第 8 期，页 42。

安知青不仅对马列主义不甚了解，就是对中共也朦胧模糊，只看到“影子的影子”。

有关十月革命的真相，中共所知甚少，大批留苏生也得不到真实资讯，甚至听不到不合俄共政治需要的列宁讲话。1920 年 12 月 10 日，西班牙工党代表团问列宁：“您认为称作无产阶级专政和过渡时期的现阶段将在何时以何种方式过渡到那个工会、出版和个人都享有完全自由的制度？”列宁对曰：“我们从来没有谈过自由，我们只说过无产阶级专政。我们把无产阶级专政当成遵循无产阶级利益的政权来实施，因为本来意义上的工人阶级即产业工人阶级在我国占少数，于是专政的实施就是为了这部分少数人的利益，这一专政将一直继续到其他的社会成分全部都服从共产主义所要求的经济条件为止。”[8]五四士林如听到列宁这番“不谈自由只说专政”，还会视莫斯科为民主天堂吗？如果抗战青年听到了，会视延安为“民主灯塔”吗？

“革命海燕”高尔基（Gorky · Maksim，1868～1936）当时就大声谴责十月革命的血腥与红色逻辑的荒谬：

> 在社会主义政府管理时期，当政权在你们手里的时候，你们同我们革命前一模一样，也大规模杀害人民。
>
> 布尔什维克主义政策的民族主义正表现为“向贫穷与卑微看齐”——我就应当悲伤地承认：敌人是对的，布尔什维克主义是民族的不幸，因为它可能在它激起的粗俗本能的混乱中危险地消灭俄国文化的柔弱的幼芽。
>
> 无产阶级并不宽宏大量，而且也不公正，但是革命本应当在国内建立起可能的公正。无产阶级并没有取得胜利，全国到处都是内讧和屠杀，成百上千的人互相残杀。那些丧失了理智的人在《真理报》上疯狂地教唆着：打击资产者……互相殴斗的并不是那些老爷，而是奴才们，没有迹象表明，这种殴斗会很快结束。当你目睹国家的健康力量怎样在互相残杀中灭亡时，你是高兴不起来的。

[8] 列宁：〈同西班牙社会主义工人党代表团的谈话（1920 年 12 月 10 日）〉。载中共中央马恩列斯著作编译局编译：《列宁全集补遗》，人民出版社（北京）2001 年版，页 464。

> 苏维埃政权就是这样把自己的精力耗费在煽动恶意、仇恨和幸灾乐祸的感情上，这种做法无论是对政权自身，还是对整个国家都是毫无意义的和极为有害的。
>
> 只要我还有可能，我就会反复对俄国的无产者说："人家在把你引向死亡，在把你当作无人性的试验材料使用，在你的领袖们的眼中你仍然不是人！""正如我不止一次说过的那样，无产阶级的领袖在把无产阶级当作点燃全欧洲革命的燃料使用。"[9]

从十二月党人至1905年的80年间，沙俄共处决894名政治犯，十月革命首月就处决数十万"政治犯"。据《米高扬回忆录》，1930年代大清洗枪决700万人。1998年7月17日，俄国政府为沙皇举行隆重葬礼，叶利钦致词：

> 叶卡捷林堡的屠杀，已成为我们历史上耻辱的一页……安葬叶卡捷林堡牺牲者的遗骸，是人类正义的审判，是民族团结的象征，也是为很多人共同参与暴行的赎罪……我们必须终结这个世纪，对俄罗斯来说，这是一个血腥的世纪，俄国失去和谐的世纪。[10]

1920年12月中旬，瞿秋白抵达西伯利亚赤塔，一位俄国知识分子向他抱怨："唉，什么共产主义！布林塞维克只会杀人。还有什么……他们自己吃好的穿好的，还说是共产党……呢？"瞿则怀疑其"智识阶级式的武断的头脑。"但瞿秋白旅俄通讯《饿乡纪程》、《赤都心史》，还是记录下大量赤俄实况。一位火车司机向瞿讨要香烟："可怕可怕……生活真难呵！我一个月薪水七百元苏维埃卢布，买一盒洋火要到二百元。"在沃木斯克，一盒烟要1750卢布，"薪水最多的不过八千卢布，依那时卢布的行市只抵到中国的八角钱。""布尔什维克来了之后，商业一概禁止。"乡下人卖些鸡鱼，得偷偷摸摸。[11]

9　（俄）高尔基：《不合时宜的思想》，余一中、董晓译，作家出版社（北京）1998年版，页165、230、44、175～176、214～215。

10　参见《开放》（香港）1998年8月号，页28。

11　瞿秋白：〈饿乡纪程——新俄国遊记〉。参见《瞿秋白文集·文学编》第一卷，人民文学出版社（北京）1985年版，页74、86、92、90、97。

1921 年初春，“危苦窘迫，饥寒战疫的赤都，文化明星的光辉惨澹”，“莫斯科城市生活，经革命兵燹之后却很凄清，商铺都封闭着。”1921 年 3 月 2 日，卢那察尔斯基会见瞿秋白，这位俄共意识形态官员承认：“实在战争与革命的破坏力非常之大，创造新文化也不是轻易的事。”瞿秋白请克里姆林宫一位女职员喝茶，她吃了一个白面包，又拿了一个，很不好意思：“我们两三年没有吃着这样的面包了，我想带一个回去给我母亲，她一定高兴得不得了。”[12]

一些留苏生（如师哲）就是得到负面资讯，也多从善意角度理解，认为是革命必须支付的代价，过程中的阴暗面。1921 年初，首批留苏生从黑河到莫斯科，火车走了三个月，目击沿途悲惨，但他们都将账记在白匪暴乱、外国武装干涉，独独遗漏“始作俑者”的布尔什维克。萧劲光：

> 苏联人民付出了极大的代价和牺牲，粉碎了外国武装干涉和白匪暴乱……战争的严重创伤和敌人破坏的严重恶果却仍历历在目。工厂、矿山被破坏停产，农村被洗劫一空，粮食歉收，物资极度缺乏。一路上到处弹痕累累，道路桥梁被破坏得不像样子，全俄处于普遍的饥荒之中，每天都有人饿死在路旁。火车没有煤，要烧木柴；走一段就要停下来修铁路，边走边修……[13]

1926 年在苏联第二航校学习的中共青年，看到苏联仍有穷人、小偷，商店物品匮乏，不免失望，但他们的解释是：社会主义革命的胜利并不等于社会主义理想的实现，社会主义道路充满激流险滩，只有经过英勇搏斗和艰苦劳动，才能到达光明境地；苏联消灭了剥削制度，人人平等，充满同志朋友的情谊，这就很了不起了。[14]王明（1904～1974）终身以“列宁信徒”自傲，临终仍认定十月革命的光芒必将照亮全人类，社会主义道路的伟大性毋庸置疑。国民党方面，1920～22 年，贺衷寒（1899～1972）赴俄

---

[12] 瞿秋白：〈赤都心史〉。参见《瞿秋白文集・文学编》第一卷，人民文学出版社（北京）1985 年版，页 119、128、125、132。

[13] 萧劲光：〈忆早期赴苏学习时的少奇同志〉，载《红旗飘飘》第 20 集，中国青年出版社 1980 年版，页 5。

[14] 唐铎：〈忆刘云同志〉，载《党史研究资料》第四集，四川人民出版社 1983 年版，页 299。

参加远东工人代表大会，回国后尽述革命后的穷困凋敝，痛斥共产理论。这些“不同声音”一直遭中共遮罩。贺衷寒后划“战犯”。[15]

1920 年前后，胡适与陈独秀过从其密。胡适：“那时的陈独秀对‘科学’和‘民主’的定义却不甚了了。所以一般人对这两个名词也很容易加以曲解。”不久，苏联“秘密代表”以阶级论曲解两词，陈独秀完全接受了，认同只有布尔什维克党人推行的民主才是真民主。[16]

延安一代不假思索从大革命一代手中接过赤旗，将苏联神圣化，坚信只要消灭私有制与资产阶级，一挥共产主义大笔就能改天换地，污浊尽去，一切社会问题迎刃而解，莺歌燕舞——各尽所能，各取所需。1948 年 1 月，李锐认为：“苏联力量现已超过美国（政治、经济等综合）。”[17]

众所周知，中国共运是苏俄十月革命的直接输出物。1919 年 3 月，俄共政权稍一稳定便成立第三国际，谋求输出革命，以免孤立无援而复亡于“摇篮之中”。1920 年 4 月，共产国际远东局派吴廷康（即维泾斯基，1893～1956）来华，以新闻记者身分寻求同志，组建中共。[18]但他找到的是“脱离中国传统的社会边缘人”（余英时语）。

1920 年 9 月，莫斯科成立东方劳动者共产主义大学，为亚洲各国培养革命干部。1921 年初，中共上海支部选送刘少奇、任弼时、罗亦农、萧劲光、柯庆施、彭述之、汪寿华、蒋光慈等赴俄入学。中共“一大”乃共产国际代表马林与尼柯尔斯基（赤色职工国际代表）手笔，他们向六个外地支部寄去通知，邀请每一支部选派两名代表赴沪与会，每位代表寄送路费 100 元，据说回程时再领 50 元川资。1921 年 8 月，陈独秀夫妇、包惠僧、柯庆施、杨明斋等五人被捕，也是马林积极活动，交了五千罚款才获释。“一大”代表不过读了几本共产主义小册子——《共产党宣言》、《资本论浅说》，最多加上马克思的《经济学说》、考茨基的《唯物史观》，读得更多的还是当时十分强势的无政府主义读物，理论准备十分薄弱。[19]

---

[15] 晓冲主编：《毛泽东钦点的 108 名战犯的归宿》，夏尔菲出版有限公司（香港）2003 年版，页 251。
[16] 唐德刚译注：《胡适口述自传》，远流出版事业公司（台北）2010 年版，页 253～254。
[17] 李南央编：《父母昨日书》，时代国际出版有限公司（香港）2005 年版，下册，页 188。
[18] 〈李达自传〉（节录），载《党史研究资料》第二集，四川人民出版社 1981 年版，页 1。
[19] 《包惠僧回忆录》，人民出版社（北京）1983 年版，页 368、427～428、372、431、62。

中共初拟党纲仅八字——“劳工专政，生产合作。”[20]无论政治上还是经济上，中共都是俄共名副其实的下属支部。国民党也因俄援而容共。1921 年 12 月底，马林在桂林数晤孙中山，提议创办军官学校以培养革命骨干。[21]孙中山为国民革命寻找外援，西方列强故作聋哑、目光短窄——不愿见到中国强大，因有日本崛起后强狠之先例。惟赤俄愿给予“带着主义的资助”，孙中山明知马列主义与三民主义相违，也只能接过这只“苏式酒杯”，因为没有第二只酒杯。1924～27 年，莫斯科给了国民党至少三千万元、12 万支枪、500～600 名军事顾问；苏援枪械六次在广州、汕头港口卸货，陆路运送的枪械经乌兰巴托至五原，装备了冯玉祥部。[22]

1923 年 9～11 月，蒋介石奉孙中山之命率代表团赴俄考察，回国后呈交《遊俄报告书》：

> （共产国际）其对中国社会，强分阶级、讲求斗争，他对付革命友人的策略，反而比他对付革命敌人的策略为更多。……苏维埃政治制度乃是专制和恐怖的组织，与我们中国国民党的三民主义的政治制度是根本不能相容。关于此点，如我不亲自访俄，决不是在国内时想像所能及的。……俄共政权如一旦臻于强固时，其帝俄沙皇时代的政治野心之复活，并非不可能，则其对于我们中华民国和国民革命的后患，将不堪设想。

1950 年代，蒋介石败台后撰《苏俄在中国》：

> 在我未往苏俄之前，乃是十分相信俄共对我们国民革命的援助，是出于平等待我的至诚，而绝无私心恶意的。但是我一到苏俄考察的结果，使我的理想和信心完全消失。我断定了本党联俄容共的政策，虽可对抗西方殖民地主义于一时，决不能达到国家独立自

---

20 〈李达自传〉（节录），载《党史研究资料》第二集，四川人民出版社 1981 年版，页 1～2。

21 孙武霞：(共产国际与中国革命关系大事记（1919～1943)，载《党史研究资料》第二集，四川人民出版社 1981 年版，页 743、745。

22 徐泽荣：〈中国在朝鲜战争中的角色〉，载《当代中国研究》（美）2000 年夏季号，注释 4。

由的目的；更感觉苏俄所谓“世界革命”的策略与目的。比西方殖民地主义，对于东方民族独立运动，更是危险。

蒋介石断定苏俄为“赤色帝国主义”，但孙中山认为蒋氏看法“未免顾虑过甚。”1923年，蒋介石看出苏联对外蒙的真实意图——使之脱离中国，认为张太雷等中共党人在反对美奴英奴日奴之时，浑然不知自己沦为俄奴。蒋还认定苏联：

彼之所谓国际主义与世界革命者，皆不外凯撒之帝国主义，不过改易名称，使人迷惑于其间而已。[23]

马克思主义是“破坏一个旧世界”的学说，携带危险基因，提出裹着所谓科学外衣的“剩余价值”学说，发动无产者“合理”地去夺取富人财产，谓之“阶级觉悟”。《共产党宣言》结语：“总之，共产党人到处都支持一切反对现存的社会制度和政治制度的革命运动。”[24]

中共“一大”四条核心党纲：（1）推翻资本家阶级政权，必须援助工人阶级，直到社会阶级区分消除的时候；（2）直到阶级斗争结束为止，即直到社会的阶级区分消灭为止，承认无产阶级专政；（3）消灭资本家私有制，没收机器、土地、厂房和半成品等生产资料；（4）联合第三国际。[25]

张国焘“一大”发言：

怎样使工人和农民阶级对政治感兴趣，怎样用暴动精神教育他们、组织他们，并使群众从事革命工作。……只要无产阶级努力，这种政权就很容易被推翻。

---

23 蒋中正：《苏俄在中国》，黎明文化事业股份有限公司（台北）1988年5月版，页16～20。

24 马克思、恩格斯：《共产党宣言》，人民出版社（北京）1964年版，页58。

25 〈中国共产党第一次全国代表大会通过的党纲〉，载中共中央党校党史教研室选编：《中共党史参考资料》（一），人民出版社1979年版，页279。

……使阶级斗争激化……我们必须利用每一个机会，推动群众举行遊行示威和罢工。[26]

这不是破坏社会稳定与和谐的鼓动暴力么？真正的“颠复政府罪”？不是赤裸裸地驱使工农去实现中共的赤色主张么？不是无视工农生命要他们扑向“反动派的屠刀”么？

这些都是今日中共无法面对的尴尬，也是已被他们1992年后正式卷起来的“红旗”。阶级斗争、无产专政、消灭私有、消灭阶级、计划经济，中共按照这张赤色图纸改造社会，直至被自己“伟光正”悄悄纠正，红旗到底打不久。只是这块伤疤终究长在自己脸上，揭翻起来到底难看，事关政权意识形态合法性，只能“淡化”。中共虽然郑重声明不再搞阶级斗争，但却不准批驳阶级学说，对赤说的批判仍是当今大陆思想界深深禁区。

然而，大革命一代可是举着阶级斗争大旗力掀赤潮，将“阶级学说”作为西方最新型的社会手术刀引进。中共“一大”宣言首句：“人类的历史是阶级斗争的历史”。[27]1921年6月，恽代英（1895～1931）撰文《少年中国》：“我们在旧社会的努力，无非是破坏——有效力的破坏……我们的责任，唯一的是企求社会全部的改造。”[28]只有“破坏”、“全部改造”，口气大而责任无，视泰山般的社会变革如“烹小鲜”，清晰凸显青年革命的幼稚，亦可见阶级学说乃是煮坏二十世纪中国整锅汤的那粒鼠屎。中共文件中“不只一次看到这样一句话：‘我们要破坏一个旧世界’。”[29]江西红军总政治部设有“破坏部”。[30]以为只要破坏掉旧世界，新世界就会自动降临，不知“破坏一个旧世界”必须通过“建设一个新世界”以体现价值，否则便是真正的反动——纯粹破坏。文革后，中共不得不暗弃此说。西方思想家早已预见暴力革命的破坏性：“暴怒和疯狂的半

---

[26] 张国焘：〈北京共产主义组织的报告〉，载《“一大”前后——中国共产党第一次代表大会前后资料选编》（三），人民出版社（北京）1984年版，页3～4、6。

[27] 〈李达自传〉（节录），载《党史研究资料》第二集，四川人民出版社1981年版，页6。

[28] 恽代英：〈为少年中国学会同人进一解〉，原载《少年中国》第二卷第11期。转引自林谷良：〈恽代英早期思想评价的一个问题〉，载《党史研究资料》第二集，四川人民出版社1981年版，页89。

[29] 《温济泽自述》，中国青年出版社（北京）1999年版，页13。

[30] 李维汉：〈初到陕北〉，载《中共党史资料》第14辑，中共党史资料出版社（北京）1985年版，页3。

小时之内可以毁掉的东西，要比审慎、深思熟虑和远见在一百年之中才能建立起来的东西还多得多。”[31]暴力革命所引发的问题往往比它解决的问题还要多。

从效果角度，“隔着纱窗看晓雾”恰恰歪打正着，最合适进行政治动员。赤色革命需要意识形态开道，一切只能借重“新说”，必须营建意识形态神话，否则无以解释破坏行为的必要性，无以吸引徒众。但若看得太清楚太真切了，就神圣不起来了，也不可能召来信徒。二十世纪前半叶的国人，绝大多数为文盲半文盲，普遍不具备人文常识，只能被领导并愿意被领导，赤说的最佳听众，“隔着纱窗看晓雾”正好符合他们的审美能力。总之，“推开纱窗”、“晓雾散去”需要时间，认清中共政纲与民主自由之间的差异，有一定的“时间差”，等你认清了，人家已坐大矣！

1926 年 8 月，胡适考察莫斯科三日，致信友人：

> 他们在此做一个空前的伟大政治新试验；他们有理想、有计划、有绝对的信心，只此三项已足使我们愧死。我们这个醉生梦死的民族怎么配批评苏俄！……我是一个实验主义者，对于苏俄之大规模的政治试验，不能不表示佩服。……在世界政治史上，从不曾有过这样大规模的“乌托邦”计画居然有实地试验的机会。……研究政治思想与制度的朋友们，至少应该承认苏俄有作这种政治试验的权利。我们应该承认这种政治试验正与我们试作白话诗，或美国试验委员会制与经理制的城市政府有同样的正当。这是最低限度的实验主义的态度。[32]

胡适这样的精英都对共产制度抱有幻想，将完全没有可比性的制度实验与白话新诗混搅，一点都未看到共产制度给俄国带来的灾难。胡适的这些信一封封发表于《晨报》，大大降低了国人对共产赤说的警惕性，反增

---

[31] （英）柏克（Edmund Burke）：《法国革命论》（1790），何兆武等译，商务印书馆（北京）2009 年版，页 218。

[32] 胡适致张慰慈的信。欧阳哲生编：《胡适文集》第四册，北京大学出版社 1998 年版，页 41～43。

向往力。哈尔滨青年塞克（陈凝秋，1906～1988）因极度向往苏联，徒步走到中苏边界，企图越境进入“天堂”。[33]

文革结束后，纱窗终开，晓雾散尽，国人惊讶得知：二战中再三标榜国际主义的苏联暗打算盘，斯大林支持中国抗战乃是为了牵制日本，防其北进；倘若重庆守不住，苏军将迅速由疆蒙入华，尽占中国西北、西南，与日本妥协，共同瓜分中国，使中国成为第二个波兰。[34]西安事变的“放蒋促统”，也是苏联为了利用中国拖住日本。中共原想在延安公审蒋介石，立场突变乃是出自斯大林的强令。斯大林致电中共：“如果中共不利用他们的影响使蒋获释，莫斯科将斥责他们为‘土匪’，并将在全世界面前予以谴责。”“立即释蒋，否则我们将断绝与你们的一切关系。”周恩来整整一周没睡觉，“这是我们一生中最难决定的事。”[35]原来如此呵！

晓雾散去，一个真实的苏联终于浮现：

> ——1928～31 年，农业集体化运动中至少 500 万富农被镇压。斯大林后来对邱吉尔说：进行反抗的富农及其子女常被枪决，富农作为一个阶级被全部消灭了。由于农业集体化和随后的饥荒，1450 万人死亡，仅仅乌克兰就有 500 万人死亡，北高加索 100 万人死亡。
>
> ——1917～39 年间，苏联发生四次清党。1917～22 年清洗出 22 万人；1925～33 年 80 万人；1934～35 年 36 万人；1935～39 年 122 万人；前后总共 260 多万人被清洗，是 1939 年正式党员 159 万人的 1.6 倍。
>
> ——据《米高扬回忆录》，苏共 20 大后查明：1935 年 1 月～1941 年 6 月 22 日，苏联大约 2000 万人遭到迫害，其中 700 万被枪决（不包括死于集中营及押解途中者）。被杀害者中有二万多人是当局为灭口而杀的特工。

---

33 陈白尘：《对人世的告别》，三联书店（北京）1997 年版，页 273。

34 晓冲主编：《毛泽东钦点的 108 名战犯的归宿》，夏尔菲出版有限公司（香港）2003 年版，自序，页 23。据顾维钧讲述抗战初期某国际会议酒宴，苏联驻东欧使节酒后吐真。

35 （美）爱德格·斯诺《红色中国杂记》，党英凡译，群众出版社（北京）1983 年版，页 10～12。

——据1988年2月《莫斯科共青团真理报》，1953年斯大林去世前，全苏共有7400万人受到不同形式的处罚，其中1200万进了劳改营，2000万人反对农业集体化的农民被判刑或流放；4200万农民被吊销国内护照，失去更换工作和旅行的权利；赫鲁晓夫时期，苏共为近2000万名受迫害者恢复名誉。再据1988年4月17日苏联《文学报》，斯大林时期有5000万人被杀害或劳改，约占苏联人口的1/4。

——1990年，1900万苏共党员，退党者270万，130万"消极"。（不缴纳党费、不参加党的会议）。据民意调查，认为苏共代表工人的占4%，认为代表全体人民的占7%，认为代表机关工作人员的达85%。1991年8月29日，苏共党员占绝大多数的苏联最高苏维埃召开紧急会议，以283票赞成、29票反对、52票弃权通过决定：停止苏共在苏联全境的活动。[36]

——莫洛托夫知道斯大林活着自己将遭清洗，但他至死都是铁杆斯大林分子。他坚持认为大清洗大肃反是必要的，"唯一救治之道，就是提前把他们先杀掉！""既然知道他们犯了罪，他们是敌人，还需要什么罪证?!""我认为我们当时就应该经过一个恐怖时期。""我认为，不管怎样，我们都应坚持无产阶级专政。国家不能既代表工人阶级又代表集体农民和知识分子的利益。……马克思和列宁都说过，要实现社会主义，就得让工人阶级独揽大权。"[37]

——苏联是这样一个恐怖之国，斯大林曾对米高扬、赫鲁晓夫说："我什么都不相信，甚至也不信任我自己。"[38]

莫洛托夫至死坚持社会主义就应该"无限恐怖"，这样的逻辑、这样的人权观、这样的国际共运领导人，能够将人类引向幸福天堂么？

最具讽刺意味的是：1950年代中共还在大力宣传"苏联的今天就是我们的明天"，赫鲁晓夫已在苏共党内说：

---

[36] 思源：〈俄罗斯走向宪政的大弯路〉，载《炎黄春秋》（北京）2009年第11期，页82～84。

[37] 李冰封：〈诀别"斯大林模式"〉，原载《同舟共进》（广州）2000年第5期。

[38] 《赫鲁晓夫回忆录》，张岱云等译，东方出版社（北京）1988年版，页510。

我们好像是布道的神甫，许诺说天上有个天国，可眼下却没有土豆吃。只有我们极能忍耐的俄国人民能够忍受，可是靠这种忍耐成不了大事。我们又不是神甫，我们是共产党人，我们应当在地面上给予这种幸福。我当过工人，那时没有社会主义，可有土豆；如今社会主义建成了，土豆却没有了。[39]

1956年初，赫鲁晓夫《秘密报告》一出，全球震惊，“东风”阵营顿时风雨飘摇，西方各国共产党竭力与俄共划清界限，或干脆倒旗解散。中国则因中共高层封堵消息，规定认识，延安一代仍对苏联保持崇敬，对十月革命的故乡仍怀信徒般神往。只有极少数有机会实地访苏者，才可能感受别样。1950年代，温济泽十余次访问或路过莫斯科：

我第一次去苏联前，总以为苏联人民的生活水准很高，但去的次数多了，发现并非如此。高级宾馆的服务员往往只能以土豆为主食，连吃肉都比较困难。我坐在红场的长椅上，问过一个约莫 60 岁左右的女清洁工生活怎样，她摇摇头，叹气说：苦啊！工资低，只够糊口的。我看她身上的衣服打了补丁，鞋子也很破旧。我还听说在公园里和商店里还会遇到扒手。我到乌克兰的首都基辅访问，乌克兰广播委员会主席就毫无顾忌地和我谈过，对俄罗斯的大国沙文主义不满。当时我听到、看到这些事，但还是受把苏联神圣化的思想的束缚，将这些看作小事一桩，微不足道。那时还将社会主义阵营看作是牢不可破的。[40]

温济泽的访苏心态甚具典型性，“眼见为实”都无法战胜先入为主的神圣“主义”，仍以抽象的“社会主义优越性”抹拭实地观察到的“斑点”，宁愿相信文件或苏联故事片。

理想是凝聚延安一代的核心价值，也是延安阳光下最大的隐性阴影。一切需要未来检验证实的东西，本身就变数巨大。国际共运类乎二十世纪

---

[39] 述弢：〈赫鲁晓夫一语道破天机〉，原载《随笔》（广州）2010年第1期，页134。
[40] 《温济泽自述》，中国青年出版社（北京）1999年版，页267。

一场特大型“等待戈多”，一切美好都悬系于尚未到来的“戈多”。最后，这位“戈多先生”千呼万唤不出来，不仅没有上路，根本就没出门。因为，这位乌托邦先生原本就无法迈步。正如柏克 1790 年对法国大革命的判认：“那些原则在于蔑视人类古老永久的观念，并把对社会的规划建立在新原则之上”；“你们的立法家在一切事情上都是崭新的，他们是第一个把共和国建在赌博之上的。”[41]“新原则”还未得到检验，提前用于构筑新社会，成为支撑“新建筑”的地基。“建设一个新社会”成了一场“赤色赌博”。

国民党败台后，吴国桢总结原因：一、国民党的糟糕领导与管理腐败，特别是漠视民众的改革要求；二、群众与知识分子对共产主义的性质缺乏真正了解；三、美国采取的政策有误；四、俄共给中共的援助。[42]吴国桢的剖析大致准确，前两点是主要的内因，尤其国人对共产制度缺乏深入预判，“隔着纱窗看晓雾”，确实是赤潮祸华最主要之肇因。

归根结底，五四时期中国文化界掌握的西方人文资源太少，对整个西方近代思想都是“隔着纱窗看晓雾”。延安一代更“只是读读通俗读物，接触的都是二手的。”[43]对马列主义至少隔着两重纱窗。直至二十世纪结束，除了马列全集，其他西方思想家的全集均无中译本。尚未完全了解人家的全部库藏，便想做出“最新最好”的选择，其可得乎？刚刚接近西方现代化，就忙着批判西方现代社会；还没看到人家的优长，就先指责人家的缺陷；以东亚病夫之躯嘲笑欧美精壮之身，无知乎？狂妄乎？还有一些小知盲目搬运某些西方思想家的偏激观点，如斯宾格勒认为西方文明没落了……这个不行，那个不好，怎么学习西方的先进？如何得到人家的精髓？整个中国思想界对西方均处于“隔着纱窗看晓雾”呵！

只有一团星云般朦胧的泛泛理想，无论对目标的正确性、途径的合理性，绝大多数延安一代终身均无深入性思考。那些自以为完美的观念，其实隐伏巨大危险。当这些激进的赤色观念轻易俘获多数中青年士子，危险

---

41 （英）柏克（Edmund Burke）：《法国革命论》（1790），何兆武等译，商务印书馆（北京）2009 年版，页 214、250。

42 吴国桢：《从上海市长到“台湾省主席”》，吴修垣译，上海人民出版社 1999 年版，页 260。

43 笑蜀：〈李锐谈社会主义与中国〉，载《炎黄春秋》（北京）2007 年第 2 期，页 12。

系数也就越大，左翼士林很难折返，他们自认为正在对人类作出重大创造性贡献，岂愿轻易自我否定？他们成为赤说的俘虏，只有当他们“自我觉醒”，意识到赤说之弊，才会踩刹车。

邓小平晚年有句大实话：“社会主义是什么？马克思主义是什么？过去我们并没有完全搞清楚。”这里的“我们”包括毛刘周“第一代无产阶级革命家”，连主管意识形态的陈伯达、胡乔木都未读过《资本论》，只看了马恩前期的几本小册子（如《共产党宣言》）。[44]老延安曾彦修：“多年来，讲‘中国特色的社会主义’，它的主要内容是什么，我问过很多人，同我一样，都回答不出来，说没有听传达或解释过。”[45]连什么是马克思主义、社会主义都没搞清楚，就急匆匆擎举“马克思主义”、大搞“社会主义”，将自己都不清楚的“主义”浓彩重笔描绘成人间天堂，硬推硬销，将全国推入“红色实验”，还不让批评修正，整一个盲人瞎马呵！

其实，不仅中共隔着纱窗看晓雾，寰内右翼反共士林也没看清马列主义，未能从人性角度揭示赤谬，未能戳击马列赤说的致命软肋：既然您宣倡无产阶级专政，还如何实现民主自由？整个大方向岂非完全悖反？理论上的这一疏忽使中共得以一直挂着民主自由的旗幌诱惑青年。

国际形势也从客观上为赤潮渗华提供了时间差。二战期间，美国必须首先对付不共戴天的纳粹德国、军国日本，共产极权的国际威胁尚伏隐蔽，欧美朝野对俄中赤共尚抱幻想，认识未清，未能于国际范围内将红魔扼杀于摇篮中。费正清：

> 西方的纳粹德国和东方的军国主义日本已成为美国不共戴天的大敌，而东西方的共产极权主义国家尚未继德日之后成为美国的死敌，因此《西行漫记》一书得以在美国广泛流传。[46]

---

[44] 何方：《从延安一路走来的反思》，明报出版社（香港）2007 年版，下册，页 750～751。

[45] 曾彦修：〈我对“和谐”的一点看法〉，载《炎黄春秋》（北京）2009 年第 4 期，页 20。

[46] 约翰・费正清：〈《红色中国杂记》序〉（1957），载爱德格・斯诺《红色中国杂记》（1936～1945），党英凡译，群众出版社（北京）1983 年版，页 1。

贰、呼喊跟从的一代

延安一代多的是聂元梓这样的初中生，抵延后才“知道革命理论的高深和广博”（聂元梓语）。李锐：“这个群体开始接受共产党意识形态，并没有系统阅读马克思主义和列宁主义典籍，更多地是阅读左翼文学作品和进步政治书刊。”[47]赴延知青多为中产以上子弟，出于“阶级本能”，不少知青最初对某些赤说有所抵触。

胡绩伟：

> 老实说，当时我对“共产党是无产阶级（工人阶级）的先锋队”的理论是很不理解的。我以为共产党是知识分子的先锋队，而知识分子又是工人和农民的先锋队；共产党的领袖人物主要是知识分子，五四运动是知识分子领导起来的。新民主主义革命是知识分子领导起来的。我当时对工人的伟大作用是很不理解的。……我以为知识分子才是真正的“民族解放先锋队”。[48]

小知出身的赴延知青，多为三门青年——校门、家门、单位门，毫无社会经验者，激情有余深沉不足，一心一意要革命，但并不知革命为何物，有的只是对官衙的痛恨，无法深入思考制度建设。他们过于纯洁过于理想，将残酷的革命看成浪漫旅行，渐离理性，回避现实。延安知青与绝大多数国人一样，可谓“政盲”，以“盲”从政，只能盲从，跟着冲锋，只能是跟从呼喊的一代。延安各种集会上，“每次讲话都要高呼很长时间的口号。”[49]

延安一代进入中共阵营前，思想框架乃杂货铺：传统文化＋马克思主义＋进化论＋自由民主理论，庞乱杂陈，对西说略知之无，毫无体系性认知。尽管向往左倾，但马列主义只是一团模糊星云，一二名词耳，既无力

---

[47] 李锐：〈李昌和“一二・九”那代人〉，载《炎黄春秋》（北京）2008 年第 4 期，页 2。

[48] 《青春岁月——胡绩伟自述》，河南人民出版社 1999 年版，页 161。

[49] 江文汉：〈延安访问记〉，载《档案与史学》（上海）1998 年第 4 期，页 8。

从原理上懂得何以必须奉持马列，也不知道马列主义会把自己带往何处。1939 年 4 月，重庆中共党员训练班，周恩来、董必武、吴玉章、凯丰、邓颖超等人讲课。新党员胡绩伟的受训感受："老实说，我对当时讲的抗日战争的形势和抗日救国统一战线政策，是很感兴趣的；而对于中共党史、苏共党史以及马克思主义的阶级斗争学说，听得似懂非懂，兴趣不大。"胡绩伟就读川大政经系，党内"高知"，对马列主义的接受不过尔尔。此前，他啃读《共产党宣言》三遍，似懂非懂；再读《资本论》三月，"硬着头皮读到尾，实际还是没有读懂……懂得很少很少。"[50]

此时，延安等待他们的，或曰即将与他们对接的，还不是马列主义，而是西方赤说与民族文化相杂糅的中国化马列主义——毛泽东思想。第三国际早先向中共猛灌列宁主义：帝国主义是资本主义的最高阶段，二十世纪是世界资本主义的垂死时期；凭借阶级斗争即可实现社会革命，世界革命高潮已经来临；极不发达的农业国也可进行社会主义革命；云云。以中共当时的文化能力，仅仅消化这些理论都很吃力了。

对绝大多数延安知青来说，马克思主义不过是一篇《共产党宣言》与一本《联共党史》。他们不明白仅占全国人口 0.5%的 200 万产业工人，何以就那么理所当然地成为"领导阶级"？知识分子何以就没有自己的阶级？何以就是必须寻求依附之皮的毛？

三八式宗凤鸣（1920～2010）："我当时的政治思想基础还是脆弱的，对共产党、对共产主义的理解是概念性的、口号式的，是出于青年人对旧社会的厌恶与对新社会的向往而迸发出的一种激情和渴望，并非是对共产主义有什么更深的理解。"[51]于蓝："我有位堂叔悄悄讲过：'苏联人人有书读，人人有工作，人人有饭吃。'通过韬奋先生的著作证实了堂叔讲的苏联是令人向往的国家。"[52]距离产生美，延安一代就这样将苏联遥想成"地上天国"，将并不认识的共产主义判定为"人类最壮丽的事业"。克里姆林宫尖顶的红星成为延安青年的圣物，遥远的苏联熠熠发光。留日生李生萱，改名艾思奇——热爱马克思与伊里奇（列宁）。

---

[50] 胡绩伟：《青春岁月——胡绩伟自述》，河南人民出版社 1999 年版，页 108、135。
[51] 宗凤鸣：《理想・信念・追求》，环球实业公司（香港）2005 年版，页 31。
[52] 于蓝：《苦乐无边读人生》，中央文献出版社（北京）2001 年版，页 8。

1947年入党的穆广仁（1925～，新华社副总编）晚年反思：

在上个世纪四十年代投身中国革命的我们这一代人……他们追随共产党，只是因为共产党当时的纲领（被称作“最低纲领”）适应了他们所追求的东西。一般说来，他们并不曾读过真正的马克思主义理论著作（读的多是通俗性的进步书刊），也不知道中共的最高纲领（共产主义社会）是个什么样子，既不知道斯大林的暴政，也从未料到中共解放后一段时间实施的“左祸”。[53]

1934年同时考取清华、北大、燕京的才女韦君宜（1917～2002）：

在决心入党之后，我把读书所得的一切都放弃了。我情愿做一个学识肤浅的战斗者，坚信列宁、斯大林、毛泽东说的一切，因为那是我所宣布崇拜的主义。我并没有放弃一向信仰的民主思想，仍想走自由的道路。但是共产主义信仰使我认为，世界一切美好的东西都包含在共产主义里面了，包括自由与民主。我由此成了共产主义真理的信徒。[54]

先后就读上海圣玛利亚女中、燕京历史系的龚澎（1914～1970），八路军渝办发言人：“我还非常肤浅，我没有进行深刻的思索。我喜欢接触各种事物，但一种事物也不精通。我没有读过多少书，但颇有成为一名宣传家的危险，所谈除应时的口号外，全然空洞无物。”[55]自建党以来，中共党内会议多为谈思想、比发言，以此体现水准能力，发言不佳者很难得到任用。

共产国际联络员兼塔斯社记者弗拉基米洛夫（1905～1958），1942～45年常驻延安，很快发现延安知青的毛病：

---

53 穆广仁：〈奥斯特洛夫斯基：“我们所建成的，与我们为之奋斗的完全两样！”〉，《炎黄春秋》（北京）2008年第2期，页29。原话载2007年《莫斯科共青团员报》，由奥斯特洛夫斯基侄女转述。

54 韦君宜：《思痛录》，北京十月文艺出版社1998年版，页3。

55 （美）费正清：《费正清对华回忆录》，陆惠勤等译，知识出版社（沪版）1991年版，页324。

> 他们知识浅薄，尤其在政治和经济学科方面知识浅薄，却喜欢谈论一切问题，并希望有朝一日担任重要职务。……年轻人在延安待了多年以后，并没学到什么专长。说得轻点，特区培养出来的党的干部，基本知识的水准很低。甚至学生也不都会看钟点，他们的算术很差。未来的党的工作者大都没有实践经验，没有专业，而且各方面都很落后，他们有资产阶级思想，一心只想支配别人。……中共干部的文化水准离要求还很远。谈不上受过什么基础扎实的教育。马克思列宁主义的原则只是在形式上被接受。这不叫教育，而是一种非常肤浅的速成的理论训练。大部分工作人员满足于简单的学童式的训练。[56]

赵超构在延安也看出："共产党员并非了不起的人物，倘就知识水准来说，一般共产党员的文化教育颇使我们失望。就是共产党本身，也并不绝对要求党员精通党义和政纲，他们所要求的是忠实服从；至于头脑，则最好在进党之后，由党来负责教育。"[57]陈学昭记述："青年人都忙于把时间应付一个号召又一个号召，没有把时间用在一个有体系的有计划的学习和工作上，而且他们经常被调来调去，很少有固定的工作，结果人人都有变成一般化的危险。"[58]工作调动频繁，说明工作安排混乱，只能不断调整。延安流行语："我是革命一块砖，哪里需要往哪里搬。"

中共对赴延知青的第一要求是服从。1938 年 10 月，毛泽东在六中全会上提出"四大服从"——个人服从组织、少数服从多数、下级服从上级、全党服从中央。[59]整风即围绕"四大服从"展开。资讯分级制，"不该问的坚决不问"。一位延安知青参加整风全过程，"对上层整风一无所知。什么两条路线斗争，中央的什么事，直到我离开延安也没听说过。"胡乔木辖下的曾彦修（1919～），住在中央大礼堂边上，"可根本不知道在

---

56 （苏）彼得·弗拉基米洛夫：《延安日记》，吕文镜等译，东方出版社（北京）2004 年版，页 53～54、550。

57 赵超构：《延安一月》，上海书店 1992 年 11 月第 1 版，页 86。

58 陈学昭：《延安访问记》，广东人民出版社 2001 年版，页 293。

59 毛泽东：〈论新阶段〉，载中央档案馆编：《中共中央文件选集》第 11 册，中共中央党校出版社（北京）1991 年版，页 651。

那儿开了将近一年的六届七中全会。”[60]毛泽东之所以选择周扬执掌文艺界帅旗，弃用私交甚厚的长征干部冯雪峰与最早进入陕北的丁玲，乃是他认为“周扬这个人，长处是听党的话。”周扬深谙毛心，编选一本马恩列斯论文艺的书，收入毛的文章。[61]

文化层次很低的下级官兵，更谈不上对马列理论的理解。1930 年 9 月，红七军一位宣传队员谈及革命目的：“扩大红军，搞大革命，搞大苏维埃，全国都搞起苏维埃，为实行耕者有其田等等。”仍是旧时农民造反用语。对群众的宣传动员也很尴尬。红七军宣传队在桂西北南丹县三房圩召集群众大会，来了百余人，队长上去讲话，群众不懂，一名队员上去说些简单的，“红军是工农的军队，大家起来打土豪劣绅，人人有饭吃，有衣穿等等”，一个多钟头散会，大家点点头就走了。[62]

以延安一代知青低弱的文化水准，只能是狂热偏激的“主义崇拜者”，只能是“喊叫跟从的一代”，简单信仰要比理解论证容易得多。信仰可以不问缘由，略知之无，跪下磕头就成；理解则须掌握整串论据链，需要复杂的推导演绎。“紧跟”则使一切都变得十分简单，盲从使信徒省心省力，使党魁（教主）得到“效果”。

受文化知识局限，绝大多数延安一代终身肤浅激情，缺乏理性。1991 年，年近八旬的陈荒煤重回延安，站上宝塔山，心情激荡，认为毛泽东故窑的“一盏小小的煤油灯，却燃烧起一簇圣火！”认定延安逻辑必将行遍全球。[63]1994 年，耄耋刘白羽出版三卷本回忆录，仍像青年一样通篇激情，只有文学无有历史，更无反思。最后一节“红色的大海”，除了喊叫还是喊叫，只有信仰只有论点，没有论据没有论证。七十多岁的老人还在用诗歌进行思考。另一位抗大上海校友会副会长，2006 年仍对延安岁月无限向往，还在“我们高唱‘没有共产党就没有新中国’是至理名言。”[64]

---

60 何方：《从延安一路走来的反思》，明报出版社（香港）2007 年版，上册，页 96。

61 李辉：《往事苍老》，花城出版社（广州）1998 年版，页 263。

62 纪秋晖编：〈从广西到江西——红七军宣传队员谢扶民的日记摘抄〉，载《党史研究资料》第二集，四川人民出版社 1981 年版，页 563、565。

63 陈荒煤：《冬去春来》，江苏文艺出版社 1994 年版，页 265。

64 叶尚志：〈培养革命军政干部的摇篮〉，载《世纪》（上海）2006 年第 4 期，页 53。

赤色意识形态使延安一时气象，姿态昂扬。马列大旗上的“公正、平等”，很有征服人心的号召力。中共又称完全代表人民，政治对手是“人民的敌人”，反共成了反人民的同义语。所有历史常识在中共面前都得让路。常识靠边，这是中共后来越走越偏仍少有觉悟者之根因所在。

1938 年入党的初中生宗凤鸣：“我是把共产党作为理想正义的化身的。认为共产党代表未来、代表进步、代表真理，是我所追求的理想新社会的组织者、实现者。因此，参加共产党对我来说有一种自豪感。还认为参加共产党的都是些不平凡的人，共产党的领导人都是些传奇式的人物。”土改后，宗凤鸣仍认为“至于阶级斗争的最终目的究竟是什么，我是不清楚的。”[65]但对“目标”的热爱使延安一代有了忽视感受的理由——既然革命如此神圣，要奋斗就会有牺牲，出现一些问题完全正常！

在延安那种意识形态气场下，一旦进入，常识理性都会后退，只能燃烧激情、沸腾信仰，抵御一切不同论点与相异论据。理性止处信仰生，信仰越强烈只能说明理性越匮乏。1980 年代后期，托派运动早已消亡，可几位托派老人蜗居斗室却思想仍狂，认定世界必将走向他们托派之路，人类社会仍会遵循他们的逻辑运行，现存一切都不作数，明天一定会为托派“真理”作证。根据托派逻辑，托派如上台，事情做得可能更绝。

延安一代普遍政治幼稚，直到老年都犹如纯情少女。“四人帮”打倒后，进驻钓鱼台宣传口（行中宣部职权）的延安女干部沈容竟认为一切OK：“那时我们或多或少以为粉碎了‘四人帮’就万事大吉了。因此，对中央下达的精神深信不疑。”[66]绝大多数延安一代其诚可嘉，其盲不可及，恰恰为领袖最需要：怀疑现存一切，独独不怀疑自己立论的根据（。王国维语）[67]在共产革命这场“豪赌”中，参加者众，理解者寡，“大多数人必定成为控制这类投机机器的少数人的蒙骗对象。”[68]

1980 年代，王震（1908～1993）访英，专门“访贫问苦”，但他发现英国失业工人的生活比自己（五级高干）还要好，当即表示：“英国搞得

---

[65] 宗凤鸣：《理想・信念・追求》，环球实业公司（香港）2005 年版，页 217～218、213。
[66] 沈容：《红色记忆》，北京十月文艺出版社 2005 年版，页 190。
[67] 余英时：《文史传统与文化重建》，三联书店（北京）2004 年版，页 505。
[68] （英）柏克：《法国革命论》（1790），何兆武等译，商务印书馆（北京）2009 年版，页 251。

不错，物质极大丰富，三大差别基本消灭，社会公正，社会福利也受重视，如果加上共产党执政，英国就是我们理想中的共产主义。”港人司徒华（1932～2011）感叹：“怎么一个副总理对中国大陆以外的世界，竟这样愚昧无知！……怎么一个老革命对要为其实现而奋斗的理论，竟这样的模糊不清、一知半解？”[69]中国的命运偏偏就捏在这些小知（甚至老粗）手里。

革命发动之初，似难避激，“只有片面的才是深刻的”，偏激带着强大冲击力。然偏激一旦上路，必定脱缰失控——要求暴力合法化，以逞一时之“短平快”。如此这般，革命从纠正一个极端滑入另一极端，致使其后得走大段回头路，代价太大。还是持守中庸，保持适度进展又不断纠偏，既容易掌控又得经验之撑，稳健碎步，反而可保持相对较快速率。延安士林身在庐山不识雾，指偏激为真理，认极端为美好。1960 年代初，80 余岁的黄炎培都被彻底改造：“我愿和全国人民一道，死心塌地的听毛主席话，跟共产党走，走社会主义道路，进一步走共产主义道路。”[70]

参、政治第一

“政治第一”的价值取向，成为延安最强烈的气场。赵超构描述：“……剥夺了精神的余裕和生活的趣味……在什么东西都带着新民主主义气息的情形之下，这种娱乐也无时不给人以紧张之感。”[71]

1937 年赴延的东北学生高原，1938 年夏在武汉批评萧红离开萧军，全是政治语汇，萧红十分反感：“你从延安回来了，学会了政治术语就开始训人了，我不听！”[72]学会政治术语，萧红一口就叼住“延安特色”。

1944 年 10 月，美国《时代》杂志记者白修德采访延安：“在延安，政治是至高无上的。延安，置于其他一切事情之上的，是一座生产思想的工厂。”“他（指毛泽东）不是在同蒋介石竞选，他是在同孔夫子竞选。

[69] 司徒华：〈我的感慨和震惊〉，载《明报》（香港）2008 年 4 月 19 日。

[70] 黄炎培：〈八十年来〉，载《文史资料选辑》第 73 辑，文史出版社（北京）1981 年版，页 73。

[71] 赵超构：《延安一月》，上海书店 1992 年版，页 92、84。

[72] 秋石：《两个倔强的灵魂》，作家出版社（北京）2000 年版，页 325。

他要把两千年来的观念连根拔掉，再换上他自己的那一套。”[73]这位美国记者完全没意识到他这段记述所包含的恐怖——“连根拔起”传统观念，等于完全否定前人经验与一切积累，即一切认识都将再次从周口店开始，常识与既有价值秩序被颠倒将不可避免。如此这般，大乱必至矣！

政治第一的特征表现为延安“三多”——主义多、唱歌多、开会多。抗大、陕公有起床歌、早餐歌、演讲前的歌、演讲后的歌、铺路挖坑都歌，上厕所也有歌。[74]“为开会而开会”（谢觉哉语）。工作商讨会、学习讨论会、生活检讨会、同志交心会……大型集会也很多，各种庆祝纪念、表民意、听报告、大遊行等。尤其五月，从五一劳动节、五三济南惨案纪念日、五四青年节、五五马克思生日……直到五卅纪念日。1938 年 5 月，山西岢岚二三千人在滂沱大雨中倾听美国使馆参赞卡尔逊上校演讲，“我已知道中国人是根据它的长短评价一席演讲的。我讲了一小时。……雨继续下着。尽管如此，群众还是又逗留了一个半小时，观看临时搭起的舞台上演出的爱国话剧。”[75]延安知青大部分时间用于各种会议。中共高层更是一开数月，如西北局高干会议，1942 年 10 月 19 日～1943 年 1 月 14 日，边区县团级以上党员干部 300 多人参加，中央党校一、二部学员旁听。[76]1944 年 5 月 21 日召开的六届七中会全，竟开了 11 个月。

1937 年初一度加入国民党的石澜：“我认为国民党是松散的组织，我当了几个月的国民党员，却没有开过一次会议，没有人向我提出什么做党员的要求。”[77]国民党不开会，说明管理松懈，也说明国民党内的相对自由。1949 年败台后，一国府高官总结：“说组织，国民党的组织松懈极了；说斗争，国民党的斗争温和极了。这是国民党的弱点，也是国民党的优点。”[78]国民党斗不过共产党，蒋介石斗不过毛泽东，在相当程度上，乃涣散的民主斗不过集权的专制。

---

[73] （美）白修德：《中国抗战秘闻——白修德回忆录》，河南人民出版社 1988 年版，页 198、208。

[74] 黄仁宇：《黄河青山：黄仁宇回忆录》，张逸安译，九州出版社（北京）2007 年版，页 3。

[75] （美）埃文斯·福代斯·卡尔逊：《中国的双星》，祁国明、汪杉译，新华出版社 1987 年版，页 188。

[76] 张秀山：《我的八十五年——从西北到东北》，中共党史出版社（北京）2007 年版，页 135。

[77] 石澜：《我与舒同四十年》，陕西人民出版社 1997 年版，页 61。

[78] 陈方正：〈《史家高华》序〉，熊景明、徐晓主编《史家高华》，香港中文大学出版社 2012 年版，页 xxii。

1938年4月，抗大五大队文艺晚会节目“王先生上抗大”（化用叶浅予漫画人物），内有一段台词“主义多”：

> 抗大的正牌主义叫做马列主义；衣服不整、动作随便的叫自由主义；一个月发一块钱津贴，抽八角钱烟、喝两角钱酒的叫享乐主义；看书上课感觉闷了，找个异性同学到外面逛逛，这叫揩油主义；有时小米饭不够吃，趁机去把区队长的饭偷来两盅，这叫机会主义；八路军来募捐，明明有钱，却拿五分邮票来挡塞，这叫关门主义。[79]

没到延安的南开生黄仁宇也知道延安“主义多”：

> 他们还有一大堆的“主义”。在延安，人人每个月领两元的零用钱，如果把钱花在买烟草上，就是享乐主义。如果说了个不该说的笑话，就是犬儒主义。和女生在外头散个步，就是浪漫主义。一马当先是机会主义。看不相干的小说是逃避主义。拒绝讨论私事或敏感的事，当然就是个人主义或孤立主义，这是最糟的。毛主席又增加了“形式主义、主观主义及门户主义”，全都不是好事。[80]

赴延知青的专业选择也很能说明他们的价值排序。抗大级别最高，其次是陕北公学，再次才是鲁迅艺术学院。知青择校流谚：“不进抗大，就进陕公；不进陕公，就进鲁艺；不学军事，就学政治，不学政治，就学文学。”知青们热衷军政、艺术，急于直接作用于社会，对隔着一层的学术技术兴趣不大。陈学昭：“在这里，政治高于一切，许多男女青年都欢喜学政治。”[81]1942 年整风前，抗大总校、分校走出十万毕业生，90%上了前线，“没有多少人愿意留在后方搞学院式研究或读书。”[82]

---

[79] 原景信：《陕北剪影》，新中国出版社（武汉）1938年版，页40。
[80] 黄仁宇：《黄河青山：黄仁宇回忆录》，张逸安译，九州出版社（北京）2007年版，页3。
[81] 陈学昭：《延安访问记》，广东人民出版社2001年版，页77、95。
[82] 何方：《党史笔记》，利文出版社（香港）2005年版，上册，页279。

陈学昭《延安访问记》：

> 有些政治工作者，好似不十分看得起技术人员，再则自己以为自己是政治工作人员，政治问题再没有人能比得上他那样认识清楚。在他看起来，科学的技术人员不过像一个木匠，或手工业者——木匠或手工业者是一个群众，而科学的技术人员好像不是一个群众，是一种很奇怪的东西。
>
> 外面来的医生，就是技术好也没有用处，因为他们不认清政治，不懂得政治，要动摇。
>
> 有些工作特别能迅速地得到人们的认识，哪几种呢？会说话、会唱、会演戏，末了，恐怕要算就是会写。

延安知青搞学问不行，一窝蜂去搞文学，延安一时出了 200 多个诗人。[83]只要在报纸上发表几首诗，便是诗人一个。最吃香的还是首长。毛泽东："在延安，首长才吃得开，许多科学家、文学家都被人看不起。"[84]一窝蜂涌向军政，价值单一、整体失衡。"政治第一"贬低了学术与文化，贬低了知识分子的独立价值，社会失去必要的制衡力。延安一代几无一人从仕途折返学界。就是有一点学术成果，亦经受不住岁月检验。更无一人达到本专业高层，无一人成为引领风骚的宗师。

这一急求事功的价值倾向，可溯源戊戌。戊戌前后朝野上下都认为"事急需才，恐难久待"，数万东渡留日生大多寄望速成，浅学辄止。1907年清廷学部统计："查在日本遊学人数虽已逾万，而习速成者居百分之六十，习普通者居百分之三十，中途退学辗转无成者居百分之五六，人高等及高等专门者居百分之三四，人大学者仅百分之一而已。"[85]

---

83 陈学昭：《延安访问记》，广东人民出版社 2001 年版，页 96、98、86、77。

84 中共中央文献研究室编：《毛泽东文集》第二卷，人民出版社（北京）1993 年版，页 374。

85 〈奏定日本五校事项章程折〉。参见学部总务司编《学部奏谘辑要》，载沈云龙主编：《近代中国史料丛刊》第三编，第 96 册，文海出版社（台北）1986 年版。再参见丁守和编：《辛亥革命时期期刊介绍》第一集，人民出版社（北京）1982 年版，页 121。

时至五四，1920 年浙江一师毕业生俞秀松（1899～1939），“我此后不想做一个学问家（这是我本来的志愿），惟愿做个举世唾弃的‘革命家’。”[86] 1920 年代留苏生——“旅莫支部中当时造成一种气氛，仿佛说：我们来莫斯科是要学习革命，不是要学习学问的。我们要做革命家，不要做学院派。支部领导并不明白地反对文学，却鄙视文学青年，以为这些人不能成为好同志。”留苏生郑超麟（1901～1998）：“我们并不希望中国历史出现一个文学家瞿秋白，哪怕他能写出像《子夜》那样的小说，也是一种损失。”[87] 红色士林座右铭：首先是革命家，然后才是××家。政治成了解决一切社会弊端的通灵宝玉，政治生命高于一切。延安一代最看重组织承认度。

1926 年秋清华园，周六晚同时开设学术讲坛，梁启超讲历史研究方法、讲中国书法之美，内涵甚丰，听众寥寥；青年教授钱端升讲国内外政治形势，联系正在进行的北伐，座无虚席，掌声热爆。[88]

抗战一起，一切靠后，军政优先。赴延青年当然视从政为最要紧的“爱国”，躁躁然“起而行之”有了一件无比神圣的外衣。所有延安人都以“职业革命家”自居，所有延安士子必须是政治家、半政治家或业余政治家，都想成为政治人物，都想成为决定社会命运的权力型人物。

中国女大校长王明慷慨激昂地对女生演讲：“你们要好好听课，将来革命成功了，你们都是中国的女县长！”一群文化程度很低的女孩立刻有一种“天降大任于斯人”的感觉。[89]延安青年普遍拥有接管全中国的政治冲动。十六岁的何方已在抗大与教师讨论共产主义社会的主要矛盾。[90]

延安女性的婚恋也是政治标准第一。男性党员可以娶非党女性，女党员则一定要嫁党员丈夫。赵超构惊呼：“女党员嫁给非共产党的男人，可以说绝对没有。” 延安女性的革命性还体现在努力男性化。赵超构一次说 C 女士：“你们简直不像女人！”C 女士竟如此反问：“我们为什么一定要像女人？”

---

86 俞秀松给友人的信。任武雄：〈关于俞秀松〉，载《党史研究资料》1980 年第 11 期，页 10。

87 《郑超麟回忆录》（下卷），东方出版社（北京）2004 年版，页 339、343。

88 徐铸成：《旧闻杂忆》，四川人民出版社 1981 年版，页 42～43。

89 蒋巍、雪扬：《中国女子大学风云录》，解放军出版社（北京）2007 年版，页 147。

90 何方：《从延安一路走来的反思》，明报出版社（香港）2007 年版，上册，页 65。

赵超构对延安女性有几段深刻描述：

> 共产党员中，最可以作为代表的类型的，不是那些出了名的模范党员，而是"女同志"们，从那些"女同志"身上，我们最可以看出一种政治环境，怎样改换了一个人的气质品性。所有这些"女同志"都在极力克服自己的女儿态。听她们讨论党国大事，侃侃而谈，旁若无人，比我们男人还要认真。
>
> 政治生活粉碎了她们爱美的本能，作为女性特征的羞涩娇柔之态，也被工作上的交际来往冲淡了。因此，原始母性中心时代女性所有的粗糙面目，便逐渐在她们身上复活了。而我们也可以从她们身上直感到思想宣传对于一个人的气质具有何等深刻的意义！[91]

"政治第一"不仅仅是一种意识形态，也是中共的日常生活。1933 年 5 月邓小平遭党内批判，结婚不到两年的金维映离他而去，不久嫁李维汉。1942 年 12 月结婚的田家英（20 岁）、董边（26 岁），每天五点起床，"天麻麻亮，就拿着报纸，带上地图，上山读报，把苏军占领的地方用红笔划上圈，一周分析一次形势。我们每天都要阅读国民党统治区的大量报刊，研究形势动态。"这种政治兴趣是终身的。1959 年庐山会议，李锐从副部级直坠地狱，开除党籍，下放劳动，差点饿死北大荒。1963 年 11 月，李锐发配安徽大别山磨子潭水电站文化教员，临行前与田家英在后海小酒店话别，回家后夜不成寐，吟诗"关怀莫过朝中事，袖手难为壁上观"。[92]李锐承认已完全政治化，与子女聊天"简直就是上政治课，没有什么家常话。"1966 年初秋，李锐自大别山回京，对其女说："这次文化大革命来势凶猛，矛头绝不止是简单地对着'三家村'、北京市委。毛泽东还有更大的目的。"[93]政治嗅觉端得灵敏！久陷政治漩涡，一举一动一思一想已

---

[91] 赵超构：《延安一月》，上海书店 1992 年版，页 90～91。

[92] 董边等编：《毛泽东和他的秘书田家英》，中央文献出版社（北京）1989 年版，页 269、146。

[93] 李南央：〈长长短短说父亲〉，载李南央编著：《我有这样一个母亲》，开放杂志出版社（香港）2003 年版，页 60、47。

跳不出圈圈，何况个人命运与之相休戚。文革期间那么难看的报纸，冯雪峰每天必读，很需要有人去看他，生怕被遗忘。[94]

不直接从事政工的延安人也向往政治，血液充满红色细胞，既为自己的献身精神所感动，也为崇高理想所骄傲。延安一代大多终身保持政治热情。晚年王若水对当代青年转向物质追求，不再像他们当年那样激情澎湃关注国家命运，深表忧虑，认定精神堕落。[95]

有了"政治第一"，架设起"革命优先"的逻辑，接下来，事实与政治发生冲突，也得为政治让路。1944 年 11 月，美军驻延安观察组长包瑞德问周恩来：美苏谁更民主？周恩来回答："我们认为，苏联在世界上是最民主的。"[96]当理想与政治功利发生冲突，理想得为实利隐退、道义得为需要弯腰，崇高得为鄙俗让路，不期然而然地滑向"功利性"，如放大国民党的缺点，无视国民党的成绩。1942 年河南大饥，国府允许灾民免费乘火车从洛阳逃往西安、宝鸡。这条路线每天约三千人入陕，其他路线逃荒者，政府发给每人 5～10 元旅费。[97]虽然杯水车薪，总不能说国府对人民的苦难完全漠视。较之 1959～62 年中共派民兵封堵村口不让逃荒，国府已算大仁大慈了。哈耶克说得很对："哪里存在着一个凌驾一切的共同目标，哪里就没有任何一般的道德或规则的容身之地。"[98]

1965 年 12 月 22 日，聂绀弩私议：

> 近年来神经病的人很多……多数神经病人都是政治原因。问题确实很多，现在是靠人的觉悟来生存，物质条件这样差，生产搞了十几年搞不好，你就靠一个觉悟活下去？这叫做自欺欺人。[99]

---

94 扬尘：〈病床前的回忆〉，原载《收获》1980 年第 2 期。参见包子衍、袁绍发编《回忆雪峰》，中国文史出版社（北京）1986 年版，页 231。

95 李南央：〈我们仍生活在毛泽东时代〉，载《开放》（香港）2003 年 12 月号，页 47。

96 （美）D・包瑞德：《美军观察组在延安》（1944），万高潮等译，解放军出版社 1984 年版，页 83。

97 （美）谢伟思（John S. Service）：《在中国失掉的机会》，罗清、赵仲强译，国际文化出版公司（北京）1989 年版，页 16。

98 （英）哈耶克：《通往奴役之路》，王明毅等译，中国社会科学出版社（北京）1997 年版，页 143。

99 寓真：〈聂绀弩刑事档案〉，载《中国作家》（北京）2009 年第 4 期，页 34。

“政治第一”使只会搬弄口号概念的极左派夺占意识形态主导权。1974 年 5 月 24 日晚，周恩来主持对李政道夫妇的大型会见，出席者邓小平、江青、王洪文、张春桥、姚文元、周荣鑫、迟群、谢静宜、王海容、唐闻生，另有学者、科学家郭沫若、吴有训、周培源、钱学森、朱光亚、王淦昌、周光召、张文裕等。李政道（1926～）认为对基础科技人才需要从小抓起。江青蛮缠：“50 岁就不行了？”“我就不相信科学比意识形态更难！”江青不允许任何其他项目妨碍政治挂帅，必须意识形态第一，别的都不能“上桌面”。周恩来点名请科学家发言，点到中科院副院长吴有训，吴不吭气。李政道困惑不解，老科学家应该深知培养基础科学人才的重要性急迫性，为什么不表态呢？李政道后来才明白，如果这些科学家与江青对阵，完全有可能被揪出斗臭，弄不好还得下狱。[100]这则顶级科学家不敢与江青交手的“史话”，一方面裸露江青炽焰，另一方面也说明赤色意识形态占据绝对主导权，“政治第一”已很难正面驳斥。

1974 年广交会，为“坚持正确的政治方向”，硬是撤下关公、观音，换上刘胡兰、阿庆嫂。前去执行此事的姚依林很明白：“谁去供刘胡兰？谁会买呢？”姚憋了一肚子气，但没法发作。[101]

文革期间，许多革干家庭有一道特殊风景线：家庭政治会。杨述、韦君宜家中，“晚上回家才是过真正的政治生活。每天吃过晚饭，父母子女坐在一起，讨论时局和一些带根本性的思想观点。这个‘家庭政治小组会’总要开到十点钟才散。”全民议政，“关心国家大事”，天天讨论，悠悠万事惟此为大。八亿人民全都关心政治，关注台上人物的一言一行，有这个必要吗？难道不是最大的“资源浪费”？经济崩溃还不必然么？一个向往从政多于从学的社会，自然倾轧多于宽容，斗争多于安宁。

“政治第一”使延安干部终身生活在斗争思维之中，生活在仇恨之中。斗争的价值前提是需要斗争，存在需要仇恨的对象。延安一代，仇恨远远大于温情，他们很少给予温情，温情连着“资产阶级”呵，仇恨则体现“无产阶级感情”与“阶级觉悟”。1950～70 年代的中国，夫妻因政治

---

[100] 施宝华：〈李政道同江青一次辩论〉，载《炎黄春秋》（北京）2008 年第 5 期，页 16～17。
[101] 姚锦编著：《姚依林百夕谈》，中国商业出版社（北京）1998 年版，页 184、186。

离异、子女与父母因政治反目，天经地义，受到鼓励。1961年底，范元甄与李锐离婚，李锐一时无房，范竟将李的枕被从三楼窗口扔出。李南央感叹："人怎么会活得只有恨，而且这么刻骨地恨？"[102]

"政治第一"使一系列极左行为水到渠成，通行无阻。1976年7月28日唐山大地震，三年后才召开全国首次地震会议，第一次公布死亡 24 万余人。震灾之初，姚文元下令：全国媒体关于地震报导总量不得超过 15 条，提出口号"抗震不忘批邓"，废墟上还得搞批邓现场会。[103]

政治第一身后的价值支撑是革命万能——"共产党来了苦变甜"，在共产党的领导下，什么人间奇迹都可以创造出来。1936 年 7 月 23 日陕北保安，毛泽东对斯诺放言：

> 说到文盲问题，对于一个真正想要提高人民群众经济和文化水准的人民政府来说，并不是一件困难任务。……我们相信，早晚有一天我们不得不废除所有的汉字，如果我们决心创造出一种群众能充分参加的新型社会文化的话，我们现在正在广泛使用拼音文字。要是我们能在这里待上三四年，文盲问题将会得到基本解决。[104]

艰巨的扫盲工程，经济如此落后的陕北，毛泽东竟认为消灭庞大文盲群只是一个政治问题！依靠汉字拉丁化就可在三四年内基本解决边区文盲问题！！1988 年，中共用国 39 年了，全国尚有近 1/4 人口为文盲与半文盲（陕北是文盲高比例地区之一），连上海劳模也有不少文盲或半文盲！中青年劳模未达初中文化者越来越多。1980 年代初，上海 773 名劳模，初中以下 247 人；1990 年代上海劳模文化班，小学四五年级的题目，80%不及格，40%不到 30 分，数学零分者 26 名。[105]

[102] 李南央编著：《我有这样一个母亲》，开放杂志出版社（香港）2003 年版，页 22、18。
[103] 张广友：〈比较唐山地震与汶川地震的报导〉，载《炎黄春秋》（北京）2008 年第 7 期，页 25。
[104] （美）爱德加・斯诺：《红色中华散记》，奚博铨译，江苏人民出版社 1991 年版，页 257～258。
[105] 强荧：〈上海劳模文化班的内幕新闻〉，载《新闻记者》（上海）1991 年第 4 期，页 3～4。

2001 年，最高人民法院院长萧扬感叹："谁可以进法院当法官，连我这个最高法院的院长都鞭长莫及，束手无策，管不了！在一个县的法院，有 90 多人，40%是工人，竟然连一个大学生都没有，案件怎么判！"[106]

中共以为依靠群众运动，一切"一抓就灵"，山河瞬变一夜尽绿。可政治变革毕竟十分表面，短期的亢奋与幻觉很快退去，经济基础不可能短时间内脱胎换骨，尤其权力运作模式没变，社会利益结构仍然围绕官本位，暴力硬变的东西仍会顽强"长"出来——"胡汉三"还是回来了。[107]

社会越发展，社会分工越细，日益形成整体性，各领域相互依存。单极强调政治，不顾及其他社会价值的平衡性，扬此抑彼，必然形成文化暴力。高尔基名言："哪里政治太多，哪里就没有文化的位置。"[108]延安确立的"政治第一"成为 1950～70 年代大开历史倒车的"红色瘟疫"。

政治第一使延安一代大多成为政治动物，只关心政治目标的实现，不关心实际效率与目标本身的正确性。从共产国际到中共基层领导，对下属只要求"态度"不要求"思想"，只要求"服从"无所谓"认识"，服从就是一切，就是党性就是最高政治。陈企霞（1913～1988）晚年叹曰："如果不是爱抗上，我五个部长也当上了。"[109]

1990 年代后期，胡绳与后辈陈四益有一段谈话。陈四益问："当年你们都是反对钳制舆论的先锋。那时你们确信思想不能查禁，真理不能封杀，它必会赢得群众。所以尽管政权在国民党手中，报刊也大都在他们手中，你们除去思想与自信，两手空空，但无所畏惧。为什么现在政权在共产党手中，报刊在共产党手中，反而好像缺乏了当年的自信？对那些不一致的言论，难道不能用说理的方法，而一定要用查禁的方法？"胡绳沉吟片刻："现在不同了。""什么不同？""现在掌权了。""是因为掌了权，所以觉得运用权力禁止比运用思想说服更为简单方便吗？"胡又沉吟片刻："掌权了，就怕乱。""那么当初呢？""当初乱，是乱了国民党。"[110]同一"思想自由"原则，阴阳二用，深刻说明政治第一的内核。

---

106 萧扬：〈全社会应该构筑起对宪法和法律的忠诚与信仰〉，载《中国青年报》（北京）2001 年 1 月 22 日。
107 文革影片《闪闪的红星》还乡地主台词："我胡汉三又回来了！"一时流行寰内。
108（俄）高尔基：《不合时宜的思想》，余一中、董晓译，作家出版社（北京）1998 年版，页 275。
109 秦晓晴：〈最后的日子——怀念公公陈企霞〉，载《文汇月刊》（上海）1988 年 10 月号，页 65。
110 陈四益：〈想起了胡绳先生〉，载《同舟共进》（广州）2010 年第 1 期，页 5。

遵义会议前，毛泽东通过扩大会议，用民主方式夺下“最高三人团”的军权，等到自己握有指挥权，便反对用民主方式决策：打仗哪能举手表决？何方析曰：“在个人权威还不足以保证自己主张得以实现的情况下，一般都会强调集体领导，主张多开会；一旦成为权威，才往往容易感到会多了麻烦。”[111]台下要民主，上台要集权，至今仍是中共官场通病。毛共根本意识不到：“权力的分散是自由的条件。”[112]

肆、真理执行者

中共以真理掌握者自居，自我感觉一直良好。1924 年 3 月，李大钊率近十名北大师生直闯外交部，质问代总理兼外交部长顾维钧（1888～1985）为何不批准“中国外交史上最好的《中俄协定》”？顾维钧解释：中国对外蒙拥有领土与主权，《中俄协定》要求默认外蒙不再是中国领土，当然不能批准。李大钊激动争辩：“即使把外蒙置于苏俄支配的统治之下，那里的人民也有可能生活得更好。”李大钊的论据为“阶级论”下的国际主义。顾维钧认为李大钊“已失去了辨别是非的理智”。[113]真理执行者的自信，使李大钊出卖大片领土还以为真理在手。中共一向认为：“老子天下第一、打倒一切、一切不合作、一切斗争到底。”[114]

1929 年 7 月 13 日，红四军三纵政治部编印的《党员训练大纲》“怎样介绍同志”：

> 从他的家庭经济背景，考察是否有革命之需要？从他平时做事待人，看他是否忠实可靠？从斗争中看他是否勇敢不怕得罪人？从他的交友中或反对者，各方面看他是否好人？在他谈话中，看他是

[111] 何方：《党史笔记》，利文出版社（香港）2005 年版，上册，页 5。

[112] （法）雷蒙・阿隆（Raymond Aron）：《知识分子的鸦片》（1955），吕一民、顾杭译，译林出版社（南京）2005 年版，页 93。

[113] 顾维钧：《顾维钧回忆录》第一分册，中华书局（北京）1983 年版，页 339～340。

[114] 薄一波：〈刘少奇的一个历史功绩〉，载《人民日报》（北京）1980 年 5 月 5 日。

> 否能守秘密？从他的脾气上，看他是否会服从？从他平常看书上，看他的思想是否革命？[115]

既全面又具体，既有原则性又有操作性，真正来自实践的“结晶”。惟一矛盾悖反的是既要“勇敢不怕得罪人”，又要“从脾气上会服从”，怎么统一？想来两者的“对立统一”只能是服从之下的勇于斗争、上级驾驭下的不怕得罪人。综而述之，中共对党员的要求可概括为：思想认同、忠诚可靠、服从上级、敢于斗争。最核心的一条还是：服从。

在延安，除了毛泽东与极个别高干，所有人都不是也不允许是真理探索者，只能是执行者，延安一代只能是毛思想的实践者。因为，一切探索已无必要，所有真理已由导师揭示，仅须宣示推广，注释引申。

延安思想界惟一需要探索的只是马列原则与中国现实的结合，而这又是领袖的“专利”，他人不得染指。毛泽东与王明的权争，既争最高领导权，也争马列注释权。但毛泽东只是马列主义中国教区的“主教”，政治上仍须听命斯大林。广大党员好好学习深刻领会就行了。积极探索，既容易犯自由主义错误，还有可能陷入个人主义泥坑，危险的资产阶级自由化。

马克思主义宣称是解放全人类的最高学说，共产党是有史以来最大公无私的政党，共产制度将建立最美好的社会，资本主义消亡乃历史必然，全世界必将进入社会主义并最终实现共产主义，铲尽万恶之源的私有制，建立视劳动为奖赏的地上天国。投身如此壮丽的伟大事业，自豪呵！骄傲呵！抗大校歌“人类解放、救国的责任全靠我们自己来担承”，一轮新阳将从自己脚下升起，最灿烂的黄金世界将由自己发放入场券。延安一代感觉胜利在望，不像大革命一代因“反革命力量还强大”，态度上尚有相当保留。1925 年入党的谢觉哉，接到家乡胞弟来信，托兄长在外面找事，谢回函：“革命前途未可知，我已以身许党，你不要来，免受牵累。”[116]

对延安一代来说，入党等于进入真理掌握者的行列。虽然马列水准还很低，但转过身去，面对芸芸百姓，已然身高万丈，高明不止一点点，每一句话都是响当当的革命真理。长缨绝对在握，苍龙很快可缚。就是面对

---

[115] 余伯流、凌步机：《中央苏区史》，江西人民出版社 2001 年版，页 60。

[116] 《谢觉哉日记》，人民出版社（北京）1984 年版，上册，页 455。

文化界，党员身分也不得了。1944 年，何其芳、刘白羽到重庆传达延安整风，召集“进步作家”开会，1938 年入党的何其芳极其自信地说经过整风，自己已改造成真正的无产阶级，现在来渝改造尚未“转变”的国统区文化人。1927 年入党的冯雪峰愤然掷言：“他妈的！我们革命的时候他在哪里？”[117]胡风也看不惯何其芳以“延安来的”那副傲然自得。

1943 年，费正清在重庆与乔冠华有一节对话。

> 费正清：“你似乎学了极权主义。”
> 乔冠华答曰：“我是一个极权主义者。”[118]

1948 年底共军进入北平在即，有人提议陈寅恪体弱，眼睛看不清，可否由亲友代为报到？成仿吾断然拒绝：“资产阶级知识分子到无产阶级领导的革命机关来报到，来办理登记，一定要亲自来，本人来，不得由别人代替。因为……这是个态度问题！”[119]1950 年代，徐懋庸执掌武汉大学，程千帆教授（1913～2000）：“校长徐懋庸，满脑子征服者的特权味道。”[120]

信仰高于一切，藐视历史，看不起一切历史人物，否决一切不同声音，视多元容纳为小资动摇性。革命原是社会改革的手段，这会儿成了一切，一切为了革命，手段翻成目的。在革命面前，一切人性人权都微不足道，必须毫不犹豫放弃，甚至包括生命。否则，就是对革命不诚、对党不忠。1930 年代地下党就有“不但以入狱为荣，甚至以就义为乐”。[121]似乎谁不愿上断头台，谁就是狗熊或叛徒。可一切都奉献完了，还有什么人权还有什么自由需要捍卫？民主还有什么理由成为必要？既然个体生命本身就无价值！韦君宜晚年悔悟：“我原以为自己参加革命多年便是功，那么别人未参加革命便是罪。如此看历史，如此看世界，究竟功欤罪欤？”[122]

---

117 万同林：《殉道者——胡风及其同仁们》，山东画报出版社（济南）1998 年版，页 282。

118 （美）费正清：《五十年回忆录》，赵复三译。载《中华民国史资料丛稿・译稿・中国之行》，“五十年回忆录”第四部分，中华书局（北京）1983 年 7 月印刷，页 84。

119 赵俪生：《篱槿堂自叙》，上海古籍出版社 1999 年版，页 137。

120 程千帆：《桑榆忆往》，上海古籍出版社 2000 年版，页 35。

121 王凡西：《双山回忆录》，东方出版社（北京）2004 年版，页 41。

122 韦君宜：《思痛录》，北京十月文艺出版社 1998 年版，页 107。

既以真理执掌者自居，延安作家亦以社会改造者自封，接过苏式称号——“人类灵魂工程师”，意气自雄挟持自重，作品多为“教训文学”。评家曰：“文学几乎完全成了教训的手段，趣味的成分极少，读小说像是容易犯错误的孩子在接受关于人生戒条的训话。……不少作家对自己那种不知从何而来的‘人类灵魂工程师’的身份看得很像一回事，自个的灵魂尚弄不明白，却喜欢对读者的灵魂动手动脚。”[123]1994 年，年近八旬的刘白羽仍有这种动手动脚的强烈愿望：“我的书桌就是我的战场，我用信仰之火燃烧自己，燃烧别人，我将为我的信仰流尽最后一滴血液。……决定人类命运的人，首先是共产党人。”[124]田家英在中南海是出了名的“勤于诲人”，喜欢一杯在手，纵论天下。[125]

延安一代认为改良只能改变事物的某些方面，惟有革命才能发生质变，改良过于庸常乏味，革命才诗意盎然。“共产主义者是从不犹豫的。”[126]价值自信使延安一代“革命立场坚定”、“革命意志高昂”、“革命精神沸腾”。越豪情满怀，越难以看清周围，很难在红色轨道上煞车，不可避免地滑入为革命而革命，希望革命成为一种永久状态。因此，轻视经济、甚或不屑于从事经济，也就成为延安一代的必然选择。“真理执行者”最终都无可避免地成为“真理推销商”，强迫社会接受红色方案。

1944 年夏，赵超构访问延安，与陈学昭交谈后发现：“我知道，相互的说服是不可能的。”[127]逻辑起点差异太大，价值标准各殊。与一群认非为是且自以为是者，相看两非，很难深入交流。一个社会出现两大价值体系，各自又握有军力，发生你死我活的战争，已难避免。

抢救运动之所以迅速掀起狂潮，乃是赤色思潮已一统延安思想界，整个延安成了火药桶。1943 年 7 月，延安召开批斗大会，边区政府秘书长李

---

[123] 骆玉明：《近二十年文化热点人物述评》，复旦大学出版社（上海）2000 年版，页 321。
[124] 刘白羽：《心灵的历程》（下），中国青年出版社（北京）1994 年版，页 1289。
[125] 李梦桥主编：《中国世纪名人遗嘱・遗书・遗言・遗作》，湖北人民出版社 2000 年版，页 110。
[126] （法）雷蒙・阿隆（Raymond Aron）：《知识分子的鸦片》（1955），吕一民、顾杭译，译林出版社（南京）2005 年版，页 277。
[127] 赵超构：《延安一月》，上海书店 1992 年版，页 100。

维汉主持："场内群情激愤，如果有人提议处以死刑，也是一定会得到拥护通过的。"[128]

后来的土改、镇反，多少人在公审大会上由"一嗓子"领了死刑。还有血淋淋套牲口拖死地主、"望蒋台"摔死地主、烧红铁环套地主的头……[129]黄世仁式恶霸地主乃极少数。地主、资本家不仅不是历史的肿瘤，实为历史发展的进步产物，他们的财产是对他们（及祖先）勤劳致富、才智创富的回报。地主、资本家也是社会生产的管理者，宝贵的人才资源。纵有极少数"黄世仁"，也不应以偏概全，一棍子全打死这一"先进生产力的代表"，不应以"革命的名义"剥夺人家财产，更不应剥夺人家生命。

1950～70 年代的大陆文坛之所以成为"作家死在批评家笔下"的时代，乃是批评家手里握着"真理"。激烈的"窝里斗"既是集权制无法规避的体制病，也是延安一代的代际特色。闻"斗"起舞，可概括为延安红士的基本面。他们反复争夺革命的正宗，互咬互斗互斥互骂，永远充满激情地咒骂对立方，却从不停下来考虑革命本身的正误，很少考虑自己"革命行为"的必要性与实际价值。文革中被斗死的陶铸、被打倒的王任重，未倒之前曾狠狠出手打倒中共"一大"代表李达、开除其党籍。[130]

相比延安一代的坚定性，卡夫卡去世前决定销毁全部手稿、海明威晚年担心能否流芳百世……谨慎质疑总比坚信不疑更有修正性，更容易接受来自实践的纠误。海涅（Heinrich Heine，1797～1856）："肉体有时候似乎比精神看问题更深刻。人们用脊梁和肚皮思考往往比用脑袋思考更加正确。"[131]延安一代恰恰不是实践检验理论，而是理论"检验"实践，学说代替感知，死背教条，拒绝经验。否认了肉体既是精神的载体，也是精神的服务对象；思维方式上，用演绎法否定了归纳法，将一则未经实践检验的理论放置神位，根本没去想一想理论本身是否存在问题。

延安一代当然不会承认自己的片面性与极端性，出了问题，又以各种理由推诿躲避。由于认定执掌真理，自己也奉献了一切，也就看不得那些

---

[128] 李维汉：《回忆与研究》，中共党史资料出版社（北京）1986 年版，下册，页 512。

[129] 魏紫丹：《还原 1957》，五七学社出版公司（香港）2013 年版，页 574。

[130] 王炯华：〈李达在武大的最后岁月〉，载《同舟共进》（广州）2009 年第 2 期，页 56～58。

[131] 转引自钱理群：《我的精神自传》，广西师大出版社（桂林）2007 年版，页 257。

还不愿彻底奉献的“落后分子”，看到谁活得稍微自由一点就浑身不自在，看到谁还保留一点自我就痛不欲生，认定自己未尽到责任，革命将因此失败。他们只要求别人尊重自己的选择权，却无视别人的选择权。

针对原先的暴力反对者何以成为暴力支持者，法国学者剖析：

> 崇高的目标可以为恐怖的手段开脱。这些革命者在审视现实时，往往摆出一副道德主义的架势……在他们眼中，没有一件事情是合乎人性的。因此，任何事物都无法满足他们对正义的渴望。但是，一旦他们决定加入一个跟他们一样毫不留情地反对现存混乱状态的党的时候，他们就会以革命的名义去宽恕一切他们先前曾不知疲惫地进行谴责的事情。革命的神话在道德上的不妥协和恐怖主义之间架起了一座桥梁。[132]

一手执剑，一手拿“经”，以“经”杀人，了无罪感。各个时代的“经”尽管大不相同，但“经剑合”杀人的政治悲剧却一幕幕循环上演。

除却少数“两头真”，阅读延安一代回忆录，可知两大通弊：一、情绪激动，惟我独革，排斥性甚强；二、思想偏平，容纳度低。他们自认为拥有绝对真理，带着鄙夷的眼光扫视所有意见相左者。

---

[132] （法）雷蒙・阿隆（Raymond Aron）：《知识分子的鸦片》（1955），吕一民、顾杭译，译林出版社（南京）2005年版，页161～162。

第五章

拐点整风

壹、短暂自由

大批知青涌入，如何将他们塑造成“中国革命的有用之才”，如何将拥有五四自由精神的知青捏塑成有组织有纪律的“特殊材料”，中共高层从一开始就十分重视赴延知青的思想塑造。1938 年 10 月成立中央干部教育部，[1]“总负责”兼中宣部长张闻天兼部长。1937 年 1～8 月抗大二期，第四大队都是各地学生（550 人），董必武任大队政委。七七事变前，毛泽东每周二、四上午到抗大讲课，每次四小时，下午还参加学员讨论。[2]

赴延青年多认为在延安可以得到“民主、自由、平等”。中共也很清楚赴延青年与全国民众的普遍心理，高擎高举抗战民主两面大旗。1936 年 2 月上旬，范长江采访陕北，毛泽东在窑洞对范说：共产党的要求是希望中国走上宪政民主之路，以民主求统一求和平；和平统一之后始可言抗日，为实现民主政治，共产党当可放弃土地革命、苏维埃和红军的名义；中国将来当然会成为资产阶级的民主政治。[3]

江西苏区，1930 年 10 月 7 日于吉安成立“江西省苏维埃政府”，政纲第 12 条：一切革命群众有集会结社言论出版的绝对自由。[4]1936 年 4 月 25 日，中共要求国府“言论、集会、结社、出版、信仰的完全自由，释放一切政治犯！”1939 年 1 月，边区第一届参议会通过〈陕甘宁边区抗战时

---

1 1940 年 6 月，中央干部教育部与中宣部合并，改称中央宣传教育部；10 月再改回。

2 李志民：〈抗大抗大・越抗越大〉（之一），载《中共党史资料》第七辑，中共党史资料出版社（北京）1983 年版，页 33～38。

3 范长江：《塞上行》，新华出版社（北京）1980 年版，页 199。

4 〈江西省工农兵苏维埃政府布告——宣布本府成立及政纲〉（1930 年 10 月 7 日），载《江西党史资料》第七集，1988 年内部出版，页 199～201。

期施政纲领〉，第八条“保障人民言论、出版、集会、结社、信仰、居住、迁徙与通信之自由。”1941 年 5 月 1 日，《陕甘宁边区施政纲领》第六条：

> 保证一切抗日人民（地主、资本家、农民、工人等）的人权、政权、财权及言论、出版、集会、结社、信仰、居住、迁徙之自由权。除司法系统及公安机关依法执行其职务外，任何机关部队团体不得对任何人加以逮捕审问或处罚，而人民则有用无论何种方式控告任何公务人员非法行为之权利。[5]

许多红色歌曲都有“自由”一词。江西苏区《直到最后一个人》首句“神圣的自由土地谁人敢侵？”[6]抗战名歌〈太行山上〉，特意加上“自由之神在纵情歌唱”。救亡歌曲中也有著名的〈自由神〉。[7]还有歌词“我们是民主青年！”抗战后，左翼青年甚至自称“民主少爷”、“民主小姐”[8]红色作家周立波（1908～1979）这一笔名亦取自英语 Liberty（自由）。[9]

1937 年 5 月，毛泽东在会议上多次倡说民主：“争取民主是目前发展阶段中革命任务的中心一环。看不清民主任务的重要性，降低对于争取民主的努力，我们将不能达到真正的坚实的抗日民族统一战线的建立。”“争取政治上的民主自由，则为保证抗战胜利的中心一环。”“对于抗日任务，民主也是新阶段中最本质的东西，为民主即是为抗日。抗日与民主互为条件……民主是抗日的保证，抗日能给予民主运动发展以有利条件。”[10]1939 年 6 月，毛接见基督教青年会访问团：“共产党一贯坚持宗教自由的原则，强迫人不要信仰宗教犹如强迫人信仰宗教一样错误。”[11]1942 年 5 月，毛在高层会议上：“和我们合作的知识分子不但是抗日的，而且是有民主思想的、倾向于民主的。没有民主思想，他们根本就不会来。”[12]

---

5 〈陕甘宁边区施政纲领〉，载《中共党史教学参考资料》（三），人民出版社 1959 年版，页 2。

6 人民出版社编：《中国工农红军第一方面军长征记》，人民出版社（北京）1955 年版，页 55。

7 冯兰瑞：《别有人间行路难》，时代国际出版社有限公司（香港）2005 年版，页 351。

8 韦君宜：《思痛录・露莎的路》，文化艺术出版社（北京）2003 年版，页 350。

9 李南央编：《李锐日记》，溪流出版社（美国）2008 年版，第一册（1946～1955），页 25，注释 56。

10 《毛泽东选集》第一卷，人民出版社 1966 年横排本，第 1～2 合印本，页 235～236、252。

11 江文汉：〈延安访问记〉，载《档案与史学》（上海）1998 年第 4 期，页 11。

12 中共中央文献研究室编：《毛泽东文集》第二卷，人民出版社（北京）1993 年版，页 425。

此时是向国民党要自由争权利，“民主”旗帜在延安高高飘扬。1944年6月12日，毛泽东答中外记者团：

> 中国是有缺点，而且是很大的缺点，这种缺点，一言以蔽之，就是缺乏民主。中国人民非常需要民主，因为只有民主，抗战才有力量。[13]

既然强烈反对国民党的言禁，自己这里就不便也同样设禁，这是最起码的逻辑，否则知青们就不会跑过来、呆得住。1937年5月7日，毛泽东在中共全国代表会议上：“用民主制的实行，发挥全党的积极性。”

整风前在延安办刊，只须征得单位同意，再向中宣部或张闻天、毛泽东报告一声，几无不允，经费通常为募集或从单位经费中划拨。[14]

何方：“他们（按：延安知青）当年离开国统区、走向解放区，就是因为虽然国共都抗日，但国民党却专制腐败，共产党讲求自由民主。”“整风前的延安，到处洋溢着一种自由、活泼、生动、欢乐的气氛，真是生龙活虎，劲头十足。自由空气和平等精神，也许是我们这些青年学子到延安后最重要的感受。”1939年何方抗大毕业，原调他去军委三局通讯学校，何不同意，也没勉强，“那时还比较民主，注意征求个人意见。”[15]

国军的政治就差远了。泾阳县保安队士兵1938年还搞不清国共区别。出操歌：“三国战将勇，首推赵子龙，长坂坡前显威风”；“当兵好，当兵好，睡得迟，起得早。”[16]政治前景的构勒上，国民党还是军政、训政、宪政，延安则似乎一步踏入宪政——直接实施民主。1937年春末，中央大学等新生军训，生硬要求绝对服从蒋委员长，教官竟指着黑板：“蒋委员

---

[13] 毛泽东：〈没有民主，一切只是粉饰——中国应在所有领域贯彻民主〉，载《解放日报》（延安）1944年6月13日。

[14] 朱鸿召：〈唯读《解放日报》〉，载《上海文学》（上海）2004年第2期，页80。

[15] 何方：《从延安一路走来的反思》，明报出版社（香港）2007年版，下册，页746；上册，页75、121。

[16] 何方：《从延安一路走来的反思》，明报出版社（香港）2007年版，上册，页X、40、43。

长说这黑板是白的，这黑板就是白板。”[17]国民党退台后，吴国桢检讨：“对国民政府来说，当时的麻烦是，没有给人民的未来以承诺。”[18]

1942 年整风之初，王实味确曾“挂帅”一时，其言论在中央研究院获得多数支持。有人认为：“虽然过火，但也不无道理，于是就给《矢与的》（按：该院大型壁报）写了一篇〈杂感二则〉，表示同情和支持王实味等人的意见。”1942 年 4 月 7 日，中宣部召集中央研究院部分人员至杨家岭开座谈会，“从上午九时一直到开到夜里十二时。会上的发言虽然甚为踊跃，但旗帜鲜明地反对王实味的，却只有李宇超同志一人。”[19]抗大下发王实味〈野百合花〉，要求讨论，学员“几乎众口一词地同意王实味的观点……大家说，对呀！写的挺好的呀！写的都是真的呀！而且普遍认为，革命队伍里确实有缺点，提出来是有好处的。要是提出来就批评，以后谁有了意见还敢提？革命队伍不就成了死水一潭吗？大家讲得兴高采烈，振振有词。”没几天图穷匕见——不是真要大家讨论而是动员批判！“大家一时转不过弯来，开会没人讨论，经过领导再三动员和积极分子带头，形势才扭转过来，大家才批判王实味和检讨自己的思想了。”[20]

内部已在收束，对外则继续保持民主攻势。1943 年 7 月 2 日《解放日报》吴玉章文章：“必须给各党各派合法的存在和言论与集会结社的自由，才能算民主政治。否则就为一党专政或一人专政，就只有‘民国’之名，而无‘民国’之实了。”[21]1944 年 6 月 12 日，毛泽东宴请中外记者团，毛演讲 90 分钟，“90 分钟的话，如并作一句话，就是‘希望国民政府、国民党及一切党派，从各方面实行民主。’他认为惟有在民主的基础上才有真正的统一，也惟有民主的政治，才能发挥最大的力量。”[22]中共报刊天天呼民主唤自由，坚称“共产党反对国民党的一党专政，并不要建立共产党的一党专政。”此时入党的大学生谢韬：“共产党在报刊上公开发表

---

17 马识途：《风雨人生》，参见《马识途文集》第九集（下），四川文艺出版社 2005 年版，页 102。
18 吴国桢：《从上海市长到“台湾省主席”》，吴修垣译，上海人民出版社 1999 年版，页 49。
19 温济泽等编：《延安中央研究院回忆录》，中国社会科学出版社、湖南人民出版社 1984 年版，页 124、137。
20 何方：《从延安一路走来的反思》，明报出版社（香港）2007 年版，上册，页 106～107。
21 吴玉章：〈共产党改造了我的思想〉，载《解放日报》（延安）1943 年 7 月 2 日。
22 赵超构：《延安一月》，上海书店 1992 年版，页 63。

的政治主张，使我们感受到强大的亲和力和吸引力，促使我们下定决心成为共产党人。"[23]

1945 年 7 月 1～5 日，黄炎培、傅斯年、左舜生、章伯钧、褚辅成、冷遹六位国民参政员为促成和谈飞访延安。黄炎培与毛泽东谈及中共如何跳出政党周期律——其兴也勃，其亡也忽。毛说已找到避免"人亡政息"、"政怠宦成"周期律的新路："我们已经找到新路，我们能跳出这周期率。这条新路，就是民主。只有让人民来监督政府，政府才不敢松懈；只有人人起来负责，才不会人亡政息。"[24]这就是忽悠了整整一代民主人士的"窑洞对"。1944 年 10 月下旬，毛泽东回答美国记者"进城后"的政策：在共产党的新中国，会有言论自由、人身自由、新闻自由，人人都能在报纸上发表见解，在什么样的报纸上都行——除了"人民的敌人"。这位美国记者十分后悔当时没有追问一句：谁来给"人民敌人"下定义？[25]

延安时期的中共，不仅旗帜上必须高高飘扬民主自由，自身利益也需要向国民党索要民主。1945 年延安歌曲："法西斯／像苍蝇／害得中国生了病／这个大病叫'不民主'呀／害苦了中国的老百姓。"美国外交官谢伟思一眼洞穿："他们拥护民主对绝大多数中国人有号召力，而且是一根很好的打击国民党的大棒。"[26]1943 年 3 月，蒋介石《中国之命运》出版，刘少奇在延安布置陈伯达、艾思奇、范文澜、王学文、何思敬、齐燕铭、吕振羽等人撰文批驳，批判重点就是《中国之命运》鼓吹的"一个主义、一个领袖、一个政党"。[27]

1945 年 9 月，英国路透社驻渝记者甘贝尔书面提问毛泽东，参加重庆谈判的毛泽东书面作答：

---

23 谢韬：〈我们从哪里来，到哪里去？〉，载燕凌等编著：《红岩儿女》第三部（上），真相出版社（香港）2012 年版，页 7、9。

24 黄炎培：〈延安五日记〉（1945 年 7 月）。黄炎培：《八十年来》，文史资料出版社 1982 年版，页 149。

25 （美）白修德：《中国抗战秘闻——白修德回忆录》，崔阵译，河南人民出版社 1988 年版，页 207。

26 （美）谢伟思：《在中国失掉的机会》，罗清、赵仲强译，国际文化出版公司 1989 年版，页 224。

27 潘国华、林代昭整理：〈吕振羽同志回忆批判《中国之命运》的一些情况〉：载《党史研究资料》第二集，四川人民出版社 1981 年版，页 692～694。

> “自由民主的中国”将是这样一个国家，它的各级政府直到中央政府都是由普遍、平等、无记名的选举所产生，并向选举它们的人民负责。这将实现孙中山先生的三民主义，林肯的民有、民治、民享的原则与罗斯福的四大自由。[28]这将保证国家的独立、团结、统一以及与各民主强国的合作。……减轻人民负担、改善人民生活、实行土地改革与工业化、奖励私人企业（除了那些带有垄断性质的部门应由民主政府经营外），在平等互利的原则下，欢迎外人投资与发展国际贸易。……我们完全赞成军队国家化与废止私人拥有军队，这两件事的共同前提就是国家民主化。[29]

1955 年，中共还颁发“独立自由”勋章。1957 年后，“自由”才与“资产阶级”联系在一起，沦为忌讳，最后整出 1980 年代的“资产阶级自由化”。言论自由、司法独立、人身自由、控告官员，中共至今都未兑现的政治支票。西安事变后国共谈判，蒋介石：人家都说共产党说话不算话，希望中共这次能改变。[30]

1942 年没收言论自由的“王实味事件”，1943～44 年任意逮捕刑罚的抢救运动、公然失信天下的反右、坚不认错的反右倾、大饥荒、文革、六四。当年“宣言”犹在耳，今日萧瑟易水寒。闻延安之诺，观北京之政，悖反凸露。反右后，士人掷评：“轻诺延安，寡信北京。”[31]

对中共来说，民主实在是一把双刃剑。对付国民党，民主是必须擎举的一面大旗，否则无以号召全国、吸引愤青；但在党内，民主易引争裂，操作麻烦。如何从理论上对民主进行“阶级区别”，如何变内部民主吁求为“一致对外”，中共高层早就意识到这一现实需要。1937 年 9 月，

---

[28] 1941 年 1 月 6 日，佛兰克林·罗斯福总统在国情咨文中宣布了四项“人类基本自由”——言论和表达的自由、信仰上帝的自由、免于匮乏的自由、免于恐惧的自由。

[29] 〈毛泽东答路透社记者·中国需要和平建国〉，载《新华日报》（重庆）1945 年 9 月 27 日；《解放日报》（延安）1945 年 10 月 8 日转载。

[30] 〈中央关于同蒋介石谈判经过和我党对各方面策略方针向共产国际的报告〉（1937 年 4 月 5 日）。载中央档案馆编：《中共中央文件选集》第 11 册，中央党校出版社（北京）1991 年版，页 180。

[31] 李锐：《〈毛泽东执政春秋〉序言》。参见《李锐近作——世纪之交留言》，中华国际出版集团有限公司（香港）2003 年版，页 164。

毛泽东撰写〈反对自由主义〉，清晰表明不允许存在不同意见，党内必须开展思想斗争，统一认识，强调一元化，从根子上就不接纳民主。

整风乃背景复杂的中共高层政斗，源于毛泽东整肃王明的“国际派”，兼带打压周恩来的“经验派”，以确立绝对权威。当时，留苏派阵容强大：王明、张闻天、博古、王稼祥、凯丰、邓发、陈云、康生、杨尚昆，甚至包括周恩来。毛泽东依靠的“本土派”井冈山将领（彭德怀、林彪、叶剑英、聂荣臻、罗荣恒等），并不占主导优势。王明依靠“远方”（共产国际），对毛的第一领袖具有相当挑战力。毛发动整风的初衷，意在通过对第五次反围剿的失败追责，逼迫“国际派”检讨，从而稳掌帅印。不料，途中王实味、丁玲等人“跳出来”抢台，这才风向朝下——将整风顺势推向基层。不过，按中共政治逻辑与当时延安叽叽喳喳的“自由化”，早晚会有一场整风，以整肃“极端民主思想”。1942 年 6 月 13 日，毛泽东致信周恩来：“二十二个文件的学习在延安大见功效，大批青年干部（老干部亦然）及文化人如无此种学习，极庞杂的思想不能统一。”[32]

毛泽东经过大革命与苏区闹红的历练，非常清晰成就勋业必须集中意志，民主只是对外的招牌，只能用于向国民党争权，绝不可剑锋对内，党内不能出现派别。否则，中央权威受质疑，如何发号施令？大革命以后，历届中共领袖都明白：高层必先明确权属，才能号令基层，党内权争的重要性甚至超过党际之争。慈禧的“宁赠友邦，不与家奴”，蒋介石的“攘外必先安内”，同理矣。无论谁上台，都会要求“四大服从”，都会轻民主而重集中。中共领导层十分清楚：必须将懵懵懂懂的青年们培养成“目标明确”的信徒，方可指哪打哪，成为“真正的共产主义战士”。1941 年 7 月 1 日，中共政治局颁布〈增加党性的决定〉，狠批个人主义、英雄主义、独立主义，重申四大服从，“不允许任何党员与任何地方党部，有标新立异，自成系统，及对全国性问题任意对外发表主张的现象。”[33]不仅“全党服从中央”，中央也得服从“有最后决定权”的毛泽东。否则，便是党性不纯，毛泽东就这样将教徒服从论证成崇高党性。

32　逄先知主编：《毛泽东年谱（1893～1949）》（中卷），中央文献出版社（北京）2005 年版，页 387。

33　〈中共中央关于增加党性的决定——1941 年 7 月 1 日中共中央政治局通过〉。载《中共党史教学参考资料》（三），人民出版社（北京）1959 年版，页 5～7。

陈伯达再将党性注释成：

> 党性是党的一切优美个性的统一……作为一个共产党员的个性，只能以党性为基础……离开党性来孤立地谈所谓个性，就会丧失自己共产主义的德性。……必须要在革命的磨炼中，废弃自己与党性不合的、反动的旧个性，创造与党性相合的、革命的个性。一个共产党员的个性，必须与党性一致，必须在党性基础上，才能发挥自己的多才多能。[34]

十月革命前，列宁向高尔基保证"革命后"将给予言论自由。当高尔基看到革命暴行严重违背列宁承诺，按捺不住呼唤："一切包含有残酷性或冒失性的东西总是能找到影响无知者和野蛮人的感情的途径。""杀人要比说服人简单得多。"[35]列宁"只能"毁诺封闭高尔基的《新生活报》。只能"歌德"（表扬）不能"缺德"（批评），国际共运，中外咸然。

康生说了一句大实话："民主集中制，集中是主要的，民主不过是一个形容词而已。"[36]控制言论乃是集权的前提。控制言论最高明的办法便是关口前移——控制思想。清朝卧碑："生员上书言时政者照违诏论罪"。也是不让多说。不让说，自然也就想得少了，甚或不想了。

1995 年 7 月 8 日，赵紫阳感慨孙中山的民主三段论——军政、训政、宪政，"我们连这个分阶段的目标也没有，只是一味地强化无产阶级专政，实行一党专制政体。如果中国共产党从一开始就标榜要实行专制政体，恐怕知识分子一般不会回应，不会参加到我们这方面来。"[37]赵紫阳也是被"民主"、"公平"的大旗吸引进入赤营。2000 年 10 月，赵紫阳再反思：

---

34 陈伯达：〈人性・党性・个性〉，载《解放日报》（延安）1943 年 3 月 27 日。

35 （俄）高尔基：《不合时宜的思想》，余一中、董晓译，作家出版社 1998 年版，页 153、165。

36 李慎之：〈革命压倒民主——《历史的先声》序〉。笑蜀编：《历史的先声》，博思出版集团有限公司（香港）2002 年版，页 17。

37 宗凤鸣记述：《赵紫阳软禁中的谈话》，开放出版社（香港）2007 年 1 月初版，页 170。

过去讲无产阶级专政，我过去以为这不是我们的目标，而是为达到民主才专政。以后提出专政是长期的，目的就是专政，那么我们革命干什么？苏联搞了七十年还是专制！中国所有参加革命的人，解放前，没有一个是为建立一个一党专政的国家奋斗的。[38]

贰、事情在悄悄起变化

乌云总是在不知不觉间爬出，一些变化的“深远意义”一时很难觉察。1937 年 9 月，毛泽东〈反对自由主义〉归纳出 11 种不合乎党性的行为，统称“自由主义”。毛认为“从实际出发”应对各种自由予以约束。约束自由乃是对民主的釜底抽薪。个人自由乃民主的价值基础，没有“个人”与“自由”，也就不需要“民主”了。毛泽东先否定“自由”，整风再否定“个人”，民主还能剩下什么实质性内涵？

何方：“1941 年后，这一切（按：开放自由的气氛）即逐渐褪色，批判和检讨日益占据主导地位，很快又开始整风和抢救，知识分子也更倒楣了。”[39]《剑桥中华民国史》：“在整风运动中，五四文学的两个特征——个人主义与主观主义，由肯定的价值变成了否定的价值。”[40]

延安思想界无人稍稍推导：既然易资产阶级专政为无产阶级专政，专政仍在，民主何存？更重要的是：在无产阶级专政下，社会成员还能求富吗——既然资产阶级是无产阶级的天然敌人，谁又愿意成为“社会公敌”？谁还敢富起来去跳“资产阶级”这口火坑？

还是陈独秀对“无产阶级民主”认识得较早较透彻：

民主主义是自从人类发生政治组织，以至政治消灭之间，各时代（希腊、罗马、近代以至将来）多数阶级的人民，反抗少数特权之旗帜。“无产阶级民主”不是一个空洞名词，其具体内容也和资

---

[38] 杜导正：《赵紫阳还说过什么？》，天地图书有限公司（香港）2010 年版，页 168。

[39] 何方：《党史笔记》，利文出版社（香港）2005 年版，上册，页 130。

[40] （美）费正清、费维恺主编：《剑桥中华民国史》，中国社会科学出版社 1994 年版，下卷，页 546。

> 产阶级民主同样要求一切公民都有集会、结社、言论、出版、罢工之自由。特别重要的是反对党派之自由。没有这些，议会和苏维埃同样一文不值。
>
> 所谓“无产阶级独裁”，根本没有这样东西，即党的独裁，结果也只能是领袖独裁。任何独裁都和残暴、蒙蔽、欺骗、贪污、腐化的官僚政治是不能分离的。

陈独秀更有先知般预言：

> 独裁制犹如一把利刃，今天用之杀别人，明天便会用之杀自己。[41]

独裁当然只能是个人的，所谓“无产阶级独裁”根本没有操作性。数亿无产阶级，意见驳杂，如何独裁？红色领袖之所以热衷“无产阶级独裁”，要的只是“独裁”二字，借阶级集体之名，行个人独裁之实。他们只要将自己的政党论证成“代表无产阶级根本利益的最先进集团”，便可用“阶级代表”的名义将个人独裁披上“集体外衣”，将自己的个人意志“合乎逻辑”地论证成“阶级利益”，然后再论证成代表“国家利益”。陈独秀既执享过“无产阶级独裁”，又遭“无产阶级独裁”制裁，体会深刻，故能指曰：没有无产阶级独裁，只有领袖独裁。

整风伊始，毛泽东运用迂回战术，第一棒先打掉延安知青的价值自信。1939 年 9 月 25 日，毛泽东在大会上公开亮出反智旗帜：“世界上最有学问的人第一是工人农民，‘万般皆下品，惟有读书高’的观点是不对的，应当改为‘万般皆下品，唯有劳动高’。”[42]按此逻辑，这世上还需要继承前人经验、能够扩大再生产的知识分子吗？不是只要简单再生产的工人农民就行了？价值序列如此错置，如此有违常识，还奉为“延安真理”，乌云确乎已爬出矣。

集体生活也在悄悄挤压私人空间，几乎每一分钟大家都在一起，毫无个人空间，看待与判别各种事物的标准易趋统一，很容易形成“集体意

---

[41] 任建树等编：《陈独秀著作选》，上海人民出版社 1993 年版，第三卷，页 560、555。
[42] 逄先知主编：《毛泽东年谱（1893～1949）》（中卷），中央文献出版社（北京）2005 年版，页 139。

志”。这也是所有邪教与传销组织之所以强调“必须入伙”、必须过集体生活的致因。整风之前，频繁集会已使延安青年的思想不断趋同。陈学昭：

> 这里最大的优点是大家集中与团结在一个集团的领导之下。……譬如在一个民众大会上，尽管发言的人很多，但绝不会意见纷杂，或者完全不同，甚至相反，使听者莫明其妙。[43]

1941 年，〈关于增加党性的决定〉发布，延安变化甚大，此前盛行的许多活动，如遍地歌声、集会遊行、大小报告、纪念会、联欢会、一起逛街等，减少甚至消失了。等级制、保密制、警卫制，明显加强。[44]

通过灌输马列与“洗脑”，强迫“虚心”，打掉你的价值自信；通过反对“极端民主化”抽走民主的价值地基……乌云就这样一点点爬出天空！谁分得清“民主”与“极端民主”的界限？还不是谁官大，谁就是“界限”的划别者。所谓“既有统一意志又有个人心情舒畅的生动活泼局面”，根本无法实现。统一意志与自由活泼本身就是冲突的，既求统一，如何自由？此间之度，如何掌控？最后只能剩下“统一”。

很多延安青年在整风抢救中受到很大委屈，也以“驯服工具”、“螺丝钉”严格自律，接受考验。[45]李锐：“党员要做‘驯服工具’，人人以当螺丝钉为荣。”[46]延安一代晚年才意识到：“听党的话，做党的驯服工具和螺丝钉，是延安整风运动和一路来对知识分子进行思想改造最根本的也是最直接的目的。”[47]整风表明中共知识分子政策从“团结”悄悄转向“教育”、“改造”。所谓整风，就是人人检讨个个低头。

“一二·九”学运领袖、全国“民先”总队长李昌（1914～2010）时任中央青委组织部长，撰文延安《中国青年》：“违反民主、采取强迫命

---

[43] 陈学昭：《延安访问记》，广东人民出版社 2001 年版，页 242。

[44] 何方：《从延安一路走来的反思》，明报出版社（香港）2007 年版，上册，页 102～103。

[45] 何方：《党史笔记》，利文出版社（香港）2005 年版，上册，页 233～234。何方：《从延安一路走来的反思》，明报出版社（香港）2007 年版，下册，页 535。

[46] 李锐：〈世纪之交的感言：还是要防“左”〉。载《李锐近作——世纪之交留言》，中华国际出版集团有限公司（香港）2003 年版，页 117。

[47] 李普：〈两个相反的典型——谈李锐并范元甄〉。参见李南央：《我有这样一个母亲》，开放杂志出版社（香港）2003 年版，页 282。

令、压迫统治等办法，结果只有使团体愈弄愈糟，终于走到有名无实的地步……模仿党的一套光秃秃的政治化的工作方法与方式和缺乏民主与青年化的工作作风，要抛弃了。”这种诉求与毛泽东所要的统一纪律相悖，李昌受到严厉指责——“过分强调青年工作的独立性”、“不尊重党的领导”。李昌“无论如何也没有想到”会挨这样的批评。李锐指出：“透过这类青年工作方针之争的表像，可以看出，它实质上是‘一二·九’知识分子在理念上同‘党文化’产生的抵牾。这也就不难理解，为什么‘抢救运动’的主要对象是这个群体。”[48]

1942 年 4 月 26 日《解放日报》陶铸文章：“要尽量减少目前党内不必要的民主，与克服党政军不协调的现象，把工作领导更集中的建立起来。”6 月 1 日《解放日报》范文澜文章：“集中是无条件的，民主（指选举的民主主义）却依据于每一时期的具体条件、时间与地点，有极大的伸缩。”[49]民主固有的“麻烦”使红色士林渐不耐烦，不知不觉朝着简便易行的“集中”倾斜。现实功利使红色士林在民主这一重大关隘退却失守，埋下隐患。

中共虽然高举民主自由大旗，囿于自身文化结构与现实条件，偏重集中统一也是一种历史必然，七嘴八舌的民主到底耗时麻烦，事事开会亦不可能。理论上叫喊民主，实际操作中还是不期而然的首长决定。井冈山时期，红四军中就普遍抱怨：“有些同志认为党代表是‘家长制’，民主了半天，最后还是党代表说了算，主张实行‘自下而上的民主’。”[50]

值得记述的细节

——1938 年，要求集中、限制自由的“政治第一”已占上风。3 月，萧军抵延，毛泽东、张闻天、张国焘、康生等宴请萧军、丁玲、徐懋庸、何思敬等文化人。席间，萧军直言不同意延安“为政治服务”的文艺政

---

[48] 李锐：〈李昌和“一二·九”那代人〉，载《炎黄春秋》（北京）2008 年第 4 期，页 3。

[49] 中国社科院新闻研究所、中国报刊史研究室编：《延安文萃》，北京出版社 1984 年版，上册，页 35～36。

[50] 余伯流、凌步机：《中央苏区史》，江西人民出版社 2001 年版，页 112。

策，认为这一政策会降低文艺水准。康生在长篇发言中对红色文艺政策作了详细阐述，不指名地批评了萧军，萧军听不下去，中途退席。[51]

——1940 年，中共高层讨论文化方向，张闻天提出“民族的、民主的、科学的、大众的”，毛泽东随后发言，删去“民主的”。[52]毛泽东后明确表示：“民主这个东西，有时看来似乎是目的，实际上，只是一种手段。”[53]

——整风后，自由讨论也变味了，党代会发言都要事先审查。整风所开先例还有：开始喊领袖万岁、以健在者命名思想体系、完全以对领袖的态度划线、不按党章办事，违犯定期会议制度。[54]

——1945 年中共“七大”，陆定一庄重告诫各地代表：过多的党内民主是有害的。[55]胡乔木经常教诲刚来延安的李慎之：“共产党员不要好争论。你的意见那样多，毛主席怎么能从心所欲地进行指挥？”[56]

——1947 年 8 月，陕北某村一户中农的成分刚“升”富农，小学就不收他家小孩了。[57]

——1941 年，晋察冀边区四年来农村各阶层升降：雇农 50%以上升至贫农、中农、富农；贫农近 30%上升中农、富农；中农 2.33%上升为富农，9.67%下降为贫农；富农 34.92%降为中农、8.1%降为贫农、2.53%升地主；地主近 40%降为富农、中农、贫农。农村殖富势头明显受挫。[58]

1943 年 6 月 6 日，毛泽东致信彭德怀，不同意彭在北方局的一次讲演：

> 你在两月前发表的关于民主教育谈话，我们觉得不妥……其实现在各根据地的民主、自由对于某部分人是太大、太多、太无限制，而不是太小、太少与过于限制……又如说法律上绝不应有不平等规定，亦未将革命与反革命加以区别。又如在政治上提出“己所不

---

[51] 徐懋庸：《徐懋庸回忆录》，人民文学出版社（北京）1982 年版，页 99。
[52] 何方：《党史笔记》，利文出版社（香港）2005 年版，上册，页 89。
[53] 《毛泽东选集》第五卷，人民出版社（北京）1977 年版，页 368。
[54] 何方：《党史笔记》，利文出版社（香港）2005 年版，上册，页 294、103。
[55] （苏）彼得・弗拉基米洛夫：《延安日记》，吕文镜等译，东方出版社（北京）2004 年版，页 477。
[56] 李慎之：〈回归五四・学习民主〉，载《书屋》（长沙）2001 年第 5 期，页 17。
[57] 《谢觉哉日记》，人民出版社（北京）1984 年版，下册，页 1139。
[58] 张苏：〈边区经济发展现状与我们的经济政策〉（1941 年 8 月 6 日）。魏宏远主编：《抗日战争时期晋察冀边区财政经济史资料选编》（总论编），南开大学出版社（天津）1984 年 7 月第一版，页 414～415。

> 欲，勿施于人”的口号是不适当的，现在的任务是用战争及其它政治手段打倒敌人，现在的社会基础是商品经济，这二者都是所谓己所不欲，要施于人。只有在阶级消灭后，才能实现己所不欲，勿施于人的原则。[59]

毛已完全背离五四精神，打着抗日旗号理直气壮地否定自由民主平等博爱等现代基础理念，以具体的政治任务否定民主自由的基础价值。从价值序列上，民主是最高价值，是目标是旨归，当然抗日为了民主，而非民主仅仅为了抗日。难道抗日成功了，民主就可以收起来么？居然对“己所不欲，勿施于人”都进行阶级分析，公然提出“己所不欲，要施于人”，认为各根据地的民主已经太大太多太无限制，法律平等也得区别革命与反革命。这一通似是而非的“毛论”，不仅说明毛头脑中只有政治二字，也说明他对现代民主自由的必要性缺乏基本理解。当时各赤区军政一统，只出现一些稍稍不同的建议，就判定“民主自由已经太大太多太无限制”，以这样的认识，能够带领全国人民建设“民主共和国”吗？

这封短信可视为毛泽东提前发布的施政纲领。1949 年后，他完全遵循信中原则一一实施，以自己的政治需要“合乎逻辑”地剥夺国人的民主自由——“己所不欲，要施于人”。这封短信比〈沁园春·雪〉更能说明毛的封建素质与帝王心理。此信当时未公开发表，国人不得与闻，黄炎培才会深信“窑洞对”，以为毛会兑现“民主建国”。

整风后期，毛泽东“顺手牵羊”将《解放日报》改造为“完全党报”。《解放日报》在整风高潮时，报导了中央党校与延安大学各有一对学员自杀。1942 年 9 月 5 日，新华社、《解放日报》编委会上，陆定一（1906～1996）传达了毛泽东的批评：“有些消息如党校学生自杀是不应该登的。报纸仍未和中央息息相关，虽然总的路线是对的。报纸不能有独立性，自由主义在报社内不能存在。以后凡有重要问题，小至消息大至社论，均须与中央商量。”[60]先没收言论自由，再收缴新闻自由，依靠宣传起家的中

---

59 《毛泽东文集》第三卷，人民出版社（北京）1996 年版，页 26～27。

60 新闻研究所中国报刊史研究室：〈延安《解放日报史》大纲〉，载中国社科院新闻研究所《新闻研究资料》编辑部编：《新闻研究资料》第 17 辑，中国社会科学出版社（北京）1983 年版，页 18。

共很清楚资讯是判断的基础，统一资讯等于统一判断。从源头上控制资讯，手法巧妙隐蔽，效果佳胜。因此，当王实味、丁玲、萧军等稍稍发出不同声音，毛泽东、博古、张闻天、康生、李维汉等集体行动，将“不稳定因素”扼杀在摇篮里，规定所有人数年只学习 27 个文件。

整风期间，延安各机关学校少则一两年、多则两三年，翻来复去学习这 27 篇文件，都能精确背出每一标点，其他一律停学，甚至包括马列理论，只有高干还选学一点思想方法论。[61]

整风后，延安一代对历史对人物的品评明显偏差。此前正面人物的曾国藩，“现才知道是这样一个坏人，是大汉奸。……尤其替满清效力，打革命的洪杨，做了不下于吴三桂、洪承畴的汉奸事业。”甚至用“无产阶级”要求古代圣贤：“非无产阶级的学问，从颜曾思孟直到晚近康梁，他们的特点，一切从个人出发，不是把自己当作大众的一员，一切从主观出发，不是用客观来决定主观。”[62]

整风后，个人与自由在中共语汇中坠为黑色罪词，最后竟至不能提及。1956 年中共八大选举前，胡耀邦名列中委候选名单，十分不安，觉得自己太年轻、资历尚浅，不能位列许多老资格候委之前，鼓足勇气提出“退居候委”，遭到“不要谈个人问题”的制止。[63]个人主义、资产阶级自由化，今天仍未翻身正名。“个人”、“自由”在中共价值体系中至今仍无合法性。

延安风向鲜明转折点的整风，中共高层认为统一了全党思想，形成强大战斗力，乃是通往一个胜利接着另一个胜利的重要起点；“两头真”则认为整风使民主从此失去话语权，乃是党走向专制的历史拐点。

毛泽东用辩证法将民主一分为二：对外向国府力争“无产阶级的民主权利”，坚决反对国民党的“党主”；对内则压制“资产阶级民主”，归为万恶的个人主义，反对“分散”（民主）要“集中”（党主）。整风使民主这一五四理念完全政治化功利化。民主理念的这一通“阶级分析”，为政治利益而放弃重大原则，正是中共理论上从革命党开始退化的第一步。1957 年，李慎之喊了一嗓子：“毛主席除了制定国民经济五年计划，

---

[61] 何方：《党史笔记》，利文出版社（香港）2005 年版，上册，页 256。

[62] 《谢觉哉日记》，人民出版社（北京）1984 年版，上册，页 531～532、551。

[63] 陈小津：《我的“文革”岁月》，中央文献出版社（北京）2009 年版，页 478。

还要制定还政于民的五年计划”，便从“党的宠儿”（李慎之自语）沦为“右派”。[64]

以民主的名义没收民主，以信仰的名义篡改信仰，开始走样的革命大抵总是这样开始“最初的修正”。希特勒《我的奋斗》也用集体与种族的名义“名正言顺”地没收个人自由。墨索里尼也有同类厥词：“意大利必须先于其他欧洲民族废除个人自由，因为意大利的文明比其他民族先进得多！”[65]歪歪理行走得如此气冲斗牛，乃是它歪斜的逻辑得到拥戴。法西斯的第一步就是“合法”摘除公民自由。

“王实味事件”杀鸡儆猴。延安一代既然是“中华民族的优秀儿女”，智商不低，他们很快就对延安形势作出“正确判断”。胡绩伟：“我听了毛的文艺座谈会讲话以后，在开展批判问题上是存在怀疑的。认为毛的讲话，时而这样，时而又那样，给我的印象是：最好不要批评，好意的批评很容易变成恶意的攻击，甚至会招来大祸。”[66]可失去自我批评，等于失去自我修正的可能，也违背了恩格斯的“工人运动本身怎么能避免批评，想要禁止争论呢？难道我们要求别人给自己以言论自由，仅仅是为了在我们自己队伍中又消灭言论自由吗？”[67]

整风开始后，必须批评别人以表现自己，人际关系迅速恶化。1942 年 9 月 23 日，范元甄日记：“人真是丑恶的东西，彼此要讥讽、仇视……同志间的无限的热爱，在咱们这群人里还差得远哩。”[68]听听，这才是延安整风最真实的声音。

参、初露峥嵘的红色恐怖

1943 年 5～6 月，抢救运动使延安一代首次领教红色恐怖。延安红青不惟不了解遥远的苏联，也不了解近在眼前的中共党史——南方苏区的红色恐怖就相当惨烈了。

---

64 邢小群：《往事回声》，时代国际出版有限公司（香港）2005 年版，页 61～62。
65 （英）哈耶克：《通往奴役之路》，王明毅等译，中国社会科学出版社（北京）1997 年版，页 51。
66 《青春岁月——胡绩伟自述》，河南人民出版社 1999 年版，页 248。
67 《马恩选集》（第四卷），人民出版社（北京）1972 年版，页 471。
68 李南央编：《父母昨日书》，时代国际出版有限公司（香港）2005 年版，上册，页 284。

张发奎（1896～1980）：1927 年 12 月中共广州暴动，国军迅即回师，见大势已去，中共竟准备焚城，集合五六百人力车夫，人手一小桶五加仑油、一盒火柴、报纸一捆，准备各处放火，所幸粤军及时赶到，才制止暴行。犹太人莫里斯・何恩乃孙中山保镖，1970 年代周恩来统战对象，亲历广州暴动，其传记中：共党攻占反共的总工会馆，烧死一百多名工人；500 多名农运分子进城参战，分散小股到处烧房、抢物、杀人；中央银行起火，共党占领消防队，不准救火；暴动者火烧日本医院，15 岁女孩持枪把守码头，难民上下船要搜查行李。中共出版物也披露：广州暴动前中共拟有捕杀名单，持国民党立场的文化人俱在其中。中山大学学生张资江、《民国日报》主编袁某等不是当街打死，就是拖到暴动总部枪决。傅斯年也在名单中，幸得通风报信才躲过此劫。[69]

毛泽东也承认井冈山的烧杀，亲令杀死地主全家，包括孩童。[70]《邱会作回忆录》："对地主不分田，杀了不算还杀亲属。"[71]1928 年 3 月，湘南特委代表周鲁对毛说："我们的政策是烧，烧，烧！烧尽一切土豪劣绅的屋！杀，杀，杀！杀尽一切土豪劣绅的人！""我们烧房子的目标就是要让小资产者变成无产者，然后强迫他们革命。"[72]与太平天国逼民入伙一样，"房屋俱要放火烧之，家寒无食之故，而随他也。乡下之人，不知远路，行百十里外，不悉回头。加后又有追兵，而何不畏。"[73]

1928 年 1 月，朱德率南昌暴动残部发动湘南暴动，3 月国军进剿，中共湘南特委决定焦土政策，拟烧尽宜章至耒阳一线公路（二百多公里）两侧各五里之内房屋，乡农暴力顶抗，追杀千余赤色分子，郴州城几十具共干尸体倒街，妇联主任赤身裸体，两乳被割，开膛剖肚，外阴被挖……[74]

1930 年 10 月 7 日赣西南特委书记刘士奇（1902～1933）的报告：

---

69 周启博：〈傅斯年为何去台湾〉，载《开放》（香港）2009 年 11 月号，页 84～85。

70 张国焘：《我的回忆》，东方出版社（北京）1998 年版，第三册，页 362。

71 《邱会作回忆录》，新世纪出版及传媒有限公司（香港）2011 年版，上册，页 64。

72 饶道良、李春祥：《血泊罗霄——井冈山重大历史事件揭秘》，江苏人民出版社 1998 年版，页 33。

73 罗尔纲：《李秀成自述原稿注》，中华书局（北京）1982 年版，页 95。

74 曾志：《百战归来认此身——曾志回忆录》，人民文学出版社（北京）2011 年版，页 40～47。

> 地主商业资产阶级的经济日益破产，城市的商店，没有农民上街，闭门的闭门，搬走的搬走，吉安、赣州突然增加了几十万土劣（金汉鼎报告，吉安有十九万，赣州亦相差不远），土劣的妻女，以前威风凛凛的现在大半在吉安赣州当娼妓，土劣则挑水做工，现在又跑回来向苏维埃自首，愿意将所有家产拿出来，请苏维埃不杀就是。
>
> 江西全省的反动政府，在经济上亦大减少，过去每月收入八十万，现在只收得七八万元。景德镇的磁业过去每月有百六十万，现在只有十六万，统治阶级的财政经济到了困难的极点。[75]

江西苏区“黄陂肃反”，四万余红一方面军打出 4400 多名“AB团”，“杀了约两千”，全军 1/10 被冤、1/20 被杀。地方上，据不完全统计，永新错杀“AB 团”1890 人，于都杀掉 2200 人；十万人的万泰县，杀了 900 多人；吉安西区雩北区拘捕不下千人；寻乌县杀了 3500 多人。[76]

1931 年秋，鄂豫皖苏区大肃反，初中以上定为肃杀重点，亲历者徐向前（1901～1990）：“将近三个月的‘肃反’，肃掉了 2500 名以上的红军指战员，十之六七的团以上干部被逮捕、杀害。”“知识分子和青年学生，凡是读过几年书的，也要审查。重则杀头，轻则清洗。”徐向前时任军长，其妻程训宣（王树声之妹）仍被当成“改组派”杀掉。

> 除总部保留了屈指可数的知识分子干部外，军以下几乎是清一色的工农干部。有些师团干部，斗大的字识不了几个，连作战命令、书信也不会写。受领任务，传达指示，全凭记忆力。……把知识分子视为异己力量，机械执行共产国际的指示，把中间势力当作“最危险的敌人”。选拔干部，不强调重在表现，而首先看是不是工人成份，搞“唯成份论”。……所谓知识分子犯错误“罪加三分”，

---

[75] 〈赣西南（特委）刘士奇（给中央的综合一）报告〉（1930 年 10 月 7 日）。载《中央革命根据地史料选编》，江西人民出版社 1982 年版，上册，页 361。

[76] 余伯流、凌步机：《中央苏区史》，江西人民出版社 2001 年版，页 962、1015～1016。

工农分子犯错误“罪减三分”。……当时又存在普遍轻视文化知识的倾向，给部队发展建设造成的障碍，是相当严重的。[77]

张国焘记述：鄂豫皖大肃反肃掉两个师长（许继慎、周维炯）、一个师政委（庞永俊）、八个团长、五个团政委、两个师政治部主任、十二个团政治部主任；共计肃叛千余人，富农及坏分子计 1500 人，“2500 多排以上干部先后被逮捕和被杀害了。”“部队中的文化程度也一落千丈，使部队中造成极端反知识分子，反对戴眼镜的恶劣倾向，几使红军成为一支愚蠢的军队了。”1931 年 11 月 24 日，鄂豫皖中央分局指示鄂豫边特委：“从不正确的思想意识中”、“从日常生活的表现中”去发现反革命。[78]红四方面军在鄂豫皖边区、川陕边区的肃反逻辑：“知识分子必然是地主富农，地主富农必然是国民党，国民党必然是反革命，反革命必然要杀。”[79]

1931 年春，闽西苏区“肃社党运动”（肃清社会民主党），闽西苏维埃 35 名执委，半数以上被杀；红 12 军连以上干部半数被肃。闽西苏区被错杀的“社会民主党”达 6352 人。连闽西苏维埃主席张鼎丞、闽粤赣特委组织部长罗明等都险遭杀害。1932 年 5 月，江西省委的肃反总结报告：“肃反的结果，……90%以上的都被处决或被监禁或停止工作了。”[80]

1929 年 11 月 6 日，闽西特委报告：“一般过去斗争失败的同志脑子里多充满了杀人观念，他们杀人太随便了，以为反动派可以杀得尽的。”[81]赣西南，据 1930 年 6 月《红旗》，“农村的豪绅地主，简直没有生存地步，捉的捉，杀的杀，逃跑的逃跑的，赣西南有廿余县的乡村，农民协会即变成了临时政权机关。”[82]

---

[77] 徐向前：《历史的回顾》，解放军出版社（北京）1988 年版，页 236、117、122、125、236。

[78] 成仿吾：〈张国焘在鄂豫皖根据地的罪行〉，载《中共党史资料》第四辑，中共党史资料出版社（北京）1982 年版，页 161～164。

[79] 〈关于川陕革命根据地肃反的情况〉（1945 年 5 月 1 日整理），载四川省社会科学院、陕西省社会科学院编：《川陕革命根据地史料选辑》，人民出版社（北京）1986 年版，页 246。

[80] 余伯流、凌步机：《中央苏区史》，江西人民出版社 2001 年版，页 999、1016。

[81] 〈中共闽西特委报告——闽西暴动及政权、武装、群众组织的情况〉（1929 年 11 月 6 日），载《中央革命根据地史料选编》，江西人民出版社 1982 年版，上册，页 165。

[82] 江虞：〈赣西南工农群众的斗争〉，原载《红旗》1930 年 6 月 28 日、7 月 2 日。参见《中央革命根据地史料选编》，江西人民出版社 1982 年版，上册，页 217。

1932 年 5 月～1934 年 7 月，湘鄂西苏区及红三军先后四次大肃反，夏曦连续杀了几个月，有的连队连杀十几个连长，一次肃反就杀了万余人，洪湖县区级干部都杀光了。红三军从两万人削弱至三千余人，苏区各独立团、赤卫队亦损失殆尽。逮捕干部时，夏曦下条子给关向应，贺龙都没有资格看。白天捉人，夜里杀人。甚至两度企图对贺龙下手，全军最后只剩下夏曦、关向应、贺龙、卢冬生四名党员。直到 1950 年代，洪湖仍挖出一坑坑的白骨。红六军团的肃反也很邪乎，王震、张平化都上黑名单。王震因九渡冲一仗打得好，才从黑名单上解除。[83]

1930～35 年间，各苏区所杀“自己人”总数近十万。“短短几年间，处决了七万多‘AB 团’、二万多‘改组派’、6200 多‘社会民主党’，这还只是有名有姓的受害者。”[84]李锐：“从 1985 年开始，十多年中我主编《中国共产党组织史资料》时，曾统计过十年内战期间各苏区的肃反，从打 AB 团起，共杀了十万人。这是一个多么可怕的数字。（按：红军最多时才 30 万人）”[85]中共一直攻击国民党清共“宁肯错杀三千，不可放过一个”，但苏区“肃反”喊出“宁肯杀错一百，不肯放过一个”。[86]

1933 年初，刘志丹的红 26 军二团开进陕西照金笔架山香山寺，该寺建于唐代，僧尼千余，红军强开寺仓分粮、夺庙产分地，陕西省委书记兼红 26 军政委杜衡下令烧寺。[87]

长征途中，云南某县长误将红军当国军，大开城门迎纳。红军进城后，问前来迎接的官绅：“你们给本军办好了粮食军饷没有？”回答已办妥。红军吩咐要十个向导，也一一派定。等县府官员前来拜访，毛泽东下令将百余名前来欢迎的官绅处以死刑。毛说：“如果一切敌人都像云南这个县

---

[83] 贺龙：《回忆红二方面军》，载《近代史研究》（北京）1981 年第 1 期，页 23～25、30。

[84] 景玉川：〈富田事变及其平反〉，原载《百年潮》（北京）2000 年第 1 期。参见杨天石主编：《史事探幽》上册，上海辞书出版社 2005 年版，页 169。

[85] 李锐：〈关于唐纵日记的回忆〉，载《炎黄春秋》（北京）2007 年第 9 期，页 26。

[86] 江西省档案馆，中共江西省委党校党史教研室编：《中央革命根据地史料选编》上册，江西人民出版社 1982 年版，页 480。

[87] 张秀山：《我的八十五年》，中共党史出版社（北京）2007 年版，页 45。

长这样蠢，中国革命早已成功了。”[88]这些“革命事迹”如写进《西行漫记》，延安一代如知道这些红色阴暗面，革命热情还会那么高么？

1945 年春中共“七大”，一位代表：“内战时期，老根据地的人口减少了近 20%。人哪里去了，战争牺牲是主要的，但我们自己也杀了不少好同志。共产党杀的甚至比国民党杀的还要多。许多好干部都是自己杀的呀。我们对邓发（按：国家政治保卫局长）的肃反政策很愤怒！”[89]

这些阴暗面，中共当然不会自抖示人，“七大”代表对肃反政策的“愤怒”也不允许透露给外界。延安一代浑然不知。李锐：“延安整风和‘抢救运动’时，这个群体才第一次面临‘党文化’的严厉改造。”[90]1943 年 7 月 23 日，塔斯社记者日记：

> 这个城市看起来像个集中营。不让人们离开办公室和学校，现在已经是第四个月了。这里纪律，简直就像是监狱的纪律，把人束缚得没有活动自由。[91]

整风、抢救运动乃中共红色逻辑的延续。李锐晚年：“对中国旧社会的各个阶层、各阶层的人到底如何看待？共产党从苏区到延安都存在着根本性的错误，这个错误是延安整风、抢救运动很重要的思想基础。”[92]

抢救运动第一项：递交个人自传与赴延经过，延安一代不知道每一句“真心交代”都有可能成为送上门去的“自射子弹”。赴延知青居然 80% 被认定国民党特务。[93]《解放日报》与新华社一百几十号人，挖出 70%的“特务”。[94]仅仅十余天，延安一地就揪出 1400 余名特务，[95]包括“见过

---

[88] 陈云：〈英勇的西征〉，原载《共产国际》（中文版）1936 年第 1、2 期合刊，页 50。参见王明：《中共 50 年》，东方出版社（北京）2003 年版，页 20～21。

陈文发表前，陈云在莫斯科给王明看，王明从“政治影响”出发，建议陈云改动两处事实：一、将该县欢迎官绅百余人改为“几个人”；二、将原文“毛泽东同志自然知道怎样对付他们，下令将他们都杀掉了”，改为“我们自然知道怎样对付他们了。”

[89] 《邱会作回忆录》，新世纪出版及传媒有限公司（香港）2011 年版，上册，页 139。

[90] 李锐：〈李昌和“一二・九”那代人〉，载《炎黄春秋》（北京）2008 年第 4 期，页 3。

[91] （苏）彼得・弗拉基米洛夫：《延安日记》，吕文镜等译，东方出版社（北京）2004 年版，页 146。

[92] 李锐：〈我的延安经历〉（三），载《争鸣》（香港）2011 年第 6 期，页 67。

[93] 李锐：《毛泽东的早年与晚年》，贵州人民出版社 1992 年版，页 125。

[94] 《温济泽自述》，中国青年出版社（北京）1999 年版，页 161。

[95] 高文谦：《晚年周恩来》，明镜出版社（香港）2003 年初版，页 81。

列宁”的柯庆施。柯时任中央统战部副部长、王明副手，关押批斗，刷出大标语“柯庆施是大特务”，柯妻李蜀君跳井。[96]批斗柯庆施就在毛泽东窑洞不远处。师哲：“毛泽东一定听见了，他怎么想？不知道。”[97]就是这位柯庆施，后成为“毛主席的好学生”、封疆大吏、毛崇拜第一吹鼓手。

叶剑英之妻危拱之，大革命时期留苏生、一方面军长征30女杰之一，时任河南省委组织部长。但河南整个党组织被打成“红旗党”，她的党员身分都遭到怀疑，彻底绝望，“坦白动员会”后勒脖自杀，被救后精神失常，乱骂领导、乱谈恋爱，嚷嚷要脱党，经常跑到男宿舍与男友睡在一起：“我命不要了，党籍不要了，还怕什么？我愿怎样就怎样！”[98]

甘肃、四川等省中共党组织也被打成“红旗党”。培养情报干部的西北公学，副校长李逸民：“我们学校五百多人，只剩下二十来人没有被‘抢救’。”[99]延安一地自杀身亡者五六十人，[100]胡绩伟主编的《边区群众报》，“在报社四五十个外来知识分子干部中，没有被当做特务来斗争的，只有我和谭吐两个人。”[101]

曾志，1926年15岁入党，湘南暴动老红军，参加黄洋界保卫战，贺子珍好友，与毛泽东相当熟悉。只因一段白区工作经历，小组里交代了五六天，不时敲头揪发踢腿，逼她承认是特务。

> 他们则对我的报告进行研究分析，提出疑点和问题。一星期后，转入小组内的面对面责问，人问我答，许多事情都要反复询问……大约又是一个星期，他们没有从我身上“突破”什么，于是认定我属于顽固不化分子。小组便集中火力对我实行逼供，仍无进展，又扩大为全支部都来逼供，还是车轮战，白天黑夜不让休息，每天都要搞到下半夜两三点，有时则要通宵……全支部对我的车轮战没有取

---

96 朱鸿召：《延安日常生活中的历史（1937～1947）》，广西师大出版社（桂林）2007年版，页155。
97 师哲：《我的一生——师哲自述》，人民出版社（北京）2001年版，页167。
98 曾志：《一个革命的幸存者》，广东人民出版社1999年版，页333～334。
99 《李逸民回忆录》，湖南人民出版社1986年版，页116～117。
100 刘少奇1949年天津讲话。朱鸿召：《延安文人》，广东人民出版社2001年版，页176、182。
101 《青春岁月——胡绩伟自述》，河南人民出版社1999年版，页227。

> 得他们希望的东西，又请了其他支部的精兵强将来助战，结果仍是一无所获。对我的车轮战整整进行了两个星期。[102]

其夫陶铸在南京国民党狱中表现坚强，也遭抢救，打成叛徒，气得暴跳如雷直骂娘。[103]曾志、陶铸尚且如此待遇。陶铸在文革中被整死，曾志也吃尽苦头，但她至死忠毛。

大革命时期女党员宋维静（1910～2002），参加广州暴动，亦遭抢救，“有人拉着她的头发在地上拖来拖去，把她一个人关在岗楼那样没有窗子的四面木头房，只能容一张小床，时间长达四个月之久。”[104]昨天还是战友，今天已成敌特。推推搡搡是轻的，一周不让睡觉的车轮大战也还算文明，吐痰于脸、绳拴两指吊起来那才叫怀羞终身、留忆深刻。1943 年 8 月 8 日，“抢救”进入高潮，毛泽东在中央党校说特务如麻：行政学院除一人以外，教职员全是特务，学生过半数也是特务；军委三局通讯学校一共 200 多人，挖出 170 个“特务”；中央党校已经挖出 250 个特务，但估计不止此数，恐怕得有 350 人。除了康生、彭真、李克农这些抢救运动积极分子，刘少奇分管的民委（尤其中央妇委），大部分干部被打特务，包括凯丰、邓洁之妻。1943 年 10 月，毛泽东在高层会议上说边区已抓特务七千，但恐怕有一万，各根据地合计有十万特务大兵。[105]

1943 年底，“特务”实在太多，各机构无法正常运转。王诤领导的电讯部门，挖出千余特务，延安与各根据地、各省的联系不通了。[106]边区四万余干部学生肃出“特务”1.5 万余人。[107]绥德师范开了九天控诉大会，挖出 230 名“特务”，占全校人数 73%，都是十几岁的孩子。[108]后来还扩大

---

[102] 曾志：《一个革命的幸存者》，广东人民出版社 1999 年版，下册，页 335～336。
[103] 高浦棠、曾鹿平：《延安抢救运动始末》，时代国际出版有限公司（香港）2008 年版，页 87。
[104] 曾志：《一个革命的幸存者》，广东人民出版社 1999 年版，下册，页 512。
[105] 何方：《从延安一路走来的反思》，明报出版社 2007 年版，上册，页 115～116、121、124、126。
[106] 《李逸民回忆录》，湖南人民出版社 1986 年版，页 118。
[107] 胡乔木：〈整风运动：1943 年“九月会议”前后〉。参见《胡乔木回忆毛泽东》，人民出版社（北京）1994 年版，页 280。
[108] 王素园：〈陕甘宁边区“抢救运动”始末〉，载《解放日报》（延安）1943 年 9 月 22 日。

到小学生，最小的据说只有六岁。[109]1944年初，绥德县向延安推荐“坦白运动先进典型报告团”，团内一位十二三岁小女生，坦白受国民党特务机关派遣，专搞引诱腐蚀干部的“美人计”。[110]

边区行政学院成为令人生畏的准监狱，入住“学员”最多时达三千余人。“学员的食宿都非常差，生病不能参加劳动就开会斗争，直斗到生命垂危，送到医院才算了事。有孩子的母亲被审查后，孩子饿得直哭，也不让给孩子喂奶，病了不让送孩子去医院，有些就这样活活地饿死、病死……”该院滇籍教师左启先，因经常收到国统区汇款，成了“特嫌”，整得死去活来，最后神经出轨，一丝不挂跑出屋。边区建设厅工程师赵一峰，整疯后常常跑进厕所掏吃大粪。1944年甄别平反，仍有百余“犯人”羁押保安处。中共党史专家：“这些人绝大多数是被冤枉的。”[111]1947年3月胡宗南进攻延安，这批“犯人”转押至黄河边，成为累赘，经康生批准，秘密处死，王实味就在此时遇难。一同处决的还有四位投奔中共的白俄。湖南岳阳老地下党员杨乐如，不但送学生赴延，自己也来了，当特务抓起来，亦于此时被康生处死。[112]这批冤案1980年代才陆续平反。

延安肃反逻辑与文革完全一样：一、沾包式。向外国教师学过外语即“意大利特务”；二、怀疑式。女青年爱打扮，“长得那么漂亮，她不当特务谁当特务？”（康生语）三、推导式。恋人们用方言交流，“你说自己没问题，但为什么总用广东话同你爱人说悄悄话？”四、捕风式。知青散步聊天，谈谈云彩月亮，便是成立反革命组织“月亮社”、“乌云社”、“太阳社”。[113]嫁了高干的女青年，更是重点怀疑对象，国民党的“美人计”，利用姿色表现进步，嫁给高干是为了窃取情报。[114]1940年3月赴延的老同盟会员之子彭尔宁，壁报上画了一朵彩色向日葵，康生咬定是“心向日本帝国主义”。彭尔宁来自沦陷区与阎锡山二战区，指为双料特务

---

[109] 师哲：〈我所知道的康生〉，载《炎黄春秋》1992年第5期。参见杜导正、廖盖隆《政坛高层动态》，南海出版公司（海口）1998年版，页176。

[110] 金城：《延安交际处回忆录》，中国青年出版社（北京）1986年版，页178。

[111] 高浦棠、曾鹿平：《延安抢救运动始末》，时代国际出版有限公司（香港）2008年版，页171、178～179、392。

[112] 李锐：《我的延安经历·整风和抢救运动》，载《争鸣》（香港）2011年5月号，页58～59。

[113] 冯建辉：《命运与使命：中国知识分子问题世纪回眸》，华文出版社（北京）2006年版，页112。

[114] 石澜：《我与舒同四十年》，陕西人民出版社1997年版，页94。

——日特兼国特。[115]思维狭窄、难容异见、疑神疑鬼、群起哄闹、褫夺辩护权……“文革”青萍之末都能从延安整风处找到最初的对应。

一位陕北老粗干部，没上过学也没出过延安，更没见过火车，硬指一位关内女知青是特务：“这个女的说自己是穷苦农民家孩子，怎么还有钱坐火车到西安？”抗联出身的留苏女生黎侠一听火了：“这算什么狗屁根据？我家穷，我还是坐飞机从苏联回来的呢。”两人互拍桌子对骂，老粗气急败坏：“告诉你黎侠，你要不是从苏联回来的，我早把你整成特务了。我跟你打赌，那个女青年要不是特务，你把我卵子割下来！”这位女知青被绳拴脚趾倒吊房梁，打得皮开肉绽鲜血淋淋，饿了只给咸菜，渴了不给水。那位老粗说：“饿了好忍，渴了不好忍。”女青年挺不住，只得承认“特务”，接着被逼检举“同党”，终至发疯。后该案平反，接到通知，黎侠跑到食堂抄起大菜刀，闯进老粗窑洞：“妈拉个巴子，当初你打赌说那女的要不是特务，你就让我割你的卵子嘛！”老粗连声告饶，窜出门满山豕突狂逃，黎侠追不上，一屁股跌坐山坡放声痛哭。[116]

各根据地来的“七大”代表也半数“有问题”，二十多位受审查。老地下党员易季光遭皮带抽打，血迹遍体，胳膊被咬去一块肉。一次吊起四肢各一趾，“高高悬在窑洞的梁上再用皮带抽，真是惨不忍睹。”[117]1944年初，任弼时问毛泽东：“七大”还开不开？难道和特务一起开党代会？这才将党代表中的“抢救”停下来。[118]中共11～12届政治局候委、副总理陈慕华（1921～2011），1938年赴延，因陈诚侄女遭“抢救”，周恩来干预后才作罢。[119]

1943年春接任抗大校长的徐向前：“更可笑的是所谓‘照相’。开大会时，他们把人一批一批地叫到台上站立，让大家给他们‘照相’。如果面不改色，便证明没有问题；否则即是嫌疑分子、审查对象。他们大搞‘逼供信’、‘车轮战’，搞出特务分子、嫌疑分子602人，占全校排以上干

---

[115] 金城：《延安交际处回忆录》，中国青年出版社（北京）1986年版，页180。

[116] 蒋巍、雪扬：《中国女子大学风云录》，解放军出版社（北京）2007年版，页173～174。

[117] 曾志：《一个革命的幸存者》，广东人民出版社1999年版，下册，页340。

[118] 师哲：〈我所经历的延安“抢救运动”〉，参见师哲《峰与谷——师哲回忆录》，红旗出版社（北京）1992年版，页3～4。

[119] （英）韩素音：《周恩来与他的世纪》，王弄笙等译，中央文献出版社（北京）1992年版，页239。

部总数的 57.2%。干部队伍共有 496 人，特务和嫌疑分子竟有 373 人，占 75%以上。真是骇人听闻！”[120]

韦君宜：

> 我们多年相知的一些朋友都被打进去了。四川省委书记邹风平被迫自杀。鲁艺有一位艺术家全家自焚。除了“四川伪党”还有个“河南伪党”。除到处开会斗争和关押人外，还公然办了一个报纸，叫《实话报》，上面专门登载这一些谎话。有一个和我同路来延安的河南女孩子叫李诺，被公布在这张报上，简直把她说成了特务兼妓女。……好几对夫妻，都因为这次运动而离异。他们都是青年时代在革命队伍里相恋的好伴侣，可是到了这个时候，一方“听党的话”，相信对方是特务，而且一口咬定对方是特务，自然就把对方的心给伤害了。由此造成的伤痕，比对方移情他人还难弥合。[121]

一对新婚夫妇，丈夫汇报工作半夜回来，妻子灯下等他，丈夫不但不理会浓浓爱意，反而怀疑妻子有问题，硬揪住她到李克农处交代，弄得李克农啼笑皆非。[122]

边区师范生呼延忠说了一句“卖瓜的不说瓜不甜，共产党还能说共产党不好？”罪证铁板钉钉，想拔也拔不出来，批斗时要求如厕，被指捣乱，硬是不准，“直让那股热流从肚子里顺着大腿流到地下。”[123]南开中学女生吴英在延安行政学院关禁闭，上厕所也要排队去，她对韦君宜说：“我那时想起来就埋怨你，你不该带我到这里来，早知这样，我也绝不会来。”国民党专员之女丁汾，被“抢救”成特务，平反大会上台哭泣：“我真后悔当时为什么要背叛我的家庭出来革命！我真应该跟着我的父亲跑的。当

---

[120] 徐向前：〈抗大整风与白雀园肃反〉。朱鸿召编选：《众说纷纭话延安》，广东人民出版社 2001 年版，页 152。

[121] 韦君宜：《思痛录》，北京十月文艺出版社 1998 年版，页 15。

[122] 《李逸民回忆录》，湖南人民出版社 1986 年版，页 117。

[123] 高浦棠、曾鹿平：《延安抢救运动始末》，时代国际出版有限公司（香港）2008 年版，页 114。

时我就想过，如果能再见到我的父亲，我就要对他说：把这些冤枉我的人都杀掉吧。”[124]

抢救运动一起，“人们不得自由出入，不得会见亲友和熟人，连处在不同机关的夫妻也不能团聚。单位之间的来往和聚会（如过去经常举行的讨论会、联欢会，各种学习和文体活动）完全停止，路上行人也大为减少。……集中了‘三万党政军’的延安，被弄得空气紧张，人人自危。”“整风前可称作‘延安时期’的那种生动活泼局面在抢救运动开始后就完全结束了，此后再也没有恢复起来。”[125]

最恶劣的红色恐怖是必须通过揭发别人才能证明自己“红色”，凭借这一“红色逻辑”，人性恶的一面得以正大光明出行。“抢救”亲历者胡绩伟：“抓不到这个数额，单位负责人就是‘右倾’，就是包庇敌人，甚至本人也成了特务。有些人为了保全自己，也就不顾一切地大搞逼供信，形成处处有特务的局面。各单位负责人纷纷向上报‘成绩’，以诬陷同志来向上邀功受赏。”[126]有时，屋里正在“抢救”审讯，窗外走过一位专案组成员，被整肃者努努嘴，那人立即停职交代，沦为“专政对象”。[127]1950～70年代，一句“他在延安坐过牢的”，会成为政敌的一发枪弹。

一切红色暴力都有一个金光闪闪的理由——为了革命！斯大林为血腥大清洗辩护：“为了劳动人民的利益，为了保卫革命果实，必须这样做。”[128]一个似乎崇高的名头——“以革命的名义”，成为掩盖一切暴力的大红袍。

红色恐怖使各地赤区空气肃杀，但自私本性又不可能完全泯灭。李南央评母：“我妈对自己的钟爱是绝对的。大概最爱自己的人，在共产党内才最自我标榜为最革命的。这倒是为什么她会喜欢江青的可理解之处。”[129]红色恐怖逼迫自私本性转化为强烈标榜革命，以此摆脱遭整肃。更可怕的是：由于政治陷害十分方便，卑劣者施展“才华”的空间大大增扩。这些

---

[124] 韦君宜：《思痛录》，北京十月文艺出版社1998年版，页16。

[125] 何方：《党史笔记》，利文出版社（香港）2005年版，下册，页441、443。

[126] 《青春岁月——胡绩伟自述》，河南人民出版社1999年版，页226。

[127] 何方：《从延安一路走来的反思》，明报出版社（香港）2007年版，下册，页502～503。

[128] （美）安娜·路易士·斯特朗：《斯大林时代》，石人译，世界知识出版社（北京）1979年版，页77。

[129] 李南央编著：《我有这样一个母亲》，开放杂志出版社（香港）2003年版，页29。

卑劣者根本不信奉马列，但并不妨碍他们运用马列主义达到个人种种目的。1950年，李锐已认识到："搞'左'的人，往往动机不纯。"

一位"解放牌"晚年说：

> 我从自己的受难，也从别人的痛苦遭遇中，对左倾的表现进行了一些观察。据我多年观察，凡在政治运动中表现得特别"左"的人，几乎没有一个是为了革命的。讲要革命什么的，大半都是打着这幌子，弄一些把戏而已。且左倾的表现，纯属于思想方法的成份有一些，但也不多，绝大部分是为了"谋私"，……在左倾思想占领导地位时，有些人想利用这个机会，尽量使自己表现得"左"一些，表现得"革命"一些，把别人踩下去，好让自己爬上去，攫取官位、攫取权力。……以此作为晋升的捷径。[130]

抗战初期，国民党确实派了一些特务打入延安，人家当然也会搞对手的情报，但很快被挖出。[131]时至1942年，延安氛围"一片红"，国民党特务很难开展工作。国民党军统西北区长张严佛（1901～1971）：

> 1937年我到西安后，也千方百计图谋派遣特务打入边区，建立潜伏组织。……我在西安三年之中，从来没有放松过这么一个妄想：无论如何必须在陕甘宁边区范围内，建立潜伏特务组织。我觉得从正面派特务打进边区的可能性极少，汪克毅失败回来后，我又想到可以利用行商小贩做工具，试图打入边区的办法……试搞了几次，都因为根本无法进到边区去，而边区的商人更是坚定地跟着共产党走，不肯上特务的圈套，累试都失败了。[132]

---

[130] 李冰封：〈并非家务事〉，原载《书屋》（长沙）2001年第6期。参见李南央编著：《我有这样一个母亲》，开放杂志出版社（香港）2003年版，页176、182～183。

[131] 陈复生：《九死复生——一位百岁老红军的口述史》，中央文献出版社2010（北京）年版，页162～164。

[132] 张严佛：〈抗战前后军统特务在西北的活动〉，载《文史资料选辑》第64辑，中华书局（北京）1979年版，页101～104。

当时未引起注意的深层次红色恐怖是思想恐怖。27个整风文件要求学两三个月，每个文件翻来复去要读无数遍，如同和尚念经，知青们深感厌烦。[133]但他们未意识到这种高强度学习的背后是强行统一思想，更未意识到强行统一思想即是对自由的实质性收缴。

抢救运动是延安一代首次经历“革命的大风大浪”，也是第一次接受“革命的错误”。事实面前，他们多少有点清醒，不得不复杂起来。韦君宜的认识发生很大转变：“从这时起，我虽然仍相信共产主义，相信只有共产党能救中国，但是我痛苦地觉得，我那一片纯真被摧毁了！”[134]

延安的恐怖逻辑是“从思想上发现敌人”。后写出影片剧本《八女投江》、《赵一曼》的颜一烟（1912～1997），其父伪满驻日大使，当然被“抢救”，她交出金镯等金银，何其芳仍说“交出金子不如交出心”。[135]

历经文革，延安一代有人领悟：“整个说来，文化大革命运动是延安整风审干运动的翻版。”[136]无事生非、自找烦恼的疑敌症，伴随中共一路走至文革，成为“继续革命”的重大理由——瞧，敌人就坐在我们身边呢！抢救运动创立的“工作方法”也得到全套继承。大会轰、个别逼、车轮战、逼供信、软硬兼施、威胁利诱，文革全搬全抄。吴国桢一针见血：“共产党却相信并公开提倡：只要目的正确，可以不择手段。……通过有计划的恐怖主义，共产党使人民害怕他们胜过害怕其他一切。”[137]

中共至今维护胡乔木的定调：“延安整风运动是一次全党范围内的马克思主义教育运动。”[138]李普认为自己之所以能够保持知识分子的原汁原味，全靠没去延安，而是重庆干部。只有历经延安整风“洗礼”与抢救运动“磨练”，才知道党内整肃的厉害，才会夹起尾巴做人。[139]

---

[133] 何方：《从延安一路走来的反思》，明报出版社（香港）2007年版，上册，页105。

[134] 韦君宜：《思痛录》，北京十月文艺出版社1998年版，页19。

[135] 高浦棠、曾鹿平：《延安抢救运动始末》，时代国际出版有限公司（香港）2008年版，页117～118。

[136] 李普：〈哀李炳泉之死〉，载《炎黄春秋》（北京）2009年第7期，页50。

[137] 吴国桢：《夜来临：吴国桢见证的国共争斗》，吴修垣译，香港中文大学出版社2009年版，页108。

[138] 胡乔木：《胡乔木回忆毛泽东》，人民出版社（北京）1994年版，页188。

[139] 杨继绳：〈李普今年八十八〉，载《炎黄春秋》（北京）2006年第9期，页52。

半个世纪后，国人才意识到：不讲人性、没有人情的政治必定是短命的。延安逻辑要求剿私灭欲，严重扭拧正常人性，成为1950年代以后诸多社会恶弊源头之一。延安逻辑，当然来自国际共运基础理论的悖谬。

肆、标准化与功利主义

整风以后，延安生活进入“标准化”。1944年6～7月，赵超构访延43天，撰有《延安一月》，内有一节“标准化生活”，撮精选录：

> 除了生活标准化，延安人的思想也是标准化的。我在延安就有这么一个确定的经验，以同一的问题，问过二三十个人，从知识分子到工人，他们的答语，几乎是一致的。不管你所问的是关于希特勒和东条，还是生活问题、政治问题，他们所答复的内容，总是“差不多”。在有些问题上，他们的思想，不仅标准化，而且定型了。说主义，一定是新民主主义第一，这不算奇。可怪的是，他们对于国内外人物的评判，也几乎一模一样，有如化学公式那么准确。也不仅限于公众问题，就是他们的私生活态度，也免不了定型的观念，甚至如恋爱问题，也似乎有一种开会议决过的恋爱观，作为青年男女的指导标准。……这种标准化的精神生活，依我们想像，是乏味的。但在另一方面，也给予他们的工作人员以精神上的安定，而发生了意志集中行动统一的力量。和延安人士接触多了，天天倾听他们的理论，慢慢地使人感觉某种气氛缺乏。什么气氛呢？现在才想起来，缺乏“学院气”。……因为摒弃了学院派的学说，延安青年干部所赖以求知的途径，只有向经验探索。虽然他们还保留着“马恩列斯”的学习，但也可以说他们的理论水准，将以马恩列斯的理论为最高的界线。这结果，免不了要形成偏狭的思想，并且大大地限制了知识的发展。
>
> 恋爱与结婚差不多是标准化。……标准的恋爱观，自有标准的恋爱方式，绝不像我们这里有“柏拉图式”、“至上主义”、“唯物主义”、“灵肉一致”等等的千变万化。另外一点标准化，依我

个人的私见，觉得在“增强党性”“削弱个性”的政策之下，延安人的思想、态度、品性、趣味、生活似乎都定型了。个性的差别是愈来愈狭小。甲同志与乙同志之间，A 女士与 B 女士之间，实在看不出有多大的分歧，再加上择偶的标准又是一致的，除了考虑一下年龄身貌之外，还有什么条件值得推敲呢？嫁给甲先生，或者嫁给乙先生，似乎不会有什么不同的结果，这在择偶上的确省了许多麻烦，不像我们的择偶，要从无数不同型的个性中选出自己所喜欢的对象来。

据我看来，共产党党员，除了他的党员身份以外，就很少有他个人的身份。假如世界上有所谓纯粹的政治的动物，那大概就是共产党员了。再详细地说，共产党的最大本领，在乎组织。党员的最大义务，也就是服从组织。……一般政治组织所要求的只不过是个人的一部分自由之让与；共产党所要求于党员的，则是贡献百分之九十以上的自由。……增加党性的意义，即是减弱个性，要求党员抛弃更多更多的个人自由。……在如此严格要求之下，共产党员还能保留多少的个人自由，是可以想见的。由于党性，同志爱必然超过对于党外人的友谊；由于党性，个人的行为必须服从党的支配；由于党性，个人的认识与思想必须以党策为依归；由于党性，绝不容许党员的“个人主义”、“英雄主义”、“独立主义”、“分散主义”、“宗派主义”。[140]

赵超构还记述了延安人一致否定中共管制他们的思想，但又一致承认大家的思想的确差不多，原因是对事实的认识一致、对中共政策的理解一致。赵超构挖掘形成这种“一致”的原因：“由于边区和大后方的隔膜，思想文化的交换陷于中断，就延安看来，简直是在闭关状态之中，许多延安人都向我们申诉过书籍杂志进口之困难，这使得他们的认识不得不局限于边区以内所能供给的资料之中。”[141]资讯来源单一，“一致”之因，报人赵超构一语中的。1942 年初，《解放日报》改版，“由不完全的党报变

[140] 赵超构：《延安一月》，上海书店 1992 年版，页 78～81、170、85～86、88。
[141] 赵超构：《延安一月》，上海书店 1992 年版，页 79。

成完全的党报”，“凡有转载，须经毛主席亲笔批示。”[142]毛泽东就这样关上延安输入外界资讯的惟一孔道。

共产国际驻延安联络员的记录：

> 我经常听到一套套标准的答话，而听不到一句生活的语言。不同的人，在表情上都是一个模样，这给人一种不愉快的感觉。……对毛的赞扬带有神秘主义色彩，是一种不健康的吹捧。这种危险做法，使党员没有主见，思想超不出毛泽东指示的范围，使党丧失能动性，这在大会上（按：中共七大）已有表现。结果，毛主席一个人的“一贯正确的创造奇迹的头脑”，代替了千百万人的头脑。
>
> 很难指望党的干部和一般党员会有首创精神了。当局实行的是死记硬背和教条主义的一套。
>
> 一篇讲话中间，引马克思主义学说创始人的著作引得越多，提他们的名字提得越多，那么这样的讲话尽管内容空洞，也都越被看重。[143]

不过，赵超构与弗拉基米洛夫有所不知，为应付外人访问，延安中共下发估计记者可能提出的二三十个问题，配上标准答案，要求必须默记背熟，以免答错。这种弄虚作假还被当成“优良传统”保持下来，专门用以应付上级检查和外来参观。[144]1949年后经常使用，并输送出口，现已被北韩学得出于蓝而胜于蓝。

延安的人际称呼也因革命化而标准化，夫妻改“爱人”、同事改“同志”、官长改“首长”。老乡不能认了。陈学昭《延安访问记》一处写到同乡，马上加一括弧（封建的口吻！）。这种浅表化形式化的改动，徒新鲜一时耳，这些革命称谓今天已悉遭“二次革命”，旧称复辟。夫妻再称“爱人”，自己都叫不出口呢。毕竟，“革命称谓”有欠精确，易引混淆，远不如“丈夫”、“太太”、“妻子”甚至“老公”“老婆”上口顺耳。

---

[142] 舒群：〈枣园约稿宴〉，载朱鸿召编选：《众说纷纭话延安》，广东人民出版社2001年版，页299。
[143] （苏）彼得·弗拉基米洛夫：《延安日记》，吕文镜等译，东方出版社2004年版，页541、111、489。
[144] 何方：《党史笔记》，利文出版社（香港）2005年版，上册，页284。

伴随标准化自然是同一化、狭窄化。“规格整一”，容异度势必走低，“四大怪人”在延安已不可能得到存身空间。写出《黄河大合唱》的冼星海，只要问他一下“为什么非要吃鸡才能作曲？”“思想根源何在？”就够他喝一壶了。标准化的身后矗立着思想方式与运用逻辑的同一性，惟马列是瞻的思维方式。1967 年 1 月 4 日，江青主持批判陶铸大会，要陈伯达发表倒陶讲话，即“一个常委打倒另一个常委”。毛泽东后翻脸，陈伯达对周恩来说江青逼得他活不下去，他已查书，共产主义者可以自杀，马克思女婿拉法格自杀后列宁参加悼念，因此自己可以自杀。[145]

1950 年代初，上海市委宣传部长、“胡风分子”彭柏山之女，十分惊讶父辈思维的统一化：“他们的言语里有一种模式，有一种不由自主的口气。大家说出来的都是一样的感觉，甚至连措词和细节都会在这种感觉下变成统一的。”[146]

局促狭隘的功利主义也在这一时期抬头，从“悄悄做”到“正式说”，并修正一系列重大原则。中共通过“理论联系实践”，价值序列上建立起“夺权大于原则”的逻辑。1943 年 4 月 13 日，毛泽东在政治局说：党内与党外的自由主义是有区别的，在国民党统治区域资产阶级的自由主义是进步的；思想自由与自由主义应有区别，党内有思想自由，但不能有自由主义。[147]就这么党内党外一倒腾，偷换概念，将自由戴上“自由主义”的帽子，名正言顺没收了自由。谁分得清什么是“思想自由”什么是“自由主义”？你一不清楚，自然只能“听司令的”，毛的意图达到了。

王实味敏感地嗅到延安空气中的功利主义。1942 年 6 月 2 日，王实味正式提出退党：“个人与党的功利主义之间的矛盾是几乎无法解决的……走自己所要走的路。”[148]他意识到自己对党的批评、对中共长远利益的考虑，已被完全误解；功利立场使党不可能理解自己的好心，短视使党只抓住“抹了延安的黑”，看不到也不愿看到承认黑点才是真正的强大，才是各项工作改进的起点。

---

[145] 《王力反思录》，北星出版社（香港）2008 年版，上册，页 144。

[146] 彭小莲：《他们的岁月》，天地图书有限公司（香港）2001 年版，页 72。

[147] 逄先知主编：《毛泽东年谱（1893～1949）》（中卷），中央文献出版社（北京）2005 年版，页 433。

[148] 温济泽：〈斗争日记〉（1942 年 5～6 月），载《解放日报》（延安）1942 年 6 月 28～29 日。

赵超构访延，发现在打倒“洋教条”的口号下，竟走向“土教条”。延安思想界认为“一个大学生学习英美式的经济学，不若精通边区的合作社和骡马大店。”当他向延安干部提出这一判认的局限，对方答：“看情形，我们现在不需要洋教条，所以要打倒它，等我们需要的时候，不妨把它请回来。”赵评曰：“这句话是最简明地表露了共产党的所有政策，是依着客观的需要而定的。”

赵超构还看到延安社会的深层次病弊：

> 延安文艺政策的特色，是多数主义、功利主义、通俗第一，一切被认为“小资产阶级性的作品”，尽管写得好，这里是不需要。
>
> 延安是最缺乏学院气的，这个，在延安大学又得到了证明。延大的整个方针，或者也是边区的整个教育方针，是排斥人文主义，着重经验主义，贬低理论水准，偏重实用技术；他们绝不讳言功利，一切陶冶性情、发展个性的学科，在他们看来不过是“资产阶级”的闲情逸致，……边区的农业需要不到欧美高度工业化的理论学科……凡是依我们的标准认为是缺点的地方，在他们自己看来都是优点。我们认为这种教育限制了个性，他们倒觉得唯有如此，才能为群众服务。我们认为它太功利化，他们却以为这是“学用一致”。我们认为理论水准太低，他们的答复则是“实事求是”。
>
> 从小处看，他们颇有计划，从大处看，他们是抓住一样算一样，并没有标准的形式。[149]

历史证明赵超构提拎出延安颠倒社会价值序列这一关键性错码，“凡是依我们的标准认为是缺点的地方，在他们自己看来都是优点”，与外面世界的价值逆向，恰恰是延安图纸最终衍化出反右、文革的赤色根须。

功利主义已上升到理论高度。延安哲学的狭窄化功利化致使一系列价值观念发生倾斜。陆定一等提出著名的红色新闻学口号：“把尊重事实与革命立场结合起来。”[150]赤裸裸从学理上否定了客观真实的惟一性，从理

---

[149] 赵超构：《延安一月》，上海书店 1992 年版，页 81、138、150～151、157。

[150] 陆定一：〈我们对于新闻学的基本观点〉，载《解放日报》（延安）1943 年 9 月 1 日。

论上打开真实二元论的通道——当新闻事实与革命立场发生冲突，“事实”要为“立场”让路，新闻要为政治服务。1944 年 12 月 2 日，重庆南大门独山失守，中共报纸大登特登，8 日国军收复独山，重庆《新华日报》不予刊载，重庆市民大为反感，报贩拒送，销路大跌；国民党中宣部长王世杰召见《新华日报》负责人潘汉年，特予晓谕。[151]

功利主义大大拦低了延安士林的价值空间与人文视野，政治功效检验所有文化价值，一切知识必须产生政治效应，否则便是不切实际的虚妄之论。降低价值空间、屈从政治功利，乃是延安一代士林背离五四方向极为关键的一步。而且这一屈从还是延安士林的自觉自愿。延安文艺座谈会前，1942 年 3 月 11 日，艾青在《解放日报》撰文：

> 作家并不是百灵鸟，也不是专门唱歌娱乐人的歌妓……他们用生命去拥护民主政治的理由之一，就是因为民主政治能保障他们的艺术创作的独立的精神。因为只有给艺术创作以自由独立的精神，艺术才能对社会改革的事业起推动的作用。[152]

延安文艺座谈会后，1942 年 6 月 16 日，艾青在斗争王实味会上发言：

> 王实味不仅是我们思想上的敌人，同时也是我们政治上的敌人。……在这神圣的革命时代，艺术家必须追随在伟大的政治家一起，好完成共同的事业，并肩作战。今天，艺术家必须从属于政治。[153]

延安时期，中共偏居穷隅，势力尚弱，马列调子理论上可以唱得很高，现实中却不得不向功利低头，不得不说一套做一套，不得不奉持功利主义。若完全按照马列主义，戏就唱不下去了，至少无法维持这么多人的生存。因此，当“现实”与“原则”发生矛盾，就不得不再架设这样那样的

---

[151] 王健民：《中国共产党史稿》（增订本），中文图书供应社（香港）1974～75 年，第三编・延安时期（下），页 432。

[152] 艾青：〈了解作家，尊重作家〉，载《解放日报》（延安）1942 年 3 月 11 日。

[153] 艾青：〈现实不容许歪曲〉，载《解放日报》（延安）1942 年 6 月 24 日。

“临时性原则”，为违反既定原则找出一大堆“不得不”的理由。涉世不深的延安知青，踏上马列理论殿堂已经头晕目眩，如坠五里云中，再这么被领着七拐八弯，哪里还分得东南西北，只能低着头跟着走。

为解决吃不上饭的财政困难，中共顾不上高调禁烟的原则，1941 年开始植卖鸦片：

> 在民国三十年毛头泽东又下令做起烟土生意来了。呵！烟土，那麻醉品，杀人不见血的毒药呵！国民政府在严禁，“边区”的公家商店却在毫无顾忌的卖着哩！这生意是一百六七十元的“边币”一两，而在“边区”附近的地方，却是二百元一两。在鄜县的交通镇那地方，这买卖可算是生意兴隆“通四海”，所以有大烟瘾的人都逃到这“边区”来了！……从太原、包头日本鬼子那里买来不过二三十块钱一两的烟土，一转手间，就是“一本万利”。[154]

1942 年 7 月 9～10 日《西安晚报》，连载〈中共栽种鸦片真相〉，内容甚详，包括公开售烟 250 余元／两，并运售国统区。[155]1947 年 4 月 30 日，范元甄家书：“这里家属队有不少太太，成百两的烟土，我觉得调查一下她们的经济来源倒可了解一批男干部的情况。真富的不像话。”烟土隐称“代金”，李锐亦曾拥有，以备急需。[156]

现实需要面前，中共被迫理论联系实际，自我修正——悄悄擦掉旗帜上的内容。中共开启价值标准二元化，悄悄转向“政治第一”——对敌一套，对己一套。所谓马列主义与中国现实相结合，实质就是获得对马列的合法修正权，大明大方将一些马列原则归为“教条主义”，而将合乎功利需要的东西称为“与国情相结合”，最后归称“毛泽东思想”。1980 年 9 月，胡乔木承认：“毛主席特别在后半期，有把马克思主义愈来愈简单化的

---

[154] 齐世杰：《延安内幕》，华严出版社（重庆）1943 年 3 月 1 日初版，页 6～7。

[155] 王健民：《中国共产党史稿》（增订本），中文图书供应社（香港）1974～75 年，第三编・延安时期（上），页 305～308。

[156] 李南央编：《父母昨日书》，时代国际出版有限公司（香港）2005 年版，下册，页 80～81、120。

一种倾向，把一些复杂的问题搞得极端简单，他觉得很得意。这种影响，一直到现在，在我们党里面还是相当严重的，喜欢把复杂的问题简单化。"[157]

时人揶评："共产党是只讲目的，不问手段的，行不通的时候可以检讨一下，再回头来另寻一条路走。"[158]1941 年秋，德军进攻莫斯科，赤俄危在旦夕，力倡无神论的苏共为动员民众"同患难"，重新开放所有被关闭的教堂，利用一切可利用的资源，动员俄人抵御德军。一位因言获刑三年的劳改犯，只因写了体现"斯大林精神"的长篇小说《远离莫斯科的地方》，获 1948 年斯大林文学奖，当上作协书记。

毛泽东的政治牌技很高，炉火纯青地运用"内外有别"。整风本身亦"内外有别"，毛同意周恩来的"国统区不搞整风"。国统区人家拎着脑袋入党已属不易，求着人家入伙，再搞"脱裤子"、"割尾巴"、"钻自己"，还不都吓跑？

劣势阶段必须依赖统一战线，不得不团结"一切可团结的力量"，擎举的政纲必须兼顾各方。今人恐难想像，1931 年 11 月 7 日江西苏区制订的《中华苏维埃共和国宪法大纲》第 14 条：

> 中国苏维埃政权承认中国境内少数民族的自决权、一直承认到各弱小民族有同中国脱离，自己成立独立的国家的权利。蒙、回、藏、疆、苗、黎、高丽人等，凡是居住中国地域内的，他们有完全自决权：加入或脱离中国苏维埃联邦，或建立自己的自治区域。[159]

这不是鼓动各族独立么？藏独、疆独……直至台独。中共如今能同意么？中共政策的功利性俯拾皆是。1935 年〈八一宣言〉指张学良为卖国贼，与蒋、阎并列，[160]西安事变一起，立即改称张学良为民族英雄。

---

[157] 《胡乔木传》编写组编：《胡乔木谈中共党史》，人民出版社（北京）1999 年版，页 123。

[158] 齐世杰：《延安内幕》，华严出版社（重庆）1943 年版，页 22。

[159] 中华苏维埃共和国中央执行委员会：《苏维埃中国》，1933 年印行；中国现代史资料编辑委员会 1957 年翻印刷，页 20。

[160] 王健民：《中国共产党史稿》（增订本），中文图书供应社（香港）1974～75 年，第三编 · 延安时期（上），页 42。

大生产运动之前，延安物用紧缺，按说无产阶级政党理应首先保护自己的阶级基础，但这一时期的照顾重点则是理论上最看不起的“小资产阶级知识分子”。陕公分校在边区西南旬邑县，相对富裕，教员每天可吃一顿白面，几位青年教员思想觉悟很高，请求不要对教员特殊待遇。教务长说服他们：这是党对知识分子的政策，地方能供应的白面只有这么一点，只好给少数人吃。意思是只能向最重要最有用的人倾斜。中央研究院特级研究员与毛朱博洛一样吃小灶，灯油也不加限制。[161]王实味住两孔窑洞，穿细布衣服；中央研究院所有学员都吃细粮，不吃玉米土豆，两人一孔窑洞，一人一床一桌一椅。[162]

1944 年 7 月，毛泽东为得到美国军火，对来访的美军观察组成员、史迪威政治顾问谢伟思说：

> 美国已经干涉了有它的军队和物资运入的每一个国家。……假如美国坚持把那些武器给予包括共产党在内的所有抗日军队，那就不是干涉。如果美国只把武器给国民党，实际上就是干涉。因为它使国民党有可能继续反对中国人民的意志。[163]

公然标举双重标准，给中共武器便不是干涉，只给国府就是“反对中国人民的意志”，如此不遮不掩的功利主义，如此豁显的政客立场，竟未引起美国的重视，还以为延安是在“要民主”。直至 1949 年，“民主”一直是中共报刊主旋律，隔三岔五就是一篇“民主”文章。

列宁也是一个标准的功利主义者，同一篇文章前后两段就逻辑相悖。“旧学校是死读书的学校，他强迫人们学一大堆无用的、累赘的、死的知识，这种知识塞满了青年的头脑，把他们变成一个模子倒出来的官吏。……马克思主义就是共产主义从全部人类知识中产生出来的典范……马克思依靠了人类在资本主义制度下所获得的那些知识的坚固基础。”[164]刚刚否

---

161 《温济泽自述》，中国青年出版社（北京）1999 年版，页 117～118、124。

162 石澜：《我与舒同四十年》，陕西人民出版社 1997 年版，页 82。

163 中共中央党史研究室编：《党史通讯》（北京）1983 年第 20、21 期。参见笑蜀编：《历史的先声》，香港博思出版集团有限公司 2002 年版，页 153。

164 列宁：〈青年团的任务〉，载《列宁选集》第四卷，人民出版社（北京）1972 年版，页 347。

定了学校所授知识的价值，都是无用的废知识，紧接着又说共产主义产生于人类全部知识，那么学校所授知识到底是否有价值？如果没有学校所授的那些“垃圾知识”，马克思与您列宁又如何获得“全部人类知识”？又怎么得到“知识的坚固基础”？可见，列宁与所有革命教主一样，排斥此前一切学说。否定其他学说一切合理性，无非向世人推销自己的主义。但转过身来，当需要为自己的主义寻找合理性，又不得不借重“全部人类知识”。他们对人类既有经验无一不持悖论——抽象肯定具体否定，原则上抽象肯定，现实中具体否定，只有自己推销的货色惟一正确。否定它说，当然在于为己说开路，避免它说成为质疑己说的起点。

斯大林对中国思想界的破坏更具实质性，其被艾思奇辈奉为不移名言的“一切以条件、地点和时间为转移”、“要在政治上不犯错误，就要向前看，而不要向后看”，实为最大唯心主义与彻头彻尾的形而上学。既然一切认识以时空转移为转移，今昔两非毫无关系，历史的继承性岂非失去价值基座？“向后看”等于“犯政治错误”，更是堵上了借鉴史训的可能性。斯大林这两句“语录”为政治实用主义提供了哲学支撑，还披着辩证唯物主义与历史唯物主义的金色外衣。1949 年后，向为显学的史学之所以渐冷渐僻，根子就在于斯大林的“历史无用论”。“一切以条件、地点和时间为转移”，也使寰内士林失去“以子之矛攻子之盾”的逻辑武器，中共可任意且“合法”地解释一切 1949 年前后的矛盾。如对 1957 年“轻诺延安，寡信北京”的反右，一句斯大林名言便轻松解决。[165]

1939 年 8 月 24 日，苏德签订互不侵犯条约，共同瓜分波兰的一笔肮脏交易，美英法波等国震惊，重庆《新华日报》却发社论〈德苏关系的重要发展〉，歌颂苏联为世界和平堡垒。9 月 1 日，德军从西面入侵波兰；9 月 17 日，苏军从东面入侵波兰，18 日苏德联合公报：“两军的使命在于重建波兰和平与秩序，援助波兰民众，再造其国家生存的条件。”[166]9 月 19 日，《新华日报》：“苏联援助被压迫民族。”1941 年 6 月，共产国

---

[165] 斯大林：〈论辩证唯物主义与历史唯物主义〉，载中共中央马恩列斯编译局：《斯大林文选》（1934～1952），人民出版社 1962 年版，页 183～184。

[166] 王健民：《中国共产党史稿》（增订本），中文图书供应社（香港）1974～75 年，第三编・延安时期（下），页 640。

际将最新决议电传中共，内有“保证苏联取得胜利是各国人民争得自由的前提”，将保卫苏联列为各国人民的当然任务、各国人民争取自由的前提。

1939 年 9 月 23 日，毛泽东在延安对斯诺说：欧洲战争“纯粹是帝国主义的战争”，而在英国参战之前，“这场战争或许还是‘进步的’。”[167] 1939 年 11 月 3 日，《新华日报》社论鹦鹉学舌于苏联，指斥英法与德交战为非正义。1941 年 4 月 13 日苏日签订“中立条约”，两条核心内容——“缔约国一方与一个或多个第三方势力发生敌对行为，另一方遵守中立”、“苏日双方政府为保证两国和平与友好发展的利益，兹特郑重声明，苏联保证尊重满洲国之领土完整与不可侵犯，日本誓当尊重蒙古人民共和国之领土完整与不可侵犯性。”苏日用中国的两块领土互为筹码，交换承认各自扶持的傀儡政权。条约签订后，斯大林亲送日本外相至车站，破例陪坐一程。国府外交部立即表示不承认条约，知识界一片哗然，强烈抗议苏联对东北抗日运动的抛弃。救国会七君子公开向斯大林致抗议信。但中共为维护苏联形象与得到苏共援助，竟将苏联这一公开背叛说成对中国长远利益的保护。周恩来在渝遍找民主人士说项，劝阻不要“在狭隘民族情绪之下一时的冲动”。[168]1941 年 4 月 16 日〈中国共产党对苏日中立条约发表意见〉：“这是苏联外交政策的又一次伟大胜利……对于一切爱好和平的人民与被压迫民族则都是有利的。……至于苏日声明互不侵犯满洲与外蒙，这也是题中应有之义。”[169]1941 年 6 月 22 日德军侵苏，中共这才开始跟着苏联转身咒骂德国，不再斥责“英美帝国主义”。

二战末期，苏军进入东北，司徒雷登：“他们在那里对中国人进行了残酷的屠杀，公开强奸妇女，抢劫中国人的私人财物，并掠夺了这个盟国价值 20 亿美元的工业机械。”[170]对于苏联损害中国利益的暴行，中共十分“慷慨”，这当然不是崇高的“国际主义精神”，也不仅仅报答苏共“同

167（美）爱德格·斯诺：《红色中华杂记（1936～1945）》，党英凡译，群众出版社 1983 年版，页 84。

168 李慎之：〈革命压倒民主——《历史的先声》序〉，笑蜀编：《历史的先声》，博思出版集团有限公司（香港）2002 年版，页 24。再参见《毛泽东文集》第二卷，页 333，注二。

169 原载《新中华报》（延安）1941 年 4 月 20 日，参见《中共党史参考资料》（四），人民出版社（北京）1979 年版，页 244～245。

170（美）约翰·司徒雷登：《在华五十年》，程宗家译，北京出版社 1982 年版，页 171。

志式”支持，而在于维护苏联即维护自己、维护马列大旗、维护社会主义形象。如果承认苏联也是赤裸裸的利益至上，承认斯大林同希特勒一样霸权嘴脸，克里姆林宫上的红星还能闪闪发光么？社会主义形象还能保持圣洁么？既然“苏联的今天就是我们的明天”，维护苏联的“今天”等于维护自己的“明天”，等于维护赤色学说。权衡之下，中共只能“理解苏联与斯大林”，以不得不然的“策略性”为苏联种种公然背叛与暴行开脱。功利一直使中共轻易突破原则与道义底线。

功利主义也是中共难以离身的婢女。1959 年庐山会议，先反左后反右，急剧转向。回京后，刘少奇在数千干部大会上强辩：“左右摇摆的政策是唯一正确的政策。”毛泽东在该会上解释为什么彭德怀反对自己就是反党，“因为党的领袖就是党的首脑，一个人把他的头割了，他还能活吗？这个道理，打了一辈子仗的彭德怀同志，恐怕比谁都清楚。”[171]完全顾头不顾脚了，乱套乱用，八竿子打不上的逻辑都强扯硬拽上了。

功利主义势必因事而变因时而迁，无有原则无有恒守，自相悖背。1954年制宪，毛泽东明确指示尽量宽泛模糊一点、不要搞得太具体太细化，他不希望宪法成为捆绑自己“敢叫日月换新天”的手脚，留下可随心所欲的“功利”空间。条文太具体，规定一精确，忽东忽西的实用主义便不好操作了，自己打自己的嘴巴，终究不太好意思。

毛的功利主义与党的利益掺和在一起，借浪漫之车载功利之货，斑驳纷杂，延安信徒很难识别，偶感不适，组织上用“爱国的功利主义”一忽悠，事情也就没什么不好解释的。时日一长，习惯成自然，忍受变接受，延安一代不但自觉继承，而且运用自如。1983 年，胡乔木为贬林彪对美国记者说：“林彪在解放以前仗打得不算最多。毛泽东所以起用林彪，是因为林反对彭德怀。”[172]林彪在中共将领中都不算打仗最多？

高层功利主义对基层具有强大导向，毛氏“反对领袖就是反党”，各级书记名正言顺推出“反对我就是反对党”，冠冕堂皇打击报复“不听话者”。1957 年，延安党员曲艺作家何迟（1920～1991）写了相声〈统一病〉：“穿一样的衣裳吃一样的饭，一样的思想说一样的话。”脚本送审中宣

---

[171] 何方：《从延安一路走来的反思》，明报出版社（香港）2007 年版，上册，页 316～317。
[172] 《胡乔木谈中共党史》，人民出版社（北京）1999 年版，页 216。

部，主管文艺的领导在扉页上挥舞大笔："此人对社会主义制度为何如此仇视……这是对我们社会主义改造和城市工作的严重诽谤。"何迟划右，合作演出的马三立也牵连成"右"。[173]

夏志清评曰："在共产党的观念中，一个作家，无论他过去的贡献如何，最终的评价标准是他当前的利用价值。如果一个作家没有目前的实用价值，那么所有其他的标准都是相对的。……因此一部共党文学史，非但得继续不断地修正，以便能适应官方反复无常的策略，而且它还得是一本陈年旧账的记录……它已抛弃了文学传统这个观念，否定了文学史的应有意义。"[174]反右时，北京人艺领导层讨论是否将焦菊隐划右，某领导说：看看此人是否还有用，还有用就别动他，没用就划上。[175]

夺权大于原则乃古今中外各政治集团之痼疾，功利主义也是难以割弃的政党内质。李慎之认为孙中山在政治民主方面没有开好头，蒋介石、毛泽东都是孙中山搞独裁的好学生。

> 研究孙中山在辛亥以后的历次重大行动，便可以发现他很少是从原则出发，而往往是从夺权出发，好像只要他胜利了就是革命胜利了。然而即使他胜利了也并不一定是原则的胜利，更说不上使民主与法治的原则确立成为民国不可更易的规范。他还相信只要目的正确，就可以不择手段，甚至不惜使用收卖、暗杀等等阴谋权术，从而使政治上的正气始终无由建立，使中国离民主与法治越来越远。[176]

真正的革命胜利，应该是原则的胜利，即通过革命实现新型政治原则的推行，而非仅仅你方唱罢我登场的党派胜利。

---

[173] 彭苏、任明远：〈笑声的窒息〉，载《南方人物周刊》（广州）2009年第30期，页61。

[174] 夏志清：《中国现代小说史》，香港中文大学出版社2001年版，页426～427。

[175] 2008年8月15日，笔者出席上海鲁迅纪念馆某学术会议，餐间与闻。

[176] 李慎之（李中）：〈和平奋斗兴中国——辛亥革命九十周年祭〉，载《随笔》（广州）2001年第6期，页106～107。

新兴政党上台前竭力标榜原则性道义性，竭力将自己与原则与道义捆成一体，一旦夺权成功上得台来，变脸换舌，托借种种国情推弃原则，屡演现代版的“此一时彼一时”。雷蒙·阿隆描述这一先后有别：

> 多少知识分子起初是出于道德愤慨而倾向革命政党，最后却认同了恐怖统治和以国家利益为名的理由！[177]

动员入伙时用的是炫目的平等口号——“革命不分地位高低、职务大小”，伙夫马夫似乎与军长师长一样重要，掩盖实际差距；等你入伙后，则换用另一套语汇与逻辑。前示理想，后行实利，还让你前后听了咂咂舌头都“有点道理”。整风便是中共从理想公开走向功利的鲜明拐点。

伍、意味深长的拐点

一位整风亲历者：

> 我们党从延安整风后就只有集中没有民主。[178]
>
> 延安整风……加深了党对知识分子的不信任和偏见，并进而造成对一切知识的轻视。在普遍整风中知识分子作为改造的主要对象，受到无情批判和冲击，使他们减弱以至丧失了敢想敢说、独立思考和勇于创新的精神，基本上被改造成领导的驯服工具。整风造成的不信任知识分子和轻视知识的传统与机制，长期影响中国科学文化的发展。延安整风贬低了理论学习的重要，妨碍了理论上的发展创新，束缚了人们的思想，使党（后来影响到全国）的理论水准得不到提高。[179]

---

177 （法）雷蒙·阿隆（Raymond Aron）：《知识分子的鸦片》（1955），吕一民、顾杭译，译林出版社（南京）2005 年版，页 220。

178 何方：《从延安一路走来的反思》，明报出版社（香港）2007 年版，下册，页 507。

179 何方：《党史笔记》，利文出版社（香港）2005 年版，上册，页 235。

李锐揭示延安整风的政治功效：

> 一大批知识分子，包括高层的思想改造好了，这是毛泽东从整风和抢救运动中获得的大收获。这以后在文艺界、思想理论界就有了一批无条件地忠实于他的人。这些人从延安一路出来，成为毛泽东 1949 年之后推行左的那一套的中坚力量。他们对整风、抢救时整人的那一套很熟悉，从心里接受了个人的行动、思想都要绝对服从毛泽东。没有这批人，毛的意愿不会那样畅通无阻的。这些人到死都服从于毛泽东所说的话、所作的事，一切都是从“保护毛”出发，是真正的凡是派。而一直待在白区，没有经历过延安整风的党的干部，1949 年后受到了很大的冷落，多半不被重用。[180]

毛泽东掌国后，一面承认红色专制超过秦始皇，一面又将“无产阶级专政”说成世界上最民主的制度。李慎之：“这个等号是他发明的。”[181]毛泽东之所以挂着羊头又承认卖了狗肉，当然是羊头狗肉各有其需。

1941 年夏起，很受欢迎的《共产党人》（张闻天主编）、《解放》、《中国青年》、《中国妇女》、《中国工人》、《八路军军政杂志》及所有文学刊物陆续停刊，[182]毛开始收束言论、封锁资讯。1943 年 3 月，毛拥有“最后决定权”，最后一点民主也消失了。1934 年 10 月长征前赣闽中央苏区，前后出现 67 种报刊；[183]1941 年延安能看到沪湘报纸，[184]延安报刊也有 60 余种；1943 年延安只剩下三张报纸——中共中央机关报《解放日报》、西北局机关报《边区群众报》（常用字仅四百）[185]、仅供中高级干部的《参考消息》。[186]级别化《参考消息》的出现，标志性地说明公开实行资讯控制，直到 1956

[180] 李锐：〈我的延安经历〉（三），载《争鸣》（香港）2011 年 8 月号，页 63。
[181] 邢小群：《往事回声》，时代国际出版有限公司（香港）2005 年版，页 62。
[182] 曾彦修口述、李晋西整理：〈我认识的胡乔木〉，载《炎黄春秋》（北京）2010 年第 8 期，页 38。
[183] 余伯流、凌步机：《中央苏区史》，江西人民出版社 2001 年版，页 812～824。
[184] 李南央编：《父母昨日书》，时代国际出版有限公司（香港）2005 年版，上册，页 229、236。
[185] 《青春岁月——胡绩伟自述》，河南人民出版社 1999 年版，页 181、175。
[186] 朱鸿召：〈唯读《解放日报》〉，载《上海文学》2004 年第 2 期，页 78、83、84。

年《参考消息》发行量仍仅两千份。[187]1943 年后，《解放日报》不仅是绝大多数延安人的惟一资讯来源，还是“标准思想”的惟一出处。

至于封锁国府方面的“利好消息”，则为当然的“革命行动”。1928～30 年，宋子文通过谈判收回关税自主权。1942 年，中美签订抵抗侵略互助协定，次年再收回各国在华治外法权。1943 年冬，国民参政会通过重大决议——提前实施宪政，国防最高委员会亦予接纳。[188]这一有利于国府的好消息，延安青年概未与闻，听到的也是歪曲加工的“新闻”。1949 年后中共撰写的当代史，均无国民参政会的细节，尤其没有这一节。红卫兵一代至今仍以为 1949 年后才由“新中国”结束治外法权。

整风以革命利益与抗战需要的名义，让集权、暴力等明显有违旗帜徽号的东西公然踱出，收缴自由、铲灭个性，革命高于主义，功利大于原则，通俗压倒高雅、普及凌驾提高……已露出种种“大事不好”的苗头。整风虽然使中共获得武装斗争所需要的集权，赢得战争，成功夺权，但也是中共更换初帜、违背初始原则的起点。整风开始后，连理想主义、民主平等都与自由主义、个人英雄主义、资产阶级思想、封建主义捆绑在一起，成了批判对象，只要求青年们换上集体主义的服从精神。[189]

整风是成功捏塑党文化的典范，故而成为经典“党故”，长期高擎高举。仅从中共对延安整风的长期激赏，也可证明这场“伟大的马克思主义教育运动”正是中共从标榜民主走向公开集权的历史拐点。整风不仅“正式确立毛泽东思想的领导地位”，还有统一思想、全党服从中央等如此这般重大绩效。否则，有什么值得再三再四高举？

整风达到毛泽东的两大目标：一、上层打掉两个宗派——有夺位觊觎的“教条主义”（王明、张闻天等人）、党内实干派的“经验主义”（周恩来为首），使他们处于随时可批判的留用地位；二、下层（胡乔木说主要针对知识分子）则“打掉他们的自由主义、平均主义、极端民主化思想，把他们改造成党的驯服工具或‘螺丝钉’。”整风后期上层政治斗争结束，运动主要针对下层，“普遍整风主要整自由主义”[190]

---

187 《毛泽东选集》第五卷，人民出版社（北京）1977 年版，页 349。
188 王云五：《谈往事》，传记文学杂志社（台北）1970 年版，页 64。
189 金城：《延安交际处回忆录》，中国青年出版社（北京）1986 年版，页 158。
190 何方：《党史笔记》，利文出版社（香港）2005 年版，上册，页 214、247。

整风的实质不过以教条主义反对教条主义，以毛泽东的土教条反对“国际派”的洋教条。胡风、乔冠华、陈家康等在1940年代思想论争中批评过这一倾向，希望掀起一场新式思想启蒙运动，但夭折流产。教条主义乃是依靠意识形态起家的政党必然携带的先天之疾，不以教条开路，革命党人如何出门？如何迈出第一步？拿什么引导自己的行动？

今天的青年中共党员也许不信，整风时期，金光闪闪的马列主义都不香了，原先抢都抢不到的马列书籍竟被抛出窑洞，论斤卖了废纸。何方：

> 整风一开始，马克思主义就不香了。整风期间不只是不学马克思主义理论，过去学过的，特别是搞理论工作的还纷纷检讨，似乎没学过理论的人倒还干净些，起码不用检讨……甚至有些老干部，如时任中办副主任的王首道，为了表示和教条主义决绝，竟将一些马列著作仍到了窑洞门外……原来人们感到很缺的马列著作，有些人又感到无用而多余，于是就拿到南门外新市场当废纸论斤卖了。
>
> 马列主义被说成“教条”，课程被取消，有关书籍（那时翻译出版的还真不少）也是人们避之惟恐不及，自然不会去读了。一切书本知识被挖苦得狗粪不如，似乎知道得越少越好，当然没有人再去“言必称希腊”了。至于什么是实际知识，怎样去学，恐怕提倡者自己也说不清楚。因此两三年抢救运动期间学习的，就只是那二十多篇有关文件，还有某些中央决定、临时指定的什么文章和陈伯达的〈评《中国之命运》〉、康生的〈抢救失足者〉、《解放日报》某篇社论等，联系实际就是思想斗争和反特抢救。[191]

1945年5月谢觉哉日记：“自从反教条，有人不敢讲书本子了。”[192]马列经典读得最多的留苏生，集体吃瘪。张闻天、王明、博古、王稼祥等人成了必须好好反思的“教条主义”，失去权威与尊重。毛刘周朱读的马列经典本来就不多，但刘少奇十分用功，何方说刘：“笃信斯大林的理论

---

[191] 何方：《党史笔记》，利文出版社2005年版，上册，页283；下册，页442。

[192] 《谢觉哉日记》，人民出版社（北京）1984年版，下册，页791。

和政策，读马恩著作不多。”[193]“延安整风使不少人觉得读书无用。”[194]早先苦苦追求来的文化知识，此时成了恨不得踢尽甩光的烂货。文化不仅不再可资骄傲，而是罪孽之源，既反动又无用。

整风也是中共知识分子政策发生重大转折的起始，毛泽东一改最初对赴延知青的宽容：“我党接收了约七十万新党员，而这些新党员不论来自哪一阶层，都未受过马列主义的锻炼，他们带来了浓厚的资产阶级与小资产阶级的自由思想，其中尤以许多知识分子党员表现得最为严重。”1942 年 11 月下旬，毛在高干会议上说：建立铁的纪律是区别于社会民主党的条件之一，建立铁的纪律的基础是思想的统一。[195]整风中，任何人都要写反省笔记，都得作自我批评，这也是“铁的纪律”，毛泽东强调“可三番五次地写，以写好为度”“我们大家都要写，我也要写一点”，实际是别人必须写，惟独毛没写。毛一生未作自我批评，还明确放言：“我是不作自我批评的”、“任何时候我都不下罪己诏的。”[196]所有党员上缴的“自我”都归到毛泽东那里，成为红太阳升起的托座。党员的奉献精神越无私越彻底，毛泽东的专制也就越强大越暴烈。

独立自主这些与国民党斗争必须具备的品质，此时成为槛上芝兰，必须锄掉——长得不是地方。淮南为桔，淮北为枳矣！从支持知青对国民党的质疑造反、鼓励他们吁求自由民主，转为要求他们移换价值立场，转独立为服从、废质疑为驯服、变叛逆为忠诚、抑民主为集中。1943 年 8 月，康生：“王实味的〈野百合花〉出来以后，中央研究院有 95%的人赞成。”[197]但多数人的意见已无法主导局面，领导瞬间就能扭转乾坤。

通过整风，毛实现了蒋介石没有做到的“一个领袖一个思想”，全党空前统一。他举起“马克思主义中国化”大旗，先用“中国化”打掉王明、博古“留苏派”的话语权，再用“马克思主义”打掉了延安士林的个体价值，完成内部统一。1943 年 3 月获得“最后决定之权”后，毛即提出

[193] 何方：《党史笔记》，利文出版社（香港）2005 年版，下册，页 534。
[194] 何方：《从延安一路走来的反思》，明报出版社（香港）2007 年版，上册，页 219。
[195] 逄先知主编：《毛泽东年谱（1893～1949）》（中卷），中央文献出版社（北京）2005 年版，页 414。
[196] 何方：《党史笔记》，利文出版社（香港）2005 年版，上册，页 93。
[197] 宋金寿：〈为王实味平反的前前后后〉，载《中共党史资料》第 50 辑，中共党史出版社（北京）1994 年版，页 137。

四个统一：统一思想、统一意志、统一步调、统一行动，确定了一切统一于中央（即毛）的组织原则。[198]

领袖与群众的关系上，整风以后消失了此前的"亲密无间"。任弼时出任中央秘书长，从苏联搬来一套等级、警卫制度。从此，街上已碰不到领导人，更不用说随便谈话、签名拉唱之类以前常见的事。[199]

追求理想总是以确认某种价值为逻辑起点，整风借马列之名没收人权，采用归谬法将民主扫入"小资产阶级极端民主化"、将平等定为"绝对平均主义"、将自由划为"资产阶级自由主义"，对革命出发时的初始宗旨动了大手术，悄悄拧歪价值方向，当然也就一并"规定"了今后的运作方向。既然"初始宗旨"都可以离开，还有什么不可"离开"呢？

"拐点事件"——延安文坛第一公案。1941 年 6 月 17～19 日，创刊不久的《解放日报》连载周扬长文〈文学与生活漫谈〉，五位"文抗"作家（萧军、艾青、舒群、白朗、罗烽）写了篇幅相等的商榷文章（八千余字），遭《解放日报》退稿。个性强烈的萧军随即向毛泽东辞行，抱怨党报不许反批评，太不公平不民主！他拟再返重庆，这已是他二度来延。萧军有一定知名度，为"民主"离去，有损边区形象，毛泽东数函约晤，竭力挽留。"萧军请行"不仅说明其个人的民主敏感，也说明延安出现价值拐点。五位"文抗"作家此后陆续遭到批判与长期劳改。话语权是生存权的组成部分，话语空间是生存空间的文化体现。萧军等五作家没有话语空间，长期受压，说明民主自由在延安失去席位。

延安整风还将周恩来从重庆召回，连续挨批六周。那份指控周恩来的党内文件"和文化大革命时一样糟"，周恩来此前工作都被指控为对毛怀有恶意，"而这种指控不需要提出任何证据。"[200]

延安整风中共不仅公开背离初始教旨，也明显违反人性，但延安一代红色士林却以高尚的"自我批判"虔诚接受了，认可了一系列整风之说。1942 年 6 月，丁玲在整风大会上发言，堪称这一价值转向的"经典"：

---

[198] 李锐：《我的延安经历》（三），载《争鸣》（香港）2011 年 9 月号，页 67。

[199] 何方：《党史笔记》，利文出版社（香港）2005 年版，上册，页 290。

[200] （英）韩素音：《周恩来与他的世纪》，中央文献出版社（北京）1992 年版，页 238、236。

……自己开始有点恍然大悟，我把过去很多想不通的问题，渐渐都想明白了，大有回头是岸的感觉。回溯过去的所有的烦闷、所有的努力、所有的顾虑和错误，就像唐三藏站在到达天界的河边看到自己的躯壳随水流去的感觉，一种翻然而悟、憬然而惧的感觉。我知道，这最多也不过是正确认识的开端，我应该牢牢拿住这钥匙一步一步脚踏实地的走下去。前边还有九九八十一难在等着呢。[201]

否定了个性，接下来就是否定欲望了。1953 年人民出版社的《资本论》第三卷第 212 页，将 1949 年读书出版社（东北）初版的“欲望”改译为“需要”，大幅降低主观色彩，意在否定个人欲望的正当性。马克思从社会角度考察商品时提到：“则欲望之量如何，便是一个不能不问的问题。在此，我们必须考察社会欲望的程度，即其分量。”[202]否定个人权益的必要性等于否定欲望的合法性与自由的需要性。忠实《资本论》原著，欲望有了合法身分，个性岂非一并翻身了？只有否定个人欲望的合法性，站立其上的“个性”才能“名正言顺”一并褫夺。对马列原着这一微小更动，裸露政治功利的尾巴，惟其比较幽深，不易为中小知识分子觉察。

哈耶克：“个人主义的基本特征就是把个人当作人来尊重，就是在他自己的范围内承认他的看法和趣味是至高无上的。”西方现代思想界更深刻地认识到：个人对种属的不断反抗正是构建现代文明最基础的力量。[203]毛共借整风夺去个人自由的哲学基础，抽掉个权的价值支撑，个人只能归属集体才有价值，意在党员必须无条件服从领袖，与现代文明整个“价值悖反”。延安一代在自由的旗帜下，集体通过了反自由的决议。

领袖的权威必须垫衬着徒众的跪拜。整风之后，延安知青的革命热情划然有别，劳动时情绪普遍不高了，再也没有此前满山歌声的热乎劲，几乎听不到说话声，休息时一些人看小说，一些人倒头睡觉，再也没有集体唱歌，领导号召也无人响应。偶而听到唱歌，那也是站在山头唱自己喜欢

---

201 佟冬：〈漫忆中央研究院的整风运动〉，载温济泽等编《延安中央研究院回忆录》，中国社会科学出版社、湖南人民出版社 1984 年版，页 140。

202 马克思：《资本论》第三卷，读书出版社（上海）1949 年初版，页 132。参见胡寄窗：《中国经济思想史》，上海人民出版社 1962 年版，页 449。

203 （英）哈耶克：《通往奴役之路》，王明毅等译，中国社会科学出版社 1997 年版，页 21、23。

的歌或借歌泄愤。“抢救运动”后，延安知青“深受教育”，大大觉悟，纷纷不再写日记。20 岁的何方从此告别日记。[204]他们没想到自己此时的回避真实，竟是此后全国害怕真实、回避真理的起点。他们意识不到自己为之战斗的价值，已被悄悄塞换成相反内容。1990 年，一位老教师警告笔者：“你还在写日记？赶快别写了，谁写谁傻呵，到时候说都说不清的！”

对国统区知识分子来说，“王实味事件”为标志性拐点。以前他们只是通过中共出版物认识延安，整风～抢救后则有知青从延安出走，如司马璐、何满子，他们传出一些延安实况。贾植芳就是通过“延安脱逃者”警觉起来。贾植芳读过王实味的小说与译作，“说他是托派，我还相信，说他是‘国民党特务’，我绝不敢相信。那里并不是个理想的福地。”[205]

整风～抢救运动对延安一代心理影响甚巨，有的伴随终身。蒋南翔时任青委主任，他的〈关于抢救运动的意见书〉（1945 年 3 月）：

> 抢救运动后，我在延安和陇东曾接触了不少抗战前平津知识分子和抗战后的大后方知识分子同志，有很多人都明显或不明显地流露出一种灰暗的心情，革命的锐气、青年的进取心，大大降落了。甚至有少数同志消沉失望，到了丧失信心的程度。[206]

胡乔木：“从整风以后，实际上很少有什么创造性的研究，要研究就要是毛主席说过的，没有说过的，没有人敢研究。……实际上以后党的理论水准越来越低，对马克思主义的知识越来越低。”[207]

何方痛言：

> 其他就更可想而知了。这都势必导致全民族的思想贫乏和文化落后，严重影响国家和现代化和国民素质的提高。

---

[204] 何方：《从延安一路走来的反思》，明报出版社（香港）2007 年版，上册，页 95、117。

[205] 贾植芳：《狱里狱外》，天地图书有限公司（香港）2001 年版，页 182。

[206] 何方：《党史笔记》，利文出版社（香港）2005 年版，下册，页 429。

[207] 《胡乔木谈中共党史》，人民出版社（北京）1999 年版，页 131。

> 对知识分子的这些看法和态度，根源都在延安整风。延安整风对知识分子的思想改造还有一个副作用，就是抑制了知识分子的长处而助长了他们的短处……一些坚持实事求是不说违心话的人，往往被视为态度不好，即使最后作平反结论也要给留点尾巴。那种在思想批判和肃反抢救中能够冲锋陷阵、按照领导意图办事的人，就成为运动中的骨干，即使搞得过火甚至违法乱纪，也不予追究，还会得到重用。[208]

伪君子、告密者尝到甜头看到“商机”，不断突破道德底线，这批“弄潮儿”成为此后历次政治运动的主力。1927 年脱党的秦柳方（1910～2002），1950 年代重新入党，农村经济学会末流人物，抗战时期写过一些短文，1949 年后没什么理论文章，但以打小报告见长。秦柳方揭发批判过许涤新。文革前，滇浙有人投稿《经济研究》，主张商品经济，《经济研究》编辑部主任秦柳方致函两省宣传部，致使两位投稿人挨整。孙冶方任经济所长后，秦经常向中宣部报告孙冶方言论（以致中宣部越来越不信任孙），还打张闻天的小报告，社教时经济所打出“张（闻天）孙（冶方）反党联盟”，秦成了经济所惟一大左派，陆定一提议秦出任经济所长，因于光远等指责秦“市侩作风太严重”才罢议。六·四后，秦揭发赵紫阳——〈赵紫阳早就支持纵容资产阶级自由化〉。秦死后，被揶评“思想警察”。[209]

从政治角度，整风对中共功莫大焉，肃清异议，统一思想；打掉延安士林的价值自信，卷收个人自由；标竖“顺昌逆亡”警牌，筑就日后军政胜利最重要的思想基础，连遭收束的延安士林都从内心认同这一重大功效。1949 年 4 月，艾青在北平对老友宋云彬“述整风经过甚详，谓倘不整风，则此次胜利实为不可想像云。”[210]文革后，周扬：“现在很多老同志认为，如果没有这个运动就不能在三年里头把蒋介石打败。因为整风，思想一致了。”[211]整风后，中共内部再也没有不同声音了，永远“伟光正”

---

[208] 何方：《党史笔记》，利文出版社（香港）2005 年版，上册，页 256、258～259。
[209] 张曙光：〈反精神污染中经济理论界的两大事件〉，载《领导者》（香港）2012 年 10 月号，页 161～167。
[210] 宋云彬：《红尘冷眼》，山西人民出版社 2002 年版，页 118。
[211] 赵浩生：〈周扬笑谈历史功过〉，载《七十年代》（香港）1978 年 9 月号，页 32。

——前面犯错是正确，后面纠错更正确。失去“自由”的中共，一并失去纠错机能。因此，中共军政胜利之日，即是走向衰败之时。毕竟，依靠暴力推进的歪歪理走不远，一时的军政胜利无法阻止文化思想的失败。

中共扛枪推炮进城，毛泽东终于坐上金銮殿，执政效率远远超过秦皇汉武唐宗宋祖。但毛共背囊里那张改造社会的图纸却十分糟糕，更糟的是毛共对这张图纸的糟糕浑然不知，倚仗火与剑硬性推行。1949 年后经济、文化的失败致使军政胜利失去价值支撑，“万水千山”立刻漂起来，“壮烈牺牲”失去意义。1980 年代经济上一走回头路，等于承认赤说失败。

延安整风之所以“成功”，中共之所以“顺利”完成价值方向大转弯，有三大构成要素——抗战形势、封建传统、马列主义。前两因素为不可选择的客观因素，尤其封建传统乃根须深长的历史沉淀型内因；惟马列主义为迎请来的外神，嫁接性外因，权威的“指导思想”。如果马列主义指对了路，当然国之大幸，然而不幸是一条错路，中国失去一次理性发展的大好契机，数代国人为“走向文革”承担巨额证谬学费，上演一幕至今仍未结束的赤色悲剧。中国，你走错了路！

1983 年，周扬等老干部要求结社自由，要求制定《结社法》、《新闻出版法》。陈云竭力阻抑，坚决不同意制定这两部法律：“无论如何不能立法让他们（要求合法成立的社团）登记，我们过去就是钻国民党《出版法》的空子，今天不能让他们钻；必须让他们处于非法地位予以禁止。”[212]中共绝不再犯国民党的“错误”，不让“资产阶级自由化分子”来钻自己钻过的空子，恰恰证明法国学者雷蒙·阿隆对国际共运的总结：“今日的革命者所带来的恰恰是昨日的革命者所消除的观念或制度”。[213]中共执政后摆上柜台的，恰恰是当年自己反对的货色。因此，中共建政后的一系列反自由的政治动作，均可从马列理论与中共政制本身找到出处。

[212] 阮铭：〈邓小平帝国三十年〉，载《争鸣》（香港）2008 年 6 月号，页 69～70。

[213] （法）雷蒙·阿隆（Raymond Aron）：《知识分子的鸦片》（1955），吕一民、顾杭译，译林出版社（南京）2005 年版，页 38。

2007 年，何方：

> 延安整风历史地看，积极作用是短暂的，消极影响却是长远的，处在主要地位……不学马克思主义，但有些政策和做法却又要打着马克思主义的旗号，这就势必出现一些歪曲的误解。……马克思主义本来就存在有一定的局限性，有些设想带有明显的乌托邦性质。列宁就更不用说了。
>
> 延安整风立下的以毛划线已发展成铁的纪律，个人完全凌驾于一切党规国法之上。[214]
>
> 延安整风对中国社会历史发展起的作用会达百年之久。如一元化领导的人治、管制思想言论的"舆论一律"等，现在仍在严格地执行着。[215]

1957 年反右乃是 1942 年整风的逻辑延伸；无论工农化价值方向、功利主义，还是不容批评的视异为仇、怀疑一切的神经过敏等等，青萍之末都来自延安整风。

整风也是延安一代反思者的起点。李锐晚年说延安整风奠定他一生反"左"的基础。[216]"从对人对党员的思想控制（做驯服工具），到树立毛的个人绝对权威，是通过整风运动完成的。……1949 年以后的历次政治运动直到'文革'，可以说是延安整风的继续和发展。"[217]高层也被毛泽东驯服了。何方："像周恩来、张闻天这些人，当时就明白抢救运动是胡闹，但既不敢在中央会议上提出，更不敢直接找毛泽东、刘少奇谈，事后一辈子也不敢再揭发和像毛泽东对别人那样算老账。"[218]1947 年 4 月 27 日，

---

[214] 何方：《党史笔记》，利文出版社（香港）2005 年版，上册，页 286～287、78。

[215] 何方：《从延安一路走来的反思》，明报出版社（香港）2007 年版，下册，页 733～735。

[216] 李普：〈两个相反的典型——谈李锐并范元甄〉。载李南央：《我有这样一个母亲》，开放杂志出版社（香港）2003 年版，页 262。

[217] 李锐：〈访谈录："我的建议，老中青三代普遍赞成"〉，载《二十一世纪环球报导》（广州）2003 年 3 月 3 日。参见《李锐文集》第 10 卷，中国社会教育出版社（香港）2009 年版，页 30。

《二十一世纪环球报导》（周刊）2003 年 3 月 10 日最后一期，因刊登李锐采访录，勒令停刊。

[218] 何方：《党史笔记》，利文出版社（香港）2005 年版，下册，页 422。

范元甄给丈夫的信中无意间露出“整风效果”：“我想告诉你，我对你的感情（几乎整风前后以来）是很理性的。”[219]

无论如何，延安还是出现了“右派”：王实味、萧军、丁玲、吴奚如、潘芳、宗铮、王里、成全……似乎铁板一块的新兴政治集团出现了意味深长的裂缝。这条裂缝不是争权夺利的人事权争，而是思想认识的价值裂缝。这条裂缝不像人事裂缝随着时间有可能缩小，只会越裂越大，时间越久，豁裂越大，开口越深。这批延安右派成为中共第一批“警觉者”，发现正在走的路并非自己要去的方向。

2011 年，李锐认同朱正的观点——延安整风乃“一场精神污染运动”：

> 人长着脑袋不能自己想问题，只能跟着毛泽东一个人的想法去思维，只要是党叫你干的事，怎样胡来都可以，把人的头脑，思想品德完全搞昏了。这是最关键的问题，必须认识清楚。[220]

史家评析得更透彻：

> 中共企图在反中国文化传统的基础上重建中国人的新的文化认同，其方法则系通过政治文化的工程，把马克思列宁主义作为国家意识，以取代中国的传统文化。[221]

[219] 李南央编：《父母昨日书》，时代国际出版有限公司（香港）2005 年版，下册，页 77。
[220] 李锐：〈我的延安经历〉（三），载《争鸣》（香港）2011 年 8 月号，页 64。
[221] 金耀基：《中国政治与文化》（增订版），牛津大学出版社（香港）2013 年版，页 287。

第六章

撤守五四

壹、无远弗届的阶级论

驯服持有五四自由思想的延安一代并不容易，他们吸着个性解放的奶汁长大，中产家庭背景又形成两大天性——崇尚个人奋斗、藐视任何权威。打掉赴延知青“独行则贞”（章太炎语）的价值理念，让他们思想缴枪并不容易。赴延之前，这批知青将红军想像成天兵天将，走近一看，“二万五千里”不过尔尔，貌不惊人，土里土气，渐渐有点看不顺眼，腰杆也一点点硬起来，自由主义起来。[1]

对于这么一大批既要用又要管的小资知青，毛泽东运用阶级论“兵不血刃”就大功告成。阶级论下，延安一代几乎个个都有原罪——不是非无产阶级家庭出身便是接受了资产阶级教育，“阶级烙痕”成为脸上金印。“书香门第”不再荣耀翻成耻辱，必须接受工农再教育，身上缺点最低也可归入“小资”，一棒子先从气势上打掉赴延青年的价值自信，使他们低下高昂的头颅，让他们知道要革别人的命，先得革自己的命。入团入党，必先背叛原属阶级。毛泽东〈在延安文艺座谈会上的讲话〉直指靶心：“这些同志的立足点还是在小资产阶级知识分子方面，或者换句文雅的话说，他们的灵魂深处还是一个小资产阶级知识分子的王国。……要彻底地解决这个问题，非有十年八年的长时间不可。”短期毕不了业呵！周扬就一辈子没毕业，他晚年认为自己的所有缺点都是未能“与群众相结合”。[2]

1 《徐懋庸回忆录》，人民文学出版社（北京）1982 年版，页 122。

2 赵浩生：〈周扬笑谈历史功过〉，载《七十年代》（香港）1978 年 9 月号，页 32。

1957年，毛泽东还给中高级干部念咒：

> 我们的部长、副部长、司局长和省一级的干部中，相当一部分人，出身于地主、富农和富裕中农家庭，有些人的老太爷是地主，现在还没有选举权。这些干部回到家里去，家里人就讲那么一些坏话，无非是合作社不行，长不了。富裕中农是一个动摇的阶层，他们的单干思想现在又在抬头，有些人想退社。我们干部中的这股风，反映了这些阶级和阶层的思想。[3]

凡是知识分子，都有原罪，都有毛病。一位国统区访问者："在这儿，一个青年很容易地带上'自由主义'、'浪漫主义'、'尾巴主义'……的名号，而遭受到严厉的指责。"[4]

李慎之晚年意识到：

> 用延安时代的观念看，不管你是大地主大官僚出身或者贫下中农出身，只要你是上过学，就叫小资产阶级。在〈正确处理人民内部矛盾〉的原讲话中，毛主席说过：不是无产阶级就是资产阶级，你们不愿当资产阶级知识分子，我一个人当，我就是资产阶级知识分子。这话里隐藏很深，这才能证明改造的必要性。以后小资产阶级知识分子这个词就消失了，都变成了资产阶级知识分子，再后来就成为资产阶级右派分子。[5]

虽然"觉悟"晚了一点，李慎之还是看出了将知识分子划归小资产阶级的深藏用心——证明改造的必要性。否则怎么将这么一大批具有五四民主思想的知识分子改造成"无产阶级战士"？怎么将他们身上的"自由"转变为"服从"？

---

3 《毛泽东选集》第五卷，人民出版社（北京）1977年版，页331～332。

4 齐世杰：《延安内幕》，华严出版社（重庆）1943年3月1日初版，页15。

5 邢小群：《往事回声》，时代国际出版有限公司（香港）2005年版，页54～55。

延安时期，毛泽东还需要调动知青的积极性，还需要他们为中共驰驱，不能过分打击他们的自尊自信，还只能将知识分子归为“小资产阶级”，还让知识分子待在革命阵营里。1949 年后，鸟尽弓藏，毛悄悄抹去前面那个“小”字，知识分子从“小资产阶级”转为“资产阶级”。阶级属性这一转变，知识分子也就从“团结、利用”一变为“打击、改造”。

延安一代终身认可“必须改造世界观”。1945 年，何其芳：“‘对于工农，大家真是应该努力为他们做事情，将功折罪呵。’……对于我这个从地主家庭出身的人，这几句话也有些使我毛骨悚然。将功折罪，这是一句听来不大舒服的话，然而这是真理。”[6]原罪感使延安一代从此低头。胡绩伟：“20 年后，在‘文革’中批判我是‘小资产阶级民主派’，是‘共产主义的同路人’，我是‘认罪’的。”[7]马可（1918～1976）：“当时投奔延安的知识分子，都面临着一个思想改造的问题，特别是一向习惯于自由散漫生活的文化人，几乎可以说没有不多少带着些资产阶级的世界观来参加革命的。……冼星海是属于改造得较快和较彻底的一类人。这一点对于我们今天来说，还是有非常现实的教育意义的。”[8]

世界观改造永无尽头，提高认识世界的能力得终身进行，永无毕业之期，等于得终身匍匐领袖脚下。尽管延安一代十分痛苦，但他们还是从党性高度虔诚捧接下“世界观改造”。

塔斯社记者描述：“党的原则为个人钻营、毫不掩饰的献媚和自我贬损所取代。自我贬损正在成为延安一般生活的特点。”[9]

接受改造的前提是需要改造，需要改造的前提是存在罪错，得承认自己属于“资产阶级”或“小资产阶级”。这恰恰体现了毛泽东的政治敏感。当年知青绝大多数出身中产以上家庭，无产阶级家庭鲜出读书郎。尤其女青年，不是豪门千金就是中产闺秀。中央妇委有延安中国女大毕业生 25 人，24 人出身地主、资本家，一人出身富农。[10]1930～40 年代月收入几十元的家庭，至多只能供一名子女上大学。1930 年代的燕京，800 余名学

6　何其芳：〈记王震将军〉（1945）。《何其芳文集》第二卷，人民文学出版社（北京）1982 年版，页 288。

7　《青春岁月——胡绩伟自述》，河南人民出版社 1999 年版，页 245。

8　马可：《冼星海传》，人民文学出版社（北京）1980 年版，页 272。

9　（苏）彼得·弗拉基米洛夫：《延安日记》，吕文镜等译，东方出版社（北京）2004 年版，页 175。

10　蒋巍、雪扬：《中国女子大学风云录》，解放军出版社（北京）2007 年版，页 134。

生大部分出身富裕家庭，贫寒子弟一般通不过入学英语考试；若拿不到奖学金，也承受不起每年约150银圆的学杂费（比清华高得多）。[11]

奔赴延安，没有钱也是万万不行的。西安临潼距离延安不足千里，仍需筹集路费。一位赴延知青："那个时候参加革命是要花钱的，一路上吃的、用的、住的，一切都是自己拿钱。路费和行李要自理。……所以那个时候去延安参加革命的穷人不多。一是大多不知道延安是怎么回事；二是即使听说过，一时也不容易筹到路费和准备好行李。从国民党地区去延安，太穷的人还真参加不起这个革命呢！"成都的田家英、曾彦修因路远，赴延路费 60 块，好不容易才凑上。八路军西安办事处只管开赴延介绍信，不管路费，搭乘办事处的卡车去延安，每位车资 14 块大洋。[12]刘澜波也要掏钱，但刘是东北救亡总会领导人，组织上出车费。[13]陈企霞五弟陈适五靠朋友资助 40 元，得赴延安。[14]

1937 年 9 月，朝鲜青年郑律成（1914～1976）想去延安，苦无路费。李公朴捐助 30 银圆，再由宣侠父向八路军西安办事处主任林伯渠写了介绍信。上海文艺界朋友为郑律成饯行，送了日记本、毛巾牙膏。[15]

1937 年 11 月 15 日谢觉哉日记："青年欲往延安求学……（自甘肃）到延安需往返旅费百元，那里仍要膳费、书籍费，非富豪子弟莫办。"1938 年 9 月 1 日谢日记："要往抗大的青年多数系瞒过家庭，筹不到旅费，虽然学校方面能于西安接收，但兰州到西安仍需二十元以上。"[16]1938 年夏，陈荒煤上武汉八路军办事处，除了拿到吴奚如开给董必武的介绍信，还得到阳翰笙的 20 元资助，这才乘火车赴西安转延安。[17]川东党组织为资助穷苦学生赴延，说服《万州日报》总编，空出两个编辑的名额，工作由其他编辑顶替，腾出两份薪水专门资助缺少路费的赴延学生，20～50 元不等。[18]

---

[11] 乔松都：《乔冠华与龚澎——我的父亲母亲》，中华书局（北京）2008 年版，页 11。

[12] 何方：《从延安一路走来的反思》，明报出版社（香港）2007 年版，上册，页 41、45。

[13] 2008 年 11 月 17 日，何方先生函答笔者："西安办事处的车，除他们自己的人员，其他去延安的都得交钱。同我一起去的刘澜波也得照拿。不过他是东北救亡总会领导人，自有帮他办手续的人。"

[14] 陈恭怀：《悲怆人生——陈企霞传》，作家出版社（北京）2008 年版，页 112。

[15] 丁雪松：〈忆郑律成同志〉，载《红旗飘飘》第 26 集，中国青年出版社（北京）1983 年版，页 97。

[16] 《谢觉哉日记》，人民出版社（北京）1984 年版，上册，页 181、269。

[17] 陈荒煤：《冬去春来》，江苏文艺出版社 1994 年版，页 177。

[18] 杜之祥：〈下川东的抗日救亡运动〉，载《四川党史研究资料》1985 年第 8 期，页 22。

皖南事变后自渝赴延的作家：欧阳山、艾青、草明、罗烽、白朗等，路费均由重庆“八办”特别费支出，沿途还有交通站接洽。[19]

1938 年 3 月，中共中央电示东南分局：

> 步行每日路费至多五角，四川学生多由成都步行，走卅天，路费 15 元，坐车则费六十元，淮北由汉口步行，恐亦不过此数。[20]

贫苦子弟赴延一般只能步行，山西夏县工人之女侯波拿走全家仅有的四块银圆，再靠一路乞讨走到延安。[21]就是有钱，西安至延安不通客车，一般都得自背行李步行近千里。[22]就是有车，土石公路坑坑洼洼，路况甚差，要走三天。[23]1939 年 11 月下旬，胡绩伟搭乘军车，走了一个多星期，才从成都到达宝鸡。这位 23 岁的川大生，第一次见到铁路。[24]有的青年因赴延不易，改变投奔方向。[25]

延安虽有供给，不少“资产”子女仍须家里接济。1941 年 10 月，范元甄收到汇款 400 元，“可以改善明（按：李锐）的生活。”[26]

延安知青不仅出身不佳，有的甚至与汉奸恶霸、大官僚大军阀沾亲带故。1936 年天津市委妇女部长张秀岩，其兄张璧乃霸县大地主大流氓、铁杆汉奸，1945 年被国民党枪毙，张秀岩侄女张洁清即彭真妻。[27]1922 年，15 岁的周扬赴长沙求学，一妻二佣长住旅馆，非富家子能为乎？[28]阶级论

---

19 张颖：〈回忆南方局文委～文化组〉，载《中共党史资料》第 13 辑，中共党史资料出版社（北京）1985 年版，页 201。

20 〈东南分局转来延安招收南方学生指示〉（1938 年 3 月 29 日），载《中共中央东南局》，中共党史出版社（北京）2006 年版，下卷，页 556。

21 蒋巍、雪扬：《中国女子大学风云录》，解放军出版社（北京）2007 年版，页 124。

22 据江文汉提供资料，西安至延安约 290 英里，即 481.18 公里，926.36 华里。江文汉：〈延安访问记〉，载《档案与史学》（上海）1998 年第 4 期，页 5。

23 陈荒煤：《冬去春来》，江苏文艺出版社 1994 年版，页 185。

24 《青春岁月——胡绩伟自述》，河南人民出版社 1999 年版，页 155～156。

25 石澜：《我与舒同四十年》，陕西人民出版社 1997 年版，页 49。

26 李南央编：《父母昨日书》，时代国际出版有限公司（香港）2005 年版，上册，页 231。

27 姚锦编著：《姚依林百夕谈》，中国商业出版社（北京）1998 年版，页 56、61。

28 李辉：《往事苍老》，花城出版社（广州）1998 年版，页 412～413。

大旗一扬，延安一代大多原罪感强烈，终身卑谦自牧，不忘自我改造，如出身大官僚的章文晋。[29]

然而，毛泽东这支马列主义手电筒只能对外不能对内，毛自己出身亦甚不佳。1961 年 4 月 9 日，刘少奇参观韶山毛家(距刘家炭子冲仅几十里)，看到毛家有二个舂臼，对王光美说："这东西看起来很简单，但在这一带农村，却是穷富的一个标志。很穷的人家是没有的。有的人家有一个，有的有两个三个。毛主席的家里有两个，说明主席家当年还比较好。"刘再看了毛家大锅，断定"毛主席家当年可是个人丁兴旺的大家庭啊！"[30]毛父至少富农，还放高利贷，[31]也有原罪，但毛从未向组织交过自传，也未检讨自己的阶级出身。毛家最后定中农，当然是"政治考虑"。

阶级原罪论来自苏联。1928 年苏共大规模反托清党，中国留学生停课搞运动，"也是搞人人过关那一套，出身成份不好的同志，都要作严格的检查和受到无情的批判，其内容大都是不切实际和无限上纲的。"[32]受赤潮氛围，不少青年人延之前就深受阶级论薰陶，已经自惭形秽。

阶级论乃中共一开始就揣上的原始左货。中共"一大"，其他无争，惟一略有争论的是吸收知识分子入党。13 名"一大"代表，"不幸"都是知识分子，有人依据阶级论，"认为知识分子动摇、不可靠，在吸收他们入党时，应特别慎重，一般不容许他们入党。"[33]仇智拒士，反理性之始。阶级论一直是中共左倾政策的价值源头。绝大多数出身中小资产阶级的延安知青，要求他们皈依无产阶级，以贫为贵以富为仇，价值歪斜常识歪拧，明显偏离历史理性。延安一代一出发就被领错了路。

1938 年，尚未入党的范长江已被阶级论弄得迷迷糊糊：

> ……这才逐步体会到阶级斗争的实质。人们的社会关系是随着阶级立场的变化而变化的，超阶级的个人关系（或私人关系）只能在暂

---

[29] 李慎之：〈纪念文晋公逝世一周年〉，载《李慎之文集》，2003 年自印本，下册，页 527。
[30] 黄峥：《王光美访谈录》，中央文献出版社（北京）2006 年版，页 231～232。
[31] 李锐：〈我的延安经历〉(三)，载《争鸣》(香港) 2011 年 6 月号，页 67。
[32] 〈伍修权同志回忆录〉，载《中共党史资料》第一辑，中共中央党校出版社 1982 年版，页 135。
[33] 刘仁静：〈关于北京建党和中共"一大"等情况的回忆〉。载王来棣：《中共创始人访谈录》，明镜出版社（香港）2008 年版，页 177。

时条件下起一定作用，从长远看是不存在的。离开阶级斗争，个人的作用是很渺小的。[34]

整风中，老党员张如心（1908～1976）退回刘白羽的思想自传："你根本就没有用阶级观点来对待自己。满纸废话，空洞无物。"[35]原国军新一军中将总参议续范亭（1893～1947）参加整风，写有："出身小资产，遍体多油腻；湖水涤难尽，延河洗不去；二十二文件，是我新武器。"[36]

1942 年 6 月 4 日，王实味接受阶级论，在中央研究院批斗大会上检讨："我今天认为超阶级的'爱'和'恨'是不存在的了。"[37]1921 年由毛泽东、何叔衡介绍入党的李六如（1887～1973，被诬叛徒屈死），1943 年 4 月在延安说："我以前自以为不错，自以为立场稳，整风后才知自己的政治水准低，'组织上入了党，思想上未入党。'"谢觉哉也认为自己 1940 年才"思想入党"。[38]从此，"思想入党"成为中共整人的一柄法器，可以无限要求党员"狠斗私字一闪念"。

1944 年 7 月 1 日，周恩来对"七大"华中代表团做长篇报告，解释"思想入党"内涵：入党为公、实事求是、遵守纪律、服从领导。[39]

当延安知青集体接受阶级论，并按阶级论的逻辑开始思考，认同组织入党并不等于思想入党，思想入党须真诚"自我改造"，走向"诛心"也就成了红色宿命。《解放日报》副刊编辑温济泽：原来以为入党就是无产阶级了，整风学习后才弄清小资产阶级思想同无产阶级思想的区别，才认识共产党员思想入党的必要性以及从根本上改造自己世界观的迫切性。毛泽东及中共中央得到了他们想要的东西——延安一代的服从性。

"阶级分析"使五四理念因肢裂而黯淡，失去整体力量，五四启动的现代车轮就这样被悄然逆转。随着延安一代全盘接受阶级论，也就同时建

---

34 范长江：〈我的青年时代〉（1967 年 6 月 3 日〈受审交代〉），载杨里昂主编：《学术名人自述》，花城出版社（广州）1998 年版，页 322。

35 刘白羽：〈我经历的整风抢救运动〉，载《众说纷纭话延安》，广东人民出版社 2001 年版，页 211。

36 金城：《延安交际处回忆录》，中国青年出版社（北京）1986 年版，页 89～90。

37 温济泽：〈斗争日记〉，载《解放日报》（延安）1942 年 6 月 28～29 日，第 4 版。

38 《谢觉哉日记》，人民出版社（北京）1984 年版，上册，页 454。

39 《邱会作回忆录》，新世纪出版及传媒有限公司（香港）2011 年版，上册，页 137～138。

立了“阶级斗争为纲”的思维模式。1947 年底的“三查三整”（查阶级、查思想、查作风；整顿组织、整顿思想、整顿作风），出现“将凡是出身地富的干部都集中坐在一边，在墙上贴了个用大字写的条子叫‘王八席’。”[40]阶级论不仅破坏国家秩序，也破坏中共自身的“安定团结”。

日常生活，亦须时时体现阶级意识。逃港北大生刘绍唐（1921～2000），1949 年参加“南下工作团”，一度进入中共新闻界：“在这被认为‘人民翻身大时代’中，执笔写文章哪怕是无关紧要的一二个字的形容词，也必须考虑到所谓‘阶级意识’，不如此便失去了‘立场’。”[41]

阶级论使中共成功替换下延安一代知识分子普遍持守的人性论。1939 年 2 月 19 日谢觉哉日记：“曾三同志说；‘除同志关系外，不许有私人感情，这话不尽对。只能说私人朋友感情是次要的，不允许超过或并重于党的利益，而不能说私人感情须一笔抹杀，这是违反人情的。这一倾向的发展，可能走到人间的冷酷。’”[42]果然，1950 年代初暴烈土改很快体现了阶级性高于人性的的逻辑之果。不少革命知青认为血腥土改过于残酷，发生思想危机，全赖阶级论“自我教育”撑过来。北大学生党员程贤策（1927？～1966）诫劝“思想迷茫”的小女生乐黛云：

> 由于我们的小资产阶级出身，我们应该对自己的任何第一反应都经过严格的自省，因为那是受了多年封建家庭教育和资产阶级思想侵蚀的结果。尤其是人道主义、人性论，这也许是我们参加革命的动机之一，但现在已成为马克思主义阶级学说的对立面，这正是我们和党一条心的最大障碍。因此，摆在我们眼前最重要的任务就是彻底批判人道主义、人性论。他的一席话说得我心服口服，不知道是出于我对他从来就有的信任和崇拜，还是真的从理论上、感情上都“想通了”。总之，我觉得丢掉了多日压迫我的、沉重的精神包袱。[43]

---

[40] 《温济泽自述》，中国青年出版社（北京）1999 年版，页 130、229。

[41] 刘绍唐：《红色中国的叛徒》，中央文物供应社（台北）1956 年 12 月第 5 版，页 55。

[42] 《谢觉哉日记》，人民出版社（北京）1984 年版，上册，页 284～285。

[43] 乐黛云：《四院・沙滩・未名湖：60 年北大生涯》，北京大学出版社 2008 年版，页 207。

后人总结："中共的文化洗脑有三大法宝，其一曰'原罪感'；其二曰'效忠'；其三曰'理想主义'。"先须承认"原罪"，自信心亏下去一大截，再让你"效忠"就容易了。最后灌输"理想"，让你明白"效忠"的意义，三大步最后合并为"飞跃"——从资产阶级个人主义的民主主义者升华为具有崇高革命理想的共产主义战士。既然深信自己有罪，又深信有解救你的领袖，陶醉于服膺的马列主义，还有什么做不出来？六亲不认，不辨是非，只有"毛主席挥手我前进"的冲动了。

1949 年后，中共意识形态已被"阶级论"领走得相当歪斜了。1956 年 4 月 18 日《光明日报》载文〈真理有没有阶级性？〉。到了文革，〈五・一六通知〉中竟有："'在真理面前人人平等'，这个口号是资产阶级的口号。"否定了真理对全体人类的适用性，等于否定了人类社会所有原则的价值基础。真理都有阶级性，当然是只有他们认定的真理才是"无产阶级真理"，不承认他们认定以外的其他公理。如此歪歪理斜斜说，还叫得那么响，写入正式文件，当然旁边得有端着刺刀的卫兵。

文革前夕，毛泽东批判胡乔木、周扬三条错误：一、对资产阶级斗争不坚决；二、同资产阶级有千丝万缕的联系；三、毕竟是大地主家庭出身。[44]1983 年，胡乔木在与周扬那场著名学案争论中当面逼问："承认不承认阶级斗争、无产阶级专政？如果不承认，我们不能同意。"[45]无所不在的阶级论、无所不可拆解的阶级分析，随时可用以"分析"内外政敌。阶级论不仅异化了胡乔木，也异化了周扬。文革后，周扬、夏衍等人仍揪住丁玲软禁期间与冯达（指为叛徒）育子一事，不同意恢复丁玲党籍。[46]

时日一长，阶级论荒谬四绽，无法遮掩。1960 年代初，北京女十中高干子弟班一位元帅女儿，竟连挂面、煤球都不认识；其父秘书要学校接纳该女生搭伙教师食堂（因经费紧张不接受学生搭伙），元帅女儿吃了一个月清汤光水窝窝头的中餐，告饶退伙。无产阶级革命家的后代，血血红的"自来赤"，仅仅才一代，就"修"成标标准准的资产阶级大小姐。[47]

---

[44] 李辉：《往事苍老》，花城出版社（广州）1998 年版，页 401。

[45] 王若水：〈周扬对马克思主义的最后探索〉（1997）。载王蒙、袁鹰主编：《忆周扬》，内蒙古人民出版社 1998 年版，页 430～431。

[46] 李辉：《往事苍老》，花城出版社（广州）1998 年版，页 255。

[47] 李南央编著：《我有这样一个母亲》，开放杂志出版社（香港）2003 年版，页 106～107。

1950～70年代，阶级论生生制造了遍及全国城乡的“血统灾难”。1958年秋，浙江黄岩一中（省重点高中），某女生宿舍五位新生，三位因家人划“右”，取消学籍勒令退学，其中有叶文玲（后为浙江省作协主席）。[48]幼稚园小朋友也因父亲划“右”被逐，取消入园资格。[49]

阶级论之所以被国际共运奉为圭臬，精髓在于为赤色革命披上合法性——“造反有理”。按马克思的剩余价值说，富人财产来自对穷人的剥削，穷人理应夺回自己的财产。富人的钱哪来的？还不是绞着穷人的汗，添了富人的油?!挖着穷人的疮，长了富人的肉！！1920年，毛泽东最初接触马克思主义，就说“我只取了它四个字‘阶级斗争’”。[50]1939年12月，毛在延安万人大会：“马克思主义的道理千条万绪，归根结底，就是一句话：‘造反有理’。”[51]毛泽东一生多次炫称这两点。深得精髓呵！要的就是这点“精华”。其实，毛泽东对马克思主义并不真正尊崇。1957年1月，毛公开说：“马克思主义就是个扯皮的主义，就是讲矛盾讲斗争的。”[52]

至于这一“革命合法性”本身是否合理，红徒们从未考虑——“这难道还用怀疑吗?!”其实，阶级至多是经济领域的一种分野，对不同经济条件社会成员的一种划分，但将社会成员的政治态度直接等同于经济上的阶级归属，进而延伸至家庭出身必然决定价值取向、审美趣味、人生观念、政治立场……其谬其误，还须一驳吗？如果社会那么简单划一，马恩列斯及毛刘周朱，他们的家庭出身何以都是“万恶的资产阶级”与“凶恶的地富官僚”？1948年，河北西柏坡南庄地主80%为抗属干属，[53]又如何解释？为什么无产阶级革命的骨干均由资产阶级子弟组成？如果阶级对立真那么不可调和，这个社会还能消停吗？世界和平还能维持吗？当今中共又为什么转“斗”为“和”，生生制造出“先富起来”的新一代资产阶级？

只要稍加分析，阶级论立马逻辑难通、破绽四裂。阶级论使中共跟随苏共呼出“工人阶级无祖国”，爱党高于爱国，爱苏联高于爱中国，因为

[48] 叶文玲：〈马不停蹄〉，载《传记文学》（北京）2004年第4期，页6。
[49] 张紫葛：《心香泪酒祭吴宓》，广州出版社1997年版，页331～332。
[50] 毛泽东：〈关于农村调查〉。载《毛泽东文集》第二卷，人民出版社1993年版，页378～379。
[51] 逄先知主编：《毛泽东年谱（1893～1949）》（中卷），中央文献出版社（北京）2005年版，页150
[52] 《毛泽东选集》第五卷，人民出版社（北京）1977年版，页344。
[53] 《于光远自述》，大象出版社（郑州）2005年版，页99。

苏联是无产阶级的“社会主义祖国”，而中国是资产阶级国家，因此中国工人的祖国是苏联！再如阶级革命的首要目标是“无产阶级上升为领导阶级”，沿着这一逻辑，无产阶级上升为领导阶级后，资产阶级将被逐步消灭，大家都成为无产阶级，谁也不能私占财富，均享均用，进入“大同”。但是，且慢，以下问题如何解决？——

一、无产阶级专政的对象是资产阶级，这不还是换汤不换药的阶级专政？还不是一个阶级压迫另一个阶级？只不过颠倒一下位置。同时，剥夺资产阶级全部财产，岂非彻底否定其祖上的奋斗？否定其家族数代辛劳的合理性？绝大多数资产阶级可是劳动致富，全判“剥削”不当得利，还有必要继续致富么？富有罪，穷光荣，可谁愿意长期守贫舍富？“永葆无产阶级本色”？

二、剥夺资产阶级财产均分给无产阶级，使原本就无能力创造财富或不愿劳动的二流子合法占有他人财富，岂非形成另一种剥削？

三、社会成员如何公平得到生存所必需的生活资料？若全靠国家分拨，如何保证执掌分拨权的官员胳膊肘不往里拐？如何保证公平？如何有效防止腐败？

四、社会财富并不会自动从工厂田头冒出来，失去产权后，先前那些管理者如何有效参与生产？凭什么去管理？凭什么要对与己无关的生产负责？失去产权的工农，又凭什么保持劳动积极性？难道仅凭阶级觉悟么？

五、按照共产理论，公有制生产关系将迅速创造出大大超过资本主义的生产效率，社会财富迅速增加，人人富裕。如此这般，无产阶级又如何保持“无产”？人人都富裕了，还上哪儿去找“无产阶级接班人”？革命还有后来人么？

六、还有一个最根本的问号：既然无产阶级是最伟大最先进的阶级，天生的领导阶级，为什么这一阶级的思想家、领导这一阶级进行伟大革命的领袖人物都是资产阶级？伟大的领导阶级为什么需要由对立阶级的人物来领导？来代表？难道伟大的阶级就不能产生自己的领袖人物么？

一个世纪的国际共运“悲壮”证明：阶级论是赤色各国罹难的理论总根源。将社会成员划出三六九等，孩婴尚未出生，红黑已经判然——你是红色接班人，他是反动黑崽子。这样的价值铺轨，能通往社会和谐么？

“黄世仁”式恶霸地主终究极少，窗外站着冻饿穷人，富人绝大多数还是很难笑啖美食。贺龙说家乡湘西桑植，一富翁每年冬天即向穷人发放米粮、棉衣，还出资修桥。[54]黄炎培记载：沪郊川沙县孟姓地主，门首常备一串钱，来一丐给一文，乞丐络绎，带孩女丐还供饭；孟家厨房专设一桌，佃农来家上桌吃饭，佃农有病则赠药；秋收时，佃农可与东家商量如何分粮。佃农称：“种到孟家田，胜如自家田。”就是资本家，也是请都请不到的财神。晚清某绅在川沙兴办毛巾业，“川沙毛巾工业大大发展，贫农都变富有了。”[55]跟今天招商引资一样，投资兴办企业，等于来了财神。若还握持“财富罪恶论”，谁会来投资当“罪恶者”？

二十世纪初的中国，孙中山认为整体贫困，大贫小贫之别耳，并无悬殊过大的贫富差别与对抗尖锐的阶级矛盾。[56]绝大多数百姓的日子还能过下去。来自湖北三峡建始县山区的吴国桢：“既没有地主，也没有农奴，每个人必须种地，或在自家的田里干其他的活。事实上，在我出生的时候（按：1903），那里是如此的和平、安全，乃至有夜不闭户的习惯。没有人富得流油，但每个人都足可以维持生活，这是一个田园诗般的群体社会。”[57] 1938 年安徽泾县水东村的地主富农，平均拥地不过五～七亩／户；整个皖南，地主、富农不到人口 15%。[58]

1931 年，上海社会局调查沪郊农村，5.4 万农户中收支可抵 2.6 万户，占 50%；生计艰难且负债者 2.1 万户，占 39%；宽裕者 0.6 万户，11%。[59]地主亦大多生活拮据，寒酸得很。江苏盐城建湖东乔庄乔冠华家，拥地二三百亩，“苏北的一个地主在生活上不如上海的一个小贩。”[60]乔冠华五六

---

54 沙汀：〈记贺龙〉，载《红旗飘飘》第 6 集，中国青年出版社（北京）1958 年版，页 130。

55 黄炎培：《八十年来》，文史资料出版社（北京）1982 年版，页 20～21、26。

56 孙中山：《三民主义·民生主义》，载《孙中山全集》第 9 卷，中华书局（北京）1986 年版，页 381～382。

57 吴国桢：《夜来临：吴国桢见证的国共争斗》，吴修垣译，香港中文大学出版社 2009 年版，页 2。

58 《中共中央东南局》编辑组编著：《中共中央东南局》，中共党史出版社 2006 年版，下卷，页 909。

59 沈伯经：《上海市指南》，中华书局（上海）1934 年 9 月版，页 341～343。

60 乔冠华、章含之：《那随风飘去的岁月》，学林出版社（上海）1997 年版，页 124。

岁第一次吃苹果。章含之（1935～2008）记述乔家：“他家虽是中等地主，但苏北地贫，要凑那么多钱供他一直上到清华毕业，又送他去日本留学，也是极不容易的。”“父亲还需教些私塾以维持生活并供三个儿子上学。”[61]

李锐出身官僚地主——国会议员之子，也一直吃不上苹果，馋到偷母亲的钱去买。李锐家一周只买二两半肉，两个苹果要一斤肉的钱。辛亥以前，乌镇茅盾这样的富户，初一、初八、十六、二十三这四天才许吃肉，薄薄几片耳。曹聚仁（1900～1972）记述家乡浙西金华兰溪一带，“百里周围，最大的富户，不会拥有两百亩以上的田地；说是要靠收租过日子，做一个不稼不穑的地主，我就没见过。大体说来，都是自耕农。”[62]1930年代初，出身四川威远殷实乡绅之家的胡绩伟：“能在星期天逛公园、看电影、吃豆花饭，算是比较富裕的生活了。”[63]所谓富裕，不过尔尔。

河南杞县宗店乡汤庄，四五户地主，最大的地主拥地360亩，全村只有这一家全年吃白馍，但全家七八口人，全年吃白馍的也就两人——老娘与地主本人，妻儿们只有在农忙与节日才能吃白馍、喝小米粥。[64]拥地百亩的湖南宁乡地主谢觉哉之父，“无故杀鸡吃的事很少。”[65]陕北地主不过“冷窑暖坑一盆火，稀饭咸菜泡蒸馍”；1940年代还有地主拾粪——“圆睁两眼寻尤物，紧缩双肩御朔风。”[66]

四川忠县乡绅之子马识途，家里阁楼上有“尘封的带着狗尾巴的官帽和‘肃静’‘回避’的牌子”，1931年上万县参加川东中学毕业会考，第一次逛大马路，非常想买一双“包起来”的黑皮鞋，一问五块多，两个月学校包伙费，“大哥穿着草鞋四乡赶场卖酒的景象在我面前出现……我不顾那店员奚落的神色，毅然走出商店。”[67]

陕西临潼富农之子何方，“我从家乡到延安也从来没有见过桔子和苹果。”“平时只吃粗粮，小麦舍不得吃，要用来卖钱……吃饭没有菜，只

[61] 章含之：《跨过厚厚的大红门》，文汇出版社（上海）2002年版，页193、202。
[62] 曹聚仁：《我与我的世界》，北岳文艺出版社（太原）2001年版，上卷，页43
[63] 《青春岁月——胡绩伟自述》，河南人民出版社1999年版，页31。
[64] 曹锦清：《黄河边的中国》，上海文艺出版社2000年9月第1版，页202。
[65] 《谢觉哉日记》，人民出版社（北京）1984年版，下册，页1189。
[66] 张天行：〈拾粪的地主……〉，载《社会科学报》（上海）2009年1月1日。
[67] 马识途：《风雨人生》，参见《马识途文集》（九），四川文艺出版社2005年版，页4、21。

有辣椒面和盐，顶多在小碟子的边边上再放一丁点儿死咸死咸的腌香椿……我在家里没有见过酱油，更不用说香油了……孩子们各人过生日时才能吃上一个炒鸡蛋。"其父每次吃饭，第一件事就是先找剩饭吃。何方童年"很少穿新衣服新鞋，多数是哥哥穿过的。因为老是穿不合脚的鞋，我的脚趾头从小就挤得互相摞着。""据我了解，在中国，起码长江以北许多地方，富农大多是靠勤劳和节俭起家的。一些西方国家关于富农的概念，套在他们头上不一定合适。现在看来，民主革命时期，特别是解放后，对他们进行残酷斗争，列入地富反坏，实行长期专政，还影响到他们的子女，这对团结全体农民和发展农业生产，都是不利的。"[68]

中共陕籍高干张秀山，其父少年替富户揽工放羊，民初依靠省政府放种鸦片（每亩抽税20～30元），逐渐致富，十余年置地几百亩（西北地价便宜，好地一银圆／亩，差地仅几角／亩），雇上长工，农忙时再雇短工。这位地主上城卖粮（背送到户）自带窝窝头，连一个铜板的烧饼都舍不得吃。张秀山在县城读高小，寄宿于校，自带粮食咸菜做饭，寒暑假和大人一起下地干活。[69]怎能将稍有家财的人都划为万恶不赦的天然敌人呢？

中共刻意强调阶级差异，实为阶级革命寻找必要性，煽动穷人肤浅的仇富心态，完全不考虑必须奔富的历史大方向，不考虑穷人也希望富有的愿望，弄得以贫为贵，似乎所有道德与真理都在穷人这一边，似乎一穷便什么都有了合理性。最后，大家都不敢求富，岂非大事大大不妙？

1944年中外记者团访问延安，赵超构从某乡公所墙上的统计表得知：150户农家绝大多数为中农，富农、贫农只有十几家，十分典型地体现了"社会主义新农民"甘居中游的集体心态。"因为实行'左'的经济政策，使得分到土地的农民只敢种一点足够他生活的粮食；有一个时期因为仇视富农心理尚未消灭，害得有田地的人情愿荒废而不敢出租；有一个时期，农民期待'政府'会给他们一块不花钱的土地，因而不愿意向有地的人佃地，安伙子；有一个时期，贫农的地位抬得太高了，害得需要劳动力的人不敢雇长工。……从'土地革命'到28年（1939）止，边区的农业一

68 何方：《从延安一路走来的反思》，明报出版社（香港）2007年版，上册，页11、14～15、24、13。
69 张秀山：《我的八十五年》，中共党史出版社（北京）2007年版，页2～4、6。

直是下降的。”闹红时期“没收地主土地”政策，陕北农业一直走下坡路，1939 年“停止没收”，“凋敝了十年的陕北农业，这才开始复苏。”[70]

阶级论是满世界找敌人的学说。土改中，阶级成分有可能立即使人丧命。如今，阶级论仍然根须深长，余响未绝。2009 年 5 月，前中国外交学院院长吴建民（1939～）：“‘以阶级斗争为纲’仍影响着很多人的思维……有人认为当前世界是一个需要继续斗争、继续革命的世界……在全世界去找敌人，树敌……”[71]

延安一代忽略了一个最根本的问题，也是中共延安时期承认的：“在中国仍然差不多还没有资本主义。”既然连无产阶级的母亲都没有出生，又哪来这一“领导阶级”？又从哪里获得必须专政的合法性？面对这一理论尴尬，国际共运强行狡辩，避开无产阶级尚未形成这一关键，另觅论据：经济落后的国家为政治上先进的共产党提供了难得的存身机会，反而较之工业发达的欧美资本主义国家更容易引发暴力革命，还可避免资本主义重大弊端。[72]这一“落后反而先进”论，从根本上违反了阶级论本身，无产阶级尚未存在，这个阶级的专政又从哪里获得自己的阶级基础？

阶级论也使中共第一代党员不寒而栗，后脚发虚。第一代著名中共党人中，出身“非无”家庭至少 80%以上：

陈独秀、瞿秋白、李立三、王明、博古、张闻天、彭湃、吴玉章、何叔衡、毛泽东、杨开慧、刘少奇、周恩来、董必武、林伯渠、李六如、林彪、邓小平、陈毅、彭真、康生、杨尚昆、徐向前、叶剑英、贺龙、陈伯达、罗瑞卿、陈赓、蔡和森、蔡畅、刘志丹、薄一波、陆定一、李富春、萧劲光、朱瑞、贺子珍、邓颖超、何长工、聂鹤亭、夏征农、夏衍、章汉夫、刘晓、赵毅敏、黄火青、孟用潜、王鹤寿、曾希圣、徐冰、王炳南、吴亮平、严朴、李伯钊、张秀山、李逸民……

70　赵超构：《延安一月》，上海书店 1992 年版，页 187、190、193。

71　吴建民：〈中国不怕大灾大难，怕的是头脑发昏〉，载《经济观察报》（北京）2009 年 5 月 11 日。

72　（美）谢伟思：《在中国失掉的机会》，国际文化出版公司（北京）1989 年版，页 221～222。

五四运动后的五年间，改信马克思主义者当中，仅 12 人（已知）出身无产阶级：陈郁、苏兆征、向忠发、项英、邓发、柳宁、邓培、朱宝庭、许白昊、刘文松、刘华、马超凡。[73]

1936 年 7 月 9 日，周恩来对斯诺说："无产阶级的组织程度和经验水准不足，党内小资产阶级成分一直居于优势。"[74]一批资产子弟高举阶级大旗，以打倒所属阶级为道德标榜，本身就很荒诞滑稽。李锐晚年："中国根本没有什么工人阶级，共产党不过是借着这个招牌办事而已。"[75]

"阶级出身"那么重要，甚至具有决定性，许多富家子弟将家庭成分填为"破落地主"、"破落资本家"、"破落封建家庭"，以示名富实贫。后任山东分局书记、四野炮兵司令的朱瑞，审干自传："我出生在一个书香门第三代的地主家庭。由于家支繁衍，亲疏析离，至我已家道下降，只有田百余亩。"[76]朱瑞乃江苏宿迁人，按后来江苏土改标准，拥地 20 亩即铁定地主一个，百余亩还喊破落，可窥朱家当年富盛，可嗅传主避富心理。

阶级论虽然征服了稀里糊涂的延安一代，但也不是没有一点阻力。胡绩伟就有一点心底波澜：

> 我没有接触过如马克思所说的现代化大机器生产所造就出来的无产阶级。当时，陕甘宁边区的工业十分落后，我所见到的都是手工业和半机械化工业的工人。真正无产阶级的高贵品质和思想作风是什么，我弄不清楚。我所知道的是，当时中国共产党的党员，号称无产阶级的先锋队，绝大多数都是农民和知识分子，工人很少，真正大生产工业的工人更少。我们党中央那些领袖人物，包括毛泽东在内，也大都出身于小资产阶级的知识分子，原来也不属于无产阶级，他们是怎么成为"无产阶级先锋队"的"先锋"了呢？

---

[73] （美）费正清、费维恺主编：《剑桥中华民国史》，中国社会科学出版社 1994 年版，上卷，页 569。

[74] （美）爱德格・斯诺：《红色中华散记》，奚博铨译，江苏人民出版社 1991 年版，页 67。

[75] 李锐：〈我的延安经历〉（三），载《争鸣》（香港）2011 年 6 月号，页 67。

[76] 朱瑞：〈我的历史与思想自传〉，载《中共党史资料》第 9 辑，中共党史资料出版社 1984 年版，页 217。

> 当时我曾悄悄自问：毛泽东就没有小资产阶级的思想作风吗？关于他婚姻恋爱等方面的种种传言，几乎是尽人皆知的。[77]

马克思发明阶级论，将富人财产论证为“窃来之物”，号召“全世界无产者联合起来”，去“共”富人财产。十月革命后，列宁〈对派往外省的宣传员们的讲话〉：“如果我们不把他们多年来丧尽天良地罪恶地剥削来的钱财从他们隐藏的钱罐中全部掏出来，我们就会淹死在这一片汪洋大海之中。”[78]高尔基一眼就看出十月革命内核：“俄国只实现了物质力量的转移，但这种转移并没有加速精神力量的增长。”“人们受到来自上面的极为英明的政权的鼓励，去抢掠、去盗窃，而那政权向城市、向全世界提出了社会完美建设的最新口号：‘全到船头上去！’（按：海盗常用语）——这句话按现在的说法就是：‘去抢那些抢来的东西！’”[79]

根据剩余价值论，穷人合法劫富。可在“解放”穷人的同时又制造出另一批穷人（被夺产的富人），“解放”了一批被压迫者，却制造出另一批被压迫者。在以富为仇的社会环境下，谁都不愿成为“富有”的剥削者，谁也不敢求富。按阶级论的逻辑，地主的子孙永远惦着变天，资本家的后代总在“梦想夺回失去的天堂”，阶级意识代代相传。如此这般，还有可能消灭阶级么？如何达到“解放全人类”？

傅斯年看得很清晰：“阶级斗争”不过是挑动八种仇恨以实现夺权的工具：一、中国人恨西方人；二、穷人恨富人；三、寻常人恨地位超过自己者；四、低能者恨高能力同事；五、无知者恨知名者；六、农村人恨城市人；七、子女恨父母；八、年轻人恨长辈。傅斯年研究过心理学，发现许多人在潜意识中很容易接受将上述仇恨合法化的理论。“阶级斗争”学说就提供了发泄嫉恨的合法性。[80]

土改时，江苏某赤干为示与地主家庭划清界限，上台打死父亲，从此一路升官。[81]最高红色境界乃“思想先进”，然思想无形，只能靠有形言

---

[77] 《青春岁月——胡绩伟自述》，河南人民出版社 1999 年版，页 247。

[78] 《列宁全集》第 33 卷，人民出版社（北京）1985 年版，页 330～331。

[79] （俄）高尔基：《不合时宜的思想》，余一中、董晓译，作家出版社（北京）1998 年版，页 45、60。

[80] 周启博：〈傅斯年为何去台湾〉，载《开放》（香港）2009 年 11 月号，页 85。

[81] 据本人博导陈鸣树教授回忆，但未提供姓名。这位打死父亲者后任江苏省政协副秘书长。

行体现，且“先进”并无具体绳范，不易识别，宁左勿右，保险系数最大。尤其那些出身不硬的小资知青，必须靠“挣表现”赢得组织信任，他们普遍要比出身赤红者更左更革命。

王若水晚年分析：

> 我知道在土改时期，有些表现很左的干部恰恰是家庭出身不好的。他们知道，让他们参加土改是对他们的考验。他们最害怕的就是被批评为“立场不稳”，于是他们采取“宁左勿右”的立场，以表自己的革命坚定性。实际上，在内心深处，他们未必觉得那种做法是合适的，但对他们来说，“表现”得革命才是最重要的，而要做到这一点，最简单的办法就是要“斗争性”强，要显得左一些。这样，即使挨批评，上级也还是会觉得这个同志的革命性没有问题的，说不定还觉得自己“左得可爱”哩。[82]

整风后，各赤区普遍“宁左勿右”。土改中，南方相对温和，受到批判，斥为“和平土改”，不见点血腥不来点暴力，怎么体现“急风暴雨”的阶级斗争？怎么体现“天翻地复”的伟大革命？毛泽东明确表述：“有一部分人有教条主义错误思想，这些人大都是忠心耿耿，为党为国的，就是看问题的方法有‘左’的片面性……又有一部分人有修正主义或右倾机会主义错误思潮。这些人比较危险，因为他们的思想是资产阶级思想在党内的反映，他们向往资产阶级自由主义，否定一切，他们与社会上资产阶级知识分子有千丝万缕的联系。”[83]这段最高指示清晰表明——左是思想认识问题，右是阶级立场问题。有的人挨了整，转身再去整别人，似乎不整别人便无以体现自己的革命性。

1959 年庐山会议，陶铸：“我就是只左不右的”。下山后，凡是地主家庭出身的司局级以上干部，都要重新审查立场问题。李锐：“这个阶级

---

[82] 王若水：〈左倾心理病——范元甄社会性格机制的探索〉，载《书屋》（长沙）2001 年第 6 期，页 40。
[83] 毛泽东：〈事情正在起变化〉，《毛泽东选集》（第五卷），人民出版社（北京）1977 年版，页 423。

成分的问题一直是我们党里面一个根深蒂固的问题。”[84]1953 年，蒋南翔愤曰：“与其宁‘左’勿右，还不如宁右勿左。”[85]

1960 年 5 月 5 日，安徽亳县城父公社城父大队小刘庄分支书记，面对三月以来全庄已饿死 34%（52 人），公开声称：“就是死 200 人又有什么了不起？死一个少一个，你们死完也照样搞社会主义。”[86]

西人说，上帝之所以比马克思可爱，乃是上帝的理念已为人类经验迭加证善，马克思主义不仅缺乏经验支撑，且只为“无产阶级”一家着想，将统治认同权从全民缩小至一个阶级。阶级学说不仅拧歪了中共的价值逻辑，也拧歪了梁漱溟这样的“一代直声”。文革初期，他致信毛泽东：“主席此番发动的无产阶级文化大革命运动，使广大群众振起向上精神，鄙视资产阶级，耻笑修正主义，实为吾人渡入无阶级的共产社会之所必要。……当红卫兵来临，我以维护此一大运动之心情迎之……”[87]

阶级论强调出身，人为制造不平等，血统论的老套套。文革后，中共不得不悄悄卷旗收帆。履历表格中那栏赫然惊目的“成分”，终于不见了。但阶级论阴魂不散，六四后，左派仍在说“启蒙是有阶级内涵的”。[88]这些“革命者”到处一分为二，凡不符合自己的观点，统统扔给对立阶级，理直气壮地要求无产阶级专政，坚决取缔“阶级敌人”与“资产阶级思想”。

延安一代因持守阶级论，终身容异度甚低。延安诗人田间之妻葛文（1921～），2001 年仍笃守〈延安文艺座谈会讲话〉：“如果没有毛泽东的文艺思想，就写不出反映我们斗争生活的好作品，这是统一的。……冰心写的是人间之爱，与咱们说的是两码事。咱们讲爱，是要注入具体内容的。否则，你爱谁啊。”很清楚，她的爱是有阶级性的，还自我感觉良好。何其芳甚至说《西厢记》崔莺莺表现的是地主阶级庸俗的男女关系。[89]

1970～80 年代因长年运动不搞建设，全国城市住房普遍局促逼仄。沪上情侣只能到稍微空旷一点的外滩，形成“情人墙”（老外记者取名）。

---

[84] 李锐：〈我的延安经历〉（三），载《争鸣》（香港）2011 年 6 月号，页 66～67。
[85] 韦君宜：〈他走给我看了做人的道路——忆蒋南翔〉，载邢小群、孙珺编：《回应韦君宜》，大众文艺出版社（北京）2001 年版，页 160。
[86] 梁志远：〈大跃进中亳县干部作风问题记述〉，载《炎黄春秋》（北京）2009 年第 10 期，页 31。
[87] 林贤治：〈五四之魂〉（下），原载《书屋》（长沙）1999 年第 6 期，页 34。
[88] 董学文：〈评“西体中用”〉，载《中流百期文萃》，金城出版社（北京）1998 年版，页 125。
[89] 邢小群：《丁玲与文学研究所的兴衰》，山东画报出版社（济南）2003 年版，页 186～188、210。

但有“革命群众”要求取缔这块被资产阶级占领的阵地。夜晚，“红袖章”巡逻，高音喇叭叫喊：“革命群众请注意，革命群众请注意，千万不要忘记阶级斗争！外滩是革命的外滩，绝不允许资产阶级的歪风邪气横行！”外滩情人墙成了“阶级斗争”晴雨表。甚至离婚率都被视为“阶级斗争”气压计，压抑自由的低离婚率被视为社会主义优越性。[90]

贰、撤守个性

五四运动以新文化运动为先导，肇始于思想界，实为历史之必然。因为需要通过思想启蒙培养“新人”。日本文学革命亦与明治维新同步。

五四精神看似含混，理论界多有纷争，然其精髓可简括为“三民主义”——外争国权、反抗列强（民族）；思想启蒙、平等自由（民权）；富国济民、人道主义（民生）。这一历史任务至今“革命尚未成功，同志仍须努力”。五四之所以成为中国现代思想的起点，便是提出现代价值理念，明确奋斗目标。“三民主义”就是三项最基本的现代化吁求，“三民主义”互为表里，但以“民权”、“民生”为基础。无论外争国权的“民族”，还是内争自由的“民权”，其效其用最终得落实于“民生”，“民生”是检验任何政治学说的惟一标准。

五四精神最基本的内核实为个人自由，承认个人权益的正当性，以此作为反封建的价值起点。辛亥前，章太炎就掷言：“个体为真，团体为幻，一切皆然。”[91]茅盾：“人的发见，即发展个性，即个人主义，成为‘五四’时期新文学运动的主要目标；当时的文学批评和创作都是有意识或下意识的向着这个目标。个人主义（它的较悦耳的代名词就是人的发见或发展个性）……个人主义成为文艺创作的主要态度和过程，正是理所必然。而‘五四’新文学运动的历史的意义亦即在此。”[92]

---

[90] 1955年11月，《中国妇女》发起“罗抱一、刘乐群离婚案大讨论”。转引自黄传会：《天下婚姻》，文汇出版社（上海）2004年版，页108～117、213。

[91] 章太炎：〈国家论〉，载《章太炎全集》第四册，上海人民出版社1985年版，页458。

[92] 茅盾：〈关于创作〉，载《茅盾文艺杂论集》，上海文艺出版社1981年版，上集，页298。

进入 1930 年代，赤雾左氛渐浓。夏志清："1930 年代中期，左翼的气焰笼罩了文坛，新起的小说家几乎一致地敌视旧秩序，不满国民政府，同时对于共产主义或多或少带着点依附的心情。……他们除了共党批评家所勾画的中国社会远景以外，没有个人的视景。"文批家韩侍桁（1908～1987）发现左翼青年作家沙汀的问题："作者是追随新写实主义的理论而写作。他企图在他的笔下强调起集团生活的描写，于是在他的作品里，不但没有个人生活的干骼，就连个性的人物都没有。"[93]五四好不容易争取来的"个人"，左翼文学率先交出。否定旧秩序、又不满于新政府，剩下的就只有"展望未来"了。左翼文学"意在沛公"——为革命论证必要性。

"怀疑一切、否定一切"，人类好不容易积累起来的经验公理一夜之间沦为不值一顾的秽物，蔑为"旧传统"。批判一切、鄙弃既有，包括批判自己。自己都可以打倒，还有什么不能去打倒去批判呢？"怀疑一切否定一切"乃红色 1930 年代的社会土壤，延安整风不过承绪其后。

针对强调服从的封建文化，个性解放具有强大冲击力。尊重个人、认定个体发展是社会发展的前提，将国人从习惯服从的捆绑中解脱出来，走向自信，当然是真正意义上的社会发展。整风后，深受五四薰陶的延安一代集体低头认罪，从五四的自信满满一退而至怀疚负罪，从坚定的社会改造者一转为自我改造者，从全力改造客观一变为全力改造主观，五四精神最紧要的内核——独立自由——悄然隐褪，整个价值取向完全逆转。

整风将"个人解放"一变为"个人主义"，接着指谬为"利己主义"，诬为丑陋不堪的自私自利，打掉"个人"的价值基础，一脚将"个人"踢进肮脏的废纸篓，使之失去话语权。个性、个人、民主、自由、平等、博爱等最基础的现代理念被判为自私肮脏的罪物，原本竭力追求的个性，成了"万恶之源"。个人与革命的关系，被规定为彻底奉献。何方："经过整风和抢救，几乎全体干部的人性、人权以至人格俱已被'整'掉，提高了缺少独立思考、只知服从的党性……这种'无法无天'竟成为长期以来占统治地位意识形态的一部分。"[94]五四好不容易建立起来的现代理念就

93　夏志清：《中国现代小说史》，香港中文大学出版社 2001 年版，页 243、230。

94　何方：《党史笔记》，利文出版社（香港）2005 年版，下册，页 627。

这样“光荣失守”，就这样在“抗战需要”下连根拔起，从追求形而上的精神自由到聚焦形而下的政治服从，从高扬个性解放到批判个人主义。

其实，中共早有“最高原则三条件”——党管理一切、一切工作归支部，党内绝对无自由。[95]延安初期打出的旗号是“民主集中制”。1938 年 10 月，毛正式提出“四大服从”，规定必须具体服从支部书记。陈云对青年说：“说要服从党中央，服从毛主席，这也还比较容易；但是说要服从支部，服从直接的上级，这就发生了困难。为什么？因为这种人只能抽象的遵守纪律，不能具体的遵守纪律。具体的遵守纪律，就一定要服从支部，服从直接的上级，即使上级的人比你弱，你也一定要服从。”[96]

以统一取消个体、以服从替代思考，以集中没收自由。所谓民主集中制，民主缺乏程式保障，集中却有组织强制；实际操作中，民主自然不见了，只剩下集中。1957 年“反对支书就是反对党”、1960 年代毛号召“全国学习解放军”，要害便在于四个字——绝对服从。

从哲学上，整风就是要求忽略“局部真实”的阴暗面，“看到”抽象的“整体真实”。否定个人主义，即在于否定个人感知的意义。个人感知不再成为可靠的判断依据，要从原则从理论从抽象层面看待一切，因为个人感知只是“局部”，感知不到的“整体”才是最高价值。褫夺“个人”首先得改造你的判断力。

后人看得很清楚：“党的利益一旦被高度抽象化，那就可以随心所欲地解释，最终也使党的利益异化，这种价值的悖论，经常报以党性强、识大体、顾大局的表彰，消解有可能发生的疑问，最终连怀疑也无从产生。”[97]目的抽象化在于彻底否定个人对具体感知的自信，否定个人权益的正当性，自觉放弃自我，一切听命中央、听命毛泽东。

整风亲历者余宗彦（1914～）晚年才觉悟：

> 整风运动后期，延安开始的反“小广播”的斗争，主要就是针对知识分子的好议论、好评论的风气的，要求统一思想，舆论一

---

[95] 王国忠：〈记红四军中的一场争论〉，载《世纪》（上海）2006 年第 6 期，页 42。

[96] 陈云：〈关于党的文艺工作者的两个倾向问题〉，载《解放日报》（延安）1943 年 3 月 29 日。

[97] 刘志琴：〈请理解老一代——怀念李慎之〉，载《炎黄春秋》（北京）2008 年第 6 期，页 27。

律。……这个运动的结果并不够实事求是，好像就是为了打掉知识分子的自尊和清高。[98]

整风还再三强调历史发展的必然性，否定偶然性，意在以集体的“必然”否定个体的“偶然”，否定个体的存在价值，“个体只有附着于集体才有价值”。延安一代被再三告知，个人只是历史进程中无数微不足道的一分子，个体的存在只是为了证实“必然”的强大与不可违抗；个体必须加入集体，才能由偶然进至必然，才能从集体价值中领取个体意义。如此这般，从根子上挖掉了个体独立存在的价值。而个体利益、个人权利，却是之所以需要革命的价值起点。马列赤说彻底否定个人利益的正当性，连封建社会都承认的价值基础都给刨去了。对此，寰内士林全无警觉。

1939 年春，抗大某大队训练部主任刘鼎（1903～1986）开导入党申请者：“一个知识分子要为理想而献身，就要自觉地在头上戴上‘紧箍帽’，把个性约束于党性，把个人价值投入到共产主义伟大事业中去，为伟大的事业而牺牲！”[99]先群后己，先集体后个人，看似崇高貌似圣洁，实质真正反动，坏就坏在这一碟上。改善大众永无止尽永无竟期，俟河之清，人寿几何？一己改善尚且不易，舍微就巨，舍易就难，不从具体个人做起，不从点点滴滴的源头做起，抛下组成集体的个体，跳过个体追求集体，岂非虚妄？有实现可能么？

从社会价值排序上，个权述求的丧失等于民主基础的丧失，没了个人权利，还需要建筑其上的自由民主平等博爱么？个人既然不值一提，一切个人利益不能争取，那么“人民大众的利益”还剩下什么？人民不是由个体组成的么？既然都没了价值，“人民大众”不是完全被抽空了？撤守五四，最关键的一点就是撤守自我撤守个人，从此失去捍卫自我权益与个人独立的理论依据。1959 年庐山会议后，大陆报刊连篇累牍批判“自由平等博爱”，理直气壮公然违悖五四理念。若无来自延安的逻辑铺垫，会有这样执悖谬而豪迈的价值自信么？

---

98 余宗彦：〈带头上书反对毛、江婚姻的“党内海瑞”——忆王世英同志〉，载《炎黄春秋》（北京）2006 年第 5 期，页 53～54。

99 石澜：《我与舒同四十年》，陕西人民出版社 1997 年版，页 61。

延安士林都没意识到整风是对五四精神的逆反，原则上方向上的彻底悖转。延安一代在整风中无人意识到被摘走“五四价值”。毛泽东十分顺利地借用“民族”压制了“民权”，搁置了“民生”，利用救亡换走了启蒙，利用抗战摘去自由，利用集中偷换民主，将知识分子从先生贬为学生。

延安士林接受思想改造，从五四的社会改造者自甘沦为需要改造的对象，从改造他人转为首先改造自己——原来自己一钱不值呵！1942 年 5 月 2 日，延安文艺座谈会首日，何其芳的发言甚具代表性：“听了主席刚才的教诲，我很受启发。小资产阶级的灵魂是不干净的，他们自私自利，怯懦、脆弱、动摇。我感觉到自己迫切地需要改造。”毛泽东会心一笑。[100] 毛泽东是笑了，但延安士林以这样卑微的态势，还能完成五四任务么？连最有文化的士林精英都匍匐跪拜下去了，个性的脊梁还能由谁隆顶而起？

撤守个性等于撤守个人价值，个人从“一切之目的”沦为“集团之工具”。个体权益的让步，看似崇高圣洁，但这一价值关隘失守，一系列后果接踵而至：革命高于一切，组织决定一切，感情如渣滓，权益为包袱，抽象原则理直气壮压倒具体感受，“集体利益”可以公开褫夺个体生命。

个体利益乃民主与理性最坚实的地基。1944 年，哈耶克断语：“一项维护个人自由的政策是惟一真正进步的政策，在今天，这一指导原则依然是正确的，就像在十九世纪时那样。”[101]延安整风片面强调服从牺牲，看似崇高正义，实为对现代文明的釜底抽薪——失去个体价值这一原始元素，不仅无论如何烧不开民主科学这锅水，还烧制出一场场偌大人祸。

1949 年后，抽掉“个权”的大陆，不仅无法支挺“民权”，也无力强壮“民族”，最后灾难性地吞噬“民生”。1959～61 年的大饥荒，海内力耕不足自饷，纺织不足自衣，古未之有也。至少饿死 4127 万“阶级兄弟”，[102] 上演了人类有史以来最惨烈的大饥灾。残酷的第二次世界大战，全球死亡五千万；毛共执政 27 年，无灾无战承平岁月，居然为了“主义”至少死亡六千万（大饥荒四千余万＋文革两千万，还不算土改、镇反、肃反等运

[100] 萧云儒、高杰：〈延安文艺座谈会写真〉，载《陕西日报》（西安）1992 年 7 月 2 日。

[101] （英）哈耶克：《通往奴役之路》，王明毅等译，中国社会科学出版社（北京）1997 年版，页 227。

[102] 裴毅然：〈四千万饿殍——从大跃进到大饥饿〉，载《二十一世纪》（香港）2008 年 4 月号，页 44～56。

动的几百万）。革命革出这样的“伟大胜利”，民权丧失如斯，难道还不应该问责一下？“革命逻辑”不需要打扫清理么？

将整风归为毛泽东要弄政治手腕，固为事实，更深层次的问号是中共何以集体接受整风？这支其兴也勃的革命队伍，何以绕了一大圈，自觉走回封建逻辑？如此虔诚交出“民主”？这里，除了外部敌情等客观因素，自身局限才是内在致因，才是集体跪受整风的内因，才是最终托起毛泽东这尊红色大神的地基。设若延安思想界能有保护少数的价值警惕，中共组织结构有制衡机制，不仅王实味不会被冤，抢救运动也搞不起来，就是搞起来，也会很快被制止。文化不仅仅体现于整合创新，更体现于及时止谬纠误。延安思想界被彻底“拔刺”，解除独立佩剑，看似效应立竿——思想统一、一致对外、中原得鹿，得逞一时，但因失去内部纠错制衡，内疾难察，视脓疮为乳酪，认罂粟为桃花，人迷途而难返。

从终极意义上，一切质疑与批评，只能出自个人，只能始发于“个人主义”。个人的一切思考与努力皆为多余，一切囿限上级规定，还能有创新与突破么？还需要创新与突破么？知识分子越挨整，就越不敢进行宏观思考与整体分析，越不敢作出独立判断。再三再四的自我批评很快使延安一代“快乐并愚蠢着”，党性特强——要求别人也像自己一样“听党的话”。连王实味都很快缴械投降，几天后收回退党申请，自觉地一轮轮检讨。1944 年 5～6 月，监禁中的王实味在精心安排下与中外记者团见面，“他几乎毫无表情的脸上惟一察觉到的情绪是恐惧。他重复说，‘我是托派，我攻击毛主席应该被处死。我应当枪毙一千次，但毛主席宽宏大量……我对他的仁慈感激不尽。’”[103]1982 年，丁玲谈到〈三八节有感〉：“我的确缺少考虑，思想太解放……40 年之后，现在我重读它，也还是认为有错误的。”[104] 1983 年，周扬向胡乔木低头，以“软骨头”退场。迷失自我、无法坚持自我，成为延安一代普遍的代际特征。他们真诚地认为革命者就不能保留个人选择，晚年都未意识到这一价值错位的严重性。

---

[103] 魏景蒙：〈忆延安之旅〉，江惠美译，载《传记文学》（台湾）第 54 卷，第 4 期。

[104] 丁玲：〈延安文艺座谈会的前前后后〉，载《新文学史料》（北京）1982 年第 2 期。参见《我亲历的文坛往事・忆大事》，人民文学出版社（北京）2004 年版，页 261～262。

延安一代绝对没有想到他们是二十世纪失去自由最多的一代。他们从追求自由出发，最后得到的竟是失去自由。1937 年入党的周克（1983 年上海市委组织部长），1959 年补课划“右”，罪状之一“要独立思考”。[105]说到底，粗糙的中共无力在文化上解决“组织统一”与“成员个性”的矛盾。

陈学昭划“右”后养成烧信的“好习惯”，“好像不烧掉就没有完成一件工作似的。”[106]反右后，大陆文化人都养成不写日记、烧毁信件的“好习惯”。[107]文革中，何方在江西外交部上高干校劳改，不准上街赶集、不准享受探亲年假、不准参加一切党内外会议、不能听任何传达报告、来往家信得由支书或其指定者先行拆检（长达六七年）。[108]前有延安的理论撤守，后有反右～文革的实际剥夺。

撤守个性，才能认同共性。1949 年后，与计划经济保持一体的是意识形态的极端集体主义。1983 年，影星刘晓庆（1951～）自传《我的路》，回顾个人奋斗历程，当记者问她谁是全国最优秀女演员，她很小声地说：“是我。”全国报纸一致抨击刘晓庆狂傲悖谬。刘晓庆父母乃川东地下党，全家批判刘晓庆：“这是一条什么道路？没有党和群众，就有你了？怎么可以宣扬个人奋斗？”[109]个人奋斗成了过街老鼠。只有共性没有个性，还能有多元创造力么？还能有突破性创新的可能性么？

失去个体价值，连带反省罪误的必要性都一并随风飘去。1978 年，周扬对香港记者说：“我在‘文化大革命’当中所受的种种迫害，我经常这样想，比起一些对革命的贡献更大的同志来，所受的迫害并不是怎么了不得的。”[110]似乎有了烈士，有了刘少奇、贺龙的大冤大屈，其他任何人的冤屈都微不足道，不必提了。1983 年，笔者在浙江省政协就遭一位“冒号”抢白：“好了好了！你上山下乡这点苦头算什么？喏，人家刘少奇、贺龙，那才叫冤！”我只能咽回不满，觉得“冒号”多少也在理。如今意识到：自己那一刻的沉默，带着多少“时代局限”！

---

[105] 周克：《风雨七十年》，文汇出版社（上海）2006 年版，页 214、219。
[106] 陈学昭：《浮沉杂忆》，花城出版社（广州）1981 年版，页 79～80、82～83、97。
[107] 陈亚男：《我的母亲陈学昭》，文汇出版社（上海）2006 年版，页 78、161。
[108] 何方：《从延安一路走来的反思》，明报出版社（香港）2007 年版，下册，页 490～491。
[109] 解玺璋：〈《我的路》见证中国人价值观的变迁〉，载《中国青年报》（北京）2008 年 7 月 15 日。
[110] 赵浩生：〈周扬笑谈历史功过〉，载《七十年代》（香港）1978 年 9 月号，页 33。

“牺牲我一个，为了千千万；牺牲一代人，为了下一代”，如今还有多少人拥护这种口号？现代普世价值立场：牺牲哪一个都是天大之事，遑论一代人！杜维明（1940～）：“这是西方很深沉的反思。”[111]2008 年，老延安反省：“过去那种把党说得很神秘，连个人的一切都是党给的，也属于封建传统，是颠倒了党员和党的关系。殊不知党是由党员组成的，没有党员哪来的党？党的一切都来之于党员的贡献。”[112]

延安放弃个体权益，今天就需补课五四。2008 年 6 月 25 日，央视法治频道“大家看法”：甘肃平凉村女玲玲被强奸关押五年，产下一双儿女，孤立无助。中国政法大学教授马皑（1962～）析因：“这与我们多年只强调义务不讲权利有关。”2011 年 10 月 13 日，广东佛山两岁女童小悦悦连遭两车碾压、七分钟内 18 人冷漠走过，女童死去，引哗中外。唐相张九龄：“正其本者万事理”。公私倒置，本末错位，万事岂可理乎？

参、思想改造

当然，民主自由、个性解放等五四精神并不那么容易一挥手就打发了。既然知青将延安看成圣地，一块放声歌唱与自由民主的地方，当他们看到赤区的阴暗斑点，心理震动可想而知，挽袖撸臂剜疮挤脓的心愿特别强烈。丁玲小说〈在医院中〉、杂文〈三八节有感〉；王实味的〈野百合花〉、萧军的〈论同志的“爱”与“耐”〉等，便是这股情绪的代表作。尤其当他们的好心未得好报，渐受打压，“反弹”自然也很强烈。为了打掉知青们心中的五四理据，中共高层除了刻意打压文化工作的重要性，还拉出一条永远无法做到的革命标准，献了青春献终身都无法“真正完成”的任务——与工农兵相结合。

1943 年 3 月 10 日，陈云在延安文艺工作者会议上说：

> 做文艺工作是一个人的分工，那末，他这门工作做得好，是他尽了份内应尽的责任，做得不好，那是失职，就是不及格。文艺工

[111] 李怡编：《知识分子与中国》，远流出版事业股分有限公司（台湾）1990 年版，页 339。
[112] 何方：〈走在艰难平反路上的一年〉，载《炎黄春秋》（北京）2008 年第 6 期，页 35。

> 作的内容，无非是群众的生活和斗争，这些事情本身都是旁人做的，作家不过是将它们用文艺的形式表现出来，要是旁人不做，作家也就没有什么可表现。……我们还要计算一下，现在我们多数做文艺工作的同志究竟有多少群众？应该承认，我们的读者还只是群众里的一个很小的部分。[113]

做得好，应该；做得不好，失职；无论如何都不落好，都“不够”。而且，这项任务既不光荣也不重要，更无难度，无非是“复写”工农兵的生活，工农兵不做，你就没得写，有什么了不起？最麻烦的是：你的作品必须得有大面积受众。不用说在传媒手段十分落后的 1940 年代，就是网络普及的今天，又有几位作家几部作品能拥享“大面积受众”？架设无法逾迈的标杆，并不是真地鼓励你去跨越，而是要你自惭形秽怏怏低头，多听少说，多记少想，遵守党纪，做一颗“永不生锈的螺丝钉”。

赵超构触须灵敏：

> 我觉得延安又有一种气氛是过于浓厚了，浓厚到几乎使人窒息。这便是过度紧张的空气。生产运动差不多把每一家人都卷进过度的忙碌的生活里面去了。这虽不是强迫的，却也带有精神上之强制性。[114]

思想改造的绩效在抢救运动中得到验证——延安士林几无一人质疑运动本身。被审查者只是一个劲要求到最危险的地方去，以证明对革命的忠诚。亲历者黄钢：“恨不得有时把自己拆散，然后再根据文件把自己重新建造起来。”[115]价值标准一元化使延安士林失去质疑的理论支点。

2005 年，李南央整理出版《父母昨日书》，发现整风是其母范元甄从资产阶级小姐转变为“革命母豹”的拐点：“母亲从小娇生惯养的大小姐脾气……但是延安整风那场反‘精神污染’运动，实在是彻底地将她改造

---

113 陈云：〈关于党的文艺工作者的两个倾向问题〉，载《解放日报》（延安）1943 年 3 月 29 日。
114 赵超构：《延安一月》，上海书店 1992 年版，页 82。
115 黄钢：〈平静早已过去了！——鲁艺论辩特写〉，载《解放日报》（延安）1942 年 8 月 4 日。

成了个‘新人’的致命的、强大的客观外力。”[116]大小姐脾气其实也改造不掉，1950 年代初范元甄在协和医院切除甲状腺，对医生护士极为蛮横，甚至将护士送来的饭菜掀掉。

李普晚年明白了：

> 思想改造的要求是叫这些人成为“党的驯服工具”，成为“革命的螺丝钉”。总而言之必须听从党的话。我亲耳听胡乔木说的是大家必须做“棋子”，他说如果棋子不听话，这盘棋怎么下呢。
>
> 总起来说，填这张表（指小广播表）以及整风运动的主要目的是两条：一是消灭“自我”，不得有自己的思想、意志、尊严。正如前引李锐文章中所说的，知识分子必须“把自己贬得一文不值”，一切交给党，交给党的领袖毛泽东，这才是彻底革命；二是为了党和保卫党的领袖，一个革命者没有什么事不可以做。[117]

思想改造的价值核心是收缴延安士林的是非判断权，以中央（教主）是非为是非，因为思想改造好的标志就是服从组织、听上级的话，与党保持高度一致，即后来概括为全国咸知的对联——听毛主席话，跟共产党走。

基础价值方面，整风以后“个人要求”成了难以启齿的低级趣味，一说就俗，组织至高无上，“个人”完全失去话语权。整风中有三个名词：“脱裤子”、“割尾巴”、“钻自己”——不要怕丑（脱裤子）、自我改造（割尾巴）、不要怕疼（钻自己）。对知识分子有一整套定性：“知识分子都是小布尔乔亚、有劣根性的动摇分子。高潮来，低潮去。到这里来，不是为了生活就是为了女人，见不得流血。这种不彻底的分子，是会破坏革命的。”[118]这几句话成为长期箍收知识分子的咒语，令士林瑟瑟发抖。

---

[116] 李南央：〈她终于解脱！〉，载《开放》（香港）2008 年 3 月号，页 68。

[117] 李南央：《我有这样一个母亲》，开放杂志出版社（香港）2003 年版，页 225、262、284～285。

[118] 齐世杰：《延安内幕》，华严出版社（重庆）1943 年 3 月 1 日初版，页 21。

思想改造类乎“诛心”，无法客观检测，无法具体验别，穷一生而无尽时，成为“终身需求”。1969 年 11 月，叶挺独立团出身的老红军萧克上将（1908～2008），被遣江西永修五七干校，接受再教育。[119]

历史证明，整风向延安一代灌输了一大堆似是而非、杂乱无章的名词概念——阶级觉悟、党性至上、终身改造……成为他们一生难弃的思想包袱。赵超构看得很清楚，指出整风是上下结合的产物：

> 整风运动是共产党内部的思想态度改造运动；要把一个穿西装革履的知识干部改造到高高兴兴坐到简陋的纺车上去，这绝不是党首领的几场训话或组织里几张文书命令所能办到的。必须在上者能够切实领导，同时下面的人能够自觉的改变，才可以形成风气。[120]

2004 年，钱理群提出包括自己在内的“受害者的理性合作”乃革命地狱的最大特点。[121]钱先生深剖：“现代中国知识分子的‘奴化’竟然是在知识分子‘自我崇高化’的心理过程中完成。这里的悲剧性与荒谬性是远远超过了孔乙己们的，而我们却比孔乙己更加执迷于自欺欺人的‘自我神化’的幻梦。”[122]惟其执迷，伤重不知。连非党知识分子冯亦代（1913～2005）都在日记中称颂思想改造：“怎样赎罪？除了改造自己，那就是把自己彻底交献出来，做一个螺丝钉，甚至是铺马路的石子。”[123]

“一代直声”旧式文士梁漱溟也深迷此道。1955 年 4 月 16 日宋云彬日记，“梁漱溟来，谈甚久。渠自谓方努力钻研巴甫洛夫学说，且谓思想改造必从自觉起，甚言殊诚恳也。”[124]

延安一代通过“自觉革命”完成自我设限，以“脱俗成名，减欲入圣”（《菜根谭》）解释思想改造，自我崇高。稍有突破，便有一种囚徒式的罪恶感，下意识地收腿缩手，自觉蹲回思想监狱，浑然不觉已入囚室。

[119] 唐筱菊主编：《在“五七干校”的日子》，中共党史出版社（北京）2007 年版，页 1。
[120] 赵超构：《延安一月》，上海书店 1992 年版，页 243。
[121] 钱理群：〈和凤鸣与她的《经历——我的 1957 年》〉，载《随笔》（广州）2004 年第 4 期，页 36。
[122] 钱理群：《压在心上的坟》，四川人民出版社 1997 年版，页 186～187。
[123] 冯亦代：《悔余日录》，李辉整理，河南人民出版社 2000 年版，页 103。
[124] 宋云彬：《红尘冷眼》，山西人民出版社 2002 年版，页 373。

整风捏塑的不仅仅是延安一代，李维汉晚年说延安整风“教育两代人、两层干部”，[125]即红军一代与延安一代。那么，具体绩效是否真如李维汉所说——真地打造出“特殊材料制造的人”？仅举一例：

姬鹏飞（1910～2000），1931 年宁都暴动从西北军转入红军，1933 年入党，1970 年代后外交部长、副总理、国务委员兼港澳办主任、人大副委员长、中顾委常委。1999 年 8 月，其子姬胜德——总参情报部少将常务副部长，收受赖昌星等人贿赂 2130 多万元、挪用侵吞军用资金 975 万、泄露军方机密等罪（生活腐化、奸污女青年已属区区），军事法庭拟判死刑。江泽民在政治局说：“军中败类、民族败类，不杀不足以平民愤！”网传姬鹏飞四次致信江泽民、张万年、迟浩田，为其子求情免死。姬鹏飞还向薄一波、宋任穷、万里、宋平、谷牧、张爱萍及政治局求情，“要求以自己的功劳减少儿子的罪责，被拒绝后自杀。”如此重罪，受党教育近七十年的老红军都私心护犊，还有一点点“特殊材料”的质地么？[126]

思想改造当然不可能拔去天然私心。胡绩伟：“我享受吃中灶的待遇，但在第一批发细布干部服时，却没有我，我心里很不满意，背后发过牢骚，特别是在公开场合，遇见熟悉的朋友，人家穿的是细布制服，自己还穿着粗布衣裳，就觉得很不好意思。”[127]1950 年代初定级，一位老干部嫌定得太低，几天卧床不起。[128]“特殊材料制成的人”一个个还是天性大于党性，最坚定的女党员龚澎病危，最想见的还是女儿。[129]

延安一代用红色理念教育子女，“大公无私”、“不要脱离群众”，可往往自己就做不到。1975 年底，工人子弟巴悌忠初登女友李南央家门。吃饭时，范元甄独享炒海参，独饮红葡萄酒，巴悌忠立起心澜：

> 我来自一个普通百姓家庭，平时家有什么好吃的，从来都是紧着给孩子吃。我到不少朋友同学家吃过饭，从没见过大人吃独份儿

[125] 李维汉：《回忆与研究》，中共党史资料出版社（北京）1986 年版，下册，页 495。

[126] 刘志琴：〈请理解老一代——怀念李慎之〉，载《炎黄春秋》（北京）2008 年第 6 期，页 28。

[127] 《青春岁月——胡绩伟自述》，河南人民出版社 1999 年版，页 237～238。

[128] 王士菁：〈一个无私的忘我的人〉，原载《新文学史料》（北京）1981 年第 2 期。参见包子衍、袁绍发编：《回忆雪峰》，中国文史出版社（北京）1986 年版，页 250。

[129] 乔松都：《乔冠华与龚澎——我的父亲母亲》，中华书局（北京）2008 年版，页 236。

的。三年困难时期吃不饱，我和弟妹又在长身体时期，我妈妈常把自己碗里的饭拨出一点儿给我们……看着老太太一个人就着红葡萄酒独享着海参，脑海浮现着我妈妈……与自己的孩子同桌吃饭，还要分清哪些是孩子们不能吃的，孩子们会怎么想？教育孩子们不要脱离群众，自己却在饭桌上脱离了孩子们，这种教育的逻辑何在？效果何在？[130]

李普评价范元甄：

她已经没有自己了，她已经把自己完全交给了党、交给毛主席了。直到 1994 年她还在真心诚意称颂“毛主席是中国人民的大救星”，这些话一出口，这位老太太的眼泪就落了下来。她对毛主席和党的那份感情和忠诚，真如俗话所说的，深入到她的血液里去了，溶化到她骨髓里去了。所以，她把李锐往死里整，既是拯救自己的政治生命，也是拯救自己的灵魂。[131]

思想改造使许多延安老干部终身拥享极大幸福，认为没有这一经历的下一代，存在重大缺失。他们多么希望下一代也能亲身感受一回“延安整风”。他们对整风的这份怀念，转化为对后代的红色教育，红色思维势必渗透为社会存在，无可避免地成为社会发展的“红色阻力”。

“革命母豹”范元甄十分敏感地发现叛女李南央的关键问题：“听过你所说：‘我不能照你的框框改造自己’，我就了解问题的关键了。”她明白女儿之所以叛逆不驯，乃是一开始就不愿接受赤色逻辑的第一步，不接受神圣的“自我改造”。范元甄终身自豪持守阶级论，1976 年 4 月 29 日致信准女婿：

---

[130] 巴悌忠：〈难以忘却的两天〉，载李南央编著：《我有这样一个母亲》，开放杂志出版社（香港）2003 年版，页 86。

[131] 李普：〈两个相反的典型——谈李锐并范元甄〉，李南央编著：《我有这样一个母亲》，开放杂志出版社（香港）2003 年版，页 286。

> 从延安整风直到今天，我亲身体验，要能严于解剖自己，必须有勇气站在革命立场，用阶级观点重新认识自己的出身环境、家庭，而且要反复不断加深认识。……我毕竟是一个几十年的共产党员，不承认有任何一种离开阶级内容的“感情”。[132]

赴美后的李南央更清晰地认识到母亲何以被异化：“这个人是完完全全地与现实世界隔绝了，生活在共产党和毛泽东建立起的精神牢笼里……没有朋友，亲戚们是断不敢沾她，她就像埋在地窖里的陈年老酒，年代越久，‘革命’的味道越‘醇厚’。”[133]距离革命岁月越远，她身上的红色气息便越浓郁。

1990 年代，有人给女作家梅娘（1920～2013）找老伴，对方是某学院退休党委书记，“一谈，他说，你这思想……反革命啊！给我气得，都什么时候了还这样看问题！”[134]

对延安一代来说，他们已无法告别进入血液的赤色学说，甚至晚年反出朝歌的叛逆者，亦无力彻底告别马列主义。许家屯长期居港，六四后脱共逃美，与中共彻底“拜拜”，但仍认定共产学说有益人类，因行世仅百余年而有欠完善，“付出代价不可避免……列宁、斯大林模式的失败，但不是，也不可能是整个社会主义理想和实践的终结、死亡。”许家屯要求宽容赤说，认为社会主义、资本主义两大社会思想与制度通过竞争相互吸纳，达到融合。这位中共“高级叛徒”不承认共产主义已失败，只承认被资本主义有机吸纳。从许家屯政论代表作〈试论和平演进〉与《许家屯香港回忆录》，可知他对赤祸缺乏整体了解，连大饥荒死去四千余万、全球赤灾殉难者过亿都不知道，将“代价”说得如此轻飘飘，还要求世人给予赤说“实践时间”，暴露出他头脑中深深的赤色勒痕。[135]

宗凤鸣虽大彻大悟，仍无法摆脱阶级论窠臼：“在阶级社会中也自然形成阶级性……过去在革命年代强调阶级性，当然是对的、应该的。”最

---

[132] 李南央：〈她终于解脱！〉，载《开放》（香港）2008 年 3 月号，页 68～69。
[133] 李南央编著：《我有这样一个母亲》，开放杂志出版社（香港）2003 年版，页 21。
[134] 邢小群：《往事回声》，时代国际出版有限公司（香港）2005 年版，页 217。
[135] 《许家屯香港回忆录》，香港联合报有限公司 2008 年版，下册，页 518～537、588。

后还认为马克思主义与十月革命在人类历史上具有划时代意义。[136]延安一代未意识到接受“阶级论”正是他们走歪的第一步，认识起点上的这一偏差乃是他们进入极左轨道的第一站。不从根子上挖掉“阶级论”，便不能为赤色意识形态送终。

1990年2月，1930年代“火柴大王”、“毛纺大王”刘鸿生之子刘公诚（1914～1991）郑重写道：“我坚信在中国共产党的领导下，在中国的大地上，社会主义制度一定会不断完善；我也相信有史以来人类更伟大的、实现共产主义、解放全人类的理想社会终究会得到实现。”[137]非红色血统者都走不出来呢。

如何看待“知识分子改造”、如何评价“与工农结合”、如何理解“自由”，乃是决定延安老人反思高度的一条刻度。陷入“改造”、“结合”的泥淖越深越久，爬上反思之岸的可能性就越小。

尽管延安一代动机纯正，然因路线错误，图纸荒谬，不少延安一代像范元甄一样：“从一个热情、活泼，人见人爱的小姑娘，变成日后那么个让人根本无法理喻的‘马列主义老太太’。她后来的路怎么会走成那样，一事无成！”[138]其婿评曰：“她竟然可以做到那样高的官，可以什么都不做而让老百姓养活一辈子，还祸害人，这才是最可怕的。”[139]

肆、遗祸子孙

汉初，刘氏皇朝就认识到为政之要在于宽简清静，自然顺民，故倡黄老之学。中共治国则逆历史理性，强扭人性硬要塑造“新人”，什么都管——从财产管到住房，从志向管到道德，从择业管到私生活。政府管得越多越细，国人自由当然就越窄越扁。红卫兵一代成为喝斥中长大的一代，延安一代认为“温室里长大的青年”浑身都需要修理。

---

[136] 宗凤鸣：《理想・信念・追求》，环球实业公司（香港）2005年版，页409、272～275。
[137] 贾芝主编：《延河儿女——延安青年的成才之路》，人民出版社（北京）1999年版，页384。
[138] 李南央：〈她终于解脱！〉，载《开放》（香港）2008年3月号，页68。
[139] 李南央编：《父母昨日书》，时代国际出版有限公司（香港）2005年版，下册，页141。

进城后，延安一代将他们的价值理念、思维逻辑“理所当然”地传销子女，视为万万不可丢弃的“革命传统”，形成红色家庭的独特景观。杨沫之女徐然（1937～）穿一双高跟鞋，杨沫（1914～1995）大吵大闹斥为资产阶级。徐然漂亮，不少追慕者，高中便有男友，杨沫坚决反对，“不像新中国青年”，“思想空虚与堕落的表现”，写信到女儿学校揭发；徐然新疆大学毕业前，杨沫致信新疆老战友，嘱其将女儿分到最苦最远的地方锻炼改造。杨沫之子老鬼（1947～）写了一本以插队内蒙为题材的长篇小说《血色黄昏》，杨沫认为是“大毒草”、“控诉无产阶级专政”，唆使丈夫偷走儿子手稿，儿子反抗，杨沫声明断绝关系，四处播说其子品质恶劣、忘恩负义，白眼狼。[140]这样的革命家庭，虽有一点红色特权，但“革命气氛”远远大于血缘亲情，不宜生存。

延安一代深受“党文化”浸淫，以尊奉“党文化”为荣，以“培养”子女为接班人己任，引“阶级斗争”入家庭教育。1976 年 4 月 29 日，范元甄致信女儿李南央：“我对孩子的‘斗争’是严重的争夺下一代的问题。”[141]当看到下一代不愿“彻底奉献”，痛心疾首，自责未尽教育责任。范元甄甚至见不得女儿在日记中写母爱：“你小小年纪，还母爱、母爱的，满脑子令人作呕的资产阶级思想。”文革初期，李南央在学校因“黑崽子”挨批斗，回家向母亲哭诉，范元甄冷笑：“啊哈！你不是一向标榜自己不要母爱，自己最坚强吗？哭什么！跟我说什么？你在学校挨不挨斗，跟我没有关系，不要往我身上扯，那是你自己在学校一定有问题……”[142]2008 年初范元甄去世，李南央：“（她）一辈子成就了一件事：‘按毛主席教导认真解剖自己’，这是什么样的人生悲剧！但这差点也是我的人生之路。我得承认，在母亲的教育下，在共产党的诱导下，我曾经是坚定地站在母亲一方，和父亲李锐划清界限的。我认同母亲的理念：‘人与人之间的关系首先是阶级的关系。’”[143]

---

[140] 老鬼；《母亲杨沫》，长江文艺出版社（武汉）2005 年版，页 360、386。
[141] 李南央：〈她终于解脱！〉，载《开放》（香港）2008 年 3 月号，页 68。
[142] 李南央编著：《我有这样一个母亲》，开放杂志出版社（香港）2003 年版，页 9、11。
[143] 李南央：〈她终于解脱！〉，载《开放》（香港）2008 年 3 月号，页 69。

1966年7月20日，陈伯达致信其子："个人主义是资产阶级的东西，是最最害人的东西。永远永远不要让个人主义盘踞你的脑子，这样，才能看得宽，看得远，才能前进，才有前途……"[144]陈伯达未意识到自己逻辑已乱，既然否定了个人利益，还要什么前途？还需要什么前途？如果需要"前途"才能使儿子放弃个人主义，那么这个人主义还能真正放弃吗？

依照延安逻辑矗立起来的以"无私"为终极目标的新社会能是什么呢？综观全球，赤色各国弊病同源——公有制造成的浪费铺张、计划经济导致的低效混乱、社会上下失去腾踊活力、国民身心萎靡不振、自由度低于封建时代、政治恐怖笼罩各个角落。最可怕的是："习惯虚伪"成为社会主义公民必备素质，否则便无法在"无产阶级真民主"的国度呼吸。

1954年六一儿童节，南京卫岗华东军区干部子弟小学，校长陈毅批评学校不重视教学，八九岁的小学生都喜欢谈论政治，要他们长大后再谈！[145] 1965年，聂绀弩预感大事不妙："许多普通中学的学生，解放初期顶多几岁，都是戴着红领巾长大的，现在要划起阶级来，这还得了，现在社会上都人心惶惶……"[146]文革时期，幼稚园一位五岁幼女因不肯借人扫帚，被指"资产阶级小姐作风"，全园检讨。幼女不懂什么叫检讨，站在台上吓得直哭，班主任一句句领着读检讨，才算完活。另一幼儿不小心撕坏毛像，打为"小反革命"，家长陪斗，做检讨时也是家长领读。[147]

2010年，一位当年14岁的"文革少女"撰文〈我们为什么会助纣为虐〉，详述了当年"武斗"老师的内心活动，每当内心动摇，都有一段"最高指示"浮出支持，对敌人的仁慈就是对人民的残忍——

> 革命的理性战胜了小资产阶级的感情。革命胜利了！……我们怎么一下子从温顺的"小绵羊"变成了阎王殿的小魔鬼？……多年以后，我找出的答案是：那时所有的人都在害怕，所有的人都怀抱着彻骨的恐惧，都担心厄运会降到自己头上……一个未成年的灵魂在

[144] 陈晓农编纂：《陈伯达：最后口述回忆》，阳光环球出版香港有限公司2005年版，页286。
[145] 冯抗胜：〈在卫岗小学的特殊生活〉，载《世纪》（上海）2012年第4期，页21。
[146] 寓真：〈聂绀弩刑事档案〉，载《中国作家》（北京）2009年第4期，页25～26。
[147] 沙叶新：〈检讨文化〉，原载《随笔》（广州）2001年第6期，页7。

> 颤栗，面临巨大恐怖和孤苦无依时的灵魂颤栗！……潜意识里根植了这种恐惧，那么避险就成为人的一种本能……革命需要野蛮残忍，不野蛮不残忍，革命进行不下去……“凭良心做人”这一民间的做人的道理在最高领袖的胆魄和无所畏惧者的行为前溃塌，这个世界只有一个道理“造反有理”。当恶行与神圣的“革命”结盟，恶行就能施遍全中国……整个社会变态了，960 多万平方公里的土地就是一座专演荒诞戏的大剧院。人人都在荒诞戏中跑龙套。[148]

除了赤色思想的“深远影响”，还有实质性的“殃及”。1954 年高岗被收，中直机关育英小学开除其女高延延学籍。小学低年级的高岗幼子，则被同学用钉子扎伤手心。[149]大右派陈学昭之女学习优良，被拦高中门外。[150]陈企霞之子述其少年岁月：“我的学生时代，要进步，想入团，就不得不年年在入团申请书中痛骂自己，剖析灵魂，站稳立场，和父母划清界限。整天像龟孙子似的，谨小慎微，缩头缩脑。”[151]陈企霞幼女去了内蒙兵团，一位头头以入党提干为条件，要她嫁给他，陈幼京所有美好理想破碎，逃离兵团，辗转至宁夏二哥处插队。为下一代开辟出这样的“灿烂新社会”，是陈企霞希望的么？但陈企霞终身不许子女批评中共。[152]

北京女十中 1963 级高干子女班，班长第一个被班主任提名团员，偏偏这位班长出身不佳，发给她入团申请表后，“她就开始了向团组织的无休无止的思想汇报，她得不断地提高对地主爷爷的认识，其实她从来就没见过他。她还得不断地批判自己的父亲，因为他讨了两个老婆。”二十年后，这位班长不仅不感谢班主任，而是记恨一辈子：“她干嘛选中我做第一个发展对象⁉她几乎毁了我的青春。从入团预备期开始的第一天起，我就失去了思想的自由，失去了欢乐。入团这座沉重的大山，压得我喘不过气来。

---

148 王炼利：〈我们为什么会助纣为虐〉，载《炎黄春秋》（北京）2010 年第 10 期，页 80～82。
149 陈亚男：《我的母亲陈学昭》，文汇出版社（上海）2006 年版，页 28。
150 陈学昭：《浮沉杂忆》，花城出版社（广州）1980 年版，页 65。
151 陈恭怀：〈有时候，回忆是一种揪心的痛〉，载《黄河文学》（银川）2008 年第 8 期，页 4。
152 陈恭怀：《悲怆人生——陈企霞传》，作家出版社（北京）2008 年版，页 333、371。

我不知道怎样与父亲相处，怎样与两个母亲相处。我不知道怎样做才能既不伤他们，也不害自己。”[153]

还有最直接的“殃及”。延安一代子女大多有家难归，全在托儿所长大。陈学昭之女陈亚男（1941～）：“我们这些娃娃都是供给制长大，父母长年在外参加革命，名副其实是国家的财产。”1950 年，九岁的她一看到长年不见的母亲来校，“一个念头迅速闪过：顶好到哪里躲一躲。我一头躲进了厕所间。”晚上与母亲同卧一床，“觉得不自在，一夜没睡稳。”“感觉比起母亲，老师们要亲切多了。”陈学昭的后半生几无笑容，“母亲的谈话永远是严肃的，甚至是沉闷的。我几乎无法回忆起那时她曾留在我脑海中的笑容。……我从不敢与母亲说玩笑话，一来没那份闲情，二来害怕看见本已沉闷的面容上再添几分严厉。”[154]

李南央评母：“在家吃过我妈那种永无休止的‘共产党人’的斗争之苦，天底下就再也没有什么事情让我觉得苦了。”[155]

文革前的大陆青少年普遍崇拜赤色革命，具体表现为：一、强烈的政治参与意识；二、鄙视人权、人性与个性自由；三、颂扬暴力，鄙视温和妥协；四、毛泽东思想是绝对真理；五、毫无民主法制观念，因为根本不知何为民主法制。他们被教育：“同伟大的无产阶级的爱比较起来，母爱只是渺小的，而绝不是什么伟大的。”[156]1949 年后，中国人文学子若不想浪费生命，希望自己的研究有价值，就必须挣脱“主旋律”，从非马列著作中寻找思想资源，只能走“非法”之路。

文革中，韦君宜被揪回人民文学出版社批斗、游楼，一下车就两腿发软，瘫倒于地，由两名空军女战士连拉带拽游完楼。受此刺激，韦君宜精神失常，将厕所里用过的卫生纸捡起迭好，说是交代材料；语无伦次，不认识家人也不认识自己；自扣铝锅，说是去游街；成天对着领袖像傻笑，有时拿着领袖像边哭边说：“毛主席不要我了，不要我了！”其夫杨述被

[153] 李南央编著：《我有这样一个母亲》，开放杂志出版社（香港）2003 年版，页 110～111。
[154] 陈亚男：《我的母亲陈学昭》，文汇出版社（上海）2006 年版，页 3、5、8、53～54。
[155] 李南央编：《父母昨日书》，时代国际出版有限公司（香港）2005 年版，上册，页 309。
[156] 马昌海：〈“文革”前的中学生思想教育〉，载《炎黄春秋》（北京）2009 年第 6 期，页 52。

造反派用一寸粗的铁棍打断肋骨，满地乱爬。其子当然是“狗崽子”，流浪一夜后也精神失常。[157]

1949年后，党国一体，中共掌握所有社会资源，将辛亥以后的国史编织成符合其政治需要的样式——万恶的旧社会、灿烂的新社会，只让下一代在虚幻的红色文艺中感知这段历史，用小说、电影教育红卫兵一代。因此，在红色虚幻教育下成长的红卫兵一代，根本无法适应社会，首先就过不了“真实”这一关。1969年夏，乔冠华、龚澎之女上山下乡内蒙生产建设兵团，写信问母：“都说解放军是一个大熔炉（兵团连级以上干部为现役军人），为什么还会发生这么多意想不到的事情？这里和我们想像的太不一样了！”如何向初涉“真实”的女儿回信，成了龚澎的一大难事。[158]延安理论无法解释社会现实，老革命真正遇到新问题，而且是无法解决的大矛盾：向女儿全力灌输推销的那些思想，女儿如今握着“现实”前来质疑，理论无法联系实践呵！

文革将1800万知青送入农村“广阔天地”，完全开了历史倒车，倒退至俄国1870～80年代的民粹派——主张无工业的农村公社化，走农业化道路。青年精英种田浇地，国家还能进入工业化电子化么？这样倒退的生产方式还能是最先进最科学的社会革命么？只要愚民只要忠心，不要知识不要文化，毛泽东确实是疯了，支持上山下乡的延安一代也疯了。将红卫兵一代推向历史反向的那只手，居然是他们的父母！

红卫兵一代的青春幸福指数极低：知青与农民结合所酿苦果多多，痛苦度甚高。各边疆生产兵团，“半军事化”使禁欲主义嚣张弥漫。黑龙江兵团八团，掌灯后青年男女接触，须有领导陪同；六团某连干部专门尾盯知青幽会，甚至私拆女知青情书，大会宣读，说是“阶级斗争的反映”；27团哈尔滨小伙江某塞纸条给女知青小黄，小黄正争取入团，认为来兵团“屯垦戍边，反修防修”，谈情说爱岂非资产阶级思想？她将纸条交给指导员，小江走了绝路，一梭子两死两伤，再拉手榴弹自杀；23团一杭州知青因恋爱受辱，过乌苏里江当了“叛国犯”。[159]

---

[157] 王培元：《在朝内166号与前辈魂灵相遇》，人民文学出版社（北京）2007年版，页128～129。
[158] 乔松都：《乔冠华与龚澎——我的父亲母亲》，中华书局（北京）2008年版，页227、234。
[159] 石肖岩主编：《北大荒风云录》，中国青年出版社1990年版，页133、193、11～12、180～181。

红卫兵一代至今仍在为毛时代支付历史欠账。红卫兵一代只会背“老三篇”，不懂数理化、不会外语电脑，终身被迫走“五七道路”，只能工农化，沦于社会底层。2000 年前后，大陆失业主力便是这支“四〇五〇部队”[160]。1981 年以来，赴新疆沪青持续请愿，上访三十年，成为赴边知青“上访人次最多、持续时间最长、平均年龄最大”的三最维权群体。他们晚年凄凉，退休工资与上海同龄退休者相差一大截，医保每年限报三万（上海为 28 万）。2011 年 11 月 23 日，千余上海赴疆老知青聚集人民广场抗议，抗议牌：“少小离家暮年归，一生受骗终身悔。”

党干涉了延安一代女性的婚恋自由，剥夺了她们的思想自由，她们转身又干涉剥夺子女的自由，形成延安女性特有的冷血。李南央评母：“她的冷血的个性，不是她独有的，我在很多干部子弟朋友的母亲身上都可感到。”[161]当延安一代无私奉献出自由，他们的子女便对自由失去感知（更失去理性认识），既然父母没有提供感知自由的环境。文革后，一位女沪青首次高考差五分，返沪进了纺织厂，想继续报考，多次央求不准，单位不开介绍信（报考必须单位同意），只能自费读电大。[162]受教育权就这样被单位合法剥夺了。至于不准调动工作、不准蓄发留须、不准戴耳环涂口红、不准走路蹦跶、不准听轻音乐、不准个人有想法、不准……下一代只熟悉“不准”，不知何为可“准”。1992 年，“中国打假第一人”王海（1973～）说他之所以专事打假，就在于惊讶国人毫无权益意识，买到假货都自认倒楣，吞下了事，必须唤醒国人的“自我保护意识”。那么，国人是在哪儿丢下这种几近天然的“自我保护意识”？

1970 年代中期，山西省委调研室“所有的成员心里想的都是怎么跟上毛泽东的步子，能当上御用工具是最大的荣幸，哪里谈得上独立思考。”[163]延安士林的政治热情，使数代士子重新热衷“终南捷径”，不少人忙着递奏折、上条陈，倾心接近权力。1979 年夏，李泽厚与西北大学师生座谈。学生反映：“目前高校教育同李先生读书时的情况没有多大差别，大家普

[160] 二十一世纪初对下岗者的统称，当年上山下乡知青四、五十岁，有年龄无文化，几无竞争力。
[161] 李南央编著：《我有这样一个母亲》，开放杂志出版社（香港）2003 年版，页 36。
[162] 〈知识和人才的力量——回看 1977 高考〉，载《文汇报》（上海）2009 年 3 月 25 日。
[163] 丁东：《精神的流浪》，秀威资讯公司（台北）2008 年版，页 56。

遍感到不大适宜有创造性的人才的培养。”1950～70 年代，受思想钳制，中国学生的创造力受到制度性压抑，本应专力培养青年创造力的高校，成了专门压抑创造性人才的场所。李泽厚说，1950 年代的中国知识分子普遍不注重资料（全去搞思想），1970 年代的读书人则流行做沙发与木器。[164]

“伟大的毛泽东时代”到底“莺歌燕舞”还是“水深火热”，仅须几条资料就清楚了：1949～83 年，全国高校毕业生仅 411 万（其中研究生 4 万），八亿人口的 0.5%，文盲半文盲 25%。1980 年代，“由于科学技术不发达，我国农业劳动生产率非常低，每个劳动力年平均提供的粮食约有 0.22 万斤，而苏联为 1.2 万斤，美国为 17.4 万斤，相差几倍至几十倍。”1980 年代，全美著名大学系主任 1/3 为华人，阿波罗登月工程高工 1/3 华人，90%IBM 公司高级工程师 1/3 是华人。世界科技人才 93.9%在西方，1977 年欧美 GDP 人均 6980 美元。[165]1977 年，中国人均 GDP 不足 200 美元，翻两翻 800 美元还是需要奋斗二十年的宏伟目标。社会主义不是具有无比强大的优越性么？那么，您的人才呢？您的效率呢？您的 GDP 呢？

1980 年代初，江苏经济在大陆诸省区遥遥领先，许家屯长期担任江苏经济工作领导，他向邓小平汇报：江苏经济发展的秘密是大力发展违反“社会主义原则”的集体经济，因为全民所有制一切利润上交，没有利益驱动；而集体所有制只上交利润的 51%，可留 49%，有 49%的主动权，因此积极性大得多。许家屯非常感慨：“‘内地一个虫，到香港成一条龙’，很形象地说明内地这套制度，限制了人的发展，限制了经济的发展。”[166]

1980 年代初，中共高层认识到脑体倒挂的严重性，然积重难返。1980 年代大学本科毕业生月薪比同龄小学学历职工低得多，教授、研究员的月薪还不如普通工人。学历与收入成反比：研究生不如大学生、大学生不如高中生、高中生不如初中生；不上学比上学合算。太原钢铁公司二十余年工龄的老工程师，收入还不如参加工作没几年的锅炉工儿子；中小学教师的收入之低，令人啧舌。中年科技人员住房面积人均不到五平米者 38.3%。

[164] 李泽厚：《走我自己的路》，三联书店（北京）1986 年版，页 12～13、3～4。
[165] 赵德昌：《知识分子问题研究》，山西人民出版社 1989 年版，页 542、134、138。
[166] 《许家屯香港回忆录》，香港联合报有限公司 2008 年版，下册，页 593；上册，页 269。

> 据 1982 年 3 月北京一些单位的抽样调查，脑力劳动者月平均收入为 79.47 元，而体力劳动者月平均为 86.36 元，每月相差 6.89 元。在 1982 年脑力劳动者比较集中的国家机关、事业单位调资之后，据全国统计资料表明，这些单位的人均收入低于大多数体力劳动者的企业部门。1983 年企业单位调资之后，据估算，事业单位、国家机关的年人均收入要比企业单位少 70 元。我们如果计算劳动者一生的总收入，脑力劳动者的收入就显得更低了。

1980 年代，日本中年以上大学毕业生较之初中学历同龄人，工资高出约一倍；美国大学毕业生一生总收入约高出初中学历者 0.5 倍；苏联脑力劳动者的标准工资是体力劳动者的 2～7 倍。中国之所以出现如此严重的脑体倒挂，源于中共治国思想还停留在农业水准，认为只有直接从事工农业生产才是创造财富，脑力劳动并非社会财富创造者。1980 年代初期，有人提出科研设计人员不算生产人员，不应分享工厂利润所产生的奖金。[167]

领着国人走进这样的歪歪胡同，还硬说这是需要如何如何叩谢的“新社会”，自己如何如何“伟光正”，不许任何批评质疑，这难道是延安一代所希望的“彼岸”么？1980 年代初，延安一代还在用力拉拽青年继续走“红色之路”。温济泽在上海团市委纪念五四运动大型报告会上演讲：

> 有些青年对社会主义发生怀疑，甚至失去信仰，要“探索”什么我国发展的道路，其实，我国革命前辈早已把我国应走的道路探索到了……唯一的光明大道就是走社会主义道路……如果有谁反对社会主义道路，那他就是违背历史潮流。[168]

还在规定信仰、规定道路，还在理直气壮剥夺下一代的选择。按温济泽的逻辑，青年一代不仅不需要选择、不能够选择，而且谁“探索”谁“自由”，谁就违背历史潮流，革命前辈都已“规定”了潮流，还用得着你去探索吗？再去探索不是对“革命老前辈”的怀疑么？至此，延安一代已流

---

[167] 赵德昌：《知识分子问题研究》，山西人民出版社 1989 年版，页 352、542、47～48。
[168] 《温济泽自述》，中国青年出版社（北京）1999 年版，页 391。

露出无法掩盖的反动性。虽然温济泽还算延安一代的鸽派，不属极左鹰派，仍发出如此的“规定”之声。剥夺下一代对未来的探索权、对历史的选择权，真正的“反动”呵！

进入 1980 年代，胡乔木、邓力群、林默涵、魏巍、刘白羽、黄钢、程代熙等人形成顽固的“老左派”，办起反对改革开放的极左刊物《中流》、《真理的追求》，全力拉拽改革之车，要求重回毛泽东时代。

最大最深的遗祸则是向后人移植的思想观念与价值体系。红军一代、延安一代抛头颅洒热血拼来的革命，并非为中国带来观念大飞跃，而是基本价值的大颠倒。“新社会”竟一切都要“而今迈步从头越”，毫无意义地自我折腾，白白放弃先圣前贤积累的历史经验。北大七七级文科生宿舍讨论：“私营经济是否应该存在”、“什么是民主政治”，[169]ABC 级的话题，争论激烈，这就是红卫兵一代文革后认识的起点，

1980～81 年，《中国青年》杂志开展“潘晓讨论”，从人生意义、生活价值，讨论到如何看待“讲实惠”。这场讨论也是红卫兵一代需要从最低台阶起步的历史脚印。“潘晓讨论”期间，《中国青年》收到六万余来信来稿，不少几十上百青年联名。但《中国青年》受到多方压力。1983 年“清污”，某大学党委上书中央，要求清算“潘晓讨论”，指责“这场讨论散布了大量的错误观点与违背四项基本原则的言论”、“对青年是严重精神污染”；幸得胡耀邦批注“这件事用不着再大肆翻腾，注意一下就可以了”，才未“认真进行清理”。[170]“潘晓事件”的实质是社会基本价值的迷失与重拾，极左派的反对，意在“夺回失去的天堂”。“清污”运动一起，人民出版社人事科长望风而动，如同执行圣旨，发动妇女剪头发、剪裤脚。全国顿时紧张起来，周扬挨批、胡绩伟、王若水被撤职。[171]

赤色意识形态的遗祸更是流播深远。1990 年，北大中年学者董学文（1945～）用马列能动说抨击李泽厚的“主体性”，“回到初级的‘人本主义’，回到了老旧的‘民本’思想。”[172]董学文认为李泽厚将人的主体

---

[169] 郑晓珏：〈从“北大荒”到“北大”〉，载《新京报》（北京）2008 年 11 月 3 日。

[170] 郭楠柠：〈我亲历的“潘晓讨论”〉，载《炎黄春秋》（北京）2008 年第 12 期，页 30～31。

[171] 曾彦修：〈我认识的胡乔木〉，载《炎黄春秋》（北京）2010 年第 8 期，页 40。

[172] 董学文：〈评“西体中用”——李泽厚先生近年理论观点分析〉，原载《中流》（北京）1990 年第 7 期。参见《中流百期文萃》，金城出版社（北京）1998 年版，页 132。

性引向自身人格、尊严、价值、个性、权利、欲求、生命感受、生存感受，乃是初级的自觉认识，不值一提。但问题是当这些初级的“自觉认识”仍被漠视，当“民本”、“人本”尚未实现，用那些不切实际的马列“高标准”否定尚未实现的“低级”，有意义么？就算走向您的“高级”，难道不需要从“初级”一步步登上去么？董学文批驳李泽厚的实质，意在沛公——夺回意识形态的价值制高点，挽回赤色意识形态摇摇欲坠的颓势。

似是而非的延安一代留下似是而非的意识形态，分娩出似是而非的社会，许多歪理公然出行。1958 年 8 月 21 日，毛泽东在北戴河会议：“不靠刑法、民法维持秩序”、“要人治，不要法治”、“《人民日报》社论，全国执行，何必要法？”刘少奇在另一会议呼应：“到底是人治还是法治？看来，实际上靠人。”山东省委主办的《新论语》发表文章《提倡人治，反对法治》，“坚持人治还是坚持法治，是坚持无产阶级专政还是坚持资产阶级专政的分界点，是两条路线斗争的大是大非问题。”[173]毛泽东这种要人治不要法治的歪说，明显有利于他的“无法无天”，居然提高到“两条路线斗争”予以强调，好像全世界都应该回到人治社会。

1965 年，人民文学出版社一本正经讨论“人民内部矛盾中是否包含阶级斗争的内容”？[174]全社会做了多少无用功！“解放牌”右派作家王蒙（1934～）：“要知道对我来说，今天中国的一切都是 better than worst。（比最差稍好）”[175]居然是这样的诉求起点。2009 年 4 月 20 日《江苏法制报》载文〈学会看轻自己〉，以自甘平庸为高人境界，以甘于埋没为价值号召，以不怀希望去避免失望。[176]可问题是：既然每一个体都无价值，埋没了也呒啥，还有必要奋斗与努力么？鼓励青年奋进还是怂恿懈怠？

2006 年，解放牌学者阎崇年（1934～）在央视“百家讲坛”讲了后来当众挨掴的几个观点：一、“清朝文字狱虽然制约了一定的思想灵性，但起码维持了社会稳定。”二、“对吴三桂要客观评价，毕竟他的开关行动减少了战争旷日持久带来的无辜平民的伤亡。”三、清初“剃发令”及改

[173] 萧磊：〈山东的法制“大跃进”〉，载《炎黄春秋》（北京）2010 年第 5 期，页 19。
[174] 包子衍、袁绍发编：《回忆雪峰》，中国文史出版社（北京）1986 年版，页 285。
[175] 周素子：《右派情踪》，田园书屋（香港）2008 年版，序二，页 VI。
[176] 黄建如：〈学会看轻自己〉，载《江苏法制报》（南京）2009 年 4 月 20 日。

穿满服是“文化交流”。[177]阎崇年的历史观文化观裸露喝过狼奶的底色：缺少基本人文价值、持守“统治者本位”的暴力思维、价值倒置。阎无视文字狱、吴三桂开关、剃发易服对汉人及中华民族根本利益的伤害，站在满清立场，大是大非严重出偏。文字狱钳制思想乃上位价值，影响了中华民族的整体发展并引来“落后挨打”，所谓“社会稳定”只是满清一姓的江山安固。退一步，就算满清皇朝的稳固联系着中华民族的利益（清朝实为标准的民族压迫型政权），为求一时稳定的下位价值，支付上位价值为代价，以丧失国家发展动力为代价，孰大孰小孰重孰轻，这样最基本的人文价值序列，治史学者能任意码放么？如果“文字狱维稳论”能够成立，那么反右文革的文字狱，不也同样合理么？不也同样有利“稳定”么？不也应肯定其历史合理性么？阎崇年的错误，源头只能追溯到他青少年时代的红色教育，没有建立基本人文观念，七旬之龄犯青春级错误。

2007 年，北大中文系副教授孔庆东（1964～）竟也有强烈的阶级意识：“章诒和家庭所属的阶级是政权的敌人”、“他那个阶级是我们政权的敌人，那个阶级过得那么好，共产党对他们的政策是极其宽大的，他们继续过着很奢侈的生活。共产党对他们这么好的情况下，他们仍然梦想变天，他们时刻梦想着骑在人民头上……”[178]小孔先生这通言论发布于课堂。

2009 年，红色后代、文革少女陆晓娅（1953～）痛诉：

> 从小我们只接受过“阶级斗争”的教育，人权和法律的概念基本为零。我们以为人类文明的走向就是共产主义，而共产主义必须经过“血与火”的斗争才能到来。我们不知道，在这个一部分人将另一部分人以“革命”的名义非人化的过程中，我们自己也同时失去了人之为人的东西——当我们不能对他人的苦难感同身受时，我们已经连动物都不如。我们正大踏步地与人类文明发展的趋势背道而驰。[179]

[177] 于昊雪：〈“掌掴阎崇年”就是挑战专制话语霸权〉，载《前哨》（香港）2009 年 1 月号，页 41。
[178] 何三畏：〈看孔庆东教授的“敌情观念”〉，载《同舟共进》（广州）2009 年第 7 期，页 68。
[179] 尹曙生：〈安徽特殊案件的原始记录〉，载《炎黄春秋》（北京）2009 年第 10 期，页 66。

由延安一代哺育的红卫兵一代，打老师、斗父母、反传统、破四旧，没有一样不是“前无古人”，估计也“后无来者”。他们从小缺乏最基本的亲慈教育，阶级教育使他们只认识“斗争”、只认识“敌人”，不认识“和平”与“友人”。

李南央：

> 我接触到的更多的革命的母亲是没有柔情的，因为那会被认为是资产阶级的、令人作呕的病态情调……在“革命队伍”中，我的母亲绝不是个案……崇尚革命放弃对自己骨肉之亲的爱，崇尚不惜以自己和亲人的鲜血去换取事业成功的共产党人，在暴力的革命，铁血的革命中已铸成了一副铁石心肠……其实连自己的孩子都无法爱的人，对普天下孩子的爱只能是一种虚假的教义。[180]

1978年，吴思（1957～）入学人大中文系，他从红小兵排长到红卫兵排长再到团支书、大队副书记、先进知青，但农村“大包干”的成功，“造成我原有的世界观的崩溃，我被迫研究历史，回过头来重建世界观。”终于认识到将“私”归为资产阶级，认定资本主义社会必定尔虞我诈唯利是图，实为大大谬误，“实际情况是，农民多打粮食，整个社会的氛围却变好、变宽松了，不是更暴戾了。”[181]马列主义使这位“知青先进”走了大弯路，用了半生时间才明白一些最简单的事理。王小波去世前一天发给朋友的电邮：“自从我辈成人以来，所见到的一切全是颠倒着的。”[182]

基础价值理念的缺失，延安一代以降普遍缺乏重大价值判断能力。1991年10月，谢晋（1923～2008）在日本接受采访：“‘六四’这个问题要让历史去作结论，现在我说不清楚。”当被问到人权问题，谢晋竟答：

> 我跑到美国、日本，你们都问我“人权”问题。我觉得这是一个没有水准的问题，无聊得很。其实各个国家对“人权”概念的理

[180] 李南央：《我有这样一个母亲》，开放杂志出版社（香港）2003年版，页221～222。
[181] 吴思：〈我重建世界观的心路历程〉，载《南方都市报》（广州）2008年10月6日。
[182] 丁东：《精神的流浪》，秀威资讯科技股份有限公司（台北）2008年版，页153。

> 解不同，认识也不同。我走遍了世界各国，我就认为我们中国是一个最讲"人权"的国家。总之，你们没有资格谈"人权"。……美国和日本就一定民主、自由、平等吗？中国就一定不民主、不自由、不平等吗？我看就不见得。[183]

68 岁的谢大导演，政治判断如此弱智，思维逻辑如此混乱，坦克上街碾学生的中国居然是"最讲'人权'的国家"，美国、日本反倒没有资格谈人权，这就是一代中共名导的水准！

解放一代、红卫兵一代是被红军一代、延安一代玩傻的一代，知识无根、学术无柢，只学过"老三篇"，不知道《十三经》，只熟悉红色名教，不知古今文化，胡锦涛、习近平不是时不时闹出文化笑话么？红卫兵一代因知识狭窄而纯洁粗简，眼里"容不得一粒沙子"，革命坚定性甚笃，就是不通人性人情。囿于文化水准，现已渐入老境的绝大多数红卫兵仍不明白自己怎么会被时代抛得如此之远？不明白怎么从时代弄潮儿沦为"四〇五〇部队"？他们不明白自己的命运由什么决定、不明白为什么没能上大学？子女何以对中华传统那么陌生？一位法国汉学家看得很清楚：红卫兵一代"被他们的'父亲'将他们当作祭品供奉在他的权力意愿及与现代化世界格格不入的意识形态祭坛上了。"[184]

植下左种，必收左果。1994 年 12 月 8 日，克拉玛依友谊馆大火夺去 325 条生命，其中 288 名中小学生，37 名教师。惨剧最令人惊心的还不是大火，而是市教委官员关键时刻那句"让领导先走！"最宝贵的逃命时间就这样让给了领导。无论官本位意识，还是奴性心理，这句瞬间迸发出来的惊天"雷语"，难道不是赤色文化之果么？

2008 年 11 月，上海华东政法大学历史系教授杨师群，课堂上借古讽今批评中共，两名女生向公安局举报杨教授"反革命"，被立案侦查，上演了一幕现代荒诞剧。评家认为这一事件根于中小学标准化教育（任何习题都有标准答案），塑造出一元化思维的学子，普遍缺乏容异心理，

---

[183] 陈柯：〈谢晋在日本谈人权〉，载《开放》（香港）1991 年 11 月号，页 31。

[184] （法）潘鸣啸（Michel Bonnin）：《失落的一代：中国的上山下乡运动，1968～1980》，欧阳因译，香港中文大学出版社 2009 年版，页 439。

更没有民主自由意识，以至于无法接受教授的不同声音。[185]青年一代不知道什么叫自由，也不会享受自由，自然就成了“反自由战士”。

顾准之子高梁（1948～）至今仍是最坚决的拥毛者：“这个国家是他缔造的，缔造容易吗？没有毛泽东的恩德，有中国的今天吗？”[186]中共第一反思者之后、吴敬琏的硕士，看来已终身难出“左漩”了。

延安创立的严格档案制更是遗祸连连。复旦学人葛剑雄（1945～），1968～78 年为上海某中学“材料组”成员，专事学生档案政审，“中学毕业前，就必须进行家庭情况与社会关系的政审，填写一张政审表，放进学生档案”，这张政审表将终身陪伴主人，尤其“检举揭发他人的信件，特别是针对领导的，往往留在本人档案中，还加上领导要求对该人调查的批语，甚至已作了‘恶毒攻击’、‘阶级报复’等结论，可怜本人还一无所知。”社会关系稍有不洁，而且还是本人主动交待填写的，如亲戚熟人同学同事中有“留美未归”、“随蒋匪逃台”、“三青团骨干”什么的，“于是，明明本人属‘苦大仇深’的工人阶级，或党员干部，却已列入‘内部控制’。……在这十年间，经我们之手产生的‘政审材料’更多的是使一些学生从毕业之日就戴上了无形的枷锁，受到种种限制和不公正的待遇，被打入另册。要不是拨乱反正、改革开放，或许我会一辈子做这样一件名为‘坚持政治方向，贯彻阶级路线’，实质伤天害理的事。”[187]

1940 年代即为浙大法律系的一位教授，肃反瘐死狱中，妻子接着去世，长女得精神病，其子浙大电机系毕业，先分配石油部，后下放安徽某厂；次女入学浙省头牌中学——杭二中，成绩极其优异，档案上却有九字“黑脚印”——世仇分子，不宜入大学。[188]笔者成分“伪军官”，也是未出校门就已遭“限制”，初中毕业那张带有“阶级耻辱”的政审表，相信至今还在本人档案袋里。

[185] 黄陈锋：〈大学生举报教授让人悲哀〉，载《北京青年报》2008 年 11 月 29 日。
[186] 彭淑等：〈顾准之子高梁言行录〉，载《各界》（西安）2011 年第 11 期，页 28。
[187] 葛剑雄：〈我经历过的“学生政审”〉，载《历史学家茶座》（济南）2008 年第 4 辑。
[188] 周素子：《右派情踪》，田园书屋（香港）2008 年版，页 193～194。

社会环境全面压抑，单位头目捏着下属生死簿。1955 年肃反，南京将逮捕证发给各单位，一晚上就逮捕两千多人，礼堂都住满了，后又都放出。[189]车间主任玩弄女工、党支书以权谋私，花样比“旧社会”多得多。

1990 年代以前，点滴生活细节都会遭“修理”，如青年人上下楼一步两三阶、抽“大前门”香烟等。[190]至于参加领袖号召的造反，也有可能遭终身禁锢。一位老延安记述：“我就看到不少有为的青年，只因参加了几个月造反派的活动，一直被控制使用到退休，不得提职不得出国。”[191]

延安烘焙成的清教徒式氛围，下一代的婚恋也空前绝后。上海作协副主席赵长天（1947～2013）与女友乃初中同学，他赴川当兵，女友去了黑龙江生产兵团，通信多年，“不敢放任自己的情感的。恋爱是一个耻于出口的字眼，甚至要压制闪出这方面的念头……我们在恋爱中的信件，都可以公开在壁报上贴出来，说的都是革命的语言。”1973 年赵长天探家，携女友同遊莫干山，满山翠竹满谷林涛，鸟鸣泉咽，静得只有他们两个人，可以做任何想做的事，然而，“除了在下山的陡坡援手搀扶，我们没有更亲密的接触。没有接吻，没有拥抱，更不会住在一个房间。”而且，“什么是性行为，我们根本就不知道。我们对于性的常识，几乎为零。……我们在新婚之夜，还不知上床是怎么回事，真正是在黑暗中摸索。……这样的情况，绝不在少数。我们总算自学成才了。听说有结婚多年始终不孕，去医院就诊，才明白根本就没有同房。”[192]革命革到下一代对性要“自学成才”，可立为一个时代的“标志性建筑”。

父母生病，子孙吃药。1980 年代初一项调查表明：中国妇女 60%无性高潮，视性仅为传种接代的例行公事，10%有性恐惧，只有 30%的女性享受到性高潮。[193]1981 年北京文明礼貌月活动，北大语言学家王力（1900～1986）怒曰：“我收到的信有的就写‘王力收’！现在文化大革命已经结束了，我不再是牛鬼蛇神了，加个‘同志’还不行吗？要知道直呼其名在中国是最没有礼貌的，因为只有对奴仆和囚犯才可以直呼其名！”近年，

---

[189] 王书瑶：《燕园风雨铸人生》，劳改基金会黑色文库编辑部（华盛顿）2007 年版，页 47。

[190] 丁东：《精神的流浪》，秀威资讯科技股份有限公司（台北）2008 年版，页 51。

[191] 何方：《从延安一路走来的反思》，明报出版社有限公司 2007 年版，下册，页 549。

[192] 赵长天：《曾经》，文汇出版社（上海）2007 年版，页 184～188。

[193] 申渊：《卧榻之侧—毛泽东宫闱轶闻》，五七学社出版公司（香港）2011 年版，页 513。

一位报考语言专业的硕士生连信封也不会写，“教授”加括弧并降半格。青年结婚要由婚庆司仪一个个领称亲戚。[194]

2005 年，温家宝探望钱学森（1911～2009）。钱问：“为什么我们的学校总是培养不出杰出人才？”“这么多年培养的学生，还没有哪一个的学术成就，能跟民国时期培养的大师相比！”[195]新不如旧，革命的效果呢？最最重要的人才，“新中国”60 年不如旧中国的 30 年，不能不追问一下吧？

长夜总会结束，后人总会觉醒。一位知青作家对比今昔：“就算今天我们是真的很失望，也比文革中不懂得什么叫失望强上一千倍一万倍。”[196]这样沉痛的千倍万倍之差，能够“淡化”么？

鄙视知识、鄙视知识分子，“知识越多越反动”，前无古人的反知化，延安一代推立的红色社会，一片扭曲的“红色违章建筑”，不仅折腾自己，还在折腾后人。我们红卫兵一代得先清障再建屋，尤其意识形态，不仅不可直接享用“前代荫凉”，而且每走一步得先斩卸脚下赤色绊索。1979 年第 5 期《大众电影》刊登英国影片《水晶鞋与玫瑰花》接吻剧照，一封新疆来信愤怒抗议：“社会主义中国，当前最重要的是拥抱和接吻吗？”这封信引发全国大讨论。[197]如此设问，将拥吻与“最重要的事”连在一起，本身就有问题。难道《大众电影》需要承担“最重要的事”吗？在拥吻照片尚甚敏感那会儿，这位新疆读者不但认识不到这张照片的“解冻”意义，却跑来挞伐，成为社会走向开放的阻力，说明什么呢？

如今大陆意识形态，中共虽退守至“马克思主义中国化”（列宁主义已不得不弃守），但仍不肯撤除马克思主义绳圈，因为事关政权合法性。有需求就会有“供应”，新左派应运而生。新左派不仅肯定国际共运，而且肯定毛泽东、金日成、波尔布特。旷新年甚至认为谁向美国叫板，谁就是好样的。[198]新左派也举着同情弱势群体的旗帜，但意在用马列那套剥削论反对帝国主义，利用全球反美势力与民族主义为反美张目，其政治底牌虽然绕了一个圈，但仍十分清晰：支挺赤色意识形态。

---

[194] 胡明扬：〈从“敬启”说起〉，载《咬文嚼字》（上海）2008 年第 2 期，页 6～7。
[195] 张绪山：〈“钱学森之问”：一个不成问题的问题〉，载《炎黄春秋》（北京）2010 年第 6 期，页 70。
[196] 叶兆言：〈过去好，过去坏〉，载《解放日报》（上海）2009 年 1 月 15 日，第 12 版。
[197] 牛萌：〈《大众电影》：不堪回首“当年勇”〉，原载《新京报》（北京）2011 年 5 月 27 日，
[198] 邢小群：《往事回声》，时代国际出版有限公司（香港）2005 版，页 250。

第七章

组织崇拜

壹、革命宗教化

国际共运有一普遍特征：红色信徒必须与传统以及一切非赤说一刀两断，此为必备准入证，典型的一神教。革命宗教化乃是领袖教主化的前提。组织崇拜是领袖崇拜的基础，个人崇拜紧拴着党迷信。

1918 年元旦，高尔基："革命仍然在深入，为那些用工人阶级的人体做试验的人们增添着荣耀。"[1]《真理报》很快指责高尔基背叛革命。文革后，黄克诚（1902～1986）不止一次当众批评"自由化"的白桦："如果毛主席不能算救世主，那么共产党可不可以算是救世主呢？"白桦后评："这显然也是错误的，从他这个错误认识里可以看到，许多'老革命'就是这样把领袖和党潜移默化地尊奉为神和宗教的。"[2]

1949 年以前的中共党员大多有一种献身的崇高感。一段十分典型的对话，背景为抢救运动。

> "你是党员，难道你不信任党吗？"
>
> "我怎么不信任党呢？我入了党，把自己的一切都交给了党，党即使叫我今晚去死，我也绝不会活到明天。"
>
> "那党说你有问题，你怎么不承认呢？"
>
> "………………"
>
> "你是党员，要起模范带头作用，积极向党靠近，党号召坦白，你怎么不坦白呢？"

1 （俄）高尔基：《不合时宜的思想》，余一中、董晓译，作家出版社（北京）1998 年版，页 42。

2 白桦：〈暴风中的芦苇〉，载金蔷薇编：《作家人生档案》，中国工商联合出版社（北京）2001 年版，上册，页 129。

这位党员终于为了组织“坦白”了，自诬“特务”。另一人正式表态：“我是依靠组织的，如果组织上说某个人有问题，我就认为有问题。”被冤的“特务”也这么说服自己：

> 我以外的这些人很可能就是特务。不然党怎么会把他们抓进来？党是实事求是的，一时冤枉个别人固然难免，但冤枉这么多人是不可能的。所以，我作为真正的共产党员，在众多的特务面前，只有听党的号令，勇往直前斗争他们。在这些特务面前，我也不可暴露我的非特务身分，以免被他们钻空子，助长他们抗拒交代的气焰，给党的事业造成损失。[3]

1943 年 4 月 1 日，李锐遭“抢救”被捕，范元甄坚信丈夫无任何问题，核对一下事实，几天就能回来。范日记：“只要他自己真没事，在党领导的力量下，还会冤枉党员吗？”二十天后，范元甄的思想“深化”了：“他的一切都是为麻痹我，为了他的政治目的……摆脱了他正是一个解放……在所谓感情上，我真是对他毫无留恋了。除了因为认识到他是敌人，一切都是欺骗之外，整风是有莫大关系的。”半年后，范日记越来越红：“爱人（我真不愿再把李锐当作它的同意语）也不要了。要逐渐做到，任何一部分组织就是家，工作、学习就是爱人。”她甚至认为党无所不能：“党——中国的、外国的，是这样一个有前途的力量，他要什么有什么，他做什么成什么。”[4]1957 年 7 月 1 日《人民日报》头版大标题：“共产党人没有学不会的本领”。

中共创建之初就自我神化，要求党员视组织为“真理化身”。延安时期，陈伯达论证：“共产党是特别的党，它的力量就在于：它的主义、它的斗争，是贯串着全民族全人类的普遍利益，能掌握历史发展的规律。”[5]既然党具有终极性的伟大，一句“组织决定”，泰山压顶，毫无还价余地。

---

[3] 高浦棠、曾鹿平：《延安抢救运动始末》，时代国际出版有限公司（香港）2008 年版，页 174～176、194～195。

[4] 李南央编：《父母昨日书》，时代国际出版有限公司 2005 年版，上册，页 345～348、367、371。

[5] 陈伯达：〈人性？党性？个性〉，载《解放日报》（延安）1943 年 3 月 27 日。

宗凤鸣："我们已形成这样的思维习惯，组织上说什么，我们就听什么，组织叫干什么，我们就干什么；组织上不让知道的事，一概不多问，避嫌涉密。对组织上的任何决定，是从不加以怀疑的，反正一心干革命就是了。"[6]强烈的组织纪律性，成为延安一代的"天性"。可一个任由组织剥夺自身权利的人，还能为大众争取自由与人权么？

1940 年代后期，"五四斗士"郭沫若提出"尾巴主义"，号召民主人士要心甘情愿做中共尾巴——跟着走。[7]1953 年 6 月，苏联出了贝利亚事件，中国留苏生提出一些质疑，中共驻苏使馆教导他们："我们用不着去刨根问底，我们只能相信党。"[8]索尔仁尼琴（1918～2008）："以整体的名义要求个体无条件服从，这正是前苏联时期各种黑暗帝国的成因；任意剥夺个体权利的冲动形成了人类机体之癌。"[9]

抢救运动中，鲁艺女学员李纳（1920～）被传讯，劈头第一句："你相不相信组织？""相信。""你既然相信组织，那么组织说你有问题，你就有问题。"四十多年后，李纳仍砰然心悸："我真如五雷轰顶，接受不了，真想跳崖算了。"鲁艺教员石泊夫（1907～1982）无故被捕，其妻精神崩溃，夜堵窑洞门窗，点火自焚，一并带走两个孩子。次日，周扬大会宣布："她自绝于党自绝于人民，把孩子都拉去和自己一同去死，可见她对党的仇恨有多大。"李纳另一女同学，丈夫"抢救"被捕并抄家，该女精神错乱。其夫乃扬州盐商子弟，平反后携妻回了老家。[10]

1943 年，萧志秀被"抢救"成女特务，关黑窑两年，土窑软禁两年，1946 年撤离延安途中掉队，被国军逮捕。她神经错乱，1949 年后备遭坎坷。1986 年，意外迎来宜昌公安局彻底平反，问她有什么要求："你不要客气，遭受了一辈子的委屈，提出一些要求也是不过分的。"老人认真想了想：

---

6 宗凤鸣：《心灵之旅》，开放出版社（香港）2008 年版，页 23。

7 柳亚子：〈从中国国民党民主派谈起〉（1949 年 12 月 9 日），参见王晶垚等编：《柳亚子选集》，人民出版社（北京）1989 年版，上册，页 584。

8 张轶东：《从列宁格勒大学生到新肇监狱》，劳改基金会黑色文库编辑部（华盛顿）2007 年版，页 29。

9 曹长青：〈斯拉夫主义害死索尔仁尼琴〉，载《观察》（华盛顿）第 41 期，2008 年 9 月 5 日，页 30。

10 李辉：《往事苍老》，花城出版社（广州）1998 年版，页 326～327。

“如果可能的话，我希望能恢复我的组织生活。”[11]卢森堡：大街上如果只剩下一位革命者，必定是女人。

1974 年 8 月 25 日，曾任鲁艺剧团艺术指导科长、影片《英雄儿女》饰军政委的田方（1911～1974），肝癌病危，是否告知本人病情，妻子于蓝首先想到请示组织：“我该怎么办？只想等到丁峤和谢铁骊来时，问问何时对田方说。因为他们是代表组织的。”[12]

整风时期，延安各机关学校天天细读党报，严格按党报口径运行思想、措词说话。时日一长，渐成自我保护机制，惟此才放心，才不会思想出圈言论出轨。一句“组织决定”，绝对执行，组织乃最高神圣最高裁判，一切是非只要组织裁定，便是绝对正确绝对真理。

1992 年，张光年（1913～2002）：

> 个人迷信几乎成了老一代革命干部的通病，是当代和今后的年轻人难以理解的……为什么对毛主席还那么迷信呢？……除了马克思主义理论修养不深不透而外，还因为我们是从苦难深重的地狱般的旧中国旧社会奋斗出来的……又经历了大革命失败后党的历次错误路线下那么多革命志士的流血牺牲，真是血流成河！……自己也在白色恐怖下颠沛流离，九死一生。我们没有想到革命胜利来得这么快，自己也能够享受到新中国成立的欢乐……封建遗毒浸染了革命肌体，长时间不自觉。[13]

许良英：

> 1948 年 11 月以前，我一直以为自己这一生是见不到解放的，以为自己在这个日子来到以前就已经死在敌人的监狱里或刑场上。[14]

---

[11] 高洁、路平：〈康生与延安审干运动〉，载《黄河》（银川）1989 年第 4 期，页 182。

[12] 于蓝：《苦乐无边读人生》，中央文献出版社（北京）2001 年版，页 101、119。

[13] 张光年：〈回忆周扬——与李辉对话录〉（1992 年 12 月 4 日），载王蒙、袁鹰主编：《忆周扬》，内蒙古人民出版社 1998 年版，页 20～21。

[14] 许良英：〈幻想・挫折・反思・探索〉，载燕凌等编著：《红岩儿女》第三部（上），真相出版社（香港）2012 年版，页 221。

关键还是“胜利来得这么快，自己也能够享受到……”可是，对“封建遗毒浸染革命肌体”，对毛泽东的铁血独裁，怎么没有一点反思？尤其这场革命与毛独裁之间的关系，大诗人张光年何以“不着一字”？

1950 年代初，周扬训子：“有两个东西你要崇拜迷信，一个是苏联，一个是毛主席。”[15]周扬在中央文学研究所讲课，汩述“毛主席水准很高，而我们太低了。生活在毛泽东时代，我们很幸福。”[16]

五四建立起来的一系列现代意识形态阵地，均在这一时期失守。季羡林（1911～2009）勾勒了这一曲线：

> 对领袖的崇拜，我从前是坚决反对的。我在国内时，看到国民党人对他们的“领袖”的崇拜，我总是嗤之以鼻。……后来到了德国，正是法西斯猖獗之日。我看到德国人，至少是一部分人，见面时竟对喊：“希特勒万岁！”觉得异常可笑，难以理解。我认识的一位不到二十岁的德国姑娘，美貌非凡。有一次她竟对我说：“如果我能同希特勒生一个孩子，那将是我毕生最大的光荣！”我听了真是大吃一惊，觉得实在是匪夷所思。我有一个潜台词：我们中国人聪明，绝不会干这样的蠢事。……最初，不管我多么兴奋，但是“万岁”却是喊不惯，喊不出来的。但是，大概因为我在这方面智商特高，过了没有多久，我就喊得高昂热情，仿佛是发自灵魂深处的最强音。我完完全全拜倒在领袖脚下了。[17]

吴晗自传：“初到解放区，听到专政，拥护共产党，毛主席万岁，很不习惯……但是这种错觉很快就纠正了。”[18]西南联大毕业生马识途：“起初，我们听到喊毛主席万岁，觉得憋扭，皇帝才叫‘万岁’呀。喊‘共产党万岁’还可以，怎么能喊某个人‘万岁’呢？孙中山就任临时大总统的

15　李辉：《往事苍老》，花城出版社（广州）1998 年版，页 393。

16　邢小群：《丁玲与文学研究所的兴衰》，山东画报出版社（济南）2003 年版，页 164。

17　季羡林：《牛棚杂忆》，中央党校出版社（北京）1998 年版，页 215。

18　苏双碧主编：《吴晗自传书信文集》，中国人事出版社（北京）1993 年版，页 16。

时候，有人喊‘孙大总统万岁’，他坚决反对。”[19]1949 年，北京高校师生对“万岁”口号心存疑虑，很不习惯，进行辩论，“后来经过学习和潜移默化，才慢慢习惯起来。”[20]更龌龊的是：“毛主席万岁”是毛泽东 1950 年悄悄塞入五一游行口号。[21]

遭毛泽东点名批判“唯心论”的冯友兰，毛死后写悼诗：“纪念碑前众如林，无声哀于动地音；城楼华表依然在，不见当年带路人。”[22]1994 年，冰心（1900～1999）：“中国太乱，好不容易有了人出来治理，我们很高兴。要不是崇拜，我们还不从外国回来呢！”[23]

1958 年，香港报人曹聚仁致信友人：“我认为，我们在建设大业中，应放弃个人的自由主义观点。……我决定收起‘自由主义’的旗帜（并不是别人要我收起，而是我自觉的，衷心明白自己的浅薄无知，觉得应该收起的）。对于邦国大计，还是听从先觉者的领导不错。”[24]一代士林竟相信有先知、相信天才相信救星！那一代士林不仅对自由的实质十分隔膜，不理解自由对个人权利的意义，也不知道民主的社会必要性。他们的思想品质缺乏真正意义上的现代性。正因为延安一代、解放一代集体匍匐毛脚下，才托起这尊“马克思＋秦始皇”的红色大帝。

毛死后，邓小平理直气壮接着独裁。“六・四”后邓小平向江泽民交班：“毛在，毛说了算。我在，我说了算。你什么时候说了算，我就放心了。”[25]言简意赅，真正中国特色。这样的政治逻辑能为中国开启民主阀门么？各路野心家当然看到终南捷径。文革前，张春桥之妻劝夫与江青疏远一些，张瞪眼大声：“不通过她，我接近不了主席！”[26]

---

19 〈马识途 1998 年 7 月 2 日谈话记录〉，载燕凌等编著：《红岩儿女・一生都在波涛中》第三部（下），真相出版社（香港）2012 年版，页 702。

20 郭道晖：〈“万岁”口号之我见〉，载《炎黄春秋》（北京）2010 年第 8 期，页 65。

21 李锐：〈关于“毛主席万岁”这个口号〉，载《炎黄春秋》（北京）2010 年第 8 期，页 64。

22 陈微主编：《毛泽东与文化界名流》，人民出版社（北京）2003 年版，页 41、51。

23 李辉：《人生扫描》，上海远东出版社 1995 年版，页 96。

24 曹聚仁：《我与我的世界》，北岳文艺出版社（太原）2001 年版，页 937～938。

25 李锐：〈访谈录：“我的建议，老中青三代普遍赞成”〉，载《二十一世纪环球报导》（广州）2003 年 3 月 3 日。参见《李锐文集》第 10 卷，中国社会教育出版社（香港）2009 年版，页 26。

26 陈小津：《我的“文革”岁月》，中央文献出版社（北京）2009 年版，页 80。

组织崇拜还表现在一旦开除党籍，犹丧家之犬惶惶不可终日。心被摘掉了，灵魂无依了，怎么过日子？1958年4月，冯雪峰被开除党籍。冯多次表示只要留在党内，愿受任何处分，甚至违心修改了“答徐懋庸信”的注释。[27]冯1927年6月入党，近30年党龄（其中两年脱党），实在不愿离党。支部表决，冯也举手同意开除。会后追着支书：“决议上说的不符合事实。我从来不反党反社会主义。但我服从决议。”冯不断要求重新入党，甚至表示死后能恢复党籍将无憾！1976年1月，冯一息在榻，惟一愿望重回党内。[28]他致信毛泽东要求恢复党籍，未得回音。[29]

“极右”李慎之与“胡风骨干分子”谢韬，“有一段时间，我们都还常常感到自己对不起党，对不起毛主席。还自作多情，向党向毛主席表忠心，说要认真改造自己。”[30]

1958年10月温济泽正式划“右”、开除党籍。夫妇俩为“党费无处缴”犯愁，便按原额每月储存，等待重回党内一次性交出，以明心迹。1978年5月，这位“春风第一燕”终回党怀，明确告知不补发工资，温还是十分激动地一次性交出二十年党费。[31]文革中，被打倒的浙江省委宣传部副部长林淡秋（1906～1982），每月仍缴纳党费100元（1/2工资）。[32]于蓝一度不能过组织生活，“当我看到某些得到信任的人去过组织生活，我心中感到极大的失落。我觉得自己无所事事，是在浪费人民的粮食。”[33]

王光美（1921～2006）认为对刘少奇最大的残酷是：“对于一个终身致力于建设一个好的党的共产党员，让他活着知道自己被永远开除出党，太残忍了！这种精神上的折磨是最难以忍受的。”[34]被开除出党的王力晚年自慰：“组织可以开除我，思想上却永远开除不了我。”[35]

---

27 王培元：《在朝内166号与前辈魂灵相遇》，人民文学出版社（北京）2007年版，页26～27。

28 包子衍、袁绍发编：《回忆雪峰》，中国文史出版社1986年版，页251、277～283、259、303、262。

29 张凤珠：〈我看丁玲和舒群〉，载金蔷薇编：《作家人生档案》，中国工商联合出版社（北京）2001年版，上册，页204。

30 谢韬：〈我们从哪里来，到哪里去？〉，载燕凌等编著：《红岩儿女》第三部（上），真相出版社（香港）2012年版，页19。

31 《温济泽自述》，中国青年出版社（北京）1999年版，页305、339～340。

32 张颂南：《拾怡集》，大众文艺出版社（北京）2008年版，页178。

33 于蓝：《苦乐无边读人生》，中央文献出版社（北京）2001年版，页298～299。

34 黄峥：《王光美访谈录》，中央文献出版社（北京）2006年版，页434。

35 《王力反思录》，北星出版社（香港）2008年版，上册，页229。

组织崇拜也是所有冤屈者违心检查的价值支柱。1959 年庐山会议后期，彭德怀、黄克诚、张闻天、周小舟等迫于高压，不得不检查。服从集体服从上级，组织崇拜使这些梗直之臣低下不该低下的头颅。李锐记述：

> 他们做这种违心之事，当然是万分痛苦的。那又有什么法子呢？这是历史铸成的共产党员的天职！黄克诚后来对他的儿女说过，庐山会议后期，他还是违心地认了账。虽说很大程度上是出于长期以来服从集体决定，服从上级的习惯，因而最后像彭总一样，采取了“要什么就给什么”的态度，但总觉得自己讲了不实事求是的话，心中一直耿耿。[36]

红色士林有着强烈的屈原式人文传统，怀王弃用群小围妒，仍一片丹心至忠赤诚。被组织抛弃的延安干部都有活不下去的憋屈感。1957 年中秋，浙江省文联支部大会开除陈学昭党籍、撤销职务、行政降级（从 10 级撸至 15 级）、生活自给（不发工资，“生活靠写作自给”）、取消公费医疗、粮食供应减至每月十公斤。散会后，陈学昭精神恍惚，走错回家方向，整夜思想斗争，“我翻来复去地想：现在已成了废物，活着只是白白地消耗国家和人民的粮食，已经成了党的渣滓。……我并不是有意犯错误，即使开除了党籍，我还是要跟党走到底！……我还应该从劳动中来考验自己，从劳动中来改造自己！”[37]1962 年除夕，刚摘右帽的陈学昭致书周扬：

> 周副部长：非常感激党的恩情，已在昨天（旧历除夕）摘掉了右派的帽子。我想这是教育我、鞭策我更好地改造自己！我一定不辜负党的山样高海样深的恩情！……从去年六月起党给了我每月一百十七元五角的工资，我很不好意思拿，因为一则我工作得很少，二则过去的稿费还剩有一点，没有用完，但又想到这是党对我的关怀和恩情！后来我问了党，究竟该不该拿，党叫我拿，我拿了，可是心里总还是不好意思的！去年秋季开学时，蒙党的特别照顾，

[36] 李锐：《庐山会议实录》，春秋出版社（北京）、湖南教育出版社 1989 年版，页 334。
[37] 陈学昭：《浮沉杂忆》，花城出版社（广州）1981 年版，页 60～61、71。

让我女孩继续求学，她在杭州大学附中高中部，功课还能跟上。党的恩情，我和孩子永世也报答不完！[38]

文革中，杨述最锥心刺骨的痛苦是：

他最感到痛苦的还是人家拿他的信仰——对党、对马列主义、对领袖的信仰，当做耍猴儿的戏具，一再耍弄。他曾经以信仰来代替自己的思想，大家现在叫这个为“现代迷信”，他就是这么一个典型的老一代的信徒。但是，人家那种残酷的遊戏终于使他对于自己这宗教式的信仰发生疑问。这点疑问是不容易发生的啊！是付了心灵中最苦痛的代价的！[39]

1987 年开除党籍的刘宾雁（1925～2005），六四后流亡海外，长期滞美，仍无力走出马列迷宫，坚持对中共的“第二种忠诚”——不忠诚领袖不忠诚组织但忠诚主义忠诚理想，停留于对毛个人品格的褒贬，坚信专权的红色国家一定优于西方民主国家，认识不到马列主义本身的价值错位。

在延安一代心目中，组织远比亲人还亲。后人绝难相信：中共夫妇之间，信任组织绝对超过信任配偶。1960 年何方下放安徽大别山老区，给妻子的家信中透露了一点农村饥情，“她不但不信，还来信纠正说，最近才听了姬部长的传达报告，说去年获得大丰收，粮食产量达到九千亿斤。连她都不信，当然更不敢对别人说了。”[40]

杨沫之子老鬼叹母：

可悲呀，母亲由一个追求婚姻自由、追求真理的进步青年，变成了一个马列主义老太太。尤其在政治上，她绝对听上级的话，绝

[38] 徐庆全：〈新发现的陈学昭致周扬信〉，载《中华读书报》（北京）2003 年 10 月 15 日。
[39] 韦君宜：《思痛录》，北京十月文艺出版社 1998 年版，页 117。
[40] 何方：《从延安一路走来的反思》，明报出版社（香港）2007 年版，上册，页 362。

> 对不会给领导提意见。对任何领导，包括自己亲属的领导、孩子的领导，她都毕恭毕敬，奉若神明，这几乎成了她的处世习惯。[41]

有了领袖崇拜与组织崇拜，中共便有一项集体错误——“紧跟错”。1968 年 10 月，八届十二中全会永远开除刘少奇出党，举手表决时，除了 1928 年入党的陈少敏女士，所有中委、候委都举了手。

晚年能够走出“党崇拜”的红色文士极少，绝大多数延安一代深陷左巷，难以返身。1975 年 7 月，刚出秦城监狱两个月的丁玲，致信子女：“我也反复读了毛主席选集。从这里越感到毛主席发展了马列主义，把马克思主义与中国实际相结合，深感自己能理解到这作用的幸福。”[42]丁玲晚年掷评：《班主任》是小学级的反共，《人到中年》是中学级，《干校六记》是大学级。[43]像这般完全异化的赤色作家，后人怕是连同情都很难给予了。

金光闪闪的党性，内核不过两字——服从。正因为有了党员对组织的绝对崇拜绝对服从，“组织”才会一步步越来越威严，越来越不讲人情。1959 年庐山会议后，李锐作为惟一开除党籍者，还领有严厉的纪律约束——“不准谈庐山”。开除了人家，流放大别山，还不许告诉亲友获罪原因！都以敌我矛盾处理还要求敌人为你保密！还硬是做到了，李锐这个“敌人”硬是为党保密，其甥李力康（1939～，1980 年代福州副市长）：“他总是出言谨慎，不肯深谈，往往顾左右而言他。”[44]如稍稍“自我”一点，独立思考稍稍活跃一点，“组织”怎能做到既钳其心再闭其口？“组织”的专制取决于成员的服从度，而成员的盲从又决定了“组织”能够达到的荒谬度。

领袖崇拜是组织崇拜的孪生胎，上面有一个毛泽东，下面就有无数小毛泽东，各级共干发现自己完全“应该”成为党的化身，并且可以做到这一点。文革中，贵州群众大会敬祝“万寿无疆”、“永远健康”后，拖出：“敬祝贵州的小月亮李再含主任身体比较健康！比较健康！！比较健

[41] 老鬼：《母亲杨沫》，长江文艺出版社（武汉）2005 年版，页 360。
[42] 丁玲：〈给儿子蒋祖林儿媳李灵源的一封信〉，载《文艺报》（北京）1993 年 4 月 24 日。
[43] 〈听杨绛谈往事〉，载《文摘报》（北京）2012 年 11 月 16 日，第六版。
[44] 李力康：〈《湘滨往事》摘录〉。载李南央编著：《我有这样一个母亲》，开放杂志出版社（香港）2003 年版，页 195。

康！！！”另有某县为与中央及省里保持一致，又加一句：“祝县革委会张三主任身体勉强健康！勉强健康！！勉强健康！！！”山东也喊：“敬祝王效禹主任身体基本健康！基本健康！！基本健康！！！”山西对陈永贵喊过“还算健康！还算健康！”[45]文革后，山西出现省版“两个凡是”：凡是大寨已有的先进记录不得超过，凡是大寨已有的经验都要照着去做。[46]

文革时期，中央专案组成员不无得意透露：最好的办法就是利用被审查者的“对党忠诚”。审查中遇到阻抗，只要一说党还要他们、想挽救他们，被审对象就什么都认了。再大的官、再聪明的人，此时都变得蠢了，跟着办案者的意思走了，忘记这是专案审查，一心想把一切都交给党。[47]

文革后，中共权威松弛，大陆青年敢于公开藐视“伟光正”。韦君宜哭述：“我要哭着说：年轻人啊，请你们了解一下老年人的悲痛，老年人所付出的牺牲吧！这些老人，而且是老党员，实际是以他们的生命作为代价，换来了今天思想解放的局面的。实际上我们是在踩着他们的血迹向前走啊！你能不承认吗？”[48]这种要求后人“承认”的哭诉，只能出现在中共党人身上。尊重自由选择的西方，不会这样哭着讨要后人“承认”。西人会觉得很无趣，即便非常希望后代承认，也得后代主动表示，不能哭着讨要。再说“思想解放”虽然是你们以生命代价换来，但形成需要解放的局面不也是你们搞来的么？出尔人尔，改正自己的罪误，有什么了不得？这还不算被你们白白浪费了至少五十年的国家时间！

在人类所有控制中，最高级别的控制是思想控制，让信徒的思想完全旋转在教主或领袖设定的辙道之中。延安整风的威力，后人当然比延安一代看得清楚。毛共与延安一代是从“解放战争”的军政功效角度盛评整风，而后人则从“没收自由民主”这一更高的国家利益层面，看到整风乃是毛泽东完成对全党的思想控制，形成全党无条件服从毛泽东的历史源头。

组织崇拜也使信徒们失去对组织的质疑权。肃反后出现“娘打孩子论”与“打枪走火论”。1956 年，三位延安老干部如出一辙地开导挨肃青

[45] 姚监复：〈文革中的“健康”笑话〉，载《前哨》（香港）2008 年 7 月号，页 87。
[46] 余焕椿：〈实践标准讨论中新闻理论的人和事〉，载《炎黄春秋》（北京）2008 年第 7 期，页 65。
[47] 程光：《心灵的对话》，北星出版社（香港）2011 年版，下册，页 772～773。
[48] 韦君宜：《思痛录》，北京十月文艺出版社 1998 年版，页 134。

年杜高。中国剧协副秘书长孙福田："党是你的母亲，肃反运动斗争，就像母亲打了孩子，打完就完了。"剧协书记处书记李之华："在战场上，一颗子弹打中了你，那颗子弹不是敌人射过来的，是自己同志的枪走了火，你受伤了。你是掉过头来打自己的同志呢，还是继续同敌人战斗？"《文艺报》主编、剧协老领导张光年："对不起罗，黑夜打枪伤了自己人。"[49]

各次运动被整错者，平反后稍评时弊，稍议民主法治，立遭斥骂："个人主义"、"挨整未升官对党不满"。中国社科院领导批评一位要求民主的老干部：吃着党的饭还对党不满，简直忘本！执掌国柄的党，拒绝批评等于拒绝修正，符合唯物主义与辩证法么？如此这般，党内健康力量很难抬头，只能碰鼻子转弯，物极方返，以民生国务为代价"缴学费"。

延安一代暮年才意识到组织崇拜的危害性：

> 过去那种把党说得很神秘，不但正确而且万能，党员对党只能服从，连个人的一切都是党给的。这也属于封建传统，是颠倒了党员和党的关系。殊不知党是由党员组成的，没有党员哪来的党？党的一切都来之于党员的贡献。[50]

绝对服从造就延安一代毫无责任意识。十年文革，死了两千万、整了一亿人。[51]王力居然毫无愧色："'文化大革命'是我党的一个历史悲剧，在当时历史条件下所做的事，虽然是错误的，但不应着重追究个人责任。"似乎"历史形成的"，党与个人就可免责，由"历史"负责了。王力甚至认为文革乃"中国的社会基础决定，中共不犯这样错误也会犯那样错误。"[52]信心满满的狂热革命者一下子沦为宿命论者，成了"历史的奴隶"，主观战斗精神怎么全没了？按王力的逻辑，"错误难免"，只要是自己人的错误，都可原谅?!语从心出，王力境界低下，当个县令都够呛。

---

[49] 周素子：《右派情踪》，田园书屋（香港）2008年3月初版，页30。

[50] 何方：《从延安一路走来的反思》，明报出版社（香港）2007年版，下册，页558～559。

[51] 《李锐文集》第五卷，中国社会教育出版社（香港）2009年版，页279。

[52] 《王力反思录》，北星出版社（香港）2008年版，下册，页182、467。

组织崇拜还有继承性。2009 年，本人一位女硕士生说：她外公（82 岁解放牌老干部）至今不相信六四开枪、不相信坦克碾人，他既不愿儿孙说中共的“坏话”，也不愿听对毛泽东的“诽谤”。

“组织”独揽大权，决定一切，社会成员不能参与任何公务。1957 年 5 月，吴祖光鸣放：“组织力量把个人的主观能动性排挤完了”、“组织制度是愚蠢的”。[53]这当然是“组织”最最不愿听的“反动言论”，吴祖光成为中共最头疼的人物，“六四”后喊出“毛像下墙、毛尸出堂”。

2003 年 12 月，美国哈佛大学“毛泽东学术讨论会”，李锐书面发言：“我信服西方这相同意义的词语：个人崇拜即邪教也。”[54]1999 年，戈扬：“生在这样的时代，我无法摆脱自己的命运，但我应该把我的经验告诉后人。这经验归结一点，就是：共产党已同一个邪教差不多，是不可以信赖的、不可以和它靠近的。否则，多好的人也会变坏。”[55]2001 年夏，李南央去看李普、沈容夫妇，告诉他们戈扬在美国很痛苦，觉得自己这辈子走错了，浪费了一生。沈容答曰：“白活了，我一辈子都白活了，白白当了共产党的宣传工具，没有做过一件有意义的事情。”李普则大吼一声：“共产党不亡，天理不容！”[56]真是彻底醒了、反了！三李（李慎之、李锐、李普）的反戈一击，延安一代最掂手的代际遗产。以三李为代表的延安一代“两头真”，交上一生最有品质的答卷。他们的反出朝歌具有里程碑意义——堡垒已从内部瓦解，国际共运真正走到尽头。

贰、自身局限

人们总是带着旧神迁往每一处新居，历史必然通过惯性控制现实。以农立国的中国，五四时期整体经济仍处于“寡而均”的农业文明水准，贫穷而安宁，文化也粗糙空疏，看不惯“富而殊”的工业社会，无法理解相对精细的西方近代文化。梁启超、梁漱溟、张君劢等思想精英，还在高声

---

53 吴祖光：〈在 1957 年 5 月 13 日文联第二次座谈会上的发言〉。载牛汉、邓九平主编《荆棘路》，经济日报出版社（北京）1998 年版，页 76。

54 李锐：〈如何看待毛泽东〉。《李锐文集》第 5 卷，中国社会教育出版社（香港）2009 年版，页 280。

55 金钟：〈红尘不堪回首看——专访戈扬女士〉，载《开放》（香港）1999 年 9 月号，页 57。

56 李南央：〈李普：共产党不亡，天理不容！〉，载《争鸣》（香港）2010 年 12 月号，页 65～66。

礼赞“不重谋利”的传统文明，还不明白追求物质文明乃是精神文明价值体现的重要一翼。在这样的文化天幕下，即从历史可能性上，知识粗浅的延安一代，从一开始就不具备真正理解西方近代文明的主观条件，略知马列又使他们自以为掌握了最新最美的现代人文武器，面对文盲半文盲的芸芸人生，他们信心百倍地认为有资格成为国家的“解放者”。

1932 年初，25 岁的费正清博士来华，端得敏感：“中国的中世纪思想给穿上了现代的衣裳，内骨子里没有发生多大改变”。[57]一语拈出中国社会实质——穿上西方现代外套却还是封建肉身。知识界的一阵阵鼓噪，仅泛起一点名词泡沫，社会整体还是按照原先的封建体系在运转。

从历史局限角度，延安一代确实不具备检剔赤说的能力，历史也未向他们提供这一客观条件。赤学红说靓丽闪光，崇高的济世理想、严密的科学论证、无私的道德境界，通体发光呵！尤其文化氛围上，整风后失去宽松环境，一元化的延安使自由本身就成为异端。任何异声都只能是个人腹诽，不会有任何媒体为你扩声，不会有任何集体为你撑腰。

王若水（1926～2002）晚年剖析延安知青：

> 他们不能反抗共产党，那会否定自己以往的信念和追求，结果只能竭力证明自己对共产党的忠诚；共产党可以批评他们和党不是一条心，他们却不能指摘共产党不相信知识分子。要他们从整体上批评审干运动，认为这是大规模侵犯人权的行为，不应该把清理思想和清理敌人这两件事混在一起、不应用群众运动的方式来肃反，对这些青年知识分子来说都是过高的要求。[58]

延安一代另一集体共性是惊人单纯。丁玲读到《论共产党员的修养》“共产党员要受得起冤枉”，大惑：“在共产党内，一个共产党员会有冤枉可挨吗？我以为党绝不会冤枉一个党员。”[59]1956 年，听了《秘密报告》

---

[57] （美）费正清：《费正清对华回忆录》，陆惠勤等译，知识出版社（沪版）1991 年版，页 38。

[58] 王若水：〈整风压倒启蒙：“五四精神”和“党文化”的碰撞〉，原载《当代中国研究》（美）2001 年第 4 期。何清涟主编：《二十世纪后半叶历史解密》，博大出版社（美国）2004 年版，页 27。

[59] 丁玲：《风雪人间》，人民文学出版社（北京）1989 年版，页 203。

的韦君宜承受不了，不顾不准议论的纪律，哭问黄秋耘："秋耘，你认为今天听到的，是事实吗？是真的还是假的？我过去从来没有想到过，在共产党内部会出现这类事情！"那一晚，韦君宜哭得很厉害。[60]1990 年代，一位耄耋老延安对民主的理解仅仅只是："民主就是反独裁。"李慎之析曰："他们反独裁的时候根本没有考虑到老的独裁者打倒了以后极可能会有新的独裁者取而代之，正如中国传统的王朝轮回一样。"[61]

红军一代、延安一代还有自觉单纯自我封闭的代际特征。1980 年代初的胡耀邦，那么高的职位，竟对域外资讯采取驼鸟政策——"香港的东西，过去根本不看，免得受干扰。"[62]邓力群也说他只看马恩列斯毛的著作。许家屯晚年认识到毛泽东、陈云存在重大思想局限：

> 他们政治观念上的保守，局限了他们的行动。毛泽东不到西方世界看看，陈云深圳特区、广东都不肯到。真是大悲剧！[63]

这些掌握国家命运的人，连坐坐火车飞机就能完成的"行万里路"都不肯，以自己之是为必是，现实面前不认输，坚决握持马列教条治国，铸悲剧于无知，犯错误于低级，持暴力设深禁，亿万国人只能干瞪眼，无助又无奈，只能依赖"自然规律"送客，呜呼！

历史的悲剧就在于这些革命者并不清楚自身的重大局限，受知识底盘制约，延安一代比毛本人更信奉毛主义，比毛泽东更拥护毛泽东思想。他们习惯于（或只能）接受单纯简朴的观念，如"凡是敌人拥护的，我们就要反对"，不知不觉地滑向越走越窄的政治功利。

马列赤说之所以出产西方而肇祸东方，乃二十世纪初中国文化整体老旧，士林知识结构严重缺陷，现代哲学与文明的贫困致使判断力低下，未能从最初的文化阵地上抗御赤说，反而鼓噪拥迎。五四士林批判传统文

---

60 《新文学史料》编辑部编：《我亲历的文坛往事·忆大事》，人民文学出版社 2004 年版，页 530。

61 李慎之：〈革命压倒民主——《历史的先声》序〉，笑蜀编：《历史的先声》香港博思出版集团有限公司 2002 年版，页 20。

62 李锐：〈胡耀邦去世前的谈话〉，载《李锐近作——世纪之交留言》，中华国际出版集团有限公司（香港）2003 年版，页 35。

63 《许家屯香港回忆录》，香港联合报有限公司 2008 年版，上册，页 251。

化，有正确与必要的一面，但全盘否定传统，踢尽四书五经，使当时士林失去惟一可御赤说的文化闸门，为偏激赤说洞开门户。

延安一代集体放弃个人意见、放弃独立思想，致因之一为延安一代多为文化程度不高的小知识分子，本来就没有多少“个人意见”，更没有“个人思想”，只能是后面跟跟的喽罗。

从民主转向集权，虽是毛共高层的刻意引导，但完成这一价值大逆转毕竟需要上下配合，错误毕竟只能植入可能接受错误的头脑。也可以说，脱胎于封建母体的延安一代，还无力消受“民主”。民主科学“仅仅是一种抽象的思想飘浮在脑里，而旧社会的幽灵，却深深地盘踞在我们心中”（乔冠华语），[64]浮光掠影的外烁终究比不得根须深长的内植。他们根本不认识民主，也不知道如何操作民主；他们只习惯服从，不认识平等；只认得官长，也需要权威；家尊长，国尊君，党尊酋，顺理成章呵！舍此还能怎么办呢？每个人都发言，争论分歧一大堆，怎么行动？“太民主了，给人民惯下了病，给自己找下麻烦。”“有啥说啥，问题提得多了，解决不了咋办？”[65]延安一代根本认识不到：权力必须有所约束，真实才可能自由歌唱，革命只有走在民主自由的大道上，才可能大方向正确。

许良英晚年谈启蒙：“所谓启蒙，首先应启知识分子自己的蒙。说来惭愧，我自己虽然青年时代也投身于民主革命斗争，向国民党政权要民主、要人权，但由于迷信马克思教条，实际上根本不懂民主和人权的真正意义，以为只要‘代表多数人民利益的共产党’掌了权，就民主了。经历了三次民族大灾难后，直到七十年代中期才猛然醒悟，然后通过不断的认真学习，才算搞清楚民主概念的内涵。”[66]延安一代中年才开始痛苦地自我启蒙，才真正撩窥民主。

延安一代最隐秘的自身局限是一元化思维，无力辩证地看待中共缺陷。尤其那些出身不硬的“小资分子”，屁股不干净，惟左不及，哪还敢挺直身板考察整个党？整风前，何其芳就对“暴露黑暗论”义愤填膺：

---

64 于潮（乔冠华）：〈方生未死之间〉（1944 年 3 月载重庆某刊）。转引自《何其芳文集》第三卷，人民文学出版社（北京）1983 年版，页 112。

65 《谢觉哉日记》，人民出版社（北京）1984 年版，下册，页 981。

66 许良英：〈首要任务：民主思想启蒙——八九民运十年教训〉，载金钟主编《共产中国五十年》，开放出版社（香港）2006 年版，页 301。

> 作为一个还没有经过思想改造的小资产阶级知识分子，由于爱护党、爱护党领导的延安的人民和事物的政治直感、政治热情，我那时对那些提倡“暴露黑暗”的谬论感到很大的愤慨和憎恶，好像它们给我心目中最崇高最珍贵的事物抹上了不可容忍的污秽的东西。[67]

这种“歌德式”的偏狭，当然得到“组织”推崇。中国女大生张昕（张瑞芳妹、陈荒煤妻），三九冬夜独至延河边，双手插入冰窟，长时间挺熬，以检验对党的忠诚度与是否合乎党员标准，以致手背终身留下两块大冻疮，每年冬天都犯。[68]

绝大多数延安一代自以为很懂政治，其实都不懂中共政治，连本党高层运作动态都一无所知，外界资讯更是闭塞。1943 年 3 月 20 日，毛泽东完成中央书记处改组，将王明、博古、张闻天、周恩来、王稼祥等“留苏派”排除出局，由自己与刘少奇、任弼时三人组成，自任政治局主席和书记处主席，明确刘少奇、任弼时只是助手；3 月 22 日新一届书记处再议决：“会议中所讨论的问题，主席有最后决定之权”。[69]三人开会，毛主持，实际自授“最后决定之权”。延安一代并不知道王明在整风中已被指为“大地主大资产阶级在党内的应声虫”，连续两个多月在政治局遭严厉批判；周恩来从 1943 年 11 月 15 日起，在政治局整整作了五天自我批判，“系统清算了自己在历史上所犯的错误”，自泼污水自戴帽子，成为中共高干检讨时间最长的一个，也是其政治生涯十分难捱的一段日子，写下近三万字的学习笔记与检讨提纲。[70]广大党员不知道若非共产国际主席季米特洛夫的电报（1943 年 12 月 22 日），周恩来、王明甚至有可能开除出党。

季米特洛夫电文：

---

67 《何其芳文集》第三卷，人民文学出版社（北京）1983 年版，页 57。

68 蒋巍、雪扬：《中国女子大学风云录》，解放军出版社（北京）2007 年版，页 153。

69 何方：《党史笔记》，利文出版社（香港）2005 年版，上册，页 236。参见李东朗：〈毛泽东“最后决定权”的来龙去脉〉：载《北京日报》2007 年 5 月 28 日。

70 高文谦：《晚年周恩来》，明镜出版社（香港）2003 年版，页 73～74、77～78。

> 我又不能不告诉您我对中国共产党党内状况的担心……我认为，发动反对周恩来和王明的运动，指控他们执行了共产国际推荐的民族统一战线，说他们把党引向分裂，这在政治上是错误的。不应该把周恩来和王明这样的人排除在党外，而应该把他们保留在党内。[71]

抢救运动，如此大规模整人，一手操纵的毛泽东大会上几个敬礼，一句“跟同志们赔个不是”，就过去了，没事儿了。[72]一位被“抢救”的延安女大生记述：“（毛）把帽子摘下来，向大家鞠了一个躬。毛主席的声音如宏钟似春雷，瞬间把党和这群青年人中的无形高墙摧平了，我们终于回到党的怀抱了。毛主席的话音未落，顿时哭声、笑声，带着哽咽高喊着毛主席万岁！共产党万岁！和《东方红》的歌声交织在一起，回旋于礼堂许久许久。”[73]所有人就这么谅解了释然了，停止了对错误的追责追源，停止防范性反思，没有考虑可能的“第二次”。

胡乔木至死都未走出“毛崇拜”，1985 年还说：“‘文革’中很多事情是江青他们搞的，毛主席并不知道。”[74]哪些事毛不知情？胡未说。可毛至少知道刘少奇、彭德怀的“下场”，知道一月风暴的“全面夺权”，亲自安排“批周公”……1983 年，胡乔木甚至将庐山会议的责任推给彭德怀：

> 如果他采取其他方式的话，可能不至于导致后来那种不幸的结局。因为毛泽东同志的自尊心过于强烈，很不容易接受哪怕现在看起来是比较委婉的批评、含蓄的批评，他觉得这是对他领导地位的挑战，也是对他整个思想路线的挑战。……如果彭德怀注意提意见的方式，这次会议可以得到很好的结果。这种可能性完全存在。……彭德怀同志是一个正直的人，但与人相处比较粗鲁，对他不满意的

---

[71] 原载《共产国际与中国革命（档案资料集）》（莫斯科：1986），页 295～296。引自《国外中国近代史研究》第 13 辑，郑厚安译，中国社会科学院出版社（北京）1989 年版，页 2～3。

[72] 冯兰瑞：〈“真话”中的谎言〉，载《开放》（香港）2006 年 11 月号，页 81。闻敏：〈罗烽、白朗在延安〉（下），载《百年潮》（北京）2005 年第 2 期，页 63。

[73] 延安中国女大北京校友会编：《延水情》，中国妇女出版社（北京）1999 年版，页 446。

[74] 胡乔木：《胡乔木回忆毛泽东》，人民出版社（北京）1994 年版，页 66。

人是不少的。另方面，大多数党的干部不愿意在这样困难的时候造成党内分歧，不愿意在这样的时候损害毛主席的威信，造成一大批人对毛主席的攻击。[75]

胡乔木挑剔彭德怀的性格瑕疵，用偶然性为毛的暴戾解脱，赞同“集体护主”，这样的思想起点，这样的毛第一国家第二，国人能与他“保持一致”吗？胡乔木读到李锐的批毛文章，整夜未眠，一直做噩梦，颈椎麻木，与人一谈起就声泪俱下。胡乔木甚至用革命惯性来解释文革。[76]胡感到毛厦将倾，从根部倒塌，他无力撑柱，明白自己的一生毁誉相随。

丁玲被毛泽东在最高国务会议上点名批判，遭罪 23 年，清晰认识到毛有浓厚帝王思想，但对毛仍忠心无贰，不允许批毛。[77]丁玲甚至认为纠正文革错误，也证明中共伟大，国人应该感恩戴德：“我以我们正确、英明、伟大的党而自豪。世界上有过这样敢于承担责任、敢于纠正错误的党吗？”[78]港刊立予回应：如果纠正文革错误都是“伟光正”，那么是否再来一次文革，再次纠错，以便再次证明“伟光正”？

毛泽东死的那天，广播一放，大多数为毛泽东御笔批捕的秦城囚犯，哭声盈狱。被毛钦旨“不准提审”的王力痛哭不止，要求戴黑纱遭拒绝，赋诗“唯有泪花当白花”。1990 年代，出狱赋闲的王力说：

> 毛泽东虽然晚年犯了大错误，但是他在我心目中仍然是一个伟大的马克思主义者，仍然是我最敬仰的人物。毛泽东思想是指引中国人民走自己革命道路的指南。他在文化大革命的尝试中失败了，但是，这失败的教训中包含重要的光辉思想：中国人必须走自己的道路。……我不迷信毛泽东，但是我爱戴毛泽东。

---

75 《胡乔木传》编写组编：《胡乔木谈中共党史》，人民出版社 1999 年版，页 213～214、212。

76 何方：《党史笔记》，利文出版社（香港）2005 年版，下册，页 661。

77 杜导正、廖盖隆主编：《名流写真》，南海出版公司（海口）1998 年版，页 215。

78 《丁玲文集》第 6 卷，湖南人民出版社 1984 年版，页 604。

这位毛迷看来，毛怎么做都是对的，文革也有“光辉思想”。王力的封建之辫终身难剪，随时都会露出来。1995 年，王力上书中央，要求继续搞个人崇拜——〈突出宣传领导核心是历史的必要〉：

> 我过去一直是拥护刘少奇突出宣传毛泽东的。我认为这是团结全党全军全国人民取得革命与建设胜利的一个重要保证。十一届三中全会以后，我积极主张突出宣传邓小平……没有核心，党心人心就会散了。天有二日，天有数日，是不利于稳定和发展的。第一小提琴手只能有一个。十四届代表大会以后，我认为突出宣传江泽民，对于保证中国稳定过渡，避免发生社会动荡是十分重要的。[79]

视国民为群氓，天有二日就会散了人心、不能保持稳定，符合共产党的初始政纲吗？能指望这样的共产党员走向共和么？依靠“天无二日”构筑的权力体制，还可能是“无产阶级专政”么？且不说民主自由。整个领导阶级都围绕“一日”跪下去了，被专政了，还如何参与专政？

1957 年李慎之划右，开除党籍，连降六级，他依靠封建教义说服自己：

> 大约有一两年多的时间自己给自己做工作，总是从内心说服自己：就假设你错了。因为一想起来就会掉眼泪。什么君让臣死，臣不得不死；父让子亡不得不亡，其父不以为孝，其君不以为忠。这样来解释。[80]

个人得惠也是延安干部的局限要因。延安女大生、吉林卫生厅副厅长李奇，出身陕西贫穷农村，“从我参加革命队伍后，与我以前的处境相比较，是天地之差！……没有共产党给我的教育、培养、爱护，我绝不会有今天的一切……我非常非常感激党给予我的光明前途和幸福！永生不忘！”[81]1950 年代以后，延安女大生均得一官半职，八十多岁写回忆录，

[79] 《王力反思录》，北星出版社（香港）2008 年版，上册，页 20；下册，页 849。
[80] 邢小群：《往事回声》，时代国际出版有限公司（北京）2005 年版，页 63～64。
[81] 延安中国女大北京校友会编：《延水情》，中国妇女出版社（北京）1999 年版，页 348。

身分一栏，六名处长或职衔不显者都没忘了带一括弧（副局级、正局级、正厅级），很看重职级，露出封建尾巴。她们当然不会忘了这一人生骄傲的来历。她们“很有理由”感谢党和毛主席。1970年夏，陈伯达在庐山当了毛泽东进攻林彪的祭刀羊，但陈伯达最后对儿子说：“毛主席老了，思维不正常了，才会这样。他过去不是这样的。你们不要记恨他。他以前对人是很宽厚的。他给过我很大的帮助，还是要念及他的过去。”[82]

老红军对毛共的感恩当然也出自肺腑。15岁参加闹红、18岁参加红军的陈复生（1911～2013），23 岁师级干部，但三次开除党籍、两次下“自己人的大牢”（共九年），最后当了14年居委会主任，1980年平反，1983年离休，2008年97岁才享受省部级医疗待遇，其百岁总结：

> 我参加了红军、参加共产党，才真正找到了生路，才能够扬眉吐气、挺胸做人。在红军这所大学校里，是党把我培养成一个手握相当权力的领导干部。如果我当初不参加革命，我能有今天的本领、觉悟、家庭、好生活吗？绝对没有，我的命运绝不会比我的父亲好多少。……出现我所遇到的这样的挫折又在所难免。这与父母亲错误责骂自己的孩子是有相似之处的……为社会主义建设事业而奋斗，这是我个人根本利益的需要，是我情感之寄托、理想之所在。[83]

1990年代，毛时代吃过大苦头的师哲：

> 主席一心为人民……似这等献身的精神和事实，从高级干部到全体党员能找出几个？仅凭这几点：一、人民利益高于一切；二、绝不爱钱，不谋私利；三、不让亲属子女沾公家的光；四、牺牲自己及亲属。我们还能说什么？对主席还能有什么可苛求的？
>
> 毛主席，他来自人民，热爱人民，心系群众，全心全意为人民服务。他那敏锐的感知、刻苦的求索、准确的判断、高超的领导艺

---

[82] 《陈伯达：最后口述回忆》，阳光环球出版香港有限公司（香港）2005年版，页403。

[83] 陈复生：《九死复生——一位百岁老红军的口述史》，中央文献出版社（北京）2010年版，页225。

> 术和知人善任，给我留下了极为深刻的印象。我常想，要是没有毛泽东的领导，中国不知还要在黑暗中徘徊摸索多久？[84]

如此评毛，连看一眼毛罪恶的勇气都没有、平视毛的自信都没有，还谈得上对毛的批评么？只愿正面看毛，成为延安一代高度自觉的“党性”。抛开暴烈土改、镇反肃反、反右反右倾、大饥荒、文革一系列执政劣迹，回避打倒彭德怀、刘少奇、贺龙等大批功臣的政治品质，仅根据几点“个人小节”就要求国人继续崇毛，可乎？能乎？其实，就那几点“个人小节”，亦须大大商榷。从师哲的拥毛理由中可以看出：师哲不过站在中共及个人利益立场上，感谢毛带领他们“走出黑暗”——为他们夺取了政权。但中国人民有必要跟您一起去感谢一个给他们带来大苦大难的“大灾星”么？他们为什么不能根据自己的感受作出判断与评论？若非老毛，三流演员的江青何能何力搅动政局？周扬晚年感叹：“那时候怎么也想不到后来‘四人帮’当权的时候，她会蛮横到这种地步。我自己当时没想到，谁也没想到。”[85]周扬的“没想到”与全党的“谁也没想到”，很真实，但也正是中共整体局限所在：看不到独裁专制的必然后果。

进入文革，当革命的荒谬触及肌肤深入灵魂，延安一代也只能发生局部疑惑，无力从宏观上对革命理论与共产设计提出质疑。于光远晚年常称“我是一个死不改悔的马克思主义者”。徐友渔评曰：“我们不能因为他坚信马克思主义就说他不怎么高明，真正的问题在于他因为信仰马克思主义就觉得自己很高明。……就对言论自由的态度而言，于记马克思主义和专制主义并无什么区别，共同的思维逻辑是：因为你的言论不正确，所以你没有言论自由！”[86]这一段评论戳到了于光远们思想缺陷的根子上。1982～84年，笔者供职浙江省政协，天天接触三八式、解放牌，他们张口“正确”、“错误”，当然只有我正确，你们都错误。

---

[84] 师哲：《峰与谷——师哲回忆录》，红旗出版社（北京）1992年版，页163～164、174。
[85] 赵浩生：〈周扬笑谈历史功过〉，载《七十年代》（香港）1978年9月号，页30～31。
[86] 徐友渔：〈简论李慎之自由主义思想的形成〉，载《当代中国研究》（美）2004年春季号，页109～110。

2002 年中共“十六大”，江泽民交班胡锦涛，96 岁的黄源欢呼不已：“还是中国共产党伟大，老的领导人主动让位。这是最大的政治文明，你看世界上有几个国家能做到？”[87]一张口就露出那根晃动着的前清辫子。胡接班是邓小平隔代指定，明显违反民主程序；欧美国家早就通过民选交班，老让青是自然规律，全球民主国家已 70%以上，何谈“有几个国家做到”、“最大的政治文明”？其实，黄源要的只是一句——“还是中共伟大”。如此低级的欢呼，露出他臀部的封建纹章。按黄氏逻辑，中共内定继位模式，应该一世、二世……乃至万世，“最大的政治文明”呵！

中共各种局限，外人看得很清楚。英籍华裔女作家韩素音（1917～2012），绝对亲共。1991 年，她建议：“中国所有的学校都应该讲授周恩来以及他的战友和同事们的生平，是他们谱写了中国革命和中国解放这篇光辉灿烂的史诗。”但 1956 年韩素音与周恩来长时间讨论民主，发现周根本不理解自由民主的意义：

> 周至多只是人们所说的开明儒家，允许辩论，但绝不会交出统治权。……自由讨论可以，但必须为了一个目的。
>
> 我认为“双百”方针不会产生任何结果，为此我十分难过。我转告周恩来说：“需要花二十年时间你们才能懂得民主的含义。”我所说的“你们”，并非指周本人，而是整个共产党。当然，就周而言，他谈论的民主显然不是西方意义上的民主。[88]

事实证明，不仅第一代中共领导人二十年后不懂民主含义，六十年后的第三代领导人仍未懂得。

参、信仰代替思考

革命成为一场狂热政治宗教。1943 年，费正清在重庆评点留德哲学博士乔冠华，“革命不仅是他的哲学，甚至是他的宗教。”“这一小批人包

87　上海鲁迅纪念馆编：《黄源纪念集》，中国福利会出版社（上海）2006 年版，页 395。

88　（英）韩素音：《周恩来与他的世纪》，中央文献出版社（北京）1992 年版，页 4、336、338。

括燕京、清华的学生，英语很好，懂得西方人的思想，他们经常进行小组学习，讨论和自我批评；生活上同甘共苦，就像一百多年前的宗教社团一样，这是我所能想到的最恰当的比拟。”[89]

延安一代整体失去思考。1941 年 6 月，面对出卖中国领土为相互条件的〈苏日中立条约〉，无论中共怎么说项，李慎之都绝对相信。他当时的思想状态：“苏联还能有错？中央还能有错？毛主席还能有错？”[90]何方承认：“像大跃进、反右倾、饿死人、以至文化大革命这些瞎胡闹，内心实在不相信这是马克思主义，但是没有也不敢有个人的独立思考。”“九・一三”事件才最后摔醒他们，才使他们开始“一代人的思考”。

何方曾被狠狠“抢救”，有一段不合常理但却符合延安逻辑的话：

> 延安整风做到了对干部的思想改造，使所有干部确实都变成了党的驯服工具，成为毛泽东的崇拜者和毛泽东思想的服膺者。以我个人来说，我在整风和抢救中是倒了楣的，情绪上的不满一直存在。但说也奇怪，经过延安整风，我反而对党中央特别是毛主席更加尊重和信仰了，成为毛泽东个人崇拜的忠实信徒。虽然我长期以来实际上并不懂得什么是毛泽东思想，但却一直做着宣传毛泽东思想的工作。我看，不仅我等小干部，就是大干部和大知识分子也一样，整风后都更加忠于毛泽东，还积极参与制造毛泽东个人崇拜的工作了。我对整风的反思和对毛泽东个人崇拜的认识虽然有个渐变过程，但真正的变化还是文化大革命以后。[91]

共产国际驻延安联络员：“在中国共产党内，由于对任何与‘毛主席’持不同意见的人进行镇压，民主集中制已蜕化成为马克思所讥讽的由信仰而产生的奴隶制了。”[92]没有整风，毛泽东怎么会对刘少奇、杨尚昆

[89] （美）费正清：《五十年回忆录》，赵复三译。参见《中华民国史资料丛稿・译稿・中国之行》“五十年回忆录”第四部分，中华书局（北京）1983 年 7 月印刷，页 84～85。

[90] 李慎之：〈革命压倒民主——《历史的先声》序〉，笑蜀编：《历史的先声》，香港博思出版集团有限公司 2002 年版，页 25。

[91] 何方：《从延安一路走来的反思》，明报出版社（香港）2007 年版，下册，页 750；上册，页 138。

[92] （苏）彼得・弗拉基米洛夫：《延安日记》，吕文镜等译，东方出版社（北京）2004 年版，页 111。

发出这样的指令："嗣后，凡用中央名义发出的文件、电报，均须经我看过方能发出，否则无效。""过去数次中央会议决议不经我看，擅自发出，是错误的，是破坏纪律的。"（1953 年 5 月 19 日）[93]

正因为毛崇拜，1953 年全国财经会议，毛泽东在周恩来的报告上批了 88 个字，轻易推翻了〈中国人民政治协商会议共同纲领〉与过渡时期总路线，转为立即进行三大改造（农业、手工业、资本主义工商业的公有制改造），三年之内消灭私有经济，确立高度集中的计划经济。[94]圣心一瞬，只手改变历史走向，好像中国是他毛泽东个人的，要怎么捏就怎么捏，想怎么搞就怎么搞，毋须通过任何审批。

先有延安，后有庐山呵！1959 年 7 月 27 日庐山，中常委扩大会议讨论对彭德怀的处理。周恩来提出对彭三七开，功七过三，刘少奇、朱德赞成。毛泽东威胁："我看来只好再上井冈山了。"周、刘一看毛决意除彭，立即退缩，齐声附毛，同意定彭"反党分子"。[95]庐山最后筑就毛崇拜祭坛，维护毛个人威信成了"维护大局"，无论毛如何荒谬残暴，无人敢违敢逆。江苏省长惠浴宇（1909～1989）："1959 年庐山会议后，稍有点政治阅历和身分的人都惴惴不安，或噤若寒蝉，或谨慎言行。"[96]而这，正是毛想要的"己所不欲，要施于人"的政治局面。

1960 年 1 月政治局上海会议，没有半点不同声音了。此时，大饥荒蔓延全国，"非正常死亡"上千万，与会者却一致认为"反右倾"带来大好形势，1960 年应当继续"大跃进"！"资产阶级都能够实现大跃进，无产阶级为什么不能！现在有些人不相信我们，到 1972 年我们钢达到 1.5 亿万吨，把世界各国都抛在后面，他们才会相信我们。"1960 年初，钢产量指标从 1840 万吨"跃进"至 2200 万吨，[97]当然远远完不成。

一党利益代替历史理性乃延安一代撤守理性的第一步。1955 年 5 月 11 日，《文艺报》常务编委康濯（1920～1991）接到毛改定的胡风"第一批材料"按语清样，毛将原标题"胡风小集团"改成"胡风反党集团"，面对

---

93 《毛泽东选集》第五卷，人民出版社（北京）1977 年版，页 80。

94 杨继绳：〈李普今年八十八〉，载《炎黄春秋》（北京）2006 年第 9 期，页 51。

95 丁抒：《人祸》，90 年代杂志社・臻善有限公司（香港）1997 年 7 月修订本，页 196。

96 惠浴宇：〈滔滔不绝陈同生〉，载《钟山》（南京）1989 年第 6 期，页 140。

97 贺文贞：〈对"三面红旗"的再认识〉，载《党史研究》（北京）1986 年第 2 期，页 17～18。

干系重大的性质转变，康濯接受不了，打电话找周扬核实。周扬回答：“不应该接受不了，而应该努力接受主席的指示。”康濯再问：“主席提得太高了。”周扬：“不是主席提得高，而是我们的思想同主席的思想距离太远太大，我们应该努力提高自己，尽量缩短同主席的距离。”[98]刨除周扬因宿怨落井下石的心理，仅从逻辑层面，以政治服从代替理性判断，迈出至关重要的“第一步”，才有后面的“第二步”、“第三步”。

1961 年 6 月 12 日，大饥荒无法再捂再盖，毛不得不检讨，但下边多未传达。1962 年 1 月 30 日，毛在七千人大会上：“我说，请同志们传达到各省、各地方去。事后知道，许多地方没有传达。似乎我的错误就可以隐瞒，而且应当隐瞒。”[99]毛这几句肤浅的自我批评，七千赤干纷纷流泪：“听了主席的讲话，只有一条意见，就是他老人家不该做检讨，我们把工作做坏了，为什么叫他老人家检讨呢？”一些地委县委书记很激动：“主席都检讨了，我们还有什么说的？”[100]安徽几位地委书记都哭了。毛泽东硬推大跃进，极度破坏农业生态，饿殍盈道，哀鸿遍野，四千余万“阶级兄弟”饿死，肇祸者难道不应该低头认罪么？不应该引咎检讨么？父母官的县委地委书记不哭子民哭领袖，不哭生灵哭检讨，说明什么？

将毛奉为再清黄河的圣人，认同毛阶级斗争、继续革命等一整套邪说，文革初期中共领导层虽有微弱反抗，但很快缴械投降，因为他们没有任何可以对抗毛的思想武器与政治手段。1947 年 3 月储安平：“共产党最可怕的一点是统制思想。”[101]1966 年 8 月 4 日，八十元老董必武在清华大会上：“为什么要搞文化大革命？这个问题我们也想不清楚。但主席说要搞，那我们就搞。历史的经验证明，主席比我们站得高、看得远。遇到新事物，我们猛然想到的、脱口而出的，常常是错误的。按照主席说的去做，后来都被证明是正确的。当时虽然不理解，后来就理解了。”[102]

---

[98] 万同林：《殉道者—胡风及其同仁们》，山东画报出版社（济南）1998 年版，页 227。

[99] 1962 年 1 月 30 日，毛泽东在“七千人大会”上的讲话。载《学习资料》（内部材料），页 11。该书无编纂者、无编印单位、无出版时间，收录了毛泽东 1962～1967 年间的历次重要谈话与讲话。

[100] 萧冬连等：《求索中国——“文革”前十年史》（下册），红旗出版社（北京）1999 年版，页 822。

[101] 储安平：〈中国的政局〉，载《观察》（上海）第二卷第二期，1947 年 3 月 8 日。参见蔡尚思主编《中国现代思想史资料简编》第五卷，浙江人民出版社 1983 年版，页 31。

[102] 万润南：〈文革清华园里的大人物〉，载《开放》（香港）2006 年 7 月号，页 75。

中央党校《理论动态》主编沈宝祥（1932～）回忆文革："当时政治空气相当压抑，我们大家都是这样，只是觉得这个社会不该这样，但一些问题究竟出在哪里，那个年头谁敢质疑毛主席，那是现行反革命啊，可以说想都不敢想。"胡耀邦听毛泽东说"我是不做自我批评的"、"我是不让权的"，虽然感觉与心目中的无产阶级领袖形象相矛盾，但仍对毛"无限忠于"。胡耀邦挨整后给毛写信，石沉大海，才对毛产生怀疑，觉得毛已不再是延安那个领袖了。[103]

1979 年初中央理论务虚会，陈云说：毛泽东同志的一个不可比拟的功绩是培养了一代人，包括我们在内的以及'三八式'的一大批干部。[104]陈云没指出（也许故意忽略）"凡是派"中坚也是"三八式"——华国锋、纪登奎、吴德、胡绳、熊复、吴冷西、张平化、李鑫、王殊。[105]"六・四"前后全力抵制改革开放的"中流派"也是三八式——胡乔木、邓力群、林默涵、魏巍、马文瑞、刘白羽、马烽、李尔重、李子奇、吕骥。[106]邓力群终身保持毛式思维，认定毛是大救星。毛左派还有王匡（新华社香港分社社长）、欧阳山（广东省文联主席）。[107]

既然要搞个人崇拜，势必弱化民众，推行愚民政策，轻视文化知识，禁止言论自由，压制一切异议，按一己之需捏塑意识形态。因为，知识乃自信之本，民众一旦知识化，尤其得知国家领导人的工作生活实况，与闻"伟大领袖"如此这般在领导，个人崇拜还搞得起来吗？斯大林去世时，莫斯科哭声震天，告别遗体时踩死不少人。《秘密报告》一出，斯大林暴虐真相一公布，赫鲁晓夫移斯大林之尸出列宁墓，未有任何波动。愚民才会崇拜，弱民才需要崇拜他人。马克思的座右铭可是"怀疑一切"。[108]

徐友渔认为中共 1981 年搞的第二个"历史决议"，将毛发动文革归咎于认识问题——"错误估计形势"，完全无视毛的道德缺陷与法律责任，

---

[103] 郭宇宽：〈胡耀邦，生前办过《理论动态》〉，载《炎黄春秋》（北京）2007 年第 9 期，页 15。

[104] 许永跃：〈晚年陈云与邓小平：心心相通〉，载《百年潮》（北京）2006 年第 3 期，页 14。

[105] 苏绍智：〈超越党文化的思想樊篱——我如何在八十年代由马克思主义信仰者转变为研究者〉，载《当代中国研究》（美）2007 年第 2 期，页 16。张显扬：〈文革后一场重大政治斗争〉，载《开放》（香港）2008 年第 11 期，页 70。

[106] 参见《中流》（北京）杂志每期目录首页，除邓力群，均为该刊顾问、主编。

[107] 杜导正：《赵紫阳还说过什么？》，天地图书有限公司（香港）2010 年版，页 141。

[108] （俄）瓦连京・奇金：《马克思的自白》，彭卓吾译，华龄出版社（北京）1990 年版，页 211。

十年重灾巨难，毛怎能不负责任？[109]林彪、四人帮有这个能耐么？他们的权力出于何处？但硬有被卖了还替人数钱的角儿，许多受害人及其家属在被整死前或平反后，依然向迫害自己的赤色意识形态与集权政制示忠。

1979 年 11 月，蹲狱十二年的王光美刚出狱，对受了反右～文革大苦的新凤霞说："凤霞，我们都是毛主席的好学生！"劳动人民出身的新凤霞（1927～1998），扭头就走，对人说："她男人都被毛主席整死了，她还说这样的话，这个女人坏不坏？"[110]王光美毕业于辅仁大学，理学硕士，判断力还不如 1950 年代扫盲的戏曲演员。王光美家中客厅一直挂着 1962 年毛登门刘家的照片，她竭望国人都能像她那样对毛"三七开"。2004 年，83 岁的王光美组织毛刘后裔大聚会，主题"一笑泯恩仇"。[111]王光美一个劲诉说毛刘"战斗友情"，大写特写刘少奇最后岁月对毛的竭诚拥戴，隐去毛当众对刘的轻蔑侮辱——"我动一根手指头就能打倒你"，一句都未批毛。笔者读完 33.5 万字的王光美回忆录，寒意阵阵——怎么只有对党负责的党性，没有对人民负责的人性？稍微探讨一下文革原因的努力都没有，只虚虚重复刘少奇那句"好在历史是人民写的"，史识深度还不如一介武夫的《吴法宪回忆录》。王光美晚年常念叨文革："不好说"、"太复杂"、"说不清"、"不想说"，实际是"无力说"。王光美对毛的不贰忠心，说明相当一部分延安干部价值标准整体错移，缺乏最基本的是非判断能力。

李维汉晚年疾呼反封建，一再抨击毛泽东搞"家长制"、"一言堂"，但又说"党没有一个有权威的领袖行吗？"连写反封建文章，都得请邓小平，"（自己）没有这样的权威，只有邓小平最合适。"[112]反了一辈子封建的李维汉，到了仍陷封建窠臼。李维汉看到"家长制"、"一言堂"的严重后果，但认识不到铲除"家长制"、"一言堂"，就必须防止绝对权威的形成，只要存在"权威"，身后就必然跟着"一言堂"。将反

---

[109] 徐友渔：〈重评毛泽东愈早愈好〉，载《明报》（香港）2006 年 9 月 8 日。

[110] 蔡咏梅：〈吴祖光一生的遗憾〉，载《开放》（香港）2003 年 5 月号，页 81。

[111] 邵燕祥：〈谁能对自己"三七开"——夜读抄〉，载《同舟共进》（广州）2009 年 11 期，页 74。参见舒纯：〈王光美传奇人生优雅谢幕〉，载《人物》（北京）2007 年第 1 期，页 16。

[112] 余焕椿：〈李维汉痛定思痛疾呼反封建〉；汪子嵩、宁培芬记录整理：〈李维汉同志谈话〉（前文附录），载《炎黄春秋》（北京）2003 年第 3 期，页 4、2。

封建悬寄权威，以封建反封建，封建仍矣！正确思想为什么只能出自权威与领袖？自缚手脚自我矮化，才是最最标准的“封建土壤”。正是在这样的地基上，晚年邓小平才有那两句名言——“我说了算”、“不争论”。

延安一代回忆录中，涉及违心之处多有程式性用语——“顾全大局”。所谓“顾全大局”，即照顾毛脸面、维护“党”形象。一句“顾全大局”掳走了多少真实判断，放走多少罪恶。1977 年，邓颖超对韩素音说：“开除刘少奇出党的文件是由恩来签署的……这件事对恩来是非常令人痛苦的，但是他不得不这样做……这样做是顾全大局。”[113]

延安一代另一集体局限：自甘平庸自认凡俗，放弃成为理论精英的欲念，因为这不仅仅是可笑的痴人说梦，更是万万要不得的向领袖挑战。延安理论活动的特点：翻译多而著述少。很少的著述中，也是“述”多“著”少。新式教条盛行，仅注释马恩列斯就已高山仰止，你还能说出高于革命导师的话么？还能有什么超越其上的思想么？理论权威只能由革命领袖兼任，政权教权合一。这是什么性质的集体“特征”？还需要点破吗？

1940 年代以后，红色文化精英整体星光黯淡，长达 60 年的时间里只能“我注马列”、“我注泽东”，只能在注释中打转转，消耗一生。文化拓展的初始动力丧失了。集体被一种思潮裹挟，且无一人意识到集体丧失思考。当延安一代依偎领袖怀中，感到舒适幸福之日，正是植下苦种之时——失去自我失去独立。套用一句张爱玲语：这是个夸张的地方，即便摔个跟斗，也比别的地方疼。

延安士林的集体局限还包括习惯眼睛向上，只关注上级精神。1950 年代初，浙江省委宣传部门领导多次公开在报告中说：“做工作只要摸上级的气候就成了。”[114]反右时的杨述，“他任部长既久，已经变成以上级的思想为思想了，自己的一切思想只能在这个圈子里转，不能越雷池一步。”[115] 2008 年 8 月，华国锋去世，杜导正评曰：“华国锋的一生一直没有太多的独立思考，所以要他摆脱‘紧跟’思想模式简直是不可能的。”[116]

---

[113]（英）韩素音：《周恩来与他的世纪》，中央文献出版社（北京）1992 年版，页 470～471。

[114] 陈学昭：《浮沉杂忆》，花城出版社（广州）1980 年版，页 54。

[115] 韦君宜：《思痛录》，北京十月文艺出版社 1998 年版，页 49。

[116] 杜导正：〈华国锋〉，载《财经》（北京）2008 年第 18 期，页 159。

马克思信徒们没想过：既然马克思的座右铭是“怀疑一切”，那么他本人能豁免“被怀疑”么？五四时期，马克思主义初入中国，受到一些抵制排斥，二十年后媳妇熬成婆、三十年后升为祖宗，转身禁压其他一切学说，罢黜百家，独尊赤术，还不是换汤不换药，煮的还是封建这锅粥？无非孔教换赤说耳。社会宽容度与自由度不仅并未增大，反而越来越窄。巨变之下无质变，怀疑一切却不让怀疑自身，这样的逻辑能够被接受么？

信仰代替思考，言必称马列，非马列勿视勿听勿言勿动，马列一言一语至高无上，必须遵循，这样的革命能导向哪儿呢？1980 年代私营经济初复，邓力群同意少量雇工，因《资本论》上说七个雇工不算剥削。捏着百余年前马克思的书，不能越雷池一步，能指导好日新月异的当今经济活动么？到了这一步，这样的马列主义者，还可能有什么先进性？

第八章

延安共性

每一时代知识分子因同一时代底色，从价值观念到思维方式，从关怀重点到行为选择，会凝耸相当共性。延安一代的集体性格：正直天真、嫉私如仇、浪漫激越、憎恨自由、害怕个性、思维偏狭。1950年代，“胡风分子”杜高（1930～）概括延安干部：“他们身上充满着那个时代最富有代表性的极端的狂热，憎恨一切带有自由色彩的思想和行为。”[1]红色恐怖也使延安一代普遍形成“内疑外惧”的心理，内心深深自疑，时时担忧“被评论”，常常体现出“畏缩型人格”——习惯逆来顺受。1949年后，“延安共性”放射全国，寰内均以“延安干部”为范。

壹、不识马列

奉持马列主义的延安一代，其实不识马列。1936年秋，毛泽东在保安红军大学讲课：“你们是过着石器时代的生活，学习当代最先进的科学——马克思列宁主义。”[2]根据马列的存在决定意识，过着石器时代的生活，怎么理解得了工业时代的马列主义？存在与意识缺乏对接基础呵！延安一代头脑中的马列主义，除了模糊的信仰与一堆似懂非懂的名词，还能是什么？中共党人对共产主义的最大想像：“楼上楼下，电灯电话。”[3]

从能力上，延安小知正面接受马列主义都有难度，一大堆抽象名词、一厚摞马列赤著，早将他们吓趴下了，哪里还有可能检视马列主义的合理性？笔者也是年近六旬，困惑、思考二三十年，才写下这本反思马列为旨归的拙作。放在当年，我完全有可能也是“延安小知”一个。

---

[1] 杜高：《我不再是“我”——一个右派分子的精神死亡档案》，明报出版社（香港）2004年版，页102。

[2] 李志民：〈抗大抗大・越抗越大〉（之一），载《中共党史资料》第七辑，中共党史资料出版社（北京）1983年版，页31。

[3] 谢韬：〈关于民主社会主义模式与中国前途〉，载《开放》（香港）2007年6月号，页23。

中共"第一理论权威"陈伯达（1904～1989），1949年后才读《资本论》。他承认："没有对《资本论》进行认真的研读，因为《资本论》卷帙很厚……认真读《资本论》还是在解放以后。"[4]王力揭发陈伯达读《资本论》第一章就读不下去。[5]周扬文革蹲秦城八年半，狱中精读《马恩全集》、《列宁选集》。[6]陈云文革下放江西三年，通读《列宁选集》。[7]毛泽东："理论书太硬，《政治经济学》我就没读过，陈伯达也没有读过。"[8]胡乔木："'文化大革命'期间读得多一些，读得最多的是《马恩选集》四卷本。"[9]胡乔木对马恩的研读不过尔尔，且未读《资本论》，遭到也未读过《资本论》的毛泽东批评。王力："我同毛主席接触将近十年，我认为毛主席的最大弱点是没有系统地读《资本论》。少奇同志也没有读过《资本论》，他还说不要读《资本论》，读些小册子就行了……毛主席临死时床头上还放着《资本论》第一卷。"[10]李锐："他（指毛）对中国典籍熟悉的程度远超过他对马克思主义的熟悉程度。"[11]1937年11月王明回国，对延安女大生说：我们党的理论水准很低，中央委员会的马列主义水准，还不如你们高呢！[12]

毛晚年一心追求"国际共运第三块里程碑"，而斯大林评毛："麦琪淋式的马克思主义者"。[13]麦琪淋，黄油代用品。基层小知更是对马列半生不熟。黄源（1906～2003）晚年承认："我们过去太不知道学习了。如我们在四明山（按：浙东根据地），实际上有时间，但从来没有认真弄通一本马列书、毛主席著作，即使读一点，也是浮光掠影，没有深入下去。"[14]1993年5月，赵紫阳："自己过去对马克思的理论学习了解很不够。"[15]

---

4 陈伯达：《最后口述回忆》，阳光环球出版香港有限公司2005年版，页88。
5 《王力反思录》，北星出版社（香港）2008年版，下册，页465。
6 周密：〈怀念爸爸〉。王蒙、袁鹰主编：《忆周扬》，内蒙古人民出版社1998年版，页581。
7 〈访国家安全部部长、原陈云同志秘书许永跃〉，载《百年潮》（北京）2006年第3期，页15。
8 李锐：《庐山会议实录》，春秋出版社（北京）、湖南教育出版社1989年版，页228。
9 《胡乔木传》编写组编：《胡乔木谈中共党史》，人民出版社（北京）1999年版，页240。
10 《王力反思录》，北星出版社（香港）2008年版，下册，页465。
11 李锐：《李锐近作——世纪之交留言》，中华国际出版集团有限公司（香港）2003年版，页125。
12 金城：《延安交际处回忆录》，中国青年出版社（北京）1986年版，页93。
13 《赫鲁晓夫回忆录》，张岱云等译，东方出版社（北京）1988年版，页659～660。
14 上海鲁迅纪念馆编：《黄源文集》第七卷，上海文艺出版社2009年版，页5。
15 宗凤鸣记述：《赵紫阳软禁中的谈话》，开放出版社（香港）2007年版，页99。

中共要角对马克思主义都如此不甚了了，却握持马克思主义要去改天换地，当然只能以其昏昏使人昭昭，盲人骑瞎马，夜半临深池。延安一代终身保持低水准知识层次，源头也当然来自中共高层。中共领导层由中小知识分子组成，对干部的文化层次自然只能限于“初中足矣”。

马克思主义就像它的起篇〈共产党宣言〉，很文学很浪漫的一种社会制度设计。马克思创说“剩余价值”，认为社会不公导致贫富不均、列强瓜分市场不均必然导致战争、阶级矛盾不可调和等，因此得实行适合社会化大生产的计划经济，与最先进生产关系相联系的工人阶级必将登上历史舞台，人类必将进入共产胜境。而资产阶级不愿失去自己的天堂，“暴力夺权”（暴力是革命的孕母）、“无产阶级专政”（惟此才能进入共产主义），乃必经之途。这就是毛泽东相中马克思主义的关键所在：造反有理！

像所有歪学邪说一样，马克思主义也“理所当然”地否定此前一切人文学说，以一切真理从我这里开始的姿态为自己撑台张目，以新自炫，躲避检验。事实上，一切新学新说（包括歪学邪说）都只能是历史的产儿，只能来自“旧说”。很简单，一则不能以旧说自证的新说，还能凭什么证明自己正确？难道可以自论自证么？

马克思主义据片面之见与浪漫设计，得出一系列自说自话的宏大结论，完全违背社会理想必须与人类天性相吻合这一人文原则，从秩序制订原则上违悖了“观俗立法”的古训，“社会意识”完全脱离“社会存在”的实际。从根子上，共产设计乃是建立在必须改造人类天性的基础上，变人性本私为“大公无私”，不是顺应人性而是改造人性，“两个彻底决裂”——同传统的所有制关系实行最彻底决裂、同传统观念实行最彻底决裂（《共产党宣言》），一开始就走歪了道，偌大红厦建在乌托邦沙滩上。

马克思主义纯属片面之说，只看到剩余价值的剥削性，没看到若无剩余价值，社会生产便失去最紧要的第一驱动力。剩余价值既包含对经营者的奖励，也是市场经济“看不见之手”一部分，起着调节社会资源、分配生产能力的调控作用。没一点剩余价值，没一点利润，谁来冒险投资？谁来吃吃力力组织生产、开拓市场？不允许剩余价值，失去利润，靠什么去推动生产？能白干白亏或越干越亏么？就是最先进的工人阶级，能够仅靠“觉悟”而无偿生产？靠“主义”而生活么？

马克思刻意夸大贫富差异的道德指数，无视资产阶级乃是社会现代化的主要实现力量——正是资产阶级的“主观为自己”，才生产出“客观为社会”的各式现代商品，大众才沾享现代文明平均值，包括住房、医疗保险等社会福利。要求人们精神世界纯而又纯，单极强调剩余价值的剥削性，无视其所连带的社会生产力，当然是偏学谬说。

马恩在揭批资本主义负面时，故意隐略其巨大正面效应。资本主义不仅初兴之时是一位勤快的小伙子，至今仍是人类现阶段最先进的经济制度。它分娩于社会实践，兼顾理想追求与现实可能，成功找到公私之间的历史平衡点，合理建筑于人性与价值规律之上，乃迄今为止最先进的经济制度。更重要的是：资本主义制度得到五百年实践不断试错，不断调整纠误，凝有相当历史理性。一种新型社会制度的形成绝非出于一二所谓“天才”，只能出自历代思想家的智慧迭加。至于新型制度的完善，则必须经历实践的不断试错，经验的价值弥足珍贵。

中俄各赤国实践证明：公有制无法解决最关键的利益驱动，强者与弱者同薪，形成弱者对强者的制度性剥削，等于鼓励懒惰，全社会因短板效应而失去水位增高的可能。资本主义利益化的“主观为己，客观为人”，远比道德化的社会主义高妙精细，社会理想与人类天性适度契合。

马列主义以理想立论，单轮偏走道德，避开现实，用似乎十分容易改变的意识形态去改造不可能突变的经济基础，将社会改造简单归结为意识形态的更替，将一切建筑于一厢情愿的“人人觉悟”，鄙视经验凝结的制度，不可能不闯祸。

1776 年，亚当・斯密剖析：生产者的自利意图比改善社会者的贡献更重大更切实，因为这种自利者最终必然增加社会财富总净值，而改善者只不过对社会已有财产进行调整。[16]

十八世纪末的柏克无缘得识马克思主义，却已直戳赤色学说通弊：

> 当我听说有任何新的政治体制在寻求并且炫耀自己设计的简捷性的时候，我就毫不怀疑可以断定设计者们对自己的行当是全然

---

16 《马恩全集》，人民出版社（北京）1957 年版，第二卷，页 170。

> 无知，或者根本就不懂得自己的责任。各种单纯的政府从根本上说都是有缺陷的，还不用把它们说得更糟糕了。假如您单从一种观点来考虑社会，那么所有这些单纯的政体方式都是无限迷人的。[17]

历史进程不可能人为规定，社会发展不可能主观预设，客观现实也不可能突变。人为重砌炉灶势必打破历史形成的相对平衡，造成无法预测的可怕后果。社会改造工程牵一发而动全身，必须在不破坏社会既有平衡的前提下，以渐进量变积成整体质变。惟此，方可避免变革过程的暴烈化，才不会让“变革代价”都压在一代人身上。马列赤说“两个彻底决裂”，倡导突变，成为百年最大灾源。马克思主义的危害超过纳粹主义。

赤色实践还证明：计划经济本身就是巨大的社会浪费。巨大人力投入完全不必要的“计划”，社会需求不可能也不必要计划，任何计划都不如“看不见之手”——市场调节，更精确更及时反映社会需求，也更有效调控生产。计划经济，纯属无事生非。

美国政治学者费里德曼：“其实，我们所有的人都应该是资产阶级。资产阶级是推动进步的动力，资产阶级带来更健康长寿的生命和更大的物质财富、享受和乐趣。”[18]老外说：“你们搞社会主义，把所有的人都变成无产阶级；我们搞资本主义，把所有的人都变成资产阶级。”[19]人们追求的当然是富裕而非贫穷，虽有“先富”“后富”，总比全都憋着挨穷熬贫要强吧？而且，有了源源不断的富裕者，社会才可能拥有一口源源不断的救助池。大家都是穷人，谁还有能力往救助池里注水呢？德谟克利特都认识到：“共同的贫困比每个人孤立地受穷更难堪，因为这样就什么救助的希望都没有了。”[20]国际共运要求全世界无产化，誉为“永葆革命本色”，真正可怕呀！还不如 2400 年前的古希腊人。

当然首在做大蛋糕，提高全社会的救助能力，穷人只能依靠整体富裕水准上升而获救助，至于脱贫致富当然也只能自立自强。至少两百年内，

17　（英）柏克（Edmund Burke）：《法国革命论》，何兆武等译，商务印书馆 2009 年版，页 81。

18　（美）费里德曼：〈敌人不是资产阶级〉，载《二十一世纪》（香港）1996 年 8 月号，页 142。

19　黄彦：〈历尽干般索根本〉。赵士林主编：《防“左”备忘录》，书海出版社（太原）1992 年版，页 66。

20　北大哲学系外哲史教研室编译：《古希腊罗马哲学》，三联书店（北京）1957 年版，页 124。

我们还无法消灭所有穷人或让所有穷人都富起来。共产主义只在道德一翼上做文章，高调谴责私有制，似乎深刻犀利，无比正义，实质剑走偏锋，单轮偏飞，无视人性之常与现实可能。共产主义片面强调均产，无视均产对生产效率的巨大杀伤。建设一个更好更优越的社会，最本质的要素还是提高社会生产力，提高普遍富裕水准，而非斤斤计较于既有蛋糕的切分。

柏克早就指出：

> 凡是企图使人平均的人，绝不会使人平等。在由各色公民所组成的一切社会里，某类公民必定是在最上层。因此，平均派只不过是改变和颠倒了事物的自然秩序而已；他们使社会的大厦不堪重负，因为他们把结构的坚固性所需要放在地上的东西置之于空中。[21]

柏克一眼就看穿了“平均”的乌托邦性质。封建特权固需铲除，但这是历史形成的自然特权，含有一系列不得不然的客观因素，乃是人类必须经历的历史阶段。而赤色革命形成的则是人为特权，其不合理性更甚于自然特权。虽然封建特权不甚合理，但它来自历史，不合理中含有相对合理，保持特定历史阶段的既有平衡。革命形成的人为特权则属纯粹搅局，远恶劣于封建特权，社会负效亦远远超过封建特权。

迭经赤色各国七八十年的共产实践，证明不可能在均产条件下有效递增社会总财富。“共产”、“平均”直接削弱生产力，普遍消极怠工，与马克思的设计值差距太大，不仅未能提高社会生产率，反而全线遏阻社会进步——经济上低效浪费、政治上暴烈专制、文化上极端偏激。在活生生的赤色实践面前，经历了穷困与暴政的煎熬，俄中东欧越柬等国不得不结束计划经济与公有制，不得不挥手告别“壮丽”的共产主义事业，拐入修正主义，对“革命”进行再革命，迎回“万恶的资本主义”。

赤潮首起西方，为何不落户西欧产地而远嫁东方沙俄？又不远万里来到中国？由落后贫穷的东方“实地试验”，为这则人类思想史上的最大谬说买单？西方何以脱此一难？成功将祸水引向东方？欧美成功防御“战

---

[21] （英）柏克：《法国革命论》，何兆武等译，商务印书馆 2009 年版，页 64～65。

无不胜的马列主义”，躲过这场人文灾难，乃是依靠其整体厚实的文化拦坝。如德国文化传统中有一种关怀——证明合法性，为证明您观点的正确性，必须提供其思想正当性的稳定基点。[22]在民主自由的原则下，既鼓励新思想的诞生，又保持对新思想的及时检验，对思想自由的这一深刻理解，乃是保证欧美近代文化不断发展的前提。

西方文明之所以为欧美带来巨大社会进步，乃是及时从历史中提炼经验，凝塑成坚固的人文理念。1776 年美国〈权利宣言〉、1789 法国〈人权宣言〉，乃西方迅速走强的人文地基，为精确码放价值序列提供了基准点。十八世纪西方思想家对历史对暴力革命的认识已相当深刻，柏克指出：

> 法国革命……以最荒谬和最荒唐的手段并以最为荒唐方式发生了，而且显然地是用了最为可鄙的办法。在这场轻率而又残暴的奇异的混乱中，一切事物似乎都脱离了自然，各式各样的罪行和各式各样的愚蠢都搅在了一起。
>
> 我体会到这场变革不是带来了改进，而是需要一段漫长的年代才能多少弥补这场哲学式革命的后果，才能使国家回到它原先的立足点上来。[23]

当柏克对法国大革命的判认不断得到西方史学界认同，得到最重要的历史检验，中共思想界却斥为“对法国大革命最无耻的诋毁”。

文化落后乃二十世纪中国走出历史大弯折的最大原因。五四士林缺少对人性的认识。在以伦理道德为价值中轴的传统文化中，对政治与道德的关注成为绝对支配力量，并反过来限制对个人权益的认识。文化的低弱使五四士林未能识破马列赤说的迷惑性。赤说悬无限美好于未来，因遥远而灿烂，挑激青年对现实的不满，托望变革。革命进程中，理想又因牺牲而圣洁，中共以烈士牺牲换取对赤说的同情。“高尚的牺牲”使大多数士人看不到危险的乌托邦阴影。既然文化无力拦滤赤说，只能实践而后知，支

22　（法）布林迪厄：《文化资本与社会炼金术》，上海人民出版社 1997 年版，页 41。

23　（英）柏克：《法国革命论》（1790），何兆武等译，商务印书馆（北京）2009 年版，译者序言，页 13、174。

付高昂的现实代价。文化一上台阶，昔日那么神圣的东西缩为不值一提的历史笑话，坚不可摧的“红色建筑”灰飞烟灭、随风飘去。

对各国赤色革命者而言，与其说马列主义征服了他们，还不如说这些造反者需要马列主义，需要马列学说的价值内核——“造反有理”，需要剩余价值、阶级斗争等“法理基础”，需要持用赤说鼓动穷人“合法”夺回“自己的财产”，动员工农参加革命。阶级斗争乃剩余价值的逻辑延伸，既然资产阶级压迫我们，我们为什么不可以压迫资产阶级？暴力论更是为革命的血腥披上“合法外衣”。各国“赤色造反者”之所以相中马列学说，秘密就在于造反者需要一面光灿灿的现代大旗，马列主义正好给他们送来了最最急需的理论武器，既能证明“造反有理”，又能证明暴力“合法”。毛泽东早年读《共产党宣言》、《社会主义史》，慧眼识珠，一下子就找到宝物：“我只取了它四个字：‘阶级斗争’。”[24]

一个空想一个暴力，给各国造反者送去两大“宝贝”；“空想”送去灿烂炫目的红色外衣，“暴力”送去合法的理论支撑。这就是各国革命者之所以齐刷刷选择马列主义的真正底牌。

毛泽东也为马列误导，想抢先进入共产主义，建不世之功，与赫鲁晓夫争抢国际共运老大交椅。奈何共产方向有误，不仅不能为人民造福，反而肇祸添灾。此时，毛泽东用火与剑强推“主义”，再用人民愚昧、干部右倾解释基层对“大跃进”的抵制。赵紫阳析毛：“实际上是因客观没有条件，而硬要去实行自己的理想抱负，而形成的悲剧。”[25]毛泽东率领中共夺权成功，使他获得推行共产的巨大资本，闯祸能力亦大，积谬成罪。

马克思主义是延安一代的祖坟，许多“两头真”终始对马克思主义恋恋不舍，尽管他们已坚决扬弃计划经济、剩余价值、暴力革命，但仍在抽象层面上肯定马克思主义，因为它“目的在于拯救无产阶级和其他劳苦大众”，十分幼稚地以动机取代效果。2013 年，中宣部将否定赤色革命判为“历史虚无主义”，有关部门派员上门向笔者“当面晓谕”。

马列主义不仅全面主导了 1950～70 年代的中国，将中国带上一条死胡同，还成为 1980 年代改革的巨大阻力。每推出一项改革措施，必得进行一

[24] 中共中央文献研究室编：《毛泽东文集》第二卷，人民出版社（北京）1993 年版，页 379。
[25] 《赵紫阳软禁中的谈话》，开放出版社（香港）2007 年版，页 124。

番“社会主义”包装，先得论证其“主义”属性，否则便无法出门。马克思主义仍是捆绑当今中国意识形态的最粗绳索，也是中国走向现代化必须挣脱的历史枷锁。

从学说类型上，强调阶级的马列与强调种族的纳粹一样，都是以剥夺一部分社会成员的尊严与权益而满足另一部分成员，都是不顾社会整体和谐，以彻底破坏既有社会平衡为自己的剧变方案张目。阶级偏见与种族偏见本质上都是一种偏见。阶级学说不仅否定上位价值的国家、民族，而且还否定最上位的人类人性，要求信徒罢黜百家，独尊“阶级”。马列打着为穷苦者翻身的旗号，具有道德迷惑性，故渐走渐强，肆行百余年。

贰、概念人

与第一代中共党人不同，延安一代普遍没有“寻找真理”的过程，一上来就是直接膜拜马列赤说。第一批同盟会员吴玉章（1878～1966），1925年转共，他“最初是从旧思想的忠君爱国到变法维新，又发展到资产阶级民主革命，三民主义，最后到了马列主义共产主义。”[26]第一代中共党人寻找救国方略，只是概念的比较，认定马列主义比三民主义优越，改造社会更彻底。延安一代则比大革命一代“幸福”，他们没有一个选择比较的过程，直接迎奉红学赤说，捧接马列概念。1987 年，81 岁的黄源：“拟潜心写回忆录，但满脑子都是概念，使其形象化，一如早年从感性升华为理性，同样困难。”[27]早年，他们十分困难地从感性爬升至理性，成为马列信徒；晚年又得从抽象概念退回具体形象，同样困难。

王明、博古等还在莫斯科中大学习，搬着马列书本上台演讲，讲到哪里，书翻到哪里。他们将这一作派带至江西、延安。1939 年，博古在重庆南方局作报告，抱了一大堆俄文厚版书上讲台。[28]1935 年 2 月，江西苏区已被国军束缩于狭小的仁风地区，战士问：“敌人到底有多少？我们能不

26　吴玉章：〈吴玉章略传〉，载《中共党史资料》第 11 辑，中共党史资料出版社 1984 年版，页 72。
27　上海鲁迅纪念馆编：《黄源文集》第六卷，上海文艺出版社 2009 年版，页 205～206。
28　李锐：《李锐近作——世纪之交留言》，中华国际出版集团有限公司（香港）2003 年版，页 112。

能赶走它？”赣南军区政治部鼓动员唐大炮嘲曰：“你这个脑袋，我看真该检查检查了。你要知道，不怕敌人千军万马，只怕自己脑袋有问题。”[29]

抢救运动中，邓力群与“抢救对象”范元甄私通。1945 年下半年，中央政治研究室开了一个月批判大会，杨尚昆做了组织结论，范元甄用毛笔工整抄了一份给丈夫李锐，以示对此事彻底认错。[30]杨尚昆（1907～1998）评点邓力群：“能力是有的，是搬弄教条、概念的能力，表现于整理材料，在概念中兜圈子。解决实际问题的能力还没见过。不踏实，脱离群众，浮在上面，谈空话的时候多，经常有些教条在内。”[31]结合邓力群 1980～90 年代的表现，杨尚昆的延安点评闪闪发光。1984 年，笔者听过时任中宣部长邓力群长达三小时的报告（录音），他下到内蒙牧区调研，回京后反对九年义务制教育，理由是牧民居住分散，不易集中办学，且牧民生活简单，文化需求不高，九年义务制教育没有意义，云云。当时就感觉以内蒙偏远之地否定人口稠密的内地之需，以偏概全嘛，思考能力如斯，怎能当好高层领导？后读到杨尚昆评语，才知此人早有此病！邓力群乃北大肄业生（入学二年），中共数得着的理论家，水准尚且如此，他人可想而知。“只有搬弄教条、概念的能力”，一语拎出延安一代的代际痼疾。

为人服务的“概念”成了迫人服务的“君主”，“手段”翻成“目的”，完全颠倒主次。这一延安特征，很早有人就感觉到了。夏志清评论丁玲：“对于生理、心理及社会实况的盲目无知，是共产主义作家的一个基本的弱点……由于对马克思主义过于简化的公式的信仰，使他们的头脑陷于抽象的概念，而对人类生存的具体存在现象，不能发生很大的兴趣。”[32]为了实现红色概念，延安一代普遍无视革命造成的悲惨现实。后人掷评：党性越强，人性越弱。

延安整风不仅摘走延安一代的五四“记忆储存”，而且彻底“纠正”他们判别是非的标准——阶级性大于人性。1947 年，刘少奇在晋察冀主持土改，支持农民挖地主浮财，没收工商业，搞人身消灭。斗争会一开便把

---

[29] 陈丕显：〈赣南三年游击战争〉，载《中共党史资料》第二辑，中央党校出版社（北京）1982 年版，页 12～13。

[30] 李锐：〈我的延安经历〉，载《争鸣》（香港）2010 年 11 月号，页 70。

[31] 李南央编：《父母昨日书》，时代国际出版有限公司（香港）2005 年版，上册，页 379。

[32] 夏志清：《中国现代小说史》，香港中文大学出版社 2001 年版，页 233。

地主打死，不打死也整得很厉害。如搭“坐蒋台”，让地主站上去，下边拆台，硬把地主摔下来。晋绥行政委员会主任、共产党员牛荫冠之父乃兴县首富，大地主兼工商业主，捐款万元抗日，边区参议会议员。土改时被斗，用绳牵鼻，命其子拉着遊街，牛荫冠不敢不从。晋察冀边区政府设立“王八蛋席”，边区政府委员大部分被列此席。[33]

1942 年，兴县绅士牛友兰、孙良臣因“实际表现”得入参议会，孙兼任行署建设处副处长。土改中，中共晋绥分局主要领导担任当地土改工作团长，孙良臣在斗争大会上被打死，牛友兰则强迫其子牵绳遊行，名曰“斗牛”。几个二流子还要揪斗牛荫冠，主持大会的两名副团长予以制止，抓捕了那两个二流子。事后，工作团长大骂两名副团长“立场动摇”、“镇压贫农”，勒令向二流子赔礼道歉。[34]

被赤潮迷惑的延安一代，不知自己盲人瞎马沦为“主义试验品”。他们毫不顾惜地拱翻传统文化，蔑弃旧日伦理，兴奋地将祖先贬得一钱不值，以为自己可以创造一切。他们既不明白传统是人类文化的结晶，更意识不到传统的重大资源价值，自以为高明绝顶地远离经验走向灾难。

他们绝大多数不知道孙中山说过：“用马克思的办法来解决中国的社会问题，是不可能的。”[35]孙中山坚持中国只有大贫小贫之别，无明显贫富差距。1924 年 8 月 10 日，孙中山在广州高师演讲：“中国人所谓的‘贫富不均’，不过在贫的阶级之中，分出大贫与小贫。其实中国的顶大资本家，和外国资本家比较，不过是一个小贫，其他的穷人都可说是大贫。中国的大资本家在世界上既然是不过一个贫人，可见中国人通通是贫，并没有大富，只有大贫小贫的分别。”[36]1980 年代，中共从求均转身号召求富，证明孙中山的先见之明。

延安一代普遍缺乏传统文化与人权意识，却装满一条条谬误逻辑，且只接受马列赤说，摒拒其他一切资讯，形成一颗颗“花岗岩脑袋”。二十

[33] 姚锦编著：《姚依林百夕谈》，中国商业出版社（北京）1998 年版，页 119。

[34] 龚子荣：〈1947 年晋绥的土改整党〉。欧阳淞、曲青山主编《红色往事》，济南出版社 2012 年版，第一册（上），页 449～450。

[35] 邹鲁：《回顾录》，岳麓书社（长沙）2000 年版，页 127。

[36] 孙中山：《三民主义・民生主义》。参见《孙中山全集》第 9 卷，中华书局（北京）1986 年版，页 381～382。

一世纪仍有魏巍这样的死硬信徒："只要我们的星球不会倒转，共产主义的太阳就不会下沉！"[37]

延安一代一生拜错佛走错道，认非为是，还以此为幸，无尚光荣，引为已实现自我彻底革命的重大标志。因为他们被教育"要看本质，不要只看现象"，被教导必须原谅内部丑恶，那是革命过程中的"必然"。深受强制却以为获得"自由"，完成真正的"思想革命"。延安名士陈企霞教训长子："我尤其不喜欢你谈到命运那几句话，没有命运，绝对没有，'命运'是自己掌握的，如果说你不能掌握，那只是在人和社会的关系中，人自己多少还很'盲目'罢了。"[38]赤色革命者就是如此"人定胜天"。

1951 年，十九岁北大女生乐黛云参加江西吉安地区土改工作队，主持四千余人大村的运动。一位七旬孤寡地主（一辈子在上海做裁缝攒钱买地）被枪决。乐黛云想不通，向其革命引路人程贤策（北大生，文革自杀）倾述苦闷。程开导她：我们不能仅凭道德标准，土改的依据是剥削量，剥削量够数，就该为被剥削者讨还血债，至于量多量少一点，那只是"偶然"，不可能改变事物的实质；有剥削就应该有惩罚，这是必然，认识到这一点，就不会有任何歉疚而得到心灵自由。乐说："这番话对我影响至深，后来凡遇到什么难于承受的负面现象，我都努力将其解释为'偶然'，听毛主席的话则是顺从'必然'。"[39]钢铁就是这样炼成的，"非"就是这样被铸造成"是"，概念就这样战胜了事实。

1962 年，杨振宁（1922～）在日内瓦见到来自大陆的父亲，父子多次争论，杨振宁质问数学家父亲："您现在所说的和您几十年以前所教我的不一样。"杨父："你怎么还没了解，我正是要告诉你，今天我们要否定许多我以前以为是对的而实际上是错的价值标准。"[40]这是十分"经典"的红色时代注脚，说明赤色思潮"认非为是"的巨力。在基础价值完全倒置的"大时代"，杨父这样的高知都"质变"了。

---

[37] 魏巍：〈写在汨罗江畔〉，载《中流》（北京）1990 年第 1 期（创刊号），页 11。
[38] 陈恭怀：《悲怆人生——陈企霞传》，作家出版社（北京）2008 年版，页 329。
[39] 乐黛云：《四院．沙滩．未名湖：60 年北大生涯》，北京大学出版社 2008 年版，页 207。
[40] 刘青峰：〈试论文革前中国知识分子道德勇气的沦丧〉，载《知识分子》（纽约）1990 年冬季号，页 42。

对待个人财产的态度上，也能清晰看出“概念”的力量。1968 年，吃尽苦头的龚澎不仅劝人要经得起文革委屈，还常说：“共产党员没有私人财产。”[41]1967 年 4 月 9 日，刘少奇对子女最后留言：“你们要记住，爸爸是个无产者，你们也一定要做个无产者。”[42]1970 年，黄华对斯诺说：“我们鄙视金钱和财产。我们要创造社会主义社会，创造新型的更高尚的人。”[43] 1998 年，曾志（中组部副部长）去世，遗嘱：“共产党员不应该有遗产，我的子女们不得分我的这些钱（按：几万元）。”[44]遵循“无产”原则，国人若真一个个全都高尚地保持“一无所有”，那么创造出来的财富又归谁享用？按照“财产罪恶论”，大家宁愿一无所有，那么是否还有必要创造财富？何必创造制造罪恶的财产？干脆消灭财富，不再制造财富，岂不一干二净，更革命更彻底?!其实，金钱乃社会管理结晶性产物，凝结着一系列“历史必然”，赤士如此鄙视金钱，等于愚蠢地放弃了前人积累的管理经验。不用金钱，难道可以仅仅用“阶级觉悟”来管理么？

“概念”之下，失去自我成为延安一代的价值自觉，明明人权被剥夺、尊严被侵犯，延安士林对革命理论仍一条条照单全收。1960 年何方下放安徽农村，他甘心接受专政。除定期汇报思想，凡事都向党小组长请示。一次，家里寄来一斤奶油糖块，已饿得浮肿的何方不敢吃，向小组长汇报，提出分给大家一起吃。那位女小组长说个人食品可以自己吃，不过要注意影响，“这令我如同得了赦一般，赶快收藏起来自己享用。我没敢饱餐一顿，而是有计画地每天晚上躺在被窝里取出一颗，放在嘴里让它慢慢消化，感觉简直胜过任何美味佳肴。”大饥荒时期外交部不准“私购食品”，部党组专门抓“应该如何正确对待困难的问题，要大家交代有没有私自购买食品等行为。何妻宋以敏胆小，坦白交代，仍挨批评。”[45]

延安一代思维方式、价值观念十分偏执，很难矫正。1980 年代初，港商想在深圳搞一块华侨墓地，以便叶落归根。香港新华分社社长、延安干

[41] 乔松都：《乔冠华与龚澎——我的父亲母亲》，中华书局（北京）2008 年版，页 353。
[42] 黄峥：《王光美访谈录》，中央文献出版社（北京）2006 年版，页 420。
[43] （美）伯纳德·托马斯（Bernard Thomas）：《冒险的岁月——爱德格·斯诺在中国》，吴乃华等译，世界知识出版社（北京）1999 年版，页 404。
[44] 曾志：《百战归来认此身——曾志回忆录》，人民文学出版社（北京）2011 年版，页 438。
[45] 何方：《从延安一路走来的反思》，明报出版社 2007 年版，上册，页 371～373；下册，页 389。

部王匡（1918～2003）反对："出卖国土，丧权辱国。"北京高层有人指斥深圳特区为"新租界"，"经济上天，红旗落地"。[46]2005 年，艺人张国立（1959～）竟指播放韩剧为汉奸行为："中国在历史上曾被入侵过，但文化上却从未被奴役过。如果我们的电视台、我们的媒体整天只知道播放韩剧，这跟汉奸有什么区别？"[47]赤色意识形态漫溢而出的荒谬逻辑，四处皆是，成为中国走向现代化必须一一打扫的"前朝瓦砾"。

辞世较早的延安人是一种很大的幸福，带着"为人民谋了大福利"的满足走人，保持"认非为是"的一致性。何其芳 1977 年去世前还认为王实味、萧军、丁玲等人的"暴露黑暗论"就是该批。[48]天假以年，何其芳如活到 1979 年大平反，那不是"天塌下来了！"1979 年 1 月，波尔布特的柬共暴政被推翻，新四军老人黄源惊呼："金边失陷了！"[49]

笔者阅读老延安传记，发现凡一开始就彻底运用阶级性进行思维，一点都不讲人性的（如范元甄），晚年无一人迷途知返；一开始多少保留一点人性的（如李锐，向地主母亲下跪），晚年才有可能获得反思起点。人性乃人类社会一切价值的初始基点，连这点人文根须都给刨了，反思缺乏最初的支撑点呵！

参、工农化方向

余英时："中国的政治传统中一向弥漫着一层反智的气氛；……'自古已然，于今为烈'。"中共的工农化不过是"反智"的当代变种。[50]

五四口号——"劳工神圣"，响亮一时。1918 年 11 月，蔡元培演讲《劳工神圣》："此后的世界全是劳工的世界！"[51]这一口号的身后是"一切权力归工农兵"、"穷棒子坐江山"。将藏污纳垢的民间底层美化成圣洁天堂，将群氓小民捧抬为天然伟大的领导阶级。那些没受过教育、啥啥

46 《许家屯香港回忆录》，香港联合报有限公司 2008 年版，上册，页 23。
47 龙应台：〈文化是什么？〉，载《中国青年报》（北京）2005 年 10 月 19 日。
48 《何其芳文集》第三卷，人民文学出版社（北京）1983 年版，页 57。
49 上海鲁迅纪念馆编：《黄源文集》第七卷，上海文艺出版社 2009 年版，页 233。
50 余英时：《文史传统与文化重建》，三联书店（北京）2004 年版，页 150。
51 许德珩：〈我的回忆〉，载《红旗飘飘》第 30 集，中国青年出版社（北京）1986 年版，页 63。

不懂的无知者，一夜之间魔术般从最卑微的底层被推至指点江山的“主人翁”，除了混乱蛮干，还能指望他们什么？怎么可能“最聪明最高贵”？他们不明白社会的复杂性，不可能理性安排犬牙交错的利益关系。对于财产，他们除了“心向往之”，根本就不知道如何使财产成为“经济增长点”。柏克早就揭橥——“笨蛋闯进了天使都不敢落脚的地方”：

> 一个理发匠或一个蜡烛商的职业，对任何人都不会是一桩荣誉——更不用说许多其它伺候人的雇工了。这类行业的人，不应当受到国家的压迫，但是如果允许像他们那样的人个别地或集体地来进行统治的话，国家可就要遭受压迫了。在这一点上，你们认为自己是在向偏见进行斗争，但是你们却是在向自然开战。
>
> 走到相反的极端，把一种低水平的教育、对事物的一种庸俗狭隘的眼光、一种污秽的雇佣职业，当作是一种值得博取的资格——这样的国家就有祸了。一切事情都应该开放，但却不是对每一个人都毫无区别。[52]

中共尚未成立，“劳工神圣”就已使第一代中共还没出门就错了方向。1920年5月1日，陈独秀与李汉俊出席上海船务栈房工界联合会成立大会，陈发表演说：“社会上各项人，只有做工的是台柱子……只有做工的人最有用最贵重。”[53]马克思的“资本主义末世学”将无产阶级打扮成救世主，说是只有这一阶级能够拯救人类于水火。雷蒙·阿隆：“在‘新信仰’所统治的地方，被崇拜的对象与其说是无产阶级，毋宁说是政党。”[54]捧抬无产阶级，自然意在政党自己——无产阶级先锋队呵！

“四·一二”后，中共受第三国际影响，认为大革命失败乃党内资产阶级成份过浓，党内知识分子集体消极，甚或叛变。中共“六大”从组织上全面推行阶级路线，从上至下着意提拔工农干部，赤区出现“打倒知识

52　（英）柏克：《法国革命论》，何兆武等译，商务印书馆（北京）2009年版，页59、65、66。

53　陈独秀：〈劳动者底觉悟——在上海船务栈房工界联合会演说〉（1920年5月1日），原载《新青年》（北京）第七卷第六号。参见《陈独秀文章选编》，三联书店（北京）1984年版，上册，页520。

54　（法）雷蒙·阿隆：《知识分子的鸦片》，吕一民、顾杭译，译林出版社（南京）2005年版，页68。

分子"的口号。[55]海陆丰赤区开会，工农干部尊坐前排，知识干部只能坐后排。[56]1930 年代初的湘鄂赣苏区，"让一个是文盲的雇农当省苏维埃政府的教育部长。那时学生出身的知识分子是吃不开的。但在湘鄂赣边区党的早期建设中，正是一批学生出身的小知识分子，最先接受党的影响，投身革命，不少人为实现党的纲领献出了生命。"[57]1931 年 4 月，张国焘到达鄂豫皖，不久报告中央："（鄂豫皖）长期执行了非布尔什维克的路线，党内充满了地主、富农、资产阶级知识分子、商人、高利贷者，特别是在领导干部中。"张国焘提拔的鄂豫皖省苏维埃主席兼黄梅县委书记，乃一女文盲；新集的苏维埃主席也是一个女文盲。[58]

1938 年 3 月〈中央关于大量发展党员的决议〉规定：工人雇农不要候补期；贫农、小手工业工人一个月；革命学生、革命知识分子、小职员、中农、国民党下级军官三个月。[59]1939 年 6 月〈总政治部关于大量吸收知识分子和培养新干部问题的训令〉，要求知识分子干部"向老干部、向工农干部学习，提出看不起工农分子就不是真正的革命者的口号。"[60]延安响彻这样的声音："老子不识字，还不是革命吗？"[61]不少工农干部不求上进，倚仗"意识形态"蛮横一时。抗大工农副队长黄克功求爱不成枪杀女生刘茜，辩称："刘氏狼心毒恶，玩弄革命军人"，"损功名誉，当时则气愤填胸，乃拔手枪予击之，一枪未击毙，故加一枪。"[62]

1939 年 12 月 6 日，中共军委发专文承认"排斥知识分子的倾向也更浓厚。"[63]新四军也歧视知识分子，青年王元化带团入皖南："他（按：项英）就是歧视知识分子，凡是戴眼镜的都受歧视、受嘲笑。在新四军里，

---

55 王元化：《清园近思录》，中国社会科学出版社（北京）1998 年版，页 211。

56 高华：《身分和差异》，香港亚太研究所 2004 年，页 6。

57 钟期光：〈坚持湘鄂赣革命根据地的斗争〉（回忆湘鄂赣边区史实之二），载《中共党史资料》第八辑，中共党史资料出版社（北京）1983 年版，页 199。

58 成仿吾：〈张国焘在鄂豫皖根据地的罪行〉，载《中共党史资料》第四辑，中共党史资料出版社（北京）1982 年版，页 157～158。

59 〈中央关于大量发展党员的决议〉（1938 年 3 月 15 日），中央档案馆编：《中共中央文件选集》第 11 册，中共中央党校出版社（北京）1991 年版，页 467。

60 中央档案馆编：《中共中央文件选集》第 12 册，中共中央党校出版社（北京）1991 年版，页 467。

61 《谢觉哉日记》，人民出版社（北京）1984 年 4 月第 1 版，上册，页 426。

62 朱鸿召：《延安日常生活中的历史（1937～1947）》，广西师范大学出版社（桂林）2007 年版，页 282。

63 〈军委关于军队吸收知识分子及教育工农干部的指示〉，中央档案馆编：《中共中央文件选集》第 12 册，中共中央党校出版社（北京）1991 年版，页 213。

把知识分子叫作‘新闻记’……造成工农与知识分子的对立。”[64]延安一代一屁股坐错位置，从一个歪斜起点，放射出去的当然是从一个错误走向另一个错误。工农化就是这样的“原罪型”误点，空耗虚掷延安一代一生。

中共利用抗战需要广泛动员民众这一点，推助民粹派思想迅速泛滥，因为工农化政治效应有二：一、有效动员无产者入伙，扩大队伍；二、打压红色小知，要他们不要自我感受太好，不要翘尾巴，低头听话。

延安贬斥知识分子有书本无实践，只会夸夸其谈，推重工农干部，轻视知识分子。萧军还未走到延安，就已写下反知之语：“只有下级的以自己力量生活的人才常是真正可爱的！一些软骨的知识分子是什么呢？只是不中用的巧得可厌的麻雀！和随处排粪的乌鸦！”[65]

整风后，知识分子工农化已占领延安舆论高地，成为延安士林必须认同的红色地基，浮出“知识带毒论”。谢觉哉：“一爬上士大夫阶级，必然反动，必然为旧统治的支持者。”[66]知识分子必须走与工农兵相结合之道路，毛泽东将此定为真假革命的惟一试金石，再三动员知青下乡。

延安文艺座谈会后，文艺工作成了只是对工农兵生活的“复写”。《边区群众报》社长周文、主编胡绩伟都以列宁关于文艺大众化为座右铭：“在几百万的人口里面，单单为着几百人乃至几千人而存在的艺术，是不必要的。”[67]陈企霞将作家称为帮助工农改文章的“理发员”，不过出点技巧而已。[68]工农群众出生活，领导干部出思想，文艺家出技巧，“三结合”创作方法已在延安小荷露尖。

“工农化道路”能通往哪儿呢？延安知青出现“仇知”与“自仇”趋向，放弃高雅，甘心“普及”。文化人向落后的无知者能学到什么？除了盲从愚忠，只能学点表面的粗鄙化。如延安知识女性不接受“太太”称谓，丁玲外号“陕北婆姨”。[69]赵超构评说延安女性：

---

64 柯达：〈王元化谈知识分子问题〉，载《世纪》（上海）2012 年第 4 期，页 9。

65 萧军：《从临汾到延安》，山西人民出版社 1983 年版，页 188。

66 《谢觉哉日记》，人民出版社（北京）1984 年版，上册，页 457。

67 胡绩伟：《青春岁月——胡绩伟自述》，河南人民出版社 1999 年版，页 179。

68 陈企霞：〈“理发员”和他的工作〉，载《解放日报》（延安）1942 年 10 月 8 日。

69 伍文：《延安内幕》（即《延安一月》），四海出版社（重庆）1946 年版，页 62～63。

> 条条路都通到一个叫做“群众”的粗糙的地方去。在这条路上休想保持你个人的喜怒爱憎，连涂脂抹粉都是犯批评的事情。英美的女性就是穿上了军装也是忘不了涂一下胭脂，延安人似乎还迷信着爱美与工作的不相容的。从家庭获得解放，在群众中又失却了女人之所以为女人的个性，是幸福还是苦痛？[70]

抢救运动中，目不识丁的蟠龙区长张仲民在批斗大会上，扯嗓叫骂女干部谭丁：

> 谭丁，你这个臭婊子养的反革命、狗日的特务，混进我们边区来破坏革命，替蒋介石老儿卖命，他是你的干老子还是野男人？看你骚里骚情的屌样儿，就不是好驴日下的……

南方女生谭丁，无法忍受如此污辱，精神崩溃，回窑洞上吊自杀。[71]赵超构评曰：“雍容揖让的绅士礼仪在这里失却效用了。”[72]

工农化效果不错，彻底改造了延安知青，他们很快就完成了自我矮化。成为许多延安人终身引傲的“革命观念”。但无知化的后果迅速绽露。1946 年 1 月 9 日谢觉哉日记：“政权工作尤其财经工作，因为无知，吃的亏很不少。还不在无知，在无知而自以为知。”[73]反右后，连爱因斯坦的话都不能引用了。[74]中共史家胡绳承认：“（反右以后）知识分子实际上一般地被列入第二个剥削阶级的范围。”[75]

文艺方面，抗战时期吴祖光在重庆的话剧《风雪夜归人》、秦瘦鸥在上海“孤岛”的长篇小说《秋海棠》，甚受欢迎，周恩来看了七遍《风雪

---

[70] 赵超构：《延安一月》，上海书店 1992 年版，页 169。
[71] 高浦棠、曾鹿平：《延安抢救运动始末》，时代国际出版有限公司（香港）2008 年版，页 280～281。
[72] 赵超构：《延安一月》，上海书店 1992 年版，页 49。
[73] 《谢觉哉日记》，人民出版社（北京）1984 年版，下册，页 890。
[74] 张轶东：《从列宁格勒大学生到新肇监狱》，劳改基金会黑色文库编辑部（华盛顿）2007 年版，页 135。
[75] 胡绳主编：《中国共产党的七十年》，中共党史出版社（北京）1991 年版，页 360。

夜归人》。但因不吻合“工农兵方向”，1984 年还有权威在会议上批评：抗战时期居然有人写戏子与姨太太谈恋爱的故事。[76]

1950 年代以后，红色士林的思想越来越扁平狭窄，越来越幼稚偏执。随着工农化调门越唱越高，对知识分子越来越轻视。何方：

> 从中央到省市，领导和直接指挥“大跃进”的基本上都是工农老干部（即使知识分子出身，也早已工农化了）。整个知识分子阶层在大跃进中好像贡献甚微，无所作为，几乎完全边缘化了。有些活跃的人，也只是跟着制造假新闻、伪科学或整理工农写的诗歌。社会上开始盛行读书无用论。卑贱者最聪明、外行领导内行、书读得愈多愈蠢、知识愈多愈反动等理论先后出台。[77]

反右后，知识分子集体被黜。1957 年 7 月 9 日，毛泽东公然放言：“我历来讲，知识分子是最无知识的。”[78]1959 年反右倾，党内士林也瘪腔，延安一代基本靠边站，工农干部“全面登上历史舞台”。延安士林整体吃瘪，等于撤去最后的理性滤层，毛泽东的疯左政策通行无碍，失去局部微调与基层阻抗的可能。1965 年，毛泽东又得意地说：“知识分子其实是最没有知识的，现在他们认输了。教授不如学生，学生不如农民。”[79]

对知识分子的蔑视与否定，等于对知识的否定，社会价值指向发生根本性逆转。教师从最吃香的职业变成最被嫌弃的职业。民初，周扬、张资平等人生目标是小学教师。1961 年受衔少将的王晓，1930 年代在山西定襄任乡村小学教员，社会地位很高，月薪八块银圆，绝对高薪。[80]到了文革，一位公社书记拍拍某教师肩膀：好好干，我提拔你当售货员！更深层次的摧毁是：只能由知识分子理解并提出的“尊敬知识”，知识分子为避嫌而沉默，全社会价值倒置，反向而行，走向无知化。

---

76 《吴祖光自述》，大象出版社（郑州）2004 年版，页 137、129。

77 何方：《从延安一路走来的反思》，明报出版社（香港）2007 年版，上册，页 369。

78 《毛泽东选集》第五卷，人民出版社（北京）1977 年版，页 452。

79 牧惠：《知识无罪》，天地图书有限公司（香港）2001 年版，页 78。

80 黄传会：《天下婚姻》，文汇出版社（上海）2004 年版，页 97～98。

有了延安确立的工农化方向，便有了1960年代中山大学“陈寅恪有什么了不起！”大饥荒年代，中山大学师生每月定粮14公斤、食油0.25公斤，每日半两肉。校管理层讨论是否要给陈寅恪特殊补助食品（每日特供陈夫妇肉类六两），会议开得紧张激烈，一位干部拍了桌子：“陈寅恪有什么了不起？他能生产一亿斤粮食出来，给他什么都可以。”[81]跟这样的工农干部，能讨论文化的意义与大师的价值吗？相比之下，国民党上饶集中营成立文化组，专门优待有文化的新四军囚犯，免除劳动与上课。[82]

仇视富者仇视文化总能引起穷者无知者的无比快感。十月革命一爆发，有工人向高尔基抱怨：“文明程度稍稍高一点的工人在愚昧的群众中的处境变得非常糟糕，好像他成了自己人中的异己分子。”革命人民甚至将技工也视为资产者——“在工厂里，干粗活的工人对技术专业工人们的充满恶意的斗争正在逐渐开始；干粗活的工人们开始断言，钳工、车工、铸工等等都是‘资产者’。”[83]无知者对知识者的仇恨变得“合理化”。

1922年9月安源煤矿大罢工，工人得势后，每天只干半天活，资方承受不了，找到组织罢工的刘少奇、李立三。李立三在路口拦截工人，不许他们早退，工人根本不听，大骂他是资本家走狗，还动手打他，李立三大哭而去。刘少奇为此苦恼良久，专门请教来访的美共领导人，对方也不知如何是好。[84]“工农最高贵最优秀”的理论与现实中的工农实况隔如天壤。划右后的萧乾（1910～1999）：“我那时连胡同口卖白薯的都羡慕，求之不得同他调换一下位置。”[85]天津资本家则流谚：“千金难买换阶级”。[86]

可工农能有什么“阶级优势”？他们除了天然渴望脱贫与夺取有产者的财产，还能有什么？无产者多无知，文化贫瘠的工农也不可能产生“无产者最高贵”的“先进思想”。1970年代末，中国百姓看了影片《祝福》，认为祥林嫂就是命苦，前世命定，上辈造孽；看了《大闹天宫》，“就

81 陆键东：《陈寅恪的最后二十年》，三联书店（北京）1995年版，页297～298。

82 叶苓：〈冯雪峰在上饶集中营〉，原载《新文学史料》（北京）1983 年第四期。参见包子衍、袁绍发编《回忆雪峰》，中国文史出版社（北京）1986年版，页138。

83 （俄）高尔基：《不合时宜的思想》，余一中、董晓译，作家出版社（北京）1998年版，页43、42。

84 转引自吴思：〈我的极左经历〉，载《炎黄春秋》（北京）2007年第7期，页53。

85 萧乾：〈读丁东的《和友人对话》——兼小议知识分子问题〉。载丁东：《精神的流浪——丁东自述》，秀威资讯科技股份有限公司（台北）2008年版，页326。

86 许涤新：〈对南方局统战工作的回忆与体会〉，载《四川党史研究资料》1983年第1期，页22。

是有神嘛！还硬说没有。”[87]就这点理解能力，就这点文化水准，哪里看得出《祝福》反夫权反迷信的启蒙思想？《大闹天宫》反封建反神权的民主意识？从阿Q到陈奂生，中国农民能有多少实质性的精神变化？

片面强调工农的单纯与苦难，无视他们的弱点，必然带来行动上的大歪大斜，使社会严重偏航。文革学大寨，实际上全国农民“一个干，十个看，一百个在算”，农民精明着呢，绝大多数农民怎能脱离自身利益而去“解放全人类”？他们也无法理解为什么要“解放全人类”？

就是从道德角度，指斥知识分子不如工农，也是一种毫无根据的主观臆断。道德是知识的伴随物，离知识者近而距无知者远。尽管知识分子中存在败类，但因此得出知识分子整体道德不如工农，那么只消上监狱、戒毒所去转一圈，便可知道文化程度与犯罪之间的比例关系——罪犯绝大多数初中以下。浙江南浔法官贾建平：青少年罪犯多为贫家子弟。[88]

土改时，一些贫下中农将地富妇女作为“胜利果实”分配，不准妇女嫁出村，寡妇一定得嫁给贫雇农光棍。[89]文革造反组织中不乏出身赤红的地痞。湘南道县大屠杀，一些地方公然开地主婆的“大锅饭”（轮奸）。田广洞大队 12 位贫下中农（贫协主席、赌徒、惯偷、贪污犯、二流子）杀了一位国民党后代，因为要开其漂亮妻子的“大锅饭”；他们叫嚷：“杀都杀得，哪里还有搞不得的道理？”[90]

很反讽，绝大多数中共高官在婚恋上均未坚持工农道路，都不肯找工农妇女，娶的都是“资产小姐”，都喜欢城市女生。文革期间，叶剑英女儿叶楚梅与王光美女儿刘平平同蹲一牢，叶女对王女说：“那时（按：北平军调部时期）我爸爸很喜欢你妈妈，想娶她，当我的后妈。但你妈妈是洋学生，看不上我爸爸，嫌他土。”[91]文革期间，兰州一女右派迫于生计，只能找男人“傍活”，经人介绍找到黄河滩一“阴阳人”农民，说明不能尽夫妇之道，她觉得“正合吾意”——既解决生计，又不至于出卖肉体。

---

[87] 丁玲：〈作家是政治化了的人〉，载《丁玲文集》，湖南人民出版社 1984 年版，第六卷，页 231。

[88] 张颖、郝亮：〈法官妈妈贾建平〉，央视 12 套法治频道“中国法治报导”，2006 年 7 月 12 日 12 时。

[89] 黄传会：《天下婚姻》，文汇出版社（上海）2004 年版，页 40。

[90] 章成：〈湖南道县农村大屠杀〉，原载《开放》（香港）2001 年第 7、8、9、12 期。参见宋永毅主编《文革大屠杀》，开放杂志社（香港）2002 年版，页 170～171。

[91] 黄峥：《王光美访谈录》，中央文献出版社（北京）2006 年版，页 16。

可这位知识女性当晚就逃回来了，只在那家待了一会儿，便绝对没有勇气与那人共同生活两小时！[92]

人的思想品质又怎么可能由阶级出身决定？如果说阶级出身与思想品质有必然连系，倒应是资产子女的优秀率更高。古训："仓廪实而知礼节"。瓮牖绳枢之子，不识之无之人，怎么可能天然优于读书识字者？亲共英人林迈可记述："在日本人没有到过的地方发展抗日队伍比较困难，然而凡是日军到过的地方，当地老百姓都坚决支持抗日部队。"[93]不犯自身不抗日，农民兄弟的觉悟实在不高呵，而至少十数万知青是主动进入各中共根据地。内心深处，虔诚的延安知青并不真正认为工农比自己先进。长期主编延安通俗报刊《边区群众报》的胡绩伟抱怨：

> 农民中虽有很多革命分子，有舍己救人的人，有一心为公的人，有真诚坦率的人……但总的说来，一般农民是私心较重的，思想是相当保守的，心胸比较狭窄的，眼光比较短浅。这恰恰是"脏"、是"不干净"。对知识分子，一般的说也是自私自利，患得患失，但因为他们有知识，思想不那么保守，眼光比较看得远，因而易于倾向革命，这也是客观事实。拿这点来说，知识分子"不干净"、农民"最干净"也是站不住脚的。[94]

白介夫先生乃 1947 年东北长白县委宣传部长，写有〈长白山地区土改运动日记〉，内载：

> 农民们是自私的，一进院子先找自己分得的东西，总愿意把自己的先搬上车去，一个破钉子也愿意浑水摸鱼拿去才称心，有好几次把应留的东西搬出来，搬上大车，以后又给抬下来……可以看到贫苦农民的忠厚与自私、保守与贪婪。[95]

---

[92] 周素子：《右派情踪》，田园书屋（香港）2008 年版，页 97。
[93] （英）林迈可：《八路军抗日根据地见闻录》，国际文化出版公司（北京）1987 年版，页 9。
[94] 《青春岁月——胡绩伟自述》，河南人民出版社 1999 年版，页 218～219。
[95] 白若莉：〈长白山地区土改运动纪实——白介夫日记摘录〉，载《炎黄春秋》2008 年第 1 期，页 61。

1947 年，黑龙江依安县郊区起一位地主浮财（挖出三大缸银圆、300 多根金条），延安女大生邓寿雨任区委书记兼区长：“那天晚上非常紧张，为避免老百姓一哄而上，把钱财抢了，邓寿雨把县大队调来负责安全。取出钱财后立即让县银行接收。”居然怕阶级觉悟自来高的贫下中农哄抢?!

1949 年底海南赤区发生“特务案”，24 名红色青年男女被冤杀，错捕 95 人，牵连 216 人。被疑起点是“特务头子”林云进入琼崖赤区不久的一则建议：“队伍中不要说粗话脏话，要组织学文化学理论，要搞读书运动，以提高全体队伍的文化理论素质。”领导认为此人“看不起革命队伍、骄傲自大、打击领导。”枪毙前，林云饱受肉体折磨。1953 年春，海南一号红色人物冯白驹宣布平反，长篇检讨，冤魂成为“光荣烈士”。[96]

工人阶级先进性乃中共“做”出来的。中共自称“无产阶级先锋队”，无产阶级又非工人阶级（绝对无产）莫属，如此这般，工人阶级就必须是“最先进的阶级”。偏偏工人阶级不争气，1950 年代新华社《内参》：

> （抚顺）有的工人强制自己妻子卖淫，从中取利；有的工人换奸妻子；尤其严重的是，有的共产党员甚至无耻到集体性交。(《内部参考》1955 年 12 月 22 日，页 222）
>
> （上海总工会副主席钟民的报告）工人创造的财富几乎都被工人分掉了。奖励办法又是平均分配，实际上没有起到刺激生产的作用。……工人奖金拿得多，福利过分的提高，一部分工人的生活已和整个国家人民生活水准不相适应。工会在太湖边上建设的疗养所，农民进去看了，说工人老大哥用的地毯比他们盖的被子还要好，太舒服了。上海小菜场主要的雇主都是工人。大沪制铁厂的工人一天要吃四五瓶啤酒，肉松、肉饼随地倒，每月每人水果费达十万元；穿的衣服最起码是卡其布、华达呢，差不多每个工人都有西装。在一般人民群众中的影响很不好。过高的生活已引起了工人在政治上的堕落。大隆机器厂工人不愿听人讲共产主义，认为共产主义社会不如他们的生活。茂兴制铁厂的工人公开反对政府。大沪制

[96] 燕凌、童式一、穆广仁、宋琤编著：《红岩儿女・一生都在波涛中》，真相出版社（香港）2012 年 8 月初版，下册，页 637～643。

> 铁厂50%以上的工人嫖赌。许多跳舞厅的顾客主要是工人而不是资本家了。工人赌博的各样都有……输赢很大，有的以脚踏车、金戒子相抵，他们不分场合到处聚赌，在车间里掷骰子、叫了汽车出外去赌……嫖妓女、讨小老婆的风气很盛。大沪制铁厂至少有九个工人有小老婆，有十三个工人生梅毒病，厂中每月为梅毒病要花费四百万元医药费。有些厂的工人贪图个人奖金、福利和资本家结成统一战线欺骗政府。(《内部参考》1953年4月25日，页513～514)

"解放"了，已经在"共产党正确领导下"的工人阶级尚且如此，"旧社会"的工人老大哥难道会更好吗？再录几条"领导阶级"的段子。杨绛《干校六记》关于贫下中农的"觉悟"：

> 我们奉为老师的贫下中农，对干校学员却很见外。我们种的白薯，好几垄一夜间全被偷光。我们种的菜，每到长足就被偷掉。他们说："你们天天买菜吃，还自己种菜！"我们种的树苗，被他们拔去，又在集市上出售。我们收割黄豆的时候，他们不等我们收完就来抢收，还骂："你们吃商品粮的！"……（我们）用麻绳细细致致地编成一个很漂亮的门帘；我们非常得意，挂厕所门口，觉得这厕所也不同寻常。谁料第二天清早跑到菜地一看，门帘不知去向，积的粪肥也给过路人打扫一空。从此，我和阿香只好互充门帘。[97]

从维熙《走向混沌》有关贫下中农的记载：

> 鲁谷公社距离北京市区仅仅十公里路……正逢苏联芭蕾舞团来中国演出，因鲁谷公社曾命名为中苏友好公社，芭蕾舞团来公社演出《天鹅湖》中的片段……结果简直若同发生了地震，几个和我们一起干活的妇女社员，对我们说："真怪！跳光屁股舞也不害臊！""不知那些大妞儿，是不是爹妈养的！"……一天，在村头干整菜地畦埂的活儿，几个男社员穷极无聊时，把一个徐娘半老的女社员

[97] 杨绛：《干校六记》，中国社会科学出版社（北京）1992年版，页30、36。

> 按倒在地，扒下她的裤子（他们俗称“开瓜”），把一根猪尾巴硬是塞进她的腿缝之间。他们笑着、闹着……我们只好尴尬地扭过了头。一会儿封建得像“九斤老太”，一会儿又荒唐到无以复加。[98]

国际共运利用工农化进行政治动员，并非真正全心全意尊重工农。延安一代早有清醒者：“各国共产党理论上是相信人民创造历史的，但实际上共产党对领导人、高级领导的依赖思想超过以往任何朝代，这是非常矛盾的。”[99]中共捧抬工农化最直接的政治目的还不是打压知识分子，而是动员“广大无产阶级”加入。中共高干并不真正认同工农高于自己。1945年11月7日谢觉哉日记：“大众是聪明的，也是愚笨的。”[100]

“革命母豹”范元甄的“走工农道路”纯属心口不一。1968年初，李南央进厂工作，起初也看不起“柴米油盐”，但很快体会到此为工人必须的平凡生活。一日，家中电视机坏了，她找到北京唯一修理铺，师傅答应下班后上门维修。师傅守时进门，李南央为其雷锋精神感动，端茶倒水热情招待，修理时陪着聊聊天。师傅一走，范元甄与次女对李南央一顿奚落：“真没想到你刚进厂几天就变得如此庸俗不堪，让人作呕。”“你用得着这么端茶倒水的吗？我都替你脸红。”[101]

工农化最终形成庞大的工农干部队伍，中共11届中委一大批劳模，省级以下工农干部比重更大。李锐进入中组部后，发现干部队伍呈“倒金字塔”：文化低的在上面，文化高在下面。1983年全国2200万干部，大学程度21%，高中42%，初中以下37%。国家机关及企事业单位81万领导人中，大学只占6%，高中22%，初中以下72%。县委一级，大学程度只占5%。[102]文化低的当领导，文化高的当职员，老粗管老细。工农干部只懂“革命”，一谈建设便斥为偏离革命大方向，不屑一顾，他们根本不懂建设，只能“政治高于经济”、“革命压倒建设”。无知者管理社会，

---

98 丛维熙：《走向混沌》，花城出版社（广州）2007年版，页34。
99 王启星：〈王飞、李慎之与毛泽东秘书谈民主〉，载《炎黄春秋》（北京）2010年第8期，页28。
100 《谢觉哉日记》，人民出版社（北京）1984年版，下册，页860。
101 李南央编：《父母昨日书》，时代国际出版有限公司（香港）2005年版，上册，页280。
102 李锐：《李锐论说文选》，中国社会科学出版社（北京）1998年版，页601、553。

只能按其低下的理解能力设计社会秩序、制订价值标准。也因为无知，面对种种现实问题想不出更多办法，只能搬用教条，只能奉行教条主义。

1985 年底，4200 余万中共党员，“全国党员的文化程度，大学、中专和高中合计仅占党员总数的五分之一；初中、小学和文盲合计接近党员总数的五分之四！必须说明，这还是在中共中央的督促下，各单位近年狠抓了发展优秀知识分子入党的工作之后的统计数字。”[103]

1980 年代初，鱼米之乡的杭嘉湖平原嘉兴，一位乡村教师呼吁上级给小学配备“三个一”——一本字典、一个闹钟、一份报纸。省级医卫界“领导大多也还是不太懂业务”（浙江省政协委员语）。中直机关大量初中生，甚至小学生。1978 年大陆人口九亿，高校 598 所，在校生 85 万，年招生不到 30 万。

与工农兵结合、与时代结合，虚空之言，无解之题，如何才算结合？如何达标？有具体参照系数么？与工农兵结合，除了自甘混同于普通老百姓，岂有它哉？历史证明，作家、艺术家根本不用走也不能走这条路，谁走谁虚掷生命。延安一代那么真诚沿着“讲话精神”，怎么没见走出一位像模像样的文学大家、艺术大家？柳青是真正结合了，长期蹲点农村，写出叫好一时的《创业史》，可随着集体化、公社化道路被否定，《创业史》还能持续发光么？至于将“与工农兵结合”规定为惟一正确道路，恰恰证明犯了绝对化错误——艺术之路岂能惟一？至于提高马列修养，也是个永远缠不清的命题，像周扬这样的都没提高，还有几位能提高？

1970 年代，笔者上山下乡于大兴安岭，深为家庭出身苦恼，为如何实现“工农化”煎心。但看看那些既无知又无行的老林工（均为东北入山农民），实在不知该向他们学些什么？1978 年考入大学，想当诗人，受通俗化诗论影响，觉得写诗应该让农民读懂，但又觉得朦胧诗有诗味，然而农民怎么可能读懂朦胧诗？真是徒增烦恼又走了最低级的弯路。

“工农化”还直接影响笔者一本专著出版。2001 年，拙著《中国知识分子的选择与探索》申请上海财经大学（供职单位）资助出版，复旦大学某教授匿名审读，不同意出版，认为拙著否定知识分子工农化，犯了方向

[103] 章蕴：〈全面提高党员素质是党风根本好转的坚实基础〉，原载《红旗》1986 年第 10 期，页 7。

路线性错误。不久，河南人民出版社接纳拙著，还给稿费，列为“国家‘十五’重点出版规划项目”，拙著才未被掐死在摇篮里。

工农化只是中共对工农政治动员以及驯服知识分子的“工具”，借用“听话”工农打压天性难驯的知识分子，当然不可能真正施惠工农。反智运动只为工农捎去“政治荣誉”，不可能实质性提高工农生活水准。工农化不仅长期折腾知识分子，也一并折腾工农自己，工农至今仍是社会弱势群体，仍需知识分子去代言去拯救。压制个人自由、否认个体价值，工农也一并交出了自己的权益基础。当然，中共早已不敢再提工农化，如果知识分子与工农“第二次结合”，这回可是危及“维稳”了！

如今，无产阶级历史性在缩小。全球贫民当然不愿“永葆无产阶级本色”，一辈子熬守“无产”，而是一个个削尖脑袋挤入资产阶级行列。2012年，南京总工会调查，国企及国有控股企业员工敬业度最低，民企、外企及合资企业员工的敬业度均高于国企。“解放”63年了，最先进的领导阶级怎么“阶级觉悟”还那么低？[104]

肆、暴力文化

《共产党宣言》明确宣示：“共产党人不屑于隐瞒自己的观点和意图。他们公开宣布：他们的目的只有用暴力推翻全部现存的社会制度才能达到。让统治阶级在共产主义革命面前发抖吧。”[105]马恩为暴力革命提供赫赫论据：旧世界绝不会自动退出历史舞台，阶级敌人总想继续霸占天堂，只能依靠暴力革命去调整社会秩序、更改分配制度、推行新型观念。“革命圣经”如此撑挺暴力革命，更何况革命者认定遵循马列之轨，就是通往铺满金子的人间天国。列宁说共产主义在全世界取得胜利后将用黄金建厕。[106]红色暴力裹上“历史正义”的神圣外衣。

---

[104] 王聪聪：〈国企员工为何敬业度最低〉，载《中国青年报》（北京）2012年10月18日。

[105] 马克思、恩格斯：《共产党宣言》，人民出版社（北京）1964年版，页58。

[106] 列宁：〈论黄金在目前和在社会主义完全胜利后的作用〉，原载《真理报》（莫斯科）1921年11月6～7日。参见《列宁选集》第四卷，人民出版社（北京）1972年版，页578。

马克思之前，现代社会主义第一人圣西门（Saint · Simon, 1760～1825）就豁露暴力倾向：对那些不服从他提议的人，要“像牲畜一样来对待”。[107]法国大革命时期，马拉（Jean-Paul Marat，1743～1793）要求严厉制裁“叛国者”，死刑太温和，“用烙铁烙他们！斩断他们的拇指！割下他们的舌头！”在“正义与自由”的旗帜下，野蛮与残暴公然行走。认识与纠肃这一披着革命外衣的旧货，全球思想界至今“同志仍须努力”，因为暴力总会被各式革命者用一千种理由论证为“充分必要”。

暴力当然只能孵生于暴力文化，思维左倾、逻辑歪斜乃社会行为日渐偏激极端的起点。陈独秀：“必不容反对者有讨论之余地，必以吾辈所主张者为绝对之是，而不容他人之匡正也。”[108]革命新兴，陈独秀辈革命者不知尚未接受实践检验的“新”通常还不如“旧”，他们将新制度想像成无限美好极其灿烂，将走向天堂的革命看得太当然，根本没有审慎这根弦。他们一方面彻底否定现状，一方面对未来极度乐观，认定革命会带来所要的一切，“理所当然”地不接受任何质疑，故意忽略反面论据。如此绝然自信，势必衍化出社会行为的种种偏激。

暴力文化是毛泽东成为红色大帝必不可少的社会土壤。1934 年 2 月瞿秋白在闽被捕，对国民党说：毛泽东野心甚大，应予注意。[109]据苏联解密档案，1947 年 11 月 30 日，毛泽东致电斯大林：“在中国革命取得彻底胜利的时期，要像苏联和南斯拉夫那样，所有政党，除中共之外，都应该离开政治舞台，这样做会大大巩固中国革命。”[110]进城后，毛泽东还真再演秦皇故事——“废先王之道，焚百家之言，以愚黔首。”（《过秦论》）

1922～23 年，陈望道、李汉俊、李达吃不消陈独秀的家长制，一一退党。[111]这些人的退席，对中共影响甚大，意味着理性力量在中共的退隐。初创期中共，虽然呼自由喊民主，但无一人真正认识民主。既不熟悉民主

---

107 （英）哈耶克：《通往奴役之路》，王明毅等译，中国社会科学出版社（北京）1997 年版，页 29。

108 陈独秀：〈再答胡适之〉1917 年 5 月 1 日。参见《独秀文存》，安徽人民出版社 1987 年版，页 689。

109 田思诚：《毛泽东与红祸》，转引自王健民：《中国共产党史稿》（增订本），中文图书供应社（香港）1974～75 年，第三编 · 延安时期（上），页 120。

110 〈毛泽东 1947 年 11 月 30 日给斯大林的电报全文〉，载《中共党史研究》（北京）2002 年第 1 期。转引自郭道晖〈从我的经历看反右〉，载《炎黄春秋》（北京）2009 年第 5 期，页 54。

111 王来棣：〈关于“走俄国人的路”的思考〉，王来棣采编《中共创始人访谈录》，明镜出版社（香港）2008 年版，页 300。

操作，不耐烦繁复程式，更不理解民主的长效价值与多元制衡效益，意识不到民主因多元才具备纠错功效。稍有争论，陈独秀辄拍桌子摔板凳，李达、陈望道只能“独善其身”。撕破脸皮争吵，不值得也不习惯，还是回归“传统”，简单点，大家闭口。“听司令的”，很自然的“必然”。1928年莫斯科中共“六大”，陈独秀秘书王若飞发言，同意陈独秀的资产阶级民主革命已经完成的观点，不同意对陈独秀的处理。王若飞被制止发言、拖下讲台、落选中委，接着留苏学习，最后作了检查。[112]

事实上，暴力已成为中共占主导地位的思维方式。1938 年，徐特立（1877～1968）经常上长沙《抗战日报》办公室，“讨论共产党在江西的初期进展，他描述共产党如何处决被俘的国民党师长张辉瓒将军时，眉飞色舞，脸上浮现满意的微笑。”此时尚为基层干部的廖沫沙（1907～1991），与室友“在政治议题上，他有时非常顽固好斗。”[113]

马列主义、封建传统乃是形成中共暴力论的两大来源。从严重性上，马列主义要大于封建传统。一则封建传统本已存在，不可能消除；二则封建传统带着不得不然的历史理性，乃复杂经验综合之物；三则像中国这样的大国，任何变革不可能挣脱传统影响。马列主义以最新最美图纸自居，修改现实、决定未来。不幸这柄乌托邦洋斧本身就有重大缺陷，且与中国传统文化中的“大同”、专制有所迭合，如此这般，中国被砍歪劈斜，也就成了历史宿命。如果马列之斧换成英法启蒙之斧，阶级论、专政论换了人权论、契约论，如果没有拐错弯走岔路，不走出中国共运这段历史，自然不仅是延安一代之幸，也是中国之大幸。当然，历史不能假设，“如果”只能是如果。

毛泽东执政成灾，原因多多，就其个人主观方面，最主要的制约因素乃是缺失人文常识。客观方面，则是被马列主义领错了路。人文常识的缺失使他失去扳误纠谬的可能，马列主义则使他坚定了运用政治暴力的决心——驶向红色彼岸呵！这还有错吗？这个一心带着国人进入共产主义的红色大帝，居然不知道任何政治功业均以提高人民生活水准为基础，绝不

---

[112] 唐宏经：〈回忆大连等地早期工运和出席中共“六大”的情况〉，载中国革命博物馆党史研究室编《党史研究资料》第四集，四川人民出版社 1983 年版，页 280。

[113] 黄仁宇：《黄河青山：黄仁宇回忆录》，张逸安译，九州出版社（北京）2007 年版，页 149。

能以千万百姓生命为“当然代价”。连执政的ABC都不知道，只惦着“数风流人物”，当然只能被扫进历史垃圾堆。

毛泽东一生都是沿着“大规模改造社会”的思路走下来。1927年10月，秋收暴动后，中共湖南省委就土地问题发生争议，毛泽东直指土地问题的要害是动员贫农入伙：

> 没收土地必有没收对象，中国大地主少，小地主多，若只没收大地主的土地，则没有好多被没收者，被没收的土地即少，贫农要求土地的又多，单只没收大地主的土地，不能满足农民的要求和需要，要能全部抓住农民，必须没收地主的土地交给农民。

毛的政治敏感十分了得，一下子叼住关键部位，“要能全部抓住农民”跟自己走，就必须给他们看得见的利益。秋收暴动口号：“暴动杀尽土豪劣绅”、“暴动农民夺取土地”、“暴动没收土豪劣绅的财产”。[114]

1928年7月，莫斯科中共“六大”《决议案》，明确提出推翻国民党政府，喊出“杀尽土劣贪官！”[115]“没收地主阶级的一切土地”、“没收外国资本家的企业和银行”，[116]甚至“没收标准不限于豪绅地主，只要真实的群众要求，自耕农的土地亦得没收。……以劳动力为标准分配与男女老幼平分，应该采取后者，这是为了争取广大贫农群众所不可忽略的紧要策略。‘发展生产’不是目前策略的第一标准，‘争取群众’才是目前策略的第一标准。”[117]斯大林接见中共“六大”代表，有人问：“斯大林同志，中国究竟得杀多少土豪劣绅，革命才能成功呀？”[118]

红军经济主要依靠鸡飞狗跳的“打土豪经济”。南昌暴动部队南下后，1927年12月21日，中共中央给南昌暴动朱德残部的信中明示：

---

[114] 彭公达：〈关于湖南秋收暴动经过的报告〉（1927年10月8日），载《中共党史参考资料》（三），人民出版社（北京）1979年版，页8、13。

[115] 红安县革命史编写办公室：〈黄麻起义〉，载《中共党史资料》第17辑，中共党史资料出版社（北京）1986年版，页232。

[116] 何干之主编：《中国现代革命史》，上海人民出版社1985年版，页126～127。

[117] 〈前委通告第一号〉（1930年2月16日），载《中共党史参考资料》（三），人民出版社（北京）1979年版，页59。

[118] 金城：《延安交际处回忆录》，中国青年出版社（北京）1986年版，页94。

> 你们队伍一切的给养，均应从豪绅官吏财主地主身上着想，千万不要空想党会来帮助。这不但事实不可能，而且原则所不许。[119]

1928 年 7 月 4 日，湘西南特委军委给湖南省委的报告：

> 从经济上说，四军人数如此之多，每日至节俭需要现洋七百元，湘南各县焚杀之余，经济破产，土豪打尽，朱部自二月抵达耒阳时起即未能筹到一文，仅靠卖烟土吃饭。[120]

1928 年 8 月，井冈山红军“八月失败以后，红军损失过半，根据地各县相继失陷……林彪怕死动摇，对革命丧失信心，不愿过艰苦的斗争生活……他说：‘天天吃南瓜，能打得下天下吗？’”即在这一时期，林彪附议“红旗到底能打多久”？[121]

1930 年 12 月 28 日，长途赴赣的红七军攻占湘西南江华县城，“部队住下来一天，这一天实行没收资本家的商店一切的一切。特别是布匹衣服是宝贝，有的衣服没有裁就穿。第二天一早部队又走了，真好看，部队穿的衣服是那样花花绿绿，帽子也是各种各样，各有多种，颜色不同。真有点不像军队……”[122]1930 年 9 月 3 日〈中央苏维埃区域报告〉：“我们的经济来源完全是红军本身到白区去筹款，经济总要筹足三个月的款项。”[123]

1931 年 9 月 20 日送达上海中共中央的赣西南特委报告：

> 在苏区工作上有弱点，主要的是由于过去开始斗争的时候，盲动主义烧毁城市，红军赤卫队不守纪律，所以苏区所有市镇大都是

---

[119] 中共中央：〈德兄并转军中全体同志〉，原载《中央政治通讯》第 16 期，1927 年底或 1928 年初编印。参见《党史研究资料》第二集，四川人民出版社 1981 年版，页 513。

[120] 〈中共湘西南特委军委关于红四军仍应留湘赣边给湖南省委的报告〉（1928 年 7 月 4 日），载《中共党史参考资料》（三），人民出版社（北京）1979 年版，页 27。

[121] 李德江：〈对林彪与“红旗到底打得多久”问题的探讨〉，载《党史研究资料》第二集，四川人民出版社 1981 年版，页 502～503。

[122] 纪秋晖编辑：〈从广西到江西〉，载《党史研究资料》第二集，四川人民出版社 1981 年版，页 567。

[123] 欧阳钦：〈中央苏维埃区域报告〉（1931 年 9 月 3 日于上海），载《中央革命根据地史料选编》，江西人民出版社（北京）1982 年版，上册，页 374。

> 经过破坏的。其次过去经济政策上犯了错误，如把商人当土豪打，不任放（放任）商业的自由。[124]

1933 年 9 月 30 日，中央苏区经济部副部长吴亮平（1908～1986）总结：两个月整个苏区对外贸易进出口总额尚不足十万元，苏区发行公债主要靠强迫命令与摊派，某贫农自愿买 28 元公债、一中农自愿买 40 元，已属“光荣例子”。[125]无有外贸，赤白二区商品流通堵塞，工农产品剪刀差豁口日宽，根据地普遍出现盐荒。大米仅三四角钱一斗、猪肉一元八斤、鸡蛋一角 12 个，盐却一元八两。赤区人民形容：“米用箩挑，盐用纸包。”[126]

1931 年 11 月《中华苏维埃共和国劳动法》，规定成立劳动职介所，许多地方硬向雇主强迫介绍，致使大量私企倒闭。1933 年 5 月 1 日，店员手艺工人“一大”决议，停止向雇主强迫介绍失业工人。[127]

赣南籍红军战士胡金魁告诉斯诺：1930 年红军打下吉安，自己在工厂做工，工资增加四倍，每个工人都分得资金（胡分得 30 元）。一连几天，红军用富家猪牛羊肉为工人大办宴席，每天夜里演戏，唱到嗓子嘶哑才甘休，“那段经历真叫‘痛快’。不过对地主来说可就不那么痛快了。共产党抓了好几百个地主，关进了县城。”后来，请这些地主与白军被俘军官喝了一顿酒，据说一夜喝掉八九十元的高粱酒，“然后将他们全部杀掉”。[128] 1935 年 3 月，陕北红 42 师打下长武县城，“筹款数万元，棉布数百匹，并镇压了一批反动地主豪绅。”[129]

1936 年 7 月 19 日，张闻天在保安对斯诺说：江西苏维埃时期至少处决了千名“反革命”、约千名高利贷者、四五百名地主，还有许多地主“被准予外逃”。长征途中也处决了约百名地主、官吏；到陕北后，则杀了不

---

[124] 赣西南特委：〈赣西南的（综合）工作报告〉（1931 年 9 月 20 日），载《中央革命根据地史料选编》，江西人民出版社 1982 年版，上册，页 410。

[125] 亮平：〈经济建设的初步总结〉（1933 年 9 月 30 日），载《中共党史参考资料》（三），人民出版社（北京）1979 年版，页 108～109。

[126] 余伯流：《中央苏区经济史》，江西人民出版社 1995 年版，页 173。

[127] 陈云：《陈云文选》第一卷，人民出版社（北京）1995 年版，页 401～402。

[128] （美）爱德格・斯诺：《红色中华散记》，奚博铨译，江苏人民出版社 1991 年版，页 134～135。

[129] 张秀山：《我的八十五年》，中共党史出版社（北京）2007 年版，页 79。

到十个地主，总共才枪毙两名奸细。被俘国军士兵每人发回家费五块，军官则发 30～50 块。[130]

1937 年 2 月 26 日，刘少奇撰文回顾大革命武汉时期暴烈工运，提出足以致企业倒闭的一系列要求——工资加到骇人程度、工时缩至四小时以下；工会随便捕人、组织法庭监狱、检查轮船火车、随意断绝交通。“这些事在当时是较平常而且是极普通的。工会是第一政府，而且是最有力量、命令最能通行的政府，它的权力有时超过政府。”中共为此遭到各方指责，刘少奇向共产国际代表罗佐夫斯基请教：“许多小企业大企业不能维持，而工人还要提出要求，怎么办呢？”罗佐夫斯基指示不能使企业倒闭，工会不能代替政府。刘少奇在汉沪又与美共总书记白劳德交谈两日，要白劳德就外国经验给予答复，白劳德递上 20 元钱：“你谈的这些材料我可写两篇文章寄给美国杂志，这是给你的一半稿费。你所求答复的问题，在美国工人运动中还未遇到过。”[131]这些披露的史料，足以说明国民党左右两翼最后都同意“分共”的历史必然。中共不仅太过火太暴烈，而且大规模破坏城乡生产生活，当然应予制止。刘少奇 1937 年重提这段暴烈工运，要求引以为戒，说明中共抗战时期相对成熟。这种惟工人要求是瞻的“大革命逻辑”，中共今天还好意思拎出作为“革命事迹”么？

就是抗战时期的中共各赤区，也有雇员大于雇主的现象，致使中央书记处 1940 年不得不下文制止：

> ……过高增加工资，改善待遇条件过多，如要雇主供给衣服鞋袜，要同雇主吃同等伙食，工人参加会议除工资照给外，还要雇主供给饭钱，要求分得 40%红利，及监督审查盈利数目，过高规定伤亡恤金，及强调实行八小时工作制等。[132]

中国传统文化出自封建社会，暴力成份原本甚厚，二例可证。

---

[130] （美）爱德格・斯诺：《红色中华散记》，奚博铨译，江苏人民出版社 1991 年版，页 101～102。
[131] 黄峥：《王光美访谈录》，中央文献出版社（北京）2006 年版，页 459～460。
[132] 中央档案馆编：《中共中央文件选集》第 12 册，中共中央党校出版社（北京）1991 年版，页 570。

——“九・一八”后，学生请愿团涌入外交部，亲历者黄炎培：“学生抗日请愿团到部大吵，捣毁器物，王正廷（按：外长）适与我们谈话，群众拥入殴打王正廷，王负伤。我在日记上记着：应该！应该！”[133]黄炎培时年 53 岁，竟如此看待暴力。这种“爱国请愿”，中共会允许发生在今天的北京外交部吗？

——1939 年底赴延的川大学子胡绩伟：“这时，我还是相当崇拜武力的。……斯大林的‘武装的革命反对武装的反革命’的理论，我是很信服的。”[134]

封建文化土壤与赤色暴力学说一拍即合。南方苏区“开小差的，抓回来就杀；听到讲怪话的，就斗争。”[135]中共上将李聚奎：

> 湘鄂赣这个地方，乱烧乱杀的盲动主义很严重。其中尤以平江的地方游击队为最。产生盲动主义的原因很复杂，其中有的人是出于狭隘的复仇心理，把参加革命当作为了报仇。有的把烧杀当成是坚决革命，而把反对这种错误行为的同志说成是对革命的不坚决。有的是把烧掉群众的房子当作促使群众起来革命的手段，说只有这样，才能把资产阶级（农民）变为无产者，迫使他们走上革命。……一烧起来，往往殃及老百姓的房子。有时，一条好好的街，顷刻变成一片瓦砾。[136]

柏克：“罪恶的手段一旦得到宽容，很快就为人们所乐于采用。比起通过伦理道德的这条大路来，它们提供了一条更短的捷径。由于论证了叛卖与谋杀对公共利益是正当的，于是公共利益很快就变成了借口，而叛卖和谋杀则变成了目的。”“以要求自由开始而以滥用暴力告终。”[137]以理

---

133 黄炎培：《八十年来》，文史资料出版社（北京）1982 年版，页 91～92。
134 《青春岁月——胡绩伟自述》，河南人民出版社 1999 年版，页 157。
135 陈丕显：〈赣南三年游击战争〉，载《中共党史资料》第二辑，中央党校出版社 1982 年版，页 51。
136 〈李聚奎回忆录〉，载《中共党史资料》第 16 辑，中共党史资料出版社 1985 年版，页 121～122。
137 （英）柏克：《法国革命论》（1790），何兆武等译，商务印书馆（北京）2009 年版，页 109、189。

杀人，以逻辑杀人，亲历者控诉："与封建皇朝相比，共产党的残暴似乎有过之而无不及，而且绝大多数都是以极冠冕堂皇的理由进行的。"[138]

所谓民主集中制，民主只是招牌，集中才是实质。中共从上到下均不知如何面对七嘴八舌的民主，不知如何具体操作民主。现实斗争中，严峻形势也使各级共干自然而然滑向集中。1930 年初湘鄂赣苏区侦察部长钟期光（1909～1991，上将）："陈佑生是全国总工会执行局的代表，他在湘鄂赣一手遮天，根本不讲什么民主，只有他说了算，其他人都不行。……谁不同意他们的作法，马上就整到你头上来。……大批省级干部都成了'肃反'的主要对象，被捕捉刑讯，有的惨遭杀害。"[139]国民党也不知道如何操作民主。1926 年 10 月，为解决党内纷争，国民党执监委联席会议："提出党权高于一切及党内民主的口号。"[140]

延安时期，斗争性的强烈度成为衡量忠诚度的主要指标。每一成员都有责任向被批斗者投掷石块，否则就是忠诚度不够。国人后来熟悉之至的文革口号——敌人不投降，就叫他灭亡！即出自抢救运动。[141]

整风中鼓励：

> 斗争是斗争得愈凶愈好，问题提得愈严重愈好，搜集别人的错误愈多愈好，名词用得愈多愈好，给别人戴帽子愈大愈好，批评的语句愈尖刻愈好，批评与斗争的方式和态度愈严峻愈粗暴就愈好——讲话的声音愈大、面孔板得愈凶、牙齿露出来愈长愈好……[142]

"尽善尽美"的共产主义使延安一代获得无比坚定的价值自信，再由此分泌出火一般的革命热情。延安一代正值中青年，无穷无尽的精力和无边无际的理想，使他们将今人难以想像的强烈斗志视为最宝贵的革命性。

---

[138] 胡菊人：〈中共政治非改不可〉，载金钟主编《共产中国五十年》，开放出版社 2006 年版，页 411。

[139] 钟期光：〈坚持湘鄂赣革命根据地的斗争〉，载《中共党史资料》第八辑，中共党史资料出版社（北京）1983 年版，页 198。

[140] 吴玉章：〈吴玉章略传〉，载《中共党史资料》第 11 辑，中共党史资料出版社 1984 年版，页 23。

[141] 张宣：〈凤凰惊梦——延安抢救运动亲历记〉，原载《红岩春秋》2000 年第 4 期。高浦棠、曾鹿平：《延安抢救运动始末——200 个亲历者记忆》，时代国际出版有限公司（香港）2008 年版，页 195。

[142] 文伯：〈陕北之行〉，原载《中央日报》（重庆）1944 年 7 月 29 日～8 月 7 日。转引自王健民：《中国共产党史稿》（增订本），中文图书供应社（香港）1974～75 年，第三编・延安时期（上），页 330。

他们在实现红色改造方案的过程中，容忍了种种明显有违初衷的暴力，以为只要目标正确，手段出格一点，无可避免。价值自信使延安一代十分自然地倾向于暴力集权，热衷“开斗争会”，成为“专横的启蒙者”与“引起灾难的乐观主义者”。赵紫阳晚年对此有沉痛反思。

受阶级斗争学说浸淫，延安一代终身保持高涨的敌情观念。思想教条化、人格政治化，看出去满眼都是关乎天地大事的政治。革命，这一迫不得已的临时策略被强调成绝对神圣，一时之计被弄成长守之策。“斗争”成了延安一代的生活必需，仇视异见成了甚得鼓励的思维方式。更重要的是中共的军政胜利，一俊遮百丑，胜利的金袍遮掩了渐岔渐远的极左，延安士林对红色专制失去应有警惕。

塔斯社驻延记者：“无论过去和现在，这里都在说服人们，强迫人们相信，在党内使用暴力是必要的，是反对阶级敌人的整个斗争的组成部分。”[143]为强调阶级性与斗争性，必须蔑弃人性。毛泽东名言：“只有具体的人性没有抽象的人性”，而所谓“具体的人性”又归结为“阶级性”，在中共的哲学中，只有阶级性没有人性，只有对立没有调和，只有斗争没有同一，满世界只有对立，对敌人的怜悯就是对同志的残忍。斗争人生是最有意义的人生，与天斗与地斗与人斗，其乐无穷！文化决定行为，红色意识形态烘培的延安一代，经由“解放战争”加温，进入“伟大的毛泽东时代”，水到渠成地成为暴力一代，并培育出身后的红卫兵一代。

——1942 年 7 月 12 日，中共广西省工委副书记苏曼（28 岁）、省工委妇女部长兼桂林市委书记罗文坤（26 岁，苏曼妻）、南方工委交通员张海萍（25 岁），被捕获释次日，在桂林象鼻山逸仙中学集体自缢向党报警。三张空白〈自新悔过书〉旁留言：“不自由，毋宁死。”苏曼、罗文坤为留日东大生。1988 年，两位中共高干赞扬：“这三位共产主义战士意识到在这关键时刻，是党需要他们为党的事业作出最后牺牲的时候了。”[144]

——抢救运动中，刑法“压砧子”，二三十公斤铁砧压在受刑人臀部，执行人坐砧左右搓揉，血水很快就流出来了。还有“擀面”，受刑者背绑平吊，脖颈与双脚处各横绑一根木棍，行刑者手持木棍来回推摇，像擀面

143（苏）彼得・弗拉基米洛夫：《延安日记》，吕文镜等译，东方出版社（北京）2004 年版，页 385。
144 李昭、苏德源：〈记苏曼、罗文坤烈士〉，载《上海党史资料通讯》1988 年第 7 期，页 29～36。

一样。刑法一上，问什么答什么。为挖四川“红旗党”，成都市委书记张宣，八天八夜不让睡觉。[145]

——1948 年 10 月 10 日，辽沈战役打响，国民党侯镜如东进兵团猛扑林彪四纵阻援阵地塔山，塔山九易其手，四纵损失过半，纵队司令吴克华向林彪参谋长刘亚楼汇报伤亡情况，刘亚楼对着话筒大吼：“一〇一（林彪代号）说了，不要你们的伤亡数字，只要塔山。”[146]

——参与南昌暴动的李逸民（后任总政文化部长）带着 50 多人土改工作组进入东北兰西县：“只要一通知斗地主，群众马上就来了，老头老太太都拿着棍子、剪子，妇女拿着结了冰疙瘩的乌拉草鞋，地主一拉上来，群众一边诉苦，一边就打开了，怎么也制止不住，一会儿就把人打死了。”[147]

——陈学昭参加山西临县土改。斗争大会上，一后生拉开地主婆两臂，剥光其上衣，两人抬起光着上身的地主婆，将她在煤渣上拉来划去，坚硬的煤渣生生划割着她的皮肉。[148]

——中国女大生邓寿雨（1921～）：“土改初期我们的政策比较左，东北穷苦百姓斗起地主来特别激烈。吊起来打的，点天灯烧死的，逼得一些地主富农，甚至还有中农跳河跳井上吊自杀了…………（一位地主不肯交浮财）开始农会不讲政策，又打又斗，还把猫塞进他的裤裆里抓咬。”[149] 1950 年南方开始土改，明确提出“防止和平土改”，“斗争大会和遊街枪毙到处都是，一片暴风骤雨。”[150]整个土改，估计 300～500 万中小地主丧生，大多被活活打死。[151]

——1950 年，湖北襄阳县刘家村吕春芝要求离婚，遭丈夫与乡干部吊打，乡妇女主席大骂不要脸，给全乡人抹灰，强迫她答应：一、不准离婚，三年内不得走娘家；二、不准与娘家村里人说话；三、大小便要向丈夫、婆婆请假；四、离村要向妇代会报告。违反任何一条，要跪在铡刀上喝三

---

145 高浦棠、曾鹿平：《延安抢救运动始末——200 个亲历者记忆》，时代国际出版有限公司（香港）2008 年版，页 233、307。

146 刘心闻：〈刘亚楼：“热度”与风度〉，载《同舟共进》（广州）2009 年第 9 期，页 53。

147 《李逸民回忆录》，湖南人民出版社 1986 年版，页 148。

148 陈亚男：《我的母亲陈学昭》，文汇出版社（上海）2006 年版，页 143。

149 蒋巍、雪扬：《中国女子大学风云录》，解放军出版社（北京）2007 年版，页 329。

150 林雪：〈“双枪老太婆”在建国后〉，载《炎黄春秋》（北京）2008 年第 4 期，页 8。

151 黄仁宇：《黄河青山：黄仁宇回忆录》，张逸安译，九州出版社（北京）2007 年版，页 183。

碗大粪，还要开斗争大会。吕春芝旋发疯出走。当年离婚要过三关——丈夫、婆婆、干部，干部关最难过。云南一司法干部将要求离婚的妇女扣押入狱，怂恿丈夫强奸。[152]

——1950 年代初，邓力群协助王震在新疆实施极左政策，逼迫阿訇吃猪肉，激起民变，引怒毛泽东，邓力群受了处分。[153]

——推行暴力必须排除“亲情干扰”。土改、镇反中，中共特意规定：禁止领导干部袒护亲属，即便亲属要被处决，亦不得求情说项。[154]

——山西省委书记陶鲁茄（1917～2011）透露，扫盲也死人。某山村老妪听说要消灭文盲，村干部又蛮横，怕得要命，说不用你们消灭，我自己消灭算了，上吊走人。[155]

——1966 年 8 月，南京鼓楼广场巨型标语：“赤色恐怖万岁！”[156]

——1968 年内蒙旗县级以下清一色贫下中牧组成“群众专政”，对“黑五类”的酷刑种类：“冷静思考”（雪中受冻）、“热情帮助”（炉上热烤）、“驴拉磨”（骑在人上令其绕屋爬行）、“荡秋千”（吊起来回抽打）、“拉大锯”（用麻绳拉通女性阴部与肛门）；“爬肉条”（炉钩烧红挠烫人体）、“烙油饼”（烧红炉盖按压人身）、“金钩钓鱼”（鼻上穿孔）、“拧麻花”（吊起两臂旋转抽打）、“戴拉东”（重物挂脖）、“挂火炉”（火炉拴吊人脖）、铁钳拔牙、撕耳朵、烧红通条捅肛门、头颅穿洞、老虎凳、跪铡刀……号曰 26 刑 72 法。另有“焊人”（将盐揉进割开伤口，再用烧红烙铁压烫）、阴道内放鞭炮、强迫回民吃猪肉、强迫回族姑娘嫁汉人、强迫母子公媳当众性交、逼迫男女“新内人党”裸体游乡（女犯牵着拴系男犯阳具的绳子扭唱《北京有个金太阳》）。[157]

1958 年 4 月初，太原召开“全市肃反工作跃进大会”，号召“肃反大跃进”，指令基层不断扩大“立案面”，提出“流水作业”——边调查、

[152] 黄传会：《天下婚姻》，文汇出版社（上海）2004 年版，页 57～58。
[153] 李南央编：《父母昨日书》，时代国际出版有限公司（香港）2005 年版，下册，页 495。
[154] 陈小津：《我的“文革”岁月》，中央文献出版社（北京）2009 年版，页 256。
[155] 何方：《从延安一路走来的反思》，明报出版社（香港）2007 年版，上册，页 230。
[156] 陈白尘：《对人世的告别》，三联书店（北京）1997 年版，页 688。
[157] 吴迪：〈“内人党”大血案始末〉，载宋永毅主编：《文革大屠杀》，开放杂志出版社（香港）2002 年版，页 68、70～72、102～104。

边讯问、边定案、边处理、边结案；文件明确规定“肃反大跃进”中所定之案，将来“再不复查”。[158]不垫衬一条条歪歪理，能走到这一步吗？

国民党也有这样的暴力思维。1932 年洛阳国难会议，罗隆基、熊希龄、李璜等质问汪精卫：国难会议为什么不谈政治？汪霸然回答：“国民党的天下是打出来的，你们不满意尽管革命好了。”罗等愤然退场。[159]进剿苏区的国军也杀人如麻。张辉瓒两次血洗平江，报功称杀 2.8 万余共党；李鸣钟进攻七里坡，电称农民都成“赤奴”，非杀不可，杀了七万余；何键 1929 年在武汉演说：“共匪真多，我在湖南杀了七千多青年，共党还是到处有。”何键令打进长寿的部下，当天要割送三千对耳朵。[160]1960 年代的台湾，《自由中国》杂志被封禁、雷震入狱、殷海光不许执教，谈论民主自由人权均成禁忌，一党专政的国民党也钳制思想。当然，国民党的文化钳制比共产党宽松得多，否则红色思想就不可能风起萍末。

“六・四”后流亡西方的学生：“我们这些生在红旗下、长在红旗下的一代，都或多或少地沾染着共产党的气味。那些反对共产党的民运人士，身上就有着太多的类似于共产党的仇杀心理，他们说到共产党总让人嗅到些血腥气。”[161]真是躲都躲不开、甩也甩不掉的红色遗传，去了欧美十几二十年，一张口还拖着延安思维的影子。1980 年代中期，红士黎澍（1912～1988）终于认识到：暴力革命的胜利者必继以暴力统治，从而走向专制，迷信权力统治；苏联如此，我们也如此。[162]

学者出身的台湾国防部长俞大维（1897～1993）一语入髓：“拳头，是共产党唯一听得懂的语言。”[163]1989 年“六・四”，邓小平的暴力逻辑如下：“西方国家说我们侵犯了人权，真正说起来，国权比人权重要得多。他们那一套人权、自由、民主，是维护霸权主义者、强权主义者利益的，我们从来就不听那一套。你闹资产阶级自由化，用资产阶级人权、民主那

[158] 宋永毅：〈1958：被忽略了的“另类大跃进”〉，载《争鸣》（香港）2008 年 10 月号，页 64。

[159] 李璜：〈谈王造时与罗隆基（下）〉，载《传记文学》（台湾）1981 年 9 月号，第 39 卷第 3 期，页 36。

[160] 《谢觉哉日记》，人民出版社（北京）1984 年版，上册，页 510。

[161] 李南央编著：《我有这样一个母亲》，开放杂志出版社（香港）2003 年版，页 59。

[162] 《黎澍十年祭》，中国社会科学出版社（北京）1998 年版，页 35。

[163] 晓冲主编：《毛泽东钦点的 108 名战犯的归宿》，夏尔菲出版有限公司（香港）2003 年版，页 237。

一套搞动乱，我就坚决制止。坚持社会主义必须坚持无产阶级专政。”[164]寥寥数语，底牌尽露——否定人权价值、鄙弃民主自由、错置人权与国权关系。执持这种暴力逻辑，能够引导国人走向民主吗？“无产阶级专政”能走向和谐吗？无产阶级不愿被专政，别的阶级就愿意被专政么？

上述邓论不经一驳：离了人权，国权还剩下什么？国权当然是对国民人权的保护，国权怎能与人权对立？民主自由怎么成了资产阶级与强权主义的东西？无产阶级就不需要民主自由了？这样的逻辑经得起驳诘么？

人类文明越高级，暴力度就越低。文明社会的主要指标之一便是不断降低暴力。一个需要暴力摆平的国家，一群只听得懂暴力语言的政治家，与谈民主自由，岂非夏虫语冰？但在十分关键的 1946 年，“似乎又出现了国共妥协的可能性。但是双方的疑虑和恐惧以及互相对立的目标和思想意识每次都成了主要障碍。”[165]意识形态最终成为内战爆发的决定性因素，而这场内战又深刻影响了中国当代史的走向。

---

[164] 阮铭：〈中国反人权战略扩张趋势〉，载《开放》（香港）2009 年六月号，页 8。

[165] （美）约翰・司徒雷登：《在华五十年》，程宗家译，北京出版社 1982 年版，页 160。

第九章

尴尬一代

壹、高调进城

中共依靠土改动员万千农民走上战场——保卫土改果实，与国军作战。渡江之后，望屋而食，拱手而取山河，神速胜利使延安一代意气风发，高调进城。中共高层也有意让弟兄们衣锦荣归，尽量安排干部回原籍工作。离家二十五年的抗联将领周保中（1902～1964）调回故乡云南。[1]连"民主人士"都尽量安排原籍工作。[2]卅岁上下的延安一代已是"团长旅长的干干"，科处局厅省，延安干部在中下层一统天下，到处被尊"延安老干部"。那个得意那份优越——挟革命以遨遊，抱政治而长终。

1950年代前期，这批"大时代的小人物"到达人生巅峰，自我感觉好极了。他们傲问："你住过窑洞吗？你吃过小米吗？你穿过草鞋吗？"[3]此时，"急什么呢？天下已是自己的，还怕没有时间与机会？"[4]他们扭着大秧歌，带着"同志"、"爱人"等新词，气宇轩昂进城。连北京饭馆粉牌上的"菜单"也很快延安化，改称"食谱"。[5]他们自豪地向世人发放"黄金世界的预约券"。[6]陈学昭之女描述沦右前的母亲："像上足润滑油的机器不停地运转，一切太顺利了，工作、事业、尊敬、恭维……"[7]

---

1 王效明、王一知：〈我们所知道的周保中同志〉，载《革命回忆录》第7辑，人民出版社（北京）1982年版，页154～155。

2 宋云彬：《红尘冷眼》，山西人民出版社2002年版，页216。

3 江文汉：〈延安访问记〉，载《档案与史学》（上海）1998年第4期，页11。

4 李南央编：《父母昨日书》，时代国际出版有限公司（香港）2005年版，下册，页251。

5 李慎之：〈食谱与菜单〉，载《书屋》（长沙）1997年第3期，页53。

6 李慎之：〈革命压倒民主〉，笑蜀编：《历史的先声》，博思出版集团有限公司（香港），页10。

7 陈亚男：《我的母亲陈学昭》，文汇出版社（上海）2006年版，页27～28。

一脚踢走旧社会，只手开辟新世界。“革命成功”使中共拥有踢开一切旧传统的权威，共产主义又使他们捏有一张“神圣图纸”，安排新社会、制定新法律。中共刚进城，大学法学院就逐一停办。1949 年底，浙江大学法学院停办。[8]革命者治国似毋需法律。

1950 年代，延安一代信心满满，东风一定压倒西风，共产主义必将实现。1952 年 9 月，延安女干部赵洵（1917～1988）访苏，从红场列宁墓出来：“我真想吻吻这土地。”李慎之晚年感慨：“这种感情，现在的青年人也许已经很难理解了……我们毕竟是有过圣洁的理想与纯真的感情的一代人。”[9]有理想有青春有资历有政权，能将“最新最美的画”亲手绘在祖国的山河大地上，还有比这更壮丽更自豪的人生吗？中共集团支付最少回报最丰的延安一代，1950 年代前期达到人生幸福的最高峰值。

1949 年 10 月 1 日夜，1923 年入团的伍修权记录感受：“孩子们兴高采烈，只知道热闹、好玩，看我默不作声，很是奇怪。他们哪能理解一个为这一天奋斗几十年的老战士，在此时此刻的心情啊！这种幸福、自豪的感情，又怎么能用言语来表达哩！”[10]艰难百战夺取政权，将要实现社会转型，泽被后人，自己也能赶上沐浴新社会的阳光，中共较之历代开国集团，幸福值要高得多。青年布尔什维克杜导正：“新中国建立起来了，我们想怎么画就怎么画。那时我们真认为中国甚至整个世界好像只是我们手心里的面团，我们想怎么捏就怎么捏。”[11]

革命过程中支付的种种牺牲，理所当然地转化为人生资本，英雄气概膨胀，不仅坚信马列主义从天上正确到地下，而且认为凭着革命经历，拥有指导民众的当然资格。进城之初，韦君宜：“我和杨述在北平街头闲步，指着时装店和照相馆的橱窗里那些光怪陆离的东西，我们就说：‘看吧！看看到底是这个腐败的城市能改造我们，还是我们能改造这个城市！’”[12]1950 年初，浙江大学党支书陈学昭与数学系主任发生争执，系主任乃留日数学博士，认为理工科不用学〈在延安文艺座谈会上的讲话〉：“我们是

---

8 陈学昭：《浮沉杂忆》，花城出版社（广州）1980 年版，页 8。

9 李慎之：〈忆赵洵〉（1991 年 10 月），载《李慎之文集》，2003 年自印本，下册，页 521。

10 〈伍修权同志回忆录〉（之二），载《中共党史资料》第二辑，中央党校出版社 1982 年版，页 215。

11 杜导正：〈新民主主义的回归与发展〉，载《炎黄春秋》（北京）2009 年第 4 期，页 9。

12 韦君宜：《思痛录》，北京十月文艺出版社 1998 年版，页 21。

理科，不管这些，我们不学！”陈学昭训斥：“理科工作人员也要改造世界观！”系主任悻悻离去。[13]

党外左翼文士也“理所当然地视革命为自己的一部分，或者说视自己为当然的革命一分子。革命的胜利也即是我们的胜利。五十年代初，以胜利者自居的骄傲自大以至狂热都也成为不可避免的事。”贾植芳：“一般进城干部……一阔脸就变，以胜利者自居。”[14]1950 年代初，李南央外公对她说：“你爸爸的眼睛长在头顶上，你妈妈的眼睛长在后脑勺上。”[15]

与辛亥党人进城后一样，中共也有“坐了龙廷”的感觉。辛亥后，皇帝倒了，共和了，但革命党人的思想还是旧的。1921 年，国民政府抚恤四川威远县辛亥烈士胡驭垓家属，三千银圆抚恤金，还有一项优待：胡家可派一人去当官（川南某县厘金局长）。[16]中共进城后，高层虽然强调“永葆革命本色”，各级干部岂能没点“如今我说了算”的感觉？1949 年春，大革命一代的谭震林（1902～1983）在某市干部大会上：“毛主席在北京做皇帝，我们都是封疆大吏。”[17]

夺权之艰难、建政之辉煌、“最后解放自己”之崇高，中共上下真以为共产党员“特殊材料制成”，没有做不到办不成的事儿。客观上，既然用红色意识形态裁量一切，此前一切都被裁出一个“旧”字，都需要用革命眼光重新修正，弄得所有进入新社会的人缩头缩脑，怀疑此前人生经验。中共当仁不让地成为包揽一切的救世主，似乎能够挑起任何重担。不过，他们马上因“当家”而知“柴米贵”。地下党出身的马识途参与武汉接收，出任华中总工会副秘书长：

> 这是我们第一次做公开工作。以一个主人公姿态去担负工作，心情自然是很愉快的，而且大家颇有信心。但是真的一拿起工作

13　陈学昭：《浮沉杂忆》，花城出版社（广州）1980 年版，页 9～10。

14　贾植芳：《狱里狱外》，天地图书有限公司（香港）2001 年版，页 46、82。

15　李南央编：《父母昨日书》，时代国际出版有限公司（香港）2005 年版，上册，页 241。

16　《青春岁月——胡绩伟自述》，河南人民出版社 1999 年版，页 11、140。

17　戴晴：《在如来佛掌中——张东荪和他的时代》，香港中文大学出版社 2009 年版，页 90。

> 来，却千头万绪，都是棘手的麻烦事。这才知道自己当家，是并不容易的。……工人没有活干，没有工资，怨声载道。[18]

1950年代初，丁玲自恃延安出身，较之巴金、老舍，很有“参加了革命”的优越感。她主持的《文艺报》批萧也牧小说《我们夫妇之间》、批碧野的《我们的力量是无敌的》、批朱定的《关连长》、杨朔的《三千里江山》，甚至批孙犁的《风云初记》，文艺界惶惶然，一拿到《文艺报》便会一哆嗦，又批谁了？[19]丁玲、陈企霞、艾青在倒下前都十分傲气，经常否定人，包括看不起赵树理。

史学界则有尹达对顾颉刚的申斥，生物界有乐天宇对张景钺的排拒，连没到过延安的张春桥都有这种优越性。1950年代初，张春桥出席沪上报业会议，《大公报》老报人王芸生（1901～1980）不甚在意打断张春桥发言“呃，不是那么回事”。张春桥当即变色：“我是拿着枪杆子打进上海的，不像王先生那样和国民党大官来往，见过大世面。说错了，请你王先生批评。”全座哑然，王芸生不复作声。[20]周恩来也说：“我们党内一些人认为天下是他们的……他们不赞成接受监督。”[21]

1957年春鸣放，老同盟会员罗翼群（1889～1967）：“共产党有优越感，往往以特殊阶级自居，民主党派有自卑心……共产党是主人，民主党派是客人，还有人说是奴仆。”[22]1957年5月12日，国民党反水将领陈铭枢（1889～1965）撰文《人民日报》，即不久成为“向党进攻”的划右言论：“一些党员同志们，狃于已往的汗马功勋和阶级的优越感，一经入党，便以为攀登了知识的顶峰，任意鄙夷一切，自以为‘天下之美，为尽在己’。”

1957年，浙江美术学院新任书记陈陇（1917～1979）亮相全院大会：“我今天来到你们这个美术学院，是奉旨而来，也就是奉旨而来的‘钦差大臣’，要是在封建王朝时代，你们见到我都得下跪。早就听说你们学校

---

[18] 马识途：《风雨人生》，参见《马识途文集》第九集（下），四川文艺出版社2005年版，页653。

[19] 邢小群：《往事回声》，时代国际出版有限公司（香港）2005年版，页168、149。

[20] 高增德、丁东编：《世纪学人自述》，北京十月文艺出版社2000年版，第6卷，页90。

[21] （英）韩素音：《周恩来与他的世纪》，王弄笙等译，中央文献出版社（北京）1992年版，页344。

[22] 晓冲主编：《毛泽东钦点的108名战犯的归宿》，夏尔菲出版有限公司（香港）2003年版，页515。

里有‘三金’，说他们权力很大很厉害。如今‘三金’都成了右派，看他们还有什么可厉害，现在真正厉害的是我。”[23]

不仅共干优越感强烈，其子女的优越感更强烈。一个少将女儿，尾巴就翘到天上去了。此女成绩很差，却看不起同学，其父秘书向班主任施压，要求“助”其入团。大小姐出身的少将夫人，大学学历，强迫警卫员洗她的月经带。副部级之女李南央，小小 14 岁，看不起服务行业，劳动课上饭馆帮工，“嘴上虽然从不承认，心里那时可是看不起服务行业的。我总是要把红领巾带在脖子上，以示自己不过是个上劳动课的学生，绝不是饭馆的服务员，以维护自己的脸面。”[24]

苏灵扬一副“马列主义老太太”的凌人盛气，敌视当过十个月国民党抗日青年军的周艾若（周扬前妻之子）。周艾若一进家门，苏灵扬就警惕性很高地盖上周扬桌上文件。苏灵扬惟一有人情味的一段日子是文革。那时，周扬进了秦城，苏受管制，住在北京沙滩一间几平米小屋，“那个时候她还有人情味，但获得自由后又变回去了。”[25]

进城后的延安作家内部有派，对外却团结一致，很有政治优越感。鸣放时，河南作家苏金伞（1906～1997）：

> 过去对于曾在国民党地区生活过的老作家，尤其是非党作家是采取了不够尊重甚至于是排斥的态度。对于在解放区受过锻炼受过教育或在解放区生长起来的作家，则另眼看待，作品有优先发表权，著作有优先出版权；对这些作家的作品，有时给以不甚恰当的推崇，使这些作家以政治上的优越性成为文学方面的先进人物。而对于老作家——尤其非党老作家，则认为他们历史上有问题，政治上不进步，对新的人民生活不理解，因此也就写不出好作品来。即使写出作品来，也冷冷淡淡，或者让其自生自灭，或者加以打击。……（解放区来的作家和党团员）更多的同志有着比较狭隘的宗派主义情

[23] 申渊：《五七右派列传》，五七学社出版公司（香港）2008 年版，第二卷，页 217～218。

[24] 李南央：〈北京女十中干部子弟班的生活〉，载李南央编著：《我有这样一个母亲》，开放杂志出版社（香港）2003 年版，页 108～109、116。

[25] 李辉：《往事苍老》，花城出版社（广州）1998 年版，页 392。

> 绪。……为什么会产生宗派主义情绪，无非以为自己立场最坚定、政治最可靠、思想最进步、观点最正确，是马列主义的守卫者。[26]

北师大教授钟敬文（1903～2002）批评作协领导对党内同志有说有笑，对党外作家"敬而远之"，认为"党员作家和非党员作家虽然在一个同业团体里，实际上中间的'楚河汉界'是非常分明的。"[27]

延安一代热情澎湃工作积极，终身忙忙碌碌，积极批评别人，活得好积极好辛苦。1953 年 7 月，李锐每天三种学习：马列理论、水电业务、俄文。[28]1950 年代后期，《文汇报》副刊编辑日记：24 点～2 点搞大扫除；一次会议从 19 点开到凌晨 5 点；一次两人"交心"从 15 点进行到 23 点（扣除晚饭时间）；23 点回家算早的，凌晨一二点甚至五点半才到家。[29]

积极改造自己，积极改造别人，积极改造社会，希望以精神力量推动社会发展，进入共产主义。1958 年 2 月，贵州省公安厅提出要将全省搞成七无社会——无火灾、无积案、无土匪、无盗窃、无骚乱、无烟毒、无赌博。公安部立即发文向全国公安机关推广。于是，有的省开展"十无运动"、"几十无运动"、"百无运动"。有些省市还嫌不够"跃进"，进一步提出搞成"玻璃板"、"水晶石"城市的设想，不仅没有任何犯罪，也没有夫妻吵架、婆媳拌嘴。这些提法受到中央政法领导层赞扬。[30]

大革命一代、红军一代是中共建政的核心力量，延安一代则是人数最多的执行层，1950 年代最坚决的左派，各项左倾运动得以迅猛推进的社会基础。如撰写那篇挨了御批的〈我们对目前文艺工作的几点意见〉（载《人民日报》1957 年 1 月 7 日），除了陈其通少将（1916～2001，总政文化部副部长）是长征红军，其余三位全是"延安一代"——陈亚丁、马寒冰、鲁勒。他们的观点代表了延安一代的集体性：

---

[26] 苏金伞：〈肃清文学上的宗派主义〉，载《文艺报》（北京）1957 年 6 月 23 日，页 7。
[27] 钟敬文：〈为了完成高贵的共同事业〉，载《文艺报》（北京）1957 年 6 月 16 日，页 4。
[28] 李南央编：《父母昨日书》，时代国际出版有限公司（香港）2005 年版，下册，页 410。
[29] 郑重：〈日记里的"笔会"编辑〉，载《文汇报》（上海）2009 年 4 月 14 日。
[30] 尹曙生：〈公安工作"大跃进"〉，载《炎黄春秋》（北京）2010 年第 1 期，页 18。

> 在党的"百花齐放、百家争鸣"的方针下，可以允许不同的艺术思想与创作方法存在，但作为一个党的文艺工作者必须坚持和宣传为工农兵服务的文艺方向和社会主义现实主义的创作方法，因为它不一定对一切人都是正确的，而对我们却是唯一正确的。[31]

请注意"允许"、"唯一正确"等用词，一副长缨在手真理在握姿态。不过，这四位左派由于提前反对"双百方针"，因左成"右"，马寒冰于反右前夕自杀，他们真正冤枉至极——所有右派中最冤的左派。1937 年入党的梅益，船工出身，中央广播局党组书记兼局长，"斗红了眼"，揪出局内最大右派——副局长温济泽，二十年后仍不愿为温的平反写证明。[32]

当他们努力改造社会之日，正是自我异化之时，最后弄得自己都不认识自己。文艺主管之一的陈荒煤完全异化，文革后复出，这位赴延前出版小说集《忧郁的歌》的文艺青年对刘心武说："我最见不得'淡淡的哀愁'。"[33]连人类最自然的情愫都见不得了，还认为是自我改造的实绩。

延安一代跟所有左翼激进派一样，崇尚道德鄙视物质，认定马克思主义的终极目标就是消除个人私欲。他们嘲笑一切个人欲望，尤其嘲笑"自由"，将根本不了解的西方想像成妖魔地狱，认定自己走在绝对正确的社会主义大道上。毛泽东之所以会说"狠斗私字一闪念"，正是因为有这么一大批"灵魂深处闹革命"的社会基础。自己灵魂深处爆发革命，会要求别人也一定得"爆发"，否则自己的"爆发"似乎就失去意义。1950 年代，延安一代到处以身作则，要求广大群众积极跟进。

延安一代终身坚守共产信念，视为人生最高操守。邓力群晚年："这个信念一旦树立起来就矢志不二。"[34]王力患癌后遗嘱"至死不悔"——"选择共产主义作为自己的信仰，并为之奋斗终生。"[35]"为了未来牺牲今天"的崇高，为中共披上了金光闪闪的道德光环，使他们认为无论从思想上还是从道义上，都有资格要求他人为了"长远利益"也作出牺牲，以未

31　黎之：《文坛风云录》，河南人民出版社 1999 年版，页 71。

32　《温济泽自述》，中国青年出版社（北京）1999 年版，页 325、338。

33　刘心武：〈淡淡的哀愁〉，载《书屋》（长沙）2004 年第 11 期，页 40。

34　《邓力群自述：十二个春秋（1975～1987）》，2005 年内部印行本，页 2。

35　《王力反思录》，北星出版社（香港）2008 年版，上册，页 120。

来的名义要求人们放弃现实利益。正如哈耶克所说："大批极权主义国家的人民竭力支持一种在我们看来似乎是否认大部分道德价值的制度。"[36]

1956 年是中共事业的最高点，也是下坡的起点。延安一代的高调唱不了多久了。他们发现身边充满更牛气的工农干部，知识分子干部得不到多少呼应。1952 年 1 月 15 日，高中肄业生范元甄日记：

> 三反以来，心情很沉重，深感许多领导岗位上的人那样不称于他的地位。……我在这里除工作忙碌外，还是相当寂寞的。

她致信湖南省委宣传部长的丈夫："碰到的居然是如此的人和事，也实在太使我没有精神准备了。更重要的是，整个党几乎也使我失望，所以我痛苦到无法自制的地步。"[37]

无论赤色意识形态如何标榜共产党员，一个个犹如天兵天将，不食人间烟火，却不可能真正铲除复杂人性的阴恶一面。仅仅依靠政治学习，不从权力制衡、制度设计这些根本处着手，扬己抑彼的人性之恶便会借助权力一再还魂。毕竟，绝大多数人的行为驱力是利益而非觉悟，总有那么一部分人为了实现个人利益最大化，一定会千方百计寻找歪门邪道。仅仅依赖政治思想的柔性劝导，放弃制度上的刚性防堵，能有多少效力？

对延安一代来说，真正的大规模"革命考验"是 1957 年的反右、1959 年的反右倾、1966 年的文革，必须"批判自我"了，得承受更猛烈的革命淬火。这回，革命是真正革到自己头上了。

贰、难说真话

红色高压下，自由被囚，真实就得四处躲藏。延安时期，文化生活枯燥，没有不断翻新的电影，没有诗意没有浪漫，出版物千面一腔。明明"身

36 （英）哈耶克：《通往奴役之路》，王明毅等译，中国社会科学出版社（北京）1997 年版，页 143。
37 李南央编：《父母昨日书》，时代国际出版有限公司（香港）2005 年版，下册，页 293、315。

在延安，心在上海，心在大城市”[38]，却必须表现出坚定的革命性。明明十分在乎的东西，非得装出小菜一碟的姿态。延安少年何方：

> 在革命队伍中磨练了几年，反而失去了少年时期的那点锐气，延安整风抢救运动一来，不久就趴了下来，顺着要求说假话，从此对人也多了些心眼。周围一看，几乎是个普遍现象。[39]

不仅新荷嫩叶的延安知青不敢吐真，就是高层大佬也早早不敢说话了。1947 年夏，康生主持晋西北土改，到处吊打、挖浮财，甚至挖祖坟起墓财，一些干部意见很大。亲历者曾彦修：“还有叶剑英、杨尚昆，这些情况，他们都知道，他们也不满意，但不敢说，怕戴上右倾帽子。”[40]

1949 年后，真话更是越来越不能说了。1954 年 4 月，高岗案发后，部属张秀山在东北高干会议上被迫认罪：

> 会议开到这样的程度，我别无选择，出于参加革命 25 年来受到的教育，我只能服从集体决定，只能违心地、万般痛苦地说：“我对于党中央和毛主席的无限信任是毫无问题的。经过同志们的分析的批判，使我认识到，少奇同志是中央的领导，是毛主席的亲密助手，我反对少奇同志就是反党中央。”[41]

1956 年 11 月～1957 年 4 月，新华社记者戴煌（1928～）写了一封最终未发出的信，收信人为毛泽东、中共中央。信中真实反映了当时的言论状况，说明“不让说话”是阻碍社会正常化的第一阻力：

---

[38] 赵浩生：〈周扬笑谈历史功过〉，载《七十年代》（香港）1978 年 9 月号，页 31。
[39] 何方：《从延安一路走来的反思》，明报出版社（香港）2007 年版，上册，前言，页 X。
[40] 曾彦修：〈才德反差巨大的康生〉，载《炎黄春秋》（北京）2009 年第 2 期，页 40。
[41] 张秀山：《我的八十五年》，中共党史出版社（北京）2007 年版，页 323。

> 人民的不满却日益增长而又带有普遍性的缺点……今年九月初，我倒大胆地试了一次，写了一篇批评宴会、聚餐之类问题的杂文，结果被《人民日报》编辑丢进了废稿堆。和这稿件一起的，还有给《人民日报》编辑部的一封信。在这封信上，我谈到了目前我国言论自由和新闻报导方面存在的问题。对于这封信的结果，正如我所预料的一样，石沉大海！它或许已被送到了中宣部，也可能被送到了公安部。……翻开我们的各种报纸刊物，再对照一下我们内部的材料和各种参考资料，我们就会非常触目惊心地感觉到：我们的光明和伟大被过分夸大地宣传了，而黑暗和腐朽则被偷偷地掩盖了起来。而对于美英等资本主义国家情况的报导，因为光说人家的坏而不讲人家的好，于是就使人一提到资本主义国家，就想到那里是一堆腐臭不堪的烂疮，包括这些国家的人民和文化。这是一种不相信人民的行为。……愈是这样地隐瞒真相，就是把人民推离现实越来越远。而一旦当人民看到事实后，他们的惊慌和失望的程度就会更大，从而会愤怒地悔悟到自己是受尽了别人的欺骗！……最近，有许多人写信给《人民日报》和新华社，批评我们的宣传带有欺骗性和不信任人民的性质，表示了他们的正当愤慨，说"上当愈大，失望愈重"。……有些人即便对此表示不满，但也不敢大胆地、理直气壮地提出自己的主见。他们怕在党籍、饭碗和提拔方面遭到打击，只好忍耐地走上中庸之道。《人民日报》自从改版后，确实是发表了一些干预生活的文章。但是，它们的锋芒是对的谁？是对那些县以下的小人物，而且是些鸡毛蒜皮的小事。对于那些地位高得多的干部，对于那些不知严重得多少倍的事件，以至对于中央和国内重大的问题，却一句话都没有，这是什么道理？对于这种反常的现象，新闻界的同志并不缺少要讲话的人，可是，到哪里去讲呢？

1951 年 3 月，国府行政院长翁文灏自法国归返大陆，前《大公报》记者朱启平撰文称扬翁向往新中国，放弃美法高薪聘留。稿子被"上面"改为翁文灏在海外"走投无路"，共产党宽宏大量收纳了他。朱启平认为这是对这位爱国老人的人格侮辱。鸣放时，他就此事提了意见，被斥“攻击党的领导和党的新闻政策”，划为右派，送北大荒劳改。[42]

1957 年反右后，党内外讲话普遍顾虑重重。知识分子三不讲——报上没登的不讲，领导没讲的不讲，与公布数字不合的不讲。[43]1958 年 11 月，山东省政府举办“农业大丰收展览会”，玻璃罩内陈列着一墩红薯，标注 500 斤。副省长李宇超（1906～1968）悄悄拉过省委第一书记夫人石澜，指出这墩红薯明显造假，要她向“大老板”舒同反映。省科委副主任石澜，对这位延安中央研究院同学说：“你是副省长，你为什么不向上级反映？”李宇超“唉”地一声转身走开。石澜晚年茫然自问：“我们平时对各种问题都是嘴快眼尖的人，不知为什么，在那个年头里，在当时的气氛下，我们都变成非常‘木讷’的人了。”[44]

有人大着胆子说了真话，那好，揪出“极右”一个，本单位反右运动结硕果！新华社参编部陈亮（1929～）受鼓励鸣放了一张大字报〈庶民谈国是〉：一、高干子弟享有特权，跟满清旗人差不多；二、法律面前不平等，实际上还是“刑不上大夫”，少数人逍遥法外；三、对知识分子改造过于粗暴，类似焚书坑儒；四、领导人应该有退休制，外国总统总理也有退休。陈亮成了新华社与戴煌并列的两大“极右”，发配北大荒劳改。[45]

一机部 17 岁女打字员戴菊英，最不可思议的“真话右派”，她只有一句“美国鞋油真好使”，成了“崇洋媚外”，她不服，顶了几句，便是“态度不好，思想顽固”，划了右。按规定，十八岁以下不划右。[46]

党内高干也“深刻认识”必须看人下碟，不能太天真。虚假阿谀、迎逢上司，甚嚣尘上。1959 年 7 月中旬薄一波（1908～2007）上庐山，行前请薛暮桥整理一份万字材料——“从一年来大跃进中吸取经验教训”，准备递交全会。材料非常具体，对“三面红旗”的否定力度超过彭德怀“万言书”与张闻天发言，如“造成了粮食等很大的浪费，还损害了农民劳动的积极性”、“生产大跃进，供应大紧张……”薄上山较晚，风

[42] 戴煌：《九死一生——我的“右派”历程》，中央编译出版社（北京）1998 年版，页 51～52、105。
[43] 辛子陵：《红太阳的陨落——千秋功罪毛泽东》，书作坊（香港）2008 年版，上卷，页 284。
[44] 石澜：《我与舒同四十年》，陕西人民出版社 1997 年版，页 61。
[45] 贾宗谊：〈在美国打工 17 年——访“倦鸟思归”的陈亮〉，载《炎黄春秋》2009 年第 7 期，页 81。
[46] 戴煌：《九死一生——我的“右派”历程》，中央编译出版社（北京）1998 年版，页 103。

向已变，“我准备的发言稿未拿出来……我已‘全然没有这个胆量’去如实发表自己的意见了。”“我也不得不和大家一道参加了对彭德怀等同志的错误批判。……说了一些违心的话、过头的话，这是不能自我原谅的，至今仍深感内疚。”[47]庐山这场激烈的“阶级斗争”，也是一场真实与虚伪的较量，虚伪凭借政治暴力大获全胜，拉开通往饿死四千余万国人的最后一道闸门。如果此时开始纠左，还有可能采取各种补救措施，如进口粮食、解散食堂、允许开荒、注意饥情等等。至少不会出现大面积不敢“举下情”，各级党委也明知饥馑仍高唱“就是好”，弄得不可收拾。

姚依林说反右至大跃进，困难越积越多，政策上必须改变，但总根源的三面红旗又不能丢，还得在文件中坚持，因此“那时每写一份文件，读一份材料，文章前一二页是不用看的，讲问题从第三页开始！”[48]

1959 年秋，河南信阳地区光山县农民求医，医生见是饥民，便说此病好治，有两碗粥就好了，医生遭逮捕法办。信阳县纪委干部向省委写信反映饿死人的严重情况，遭留党察看。地委书记路宪文在省委支持下，专门开会命令邮局把关，凡是反映情况的信件，一律扣压，先后扣压信件 1.2 万余封；饿死不准说饿死，得说染瘟疫而死。[49]

1960 年下放湘潭的胡耀邦，回京向毛泽东汇报前夜，激烈思想斗争——是否将饿死人的实况告诉毛？抽烟踱步，一夜未眠，最后还是没敢向毛完全说出真相。1960 年陈毅从南方回来，会上感叹：“在下面跑了几个省，谁也不敢说老实话。”[50]1962 年，林彪日记：不能说真话。[51]1960 年，清华大学两位学生嚷着粮食不够吃，狠狠挨整。清华党委教育饥饿中的学生：“粮食问题是思想问题！”报上也一个劲在说“粮食问题是思想问题”。[52]政治高压之下，甚至不敢真实思考，直至以虚假为“正常”，真以为肚子饿是思想出了问题。谁说了真话，会被认为“精神不正常”。

---

47 薄一波：《若干重大决策与事件的回顾》，中央党校出版社（北京）1993 年版，下卷，页 867～869。
48 姚锦编著：《姚依林百夕谈》，中国商业出版社（北京）1998 年版，页 160。
49 张树藩：〈信阳事件：一个沉痛的历史教训〉，载《百年潮》（北京）1998 年第 6 期，页 41～42。
50 惠浴宇：〈司令・严师・兄长〉，载《人民日报》（北京）1986 年 1 月 18 日，海外版。
51 《胡乔木传》编写组编：《胡乔木谈中共党史》，人民出版社（北京）1999 年版，页 216。
52 张轶东：《从列宁格勒大学生到新肇监狱》，劳改基金会黑色文库编辑部（华盛顿）2007 年版，页 149。

四川省政协主席廖伯康（1924～）："四川饿死这么多人，省委主要领导的对策却是向中央封锁消息，不准谈饿死人的情况，谁要谈，谁就是小资产阶级动摇性和软弱性的表现。"[53]1962 年廖任重庆市委办公厅副主任，向中央报告川省非正常死亡人口 1000 多万，打成"反党集团"，留党察看两年，撤销职务，下放工地劳动，1982 年才平反。李井泉其时督川，一手向中央封锁消息。1960 年 9 月，毛泽东加封李井泉为西南局第一书记兼成都军区第一政委，掌管云贵川三省，中央书记处都惹不起的西南王。

1960 年 3 月 30 日～4 月 8 日，全国人大会议，两千余名人大代表奉命必须"三不谈"——不谈粮食征调过重、不谈农村缺粮、不谈饿死人，只准畅谈大好形势。[54]1961 年 4 月，刘少奇回乡考察，蹲点长沙县广福公社天华大队。女支书彭梅秀"路线觉悟高"，闭口不谈灾情与一平二调退赔，力挺大食堂，否认队里有人浮肿。庐山会议后，该队敢说真话的副支书段树成不同意彭梅秀好大喜功，划为右倾机会主义分子，撤职批斗。刘少奇找到段，听到实话：彭梅秀所说的产量、猪数、工分值都是虚报，口粮一天只有七八两，全队浮肿超过百人。段还告诉刘少奇：天华大队是先进单位，对外开放参观，上面给补贴；篾席厂是大队干部的吃喝点，干部经常晚上去吃喝，当然不会浮肿。彭梅秀得知刘少奇找了段，路边叫骂：刘胡子一来把天华大队搞乱了。刘少奇感慨：彭梅秀要赶我走，我是国家主席，公安厅长带人保护，找人谈话都受刁难，听真话、查实情多不容易！[55]

1962 年"七千人大会"后，继续批右，仍不能说真话。刘少奇、周恩来、邓小平、陈云等中常委都违心附毛，还有一个专用术语"顾全大局"。陈云一直提倡"不惟书、不惟上、只惟实"，西路军事件经手人（时任中组部长），四十多年不敢讲真话，毛泽东死后五、六年才敢说出西路军真相。

1964 年"四清"，王光美在河北抚宁县桃园村搞"桃园经验"，左得很，比土改还神秘，揪出外交部办公厅"阶级异己分子"董国柱，因为他

---

[53] 辛子陵：《红太阳的陨落——千秋功罪毛泽东》，书作坊（香港）2008 年版，上卷，页 341。

[54] 辛子陵：《红太阳的陨落——千秋功罪毛泽东》，书作坊（香港）2008 年版，上卷，页 357。

[55] 黄峥：《王光美访谈录》，中央文献出版社（北京）2006 年版，页 238～241。

向党组织写了反映家乡“四清”过左的〈回乡见闻〉，王光美领导的工作队要求外交部给予董国柱开除公职、察看一年，送原籍批斗。[56]

真话不能说，真事自然就办不了。1959 年 8 月开始“反右倾”，甘肃通渭县 1169 名生产队长以上干部因反映真情被打“右倾”。10 月 18 日县委扩大会议，揭批县长田步霄等“反党反社会主义集团”，29 日田步霄自杀。县委以“顽固不化”上报地委，开除党籍，批判尸体。大批农民在饿死，通渭县委则认为：谁要求供应粮食，谁就是“以粮食问题攻击县委”、“闹粮凶的地方，查了一下，都有反革命集团”。县委要求各公社召开“万人斗争大会”、生产队召开“千人斗争大会”，开展两条道路斗争，批斗要求政府供粮的干部与农民。农村已经断粮，定西地委书记窦明海表示：“宁饿死人，也不能向国家要粮食。”[57]三年大饥荒，总根源出在延安整风形成的只能“歌德”，党的利益高于一切，高于人民生命。

孩子也被教说假话。何方之子明明在幼稚园吃不饱，“但问到他在幼稚园吃饭情形时，他也和我们下放干部说一样的话：‘吃得饱，吃得好。’只是有时一不留神会偷偷讲，老师让这样说的。”[58]

不能说真话，大跃进开始后党群普遍恶化。石澜：“回想起战争年代，吃在群众家、住在群众家，彼此亲密无间，而此时此刻，却完全变了样。使我最感痛苦的是农民们向我们投来的冷漠的不友好的眼神。”山东省委第一书记舒同下乡，问三五个蹲墙根的老头：“人民公社好不好？”几个老头马上站起来走人，只有一个老者仍蹲着：“人民公社好么！人家毛主席说好，咱还能说不好？”[59]

文革初起，新华社山西分社一位三八式干部：“我现在谁也不信了。”《人民日报》编辑部一位三八式干部：“现在的报纸要正面文章反面看，反面文章正面读。”[60]国人已必须生活在谎言与虚伪之中。文革红人章含

---

56 何方：《从延安一路走来的反思》，明报出版社（香港）2007 年版，下册，页 561～562，417。
57 杨继绳：〈通渭问题——大跃进五十周年祭〉，载《炎黄春秋》（北京）2008 年第 10 期，页 43。
58 何方：《从延安一路走来的反思》，明报出版社（香港）2007 年版，下册，页 389。
59 石澜：《我与舒同四十年》，陕西人民出版社 1997 年版，页 168。
60 冯东书：〈新闻永远是一面镜子〉，载《炎黄春秋》（北京）2007 年第 2 期，页 34。

之表面十分革命十分红色，其实小资情调实足，想要教堂婚礼。[61]1957 年，她初嫁北大教师洪君彦，已不流行婚纱照了，章含之仍坚持要披婚纱。[62]

文革后，北京记者下省，在《内参》仍无法说真话。1979 年，陕西省府在绥德县设立省级机构“陕北老区革命建设委员会”，省委书记兼主任，管理使用每年由中央调拨的 5000 万援助资金。可“陕北建委”筹建时就胡乱花钱，买了一大堆沙发、席梦思、高级办公桌。办公室主任安排女儿为秘书、女婿车队长、儿子管理员，总机也安排了亲属，“成了主任的家天下。……我们在‘内参’中反映了这些情况，并建议把陕北建委迁到西安去。不料因此一举我们变成了被告，那位搞家天下的主任向陕西省委告了我们一状。这也反过来说明，记者反映问题的难处。”[63]

1989 年 7 月 28 日，巴金（1904～2005）编完自己的全集，认为 1950～80 年代的文章 50%为废品，“经过一次接一次的运动，我跟读者的距离越来越远了……我绝不能宽恕自己！我究竟说了多少真话？”“读者也许会把全书四分之二扔在垃圾堆上，那么我这一生写作上的努力就得到公平的待遇了。”[64]巴金晚年《随想录》翻来复去“要说真话”，因为存在不准说真话的压力。1980 年代初，巴金在香港陆续发表〈随想录〉，对文革十分谨慎地抱怨了几句，稍微说了几句真话，胡乔木十分不悦，打电话命令王元化撤掉巴金上海市作协主席职位。2008 年了，还有人呼吁“要容忍真话”，《报刊文摘》立予转载，[65]说明还有这方面的需要。

延安文士严文井（1915～2005）晚年无论如何不愿写回忆录，始终坚持“有的绝对不能说。”自谓“带地图”，即带着“主义”，受党纪约束，结结实实被绑一辈子，九十岁都不敢直面真实：

> 能够写的，不能写，写了会得罪人的；别人都知道的，又没必要写，写了也没价值。所以干脆就不写了。巴金敢写能写也会写，写的都是真话，我佩服他。萧乾是“未带地图的旅人”，而我是“带

61　章含之：《跨过厚厚的大红门》，文汇出版社（上海）2002 年版，页 136。

62　洪君彦：《不堪回首——我和章含之离婚前后》，河南文艺出版社 2009 年版，页 22。

63　胡国华等：《告别饥饿：一部尘封十八年的书稿》，广东教育出版社 2008 年版，页 200～201。

64　《遥远的回响——“收获”散文精选》，云南人民出版社 2001 年版，页 448～449。

65　陈四益：〈要容忍真话〉，原载《同舟共进》（广州）2008 年第 1 期。

地图的旅人”，条条框框多啊，写不好，会伤害人的。与其这样，还不如不写。[66]

1980年代，李慎之做对台工作，针对有人说“我们说话历来算数”，李慎之驳道：你们不要说假话，我们说话历来不算数的。[67]经济学家王亚南（1901～1969）：“专制制度下只有两种人：一种是哑子，一种是骗子。我看今天的中国就是少数骗子在统治多数哑子。”[68]

1992年9月20日，钱钟书忠告两位青年编辑：

一个人对自己身边的人甚至自己的朋友，在与他们说话时要十分谨慎。如果他是一个表里不一的人，他可能会抓住你话中的漏洞从你身后边捅你一刀，把你卖了；如果他是一个软弱的人，在他人的恐吓、威胁下，他可能会作一些伪证，捏造一些无中生有的事件来；如果他是一个正直诚实的人，他可能会十分坦率地承认一些对你十分不利的事情；如果他是一个可以信赖的知心朋友，他可能会因为保护你而牺牲了他自己。总之，心中毫无阻碍，说话毫无顾忌的人，很可能害人又害己。[69]

1998年，一本十八年前的内参集子终得出版，内有真话：

我们国家虽然任何时候都提倡讲真话，反对讲假话，但每次政治运动，都有一批农村记者因为替农民讲了真话，无端受到批判斗争，甚至开除党籍、撤职。[70]

---

66 孙逊：〈严文井：大隐隐于市〉，载《中国青年》（北京）2008年第14期，页49。

67 邢小群：《往事回声》，时代国际出版有限公司（香港）2005年版，页60。

68 转引自于浩成：〈党对政权与社会的控制——入党与出党半世纪的回顾〉，载金钟主编：《共产中国五十年》，开放出版社（香港）2006年版，页360。

69 董磊、孙小玲：〈钱钟书、杨绛先生寄语青年——关于语言和言语的谈话〉，载何辉、方天星编《一寸千思：忆钱钟书先生》，辽海出版社（沈阳）1999年版，页426。

70 胡国华等：《告别饥饿：一部尘封十八年的书稿》，广东教育出版社2008年版，序言，页8。

延安一代写回忆录，最常出现的惶惑是：这么写行吗？被不被允许？会不会接受？是不是太真实？吓丝丝呵！研究者说："过去老干部们许多话都是不敢说的，甚至是不敢听。"[71]

2008 年 11 月 18 日《羊城晚报》："今天培养孩子很难，你刚教会他说真话，又不得不开始教他闭嘴了。"短短一语，可摸知当今中国的真实度。同年，一位 60 多岁的女学者叹曰：

> 是的，在中国说真话之难，难于上青天。这不单单是出于对严刑竣法的畏惧，民不畏死，奈何以死惧之！不怕死的中国人也不少见，重要的是有各种理论，消解你说真话的愿望和信念，一种可怕的精神慑服，使你自我瓦解。……在政治运动中撒的谎，往往是受到党国利益的驱动，自己也可以原谅自己……只要持有这种理由，说了弥天大谎，也可以面不改色心不跳，不必受到良心谴责，这种状态很难有个人的自悟，也没有诚信可言。所以中国不讲诚信是群体道德的缺失，是在"正义"掩盖下的非正义行为，这是制度的塑造，并不完全是个人的责任。[72]

谎言当然经不起真实的戳击。斯大林铁幕被撩起，苏联解冻；文革神话被揭穿，四人帮被捕；共产谎言被揭穿，改革开放启动；"伟光正"被质疑，民主浪潮再起。"最后的审判"得由后人做出，每一代人的"功业"必须接受岁月甄别，自说自好绝大多数是烂稻草。尤其政治人物的霸然自评，除了借助暴力王婆卖瓜，岂有它哉？

"伟大的毛泽东时代"，最后万马齐喑，"忠臣不敢谏，智士不敢谋，天下已乱，奸不上闻。"（〈过秦论〉）百姓怨，海内叛，毛伸腿，文革止。但留下庞大"毛遗产"，延祸至今，如何请毛像下墙、移毛尸出堂，还是一道大难题。

---

[71] 郭道晖：〈四千老干部对党史的一次民主评议〉，载《炎黄春秋》（北京）2010 年第 4 期，页 7。

[72] 刘志琴：〈请理解老一代——怀念李慎之〉，载《炎黄春秋》（北京）2008 年 6 月号，页 25～26。

参、尴尬人生

延安一代嫁错“主义”，误了终身。无论他们对劳苦大众如何充满感情，如何英勇壮烈、如何清廉公正，由于大方向错误，所有努力不仅均为无用功，还反方向托举起大独裁者毛泽东（共产赤国均“特产”大独裁者），交出一份糟糕透顶的成绩单，留给后人一片红色瓦砾，剩给自己巨大“红色尴尬”，而这一尴尬还是拎着脑袋争取来的。

初入延安，他们的小知本质就与“彻底革命者”发生冲突，尴尬就开始了。1940 年，十九岁的范元甄致信丈夫：“我一直在幻想中构设着我们俩人的生活，那往往是非常小布尔乔亚的……这些小布尔乔亚的意识总在苦恼着我。”

延安一代虽拥“解放”之胜，很快闻土改之腥、历肃反之恐、惊反右之谬、睹跃进之灾、受饥饿之煎、熬文革之狱、涉改革之艰、痛六四之血、遭封杀之禁，最后得反思之悲。万水千山，一路惊险一路伤，一生都在波涛中。1952 年 5 月，李锐记录：“土改的人当作随便捡来带回的一些字帖、画，却是大珍品，有的简直是宝物。我已珍藏起来了。土改真是文物浩劫。”1952 年 6 月，为鼓励生育，政务院下令不准卖避孕药。[73]凡此种种，都是延安一代必须面对并十分尴尬的“革命副产品”。

进入晚年，延安一代抚身伤世，跌足国事，眼睁睁看着迎创的“无产阶级专政”成为四不像，当年投入的每一寸努力都成为需要改革的阻力，曾经支付的每一度热情都成为今天的羞愧。原以为自豪自傲的一生，以为临终回首绝不会因庸碌一生而抱恨，实际上却参与制造大饥荒、迎来反右～文革大恐怖、坦克碾街的“六・四”，赤色意识形态垂绪至今，严重影响子孙后代，“延安瓦砾”需要几代人才能清除，自己的一生只能沦为尴尬的反面教材，其悲其痛其悔其伤……还是早走一步，1990 年代以前去世的蒋南翔、杨述等，避免了尴尬，信仰坚定地去见了马克思。

---

[73] 李南央编：《父母昨日书》，时代国际出版有限公司 2005 年版，上册，页 214；下册，页 324、361。

尴尬是一点点渗透与意识到的。1947年8月，松江省委书记兼省军区政委张秀山："我们的干部大多是来自根据地和农村，很多人没有见过这种场面（按：哈尔滨之繁华），除了参加工作队下乡去的同志，留在哈尔滨工作的，其中少数人，经不起诱惑，受不住考验，不同程度地腐化起来。"东北大区一级机关贪污100万元（按：一万元相当1955年币改后一元）以上者约占全部工作人员15～30%，其中党员约10%。东北某省查出贪污1000万元党员贪污分子529人，其中科级以上13%，抗战胜利以前入党者28.9%。因效率低下造成的浪费更严重，"估计等于七年（按：1945～1952）工业的全部投资，即三万亿元（旧币），合500万吨粮食。浪费如此严重，使国家工业化积累资本必成空话。"[74]1948年底，中共冀热辽分局干部会议："大家意见一致，下面干部普遍贪污严重，必须抛开他们。"[75]1947年底，热河一支"高干队（县支干部）99人，都有严重贪腐。"[76]

1947年11月22日～1948年3月21日，毛泽东、周恩来驻扎陕北米脂杨家沟，村里土改伊始，八岁李讷要警卫员背着去看斗地主，回来后大哭不止。毛急问原由，警卫员说斗争会吊打地主，形状甚惨，孩子受到惊吓。各地土改，斗地富夺财产，怎么可能不激烈？怎么可能不贪占？周恩来在杨家沟时就知道基层赤干贪占地富浮财："现在见了好衣物就贪就占，将来进了北京那还了得?!让他们都统统'吐'出来！"[77]

1949年后，尴尬就更浓重了。共产了，可贪污的东西越来越多。1951年，各地贪案堆积毛泽东案头，毛惊呼："有些共产党比国民党还坏。"[78]革命党的道德自律因利益可攫度骤增而反比率递减，批量涌出"刘宗敏"，令坚定革命派尴尬不已。中南局第二书记邓子恢（后任副总理兼中央农工部长），1951年丧母，范元甄家信中："邓老母亲死，睡楠木棺材，大出丧的队伍在街市摆了几小时，送丧所耗汽油数都惊人。最高领导这种作风，弄得层层邪风上升……腐化蜕变的事例这样多，党的领导是无法辞其咎的。……

[74] 张秀山：《我的八十五年》，中共党史出版社（北京）2007年版，页208、285。
[75] 李南央编：《父母昨日书》，时代国际出版有限公司（香港）2005年版，下册，页185。
[76] 李南央编：《李锐日记》（一），溪流出版社（美国）2008年版，页156。
[77] 秦晓鹰：〈那一刻，周恩来忽然沉默〉，原载《新民晚报》（上海）2012年5月3日。
[78] 何立波、任晶：〈"三反"：建国后反腐第一仗〉，载《检察风云》（上海）2009年第7期，页67。

某些领导者生活向地主资级追求，党内庸俗空气并非不严重的。”[79]1951年底发动的“三反运动”（反贪污、反浪费、反官僚主义），乃中共高层企图遏制腐败势头的应激性努力，当然只能湿湿地皮。

1950年3月，黄永胜揣三千港币擅遊香港三日，受中央通报批评与党内警告。黄永胜一向作风不佳，热衷跳舞，惹董必武大怒。林彪倒台后，叶群卡片盒中有黄永胜小诗：“缠绵五个月，亲手折几枝；虽是寒冬月，黄叶热恋时。”[80]有人指说叶黄有私。1951下半年开始整党，1954年结束，650余万党员中开除党籍或劝退41万，占6.3%。[81]

1950年代前期，中共每年选送1000～2000名学生留苏，从头到脚公费，每月生活费500卢布（与美元时率1：1.1），相当250名农民年收入。[82]教育部特邀钱伟长等专家协助把关选拔，不久专家纷纷告退，抵挡不住高干压力。为塞送亲属留苏，高干一个个神通广大。协和医院党委书记之妻程西筠，1948年参军，嫁高级军官，中学生一下子成了人民大学马列主义研究生，五年生三孩，选送列宁格勒大学历史系研究生。1956年初程西筠回国探亲，拜访北大史学教授杨人楩，杨教授忠告其应从本科一年级补读，“当然这个意见她是不能接受的。”高干亲属自己学不好，受苏方责难，迁怒优秀生，设法使优生政治上倒楣，形成“逆淘汰”。[83]

1939年12岁赴延的小八路灰娃（1927～），1953年也感觉不对劲：

> 我一天天越发烦恼，越发回忆与思念延安。此时，人与人之间的那种意味，令我实在难以忍受，难以理解的坏心情。似乎人们时时怀着不可告人的心思，有的势利眼；有的卑微相；有的狡诈得自以为巧妙人不知；有的抢风头、拔分子（按：京俚，突出自己）；

[79] 李南央编：《父母昨日书》，时代国际出版有限公司（香港）2005年版，下册，页287。
[80] 吴东峰：〈“中南王”黄永胜〉，载《同舟共进》（广州）2009年第11期，页61～63。
[81] 胡绳主编：《中国共产党的七十年》，中共党史出版社（北京）1991年版，页318。
[82] 郭凌鹏：〈中国美术生留苏往事〉，载《中国新闻周刊》（北京）2013年第24期。
[83] 张轶东：《从列宁格勒大学生到新肇监狱》，劳改基金会黑色文库编辑部2007年版，页73～74。

有的假积极；有的自卑可怜……人们的那种气息、意味儿，令我觉得我进入了一种怪诞世界。[84]

1956 年，韩素音访华发现：

不少党员干部关心自己的利益远远胜过为人民服务。而且干部人数正以惊人的速度增加。消耗国家大量钱财。本书作者发现，在某一个机构里，大约有 120 名干部，而工作人员仅有 50 人，其中 20 人左右从事一项“重要工作”，为人沏茶。[85]

1957 年鸣放，二机部教育司赵文滔大字报揭发：该单位有高干用大笔公款装修私宅；塞子女走后门免试进大学；副局长诱奸二三十名女人，还有人事干部替他辩护；小干部要流氓，则受法律处分。[86]

冯亦代发现私信被拆检，“一直到年底（1955 年），人事科还扣留和私拆我的信件。领导上知道不知道中华人民共和国还有一个宪法，根本不把人当人看。”“现在做人很难，有许多事情是过了夜就变错了，使我现在思想很混乱、很痛苦。我想党员同志更应当痛苦。”[87]

16 岁入“民先”、17 岁参军的军旅作家杜鹏程（1921～1991），1959 年随彭德怀一起倒下，晚年曰：

在那些年月里，我曾千百次在心里问自己；难道一个人少年投身革命，在艰苦环境中出生入死，为的是和广大群众一道来争取这样一种“命运”吗？

抄家、批斗、遊街、示众、蹲牛棚、劳动改造……早年戴过“八路”和“解放”臂章的胳膊上，现在换了一块白布，上写“反革命修正主义分子”。早年浴血奋战的地方，现在成了自己被侮辱“示

[84] 灰娃：《我额头青枝绿叶——灰娃自述》，天行健出版社（香港）2011 年版，页 138。
[85] （英）韩素音：《周恩来与他的世纪》，中央文献出版社（北京）1992 年版，页 339。
[86] 赵文滔：《伤害》，夏菲尔国际出版有限公司（香港）2009 年 4 月第二版，页 35～38。
[87] 冯亦代：《悔余日录》，李辉整理，河南人民出版社 2000 年版，页 3、9、11。

众”的场所。不明真相的青少年向我们吐唾沫、抛石头，而我们纵然有多少错误与弱点，但确是为了使他们能过人的生活，而含辛茹苦地战斗在这个世界上！……在生活的舞台上，我真是扮演了不少角色啊！

纵览我们刚刚经历过的这一段历史，使人不能不这样想：是的，有人要怎样乱干，要怎么胡说就怎么胡说。但是这样干这样说，把中国人民置于何地？须知一切胡作非为的惨痛后果，全都落到人民群众的头上——缺吃的，是他们；少穿的，是他们；忍受一切艰难困苦的、遭受精神摧残的，都是他们啊！[88]

中共“一大”代表李达（1890～1966），武汉大学校长，1966年7月中旬酷热之夏，糖尿病（4+）、高血压（236／114），仍须接受批斗；8月已极度虚脱，要求医治，不准；8月22日，奄奄一息了，工作队才准送医院，但不许老妻陪同。入院三日，李达粒米未进，妻子托人捎带牛奶，遭拒绝；8月24日，李达去世，无一亲人伴侧。[89]这难道会是他当年所要争取的“下场”吗？文革时，1940年代上海中共地下党“巡捕特支”书记刘泮泉，隔离审查三年，其母大惑：“我儿子干了一辈子共产党，怎么让共产党给抓起来审查？最终给整个半身不遂？”[90]

全国记协书记李炳泉，西南联大生，1970年迫害致死。老友李普痛曰：“这个可敬的人度过了怎样的一生啊：他一生致力于革命，但是他被他所从事的事业吃掉了，吃得尸骨无存。那天的仪式叫做骨灰安葬仪式，其实骨灰盒里只有他用过的一副眼镜、一顶帽子。”[91]

穆广仁：

不能不对许多中国知识分子（包括我自己）在个人迷信时代所表现出的盲从和暴政下的屈从感到脸红，既有损害个人尊严和人格

---

[88] 杜鹏程：《保卫延安》，人民文学出版社（北京）1956年6月第2版，页431、438、440。

[89] 吴娟、许雅亭：〈李达的最后十四年〉，载《时代周报》（广州）2009年5月18日。

[90] 曹庆庚、曹爱红：〈长眠在烈士陵园的外公〉，载《档案春秋》（上海）2009年第7期，页26。

[91] 李普：〈哀李炳泉之死〉，载《炎黄春秋》（北京）2009年第7期，页48。

> 的无休止的"检讨"，也有对"同类"无可奈何的批判。因此，我和同我类似的人不能说是人生的"完美"，而是"很不完美"，中间有一段甚至是"丑陋"。……也许，仅仅是由于认同了"我们所建成的，与我们为之奋斗的完全两样"（奥斯特洛夫斯基），才被人们美称之为"两头真"的吧。[92]

1950～70年代，一场接一场的政治运动，你不充当革命的动力就沦为革命的对象。左翼知识分子的苦恼，不是因为充当革命动力伤害了同事与友朋，不是为此引起良心内疚，而是失去充当革命动力的资格。延安保安处审讯科长陈泊（1909～1972）[93]，抢救审干时从厕所弄来一勺大粪往被审者嘴里塞。这位海南渔民出身的大革命党员，延安三大情报专才，1949年后任广东公安厅第一副厅长、广州公安局第一副局长，1953年3月8日以"重用反革命"、"国际间谍"判刑十年，文革惨死农场，1981年平反。[94]

现实逼着延安一代反思"自己制造的历史"：本应是下一代的恩人，怎么成了罪人？明明是"解放者"，怎么成了"需要解放者"？为人民造福的革命怎么成了人民的灾难？怎么会有如此大反差的悖谬？

延安一代还有一项特殊尴尬：只能"攻占"别人攻占的碉堡，犹如参加演习的士兵，第一个冲进碉堡插上红旗，随即发现原来是一座早已被攻占的旧碉堡，自己的英勇并无实际意义。革命需要他们的只是为胜利一再欢呼，既不需要实质性思考，更不需要创造性参与，只能做"歌德派"（歌颂功德）与"但丁派"（但知紧盯领导）。反右后，连"欢呼"、"但丁"的资格都没了。神器成镣铐，埋葬旧世界的延安一代，竟入不了自己创建的"新社会"，一次次挨批，迭遭后人诅咒，反差太大，尴尬太甚。

最尴尬最痛苦是昨天还是最最革命的左派，一转眼成了"右派"、"右倾分子"、"反革命分子"：彭柏山、华岗、郭小川、牛汉、王元化、徐懋庸、李锐、陈学昭、陈沂、公木、艾青、黄源……还有资格更老的大

---

92 穆广仁：〈奥斯特洛夫斯基："我们所建成的，与我们为之奋斗的完全两样！"〉，载《炎黄春秋》（北京）2008年第2期，页29。

93 布鲁（马来语，螺丝钉）：1926年由琼海总工会负责人黎竟民介绍入党，时任边区保卫部长。1951年1月被公安部长罗瑞卿亲自宣布隔离审查。

94 高浦棠、曾鹿平：《延安抢救运动始末》，时代国际出版有限公司（香港）2008年版，页186。

革命一代“右派”——冯雪峰、沙文汉、陈修良、杨思一、黄药眠、聂绀弩……天上人间，眼睁睁看着各项权利被剥夺。他们没有死于刀光剑影的沙场上，却倒在“莺歌燕舞”的阳光下；枪林弹雨中活下来，却被自己的队伍所抛弃、被亲手扶立的“新社会”所不容，连妻儿都不断揭发批判自己。与坐国民党或日伪监狱不同，这回没有光荣感，不再是精神上的胜利者，只有冤屈与悲哀，昔日理想成为痛苦根源。艾青划“右”后，多次自杀。[95]《郭小川检讨书》详细记录了抽骨吸髓般的痛楚，难以理解为何被革命遗弃，原来的自尊自得自信，全部转为自卑自惭自弃。文革后，李慎之对杨绛说：“我觉得最可怕是当‘右派’，至今心上还有说不出的怕。”[96]

就是自己未挨整，看着亲属、战友、同事一个个倒下，也痛苦万分。韦君宜：“参加革命之后，竟使我时时面临是否还要做一个正直的人的选择。这使我对于‘革命’的伤心远过于为个人命运的伤心。”[97]夏志清对郭沫若的一段评论完全适用于延安一代：“他的生涯无非是一代文人的活悲剧；以浪漫主义式的反抗始，以屈服于自己参与创立的暴政终。”[98]

反右后，不少延安老“右”下放边远省区，充任文化教员，他们化悲愤为力量，尽心尽力教书育人，所得评语则是：“你工作得愈辛苦，国家就愈倒楣！”[99]因为你这种“黑”人，教得越辛苦，黑学生就出得越多，对国家越是“反作用力”。

陈学昭得到这样的“革命果实”：文革期间冻结存款，每月仅领 60 元生活费，所有开销统统在内，包括补助女儿十元、诊疗费、保姆工资。陈女：“上面指令不能辞退阿姨，说是监督母亲。……家中生活只有两个字去形容，那就是窘迫。”“数十年来只有谨小慎微，在诋毁辱骂中艰难度日，终日诚惶诚恐，不敢与人交往，常提防着千万不要牵累他人。”[100]

肃反～反右对许多延安一代是思想认识的折返点——开始醒悟。艾青私下对吴祖光说：“党内没有民主”；“党内没有温暖”；“你不是党员

---

95 程光炜：《艾青传》，北京十月文艺出版社 1999 年版，页 453、464。

96 杨绛：《走到人生边上——自问自答》，商务印书馆（北京）2008 年版，页 113。

97 韦君宜：《思痛录》，北京十月文艺出版社 1998 年版，页 51。

98 夏志清：《中国现代小说史》，刘绍铭等译，香港中文大学出版社 2001 版，页 81。

99 张轶东：《从列宁格勒大学生到新肇监狱》，劳改基金会黑色文库编辑部（华盛顿）2007 年版，页 229。

100 陈亚男：《我的母亲陈学昭》，文汇出版社（上海）2006 年版，页 151、279。

还好点”；“党是无情的，专整人”；“党内做人难”；“一批人整人，一批人挨整”。艾青后悔入党。[101]

革命者先尴尬自我——思想改造，然后尴尬别人——批判抢救，先自斗后斗人，最后斗完别人斗自己。1950年代初，冯雪峰化名批判萧也牧；丁玲、艾青义愤填膺批判胡风；郭小川倒下前也“火力”甚足；张光年反右时力批唐达成，文革则轮到自己“悲惨倒下”。叶挺独立团出身的萧克上将，文革中五年挨批斗写检查，发配江西永修干校，“当年我们为了扩大革命力量，把能动员的人一个一个都动员进来了；而今天，我们这些老兵却一个一个地被赶出革命队伍，成了‘革命对象’，纵有一腔热情，浑身力量，也只能空对青山嗟叹。”[102]

贺敬之（1924～）说周扬文革前一贯整人，文艺界批判运动前线总指挥，但又多少同情被整者。反右时，周扬私下对张光年说：“我们是在夹缝中斗争啊！”[103]在自危中自保。肃反、反右、反右倾，文化部三位斗争最坚决的副部长，对“吴祖光小家族”成员处置下过恶狠批示，文革中轮到他们当被告：徐光霄进秦城；陈克寒跳楼致残；刘芝明被皮带抽死。[104]文革初期，乔冠华、龚澎家的卧室门口及大立柜被刷大墨字——“打倒走资派乔冠华！”“打倒三反分子龚澎！”乔冠华在家中遭造反派围喊：“打倒中国的葛罗米柯！”[105]

文革后，陆定一上周扬家，两位吃尽苦头的中宣部正副“阎王”回顾往事，感慨万分：“当初咱们真是够左的！”[106]这才有了一点反思。从无限憧憬到热情奋斗到无限悲愤再到痛楚绝望，从感受“莺歌燕舞”的人生顶峰到感受毛骨悚然的邪恶极致，延安一代经历了从遥望到走近理想的人生尴尬。文革开始后，轮到革命斗士暗自舔伤了。

---

101 〈丁玲的伙伴、李又然的老友、江丰的手足、吴祖光的知心，艾青长期奔走于反动集团之间〉，载《人民日报》（北京）1957年9月4日。

102 唐筱菊主编：《在“五七干校”的日子》，中共党史出版社（北京）2007年版，页6。

103 李辉：《往事苍老》，花城出版社（广州）1998年版，页403、281。

104 周素子：《右派情踪》，田园书屋（香港）2008年版，页32。

105 乔松都：《乔冠华与龚澎——我的父亲母亲》，中华书局（北京）2008年版，页206～207。

106 屠珍：〈怀念周扬伯伯〉，载王蒙、袁鹰主编：《忆周扬》，内蒙古人民出版社1998年版，页593。

何方对“抢救运动”中的假坦白乱攀咬，以及1959年对张闻天的揭发，终生怀疚，平生不可饶恕两大政治错误。[107]邵燕祥（1933～）评郭小川：“他参与整人他也挨整，他的苦恼困惑以至挣扎，他的激进和他的局限，他的自豪和他的屈辱，都是有代表性的，是我们土地上相当部分被称为革命知识分子的生存状态的一个标本。”[108]周扬、丁玲、胡乔木、郭小川……尴尬成了革命者的代际徽章。李慎之指评胡乔木一辈子都是尴尬人。[109]乔冠华文革后期滑向江青，最后岁月十分尴尬。[110]

最尴尬的还是赤色理论，一开始就遭遇种种无法自圆其说的尴尬，既无法用自己的理论维护自己的结论，也无法用事实与绩效证明赤说的“伟光正”。1960年大饥荒，韦君宜家天天吃白薯饭、腌菜叶。老保姆对孩子感叹：“哎，你们真命苦，这么小，吃这种东西！你们的妈小时候吃的什么呀！”韦君宜觉得这番今昔对比很反动，但又拿不出事实驳斥。更难堪的是上小学的长女要妈妈讲忆苦思甜的故事，老师布置的。韦君宜出身富户，没有阶级仇昔日苦，只得对女儿说：“妈妈家里从前不苦。”长女不解：“不苦，你干么革命呀？”孩子们一直被教育：革命者都是苦大仇深的工农，既然家里不苦，又是响当当的“延安老干部”……母亲只能对孩子说他们无力理解的话：“我参加革命是因为民族苦。”[111]

文革时，延安干部普遍受到专案组工农干部诘问：“我们没有饭吃才参加革命，反正至多是个死。你有吃有穿，是个大小姐，还上了大学，为什么要革命、参加党？”阶级论成为工农干部怀疑知识分子干部革命动机的最大问号，十分有力。如果答曰：“人除了吃饭，还有理想。”工农干部根本不相信：“毫无道理，十足狡辩，一派胡言！”[112]

文革后，各级书记的工作十分尴尬，“思想工作”相当难做。1981年，复旦大学党委书记做学生的思想工作：“你们怀疑社会主义的优越性，这

---

[107] 何方：《从延安一路走来的反思》，明报出版社（香港）2007年版，上册，页119、323。

[108] 邵燕祥：〈以郭小川为镜，审视我们的灵魂〉，载郭晓惠等编：《检讨书——诗人郭小川在政治运动中的另类文字》，中国工人出版社（北京）2001年版，页374。

[109] 李慎之：〈对反右派斗争史实的一点补充〉，载《李慎之文集》，2003年自印本，上册，页194。

[110] 乔松都：《乔冠华与龚澎——我的父亲母亲》，中华书局（北京）2008年版，页378。

[111] 韦君宜：《思痛录》，北京十月文艺出版社1998年版，页75。

[112] 沈容：《红色记忆》，北京十月文艺出版社2005年版，页138。

是没有根据的。拿我来说，住四大间房子，租金才不过两块，这不是社会主义优越性的具体表现吗？”话没说完，学生哈哈大笑。书记乃1929年入党的留日大学生，既气愤又茫然。其时沪上住房奇缺，人均二三平米之下比比皆是，这位书记竟以自己享受的特权作为“社会主义”优越性?!复旦教授贾植芳：“这位领导同志有点像晋惠帝……”[113]

李锐人生轨迹：12 年寒窗求学，22 年紧跟中共，8 年秦城独禁，12年南北流放，25年深刻反思；一生在时代漩涡中升浮沉降。人生辉煌的顶点出现在其晚年：直面尴尬人生，勇于反思，成为中共民主派领军人物。他概述延安一代1949年以后的集体命运：

> 1949年以后，“一二・九”知识分子愈来愈受到心灵煎熬：当年他们曾反对国民党“一党专政、领袖独裁、思想统制”，而如今实行的同他们原初确立的价值和理想的反差愈来愈大。除了思想上的困惑外，他们只能在他们参加的共产党里，以委婉、含蓄和曲折的方式，试图作出某种努力，坚守自己的人格底线，但是努力的结果往往是微弱的，要么杯水车薪，要么无济于事，要么牺牲自己的政治生命乃至肉体。[114]

数代中共党人还有一种日常尴尬，生活所需与不能言私之间的矛盾。1949年后，一切单位分配，李慎之抱怨：“几乎人人都觉得自己受了委屈，一次调级，半年不太平。此外，分房子、调工作……”[115]理论上不能言私，生活中又实在紧巴，无法潇洒放弃物质利益，不能不争，尴尬得很。

有责任感的延安老人痛惜不已。《人民日报》编辑袁鹰（1924～），一再检讨大跃进时期自己的积极配合：

---

[113] 贾植芳、任敏：《解冻时节》，长江文艺出版社（武汉）2000年版，页328。

[114] 李锐：〈李昌和“一二・九”那代人〉，载《炎黄春秋》（北京）2008年第4期，页4。

[115] 谢韬：〈我们从哪里来，到哪里去？〉，载燕凌等编著：《红岩儿女》第三部（上），真相出版社（香港）2012年版，页18。

> 使我后来常常成为一块心病，长怀愧疚之情的，是自己也写了不少的散文、杂文、随笔和诗歌，不遗余力参与了这类发热浮夸的大合唱。五十年过去了，总觉得对善良的读者欠了一笔债。"无实事求是之意，有哗众取宠之心"，对他们说了许多不负责任，甚至强词夺理的假话，做了许多不符合实际、过分夸张的叙述，描写了许多虚幻的彩色泡沫。[116]

就人生幸福指数，延安一代除了1950年代前期的短暂美好，大部分岁月生活在内外交困的尴尬之中。1959年《人民日报》戴帽"右倾"林韦（1915～1990，李银河之父），抗大校刊主编，1957年《人民日报》新闻部主任，反右冲锋号"六•八"社论执笔者，晚年常对老伴说："我这一辈子从未做过对不起人的事，只有起草那篇社论，使我永远感到愧疚！"[117]

延安一代也是有史以来人际关系最复杂的一代。最著名的有丁玲与周扬、沈从文、萧乾的关系；周扬与胡风、丁玲、陈企霞、李之琏、温济泽；聂绀弩与黄苗子、吴祖光、钟敬文、戴浩；吴祖光讨厌田汉。[118]杭州大学副校长林淡秋未能顶住江青压力，文革前夕执行了对陈企霞（下放杭大中文系资料室）的迫害，文革后街上远远见陈，不好意思打招呼，又无法躲避，只得低头装没看见。[119]他们活得既复杂又辛苦，顾忌重重，多方提防。张光年："绝不能随便乱说，绝不能自由主义，绝不能授人以柄（话柄），绝不能让敌人利用而损害了党的事业……一个人本来有个性上的弱点，加上长期在这样心境中生活，还能不病吗？性格还能不受到扭曲吗？周扬的死，是一个悲剧啊！"[120]文革中，范元甄揭发了李锐的所有朋友，凡有外调一律揭发，包括她的熟人与朋友。[121]文革后，范元甄失去这些朋友的友谊。李锐复出后，范有重婚之意，这些朋友纷纷反对。

---

[116] 袁鹰：〈我在头脑发热年代写发热文章〉，载《炎黄春秋》（北京）2008年第11期，页27。
[117] 陈泊微：〈林韦这个人不会长寿〉，载《炎黄春秋》（北京）2010年第5期，页54～56。
[118] 李辉：《往事苍老》，花城出版社（广州）1998年版，页292。
[119] 陈恭怀：《悲怆人生——陈企霞传》，作家出版社（北京）2008年版，页336。
[120] 李辉：《往事苍老》，花城出版社（广州）1998年版，页285。
[121] 李南央编：《父母昨日书》，时代国际出版有限公司（香港）2005年版，下册，页482。

马识途：

> 建国以后，奇怪，几十年一起工作的人，还不能开诚相见。客客气气、公事公办，算是比较好的了。一次次这样那样名目的政治运动，主要是“整”知识分子。那么多打小报告、搞小动作的。尔虞我诈，互相提防。不但缺乏感情，而且为人的道德也泯灭了。[122]

党内斗争一次接一次，高饶、彭黄张周、彭罗陆杨、刘邓陶、林彪、四人帮、胡耀邦、赵紫阳，一个比一个乌纱重，一位比一位倒得心惊肉跳，这不是一下下自抽“伟光正”的耳光么？“伟大领袖”、“总设计师”，什么眼光？这么多人看不准？革命神话已遮盖不住一块块烂疤，延安一代痛心彻肺。那些因紧跟林彪、四人帮倒下的延安人，更是尴尬不堪。文革结束后，外交部系统在北京体育馆召开批斗乔冠华大会，黄华主持，乔冠华与章含之孤坐场中长凳，狼狈接受千余革命人民的“帮助”。[123]

延安一代还有一项必须提及的尴尬：对下一代教育的失败。文革期间，张纯音（1927～）对好友顾准说：

> 你过去只跟夫人之间讲真心话，在子女面前，两个人却统一口径，一律正面教育，让他们“听党的话，坚定地跟党走”。他们看到你多年来为“党”所不容，视为异己分子，怎么能接受这个现实？又怎么可能不背离你而去？恕我直言，你跟几个孩子的关系发展到今天，自己要负一部分责任。[124]

顾准临终前亟盼见子女，五位子女“革命立场”坚定如铁，无一人前来。文革中，延安一代普遍遭子女抛弃。十四岁的陈凯歌动手打的第一人即是父亲。杨沫遭儿子老鬼粗暴造反。[125]

---

[122] 〈马识途 1998 年 7 月 2 日谈话记录〉，载燕凌等编著：《红岩儿女・一生都在波涛中》第三部（下），真相出版社（香港）2012 年版，页 707。

[123] 何方：《从延安一路走来的反思》，明报出版社（香港）2007 年版，下册，页 522。

[124] 徐方：〈忆顾准伯伯〉，载《博览群书》（北京）1999 年第 2 期，页 12。

[125] 马昌海：〈“文革”前的中学生思想教育〉，载《炎黄春秋》（北京）2009 年第 6 期，页 51。

数代红色士林还有共同尴尬：他们培养出的红卫兵认为父母为“反革命”，要求枪毙。无产阶级比资产阶级更高效地培养出“自己的掘墓人”。延安美军观察组长包瑞德上校，在大洋彼岸闻知红卫兵这一“革命要求”，感慨万分：“如果 1944 年夏天有人试图告诉我，将来中国的男女孩子们会站在公审台上，要求把他们的父母作为反革命来枪毙的话，我是会一笑了之，拒不相信的。”[126]

“呕心沥血变河山，雨暴风狂意气酣”（胡乔木诗）[127]，延安一代全力建立的一系列价值体系，最后发现起点有误、基础错位，一开始就走错了路，真正犯了方向路线的错误。一代人“呕心沥血、雨暴风狂”，竟是对国家对民族的巨罪。1980 年北京号召“五讲”——讲文明、讲礼貌、讲卫生、讲秩序、讲道德。需要对成年人开展幼儿级教育。一位当年女红卫兵痛曰：“如果不是有两代年轻人从小生活在将无知无耻当有趣的社会里，中华民族会遭到这样的报应吗？”[128]

1990 年代，延安一代进入晚年，回视往事，惊讶发现“原来自己也有点左”，“怎么会这样?!”原先以为崇高无比的“燃烧自己，照亮别人”，不仅不被需要，且遭普遍嘲笑，直系子孙都不屑于他们的“燃烧”，更拒绝被“照亮”。后代说：您的“燃烧”是为了要我们接受您的“照亮”，我们要走自己的路，要有自己的选择。他们坚决拒绝被规定被“照亮”。

延安一代最后尴尬发现：自己这位“解放者”原来才“最需要解放”，一生奉为神明的东西原来一钱不值，那些一直视为泰山华山般的信条，不过小堆小丘，抬抬腿就过去了。那么神圣的东西——共产主义、阶级斗争、无产阶级专政、暴力革命、伟大苏联、均产平等、公有制、计划经济、毛泽东……那么坚信一定传递万代的东西，不到第二代就轻如薄纱，三文不值二文地被倒掉了，甚至被第三代第四代中共领导人“改革”了。1980 年代，延安一代失落巨大，无法不感叹沧桑之变。艾青：“事隔几十年，国家和个人都历尽沧桑，变动太大了，许多事情都显得淡漠了。”[129]

---

[126]（美）D・包瑞德：《美军观察组在延安》万高潮等译，解放军出版社（北京）1984 年版，页 58。
[127] 胡乔木：〈七律・怀念〉，载《胡乔木诗词集》，人民出版社（北京）2002 年版，页 96。
[128] 王炼利：〈我们为什么会助纣为虐〉，载《炎黄春秋》（北京）2010 年第 10 期，页 82。
[129] 艾克恩编：《延安文艺回忆录》，中国社会科学出版社（北京）1992 年版，页 144。

1982 年 1 月，文革红人关锋（1919～2005）走出秦城，至死对文革奉行“四不”——不看、不想、不谈、不写，晚年惟好古书、电视、气功。

当年端枪推炮进城，无限正义送旧迎新，三十年后发现巨变之中无实变；钟山风雨起苍黄，大革命不仅没有带来大变革，不过老方一帖的大夺权，社会破坏力大大超过此前所有改朝换代。经济长期低迷——凭票供应；文化严重倒退——古籍尽弃；意识形态还是“莫谈国事”，“新闻变成美化权力并为之歌功颂德的舆论工具，把社会科学研究变成只是论证领导决策正确性的奴婢和听差。”[130]1986 年 9 月，党员剧作家陈白尘：

> 在国民党法西斯统治之下，还能钻空子发表自己作品，而今名为在自己党的统治下，却只能骗人哄鬼偷偷写作，而写作出来却又无印处，这叫人何以自解呢？只好说：“四人帮”推行的封建法西斯统治远胜过国民党的法西斯统治！这也算是一个“进步”！[131]

最后，居然改革开放了！竟回头走资本主义老路，“一夜退回五一年”，共产党不搞共产搞私有了，神圣的革命居然也被革命了?!伟大领袖毛泽东已不可能起身纪念堂领导二次文革。不过，日子却不可思议地一天天好起来！延安一代晚年的那份困惑迷茫、那份惊惶不安、那份……

1989 年 9 月 1 日，黄源致信老友楼适夷：

> 现在的改革，是改革我们自己制成的一套体系。[132]

改革开放有了起色，国人生活有所改善，新一代中共领导人总算为党赢回一些面子。但私有化、市场经济毕竟不是社会主义，而是当年“抛头颅洒热血”要革掉的东西。社会主义的优越性竟需要资本主义的效率来证明，数代红色士林还不尴尬至极么？大革命的意义呢？此前支付的革命代价呢？革命还可能“烈火中永生”么？

---

[130] 宗凤鸣：《理想・信念・追求》，环球实业公司（香港）2005 年版，页 266。
[131] 陈白尘：《对人世的告别》，三联书店（北京）1997 年版，页 643。
[132] 黄源：《黄源文集》第六卷（书信卷），上海文艺出版社 2009 年版，页 329。

当赤色意识形态最终崩溃、红色大厦轰然倒塌，1980年代以后中国社会长期处于价值真空。高蹈高调的马列主义萎然谢地，犬儒主义、技术主义行销一时，任何形而上价值标准的鼓吹都失去听众。尽管，中国在走向现代化的过程中充满争议与不确定性，但有一点是确定的：赤色意识形态已成为一大历史包袱，正在一点点被国人挣脱抛弃。

当今中共对赤色意识形态既不愿持守又不敢抛弃。赤旗仍悬，但谁都明白内囊已空，和平演变至少近半。1995年还有11.8万家国企，2005年底76.7%私有化或破产，仅保留27477家。[133]国企高管年薪根本无法与“共产主义”对接。2008年10月27日《新华每日电讯》：“打工皇帝”陈久霖年薪约2350万元；平安保险CEO马明哲年薪6600多万，等于二万农民年收入。[134]2006年中国人均收入刚过2000美元，仅为美国人均收入的5%，[135]两极分化则已数倍于“万恶的旧社会”与“肮脏的资本主义”。据国家统计局2006年6月调查：10%的富有者掌握着45%的国家财富；10%最贫困人口只拥有1.4%国家财富，差距33倍。[136]中国是财富集中度全球第一，两极分化最严重的国家。2008年因经济利益引发的20人以上群体性事件12万起，星火遍地了。2013年，红色江山64年了，一个康熙之治、三个贞观之治、三个国民党“旧社会”，农民仍是最贫穷的庞大一族，他们只能进城打工，无力定居城市。2013年，全国还有四千万贫困儿童，无论生存环境与教育条件，均处于“被现代化抛弃的一代”。[137]那个应允“无剥削无分化”的社会，在哪儿？还有盼吗？为生民造洪福、替子孙开太平，整出的竟是一个“四不像”的中国。

虽然历史总是由殉道者的鲜血写成，延安一代也属于殉道者，但他们眼睁睁看着流出的滩滩鲜血凝为历史的反作用力，做出的每一寸努力竟是下一代需要一根根褪去的绑绳，尴尬呵，非常尴尬呵！革命不过引来

---

[133] 国家统计局编：《中国统计年鉴》，中国统计出版社1995～2005年。参见姚洋：〈中性政府与中国的经济奇迹〉，载《二十一世纪》（香港）2008年6月号，页20。

[134] 戴煌：〈“老新四军”讲过去的故事〉，原载《同舟共进》（广州）2009年第6期，页72。

[135] 梁广平：〈林毅夫算账〉，载《中国建材》（北京）2007年第7期，页30。

[136] 高新春：〈全民绘就和谐共富〉，载《检察风云》（上海）2007年22期，页5。

[137] 王军伟等：〈四千万贫困儿童困境调查〉，原载《新华网》2013年6月7日，《文摘报》（北京）2013年6月20日摘转。

一场再革命的“改革”，“红色江山”并非一幢幢后人可居的别墅，而是一片片必须拆除的“违章建筑”。

尴尬的不仅仅是延安一代，大革命一代、红军一代也很尴尬。大别山孝昌县小悟乡，五千多人参加红军，三千多人牺牲，十人成为“开国将军”。但直到1994年，该乡农民仍居1930年代破旧黑屋，30%以上孩童缴不起学费失学。[138]走出去的老红军不会不问：折腾这么大一场革命，意义呢？价值呢？中共不让说，但国人会不想吗？后人会不问吗？史家会不书吗？

白区地下党则另有一层尴尬：他们许多人从未到过延安，并不知道延安发生了什么，资讯隔绝，他们奉持中央十六字方针——隐蔽精干、长期埋伏、积蓄力量、以待时机。他们深埋潜伏，发动民主运动、统战、策反、情报，一切为了夺取政权。他们哪里知道1949年春，南京“解放”不久，毛泽东对地下党就发布了后十六字方针：“降级安排，控制使用，就地消化，逐步淘汰。”1949年9月开始的南京地下党整党，两千多名地下党员未查出一个“反革命”，但仍有300多名被开除党籍、取消候补党员资格、停止党籍待审。四川共有1.2万名地下党员，1980年代初仅剩2000人。1950～70年代，地下党整体吃瘪，挨整、打倒、批斗……成为中共冤枉最深的群属。[139]

地下党老人及其子女认为：地下党乃中共起家的原主流派，即城市知识分子与工人，基本立场为民主革命，与延安“三八式”的共同点只是抗日、反独裁，但革命目标上存在极大差异。1949年后，原地下党沦为支流，主流是南下军干。地下党系统整体处于“控制使用、逐步淘汰”，功绩被淡化，甚至被否定。他们当然抱怨“这不是我们想要的！”

肆、打倒序列

数代红色志士抛头颅洒热血建立起来的“新社会”，不过是一个“先打倒别人再打倒自己”的红色地狱。1948年东北局高干会议，高岗、张秀

[138] 贾芝主编：《延河儿女》，人民出版社（北京）1999年版，页495。

[139] 穆广仁：〈有关地下党的另一个十六字方针〉，载燕凌等编著：《红岩儿女——一生都在波涛中》第三部（下），真相出版社（香港）2012年版，页712～713。再参见杨奎松《中华人民共和国建国史研究》，江西人民出版社2009年版，第一卷，页400。

山等主要领导批评林枫、周桓等搞宗派，说他们“桃园三结义”；1954 年高岗倒台，林枫、周恒便将张秀山、张明远、赵德尊、郭峰、马洪打成高岗“五虎上将”，还以颜色。毛泽东正需要为打倒高岗找理由，“反党集团”也需要有成员，下面递上来“五虎上将”，龙颜大悦，笑纳采用。[140]

延安一代遭大规模整肃共五次：1943 年抢救、1955 年肃反、1957 年反右、1959 年反右倾、1966 年文革。躲得了初一，躲不了十五。文革期间“三八式”几乎一网打尽。参加革命似乎就是来经受“必要的冤枉”，度过不平常的“折腾人生”。1955 年肃反以后，一次握手、一封通信、甚至对某人作品的喜爱，都会招致灭顶之灾。1950 年代以后，延安士林必须痛苦迈越三关：一、被迫修改文章著作；二、被迫不断检讨；三、被迫参加无休止的批判。经历了昨天珠玑今粪土的大起大落，从生活体验多样性角度，怕是没有哪一代知识分子能与延安一代叫板。党外也一样。资中筠女士（1930～，中国社科院美国所长）：“文科名教授们后半生的时间多半是在批判前半生的学术成果中度过。”[141]

1962 年中组部统计，1959 年戴上右倾帽子的党员干部 365 万，其时党员总共 2600 余万，14%的“右”率，绝大多数为三八式与解放牌。[142]三八式此时处于中高层，他们遭整肃，加速中共理性过滤层的丧失。反右后，党外鸦雀无声；反右倾后，党内也一片寂静。

文化人是延安一代倒下时间最早、面积最广的群体。延安一代文化人中，知名度越大、文化程度越高、个性纯真度越浓，遭整肃被打倒的序列就越靠前。如首先倒于整风的“王实味反党五人集团”，全是北大、复旦名校生。很有点知名度的萧军，也第一批倒下，更准确的说，见弃于毛泽东。1949 年后，陆续倒下的红色文士：冯雪峰、丁玲、陈企霞、艾青、舒群、白朗、徐懋庸、陈学昭、公木、王若望、彭子冈、戈扬、周扬……能一路跟下来的“终身不倒者”，大多为文化程度不高的小知，如刘白羽、

---

[140] 张秀山：《我的八十五年》，中共党史出版社（北京）2007 年版，页 321～322。

[141] 资中筠：〈清华园里曾读书〉，载《老清华的故事》，江苏文艺出版社 1998 年版，页 340。

[142] 何方：《从延安一路走来的反思》，明报出版社（香港）2007 年版，下册，页 551。

薄一波：“据 1962 年甄别平反时的统计，在这次‘反右倾’斗争中被重点批判和定为右倾机会主义分子的干部和党员，有三百几十万人。”参见薄一波《若干重大决策与事件的回顾》，中共中央党校出版社（香港）1993 年版，下卷，页 870～871。

林默涵、贺敬之、康濯等。当然，延安一代没有不左的，只是中共越走越左，只能由更左的小知来打倒相对不太左的中高级赤士。

"双枪老太婆"陈联诗（1900～1960），翰林后裔，入学东南大学，坚持川北武装斗争 20 多年，丈夫中共烈士，1950 年代初竟被强行劝退出党。那位批斗陈联诗最厉害的女干部，不久也被打倒，躲着不敢见陈，陈联诗病危才去探望，去了就哭。斗完别人斗自己，当然只有一个"悔"。[143]

文革初期，四川第一个被揪出的走资派马识途：

> 我运动人，也被人运动，直到被打成反革命，落到今天这样的下场为止。真是悔之晚矣。[144]

韦君宜："在左的思想影响下，我既是受害者，也成了害人者。这是我尤其追悔莫及的。"反右时期，韦被要求戴罪立功，"一面自己被大会批判，一面回编辑部主持批判别人。"1981 年，由韦亲口传达划"右"决定的李兴华去世，韦君宜痛曰：

> 他死后，我一直在想，怎么会产生这样的悲剧？制造这个悲剧的人中间显然有我一个，可是我并不想这样。别的人，恐怕也一样。我并不愿意这样做却还是做了。这可以算作盲从，可是这盲从却造成了惨痛的结果。
>
> 我们中国知识分子，如果尽情去写，写写这些年都搞了些什么运动，写了些什么文章，那真要清夜扪心，不能入睡了。[145]

文革后，楼适夷（1905～2001）撰文："胡风落井，众人投石，其中有一块是我的，心里隐隐约约作痛，实无面目重见老友。""对冯（雪峰）、

---

143 沪视纪实频道"往事"节目，2009 年 7 月 22 日 20：30 分播出，采访陈联诗外孙女。

144 马识途：《沧桑十年》，参见《马识途文集》第八集，四川文艺出版社 2005 年版，页 60。

145 韦君宜：《思痛录》，北京十月文艺出版社 1998 年版，页 4、83、88、161。

对傅（雷），可愧者多，如有时机，定当自补。”后人揶评：楼适夷若非“靠边站”十二年，“他能说出这些痛愧的话吗？”[146]

陶行知得意门生张宗麟（1899～1976，丛维熙岳丈），1925年东南大学教育系毕业生，南京第一家幼稚园男教师；1929年入党，旋失去组织联系；1942年参加新四军，1943年赴延，延安大学教育系副主任，1944年边区模范文教工作者；1945年徐特立、谢觉哉介绍重新入党；1949年后任教育部司长；一家四口1949年前均入党，1957年三人划“右”（本人、子、女）。[147]张宗麟的“右论”是提出校长负责制。彭雪枫遗孀林颖（1921～）也被划“右”，开除党籍、撤销职务、下厂劳改。[148]

右派“基本待遇”：开除党籍、撤职降薪、取消公费医疗、减少口粮（大饥荒期间），还有其他种种附带“待遇”。1943年3月，徐懋庸在太行山主持文联扩大会议；1958年山西文联编的《山西文艺史料》，凡提其名，均为“徐××”，所做报告一字未收，只收入“徐××同志的闭幕词”；徐懋庸此后发表的重要文章也全遭摒弃。[149]

“独携大赧出君门，知今何世我何人！”1961年，“右派”聂绀弩从北大荒回京，找作协副主席邵荃麟安排工作，邵斟酒一杯，送上两包中华烟，请聂以后莫再找他，“你的事我做不了主啊。”聂羞愧出门，题诗纪之。[150]聂绀弩说胡风入狱前掷言党会很糟糕，会自相残杀！聂很佩服胡风的远见：“胡风那‘五把刀子’没有一把不是正确的。”[151]

贾植芳：

> 我精神上的刺激特别大，我无法接受这样一个残酷的事实：我已经被我一生苦苦追求、并为之付出沉重代价的理想出卖和抛弃了！……我不是一个共产党人，但我的思想、文化性格是“红色的三十年代”形成的，而对我们这一代人说来，又是“五四”新文化

---

[146] 王培元：《在朝内166号与前辈魂灵相遇》，人民文学出版社（北京）2007年版，页227。
[147] 丛维熙：《走向混沌》，花城出版社（广州）2007年版，页10、21。
[148] 蒋巍、雪扬：《中国女子大学风云录》，解放军出版社（北京）2007年版，页382。
[149] 《徐懋庸回忆录》，人民文学出版社（北京）1982年版，页150。
[150] 章诒和：〈谁把聂绀弩送进了监狱？〉，原载《南方周末》（广州）2009年3月19日。
[151] 寓真：〈聂绀弩刑事档案〉，载《中国作家》（北京）2009年第4期，页28。

> 运动哺育下成长起来的知识分子，既自觉地献身于祖国的进步事业——救亡运动，又坚持和维护自己独立的人格价值，这两条可以说是我立身行事的基本准则。[152]

积极救亡，认同革命，献身红色事业，自觉牺牲个人自由，同时又想保持一点独立个性，这一对立的价值冲突始终折磨着他们的灵魂。

驻苏大使潘自力（1904～1972），1923 年入团、1926 年入党、1927 年陕西团省委代书记、1928 年陕西省委书记……莫斯科中大生、长征干部、八届候委，文革初期支持"打倒陈毅"，但还是被打倒，长期受折磨，死于山西霍县。外交部派员赶去宣布：潘案还未做结论，骨灰不得入八宝山，家属也留在霍县，不再是外交部的人。[153]

林伯渠夫人朱明，延安中国女大生，看不惯江青的颐指气使，数次发生直接冲突。1954 年，朱明悄悄调查江青在上海的风流史，直接向江青寄匿名信。江青督令破案，1961 年因笔迹败露，朱明承认写了匿名信，随即自杀。1925 年入党的严朴之妻过瑛带四个女儿入党，长女严慰冰写匿名信向中央揭发叶群，蹲监 13 年，三个妹妹分别被囚六年、八年、九年，过瑛死于南京老虎桥监狱。[154]

1969 年底，龚澎已明显出现脑溢血前兆，同为延安出身的医生训斥龚澎小题大做，就是想开病假条。龚澎求医挨训，回家闷坐，说这位医生与自己经历相似，不该这样啊！乔冠华无言长叹！[155]不久，龚澎终发脑溢血，英年早逝。革命者得到这样的"革命待遇"，革命医生连最起码的人性都被"革"掉了，这场革命还有什么值得后人纪念之处？

1982 年，文化女谍关露（1907～1982）接到中组部平反通知，满头白发、周身病痛，孑然一身，于十平米斗室凄然自杀。丁玲悼念这位左联好友："我们的社会主义国家应该充满阳光，但是阳光照不到她身上。"[156]

---

[152] 贾植芳：《狱里狱外》，上海远东出版社 1995 年版，页 99～100。

[153] 何方：《从延安一路走来的反思》，明报出版社（香港）2007 年版，下册，页 458～459。

[154] 蒋巍、雪扬：《中国女子大学风云录》，解放军出版社（北京）2007 年版，页 192、195。

[155] 乔松都：《乔冠华与龚澎——我的父亲母亲》，中华书局（北京）2008 年版，页 234～235。

[156] 曹溪：〈被党蹂躏一生的女作家关露——记中共党员关露的生与死〉，载金钟主编：《共产中国五十年》，开放出版社（香港）2006 年版，页 385。

1983 年 9 月，乔冠华病危，习仲勋代表中央探望，章含之问乔还有什么话要向中央说，乔冠华："不说了，什么也不说了！"[157]太复杂太难说，剪不断理还乱，这位清华大才子一声长叹，无语辞世。

参加延安文艺座谈会的红色文化人，紧跟一辈子、改造一辈子，不仅没写出划时代的伟大作品，连自己满意的作品都没有。最要命的是：明白了，还不能说不敢说。党性原则啦、组织观念啦，只能打掉牙和血吞。严文井原写小说，1949 年后改写儿童文学。1970 年代私吐真言：儿童文学可以避祸，现实和历史的小说都不行，我这么"聪明"还是被打倒。[158]

红色士林很晚才明白"打倒一切"的逻辑出自马列，来自必须不断寻找敌人的"阶级斗争"。他们认同了阶级说，扶立了"打倒"逻辑，这才形成"斗完别人斗自己"的一场场"继续革命"。1980 年，新华社四位中青年记者深入采访西北基层，写回《内参》：

> "不断革命"革出了什么结果？革得人与人关系彻底破坏了，人人自危，除自己之外，无人可以相信。真如有的干部所说："反右以后不发言，四清以后不管钱，'文革'以后不掌权"；"两个人说真话，三个人说空话，四人以上说假话"。相反的，各级班子越整越乱，好干部整垮了，新干部看怕了，坏干部则把着权不放。他们"上了台就发财，发了财就下台；下了台就拆台，拆了台再上台"。千方百计把权力变出许多私利。"不断革命"的最后结果是，固原县（按：1956 年前有粮仓、油盆之称）彻底革穷了，穷得不如新中国成立之前了。
>
> 他们（按：干部）的雄心为什么流失？我们接触过的一些基层同志认为，这和历次运动中摧残的人太多大有关系。整得人伤了心。不仅被整的人伤了心，整人的人也怕下一次轮到自己。因此，不求有功，但求无过之风日甚。[159]

---

[157] 张彦：〈乔冠华和龚澎——我的引路人〉，载《百年潮》（北京）2001 年第 6 期，页 62。
[158] 屠岸：〈人文社的领导和朋友〉，载《新文学史料》（北京）2009 年第 1 期，页 109。
[159] 胡国华等：《告别饥饿：一部尘封十八年的书稿》，广东教育出版社 2008 年版，页 84～86、166。

最熟悉的荒谬、最原始的卑鄙，却顶着最神圣的名义。革命者最终迎来万万没想到的“大结局”。驱赶前一暴力，竟得到更残酷更惨烈的暴力。“群众专政”的深广度远远超过能量相对有限的暴君。暴君终究只有一人一脑，“群众专政”则是千千万万大小暴君。大饥荒死了四千万、文革再死两千万，没闹事没起义，甚至没出“流民图”，古今中外，哪一位暴君能做到？

我们这儿还在津津乐道消灭多少敌人、算计剩下多少敌人，西方已出现“软实力”理论：衡量成败的标准不是杀死多少敌人，而是结交多少朋友。[160]中西方最本质的差距在人文理念，在于对生命的理解。

伍、无有后来人

芳林新叶催陈叶，流水前波让后波。正如延安一代去革祖上的命，中共刚进城，新一代知青就渐渐看清赤潮的暴烈悖谬，背叛就无可遏止地开始了。1949 年春，北大毕业生刘绍唐加入“四野”在平津招募的南下工作团。1950 年初，刘出逃香港，写下深刻感受：

> “新”社会里，假如还有所谓理想的话，那就是人人必须一致的“无限度的各尽所能，有限度的各取所需”的理想，这也就是绝不可能再前进一步的人类远景。关于这个奴役人类的社会远景……我只想说明所有在极权控制区的人民，任何个人的或集体的理想，已全为这所谓的社会远景而粉碎，彻底地粉碎了。[161]

一位解放牌新华社记者：

> 大学毕业以后，我分配到新华社。新华社记者可以接触到其他人无法接触到的社会层面。我不仅知道了很多与党史教科书上不一致的真实情况，我也看到了城市工人的贫困生活。作为新华社记

[160] 薛涌：〈软实力：“革命就是请客吃饭”，载《同舟共进》（广州）2010 年第 9 期，页 6。
[161] 刘绍唐：《红色中国的叛徒》，中央文物供应社（台北）1956 年，页 228。

> 者，我更知道报纸上的新闻是怎样制造出来的，知道新闻机构怎样成为政治权力的“喉舌”。[162]

现实还教育了“一秘”田家英。田经常被毛泽东派下去搞调查，掌握不少第一手资讯，公社化运动刚开始，他就渐生怀疑。1950 年代末，田私语胡绳：如能重新搞社会主义，应换另一种方法。1961 年春节，田私下议论：“全国解放已经 11 年了，而农村情况反而变坏了。这究竟是怎么回事？”[163]事实在教育延安一代。乌托邦从理论进入实践，谬误日渐豁露。延安一代年轻敏感，成为党内第一批“觉悟者”。此时的田家英，只是对中式社会主义有所怀疑，对马列主义、共产主义仍深信不疑，认为问题只在中国，只是中共搞得不对，意识不到马列主义本身就大歪大斜。

“红色梯队”也出现意味深长的裂纹。延安一代遭到后代两度抛弃：第一次 1950～70 年代，子女们坚决跟党走，与“右派”父母、黑帮家长划清阶级界限，如顾准、陈学昭、杨沫等子女，坚决造了父母的反；第二次则是彻底造反，这回不是对延安父母的人身打倒，而是对延安思想的价值背离，延安名士后代多有反出朝歌者。他们不仅不跟父母，也不跟党走了，抛下拉拽他们的延安父母。1979 年 1 月，李锐平反复出，李南央的精神却垮了，她要革命的劲头疲软下来，强烈的入党愿望竟没了。她发现此前那么努力、那么自律，全抵不上父亲的一纸平反书。她认清中共言行不一的虚伪，从此与党渐行渐远。[164]

陈企霞长子陈延安(1940～)：“文革后谁办事不是靠‘走后门’、‘拉关系’？”[165]周扬长子周艾若（1927～ ，笔者座师），“六·四”前愤曰：“我要是你这个年纪，也出国算了！这里有什么好混的！”叶剑英养女、烈士遗孤戴晴（1941～）也起身反了，“六·四”后下狱半年。[166]“六·四”前，一位老延安之子工作积极，党组织问他为什么不写入党申请，对曰：“我不入你们那个党！”其父找陈企霞倾诉，陈企霞哭了：“老一辈

---

[162] 杨继绳：《墓碑》，天地图书有限公司（香港）2008 年 11 月第 4 版，上篇，页 11。
[163] 董边等编：《毛泽东和他的秘书田家英》，中央文献出版社（北京）1989 年版，页 222。
[164] 卡玛（韩丁之女）制作的访谈光碟：《Morning Sun》（2005），内有李南央大段自述。
[165] 陈恭怀（陈延安）：《悲怆人生——陈企霞传》，作家出版社（北京）2008 年版，页 351。
[166] 《温济泽自述》，中国青年出版社（北京）1999 年版，页 367～368。

出生入死打天下，孩子们却说：‘我不入你们那个党！’这怎么能叫人不痛心呢？”陈企霞五位子女，除一人外，任凭父母如何动员，就是不入党。[167] 1986 年春节，陈企霞二子聊及社会阴暗面，随口一句：“这是由于你们共产党的党风不正引起的。”陈企霞气得拍桌，没吃一口晚饭。[168]最极端事例：1982 年 7 月 30 日，非洲某国军事代表团专机遭劫，劫机者竟是老红军高干后代，该机警卫，持枪指令改飞台北，搏斗中被利斧劈死。[169]

延安一代当然也想“用推动摇篮的手推动世界”，希望将后代培养成“红二代”。他们理所当然地推销主义，要求子女接班，将革命进行到底，将全球搞成红彤彤的共产主义。可后代却不愿接受延安思想。延安一代惊呼“代沟”。延安后代对父母的共同感觉是：特爱讲大道理，当灌输遭到拒绝，辄爆发代际冲突。在延安一代看来，光芒万丈的绝对真理怎能不信?!自己的后代岂能不成为“革命接班人”？

1998 年 12 月，八十四岁的温济泽：“我是对青年人讲这些的（指燃烧自己，照亮别人），但我更希望从儿童做起……我相信一个孩子出生到这个世界上来，就要对他（她）进行教育。”[170]延安老干部普遍见不得后代“怀私”，大叹人心不古，世风日下，检讨未尽教育之责。可他们这种单向奉献的人生观，较之欧美的快乐人生，较之西式双赢理念，高下优劣判然，还能招徕青年听众么？

可怜绝大多数延安一代，怀着红色忠诚去见马克思，却看不到“革命后来人”。改革开放后，恢复私有制，号召“先富起来”，不肖子孙一个个欣欣然，延安老干部则一个个痛心疾首跌足捶胸，怎么第二代就“修”了？糖衣炮弹咋那么厉害?!光芒万丈的马列主义这就墙倾栋折断捻儿了？

时代毕竟在前进，历史也总是由后人不断总结。刘少奇之子刘源（1951～）评父：“不管有多少客观原因，他身为国家主席，没有能阻止国家陷入大灾难；作为党的最高领导，没能制止党受到大破坏；作为人民信任的领袖，没能保护人民免受巨大的损失；算不算一种失职呢？我想，

[167] 陈恭怀（陈延安）：《悲怆人生——陈企霞传》，作家出版社（北京）2008 年版，页 357～358。
[168] 秦晓晴：〈最后的日子——怀念公公陈企霞〉，载《文汇月刊》（上海）1988 年 10 月号，页 64～65。
[169] 王世阁：〈被劫持的子爵号专机〉，载《建国后二十桩重大反革命案件纪实》，求实出版社（北京）1990 年版，页 22～53。
[170] 《温济泽自述》，中国青年出版社（北京）1999 年版，页 482。

这是不能以‘维护党的统一’，或为了党和革命的利益‘委曲求全’来解释的。”[171]是呵，人民利益难道不高于党的利益么？发生反右、大饥荒、文革这样的大人祸，肇事的中共难道不需要负责么？还能找什么搪塞的借口？刘少奇首先应该对人民负责，而不是对中共对毛泽东负责。刘源较之其母王光美有较大进步，实在是历史理性无法阻挡的延伸。

2008 年 8 月 8 日，艾青之子艾未未（1957～）撰文英国《卫报》评论网：中华人民共和国成立近 60 年，却仍是一个极权政府，中国若欲重新发现未来，必须道别过去，扬弃极权；不论以什么形态或方式，中国都必须向过去说再见，结束极权，因为极权政府，总是践踏平等，漠视正义，夺取人民欢乐。儿子如此评价父辈的过去，背叛父亲扶立的政权，“艾青们”的心情可想而知。

2009 年 4 月 29 日，罗瑞卿之子罗原在北京一小型聚会上：

> 这个革命产生了好多邪恶。这个革命把人最邪恶的东西都翻起来了。本来可能还有一些良知、传统的观念、文化什么的，这个革命一来，它的力量非常大，把很多善的东西给磨灭了，把恶的东西全都给翻起来了，整个就倒过来了。……如果说革命是这么不可取，会有这么不可避免的邪恶出现的话，那么他们当时应该怎么做？其实也是我们今天面临的问题。我们今天看到这个社会有这么多的不公正，这么多的黑暗，我们觉得痛心疾首，有的时候甚至失去希望，觉得这个就是中国的宿命，那么我们能做什么？[172]

揣着这种认识的红色后代会去接“革命的班”吗？李南央直抨中共：

> 一个惧怕历史的政党，怎么可能代表了人类历史的前进的方向呢？一个执政党紧紧地蒙住它所统治的人民的眼睛，将他们的视野

[171] 王光美、刘源：《历史应由人民书写：你所不知道的刘少奇》，天地图书出版有限公司（香港）1999 年版，页 241。

[172] 罗银胜编：《修复的记忆》，时代国际出版有限公司（香港）2009 年版，页 275。

遮罩在眼前利益的区域，除了说明他们的统治是违反人类历史进程的，我们还能有什么别的解释吗？[173]

一位知名“右派”高干之女私诉笔者：

这场革命本是知识分子探求真理和出路，但在苏俄共产理论的蛊惑下，走上暴力专政的歧途，日本入侵大大加剧了这一过程。一个由农民、遊民为主体的、带有中国特色的红色革命，实践证明它是反现代化的。中共建政后，仇视知识、坚决反对民主和科学。然而，1940 年代中共放出许多迷惑性民主言论，党内一批理想主义知识分子却可悲地信以为真！1949 年前资讯完全不对称，1949 年后矛盾全面爆发，再想抵制反知倾向，为时已晚。

最实质性的背叛是很多延安后人离开“伟大社会主义祖国”，作别父辈提着脑袋换来的“最优越的社会制度”，放弃国籍，加入外籍。宋任穷、李锐、李普之女留居美国、邓小平一子一女飘居海外……1980 年代国门初启，首先去国者，不乏中共高干后人，因为他们拥有迈出国门所需的经济实力。江姐之子彭云留美不归；艾青之子艾未未成了新一代自由斗士；张仃之子张郎郎成立最早反对中央文革的“太阳纵队”，亦漂出海外。1990 年 4 月，万里幼子赴美，临行表示：“我绝不回来了。”[174]

1980 年代“一江春水向西流”，中科院 5300 名硕士生，65%与外国院校联系留学。北京著名学府一白发教授在会上涕泪交流：执教半个世纪，弟子们从未像今天这样争相离他而去，近年培养的 16 名硕士已有 12 名赴美。一位即将留学加拿大的复旦博士生说：复旦研究生凡有一线希望出去，大都作三倍五倍的努力。[175]

就是那些“一家一个”进入政坛的太子党，也不再坚持“坚定不移的政治方向”——阶级论、公有制、计划经济、思想改造、世界革命……全

---

[173] 李南央：〈揭示历史真相的史料〉，载《开放》（香港）2008 年 10 月号，页 89。
[174] 杜导正：《赵紫阳还说过什么？——杜导正日记》，天地图书有限公司（香港）2010 年版，页 267。
[175] 杨先材主编：《共和国重大事件纪实》，中央党校出版社（北京）1998 年版，下卷，页 1958。

被悄悄抛弃了。匪论“枪杆子里面出政权”、纵横术“统一战线”、夺权经验“党的建设”、“群众路线”，怎么可能“放之四海而皆准”？各国青年如继承这样的“革命理论”，整天都去搞政治闹革命，这世界还要不要建设了？包括中共，还怎么维稳？

文革后，中共已做不到1950～70年代的高压，钳制力有所松动，一些史实逐渐透露。革命后代吃惊于父辈的“原来如此”。罗点点（罗瑞卿之女）对一系列高层权争难以置信：

> 我总是难以接受这样一个简单的事实，即培育了我精神世界的共产党人，党的领袖也有如此委琐、如此丑陋的人性弱点。我总是难过地发现，我的父辈，这些高大的共产党的创始人们竟然不是可以避免人类弱点的人。我惊异，一个伟大的事业和一些伟大的人物，却由于一些如此渺小的原因演出了令后人汗颜的滑稽戏。这种人类弱点和渺小的原因通常包括：自大狂、偏听偏信和背信弃义。[176]

基层亦有不少中共后代的“现反”。一、1982年1月河北安次县，面粉厂17岁临时工李××，搞了“告全国同胞书”、“中华第二人民共和国宪法”、“建国大纲”、“关于十年工作方针”、“攻打北京路线图”、“中国工人劳动党宣言”等39份文件，认为“伟大的社会主义”还不如封建盛世，干部远不如文景二帝与唐太宗；其祖、父均为中共党员。二、1986年6月温州乐清与上海两地的“中国社会民主激进党案”，主犯于新春出身红色干部，本人也是工人阶级——汽车驾驶员。[177]

中共一直告知“祖国的花朵”：只有共产党真抗日，国民党假抗日真投降。文革后我们才知国民党支撑抗日主战场，百余位将领为国捐躯；倒是中共“游而不击”，养精蓄锐，仅折损一位高级将领左权。“三年自然灾害”竟是一场人祸，四千余万人饿死……国史、党史，甚至整个近代史、

---

[176] 罗点点：《红色家族档案》，南海出版公司（海口）1999年版，页169。

[177] 李学斌：〈17岁的政治野心家〉、陶国强：〈六·一六反革命大案纪实〉，载《建国后二十桩重大反革命案件纪实》，求实出版社（北京）1990年版，页174～178、188～199。

世界史，都是按照“党的需要”特殊编织。真实之门一启，下一代出现大量“叛徒”，没多少人继续崇拜毛了。当今青年除认识人民币上的毛泽东，对毛的“伟大功勋”已很少知道，也不感兴趣。以一代人的选择去“规范”后代，还要求世世代代遵守，本身就是荒谬低俗的反动，难道后代必须守着上一代的信条过一辈子么？尤其当发现这些信条并不靠谱。“解放牌”金敬迈（1930～）：“我活得太艰难太累了，时代世道太荒唐！”[178]

延安一代，一生交给党安排，一切献给计划经济，昔日的政治优点成了下一代的弱点。时代不同了，市场经济了，铁饭碗没有了，公家不安排了，下岗了，看着一向听话的子女埋怨的眼光，这回老延安找不着北了。

延安左派当然不甘心退出历史舞台。1979 年后由胡乔木、邓力群等掀起的批驳“共产主义渺茫论”，乃是赤色思潮最后的回光返照，也是延安一代极左派利用政权力量发起的最后规模性行为。然而，今非昔比，已没有 1920～60 年代涌来的听众了。那时，青年争先恐后，门槛踏破；此时任你扯嗓吆喝，门可罗雀。北京东城区团委承认：“现在召开大会（宣讲共产主义信仰）很不容易，许多人不怎么感兴趣。”温济泽在该区团委大型演讲中说：“有些青年不那么信仰社会主义、马列主义了，甚至有些人认为马列主义过时了，不灵了……有些青年对社会主义发生怀疑，甚至失去信仰，要‘探索’什么我国发展的道路。”三位在校女生递交退团申请书。温济泽都动摇了：“我自己也开始怀疑：我们把社会主义建设搞成这个样子，怎么倒要批判‘共产主义渺茫论’呢？我不好直接去问乔木。”

这次大树特树共产主义信念，大批特批“渺茫论”，能够运用的材料不是建设实绩，而是烈士鲜血，只能用烈士的牺牲去赚取青年的同情，用建政前的“不容易”而非建政后的业绩来论证革命的价值。[179]逻辑已歪，论证无力——论据与论点脱节。烈士的牺牲并不能证明共产赤说的正确性，更无法证明“搞成这样”的社会主义优越性。除了哄哄一些少不更事的中小学生，知识界以沉默相抗。红色意识形态已是强弩之末，这会儿已无力再将沉默者打为“右派”矣。

---

[178] 金敬迈：《好大的月亮好大的天哪》，时代国际出版有限公司（香港）2005 年版，页 211。

[179] 《温济泽自述》，中国青年出版社（北京）1999 年版，页 357、390～391、354、358、376～396。

一叶知秋，中共凉意阵阵。1980 年代初，延安一代普遍感觉大事不妙，红厦难撑。1981 年 5 月，延安女性王季愚去世，延安战友赵洵悼文："生长和培育她的土壤、时代已经过去了。"清晰意识到时转世移，后继无人，延安一代将随时代一同逝去，不像 1950 年代认定红色信仰与共产学说将一世二世乃至万世。延安一代已无当年有恃于内无待于外的那份自信，只剩下空无实物的"精神"、方向有问题的"壮烈"，只能纪念"过程"，无力面对"结果"了。王季愚之子王力平（1940～，上海市政协主席）感慨其母："她的……曲折、悲怆，那是他们那一代人为信念付出的代价。"[180]沾享余荫的太子党都明确向延安信念拜拜了。

1988 年蒋南翔病危，嘱咐所有前来诀别者："要坚持共产主义"。[181]这位"一二·九"领导人已感到"坚持不住"。1989 年 5 月 26 日，陈云主持中顾委常委会说：为了社会主义江山，一共死了 2400 多万人，来之不易呵！[182]红色老人不断向下一代念咒："胜利来之不易"，将一党胜利说成人民的胜利，要求后人守住"革命成果"。可为赤说支付的代价怎能成为论证赤说正确的论据？红色牺牲者并不能自动论证革命必然正确。更何况 2400 多万人中还包括大量无谓牺牲者。事实上，应该这样问：牺牲了这么多人，共产党还将国家搞成这样，对得起先烈吗？

"六·四"后，中共深感缺乏"共产主义接班人"。1989 年 10 月 9 日，江泽民批示："对培养下一代来说，究竟是造就我们的接班人，还是培养我们的掘墓人，这是摆在我们面前的一个非常尖锐的现实问题。"[183]胡乔木、邓力群等人借助"反和平演变"，再批"共产主义渺茫论"。红头文件、《人民日报》，炮弹连发，辅之党员重新登记等刚性动作。但这次更惨，连宣讲人都找不到了。用滴着"六·四"鲜血的刺刀，强迫国人信仰共产主义，谁都知道是个挨骂的活儿，都躲着避着，左王左将的力量只限于发几份文件，用"党纪国法"约束各级宣传部"与中央保持一致"。

---

[180] 赵劭坚等：《平凡人生——王季愚传略》，上海书店出版社 2006 年版，页 191、195。

[181] 韦君宜：《思痛录》，人民文学出版社（北京）2013 年版，页 256。

[182] 〈访国家安全部部长、原陈云同志秘书许永跃〉，载《百年潮》（北京）2006 年第 3 期，页 16。

[183] 于蓝：《苦乐无边读人生》，中央文献出版社（北京）2001 年版，页 329～330。

1989 年 12 月 6 日，邓力群到北大演讲，要求青年学生“应该时时刻刻想着我为国家少做了什么，少贡献了什么。……需要我们年轻一代，不止一代，还要下几代，为我们的国家，为我们的民族，继续做出贡献，继续做出牺牲。”[184]如此空洞的号召，只讲贡献不讲权利，新一代青年发问：我们贡献出的青春、作出的牺牲，谁是收割者？人民么？人民中为什么不包括我自己？如果贡献者铁定不属于收获者，岂非等于养了一群不劳而获者？再说，你们这一代不是贡献了吗？不是没给国家造福，反而整出反右、文革、六四么？怎么还跑来要求下一代继续“牺牲”？单方面要求青年贡献，国家又为青年创造了什么发展机会？老一代开创的红色江山为什么不包括青年的权益？为什么一谈个人权益就是“资产阶级个人主义”？只要求青年尽义务，不允许青年谈权益，对等么？西方现代人文理念最核心的内涵：谁都无权干涉别人，更不能规定别人，已装备一定现代人文理念的“70 后”，可不像“10 后”、“20 后”那么单纯了。1991 年苏联东欧解体、1992 年“南巡指示”，延安一代（包括死硬派）都明白国际共运真正进入寒冬。青山遮不住，毕竟东流去。

马列主义从青年那儿始，最后终止于新一轮的青年，遭新一代青年拒弃。千辛万苦趟走出来的“红色之路”，后人不愿跟进，老延安寒心哪！2009 年，湖北一位“90 后”女大学生课堂提问：“白毛女为什么不嫁给黄世仁？嫁给黄世仁有什么不好吗？”[185]绝大多数“90 后”连看一遍《白毛女》的心情都没有：“都讲些什么呀？老老早的片子！”最让延安一代跌足不已的是农村出现这样的标语：“谁致富，谁光荣！谁受穷，谁狗熊！”[186]贫穷非但不是骄傲的“革命资本”，已沦为狗熊了。1986 年，陕西韩城某村支部，50 年前的英雄支部，如今支书外出打工，村里工作长期无人抓。老乡说：“党员不党员，就差五分钱。”（每月五分钱党费）。[187]

更让延安人大跌眼镜的是：1996 年新闻报导：〈生前党的干部，死后顶戴花翎〉，“天津市北郊和程林两大殡仪馆，炉前停放着一排排等待火

---

[184] 《邓力群自述：十二年春秋（1975～1987）》，2005 年内部印行本，页 844～845。

[185] 韩铁马：〈大观园〉，载《检察风云》（上海）2009 年第 23 期，页 72。

[186] 李铭：〈乡村标语〉，载《当代工人》（沈阳）2009 年第 5 期。

[187] 张秀山：《我的八十五年》，中共党史出版社（北京）2007 年版，页 353。

化的遗体，齐整整凤冠霞帔或长袍加身……据天津两大殡仪馆负责人介绍，近来不知怎的，从炉前情况看，着清代官服的死者越来越多，而且不分年老年少。”一位县团级死者，也是一身前清官服，长袍马褂，顶戴花翎。[188]

1990 年代，市场经济确立，且由“总设计师”一手扶立，对经济基础作了实质性修正。尚存的“无产阶级革命家”价值崩溃，怀疑中央的“路线问题”。他们已无法从现实中为一生觅得正确性，只能从革命过程的壮烈上找寻一点安慰。此前没有哪一代像他们那样活一辈子，所有支付没有“基本回报”，连脚下的地基都坍塌了，他们的失落阔巨深重。

2005 年，中宣部又策划“传统教育”，央视于黄金时间推出特别节目“永远的丰碑”——每天展示一位中共烈士。一个实行 50 多年的“主义”，不能靠业绩证明优越性，只能靠建政前的“崇高牺牲”来呼唤对革命价值的认同，用手段之壮烈证明目的之崇高，夺权之艰难论证“主义”之合理，牛头难对马嘴，能有多少说服力？还有多少人会相信你的“优越性”？红色巨灾面前，一切说辞都失去重量。革命者崇高的牺牲不仅不能无原则膜拜，还应引起特别警惕——正因为烈士的牺牲带有迷惑力，更应特别关注：牺牲的意义呢？价值呢？

设若因崇高奉献就自动赢得后人的“必须理解”，设若革命者一牺牲，身上便没了“历史局限”，后人自动丧失对“牺牲必要”的质疑，又如何从“历史局限”汲取经验教训？不能展开这方面的剖析批评，历史又如何化为理性？如果对革命只能膜拜只能仰视只能“继承遗志”，又如何拨正革命架歪的左倾逻辑？如何从根子上认识历史偏误？

如果“无私牺牲”就能得到后人膜拜，那么“九・一一”恐怖分子的牺牲也十分无私，一点不比红色烈士逊色。恐怖分子认为他们的牺牲不仅仅在于宣倡“主义”，更在于拯救整个伊斯兰。那么，是不是因为他们的“崇高牺牲”，人们也应接受他们的“主义”？

“革命人民”今天看得很清楚了：手段越激烈越极端，目的一定越偏离理性。正当目的必须通过正当手段取得，任何偏离理性的手段只能带来灾难性后果。历史理性实为不可逾越的价值底线，任何理由都不能突破。

---

[188] 〈生前党的干部，死后顶戴花翎〉，载《报刊文摘》（上海）1999 年 11 月 30 日。参见《中流百期文萃》，金城出版社（北京）1998 年版，页 184～185。

革命的意义最终需要后人认可。红色方向能否得到延续，价值能否得到持守，事业是否具备成长性，一切的一切，都必须接受“最后的审判”。在此意义上，那些霸住话筒的自封自吹那么徒劳、那么可笑。

一则深有意味的细节：2005 年 12 月 23 日，“无产阶级金棍子”姚文元病逝，女儿们将骨灰与早逝的母亲合葬，墓碑上没有父亲姓名，只镌刻母亲金英。李讷为母亦只立“李云鹤之墓”，不敢用“江青”。无论不敢还是不愿，都是一种姿态，盛名一时的姚文元、江青最后竟无名于墓。

绝大多数新一代青年已不再相信马列主义，他们看到资本主义离末路尚远，就是临近末路，也未必一定走向共产主义；即便是共产主义，也一定不是历史终结。二战后的西方，由于执行福利政策，大大缓和阶级矛盾，社会主义已经在人家那里实现了，工人阶级不仅毋须联合起来，更不想通过暴力颠复国家制度。而且随着工业时代向电子时代转型，整个工人阶级已趋于消亡。共产主义作为社会理想，已无亮色，红色革命动力已难凝聚。

2010 年 10 月，中共书记处、中组部向政治局递交报告：人才危急，中青年高干政治素质、道德水准大都不达标，极易腐败堕落，形成结构性贪腐、集团性犯案。已越来越难发现既有红色理想又拒腐蚀永不贪的接班人。此前，中共推出人才选拔战略规划，要求推荐 500 余名副省级候选人、2000 余名地厅级候选人、5000 余名县处候选人。考核结果：516 名副省级候选人，优秀 46 名、合格 112 名、不合格 358 名、不合格率 70%；2087 名地厅级候选人，优秀 72 名、合格 249 名、不合格 1766 名，不合格率 85%；5181 名县处级候选人，优秀 219 名、合格 219 名、不合格 4120 名，不合格率 80%。民间揶讥：“箩里挑瓜，越挑越差。”[189]这一现象当然说明红色学说后继无人，说明依靠“思想先进”选拔官吏已是无米之炊。至于近十年越演越烈贪腐形势，“深入”政治局及政治局常委，倒是实质性说明中共当今的“阶级属性”。

[189] 田穗：〈中共爆人才危机〉，载《争鸣》（香港）2010 年 12 月号，页 15～16。

第十章

艰难反思

壹、起步维艰

1966 年 5 月 18 日，邓拓自杀，遗书：

> 作为一个共产党员，我本应该在这一场大革命中经受得起严峻的考验。遗憾的是我近来旧病都发作了，再拖下去徒然给党和人民增加负担。但是，我的这一颗心，永远是向着敬爱的党，向着敬爱的毛主席。我要离开你们的时候，让我们再一次高呼：
>
> 伟大、光荣、正确的中国共产党万岁！我们敬爱的领袖毛主席万岁！伟大的毛泽东思想胜利万岁！社会主义和共产主义的伟大事业在全世界的胜利万岁！[1]

1966 年 8 月 2 日，以群跳楼，遗书家人："……最后一句话就是要求你们认真地读毛主席的书，听共产党的话！为党立功！"[2]

要这帮打烂屁股还提裤谢恩的红色信徒反思赤说，几乎是无法突破的"历史局限"。北京市委第一书记李雪峰（1906～2003）被打倒后：

> 在我倒楣的日子里，自我沉思修养时，我曾反复思索毛主席的一个告诫，以求自慰。即：我作为来自群众的一个共产党员，既是党的一员，也是群众的一员，我们的父母、我们祖宗就是群众，自

[1] 袁鹰：〈玉碎〉。李辉编著：《书生累—深酌浅饮"三家村"》，海天出版社（深圳）1998 年版，页 33。
[2] 叶舟：〈以群在最后的日子里〉，载《上海作家》2004 年第 2 期，页 32。

> 己没有理由不相信群众。但矛盾的是，自己（群众）还不能相信自己，还必须相信自己（群众）。这两者的对立如何统一？只能服从，归于相信党，相信群众而约束相信自己。这还是毛主席讲过的道理：当迷路的时候，你和大家商量，共同决定问题，即使犯了错误，也容易纠正。这就是说，即使自己明明白白知道路错了，也要从众，跟着错，尽管自己有时感到冤枉、内疚，也要顾全大局，要经得起必要的冤枉。[3]

冤枉都成了“必要”，只能相信群众相信党，必须“约束相信自己”，还有什么想不通的？打在自己身上都不叫疼，打在别人身上还会有感觉吗？相信党、崇拜毛，不相信自己的感觉，又如何拥有反思的初始支点？

1991 年，68 岁的杜导正先生还一屁股坐在党派立场上：“如果没有以前这些失误失败，像‘大跃进’、人民公社、‘文化大革命’，就不可能产生十一届三中全会这样正确的路线。”[4]还将中共对国家的犯罪归结为“必要学费”的失误失败，似乎这些罪恶也有一定的“合理性”。

表面上，延安一代执着的热情遮罩了理性思索，实质还是延安一代文化水准的制约。当他们看到阵营内部的丑恶，茫然莫知应对。早年每一份狂热的投入，都成为抵制反思的强大阻力。反思大半生奉为神灵的马列主义，对胡乔木、邓力群等左派来说，全无可能。他们已被马列教条层层绑缚，既不认识西方现代理念，也不愿认识了。最早的反思者只能出于受难者——“被革命吃掉的儿女”。1952 年“三反”，上海财税局长顾准挨整，思想触动并不大，划“右”后劳改接触现实，才开始有品质的反思。[5]

延安时代跪受的每一则马列教条，成为延安士林走向反思的道道雄关。1961 年 3 月广州会议，田家英无法接受“包产到户”，延安理念使他如此认识：“工作是我们做坏的，在困难的时候，又要实行什么包产到户，把一些生活没有依靠的群众丢开不管，作为共产党人来说，我认为，良心上是问不过去的。……依靠集体经济克服困难，发展生产，是我们不能动

3　吴象：《好人一生不平安》，明报出版社（香港）2007 年版，页 121。

4　杜导正：《赵紫阳还说过什么？——杜导正日记》，天地图书有限公司（香港）2010 年版，页 295。

5　邢小群：《往事回声》，时代国际出版有限公司（香港）2005 年版，页 84。

摇的方向。”这席话立即得到毛泽东、陶铸赞赏。一年后，田家英认识到包产到户或分田到户对恢复生产有利，但觉得兹事体大，必须谨慎。[6]

大饥荒时期，《人民日报》编委林韦私议：“没想到革命三十年，竟出了一个饥饿的中国，这是怎么回事？”“历代皇帝也没有这么愚蠢，敢包六亿人的生活。”“饿死人还不让说，难道我们许多同志牺牲流血就为创造这样一个局面吗？难道我们要建设的社会主义就是这个样子吗？”[7] 1960年，甘肃省委第二书记霍维德（1902～1977，1925年入党）：思想改造、反右斗争把知识分子得罪了；合作化、人民公社化运动把农民得罪了；红旗竞赛、超先进赶先进、提高定额、加班加点把工人得罪了；再看到全国市场全面紧张的局面，“老子若知道是这样，当初就不革命了。”[8]

意识形态与延安理念成为纠错的最大阻力。绝大多数延安一代只能反思到“不合理现象”，无力再挺进一步。他们缺乏理论功底，缺乏批判的武器。他们不愿质疑自己宝爱的信仰，最后的归结仍是“如何才能达到共产主义新社会”？还是要拉着社会朝着自己的信仰前进，坚信社会主义制度代表最先进的生产力和生产关系。

大跃进、人民公社是中共事业的折返点。1959年7月，青年学者李洪林编辑高层内刊《思想界动态》，1959年第14期载华中工学院张治水给毛泽东的一封长信，驳斥三面红旗，反映民不聊生，对毛略有微词，但十分恳切，希望中央纠正错误。刊物送至庐山，恰逢毛泽东批彭德怀，李被指控“配合”彭反党，下放农村。李洪林说：

> 然而我在农村做的两次调查，却无情地使我从根本上怀疑马克思主义上述原理了。1961年我在河北省新城县孙家墁撒大队，1962年我在湖南省宁乡县炭子冲大队，都做了该大队从土改后到公社化以后历年的粮食产量调查……那结论当时把我们调查组惊得目瞪

---

6 逄先知：〈毛泽东和他的秘书田家英〉，董边等编《毛泽东和他的秘书田家英》，中央文献出版社（北京）1989年版，页64～65。

7 陈泊微：〈林韦这个人不会长寿〉，载《炎黄春秋》（北京）2010年第5期，页55。

8 苗庆久整理：〈甘肃省委第二书记霍维德的一些言行〉，载谭蝉雪：《求索——“兰州大学反革命集团案”纪实》，香港天马出版有限公司2010年版，页61。

口呆……历年产量表上清清楚楚告诉我们：公社化不如合作化，高级社不如初级社，初级社不如互助组，互助组不如单干……从根本上动摇了我对马克思主义理论和党的社会主义路线的信念。[9]

文革后，政治压力松弛下来，但不少“马列主义老太太”依然故我，“仍然带着旧的精神镣铐，自己束缚自己，因为她已经把外在的束缚内在化了，以至于不能意识到那是镣铐。”[10]大革命一代、红军一代浸淫左论更深，更难走出赤说左阵，形成拖滞改革开放的强大政治阻力。“总设计师”1985 年还在教导人民：

社会主义的目的就是要全国人民共同富裕，不是两极分化。如果我们的政策导致两极分化，我们就失败了；如果产生了什么新的资产阶级，那我们就真是走了邪路了。……总之，一个公有制占主体，一个共同富裕，这是我们所必须坚持的社会主义的根本原则。我们就是要坚决执行和实现这些社会主义的原则。从长远说，最终是过渡到共产主义。……要特别教育我们的下一代下两代，一定要树立共产主义的远大理想。一定不能让我们的青少年作资本主义腐朽思想的俘虏，那绝对不行。[11]

这番邓论不仅清晰表明“总设计师”头脑中的马列缚绳，而且成为薄熙来理直气壮要求“共同富裕”的理论根据，再次引出追求做大蛋糕（生产效率）还是注重蛋糕分配（防止两极分化）的质问。2011 年，薄熙来引用上述邓论，以公平攻讦改革开放的效率，企图扭转市场经济大航向，重回“共产”。

笔者尚未见第一代中共高干出现“深度反思”。被革命咬得夫死己伤的陈修良（1907～1998），1926 年入团、次年向警予介绍入党，临终前两年

---

9 李洪林：〈我的“理论工作者”经历〉，载《炎黄春秋》（北京）2008 年第 11 期，页 19～20。

10 王若水：〈左倾心理病——范元甄社会性格机制的探索〉，原载《书屋》（长沙）2001 年第 6 期。参见李南央：《我有这样一个母亲》，开放杂志出版社（香港）2003 年版，页 252～253。

11 《邓小平文选》第三卷，人民出版社（北京）1993 年版，页 110～111。

留言："我一生信仰马克思主义；我只有反思，而无反悔。"[12]其女沙尚之告诉笔者，其母始终不承认市场经济就是资本主义，而是社会主义框架内的价格开放与市场运作，还在较"主义"的劲儿呢。

老一代"无产阶级革命家"当然不愿承认共运失败。1999 年，张爱萍（1910～2003）专赴搞毛式共产的河南临颖南街村，题诗："山穷水尽焉无路，柳暗花红南街村；各尽其劳同富裕，美好未来奋勇奔。"还在寻找"革命成功"的依据。此诗发表是年《求是》，配发社论。[13]毛泽东女儿李讷也去南街村，捐了十万元，"奖励"该村每天清晨播放《东方红》。然而，南街村的公有制完全靠农业银行 16 亿贷款"做"出来。2008 年 2 月 28 日《南方都市报》揭底：南街村本息未还一分，贷款兴办的企业长年亏损，早已资不抵债。就在南街村最红火的那些年，所谓"同富裕"不过是低消费的"均贫富"——人均津贴不足 200 元／月；1.2 万余名外来工不能享受"同富裕"，月薪仅 150～300 元。更龌龊的是：2004 年南街村就悄悄改为私有制，村支书王宏斌最大股东，11 名村官也是股东，全村人都被蒙在鼓里。更不争气的是：十余年毛氏意识形态仍未培养出"共产主义新人"，心脏病猝死的村主任王金忠被发现贪污两千多万及有多处房产，包养数位二奶（抱着孩子来要遗产）。[14]底牌一曝光，南街村神话轰然倒坍，16 亿余贷款不可能归还了，糟蹋掉的还不是老百姓的"公款"？百姓无法也无处追究责任人，更不可能去追究那些捧抬过南街村的"北京干部"。

整个 1980 年代，赤左意识形态与现实利益冲突激烈，双年反左、单年反右，中共高层在大方向上不断摇摆，全国也一歪一扭难脱左绳。这一阶段，名词更改乃不得了的大事，因为钩挂实质性变革。1984 年十二届三中全会通过"社会主义经济是公有制基础上的有计划商品经济"；1987 年"十三大"改为："国家调节市场，市场引导企业"；1989 年，"有计划的商品经济"，"计划"二字作为社会主义标志，不肯轻易去咒，随即爆发姓资姓社大争论。直至 1992 年邓小平"南巡"，确立"社会主义市场经济"，资本主义的市场经济带上社会主义红帽正式出行，社资之争暂时停歇。

[12] 沙尚之主编：《百年缱绻——沙文汉陈修良画传》，上海社会科学院出版社 2007 年版，页 154。
[13] 转引自宗凤鸣记述：《赵紫阳软禁中的谈话》，开放出版社（香港）2007 年版，页 293。
[14] 汤国基：〈南街村还有多少不为人知的秘密？〉，载《法律与生活》（北京）2008 年 4 月，页 23。

文革后，延安一代最普遍的困惑是“党何以会走到这一步”？他们知道一定出了错，但不知道哪儿出了错。1979 年 11 月，吴祖光：“玉石俱焚、血肉模糊，多少好同志、好朋友、好人含冤而死，惨不忍闻……到现在我们也弄不清是为了什么缘故，从中外历史上也找不到类此的先例。”[15]按说，革命胜利了，从此“蓝蓝的天上白云飘，白云下面马儿跑”，一切理应毫无悬念走上社会主义康庄大道，红色理念大放光彩，生产大发展，矛盾全解决，一切都 OK。军政胜利之后，应该接着经济胜利、文化胜利。军政胜利的“重大现实意义与深远历史意义”不是得靠经济胜利、文化胜利支撑证明么？可事情似乎很不妙，怎么越念革命的经，事情就越糟糕？运动连连，冤案频频，越走越不对。1977 年，韦君宜：“（1977～1978）轰动九城，大门口排了长队的地方，不是像后来这样的百货公司、食品店，而是中央组织部。各色各样受冤几十载的人写血书上告，城里传说着‘胡青天’的故事。”[16]莺歌燕舞的红色江山怎么冤案遍地？

有文化有修养的“社会主义新人”没有培养出来，无知粗鄙的“封建主义旧人”则一个个遍地走，国家领导人带头破坏法纪。云南省委书记赵健民（1912～）：“有一位国家领导人，据说还是国家副主席，孩子犯了法，被抓去，他嚷着大声吼叫：‘不管什么犯法不犯法，先给我放了再说。’”[17]

反思的第一步，得承认自己的认知有缺陷，若还像 1950 年代那样自信满满，如何接纳“不同异见”？何以开启“思想解放”？晚年周扬之所以反思较深，原因之一是他最终承认胡风的文艺理论水准高于自己。[18]红色理论家胡绳〈八十自寿铭〉：“吾十五而有志于学，三十而立，四十而惑，惑而不解垂三十载，七十八十，粗知天命。”[19]四十起惑，然后“惑而不解垂三十载”，老而粗知天命，对马列的坚定信仰看来是动摇了。

阻拦延安一代反思的，还有他们享受“夺权后”的集团优越权，个人际遇也决定延安一代摆脱红色崇拜的难度。抗战初期在成都编小报的胡绩伟、蒋慕岳、冯诗云，1949 年后，胡当上《人民日报》总编、社长；蒋为

---

[15] 《吴祖光自述》，大象出版社（郑州）2004 年版，页 208。

[16] 韦君宜：《思痛录》，北京十月文艺出版社 1998 年版，页 175。

[17] 宗凤鸣：《理想・信念・追求》，环球实业公司（香港）2005 年版，页 241。

[18] 秋石：《两个倔强的灵魂》，作家出版社（北京）2000 年版，页 176。

[19] 徐庆全：〈胡绳“回归自我”的历程〉，载《炎黄春秋》（北京）2005 年第 5 期，页 6。

《中国日报》社长、冯则是《工人日报》总编。[20]小知成高干，小编辑成大主编，一个个住进前朝高官豪宅，饮水思源，岂能“忘本”？

就是被打倒，仍享种种特权：

——1960年7月中旬，尚未摘帽的大右派陈学昭接到第三届文代会邀请书，一纸政治地位的象征。1961年春，周扬在杭州探望陈学昭，陈得到其他“右派”不可能得到的待遇：一、恢复中断四年的月薪（降级后的15级）；二、女儿由大观山农场携户口上调杭大，免考直升杭大附中（省重点）；三、1962年初，“右派”摘帽，参加全国文联京郊西山学习班。[21]

——张闻天秘书何方1959年受牵连，撤职降级（11级降至13级），月薪仍有193元，文革前存款三四千元，文革初每月交党费百元。[22]高岗案犯官张秀山（东北局第二副书记兼组织部长）四级降至八级，月薪跌降较大，家庭人口众多（供养十四五口人），王震上辽宁盘锦农场探视，回京后汇报周恩来，周恩来再报告毛泽东，不久中组部每月补助120元。[23]

——1961年，开除党籍下放的李锐还有120元，其妻范元甄月薪197元，[24]大大超过普通干部职工四五十元月薪。徐光耀（1925～，影片《小兵张嘎》编剧）划“右”，开除党籍军籍，削夺大尉军衔，月薪210元降至99元（行政17级）[25]，仍高出大学毕业生56元月薪一大截。1961年，大“右派”陈企霞发配杭州大学中文系写作教研室，副教授待遇。[26]

——1968年后上山下乡“一片红”，乔冠华、龚澎之女1969年下半年赴内蒙兵团，1970年初其母托老友助女参军，穿上很难穿上的军装。[27]

文革前后，延安一代已形成特权阶层，种种优越十分自然地成为拦阻他们反思的天然障碍。

---

[20] 《青春岁月——胡绩伟自述》，河南人民出版社1999年版，页105。

[21] 陈学昭：《浮沉杂忆》，花城出版社（广州）1981年版，页84～87。

[22] 何方：《从延安一路走来的反思》，明报出版社（香港）2007年版，下册，页450～451、457。

[23] 张秀山：《我的八十五年》，中共党史出版社（北京）2007年版，页330～331。

[24] 李南央编著：《我有这样一个母亲》，开放杂志出版社（香港）2003年版，页33。

[25] 徐光耀：〈昨夜西风凋碧树——忆一段头朝下脚朝上的历史〉。参见金蔷薇编《作家人生档案》，中国工商联合出版社（北京）2001年版，上册，页89。

[26] 陈恭怀：《悲怆人生——陈企霞传》，作家出版社（北京）2008年版，页385。

[27] 乔松都：《乔冠华与龚澎——我的父亲母亲》，中华书局（北京）2008年版，页235～237、310。

贰、发现常识

1949年后，常识渐渐需要“发现”了。1949年12月，东北局县委书记以上会议，发生关于富农党员的争论。农民问：穷光荣还是富光荣？干部问：土改后致富的富农能否入党？党员能否求富并成为富农？高岗认为党员不应雇工与放贷，这些是剥削行为，富农党员应劝退或开除出党。另一部分高干则认为不应提“消灭富农”。官司打到刘少奇处，兼任中组部长的刘少奇认为党员如不带头致富，生产发展不起来，函复东北局：党员应有雇工自由，党籍不能因此停止或开除；党员对生产消极，群众的生产热情就绝不能发动起来。高岗告到毛泽东处，毛支持了高岗，山西省委也持高岗一派意见，富农党员不得保留党籍，刘少奇一派被迫检讨。[28]这场党内争论，以“共同富裕”的名义剥夺个人求富的合理性，说明中共建政之初就否定了常识，将求富欲望视为旧观念旧意识，以阶级说挖走人性。公理既远，歪说自近，1949年后的中国“理所当然”不可能富了。

第一批倒下去的共干都是因为还未丢尽“常识”，渐觉中共之谬。新华社青年记者戴煌认识到副职过多，并非“人多好办事”而是“三个和尚没水吃”；他还发现推翻国民党的“当官做老爷”，原来是为了自己能够“做老爷”；各地都有特供商店、干部医院、高干舞会、特殊泳池；他揭发老家干部一手遮天。划“右”后，戴煌被送北大荒，境遇更劣，认识更深刻：“这种人有了权力有了地位，照样要用旧的方法来控制一切。……当年怀着崇高的理念而英勇献身的同志，今天换来了什么？难道就是那些攫取了他们用鲜血和头颅换来的成果的人们，以‘王公侯爷’自居？……旧的三座大山是没有了，但一座新的大山的分量似乎也挺沉啊！”[29]

1951年参加土改的乐黛云，未能救下勤恳致富的老裁缝，实在想不通：

> 我试着以“阶级”之名，企图说服自己去原谅种种非人的暴行。但我亲眼见到所谓阶级划分完全是人为的，既非道德标准，又

[28] 张秀山：《我的八十五年》，中共党史出版社（北京）2007年版，页247～252、305。

[29] 戴煌：《九死一生——我的“右派”历程》，中央编译出版社1998年版，页11、23、29～33、161。

> 不是价值标准。如那个老裁缝，前一天他还是德高望重、乐善好施的乡绅，第二天他就是罪该万死的罪人！原因就全在那莫名其妙的土地之“数”（不劳动而占有土地的数量标准）！我极力不去想这些我无法化解的事，然而，我却无法不感到一种灵魂的扭曲，一种把自己的一半从另一半撕裂的苦楚。[30]

1956年10月，新华社国际部主任王飞、副主任李慎之受邀向毛进言，很有深度，两人发言集粹：

> 王　飞：苏维埃社会式的民主不能解决问题。无产阶级专政变成党的专政，由党的专政变成少数人专制，而少数人专制变成个人专政。由中央一直到村干，管得太多太死，不准有活动余地。如此我们党的威信越高，就越危险，有人认为反对我就是反党。英法美政府倒台，就像换件衬衣一样，无论政府换不换，整个社会是稳定的。而我们社会主义国家的最高统治者，如英明则没有问题，不英明，则解决时即要采取冲突的形式，而且不一定能解决得好。根本的问题即我们采取了（指苏联）集权专制主义。言论自由、新闻自由，这是民主的实质。我们的报纸上的自由是在小问题上，现在言论不是独立的。党政要分开，削减某些部门的权力、某些组织的权力；不仅分权而且要削权，可以互相制约。人民代表与其说是选举的，不如说是任命的，我们不应把选举变成虚伪的形式主义，人民不是阿斗。保密的东西太多就是说告诉老百姓的东西太少，人民不知道领导人如何活动、如何决策，结果培养愚昧主义，不能增加人民的判断能力。

[30] 乐黛云：《四院・沙滩・未名湖：60年北大生涯》，北京大学出版社2008年版，页39。

> 李慎之：无民主则无社会主义；专政不只专反动派之政，而且专到人民。系统严密这是我们党的好处，缺点是不容易听到意见。只要有民主，领导人差一点问题也不大。[31]

这两位中青年司局级干部虽尚局限于马列主义，但凭借对现实对民主的认识，“代表”延安一代发出最初的反思，至今尚未过时。

党外人士更容易发现常识。1959 年陈寅恪问周扬：为什么半年前新华社说大学生教学比老师好，后来又说学生应该向老师学习？周扬答曰：新事物要实验，总要实验几次；革命、社会主义也是个实验。陈寅恪不满：实验是可以的，但尺寸不能差得太远。“尺寸”，常识也。

具有常识的“右派”们很轻易就发现了问题。1959 年章伯钧说：58年搞错了，炼钢失败了，食堂办不起来了，大办水利是瞎来。罗隆基说：物资供应紧张是社会制度造成的，私营工商业改造有毛病，人民怨愤已达极点；共产党说唯物，实际上最唯心。龙云：“解放后只是整人，人心丧尽，内政还不如台湾；全国干部数量比蒋介石时代成百倍。”陈铭枢：“供应相差惊人，几年之内也难恢复正常供应；要是过去发生这种情况，早就该‘下诏引咎’了。”于学忠：“共产党的政策忽冷忽热，大跃进的成绩全是假话；天安门的工程像秦始皇修万里长城。”[32]尽管这些“恶攻”来自特勤“线人”（如冯亦代）的卧底汇报，但也可看出老“右”们常识犹在，一目穿底。此时，绝大多数延安一代障叶如山，难穿一纸之隔。

直到大饥荒，事实开始“教育”延安一代。谢韬：

> 六十年代初，“大跃进”引起大饥荒以后，看到听到遍及城乡的悲惨景象，想想我们当初投身革命的愿望和理想，看看残酷的现实与毛泽东当年宣告的建设富强、民主、幸福的新中国的许诺截然相反，我们才开始比较清醒了，对毛泽东的思想和行为开始滋生了怀疑以至异议。对比现实，“战无不胜的毛泽东思想”已经成为绝大的讽刺。我们觉得不能再自己骗自己了，没有必要再在心里做假

---

[31] 王启星：〈王飞、李慎之与毛泽东秘书谈民主〉，载《炎黄春秋》（北京）2010 年第 8 期，页 27～28。

[32] 李锐：《庐山会议实录》，春秋出版社（北京）、湖南教育出版社 1989 年版，页 60。

> 戏了。……我和慎之虽然被打倒在地，还被踏上一只脚，但是我们的脑子还在不停地思考：为什么在宣称实现了社会主义的中国，会出现如此荒谬如此黑暗的新式专制时代？为什么中国的社会主义会走向以至走到反民主反自由的专制主义？[33]

1965～66 年，聂绀弩：

> 社会主义可以干活，也可以不干活，一样拿钱，老板大，赔得起，可是养成了许多许多新寄生阶级。过去没有经过社会主义，幻想得很美，现在身在其中才发现有无数问题。
>
> 现在农夫也不好当。从前的农夫向地主纳了地租之外，那块地怎么种，他有完全的权利。……现在的农夫一点权利没有，叫你种什么你就得乖乖地种什么。种了之后，全部被人拿走，结果自己一无所有。这样的制度是无法搞生产的。……现在主要问题是人的权利问题、自由问题。[34]

常识成发现，小儿科级的 ABC，会引起惊天动地的改革。1977 年 11 月 16 日，孙冶方（中共理论家）日记：通过阅读与思考，认识到权力的腐蚀作用。外孙评曰："这对他来说是一重大发现。"[35]1979 年 1 月，中宣部理论局副局长李洪林在十一届三中全会上说："不是人民应当忠于领袖，而是领袖必须忠于人民"，一句政治常识，引起强烈震动。[36]1978 年，刘心武发表小说〈爱情的位置〉，出刊前座谈会，严文井喟叹："爱情总算又有位置了！"一位田头干活的插队知青，听到高音喇叭"现在播送短篇小说〈爱情的位置〉"，第一感"简直是发生了政变！"一位渔民给刘

---

[33] 谢韬：〈我们从哪里来，到哪里去？〉，载燕凌等编著：《红岩儿女》第三部（上），真相出版社（香港）2012 年版，页 19～20。

[34] 寓真：〈聂绀弩刑事档案〉，载《中国作家》（北京）2009 年第 4 期，页 33、39。

[35] 徐庆全：〈我的外公孙冶方——武克钢访谈录〉，载《炎黄春秋》（北京）2008 年第 9 期，页 37。

[36] 李洪林：〈往事回忆〉（六），载《争鸣》（香港）2008 年 4 月号，页 60。

心武写信：听了广播后激动得不行，“原来自己藏在心底的爱情并不是罪恶，他现在可以跟女朋友公开地来往了。”[37]

生活中更能发现丢失的常识。1950～80 年代大陆商业餐饮业一律公营，不仅没有“全心全意为人民服务”，服务态度之恶劣反而史无前例。1979 年，贾植芳进京，数次买水果既不给报纸也不给塑胶袋，售货员恶声恶气：“怎么拿？那是你自己的事，我们管不着！你不是穿着制服吗？装到你的口袋里去！”上东来顺吃饺子，排长队买票，售票员爱理不理，将票与找零随手仍出窗口。1930 年代，贾植芳上东来顺，水饺外加酸辣汤、葱爆羊肉、酒，总共不到两毛，吃完结账，伙计还客气一下：“算我的吧！”客人：“哪能呢！”结账后，给伙计一个铜板，伙计扬声：“小账一枚！”楼上楼下伙计齐声发喊：“谢谢！”出门时，穿长袍的管账先生站送：“叫您破费了，叫您破费了。您走好。”看着客人出门才坐下。“今昔对比，想不到北京人会变得这样没有礼貌、蛮横和冷漠，把客人当敌人，人都变成野兽了。”[38]昔日请都请不来的“上帝”，今日成了爱来不来的“讨厌”。

面对全民怠工与穷困，延安一代不得不思考“革命绩效”。1977 年，浙江绍兴县委副书记沈祖伦（1931～，后任浙江省长），从全县年终分配报表中看到农民人均年净收入 84.2 元，扣除口粮、柴草等实物分配和平时预支，分不到什么东西，许多农户倒挂，叹曰：

> 社员一年辛劳盼年终分配，原来是这么一个结果！我心里愧疚，觉得对不起老百姓。我们党领导人民打天下，暴力夺取政权，一切资源都控制到我们手中，一切由我们说了算。农民除锄头、铁耙是自己的，什么生产资料都没有，也基本上没有什么自由。“磨洋工”也要天天出工，出远门要经过干部批准。那么，既把一切资源垄断在我们手里，能搞得好也罢了，但是结果老百姓日子不太好过，那还是江南鱼米之乡。全国集体经济搞得比较好的地方，尚且如此！怎么不令人深思？那时看到农村两大问题，一个是“吃大锅饭”，平均主义，农民没有生产积极性；一个是生产经营单一，只

[37] 韩小蕙：〈为爱情恢复位置〉，原载《光明日报》（北京）2008 年 12 月 12 日，第 2 版。

[38] 贾植芳：《我的人生档案》，江苏文艺出版社 2009 年版，页 58～59。

> 准搞粮食生产。绍兴有许多高产穷队，亩产接近吨粮，但工分值每个劳动日只有一包“大红鹰”（香烟），当时价格是 0.13 元／包。……要知道，我们原来都是维护集体经济、公有制立场很坚定的。为什么后来投身改革，就是这么来的。因为知道老百姓苦。为了让农民从苦难中摆脱出来，不怕与党在农村的传统政策相违逆，不怕去探索当时上级不允许做的事，不怕丢“乌纱帽”。[39]

邓小平：“要允许一部分人先富裕起来”，也是常识，却是对马列原则“共同富裕”的背叛，中共党内有人将邓划为“马列叛徒”。国际共运以“两极分化”为由发动暴力革命，允许一部分人先富起来，允许私营私产，岂非生生制造新的两极分化？主动制造新的剥削阶级？难道还不是对马列主义的背叛？当然，这时的邓小平已不再侈谈马列，只说“实践是检验真理的惟一标准”。一旦回到常识，回头再看原先金光闪闪的马列主义，越看越糟糕。改革开放要改要革的就是一条条马列。1980 年代初，中共高层大佬硬将上海开发拖滞十年，将经济特区看成以前的租界，派人调查雇工剥削。中共的改革开放，每走半步都会受到“马列主义”的拦阻。

实践证明：在普遍贫困的社会状况下，“共同富裕”不仅不是一条金光大道，而是捆在一起共同捱穷最结实的一条粗绳。共同富裕必须有一过程，不可能初始阶段就实现。就这么一小步，数代中共党人硬是跨不过去。邓小平本人也是一步三回头。1983 年，他提倡“一部分人先富起来”，1984 年提醒防止两极分化：

> 走资本主义道路，可以使中国百分之几的人富裕起来，但是绝对解决不了百分之九十几的人生活富裕的问题。而坚持社会主义，实行按劳分配的原则，就不会产生贫富过大的差距。再过二十年、三十年，我国生产力发展起来，也不会两极分化。[40]

---

[39] 沈祖伦：〈改革初期我们的闯劲来自哪里〉，载《炎黄春秋》（北京）2008 年第 9 期，页 1。

[40] 《邓小平文选》第三卷，人民出版社（北京）1993 年版，页 10、64。

检视邓小平的摇摆脚印，所谓“走资本主义道路绝对解决不了 90%多国人的生活富裕”，标标准准的自设障碍、错误预判。二十多年后，据 2006 年世界银行报告，中国 0.4%的人（150 万家庭）掌握了 70%的国家财富，美国则是 5%的人掌握了 60%的国家财富，中国的财富集中度世界第一。[41]二十年前还在声嘶力竭呼喊“防止两极分化”的大陆，如今两极分化最严重。但很奇怪，大陆人民生活水准却因走资本主义道路得到普遍提高。中共当然也不允许将这一两极分化归为“中国特色社会主义”的失败。

常识需要发现，乃社会整体远离常识。1980 年，几位新华社记者采访西北半年，支持农民划自留地自留山，遭到林业部干部责问：为什么不向农民灌输爱社如家、爱护国家集体的一草一木，反而鼓动划自留山？新华社记者朝楼下顺手一指：你们林业部大院的公家自行车都破烂脏污，私人自行车却一辆辆擦得瓦亮锃新；国家机关干部尚且做不到爱公物如己物，凭什么要求农民做到？对方默然。[42]

更直观的是香港富商：邵逸夫、包玉刚、李嘉诚、应昌期、王宽诚、陈廷骅、曹光彪、李达三……这些“饱吸劳动人民鲜血的资本家”，觉悟奇高，一掷万金助学资教，仅邵逸夫就向大陆教育界捐资 31 亿港币（四千余项目）。一个更有力的问号：自己勤苦奋斗一辈子，改天换地闹革命，对国家对社会的贡献，居然还不如几个“万恶的资本家”?!几位垂垂老矣的港商，不声不响一辈子，晚年回乡，散金于学，泽被乡梓，这不是真正的人生有成与此生无悔么？此时，延安一代大多一阵天旋地摇：资本家怎么如此可敬？怎么也会“取之于民、用之用民”？接着也许暗叫一声：马克思错了？

回到常识，许多丑恶原形毕露：抄家批斗、拆阅私信、[43]偷听偷窥、私下告密、当面揭发、夫妇互咬、母子决裂……所有原先被鼓励被赞扬的“革命行动”，真看不得了。他们无法不自问：怎么会这样?!

---

[41] 《中国青年报》（北京）2006 年 10 月 18 日，据 10 月 17 日波士顿《2006 年全球财富报告》。

[42] 胡国华等：《告别饥饿：一部尘封十八年的书稿》，广东教育出版社 2008 年版，页 208～209。

[43] 陈学昭：《浮沉杂忆》，花城出版社（广州）1981 年版，页 133。“长期以来，我不写信给任何人，偶然收到一封无关紧要的信，发现信都被检查过的。”

时间也使常识日益凸显。陈学昭这样的“延安右派”，四年不发薪、取消公费医疗、每月定粮减至十公斤，一犯错误就是敌人，就不提供基本生活条件，没有基本的人道主义。[44]至此，才发现红色逻辑中缺失了最基本的人性，走了大歧路，与民主自由人权等现代理念背向而行。

对知识分子的作用，中共也是文革后才着急起来。1983 年 3 月，邓小平要求高干观看影片《人到中年》：“我们现在一方面是知识分子太少，另一方面有些地方中青年知识分子很难起作用。落实知识分子政策，包括改善他们的生活待遇问题，要下决心解决。《人到中年》这部电影值得一看，主要是教育我们这些老同志的。看看，对我们这些人有好处。”[45]一辈子教训他人的“无产阶级革命家”，居然需要一部影片“受教育”，需要从思想承载量极其有限的影片获得启发、修正观念，说明什么呢？

1983 年，新华社香港分社社长许家屯从港人的自由富足，认识到港英政府的管理成功，须“利用香港英国政府管治成功的经验来制订基本法”。[46]他发现资本主义并非妖魔鬼怪，神圣的社会主义倒是丑陋不堪。同年，坚决捍卫“毛泽东思想”的胡乔木也承认：

> 毛泽东同志认为，由穷变富就要变成反革命。同样，知识越多越不等于他会坚持革命，相反，可以产生这种现象，即知识越多越反动。……他有这种思想。在接近“文化大革命”几年中，他逐渐形成这种思想。他确实说过：书读得越多越蠢。……当时毛泽东同志的这些思想得到党内相当多的人的赞成。[47]

仇富仇智的毛氏逻辑，中国被捏在这么一位“红太阳”手中，还能走向哪儿呢？

1990 年代，延安一代有了更深层次的常识发现：原来人们的普遍愿望是成为资产者而非穷光蛋的无产者，嫌贫爱富乃人性之常；排斥资本主义

---

44 陈亚男：《我的母亲陈学昭》，文汇出版社（上海）2006 年版，页 36、48。

45 《邓小平文选》第三卷，人民出版社（北京）1993 年版，页 26

46 许家屯：《许家屯香港回忆录》，香港联合报有限公司 2008 年版，上册，页 279。

47 《胡乔木传》编写组：《胡乔木谈中共党史》，人民出版社（北京）1999 年版，页 211～212。

原来是排斥先进生产力！1947 年以后逐步完成土改的山西，1950 年底已有 4%的农户上升为富裕中农、85.4%上升为中农，晋农普遍要求“自由发展生产”。[48]大有作为的形势，偏偏不让农民“自由”而要“组织起来”，致使农业不进反退，最终导致大饥荒。按常理，85.4%中农、4%富裕中农，下一步发展只能是“富农”、“地主”，还能往哪儿发展呢？1948 年 10 月 7 日，陶铸在东北高干会议上：“一般农民最大目标是作地主。”[49]但以阶级论的逻辑，富农、地主是万万做不得的，更不用说让 90%的人去走这条“万恶的资本主义道路”。任何一位要“革命”的中国人，只能安贫守穷，绝不能逐富求财，否则便沦为“反革命”，一富就“反”呵！阶级论只能引向集体贫穷，既然一开始就规定不能富裕，不认同富有者的存在价值。

2006 年 4 月，谢韬（1921～2010）：

> 社会财富分配不均等，是调动社会成员积极性、推动社会进步的杠杆。操纵这个杠杆，有一个合理的“度”（现代经济科学称之为“基尼系数”）……领导者或统治者的全部艺术就是掌握好、调控好这个“度”。共产党人为理想社会奋斗几十年，政策上最大的误导就是千方百计地要消灭这个“度”，用“大锅饭”的办法“均贫富”，只要公平不要效率，甚至以“均贫”而自豪，造成几十年来生产的停滞和衰退，所谓“社会主义的优越性”老也发挥不出来，砸了“社会主义”的牌子。
>
> 为什么德国人扬弃了的马克思主义不适合现实生活的部分，为什么俄国人抛弃了的列宁主义，我们要当作神物供奉着？当作旗帜高举着？[50]

一些根本毋须探索尝试的基本常识，成了老一代共产党人的重大发现，成了需要巨大人格勇气才有的“先知先觉”，爆炸性的“思想解放”。

---

48 姚力文、刘建平：〈新民主主义的命运和刘少奇的失败〉，载《炎黄春秋》2009 年第 2 期，页 4。

49 李南央编：《李锐日记》，溪流出版社（美国，Fellows Press of America）2008 年版，页 174。

50 谢韬：〈只有民主社会主义才能救中国〉（序言），载辛子陵：《红太阳的陨落——千秋功罪毛泽东》，书作坊（香港）2008 年 6 月二版，上卷，页 xxv、xxix。

1986 年 3 月，副总理姚依林在“定于十年后发表”的采访中承认：外贸不行贿不行，尤其东南亚，不少生意因不肯行贿而告吹。一次中方向某外商投标，不动声色在伦敦为外商存上一笔美金——超过 1～2%的佣金，再向外商示意，外商便把标的给了中国。姚进一步介绍行贿经验：送礼要投其所好，给国王礼物，先得了解他的喜好，以及他老婆和小老婆想要什么，多少克拉的宝石，发红光还是蓝光的……“这样办，买卖就做成了。不给贿赂、不送礼、送礼不周，买卖就做不成。所以我主张我们的人不可受贿，对外贸易非行贿不可。”[51]

2004 年，宗凤鸣认识到：“公有制之所以失败，在于它违背了人性。人们必须有个人所需的财产支配所有权。”[52]2009 年，曾彦修发现更大常识：

> 形势已经很清楚了：由“无产阶级”进行世界暴力革命，已经没有这个可能——本来就没有这个可能，现在更加没有这个可能性了。……越搞世界革命，流血越多，痛苦越大，给世界带来的破坏越深。……“共产主义”是一个科学性不够明确的、还弄不清楚的概念。[53]

走了一大圈，这才发现第一脚就迈错了方向，违背了基本常识。所谓科学社会主义不过是集体主义的一个变种，必然走向集权。延安老人还发现将共产赤说与本党所有政策都说成“最新最美”，等于失去修正纠错的哲学可能。既已“最新最美”，还有必要修补完善么？

常识还告诉国人：任何一代人都不可能也不必对未来过度负责，社会的成熟必须体现为对未来的合理设计，解决急需解决与当下能够解决的问题，过于遥远的理想与颠复性的革命均属那口乌托邦旧井。今天若将明天的一切都设计完了，都想完干完了，子孙后代岂非没活干了？岂非“逼使”他们成为庸懒之辈？子孙们也需要通过创造体现他们的生命价值呵！再说了，人类发展史上，谁能毕其功于一役？

---

[51] 姚锦编著：《姚依林百夕谈》，中国商业出版（北京）1998 年版，页 187～188。

[52] 宗凤鸣：《心灵之旅》，开放出版社（香港）2008 年版，页 34。

[53] 曾彦修：〈我对“和谐”的一点看法〉，载《炎黄春秋》（北京）2009 年第 4 期，页 17。

一边是常识复位，另一边就是痛苦的信念颠复。对延安一代来说，无产阶级怎么可以富裕起来呢？怎能鼓励无产阶级发家致富转为资产阶级？岂非阶级堕落与背叛革命？消费居然也促进生产？欲求竟是社会生产的第一动力？这些“大逆不道”的新理念使延安一代张惶失色，深陷迷惘。怎么会这样？怎么会这样！那些曾经坚决捍卫的“共同富裕”、“永无私产”、“勤俭节约”……哎呀呀，这辈子过得是不是太憋太憨了？

乔冠华、龚澎夫妇，家庭月收入 500 元以上（中等家庭仅百元左右），但龚澎竟买不起女儿哭要的小鹿图案毛衣（20 多元）；女儿赴内蒙兵团，买一张 16 元的狗皮褥子也算昂贵物品。1970 年龚澎去世，家里没有电视、冰箱，存款仅 200 余元，保姆买菜常常得向邻居借钱。[54]尖尖上的人物，开销虽大一些（乔要喝茅台、绿茶），犹穷如此，中国之贫，一斑可窥。更痛心的是，他们的艰苦朴素不仅没能为黎民百姓换来富庶，而是换来更悲惨的贫困。1990 年代，延安一代总算明白坚执半个世纪的“革命理念”真正搞穷了国家，纵然好心，却办了大坏事儿！

参、反右～文革之棒喝

反右一起，毛共反民主反自由的封建本质昭然天下，成为延安一代起疑“我党”的第一站。棍子打到自己身上最疼，被革命吃掉的“右派”不得不质疑革命的正确性。韦君宜反右时私下说：“如果在‘一二・九’的时候我知道是这样，我是不会来的。”（按：不会投奔中共）[55]北大反右运动高潮时，流行一语：“良心和党性是不一致的，要良心就不能要党性，要党性就不能要良心。”[56]

李洪林对共产主义的热情保持至 1959 年春天。[57]紧接着大跃进失败、大饥荒降临，延安一代腹诽更甚。李慎之：

---

[54] 乔松都：《乔冠华与龚澎——我的父亲母亲》，中华书局（北京）2008 年版，页 184、224、319。

[55] 韦君宜：《思痛录》，北京十月文艺出版社 1998 年版，页 45。

[56] 王书瑶：《燕园风雨铸人生》，劳改基金会黑色文库编辑部（华盛顿）2007 年版，页 143。

[57] 李洪林：〈我的“理论工作者”经历〉，载《炎黄春秋》（北京）2008 年第 11 期，页 19。

> 打成右派后，一直到 1958 年大跃进失败以后，我觉得不必在心里做假戏了。你共产党就算对我有恩，从今以后我跟你一刀两断了！跟你毛主席也一刀两断了。从那以后，我一直是以批判的眼光看中国共产党。[58]

陈学昭被宣布开除党籍那天，一夜未眠，十分后悔当年回国："如果 1937 年我再去巴黎，在东方语言学院工作，最大的罪名也不过是脱离政治……如今，究竟是活着呢，还是死了的好?!"陈学昭的鸣放乃是应浙省领导再三邀请，说了一句划右言论："省委对文艺工作不够重视"。同时，密友 C 揭发她说过："党内也是复杂的"。[59]就这么两句。

反右后，社会形成"优败劣胜"的逆淘汰。"在大约 20 年的时间里，'优败劣胜'的趋势使得中国的知识分子几乎全军复没。"[60]1958 年，陈学昭在绍兴县文化馆被冤偷窃，致信周扬："我对人类失望了！"[61]

1937 年赴延的丁一岚（1921～1998，邓拓之妻），一段"毛评"可代表大多数延安一代思想轨迹：

> 这是逐渐觉察的，大约从 1957 年以后，看到党内左的错误，反右、大跃进，特别是文革，那是一场民族灾难，开始时对毛主席还看不清楚，总认为毛主席不知道，是江青干的事情，后来才知道是毛主席亲自发动的。重要的事情都是毛主席决定的。所以，毛主席的威信，文革后降低了很多，但由于他的历史上的作用，伟大的贡献，我还是尊敬他。[62]

1959 年庐山会议，田家英、周惠、周小舟、李锐等红色秀才，终于意识到毛泽东"到了斯大林晚年"、"反复变化太快"、"一手遮天"。李锐："这十多天会，我的心理状态极为复杂，我觉得很悲观。我想，这是中央

---

[58] 邢小群：《往事回声》，时代国际出版有限公司（香港）2005 年版，页 71。

[59] 陈学昭：《浮沉杂忆》，花城出版社（广州）1980 年版，页 61、59、9～10。

[60] 张轶东：《从列宁格勒大学生到新肇监狱》，劳改基金会黑色文库编辑部（华盛顿）2007 年版，页 71。

[61] 陈学昭：《浮沉杂忆》，花城出版社（广州）1980 年版，页 72。

[62] 李辉：《往事苍老》，花城出版社（广州）1998 年版，页 317。

委员会，这是我们党最高领导层的会，怎么竟没有一个人敢于出来讲半句公道话呢？……我的悲观情绪，田家英是觉察到了的，以致我常用的安眠药，后来都受到控制。”[63]1960 年 7 月，李锐开除党籍，没有任何犹豫就签了字，他感觉“在不在这个党，于我已意思不大。”[64]

1999 年，晚年李慎之：“如果倒退到 60 年前，那时的我只知道共产主义是最自由的，自由主义不过是比较低级的阶段而已。因此，根本不认为两者有什么矛盾。如果倒退到 40 年前，那时我已经知道了实践中的马克思主义，亦即苏联、中国式的共产主义是与自由主义完全对立的，自由主义完全是资产阶级的意识形态。”[65]

因言获罪的政治高压，使士林在现实面前深受教育，真正领教“言论自由”不合时宜。意识形态部门的胡乔木，“久赞枢机、管领意识形态，几十年来基本上是烈火烹油的事业。”[66]怎么干都有小辫子，都有引火上身的危险。延安一代划“右”者多多，至少千名作家、艺术家因文字遭整肃。[67]延安干部李又然划“右”，仅仅房间里挂了一张光屁股法国女人像。[68]

顾准是延安一代最早的反思者，但也要到文革后期才发生质变——失去信仰，认为强调实验与归纳的弗兰西斯・培根，“他的效果并不亚于马克思主义在历史上的功绩。”顾准对革命的认识从“诗意逐步转为散文和说理”。他十分痛苦，“当我愈来愈走向经验主义的时候，我面对的是，把理想主义庸俗化了的教条主义。”1973 年，他否认人类有什么终极目的，也不可能建立至善王国。“如果革命家树立了一个终极目的，……他就不惜为了这个终极目的而牺牲民主，实行专政。”他最后痛称：“今天当人们以烈士的名义，把革命的理想主义变成保守的专制主义的时候，我坚决走上彻底经验主义，多元主义的立场，要为反对这种专制主义而奋

63　李锐：《庐山会议实录》，春秋出版社（北京）、湖南教育出版社 1989 年版，页 178～179、210；319。

64　李南央编：《父母昨日书》，时代国际出版有限公司（香港）2005 年版，下册，页 453。

65　《李慎之文集》，2003 年自印本，上册，页 104。

66　李慎之：〈胡乔木请钱钟书改诗种种〉，原载《百年潮》（北京）1997 年第 2 期，页 65。

67　夏志清：《中国现代小说史》，刘绍铭译，香港中文大学出版社 2001 年版，页 290。

68　邢小群：《丁玲与文学研究所的兴衰》，山东画报出版社（济南）2003 年版，页 188。

斗到底！”[69]一个所谓的至善终极目标使所有暴力披上合法外衣，似乎“不得不这么办”，遮掩了一目了然的丑恶。一个主义必然窒息思想。

晚年宗凤鸣通过梳理顾准思想：“我才理解到：所谓终极目的建立什么至善的地上王国，这乃是一元化主义与政治上进行专政独裁的思想根源。从而也是现实社会主义所有国家形成专政体制的根本原因所在。”[70]宗凤鸣也许不知哈耶克早有名论：“要创造有利于进步的条件，而不是去‘计划进步’。”[71]进步应该是一种自然形成，而非一种设计与规定。

进入文革，工厂不开工、学校不上课、机关不办公……社会风气急剧恶化，杭州街头频发流氓围哄撕扒女青年衣裤，被扒裸的姑娘逃避浴室，上万人围观的大场面，警察都只能在岗亭里“静观事态”。此类恶性事件1970年代全国各大城市时有发生。哪有这样的“大好形势”？文革使延安一代不得不面对“制度的弊端”，竭诚拥护的制度本为对付敌人，现在却对准自己。江青秘书阎长贵（1938～）：“刘少奇在文化大革命中没有申辩和参加辩论的权利——他这种起码的权利被剥夺了（只能认罪，不许分辨，是所有政治运动的惯例，刘在台上时，对被整者也同样如此，这正是相同的悲剧不断重演的原由）。”[72]

熬蹲秦城七年半的“解放牌”金敬迈，参透红色教条：

> 我们从上到下都习惯于侮辱他人的人格。什么“斗倒斗臭”、什么“脱了裤子割尾巴”、什么“竹筒倒豆子”，把最见不得人的事“抖落”出来……都是主张人们不要尊严不要脸的。我们曾经骂国民党“礼、义、廉……”，意思是“无耻”，可今天我们竟然以无耻为荣，一切光荣属于“……”一切功劳属于“……”以后，老百姓还剩下些什么呢？当光荣离我们远去，留给我们的只有羞辱。于是我们极力提倡“工具论”，人人都是“工具”不要独立的人格，不要个人的尊严。特别对于有点知识、有点学问的人来说，当

---

[69] 顾准：〈从理想主义到经验主义〉，载陈敏之编《顾准文集》，福建教育出版社 2010 年版，页 443～444、327、460。

[70] 宗凤鸣：《赵紫阳软禁中的谈话》，开放出版社（香港）2007 年版，页 181～183。

[71] （英）哈耶克：《通往奴役之路》，王明毅等译，中国社会科学出版社（北京）1997 年版，页 226。

[72] 阎长贵：〈对刘少奇的大批判是怎样发动的？〉，载《炎黄春秋》（北京）2009 年第 7 期，页 10。

你连自尊心都不要了，当你连脸面都不顾了，那么好了，你已经“脱胎换骨”了。这该是多么荒唐！

世上还有什么事情能比这个更荒唐？历史上还有哪个时代比起今天更黑暗！[73]

革命成功了，胜利了，却进了自己人的大牢，遭万众批斗。这回，再也没了“带镣长街行”的悲壮，只剩下锥心悲愤。1967 年 9 月初还是中央文革成员、《光明日报》总编的穆欣（1920～2010），此时也内心苦闷：

这个时期自己内心的痛苦很大，但是包括家人在内，又不能向任何人倾吐表白。思想上累积了许多无法理解的问题。自己时常自语：“眼前不只十万个为什么？没有一个能回答。”[74]

1971 年“九·一三”林彪叛坠，不仅仅对延安一代，对中共全党都是一声精神核爆。毛泽东也明白，文革气泡破了，一世“英明”结束了。不过，他意识不到，中国共运也就此滑坠——盛极衰始。

那些进了大小“秦城”的各级共干，监狱摧毁了他们的肉体，却拯救了他们的思想，开始自褪思想上的各副镣铐。李慎之最初真信无产阶级的“实质民主”，相信列宁“无产阶级民主比任何资产阶级民主要民主百万倍。”直到文革，才体会到原来民主形式是对民主内容的保证。[75]

文革结束，迫使任何一位革命者都扪心自问：“革命的价值呢？意义呢？”韦君宜的《思痛录》起笔于周恩来去世后，深知生前无法“拿出来”。但出于真诚，她还是写下自己的亲历之“痛”。其女记述：

母亲后来曾告诉我，她参加革命就准备好了牺牲一切，但是没想到要牺牲的还有自己的良心。……比起这些后来经历了无数内心痛苦的幸存者，早年怀抱理想慷慨赴死的老同学才是真正幸福和幸

73　金敬迈：《好大的月亮好大的天哪》，时代国际出版有限公司（香港）2005 年版，页 73～74、117。
74　穆欣：《办〈光明日报〉十年自述（1957～1967）》，中共党史出版社（北京）1994 年版，页 356。
75　李慎之：〈回归五四·学习民主〉，载《书屋》（长沙）2001 年第 5 期，页 18。

> 运的。母亲苦苦追求了一辈子，却在眼泪都已干涸的时候才大彻大悟，穷尽一生的努力、一生的奋斗，换来的究竟是什么？当她重温自己年轻时的理想，当她不能不承认后来牺牲的一切所追随的，都与自己那时的理想相悖，仿佛绕地球绕一圈又回到了原地，怎么不追悔平生、痛彻骨髓呢？[76]

韦君宜叹息："白死的人命，没法再追究，甚至无权再追究。""'如果都要追究起来，事情怎么办呢？一个地区的事，压下葫芦起来瓢，十几年前的冤案都拿出来翻腾，局面不整个儿都乱啦？'这是过了几年之后，一位经常下去的纪检委员劝说启发我的话。她认为一个记者这样做就是想把局面搞乱，有罪。她的话使我越想越觉得有理，同时越想越睡不着觉。"[77]有理不能说，有冤不能申，否则就是搞乱局面。顾得了理，就顾不了"局面"，顾住"局面"，就得牺牲"理"，不牺牲"理"就是"搞乱局面"。韦君宜越想越觉得"牺牲有理"，但又越想越睡不着觉，深感逻辑不通，处处悖谬，左右迷惘，莫知所以。韦最终认识到："天下最笨拙的民主也胜于最高明的独裁。"[78]这位清华女生写下反出朝歌的《思痛录》，成为"自由化分子"，《思痛录》遭查禁。

于浩成（1924～），1942 年赴延，南开法学教授、群众出版社总编，"六四"后开除党籍，流亡美国。他的认识：

> 经过对"文化大革命"这场空前大灾难的反思，经过真理标准问题的讨论，许多人解放了思想，从共产党欺骗宣传的蒙蔽中解脱出来，识破了中共的真面目。[79]

---

76 杨团：〈《思痛录》成书始末〉，载韦君宜《思痛录》，人民文学出版社（北京）2013 年版，页 336。
77 韦君宜：《思痛录》，北京十月文艺出版社 1998 年版，页 181。
78 韦君宜：《思痛录；露莎的路》，文化艺术出版社（北京）2003 年版，页 180。
79 于浩成：〈党对政权与社会的控制——入党出党半世纪的回顾〉，载金钟主编：《共产中国五十年》，开放出版社（香港）2006 年版，页 354。

肆、突破毛崇拜

延安一代虽历文革之痛，绝大多数仍深陷毛崇拜。1970 年代末，如向延安老干部指出〈延安文艺座谈上的讲话〉存在重大局限（且不说“错误”），他们会跟你拼老命。若要他们“正确认识”毛泽东，则会扭送你上公安局。至于与他们讨论马列主义的偏差，那就一蹦三尺高了。研家析指丁玲：“她始终不愿意承认‘圣经’有什么问题。因为把它绝对神圣化了。她不顾及现实，只相信精神中虚幻的东西。”[80]

延安一代只是毛泽东的“四肢”，全国只剩下毛一颗大脑拥有独立思考合法权，国人思想都被圈入一本《语录》、四卷“宝书”。后人痛曰：张志新虽然难能可贵，但她还是以毛泽东思想批判文革。毛崇拜使数代国人失去开启反思的思想资源。北大政治系肄业生高放（1927～）：“回顾平生，我自以为从 1948 年到解放区起就已经获得了思想解放，实际上从那时起直至 1978 年，长达 30 年之中我陷入了对领袖的个人迷信之中，思想依然备受束缚，在课堂讲授和文坛发文中，处处都以领袖的经典著作为依据，不敢独立思考，更难以发表自己的独立见解。”[81] 1979 年 3 月，1938 年入党的《文汇报》前总编陈虞孙（1904～1994）撰文〈还我头来〉，抗议全国只允许一个脑袋思考，“人而亡头，国将何有！”[82]

估计延安一代至少 50%终身走不出毛崇拜，约 40%保持半崇拜，8%挣脱毛崇拜，真正起身反思毛罪恶者，不足 2%。突破毛崇拜是延安一代思想跳龙门的关键一步，迈不出这一步，就谈不上后面的反思。

从三八式、解放牌至红卫兵，毛崇拜是长达四十年的“中共徽标”。川大生胡绩伟：

---

[80] 邢小群：《丁玲与文学研究所的兴衰》，山东画报出版社（济南）2003 年版，页 152。

[81] 高放：〈我的 1978 年〉，载《炎黄春秋》（北京）2008 年第 12 期，页 33。

[82] 雷颐：〈“还我头来”陈虞孙〉，原载《经济观察报》（北京）2008 年 11 月 10 日。

> 毛泽东的演说和通电，从内容到文辞，在我听来，都十分精彩，无懈可击。可以说，当时我和延安的许多青年知识分子一样，对他的钦佩和崇拜，达到了相当狂热的程度。[83]

“解放牌”惠钧宪（1932～），1975年秋与刘冰等向毛泽东状告迟群、谢静宜，遭毛严厉御批，惠为此挨批214次，但2008年惠钧宪仍说：“我还认为那不是毛主席批的，有可能是‘四人帮’捏造的。”“即使一时出现误判，主席也是可以改正错误的。”再三表示崇毛之情依然如初。[84]

绝大部分红军一代与曾志一样，晚年仍十分幼稚：“我内心深处总有种深深的惋惜：毛泽东英明一世，为什么在他的晚年，要搞这么一场天怒人怨的‘文化大革命’⁉”曾志对毛的最后态度：

> 我的女儿总问我一个问题：爸爸死得那么惨，你在“文化大革命”中受了那么大的罪，你怨不怨毛主席？这是个很肤浅的问题，我跟随主席半个世纪，并不靠个人感情和恩怨，而是出于信仰。我对我选择的信仰至死不渝，我对我走过的路无怨无悔，那么我对我的指路人当然会永存敬意！我叹口气，对我女儿说：“不怨，主席晚年是个老人，是个病人嘛！”[85]

如此个人化的逻辑起点，如此肤浅的思考态度，轻飘飘将毛归为“老人”、“病人”，叹一口气就放走老毛必须承担的历史罪责，您那份为国为民的负责精神哪去了？坚定不移的革命原则哪去了？偌大中国为什么捏在一个老人病人手中 27 年？反右、大饥荒、文革，如此人为巨祸，就因为“所选择的信仰”与“指路人”便可原谅么？国家大事能够等同个人恩怨么？曾志的“无悔无怨”十分典型地代表了第一代中共党人无法挣脱的历史局限。他们不便出口的真正“理由”：原谅毛等于原谅自己——毛泽东彻底错了，自己这一生还能对么？否定毛不仅等于否定革命价

---

83 《青春岁月——胡绩伟自述》，河南人民出版社 1999 年版，页 165。

84 唐少杰：〈我们写信告迟群〉（采访记），载《炎黄春秋》（北京）2008 年 6 月号，页 13～14。

85 曾志：《一个革命的幸存者》，广东人民出版社 1999 年版，下册，页 534～535。

值，否定中共党人的“辉煌人生”，还有一项更麻烦的“现实需要”：等于否定中共政权的合法性。2001 年 7 月，普京谈及列宁遗体迁葬：“许多人把自己的生活与列宁联系在一起，安葬列宁意味着他们虚度了生命。”[86]

文革中，最敢放炮的聂绀弩在狱中一面认为毛有错误，一面还为毛歌功颂德。“这么多劳动好的人都划为‘右派’，认为毛主席有不民主的地方。……对个人不自由不满意……我们这些人都认为毛主席站在党之上，不民主……同时也认为毛主席很伟大，领导这么大的国家。”[87]

事情闹到文革，中共已不可能铁板一块，必然出现叛逆者。1976 年初，中国军事学院政委董铁城（1918～1999）私语：“党内同志希望毛主席早点死，他不死，国家没有希望。‘四人帮’要上了台，我们就准备上山打游击。”[88]冯雪峰在牛棚对牛汉说：毛泽东实际上是反对鲁迅精神的，毛在延安之所以将鲁迅捧得那么高——“现代中国的圣人”、“文化革命的旗手”，乃是毛当时需要一个众望所归的人物来团结国统区知识分子，这样的人，只有鲁迅；毛不是对鲁迅精神的认同，而是在利用鲁迅。[89]

延安一代清醒者代表人物顾准、李锐、田家英，觉悟过早，过于领先，成为第一批倒下者。田家英近距离观察，大跃进后就意识到毛氏之偏。1963 年以后，田家英常对密友逄先知说：“我对主席有知遇之感，但是照这样搞下去，总有一天要分手。”[90]

文革结束，周恩来手下一位红队队员走出关押七年半的上海提篮桥监狱，对家人说：

> 我们生活在一个错误的年代，参与了一场肮脏的政治游戏。紧跟一个疯狂的领袖，加入了一个愚昧的政党。整整坑害了三代人

---

86 王正泉：〈俄罗斯围绕列宁墓去留展开的争论〉，载《百年潮》（北京）2006 年第 8 期，页 71。
87 寓真：〈聂绀弩刑事档案〉，载《中国作家》（北京）2009 年第 4 期，页 12。
88 辛子陵：《红太阳的陨落——千秋功罪毛泽东》，书作坊（香港）2008 年 6 月二版，下卷，页 688。
89 王培元：《在朝内 166 号与前辈魂灵相遇》，人民文学出版社（北京）2007 年版，页 96。
90 董边等编：《毛泽东和他的秘书田家英》，中央文献出版社（北京）1989 年版，页 84。

> 哪！记得大汉奸汪精卫说过，“政治就像女性的生殖器，大家嫌它脏。但是都喜欢。”[91]

毛纪念堂修建期间，黎澍与胡乔木散步至天安门广场，黎指着纪念堂说了一句大不敬语，胡乔木大惊失色。1980 年代中期，黎澍概括出毛泽东思想五大内涵，最后一点是思想改造实为宋明理学翻版，专门制造伪君子。[92]民谚：“大会说假话，小会说废话，回家说真话。”[93]1988 年 7 月，黎澍临终前数月接受中共内刊《未定稿》采访，对阶级斗争、马恩权威、中共史观、暴力革命等重大问题提出前所未有的质疑，对赤色意识形态造成的国家伤害痛心疾首：

> 这些认识、观念、理论给国家政治、经济、科学文化、意识形态的发展所造成的危害，至今还没有人做过细致的研究。……马克思恩格斯的话是否句句是真理？有的话本来就不是真理。……社会科学的理论没有永恒不变的绝对真理……几十年来我们对历史的看法基本是错误的。……（非暴力革命）产生了暴力革命所不曾有的推动人类文明进步的力量，……它所带来的变革无疑都是深刻和持久的。中国所需要的正是这样的革命，而不是别的。……自由是文化发展的首要条件。……马克思主义只是作为研究问题的方法，而不是解决问题的结论。[94]

黎澍还要求重新估计阶级斗争在历史发展中的作用。黎澍的反思已触及马克思主义的核心部位，史学功底使他走在延安一代“两头真”的最前列。当然，黎澍还是未能跳出“马克思主义”的窠臼，马克思主义作为“研究问题的方法”，也是基本错误的。

---

91 申渊：《天地良心》，新大陆出版社有限公司（香港）2006 年版，页 518。
92 《黎澍十年祭》，中国社会科学出版社（北京）1998 年版，页 30、35。
93 陈白尘：《向人世的告别》，三联书店（北京）1997 年版，页 721。
94 黄春生：〈访历史学家黎澍先生〉，载《明报月刊》（香港）1989 年 7 月号，页 106～107。

文革结束后，与“凡是派”的斗争，表面上是对华国锋、汪东兴、陈永贵、张耀祠等人，实为与毛算账。无论改革派主观动机如何，客观上开始纠正毛泽东的极左，不批毛的批毛。

1980 年 10 月四千中共高干纵论毛泽东，只有少数人认识到毛“封建主义打底，马列主义罩面”，“一个伟大的革命家到临终的时候没有一个战友在面前，孤零零地死在深宫里，这是莫大的悲剧。他不需要任何人，任何人最后也认识到不需要他了。”方毅（1916～1997）：“历史上最大的暴君要数他，连朱元璋也不如他。”[95]但这种声音不占主导。胡乔木“绝不允许别人对毛泽东表现不敬和尖锐批评。遇见这种情况，他会大动肝火，坚决起而捍卫。”“当他看到‘实践是检验真理的惟一标准’一文时，愤曰：‘这是分裂党中央’。他也是较早地公开提出对十一届三中全会异议的人。”[96]会后，胡乔木发表文章，维护“以阶级斗争为纲”的口号。[97]胡很清楚：只有沿续毛的逻辑，才能保住毛的地位。

1983 年 5 月，胡乔木认为彭德怀庐山会议向毛提意见的方式方法不合适，会议才开成那样……[98]板子竟打到彭德怀身上！毛庐山批彭，从纠左突转批右，仅仅为了维护自身权威，能与为民鼓呼的彭德怀相比吗？毛重国重，孰是孰非，还需要辩论吗？胡乔木的“忠毛”，徒留笑柄。由于胡乔木之流手握国家意识形态阀门，他的“时代局限”结结实实影响到全国挣脱赤绳的步伐。

抵御个人崇拜，不仅需要勇气需要理性，更需要资讯。随着毛泽东私生活帷幕的逐渐拉开，言行不一的嘴脸裸露无遗。据中共党史出版社《毛泽东生活档案》，1960 年代初毛对西餐发生兴趣，后将西餐陈厨师转送江青。据 1961 年 4 月 26 日菜谱，涵盖七大西菜系列，鸡鸭鱼虾上百种，单是鸡就开了 14 种。[99]何方这才明白：

---

[95] 郭道晖：〈四千老干部对党史的一次民主评议〉，载《炎黄春秋》（北京）2010 年第 4 期，页 5～6。

[96] 何方：《党史笔记》，利文出版社（香港）2005 年版，下册，页 658 页、660。

[97] 于光远：《我亲历的那次历史转折》，中央编译出版社（北京）1998 年版，页 50～51。

[98] 《胡乔木传》编写组：《胡乔木谈中共党史》，人民出版社（北京）1999 年版，页 213～214。

[99] 韶山毛泽东纪念馆编著：《毛泽东生活档案》，中共党史出版社 1999 年版，下卷，页 395～396。

> 对毛主席不但言行，就是生活，不保密不掩盖不作假也是绝对不行的。这也是为什么我们提倡、鼓励和组织大家去井冈山、西柏坡等地的毛主席故居，却无意开放他住的时间更长的中南海、玉泉山以及杭州、上海、武汉等地旧居的原因。[100]

毛死后一度开放中南海菊香书屋，参观者普遍反映“没想到这么好！”很快不再开放。1983 年，笔者亲见杭州刘庄毛的一号楼及山上小憩之处，衰残中仍能看出当年的精致华贵。

李慎之：“毛泽东最可恶之处永远是两面派，比如毛说：‘搞点男女关系有什么了不起的？’‘人没有点自由主义怎样活着？’”[101]毛在延安时期就言行不一了。当时为动员青年咸与革命，打出鲜亮旗帜——平等、自由、解放，“在革命队伍中不分地位高低、职务大小，都是人民的勤务员。”自己却是另一套。毛对李锐等人说：“大家点一盏小菜油灯，我就是要点两根洋蜡烛！”李锐当时就大不以为然。[102]

谢韬评毛打着民主宪政的旗号推翻蒋介石：

> 毛泽东取代了蒋介石，各党各派，全国人民，希望毛泽东兑现延安时的民主诺言，成为中国的华盛顿，开民主宪政新纪元。住进中南海，毛泽东变了脸，宣称他是“马克思＋秦始皇”，而且比秦始皇还要厉害一百倍，成为不穿龙袍的皇帝。他设计的权力结构本质上和蒋介石的独裁体制一样：党在议会之上，领袖在党之上。[103]

近年，随着内部资讯不断透露，不少延安老干部对毛完全逆转态度。万里秘书吴象（1922～），1938 年入抗大，2007 年 8 月在“卞仲耘遇难四十周年纪念会”上发言：“他（指毛）不是马克思加秦始皇，是披着马克

---

[100] 何方：《从延安一路走来的反思》，明报出版社（香港）2007 年版，上册，页 370。

[101] 邢小群：《往事回声》，时代国际出版有限公司（香港）2005 年 5 月第 1 版，页 70。

[102] 李普：〈两个相反的典型——谈李锐并范元甄〉。载李南央编著：《我有这样一个母亲》，开放杂志出版社（香港）2003 年版，页 270。

[103] 谢韬：〈只有民主社会主义才能救中国〉（序言），载辛子陵：《红太阳的陨落——千秋功罪毛泽东》，书作坊（香港）2008 年版，上卷，页 xxx。

思主义外衣的秦始皇，本质是秦始皇，是流氓，是政治流氓！这个封建传统里面帝王将相的精髓的东西，毛都吃透了。”[104]庄重（1918～）：“毛主席……比封建皇帝还皇帝。”[105]

李洪林：

> 毛泽东的罪恶统治残害了多少民族精英！……还有多少没有留下姓名的优秀中华儿女，全都无声无息地牺牲在共产主义暴政之下！历史不会饶恕中国有史以来这个最大的暴君。难怪当代中国知识分子的脊梁吴祖光生前的遗愿，就是把罪恶滔天的毛泽东的画像从天安门上取下来，把他的尸体从“纪念堂”里扔出去。中国人民怎能容忍这个暴君死后仍然盘据在中国首都的心脏！[106]

邵燕祥晚年：“从 1945 年到 1976 年：我走进毛泽东时代，又走出了毛泽东时代。”[107]但多少人走进去就再也没能走出来，囿于学养低弱及自身获益等原因，他们已无力走出来了。他们对这场革命的种种偏激与暴烈，至多只能质问无力剖析，只能呼吁荒谬不再，无力分析荒谬成因与具体防止措施。他们甚至没想到自己也是这幕历史大悲剧的积极促成者。

辛子陵（1935～），15 岁参军，正宗红小鬼出身，曾为铁杆毛迷：

> 笔者行年七十……思想历程是紧跟毛泽东的，否则不可能经历那么多政治运动而不被淘汰。毛泽东是我青年时代的偶像，在讲课和撰文中都曾真心实意地鼓吹过对毛泽东的个人崇拜，鼓吹过他所推行的空想社会主义，甚至曲解马克思主义为毛的错误作辩护，把这看作是一个理论工作者的天职，一个共产党人的党性。[108]

---

[104] 〈卞仲耘遇难四十年纪念会记录〉（上），载《开放》（香港）2007 年 7 月号，页 65。
[105] 庄重：〈谁是《敦促杜聿明等投降书》的作者？〉载《炎黄春秋》（北京）2009 年第 7 期，页 25。
[106] 李洪林：〈风云际会，不虚此生〉，载《争鸣》（香港）2008 年 4 月号，页 60。
[107] 邵燕祥：《找灵魂》，广西师大出版社（桂林）2004 年版，页 303。
[108] 辛子陵：《红太阳的陨落》导言，书作坊（香港）2008 年 6 月二版，上卷，页 xivi。

从谦虚自警角度，毛泽东远不如蒋介石。六七十岁的毛泽东一再声明不下“罪己诏”，但再三再四要别人写检讨。蒋介石初执国柄不过40岁，1932年“一・二八”后的日记中已出现：知识不够、人才不够。蒋的读书范围从兵书拓展至儒经、圣经、管子、法国革命史、拿破仑传、俾斯麦传……[109]毛泽东则一味专注古籍。无论个人自慎还是知识吸收（更不用说国策制定），蒋介石的理性程度均胜于毛。

看看“伟大领袖”执政27年的最简成绩单：

一、1959～62年，因毛推行大跃进，至少饿死4127万；文革整死2000万（叶剑英1978年12月13日中央工作会议闭幕式透露）。

二、经济损失1.42万亿人民币，同期基本建设总投资仅6500亿。

辛子陵痛曰：

> 本来可以用于建设国家和改善人民生活的宝贵资金，有三分之二以上被毛泽东折腾掉了。这就是毛泽东以阶级斗争为纲建设国家的总成绩单。
>
> 他披着最现代、最革命的理论外衣，做着明朝开国皇帝朱元璋六百多年前干的事情：为了让江青顺利接班，通过“文化大革命”，他把勋臣宿将几乎全收拾了。十年浩劫，政治舞台上的人物像接力赛一样换了一茬又一茬，绕这么大的弯子，就是为了一棒一棒地把“大王”传到江青手里，在毛晏驾的时候不失时机的接班。毛泽东搞家天下的阴谋一曝光，将善良的知识分子们对他发动文化大革命的高尚动机的种种猜测彻底粉碎了。[110]

1976年9月9日，毛泽东终于死了。国人反应平淡，北京街头肃穆悲哀的气氛还不如斯大林死的时候，更不能比周恩来。[111]文革旋被终止，毛留下的中国，经济崩溃、政治专制、意识形态极端左倾，政治局除了“政治”不议别的。1973年国家外汇储备－8100万美元；1974年为0；1975年

---

[109] 石岩：〈蒋介石日记解读〉，载《南方周末》（广州）2008年7月24日，D23版。

[110] 辛子陵：《红太阳的陨落》，书作坊（香港）2008年6月二版，下卷，页739；上卷，页xxxvii。

[111] 何方：《从延安一路走来的反思》，明报出版社（香港）2007年版，下册，页520。

1.83 亿美元；1976 年 5.81 亿美元。[112]毛惟留下重大"思想遗产"——反对修正主义、防止资本主义复辟，成为拦阻国人生活正常化的两道紧箍咒。

二战结束半个世纪，希特勒总理府女秘书特劳德一直对这段历史保持沉默，晚年才鼓起勇气："希特勒是一名真正的罪犯，但我却一直没有发觉。"二战后期，据各地盖世太保档案，希特勒仍获 90%德国民众支持。二战后 900 万德国人一直保持沉默。半个世纪后，他们才真正认识到希特勒的罪恶与自己的误识，更不能以"别人引我入歧途"而推脱自己的责任。[113]对延安一代来说，他们也是最后才认识到对毛不能"病天下而利一人"。

毛崇拜一突破，常识就很容易发现了。1935 年，就读华西大学的胡绩伟十分讨厌一说到"蒋委员长"就立正，他与几个同学故意在提问中多设几个"委员长"，捉弄最讲究"立正"的那位教官。[114]可"委员长"不过一个立正，不过几秒钟，"伟大领袖"则须戴像挥书、唱歌背书、鞠躬请罪、无限忠于，远比"委员长"麻烦。革了这么大一场命，送走一位"立正"的委员长，迎来一位要"请罪"的毛主席，这算哪门子事儿?!

伍、面对现实

狂热激情总是短暂的，没有收获就难以持续。缺乏社会利益支撑，任何政治信念都无法长期挺立。革命让国家透支一笔巨款，需要"革命后"的经济绩效予以补偿还息，"解放后"的生产力必须大大超过"解放前"。否则，革命还有什么价值？国人当然会问：没有利润，何必预支？引发"人祸"，何为"解放"？直至老毛逝世，社会生产不但没有守成，反而折腾掉国民收入的 2/3，这么一张成绩单，何以伟大？

"红太阳"不但没带来甘霖雨露，反而是一轮轮政治炙烤。舌粲莲花的"共产主义"再也无法闪烁"预约期"的光芒。马列主义、毛泽东思想金光褪尽，真形毕露。第一批直面现实者，多为中共自杀高干，如高岗、

[112] 中国历年外汇储备总表——1950～2005 年（摘录），国家外汇管理局主办的网站发布，国家外汇管理局资讯中心制作，2005 年 12 月。

[113] 沈青松：〈纳粹德国留下 900 万沉默者〉，载《环球时报》（北京）2009 年 3 月 4 日。

[114] 《青春岁月——胡绩伟自述》，河南人民出版社 1999 年版，页 58。

田家英、邓拓、阎红彦、吴晗……他们所处的地势与所掌握的资讯，使他们成为中共党内第一批“明白人”，并彻底绝望——不认识也不想认识这个“新社会”，“住”不下去了。陈白尘评世：“果戈理到中国也要苦闷的时代。”[115]1965年秋，田家英预料中国会出现一场政治大风暴。[116]

1964年春，马识途下放南充搞“四清”，与农民同吃同住同劳动——

> 我才惊异于我们诚心诚意为群众谋幸福，干了这么十几年，搞“土改”、搞“合作化”，后来还搞“公社化”，但是不知怎么搞的，他们的生活还是这么苦，有的社员真可说是衣不蔽体、食不果腹。……农民们并没过上解放前所梦想的、我们对他们描绘的幸福生活，除开在政治上说是翻了身外，经济上的富裕生活并没有实现。我感到很惭愧。[117]

真正直面现实并不容易，尤其直面自己“革”出来的真实。从承认“天下苦毛久矣”进至“天下苦赤久矣”，延安一代十分困难也十分尴尬。他们当然不愿承认虔信一辈子的马列主义是伪科学，更不愿承认“伪科学是假革命的儿子”。他们十分清楚，自己参与了这场“糟得很”的运动。那些饿死人整死人的东西，正是自己奉持的“社会主义优越性”。

1978年，全国农民从公社分配所得现款74.67元／人，超过300元的“明星队”仅约2‰；西北农民扣除口粮几乎一无所得，农民多年欠款集体、集体又欠国家，形成恶性循环。粮油糕点、糖肉蛋禽、布棉鞋帽、火柴肥皂、煤球糕点……一律凭票限量供应。社会主义优越性只体现在报纸上。穆青得知西北农村实况，“当汇报到那种令人忧虑心焦的贫穷与饥饿景况时，穆青几次拍案而起，无法遏制自己悲愤的感情。”几份《内参》的标题触目惊心，甘肃大饥荒大量死亡的〈贫困的死亡线上〉、基层干群心态的〈挽救失去的忠诚〉。撮选数例：

---

115 王培元：《在朝内166号与前辈魂灵相遇》，人民文学出版社（北京）2007年版，页159。
116 董边等编：《毛泽东和他的秘书田家英》，中央文献出版社（北京）1989年版，页137。
117 马识途：《沧桑十年》，参见《马识途文集》第八集，四川文艺出版社2005年版，页2。

我们一连走访了十多户人家。十户有八户人家都有人在外讨要，以接济家人口粮之不足。而他们家底一贫如洗的凄怆情景，谁看了都会心酸难过。人们根本无法想像，我们社会主义中国建国三十年了，怎么还会有人处于这等贫困的境地。我们粗略地估算过，他们每户的家当，大都值不了十元、二十元人民币。试想：一家农户的家当就算超过了五十元、一百元，又能怎么样呢?!

……因缺吃少穿，他的妻子被陕西关中一个农民用几个馍诱拐逃走了。他费尽心血总算找到妻子下落，谁知找上门去，却发现自己的妻子成了别人的老婆。他要带妻子回去，反而被当地人打了一顿。找当地政府，他们不管，实在冤得慌。……王书记认真而厚道，听完我们的话先深深叹了一口气，随即对我们说："事倒是件很严重的事，可你们想不到的是，这几年通渭发生的这类事，已经有三千多起了，人又这么多，让我们政府怎么管得过来。"

贫困落后的情况反映在经济指标上也是触目惊心的。以固原地区为例，1979 年全区社员平均收入只有 36.8 元，人均口粮 237 斤。全区累计已欠银行、信用社贷款 3354.7 万余元，平均一个生产队就是 5600 多元。……我们搞了 30 年社会主义建设，可这里大部分生产队把集体的全部固定资产折价，能否抵偿欠国家的全部贷款还成问题。

按照联合国的统计标准，每个农民的年收入 70 美元的为"贫农"，50 美元以下的为"赤贫"。我国农民生活是够节省的。中国科学院经济研究所核算，一个农民要活下来，维持最低生活水准年收入最低限度也得人民币 50 元，这是一个人维持生命的限度。撇开联合国的标准不谈，就按我们国家"赤贫"标准衡量：1979 年人均分配收入，延安是 57.2 元，榆林是 52 元，平凉是 47 元，固原和定西都是 36.8 元。……这还是按地区平均数计算的，实际上人均收入在 40 元以下的和人均口粮在 300 斤以下的队，在陕北两个地区有 1/3 和 1/4，在平凉有一半，在固原和定西则有 4/5。

> 不仅炕上无被子，孩子无衣穿，就连吃饭的碗都没有，只有在睡觉的炕边上挖几个小坑，充当吃饭的饭碗。所谓吃饭，哪里是饭啊！如此贫困，为什么还不给饥寒交迫的农民们放一条活路?![118]

1950年代初，天津人均住房面积3.8平方米，1972年三平米；建于1950年代初的临时小平房，一直住到1980年代，“条件之恶劣、环境之污秽难以言状。”[119]1957～78年，彻底消灭私有制的二十年间，全国职工年均工资从1957年的582元降至1978年的549元。[120]1978年统计，全国农民家底：户均住房3.64间，估价不超过500元；户均存款32.9元；余粮和存栏家畜很少；微不足道的一点农具；数目可观的债务。公社集体财产总额1.4万亿元，其中地产占85.7%。1978年全国农民人均年收入133.57元，比1957年仅增长66.2元，如此低基数，21年间仍未翻倍，年均增长率3.3129%，两亿以上人口不得温饱。[121]9.6亿人口中，2.5亿农村人口处于尚未温饱的贫困线下。农村劳动力大量剩余，城市青年更缺乏就业岗位。1978年12月中央工作会议，陈云承认：“建国快三十年了，现在还有要饭的，怎么行呢？”1980年国民生产总值人均仅200余美元。[122]邓小平：“现在说我们穷还不够，是太穷。”[123]

1978年，大陆城乡居民恩格尔系数（食物消费与收入之比）分别为57.5%、67.7%。联合国粮农组织规定恩格尔系数大于60%为绝对贫困，50～59%为勉强度日。1995年，农村家庭恩格尔系数仍高达58.6%，城市亦才刚刚降至50%以下。2009年，城乡恩格尔系数分别降至37%、43%。[124]中共用了30年才逐渐还清前30年的欠债，才让大多数国民渐入小康。

2009年10月，辛子陵网文〈唱着《东方红》，迎来苦日子〉：

---

[118] 胡国华等：《告别饥饿：一部尘封十八年的书稿》，广东教育出版社2008年版，序言，页3、5、22～23、182、184～185、202。

[119] 杨继绳：〈住房改革的由来与现状〉，载《炎黄春秋》（北京）2009年第5期，页26。

[120] 刘仲黎主编：《奠基》，中国财政经济出版社（北京）1999年版，页151。

[121] 吴象：《好人一生不平安》，明报出版社有限公司（香港）2007年版，页49。

[122] 《邓小平文选》（1975～1982），人民出版社（北京）1983年版，页223。

[123] 林蕴晖：〈六十载：“社”与“资”关系的历史轨迹〉，载《同舟共进》（广州）2009年第10期，页4。

[124] 汝信等主编：《2010年中国社会形势分析与预测》，社会科学文献出版社（北京）2009年版，页220、10。

> 陕北农民支持和追随毛泽东打下了江山，为的是翻身解放，过上好日子。他们万万没有想到的是，毛主席坐江山以后，剥夺了他们的一切。在公社化年代，他们只剩下“一碗一筷，一铺一盖”，后来连一铺一盖也没有了，全家人盖一床被子。他们向往的好日子竟然是“老边区”时代，即毛主席转战陕北那个时代。[125]

1947 年 4 月 13 日，毛泽东、周恩来的“昆仑纵队”三百来人，来到陕北安塞县王家湾村，一住 58 天。头二十多天，部队吃自携米和当地农民的存粮，五月初打下蟠龙镇，才送来洋面。王家湾村 17 户人家，一百多口人，能容下这么多人吃饭，没有余粮咋行？据 2012 年美国教授夏锡瑞实地采访，“昆仑纵队”并未向村民付钱。1935 年入党的高文秀，一家八口，村里穷户，一年也要打十四五石粮，洋芋还不算在内，腌的酸菜，晒的干瓜片、干红豆角吃不完。

1980 年 3 月，几位新华社记者采访王家湾，高文秀时任该村主任、公社党委委员，高家正在窑洞里吃饭，不同年龄的饭不一样：最小的面疙瘩汤，大一点的“渣渣饭”（高粱连皮和苦菜一起煮），大人糠拌苦菜。窑洞里除了一盘炕，一个锅台，几口空缸空罐，空空荡荡。一口缸里有一点高粱，锅台上剩半盆面。高文秀老头干瘦如柴，缩脖斜靠炕壁，卧病多时了。炕上还算有一片烂毡，角上堆着两条破被，再就一无所有了。一阵沉默后，记者问老人：这些年日子过得咋样？他无力摇了摇头，一声长长的“唉——”，停了一阵才说：“不瞒你同志，已经饿了十好几年啦。去年还算好，一口人分了三百来斤粮，自留地上一人又弄来四五十斤，饿是饿不死了，比前些年吃树叶的日子好过些了。”

公社副书记老雷在旁说：

> 最困难的要算 1973～76 年间，一口人一百来斤口粮，不到过年就光了，靠糠和谷壳、麸子对付到开春。苦菜刚一露头，就挖来吃了。苜蓿成了主要食物，根本舍不得喂牲口。苜蓿吃光了，就只得

[125] 五柳村网站 http://hexun.com/wlcexp, 2009 年 10 月 6 日。

打树叶充饥，槐树花叶、柠条花、枸杞叶子、臭椿叶子都摘来煮着吃。有的社员实在饿得不行了，只好去偷荞麦叶子。家里凡能变卖的东西，都换了粮吃，好多人家还断盐。人人面黄肌瘦。吃了树叶，拉的屎带血，自己都不敢看一眼……

为不再刺激卧病的高老汉，记者赶紧转移话题，问起当年毛泽东来王家湾，老人忽然张大模糊泪眼："那时候好啊，比现在好多啦。"

新华社记者痛曰："一个对中国人民解放战争作出过贡献的曾经是丰衣足食的山村，在 33 年后的今天，反而变得一贫如洗，这是多么触目惊心的倒退！……我们还有什么资格来宣传社会主义的优越性呢？"

记者再去陕北佳县（葭县）李有源（1903～1955）家，李有源大儿媳说合作化前生活不赖，后来不行了。1971 年前实在没法子过了，出去讨过饭。"群众生活仍然赶不上李有源唱〈东方红〉时（按：1942 年）的水准。"子长县农民薛登恩一家七口，饭类猪食，褥如鱼网，全部家当还不值 30 块。同村其他人家稍好，家当也都不超过百元。子长县李家岔公社小学普及率不到 59%，青壮文盲占 70～80%。求神拜佛抽签问事者甚众，有党员干部抽签问自己的冤案。一位复员军人："我这次再解决不了问题，就只有死。"记者十分惊讶：

这是陕甘宁老革命根据地啊！过去是相信共产党、相信毛主席的。……这是对我们工作的批判，为什么冤假错案在县里落实政策办公室解决不了，要到这里来求神？为什么复员军人的问题当地政府解决不了，也要来求神？

山西通渭县截止 1979 年，全县粮产量 22 年低于 1949 年。1949 年人均产粮 723 斤，1979 年仅 327 斤；人均口粮连续十年 300 斤以下。1979 年 182 斤，相当一部分社队人均口粮只有几十斤，年收入仅几元。三年大饥荒，定西地区饿死至少百万。1970 年代，通渭人口尚未恢复到 1949 年水准。

1973 年 6 月 9 日周恩来回到延安，延安地委副书记土金璋大胆说：

> 总理，延安地区 14 个县，130 多万人口，南边七个县群众生活还可以，北边七个县群众生活很贫困。最近我到子长县李家岔村去看了一下，那里的群众连包谷面都吃不饱，其中有一家五口人合盖一床被子。
>
> “战争年代都没有这么苦！这是为什么？”周恩来很震惊。
>
> “这可能和政策有关系。老百姓在院子里种几颗南瓜、包谷，也都被铲掉。”
>
> ……
>
> 周恩来：“延安人民用小米哺育了我们，全国解放 24 年了，延安人民的生活还这么苦，我们对不起延安人民。”[126]

毛规定“全国农业学大寨”，农家院子里也不准种东西，因为不姓社会主义的“公”，必须铲掉的资本主义尾巴，周恩来也不能说得更多。国人精炼概括“山西只出经验不出粮食”，太原沿街都是乞丐。1976 年，山西吕凉地区人均口粮仅 200 来斤／年，人均分配 43 元／年。最穷的临县，1958～77 年间，农民人均年收入 40 元以下，1976 年 21.8 元，平均一天 6 分；有的年头统计外出讨饭 1.4 万，没有统计的就说不清了。延安地区 1/3 农民吃糠，一部分农民连糠都吃不上，各县粮食加工厂的麸皮、谷壳大部分返销回去充口粮。每有外宾来延安，公安便上街驱丐，75 岁的五保户老汉也是乞丐。宝塔山下的收容所 1977 年 1～4 月，共收容 4519 人次。清凉山原《解放日报》社门口，横七竖八睡着 50 多个要饭的。[127]

“十亿人口有 2.5 亿处于饥饿半饥饿状态。”大量的“三靠队”——吃粮靠返销、生产靠贷款、生活靠救济。河北涿鹿县第一大村双树村，3300 多人、5400 多亩耕地，1977 年 70%村民共欠款 44 万元、欠粮 44 万斤；“尤其严重的是偷盗。干部自己手脚不干净，没法去管别人。弄得‘人人都是贼，谁也别说谁’。偷盗几乎‘公开化’、‘合法化’、‘群众化’。”[128]

---

[126] 南山：〈周恩来总理生涯的民生情怀〉，载《党史博览》（郑州）2008 年第 3 期，页 10。

[127] 胡国华等：《告别饥饿：一部尘封十八年的书稿》，广东教育出版社 2008 年版，页 1；2～5。

[128] 吴象：《好人一生不平安》，明报出版社（香港）2007 年版，页 129、257、257～258。

1977 年，万里出任安徽第一书记，他用三四个月跑遍全省大部分地区——

> 到农村一具体接触，还是非常受刺激。原来农民的生活水准这么低啊，吃不饱、穿不暖，住的房子不像个房子的样子。淮北、皖东有些穷村，门窗都是泥土坯的，连桌子、凳子也是泥土坯的，找不到一件木器家俱，真是家徒四壁呆。我没料到，解放几十年了，不少农村还这么穷！我不能不问自己，这是什么原因？这能算是社会主义吗？人民公社到底有什么问题？为什么农民的积极性都没有啦？当然，人民公社是上了宪法的，我也不能乱说，但我心里已经认定，看来从安徽的实际情况出发，最重要的是怎么调动农民的积极性？否则连肚子也吃不饱，一切无从谈起。[129]

1980 年春季，陕北老红军张秀山复出，国家农委副主任，从甘肃走到青海，“一路上看到很多地方的植被遭到严重破坏，比我 30 年代在这里打游击时的状况还差。在甘肃有的地方连吃水都很困难，老百姓的日子过得很贫穷。”1981 年 4 月，张秀山再到江西老区，瑞金农民人均年收入 52 元，兴国县（出了八万红军）55 元，“群众对我说：过去我们养一个保长，现在要养几个保长。……农民负担太重了，生活水准太低了，我们对不起老区人民。”1985 年一些穷区流谚：“皇冠车遍地跑，老百姓吃不饱。”陕甘老区“许多农民住的窑洞和 50 年前我们在那里闹革命时差不多，又黑又暗，家里没有什么东西。……不少自然村眼看着高压线从村旁经过，就是没有钱把电接到村里来。”几个老区县府机构臃肿，不到十万人口的县，五六十个局；一个仅四万人的小县，机构也照样设置；有的县没有外贸业务，仍设外贸局，许多人坐在那里没事干。[130]

集体捆绑捱饿是社会主义，个体单干解决温饱是资本主义，意识形态成为国家灾源。1977 年底，安徽凤阳小岗村生产队长严俊昌：“怎么救活

---

[129] 万里：〈大寨这一套，安徽农民不拥护〉，载《文摘报》2008 年 10 月 12 日，第六版。摘自徐庆全编：《中国经验：改革开放 30 年高层决策回忆》，山东人民出版社 2008 年版。

[130] 张秀山：《我的八十五年》，中共党史出版社（北京）2007 年版，页 343、345～346、352、254。

我们小岗村人的生命？要想救出来，大家只有分田到户。但是，当时的环境下，政策不允——'社会主义的车轮是往前滚的'，而不会随便能拉倒车，那是犯法的。"18 户村民秘密分田到户，相约"哪个讲出去，不是个娘养的"。万一干部去坐牢或杀头，村民抚养其子女到 18 岁。1978 年小岗村收粮 9 万公斤，卖余粮 3 万公斤，油料也卖了 1.5 万公斤，当年就解决生存问题。真正"资本主义"一用就灵。[131]

1981 年，中共高层对初兴的社队企业出现强烈反对声音，"扰乱经济秩序"、"投机倒把"、"抢占国家资源"、"地下工厂"，一位中央领导人主张砍掉 50～70%社队企业。一夜之间，河北抓捕 200 多位企业家（包括马胜利），无锡两位企业家上吊。陆定一致信胡耀邦，表述家乡（无锡）人均仅四分地，不扶植乡镇企业，无法富裕，"离土不离乡"的乡村企业为现阶段农村走向富裕之路，"谁打击社队企业，谁就是打击农民！"[132] 这则资料清晰透露中央大员的思想认识乃束缚中国走向富裕的拦路巨石。

1986 年中秋节，陕北红色烈士谢子长之子谢绍明（1925～）首访大别山，在老根据地英山县（红 25 军、红四方面军驻地之一）：

> 在一户农民家里，节日的"奢侈"就是政府救济的一碗豆渣和半条小鱼；瓦罐里镰刀大的一片黑乎乎的猪皮，就是一家人半年的食油；锅灶就是几块石头支着的一只破锅。由于年长日久的烟薰火燎，房屋都黑透了。听说中央下来的干部，老人颤巍巍地问："你们到这里来，是不是又要打仗了？"
>
> 那天从英山县乡下归来，谢绍明连晚饭都吃不下，躺在招待所的床铺上，彻夜未眠。革命这么多年了，新中国成立也已经几十个年头了，可在为革命做出巨大牺牲巨大贡献的革命老区，老百姓的生活还这么苦，简直跟半个世纪前没有两样。

---

[131] 张敏：《穿墙的短波》（记录红色中国），溯源书社（香港）2012 年版，页 76～77。

[132] 陆德：〈再说我的父亲陆定一〉，载《炎黄春秋》（北京）2009 年第 9 期，页 6。

> 1988年……全国尚有592个穷困县，8000万人口没有完全解决温饱。[133]

1969年，有人走访长白山某屯十几位七旬以上老农："活了70年，经历了好几个朝代，哪一个朝代最好？"老农异口同声："当然是张大帅啦！""为什么？""他让你开荒，开多少都是你的，几年就能当地主！"[134]1988年，一位台湾老兵回乡——鲁西南清平县，发现"干一天活的男女，不洗手脸，不洗澡、不换衣服上床就睡，同四十多年前丝毫未变。"小学教师的侄子乱扔烟蒂，不相信台湾农民"怎么会大家都富裕"？[135]

全国城乡什么都当官的说了算，集权比"万恶旧社会"还厉害。1977年，中国社科院院长胡乔木为顾颉刚等三位老年高知的住房，打报告给李先念。[136]宁夏固原县罗洼公社流谚："得罪支书不得活，得罪队长派重活，得罪会计拿笔戳，得罪保管要秤砣。"宁夏海原县19个公社主任，11个没文化，不会批分配方案，更不会做生产计画，社队干部中不少文盲，出去开三天会，回来只能传达"三句半"，公款订的报纸大多被干部拿去糊墙或卷烟。陕北靖边县林业局长朱达礼（技术干部出身）抱怨："这样搞法，真还不如封建时代的县太爷。"[137]

四川人大副主任马识途：

> 搞出个充满农民意识、封建意识的社会，弄成个事事高度集中、专制盛行的国家……几十年来，各地各级仍然有大大小小的"皇帝"压在人民头上，不少乡村里至今还有。[138]

1959～61年的大饥荒：

---

133 贾芝主编：《延河儿女——延安青年的成才之路》，人民出版社（北京）1999年版，页490～492。

134 孟歌：〈公正的历史老人——评张学良将军访问记〉，载《开放》（香港）1991年2月号，页72。

135 吴长波：〈仍是老样子〉，载《中国大陆》（台北）1989年9月号，页67～68.

136 钱江：〈胡乔木的一封"要房信"〉，载《新民晚报》（上海）2000年12月22日。

137 胡国华等：《告别饥饿：一部尘封十八年的书稿》，广东教育出版社2008年版，页100～101、103。

138 〈马识途1998年7月2日谈话记录〉，载燕凌等编著：《红岩儿女一生都在波涛中》第三部（下），真相出版社（香港）2012年版，页703。

——王任重调查“信阳事件”后：“我到光山去看过，房屋倒塌，家徒四壁，一贫如洗，人人戴孝，户户哭声，确实是这样，这不是什么右倾机会主义攻击我们，这是真的。”[139]邓力群：“老朋友彭大章从信阳调查回来，对我说：老邓啊，问题真严重啊！说时神色惨然！后来先念同志也去了，回来讲，他去过的村庄，妇女没有一个不穿白鞋的。”[140]

——张家口地委书记胡开明在蔚县西合营村：

> 春播时，前面播上种，后面有人就把种扒出来吃掉。队里没办法，把种子通通拌上毒药，并通告全体社员。可是饥饿难忍的人们对粮食的需要大大超过了对毒药的恐惧，种子照样被扒出来吃掉，只不过增加了一道工序，即把扒到的粮食先在土里边搓搓，然后迫不及待地塞进嘴里，仅此而已。结果非正常死亡人数大大增加，活着的人甚至没有力气把死人从屋里抬出[141]

——在食堂干活的生产队长，每次带回米饭锁藏柜中，独自享用，两个儿子几天粒米未进，嚷叫不停，父亲置之不理，幼子活活饿死。一位姑娘饿死后，其二伯父以收尸为名割肉煮食。饥民们到处打听谁家最近死人，以便夜间刨坟掘尸为食，野外常见被剔除皮肉的尸骨。[142]

——濮阳梨园乡东韩砦村乃抗日模范村，老人多饿死，有的家庭商量是饿死孩子还是饿死大人，结论是先死孩子，留着大人挣工分，还有一份口粮，否则大人死了，孩子也活不成。[143]

——安徽凤阳小岗村，饿死 67 人，死绝 6 户。1977 年全村 18 户仍 8 户无粮，全靠讨饭度日，不会要饭的，只能饿死家中。[144]

---

[139] 孙保定：〈“大跃进”期间的河南农村人民公社〉，载《党的文献》（北京）1995 年第 4 期，页 50。

[140] 邓力群：〈毛泽东在七千人大会前后〉，载张素华《变局—七千人大会始末》，中国青年出版社（北京）2006 年版，页 328。

[141] 胡开明：〈难忘的三年〉，载《中共党史资料》第 39 辑，中共党史出版社（北京）1991 年版，页 85。

[142] 谢贵平：〈安徽无为县的“大跃进”运动及其后果〉，载《当代中国研究》（美・普林斯顿）2006 年夏季号，页 126。

[143] 宗凤鸣：《理想・信念・追求》，环球实业公司（香港）2005 年版，页 177。

[144] 张敏：《穿墙的短波》（记录红色中国），溯源书社（香港）2012 年版，页 76。

——饥饿犯人一边拔毛一边连血带肉生啖活鸡。如能从坟堆里挖出死人骨头，算是好运气，“人家就这么随便在衣服上擦一下泥，就放在嘴里细细啃嚼，津津有味，若监视的人来了啃不完，就带到屋里烧坑的火里烤着吃，那香味倒是顶馋人的。”[145]锦西劳改矿队 1200 多犯人至少饿死 1001 人，还没死的 198 人骨瘦如柴全身浮肿，卧床不起，另两人靠吞吃活剥青蛙蚱蜢才勉强下床走动。[146]

——天津东郊茶淀劳改农场，两名劳教犯各将一根细黄瓜塞藏对方肛门，以躲避下工时的检查，但还是被识破，扒下裤子拉出黄瓜。燕京毕业生韩大钧（后为中科院研究员），挖出一窝刚出生的幼鼠，众目睽睽之下，将还没睁开眼的幼鼠生吞下肚。[147]

——“七千人大会”开得抠抠缩缩。“每次吃完饭，桌子上是光光的，不论副食还是主食，都是光光的。”“会议吃饭也是一件大事……即使是少奇同志去安徽组开会，吃饭时也和大家一样，凭饭票吃饭。十人一桌坐满才上饭，坐不满不行，饭票丢了也不行。”[148]外宾招待会原本请都请不到的部长，这时凡请必到。冷餐会一端上盘子，一拥而上一抢而光。周恩来不得不轻声提醒：“注意点吃相！”[149]

——1969 年底，学部外文所集体下放至河南息县东岳镇，军宣队号召访贫问苦。一位房东告诉邹荻帆“饿死人那年”如何挖死人吃：“要是你们所长冯至来，我们都会把他吃了。”冯至是个胖子，肉多。[150]

文革时期乃 20 世纪社会治安最乱时段，流氓当街扒裸姑娘、聚众斗殴等恶性案件频发。1980年，陈学昭痛曰：“想想祖国，心里总是难过，特别是看着这下一代，书既不爱读，工作又不愿做，遊来荡去，说诳、欺骗、打、砸、抢。”物质生活上，全国限额供应粮油，1977 年 10 月陈学昭上京探友，得自携大米豆油。[151]

---

[145] 何满子：《跋涉者——何满子口述自传》，北京大学出版社 1999 年版，页 113～114。
[146] 戴煌：〈我的“右派”生涯及相关刍议〉，载《领导者》（香港）2007 年 6 月号，页 109。
[147] 丛维熙：《走向混沌：丛维熙回忆录》，花城出版社（广州）2007 年版，页 108；132。
[148] 张素华：《变局：七千人大会始末》，中国青年出版社（北京）2006 年版，页 30；324。
[149] 资中筠：〈记饿——“大跃进”余波亲历记〉，载《书屋》（长沙）2008 年第 1 期，页 10。
[150] 贺黎、杨健采写：《无罪流放——66 位知识分子五七干校告白》，光明日报出版社（北京）1998 年版，页 45。
[151] 陈学昭：《浮沉杂忆》，花城出版社（广州）1981 年版，页 132、142。

1980年代初，因担心“全国分配”，家长不愿子女读大学（尤其重点大学），认为大学不如中专、中专不如技校——出来就是工人阶级，还能留城。整个1980年代，读书无用论仍甚嚣尘上，因脑体倒挂严重。北京一副教授三个孩子：长子大学毕业留校，月薪 90 元；次子高中生进厂，月薪100多元；幼女初中生饭店服务员，月薪200多元。复旦退休工人卖包子，收入比一级教授还多。[152]

“新社会”不仅没有大批涌现“社会主义新人”，反倒大批涌现“社会主义懒汉”。年年救济的西北，越穷越靠、越靠越穷——“吃粮靠返销，花钱靠救济，生产靠贷款，建设靠投资”。1949年以来，延安、榆林、定西、庆阳、平凉、固原等六地区，国家发放各类救济、投资、信贷 20 亿元，收效甚微，因为当地政府花拨款根本不算计，反正花光了再要。[153]

更麻烦的是意识形态，歪理怪论说得山响。1983年，一位副厂长说：

> 是否念了几年书，有点书本知识就算是“明白人”，而我们这些工人出身、干了二十多年工作的反倒成了没有知识的“糊涂人”呢？……工人具有三大革命斗争的丰富经验，这是知识分子所不能比拟的。我们厂里有些技术人员，墨水虽然喝了不少，可是没有办企业的经验，我们不能把领导权交给他们。……究竟怎样看待知识？是先有劳动还是先有知识？我认为知识应该从属于劳动。知识分子的知识是靠劳动人民的血汗培养出来的。……“黑手”（工人）养活“白手”（知识分子）有一定的道理。四个现代化要靠工人农民干出来，而不靠知识分子画出来（指设计、绘图）。……历史已经证明“科学救国”是行不通的，我们切不可重蹈复辙。否则就有可能改变国家的性质，走到“劳心者治人，劳力者治于人”的道路上去。[154]

---

[152] 陶大镛：〈知识越多越不值钱是一种反常现象〉，载《群言》（北京）1985年创刊号。
[153] 胡国华等：《告别饥饿：一部尘封十八年的书稿》，广东教育出版社2008年版，页131～132。
[154] 苏德山：〈我有些问题想不通〉，载《工人日报》（北京）1983年1月12日。

意识形态成为改革的最大阻力。1980年代末还有人质疑市场化：

> 无产阶级夺取政权后，已经处于统治地位的工人阶级，能把自己阶级兄弟当作劳动力商品送到市场上去进行交换吗？……值得警惕的是，前段有人主张把劳动制度改革引向建立劳动力市场，造成失业大军，企图像西方一样用饥饿的鞭子强迫工人“好好干”。这是很危险的。[155]

政治上，1990年代政协委员何方十余次视察“老少边贫”地区，“看到有一个普遍现象，就是一个村子拥有最好住房和其他最好设备的，基本上都是支部书记。”[156]谁当官谁的日子好过，“胡汉三回来了”！1994年，宗凤鸣回到抗日老区的家乡，村民围言：“共产党衰落了”、“为人民服务的作风没有啦”。宗十分感慨：“概括的是多么明确、简单、尖锐而又真实啊！”[157]

何家栋：“像我们这些老党员，连总书记是怎么下台的都不知道，也不知道谁是马克思主义，好像马克思主义也没有自由。共产党到现在还像个地下党，幕后交易，神秘兮兮的，真是莫名其妙。”“路线斗争抬得这么高，搞得这么滥，完全是出于造神运动的需要……正确路线成了权力独占的理由，又是排斥异己的理由。”“一个国家里没有挑战者是十分危险的。……没有向良性方面发展而是向恶性方面发展，不是在进步而是在倒退，对舆论工具的管制比战时还严密，禁忌还多。改革开放二十多年，越改言路越窄，越改神经越脆弱，越怕听见不同声音。竟改出一个文化恐怖主义，你说这个改革还有什么盼头？”[158]

延安一代当然想用经济实绩证明“社会主义优越性”，当然不愿一生奋斗成为悲惨的负效实验。但在极端贫困的现实面前，比比1949年前远不如中国的“亚洲四小龙”（台港韩新），实在惭愧，不得已承认“贫穷不

---

[155] 重华：〈正确认识新时期工人阶级的地位〉，载《上海工运研究》1989年第6期。
[156] 何方：《从延安一路走来的反思》，明报出版社（香港）2007年版，下册，页426。
[157] 宗凤鸣：《心灵之旅》，开放出版社（香港）2008年版，页47。
[158] 邢小群：《往事回声》，时代国际出版有限公司（香港）2005年版，页114、116。

是社会主义”，万般无奈开始改革，而所谓改革即是用资本主义方式来搞“社会主义”，用资本主义的效率来证明社会主义的英明，用资本主义的光环为社会主义化妆，用资本主义的内涵支撑社会主义的房屋。中国人民都知道所谓“羞羞答答的资本主义”就是已没了社会主义的衬里。

如今，中共高举“中国特色社会主义”，但抽去公有制、计划经济、均产化，还剩下什么“社会主义”内涵？只有一条“党的领导”了。然而，没有经济内涵，社会主义便失去价值基座。用“中国特色”解释改革以告别赤色教条，乃中共第二代领导人的“理论创新”，表明中共正式走上“修正主义”——背离马列原教旨。延安一代当然明白这一转向的意义。

“均贫富”是动员穷人参加闹红的有效口号，如果那时就提出“先让一部分人先富起来”，穷人还会踊跃参加么？截止 2005 年，大陆亿万富翁五万余人，其中资产超过一亿美元 200 余人；千万富翁 30 多万，百万富翁可能上千万。[159]但是，相对 13 亿国人，尤其相对于年收入不足百元的 5000 万绝对贫困者，这点“先富起来”实在是“一小撮”。两极分化如此严重，贫富如此悬殊，难道是中共当年的革命目标么？

1995 年，中国基尼系数就超过美国了。[160]据世界银行 1997 年报告：1980 年代初中国基尼系数 0.28，1995 年 0.38，1990 年代末 0.458，几个研究机构的结果都是这一结论。中国的基尼系数除了比几个非洲撒哈拉国家、拉丁美洲国家稍好，全球还没有一个国家在短短 15 年内收入差距如此之大。[161]虽说有人“先富起来”乃历史理性的回归，也算中共政绩，只是与马列原教旨完全相悖，不可能不使“革命人民”生发长叹——早知如此，何必革命？

1949 年以前，中共以救世主自居，承诺解决一切社会问题，从解决农民贫困到大学生失业，从实现工业化到人人幸福……共产党来了一定苦变甜。六十五年过去了，歌声在耳，国情依旧。农民仍是社会最底层最大坨的贫困者，至少还有 3000 万绝对贫困者（中共承认的数字）；至于大学生“毕业即失业”，每年各地人头攒动的招聘会，挤爆情况绝对超过“万恶

[159] 徐风：〈中国富翁遭遇“黑公”〉，载《民主与法制》（北京）2006 年第 8 期，页 5。
[160] 刘济生：〈社会主义本质：一句话的变迁〉，载《炎黄春秋》（北京）2008 年第 4 期，页 23。
[161] 孙立平：《转型与断裂》，清华大学出版社（北京）2004 年版，页 130。

的旧社会”，甚至出现万人争一席的拥堵记录。解决社会弊端并非易事呵！中共当年的大话实在太没边了，无非带着政治功利的自我神化。

1980 年代，当国境外的阳光终于射入，延安一代得知“万恶资本主义”的真相：1950～77 年间，美国农业劳力从 733 万人减至 241 万人，谷物产量却从 8514 万吨增至 26171 万吨，肉产量从 1207 万吨增至 2551 万吨；1981～82 年度，发达国家出口谷物占全球出口量的 85%，出口肉类奶类分别占 74%与 99%。美国每一农业劳动力产粮从百年前供养 5 人，1962 年增至 26 人，1983 年 79 人。[162]1960 年，美国农产品出口额不足 50 亿美元，1974 年突破 200 亿美元，1980 年 400 亿美元；1987 年美国农产县人均收入比非农业县高出 25%。[163]2006 年美国人均收入 36276 美元。[164]美国贫困线划在年收入 5375 美元／人以下。2008 年 10 月起，2800 万美国人可领取食品券，这一数字打破食品券福利实行 40 余年最高纪录，纽约有百万人领取，每人 107 美元／月。[165]美国最穷者也能过上接近中国中产阶层的生活。

“红岩牌”老干部许良英气恼不已：

> 六十多年前被列宁判定已处于“垂死”阶段，以后又被毛泽东诅咒“一天天烂下去”的西方世界，不仅没有死去，反而呈现出旺盛的生命力，甚至出现了不可思议的人间奇迹：共产主义者梦寐以求的消灭“三大差别”（工人与农民的差别、城市与乡村的差别、体力劳动与脑力劳动的差别），竟在发达的资本主义国家已基本实现！而我们这个自诩为“到处莺歌燕舞”的极乐世界，却只能在神话和谎话中讨生活。[166]

---

[162] 宋则行、樊亢：《世界经济史》，经济科学出版社（北京）1994 年版，下卷，页 27；36。

[163] 翟景升：〈工业化＋商业化——美国农业迎来新的变革〉，载《参考消息》（北京）1996 年 10 月 12 日。

[164] 辛子陵：〈合成一个新东西〉，载《炎黄春秋》（北京）2008 年第 7 期，页 47、45。

[165] 王姗姗：〈美国低收入者生活艰难〉，原载《工人日报》（北京）2008 年 6 月 23 日。

[166] 许良英：〈幻想・挫折・反思・探索〉，载燕凌等编著：《红岩儿女》第三部（上），真相出版社（香港）2012 年版，页 240。

中国搞了 62 年社会主义，靠着后三十年的改革开放（即请回资本主义），2005 年人均 GDP 才 1703 美元，美国的 1/25，日本的 1/21 和世界平均水准的 1/4，全球排名 110。同时，经济效率不高，产品技术含量和附加值低。中国 GDP 约占世界总量 5%，资源消费却占全球 25～40%。中国拥有自主知识产权核心技术的企业，仅约万分之三，99%的企业没有申请专利，60%企业没有自己的商标。[167]

中国绝对贫困人口，1970 年代末 2.5 亿（中共“十七大”政治报告资料），1990 年代初 8000 万，1990 年代末 3000 万，划别标准为年均收入 625 元人民币／人，另有约 2000 万人处在温饱线边缘。[168]国家统计局资料：2010 年人均 GDP 29992 元人民币，约合 4712 美元，仍只有美国的 1/12，[169]再据网上国际货币基金组织 2013 年各国人均 GDP 数值，大陆 5414 美元（全球 89 位）、台湾 20101 美元（40 位）、香港 34049 美元（26 位）、澳门 66311 美元（6 位）、日本 45920 美元（18 位）、美国 48387 美元（14 位）、英国 38592 美元（22 位），“东风”远远落在“西风”后面，这还不算人权等政治文化指标。

若按世界银行规定的国际贫困线（人均每日生活费低于一美元），1999 年中国贫困人口约占总人口 17%，即超出 2.15 亿人。预计至 2015 年，仍有 5300 万贫困人口。[170]2007 年农村人均纯收入达到空前的 4140 元人民币，城镇人均收入 13786 元，[171]仍分别不足 600 美元、2000 美元，全球低层次，至少低于美国贫困线 50%以下。

2009 年，一位九旬老赤干撰文：

> 马克思设想只有在这样的绝对的专制统治下才能实现绝对的自由。……阶级斗争无论在西方还是在东方，都不是马克思所说的

[167] 刘铮、姜敏：〈中国 GDP 世界第四，仍非经济强国〉，载《新华每日电讯》2006 年 10 月 10 日。
[168] 孙立平：《转型与断裂》，清华大学出版社（北京）2004 年版，页 356。
[169] 陈学明：〈我们所渴求的“小康社会”〉，载《解放日报》（上海）2012 年 1 月 23 日。
[170] 汝信等主编：《2003 年：中国社会形势分析与预测》，社会科学文献出版社 2003 年版，页 223。
[171] 辛子陵：〈合成一个新东西〉，载《炎黄春秋》（北京）2008 年第 7 期，页 45～46。

> 是历史的动力。……我们必须重新启蒙……西方的历史所宣导的自由、民主和科学已经成为全球人类的普遍的思想财富。[172]

话大致说透了，70年奋斗不过重回历史原点，从这里出发，再从这里结束，而且痛苦发现还是人家资本主义国家“社会主义元素最充分”，干了一辈子社会主义，还不如人家资本主义距离目标近！

更糟糕的遗祸

国际共运以蛊惑人心的共产旗帜摧毁了社会既有秩序，扒塌此前千辛万苦砌筑的人文台阶，致使社会各阶层无法调和相处，各失其所，不仅未能筑就“可居之所”，反而瓦砾遍地，处处留下需要拆除的“红色违章建筑”。加上当今中共政府出于自身“维稳”，仍打“左灯”，致使大多数国人还在接受左讯、填充左学，思维仍带左枷，没有几代人无法彻底送客马列。1978年，一位研究美国文学的中国学者如此描绘美国：

> 美国……政治生活方面，我们看到，什么两党制，什么民主选举，统统都是骗局，是愚弄群众的花招；报刊杂志，新闻宣传堕落为统治阶级欺骗群众的工具。至于美国南方，在黑人“解放”六十年以后，仍然是那么闭塞、那么落后；对于黑人、对贫穷的白人来说，仍然是一座监狱。[173]

这样的言论今能示人否？当年硬放在新华书店敢卖！

1991年，平均主义下的国营企业流传对联——“上午泡、下午泡、天天都泡，你拿奖、我拿奖、人人拿奖”，横批是“一不做二不休”（一、上班不做活，二、谁也不休息旷工）。[174]1992年，大陆煤炭业职工700多

[172] 于孚：〈重新启蒙：五四运动九十周年反思〉，载《炎黄春秋》（北京）2009年第10期，页6。
[173] 董衡巽：〈《美国短篇小说集》序〉，参见《美国短篇小说》，人民文学出版社1978年版，页2。
[174] 李剑阁：〈平均主义将严重影响今后几代人的素质〉，载《经济社会体制比较》1991年第2期。

万，比全球煤炭职工总和还多，绩效仅 1.2 吨／人，每年亏损 40 亿。[175]一家日本人管理只要 250 人的工厂，合营谈判，日方让步至 700 人，中方硬要塞下 1350 人，最后告吹。1991 年国企冗员 2000 多万，1996 年国企冗员 3000 万。[176]1980 年代初杭州大学，学生 3000 余，教职员 1600 余。哈尔滨某大学四个教职员教一个学生。[177]

文革后，中共对 1949 年后的国史定策"淡化"，收效甚巨。乔冠华、龚澎之女乔松都（1953～），2008 年还认为："1966 年之前是解放后我国国民经济向前发展，各项工作走向成熟的最佳岁月。"[178]这位高干子女留法遊美，怕连反右危害、反右倾、大饥荒等基本资讯都不知道哩。

2007 年 3 月，北京全国人大通过《物权法草案》。美国《中国经济季刊》总编亚瑟・R・克罗勃一目洞穿：《物权法》是中国拒绝此前社会主义道路的标志性法律认可，意味着中国的改革已到了无法回头的阶段。[179]但这位老外有所不知，《物权法草案》酝酿长达 13 年，仍遭 3274 名退休副部级以上官员、将领、教授的连署反对。[180]反对的理由是该草案以私有制为价值基础，与马克思主义公有制价值基础完全悖反。《物权法》最后勉强通过，但非常关键的"私有财产神圣不可侵犯"仍被摒挡于宪法之外。

2008 年初，中共派员巡回演讲改革开放 30 周年伟大成绩，经常遭遇中年听众诘问："你知道我们这个地方贫富差距有多大吗？我们怀念毛泽东时代！那时候大家拿的都差不多，谁也不眼红谁！"这一见不得人富起来的心态，赤色意识形态熬制的真正深层次的国家内伤。

一位中共理论工作者说：改革开放经历了四次大争论，第一次 1978 年前后，坚持"两个凡是"还是改革开放？第二次 1992 年前后，计划经济还是市场经济？第三次 1997 年前后，私营经济是祸水还是活水？第四次是 2004 年以来至今，改革开放是不是搞错了？全部挑战均来自意识形态。这

---

175 张幼清：〈国有企业冗员多〉，载《企业家》（杭州）1991 年第 11 期。

176 周立方：《金玉良言：新闻写作弊病剖析》，新华出版社（北京）2001 年版，页 129，338。

177 徐铸成：《风雨故人》，浙江人民出版社 1985 年版，页 334。

178 乔松都：《乔冠华与龚澎——我的父亲母亲》，中华书局（北京）2008 年版，页 140。

179 载《纽约日报》2007 年 3 月 9 日。转引自辛子陵：《中共兴亡忧思录》，天行健出版社（香港）2009 年版，页 22。

180 辛子陵：《中共兴亡忧思录》，天行健出版社（香港）2009 年 12 月初版，页 21。

位理论工作者承认："大家觉得改革开放的确是一次又一次战胜了旧思维、旧势力以及'左'的阻碍，才得以前进。"[181]可都是哪些旧思维？中共不让往下说了。

赤色意识形态成为改革开放难以挣脱的紧箍咒。改革开放政治上通行，意识形态上却迭遭非议。邓小平的"不争论"，高挂免战牌，只是延缓争论的时间，虽然剥夺对方的质疑权，也取消了自己的答辩权。极左派一直对改革开放狂吠非难。谢韬："邓小平、江泽民、胡锦涛只有执政权没有话语权。"[182]2006年跳出来的铁杆毛派马宾（1913～），1932年入党，文革蹲狱五年半，却认定文革十分必要、非常及时，"无产阶级专政下继续革命的理论"是对马列主义的伟大贡献。马宾不承认毛泽东犯有晚年错误，呼吁发动二次文革，将"走资派"赶下台，彻底改变"邓江路线"。二十一世纪初，北京一所著名高校问卷调查，50%大学生认为有必要再来一次文革。[183]既然还祭着马列牌位、高悬毛像，总会有信徒。

中共摧毁了资产阶级旧法，又矗立不起无产阶级新法；传统伦理失效，红色道德又无法代行职能。新一代中共官员的道德自律大幅下滑。像所有革命党一样，年月一长，理想黯淡热情消退，最终还得回到生活常态，原来怎样，现在还是怎样，生着怎样的疮还是散发怎样的味儿。最持久的东西终究还是人的本性。"伟大毛时代"对国家法治不仅没有添砖加瓦，反而大幅破坏。毛泽东曾授意"宪法搞得粗一点"，以便他灵活操用。

现实也在不断提醒国人认清国家现状。四川新闻网2009年6月19日报导，郑州城市规划局副局长逯军（1958～），研究生学历，记者采访，一语惊人："你是准备替党说话，还是准备替老百姓说话？"一不小心掉了馅，"露"了当今党群关系。逯副局长这一"理直气壮"可是来自社会现实、来自他的"理所当然"。还有上下一色的"太子党"，1980年代中共高层约定"一家培养一位"，基层便有山西繁峙身家过亿的副检察长穆新成，父子两代在当地出任要职；安徽阜阳谢桥镇"白宫书记"张家顺、张

[181] 马立诚：〈交锋三十年，四次大争论〉，载《中国经济时报》（北京）2008年12月12日。

[182] 谢韬：〈只有民主社会主义才能救中国〉（序言），辛子陵：《红太阳的陨落——千秋功罪毛泽东》，书作坊（香港）2008年6月二版，上卷，页xix。

[183] 阎阳生：〈清华附中红卫兵100天〉，载《炎黄春秋》（北京）2008年第12期，页27。

治安父子，张家顺升任县委副书记，仍兼任镇委书记，直到儿子张治安接班才卸任。张氏家族还有十余人在当地为官。[184]

史料无情。绝对的集权造成庞大党政机构，公费挥霍惊人。大陆公务员的职务费用从 1978 年国家财政收入的 4%，上涨至 2005 年的 24%，每一国人负担的行政管理费从 20.5 元增至 498 元。每百万美元 GDP 负担的公务员人数，中国 39 人，美国 2.31；日本 1.38；中国为美国的 17 倍、日本的 28 倍。"这还是从财政开支的比较来计算的，至于几乎普遍的贪污腐化的收入更加无从计算，数量更是惊人。"[185]

至于发言权，不仅延安一代没有"异议权"，大革命一代也没有。1925 年入党的陆定一，1992 年的声音，2009 年（去世 13 年）才完整披露：

> 我们党开始腐败了！……反腐机构也是由党来领导的，如果是党的领导人甚至是一把手也腐败了，那该由谁来管？……光靠自律是不能彻底解决腐败问题的。反腐中，自己既是"运动员"，又当"裁判员"，这在管理中就会出现（功能的）"缺失"，达不到预期的管理效果。"裁判权"和"监督权"一定要放在外部。[186]

老资格的中宣部长都没有"异议权"，国家领导层无法吸纳来自各路实践的智慧经验，还可能绣绘一张"最新最美"的画吗？

垄断思想当然是最严重的遗祸之一。一切人文学科均为钦定官学，所有口径均定自官方。对世界对历史对现实对未来的任何评论均为中共专享特权，人文思想被圈入狭促禁地。如此这般，还是你必须接受的党纪国法。社会心理上，对中共形成的恐怖成为一种"国情"，说谎成为习惯性本能，欺骗成为"成熟标准"。[187]长期流谚："大会说假话，小会说废话，回家说真话。"[188]人们说真话的条件得是"我今年 80 岁了，什么也不怕

[184] 李星文：〈官位也"世袭"？〉，载《北京青年报》（北京）2009 年 7 月 8 日。
[185] 余孚：〈重新启蒙：五四运动九十周年反思〉，载《炎黄春秋》（北京）2009 年第 10 期，页 5。
[186] 陆德：〈再说我的父亲陆定一〉，载《炎黄春秋》（北京）2009 年第 9 期，页 7～8。
[187] 沙叶新：〈为何"天下相率为伪"〉，载《同舟共进》（广州）2009 年第 12 期，页 12。
[188] 陈白尘：《向人世的告别》，三联书店（北京）1997 年版，页 721。

了！”赵丹临终批评中共管文艺太具体，“文艺没希望”，因为“对我，已经没有什么可怕的了。”[189]

1970 年代末，控诉与反思文革浪潮初起，“伤痕文学”刚露头，中共高层很快意识到必须抑制这一思潮，对林彪、“四人帮”的批判也必须有所约束，必须撇清他们与毛的关系，必须维护马列赤旗与毛泽东形象。为此，必须淡化反右、淡化文革、淡化毛罪，将毛说成违犯马列原则才犯的错误。1989 年“六•四”后，除了淡化“六•四”、还淡化一切负面党史。翻揭这一块块赤色伤疤势必影响“伟光正”，直戳政权合法性。如此这般，只能打左灯向右行，举着红旗反红旗，生怕意识形态易帜危及政权稳定。第二代、第三代中共领导人，萧规曹随，既缺乏直面本党历史的政治勇气，也缺乏“全心全意”的政治责任。赤色历史包袱至今仍甚。

中共至今一边将“东风”定为不能退回去的“老路”，一边又将“西风”说成坚决不能走的“邪路”。路向上的这一模糊，当然是中共现实政治利益的需要——既不能丢弃赤色革命的理论来源，又不能真按赤色图纸改天换地，只能举着赤旗悄悄复辟资本主义。这一尴尬的政治难局（改革找死，不改革等死），大大迟误国家现代化进程——不能名正言顺走向民主自由，得拖着马克思主义这一历史包袱一步步搬挪，即在改革过程中，国人“必须兼顾”中共的既得利益。

陆、撩看党史

中共革命的实质是马列旗号下又一场农民造反。1929 年 3 月 1 日，湘赣边界特委报告：“边界共有党员不过三千人，党员成分十九是农民，工人极少。”[190]1939 年 10 月，毛泽东清晰表达：“中国共产党的武装斗争，就是无产阶级领导之下的农民战争。”[191]

延安一代接受的中共党史当然都是经心剪裁的化装史，他们晚年才有机会撩看真实党史。这部分长期被尘封的党史，对今天八千余万中共党员

---

[189] 陈荒煤：《冬去春来》，江苏文艺出版社 1994 年版，页 37。
[190] 余伯流、陈钢：《井冈山革命根据地全史》，江西人民出版社 2007 年版，页 383。
[191] 《毛泽东选集》第二卷，人民出版社（北京）1966 年版，第 1～2 卷合印本，页 572。

来说，仍有巨大冲击力，因为他们大多数并不知道我党“原来如此”。1998年，李慎之：“近读《血泊罗霄》，才知道秋收起义之后，工农红军在湘南也有过“烧！烧！烧！烧尽一切土豪劣绅的屋！杀！杀！杀！杀尽一切土豪劣绅的人！”[192]他们不知道归顺朱毛的井冈山绿林首领王佐、袁文才死于这样的《中共六大决议案》(1928年7月9日)：

> ……与土匪或类似的团体联盟仅在武装起义前可以适用，武装起义之后宜解除其武装并严厉的镇压他们，这是保持地方秩序和避免反革命的头领死灰复燃。他们的首领应当作反革命的首领看待，即令他们帮助武装起义亦应如此。这类首领均应完全歼除。[193]

1929年2月25日，湘赣边界特委书记杨克敏（1905～1930）向中共中央报告江西苏区状况：

> 红军中的生活与经济是非常之艰难的，拥有数千之众，每个月至少要一万五千元作伙食费，米还是由当地筹办的，经济的来源全靠去打土豪，附近各县如宁冈、永新、茶陵、酃县、遂川土豪都打尽了，再要打就须远一点去，要远一点去就必须与敌人硬拼一次才通得过，所以打一次土豪就必须大的部队出发。红军中的薪饷，早就废除了，只有饭吃，有钱的时候发一二块钱的零用钱，最近几个月来，不讲零用钱不发，草鞋费也没有发，伙食费也减少了。最近两月来，每天每人只发伙食费三分、四分油、四分盐、米一斤四两、三分钱一天的小菜钱，只买的一斤南瓜，洗衣剃头穿草鞋吃烟的零用钱没有发了，所以最近以来，士兵生活特别的苦（不论士兵官长以及地方工作的也是一样）。去年冬天，棉衣问题几乎无法解决，后来在遂川买得几千斤棉花，抢得一点布，才勉强解决了。所以近来士兵生活感觉得不安，当时有一句口号“打倒资本家，天天吃南

[192] 李慎之：〈发现另一个中国〉，王学泰《游击民文化与中国社会》，学苑出版社（北京）1999 年版，页 4。

[193] 《中共党史教学参考资料》（一），人民出版社（北京）1957 年版，页 179。

> 瓜”，可以概见士兵的情形，因此士兵动摇起来了，有开小差的、拖枪跑的，下级干部也深感不安，所以最近向赣南的原因大部也是为的经济问题——应付敌人的会剿，当然是这次的重要原因，因为四军如果不出发解决经济问题，大多数的群众，有不能领导了的危险。这个经济问题，要算红军中最困难的问题，也就是边界割据的致命伤。[194]

竭泽而渔的“扩红”，更是直接破坏苏区生产力。1933 年 2 月 8 日，中共号召：“在全中国各苏区创造一百万铁的红军。”1932 年赣南十三县参加红军 33.1 万余，十三县总人口 247 万，达 13.4%；参加赤卫队、担架队、慰劳队、洗衣队等达 60 余万。以最粗略计算，50%人口为男性，扣除老人孩童病残，13.4%已是能动员的所有青壮年。《中央苏区史》：“不少家庭甚至没有留下一名男子在家耕田。……闽西上杭县才溪乡 88%的青壮男子外出参军支前，全乡只剩 69 个男劳力，劳力缺乏成为当务之急。”[195]

苏区已无法维持简单再生产。萧华（1916～1985）：“（兴国）全县青壮年 80%以上都扛起枪走上前线。其中许多模范区，90%以上的青壮年都参加了红军。只有 20 多万人口的兴国县，参军人数竟达八万之多。这是何等的壮举！何等的英勇牺牲！”[196]中共在“有力说明”苏区群众拥红的同时，忘了也“有力显示”对苏区经济的摧毁，青壮参军去，只剩童与姑；田里庄稼谁人种？各路重活谁承负？

闽西上杭才溪乡两千余人口，一次次“扩红”只剩下七名壮丁，居然还要该乡“突击扩红”。[197]毛泽东〈长冈乡调查〉（1933 年 11 月）：“这里一个重要问题，就是动员女子参加生产。长冈乡 16 岁至 45 岁的全部青年壮年 733 人，出外当红军做工作去了 320 人，在乡 413 人，其中男子只 87 人，女子竟占 326 人（一与四之比），因此长冈乡的生产绝大部分依靠

[194] 〈杨克敏关于湘赣边苏区情况的综合报告〉，载《中央革命根据地史料选编》，江西人民出版社 1982 年版，上册，页 36～37。

[195] 余伯流、凌步机：《中央苏区史》，江西人民出版社 2001 年版，页 612～613、258、681。

[196] 萧华：〈模范的兴国・英雄的人民〉（之一），载《中共党史资料》第七辑，中共党史资料出版社（北京）1983 年版，页 256。

[197] 张鼎丞：《中国共产党创建闽西革命根据地》，人民出版社（北京）1983 年版，页 69。

女子。”[198]江西风俗妇女从不下田，乡谚：“妇娘学犁，母鸡学啼，触犯天理，要遭雷劈。”妇委书记蔡畅在兴国挽裤脚下田，拜老农学犁学耙，再集中轮训各乡妇女干部，动员妇女下田，以缓和劳力严重不足。[199]但这种“妇女解放”只能支撑一时，繁重农活不可能全由“半边天”顶下来。而且，一个个“寡妇村”“寡妇乡”，人口如何“简单再生产”？

农民大多数不愿“光荣当红军”，逃兵甚多，甚至党团员也不愿参军。1930 年 10 月，百余红军新兵逃跑。[200]1932 年 5 月，江西省委报告：

> 党团员不愿去当红军的现象，除少数县外，差不多成为一般的现象，没有向这种右倾机会主义的表现作坚决的斗争，还无形中承袭过去，群众因为避免加入红军而入共产党的怪现象，甚至万泰雩都有两区的党员，听到党员应领导去当红军，他宁肯出党。

1933 年 10 月 18 日福建省委工作报告：

> 扩大红军的数量还很微弱……如永定从五月到现在仅扩大二百余人，武平则仅一百六十余人，代英县成绩也很微弱。……逃跑现象的严重，报名后不能集中，或集中后逃跑。如六月授旗典礼，上杭三区的模范营仅能集中一部分，宁化模范团成千人送博生沿途开小差只剩下二百余，四都模范营二百多人开小差，宁化在“九·一八”送去前方新战士一千多人也逃跑三四百人，汀东兆征有许多报告的不能集中，甚至有党团员带领逃跑，以及比较负责的干部也有逃跑（如汀市少共书记）。现在上杭全县老兵共一千一百余人，长汀每区平均四十余人，卅四师及各独立团均发生过逃跑的严重现象。……（扩红）用强迫命令、欺骗、收买的方法。如新桥区红坊乡支部会议中说不去当红军就是反党，有些地方不报名则会议不散，有些还锁起门开会，归队运动还采用强迫的方法，致使老兵家

[198] 中共中央文献研究室编：《毛泽东文集》，人民出版社（北京）1993 年版，页 301。
[199] 余伯流：《中央苏区经济史》，江西人民出版社 1995 年版，页 134。
[200] 《邱会作回忆录》，新世纪出版社（香港）2011 年 1 月初版，页 19～20。

> 属扯哭不放或跳水寻死（官庄），或老兵上山、去白区以至自杀（旧县及其它），派人假领导去前方（汀东濯田、汀市），或用拈阄（长汀）以及用钱收买（汀东新桥用五十毛收买一人）；在工人师与少共国际师的动员中，工会与少共曾发生过“抢兵”的现象，而且进行了一些非政治的鼓动。[201]

红军的逃兵越来越多，1933 年 11～12 月，逃兵达 2.8 万人，瑞金一县就有 4300 多人。[202]中共史书记载：开小差红军一旦被捉，“被当作破坏扩红的‘反革命分子’遭到捕杀。”[203]

所谓优待“红属”，兴国一县近两万户“红属”（1934 年 4 月统计），大家都是只有老弱妇幼的“红属”，谁家还有能力帮扶别家？还有什么劳力可充“优属队”、“什务队”？“优待红属”也使红军家属对苏区政府产生依赖。1932 年江西苏区省委抱怨：

> 优待红军家属上……发生红军家属生活一切都依赖政府解决的不好现象，红军家属一餐无油无米也到政府去要，甚至红军家属自己有牛不耕田，而要政府派人派牛到他家耕田等等现象。因此，有些乡政府造成了红军家属的当家人。[204]

伍修权记述长征前的突击扩红：“为了这次转移积极扩军，除了把地方游击队整编扩充到主力红军外，还把根据地的壮丁几乎都动员参军了，有的农村只剩下妇女老弱。”[205]1934 年 1 月 10 日，感于粮食问题的日益严重，中央苏区成立粮食部，陈潭秋任部长。1934 年 5～7 月，为对付第五次围剿，五十天内再“扩红”五万，军粮无着，只得紧急动员苏区征谷 24 万担。1934 年 7 月下旬，围剿形势日紧，中共领导层决定“战略转移”，

---

201 江西省档案馆、中共江西省委党校党史教研室编：《中央革命根据地史料选编》，江西人民出版社 1982 年版，上册，页 435、505～506。

202 蔡孝乾：《江西苏区・红军西窜回忆》，中共研究杂志社（台北）1970 年版，页 155。

203 余伯流、凌步机：《中央苏区史》，江西人民出版社 2001 年版，页 1013。

204 参见《中央革命根据地史料选编》，江西人民出版社 1982 年版，上册，页 436。

205 〈伍修权同志回忆录〉（之一），载《中共党史资料》第一辑，中共党史资料出版社 1982 年版，页 163。

发起一次更大规模的“借谷运动”——68.8 万担。据陈潭秋报告，完成 58.2 万担。中共史家：“中央苏区人民作出了巨大而无私的奉献。”[206]

1934 年 9 月，中央组织局、中革军委总动员武装部等五单位联合发文，要求全苏区一月内动员三万新战士参军。至 9 月 27 日，实际完成 18024 名。1934 年 5～9 月底，中央苏区总共扩红八万余人。[207]此时，江西苏区辖地日蹙，总共 250 万人口。[208]

苏区土改政策“地主不分田，富农分坏田”，断绝地富生活来源：

> 不给地主以生活出路，就会使他们流离失所或上山为匪，破坏社会秩序，影响根据地的安定，而在经济上消灭富农的政策，就会影响中农的生产积极性，对农业生产的发展是十分不利的。在重新分配土地中还严重地侵犯了中农的利益，这首先表现在实行打乱平分，侵犯了一部分中农的土地。[209]

歧视城镇工商业，剥夺商人选举权，等于铲除商业生存土壤，也摧毁了个体手工业维持简单再生产的可能。[210]1932 年 5 月 12 日颁布的〈湘鄂赣省苏维埃政府农村劳动暂行法令〉，32 条规定全部针对并限制经营业主，如“强迫资本家恢复失业工人工作”。[211]

贫农虽然分得土地、免去前债，但土地一分再分，所有权一变再变，几乎每年都重新分一遍，生产积极性严重受挫。“分来分去，到底分到哪年哪月止？我不要了！”许多农民“怕上升为富农小地主，拼命吃穿，不想扩大生产”，“荒废了许多土地，生产降低了。”1934 年 5 月底，“总计各地尚未莳好的荒田，不下 12 万担。”[212]“农民只要致富，就会变成被

---

[206] 余伯流：《中央苏区经济史》，江西人民出版社 1995 年版，页 247、245～246。
[207] 余伯流、凌步机：《中央苏区史》，江西人民出版社 2001 年版，第 1103。
[208] 余伯流：《中央苏区经济史》，江西人民出版社 1995 年版，页 455。
[209] 成仿吾：〈张国焘在鄂豫皖根据地的罪行〉，载《中共党史资料》第四辑，中共党史资料出版社（北京）1982 年版，页 151。
[210] 中共福建省委党校党史研究室编：《红四军入闽和古田会议文献资料》（续编），福建人民出版社 1980 年版，页 157～158。
[211] 《湘鄂赣革命根据地文献资料》第二辑（内部发行），人民出版社（北京）1986 年版，页 210。
[212] 余伯流：《中央苏区经济史》，江西人民出版社 1995 年版，页 151。

打击的对象，因此土地革命并没有调动农民生产的积极性。……在东西苏区的最后岁月，居然发生过多起苏区农民集体逃亡到白区的事件。”[213]

1929 年，闽西苏区农民分到土地，收获比以前多，但经济不流通，米价一路走低。上杭县此前每元买米 17 斤，1929 年可买 27 斤，龙岩更低。苏维埃政府出布告禁止米价降低，但农民暗中减价出售。中共福建省委巡视员报告：“证明苏维埃在消极方面来限制是没有作用的，因为农民一切油柴什用总要靠粜米的钱来维持。”[214]毛泽东也承认：“红色区域在建立的头一二年，农业生产往往是下降的。”[215]

江西苏区财政人员：

> 城市商业日渐衰落，最后陷于停顿。营业税的收入也很少了。此外，其它收入则为数更少。因此。自始至终，在财政收入中占重要地位的是向地主富农筹款，特别是向白区地主富农筹款，即所谓打土豪的没收款。[216]

毛泽东：“向着一切国民党区域去扩大我们的财政收入，向着一切剥削分子的肩上安放着苏维埃财政的担子……这就是克服困难的方法。”[217] 1931 年 2 月，闽西苏维埃政府明确规定：“开辟财源问题。各县有工农武装或游击队的，须向白色区域游击，打土豪筹款。”[218]

“打土豪经济”必须依靠高歌凯进不断扩张才能维持，与黄巢、李自成之所以到处流窜（流寇主义）相同。一旦扩张停止，仅仅依靠赤区经济体系，便无法挺持。因为苏区农民都怕冒尖成富，都怕成为打击对象的“新富农”，普遍缺乏生产积极性，几乎没人愿意多种地，只要全家够吃就行。各苏区出现大量抛荒，越是老苏区，抛荒地越多。鄂豫皖苏区放弃前，1931

[213] 张鸣：〈多面相的民国农村〉，载《同舟共进》（广州）2011 年第 6 期，页 17。
[214] 《中央革命根据地史料选编》，江西人民出版社 1982 年版，上册，页 149～150。
[215] 《毛泽东选集》第二卷，人民出版社（北京）1966 年 7 月横排本，第 1～2 卷合印本，页 117。
[216] 陈毅、萧华等：《回忆中央苏区》，江西人民出版社 1981 年版，页 373～374。
[217] 中华苏维埃共和国中央执行委员会：《苏维埃中国》，1933 年印行；中国现代史资料编辑委员会翻印，1957 年 7 月第一次印刷，页 277～278。
[218] 余伯流：《中央苏区经济史》，江西人民出版社 1995 年版，页 365～366。

年下半年已出现粮荒，“外面不能输入，内面储蓄已罄。”[219]1931 年 8 月，鄂豫皖红军总指挥徐向前报告中央：“两次‘围剿’以来，全军不仅没有发过一个零用钱，而且衣服草鞋都弄到非常困难的地步。”。[220]

“打土豪经济”也是陕北红军的主要生存方式，1937 年底还在吃大户。薄一波在山西沁县招待彭德怀：“今天我们就放开肚子吃一顿，所有的东西都是从土豪劣绅那里弄来的，一个钱不花，算是‘借花献佛’了。”[221] 1944 年 10 月中外记者团访延，美国亲共记者白修德：“共产党从地主和富人那里敲榨钱财的作法是残忍的，可能比野兽还无情。”[222]江西苏区乡绅曾哀鸣：“越穷越好，早死早赢。”[223]王若水很晚才意识到：“中共统治之下没有人权保障远始于延安和江西苏区时代。”[224]

为贯彻阶级路线与体现苏维埃制度优越性，苏区制订出许多违反经济常识的规定。中央苏区规定：“工人每周经常须有连续不断的 42 小时的连续休息”；“在任何企业内的工人继续工作到六个月以上者至少须有两个星期的例假，工资照发；在危害工人身体健康之工业中工作的工人，每年至少须有四个星期的例假，工资照发”。1931 年 11 月《中华苏维埃共和国劳动法》，第 21 条规定“须一律停止工作”的纪念日——列宁逝世、二七惨案、巴黎公社、国际劳动节、五卅、十月革命、广州暴动，“纪念日节日前一日工作时间，至多不得超过六点钟”。夜工必须高于常薪、非特许额外工作发双薪、女工带薪产假八周、女职员带薪产假六周、小产带薪产假二周、被征入伍者发三月工资、暂失劳动能力亦须保留原职与原中等工资。雇主还须为工人支付薪额 10～15%的“社会保险基金”。

一些工人甚至要求企业主免费提供雨衣、梭标、制服、套鞋，过年费与双薪等等。雇工成本太高，收获季节请不起帮工，“有时农民出售一担

---

[219] 中国共产主义青年团编：《青年实话》第 18 期（1933 年）；《红旗周报》第 26 期，1931 年 12 月 9 日。

[220] 成仿吾：〈张国焘在鄂豫皖根据地的罪行〉，载《中共党史资料》第四辑，中共党史资料出版社（北京）1982 年版，页 153。

[221] 薄一波：〈不能忘却的怀念——回忆彭德怀同志〉，载《人民日报》（北京）1988 年 10 月 23 日。

[222] （美）白修德：《中国抗战秘闻——白修德回忆录》，崔阵译，河南人民出版社 1988 年版，页 201。

[223] 《中共党史资料》第七辑，中共党史资料出版社（北京）1983 年版，页 241。

[224] 王若水：〈整风压倒启蒙：“五四精神”和“党文化”的碰撞〉，原载《当代中国研究》（美）2001 年第 4 期。何清涟主编《20 世纪后半叶历史解密》，博大出版社（美国）2004 年版，页 21。

稻谷，所得款价还不够支付割禾工资。有些地方的农民甚至稻子黄了无力雇人收割，也不愿意雇人收割，宁肯让金黄的稻子掉在田里。”苏区私企一一倒闭。石城县某小店开除工人，县劳动部罚款 210 元，可这家商店全部资本只有 200 元。[225]

汀州恒丰荣烟店工人李振光，1932 年 11 月～1933 年 4 月抽调苏维埃，五个半月未在店内服务，但按苏区《劳动法》，老板须支付他大洋 145.8 元，该店总资本仅 400 元。张闻天都为这家老板叫屈。[226]闽西工人薪水提高三四倍以上；长汀等地造纸工人月薪原十元大洋，提高至二三十大洋，其他店员工人一律提高至 16 块大洋，且不问劳动纪律。工人经常开会、放假。闽西赤区创始人张鼎丞：“拿了工钱又吃老板的饭，许多资本吃光了，商店关门，店员失业，反而造成了自己的困难。可是省苏维埃政府还在说：要更多维护工人的利益，这样才叫做执行‘进攻路线’。”[227]

鄂豫皖赤区的成仿吾：“工人每星期休息 36 小时，每年休息四星期，工资照发等等过‘左’的劳动政策。这些政策实行的结果，造成工商业店铺的倒闭，使根据地的财政经济发生极大的困难。”[228]

为填补财政赤字，1932 年 6 月中央苏区发行第一期“革命战争公债”60 万元，10 月再发行第二期 120 万元。1933 年 7 月 22 日，再发行“经济建设公债”300 万元。[229]1934 年 1 月底，中央苏区银行人员：“公债已发行了近半年，交库尚不及半数，土地税自十二月开始，至一月下旬，所收不及十分之一，后方机关限量吃饭，直到开始长征。”财政困难迫使“国家银行”超量发行纸币，长征前发行总数约八百万元。红军走后，这批纸币大部分被苏区百姓焚毁。1955 年中共发行新币，以 1:1 收回一小部分。[230]

“皖南事变”，中共叫得山响，全世界都听到，而中共方面制造的“摩擦”却一声不响。吴国桢《夜来临》记载：

---

[225] 余伯流：《中央苏区经济史》，江西人民出版社 1995 年版，页 327～330、357。

[226] 张闻天：〈五一节与《劳动法》执行的检阅〉，载《斗争》（瑞金）第 10 期（1934 年 4 月 19 日）。参见余伯流：《中央苏区经济史》，江西人民出版社 1995 年版，页 335。

[227] 张鼎丞：《中国共产党创建闽西革命根据地》，人民出版社（北京）1983 年版，页 69～70。

[228] 成仿吾：〈张国焘在鄂豫皖根据地的罪行〉，载《中共党史资料》第四辑，中共党史资料出版社（北京）1982 年版，页 152。

[229] 余伯流：《中央苏区经济史》，江西人民出版社 1995 年版，页 395、399。

[230] 陈毅、萧华等：《回忆中央苏区》，江西人民出版社 1981 年版，页 375。

——北平教师赵侗（1912～1938），抗战后在北平西山拉起一支学生游击队，袭击日军弹药库、破坏敌人铁路。1938 年赴渝受训，结业后返华北。1938 年冬，这支抗日队伍在河北赞皇县遭共军伏击，几被全歼。因为这支队伍忠于国府、拒绝共军收编，成为那一地区共军的有力竞争者，赵侗被俘后被处死。

——国军“会被秘密包围，并在黑夜里遭到突袭，军官通常被处死，至于士兵，要么是将他们收编到共产党部队中去，要么就是集体屠杀掉，为的是不让一个人活着回去向政府揭露内情。……1939 年春，秦启荣指挥下的五千名政府军就这样在山东被共产党吃掉了。同年夏，张荫梧指挥下的另外五千人在河北遭到了同样的命运。而 1940 年朱怀冰将军指挥下的一个一万人的整师在太行山附近遭到了刘伯承将军的伏击，并被迫收编到八路军中。”

相比之下，国民党要比中共讲团结，出台维护统一战线的政策性举措。国民党中宣部长吴国桢：

从蒋介石到国民党中央宣传部，从中央宣传部到政府控制的新闻界，都下令说不要发表有关共产党与政府发生冲突的消息。再也没有比这个政策更使共产党高兴了。当我们傻傻地保持沉默，他们却大肆宣传，全世界只能听到他们的说法而听不到我们的。

绝大多数延安一代终身不知“重庆谈判”的重大细节：额定全国军队 50 个军，中共提出占 19 个军，国府最初同意 9 个军，最后让步至 15 个军，只要求协定签订后立即缩编。周恩来明确同意，毛泽东不同意。主持调停的赫尔利：“达成统一的障碍来自共产党的要多于来自国民党的。”[231]国民大会从 1946 年 5 月 5 日延期至 11 月 12 日，再推迟至 15 日，均为等待中共出席。开幕后，55 人主席团仍为中共留了九席。中共拒绝出席的理由

[231] 吴国桢：《夜来临：吴国桢见证的国共争斗》，吴修垣译，香港中文大学出版社 2009 年版，页 146～147、168、164、190～194。

是要在国务会议 40 席中占 14 席（包括左翼党团），以便握有否决权（所有决议均需 2/3 票通过），国府同意 13 席。蒋介石提交大会的宪法草案“比十年前准备的那个草案要民主得多，它标志着委员长的思想进步了。”马歇尔：“不幸的是共产党人认为他们不宜参加这次国民大会，可是宪法却已经把他们提出的一切主要要求包括进去了。”[232]

绝大多数中共党员不知道内战肇始还有一个版本：1946 年 8 月共军围攻大同甚急，国府再三要求停止进攻，宣布如不停止，国军将进攻承德、张家口及延安。中共不理，国军乃有收复承德之役，大同之围由绥远傅作义驰援，歼共军 11 个旅，遗尸二万，大同之围遂解。[233]

汤恩伯一直遭中共丑化，笔者读到白修德的一段文字，一阵吃惊：“我认为，汤恩伯不失为一个好人。他命令所有的军官都要在营房里收留一名灾区孤儿；所有的士兵都要从每月的配给中扣下一磅粮食分拨给受饿的人们。”[234]中共好像至今都未有这样的爱民将领。

2008 年，毕业于中央大学外文系的穆广仁反思：

> 在上个世纪四十年代投身中国革命的我们这一代人……既不知道斯大林的暴政，也从未料到中共解放后一段时间实施的“左祸”。在我所接触到的那个同时代人当中，极少对他们当时的追求有所悔的……这就是我所以为奥斯特洛夫斯基的警语深为感动的原因：“我们所建成的，与我们为之奋斗的完全两样！”[235]

1946 年入党的许良英（六四后开除党籍）：

---

232 （美）约翰・司徒雷登：《在华五十年》，程宗家译，北京出版社 1982 年版，页 162～163。

233 王健民：《中国共产党史稿》（增订本），中文图书供应社（香港）1974～75 年，第三编・延安时期（下），页 545。

234 （美）白修德：《中国抗战秘闻——白修德回忆录》，崔阵译，河南人民出版社 1988 年版，页 135。

235 穆广仁：〈奥斯特洛夫斯基：“我们所建成的，与我们为之奋斗的完全两样！”〉，载《炎黄春秋》（北京）2008 年第 2 期，页 29。

> 我自己年轻的时候，提着脑袋干革命，为了建立新中国。但是，想不到我们后来得到的是这么一个国家，我非常沮丧。[236]

中共建政后实况：一言堂、家长制、等级制、平均主义、剥夺私产、否定个权、弃蔑自由、斥民主为“资产阶级自由化”，以反资本主义之名行封建还魂之实，封建脏器一个都不少。就是改革开放以来，六四坦克、一党专政、禁锢言论、不准批评、禁谈民主、重判晓波、打压异见……丑陋党史还在延续。今人都看不得，当然更经不起后人撩揭了。

柒、反思难度

人总是最难发现自身错误，最难打破亲手编织的幻梦。徜徉于马列框架，自满于革命逻辑，伴以“东风压倒西风”的自信，长年片面的资讯输入，延安一代已养成自觉摒拒西方现代人文学说的“党性”。生活在红色神话中的一代人，当然不愿告别神话。1965 年，胡乔木“七一抒情”——如此江山如此人，千年不遇我逢辰。[237]自我感觉好得很哪！

“成绩是主要的，偏差错误是个别的。”这句中共套语，典型说明中共很早已无反思可能。既然成绩是主要的，偏差与错误是个别的局部的，不仅马列框架、计划经济、阶级专政等不可能纳入反思范畴，就是基层单位的具体工作也不可能进行全面检讨。文革折腾成这样，早年入读杭州法政学校、上海大学的总政文化部长李逸民（1925 年入党）：“当时对一切都听得不顺耳，绝没有想到，整个‘文化大革命’都是错的。”[238]这个“绝没想到”，正是文革得以迅猛铺开并持续十年的社会基础。

“胡风分子”何满子（1919～2009），历经 25 年大难，又有相当文史功底，晚年仍称毛泽东为“伟人”，认定马克思主义为最伟大的社科学说。延安一代普遍只能质疑红旗的一角，不可能审视红旗全身。

史家指出文革初期中共高层之所以未能制止毛泽东的原因：

---

[236] 张敏：《穿墙的短波》（记录红色中国），溯源书社（香港）2012 年版，页 192。
[237] 冯兰瑞：《别有人间行路难》，时代国际出版社有限公司（香港）2005 年版，页 18。
[238] 《李逸民回忆录》，湖南人民出版社 1986 年版，页 229。

> 中共领导人对毛泽东作为中共至高无上的领袖之地位以及对中共意识形态的高度认同，是他们迅速缴械认错的最主要原因——他们根本没有任何可以对抗毛的思想武器和政治手段……刘本人既无任何政治实力，也无任何精神力量去与毛抗衡……就中共当时的高层政治格局而言，无论是刘少奇还是其它任何人都不会产生一丝一毫的“联合其它中央领导共同反抗毛”的念头。[239]

中共高干不仅缺乏抗衡毛泽东的政治基础，更缺乏对抗其歪说谬论的思想武器，这是中共高层对文革失去最后阻拦的基础性原因。

1962 年就很有反骨的聂绀弩，虽意识到毛泽东将遭历史审判，但坚信马列主义必胜。“将来这个人（按：毛泽东）历史上不知道要写成多丑啊！……这个现在（按：毛时代）能维持多久？……总有一天，谁是混蛋就要倒下去的。当然，马克思主义的胜利、无产阶级的胜利，这是不成问题的，这是历史确定了的。”[240]

1960 年代初，黎澍发觉赤色史学弊谬，撰文质疑《联共（布）党史》将历史发展概括为阶级斗争的推动、一切战争都是阶级斗争等观点。[241]但在已然形成的赤澜大波前，纯属螳臂挡车，文革一起，黎澍立遭批斗。

红色共运也是绝大多数老延安竭力维护的“底线”，包括相当一批反思者。何方虽认为“马克思主义不是‘放诸四海而皆准的真理’”，但还是认为马克思“很伟大”：

> 不论人们怎样评论，马克思主义在人类思想史上都占有重要地位，谁也不能否认马克思是一位伟大的思想家和一位伟大的人道主义者。

---

[239] 宋永毅：〈被掩藏的历史：刘少奇对“文革”的独特贡献〉，载《当代中国研究》（美·普林斯顿）2006 年秋季号，页 51～52。

[240] 寓真：〈聂绀弩刑事档案〉，载《中国作家》（北京）2009 年第 4 期，页 44。

[241] 李锐：〈黎澍十年祭〉，载《黎澍十年祭》，中国社会科学出版社（北京）1998 年版，页 29～30。

笔者盯问一句：马克思的伟大体现何处？造成一亿红色冤魂与至少 20 亿人非正常生存，如此“主义巨灾”，还伟大得起来么？

何方还肯定中共革命：“中共的先辈们和广大精英……确实起到了重大作用，改变了历史，取得了革命胜利，建立了中华人民共和国，这是主要的，不能因为接受许多消极因素而抹煞一切。”[242]要迈过马列雄关与否定中共革命的整体价值，对绝大多数延安一代来说，实为难以逾越的代际局限。

再读一段范元甄的文字，可真切搭到延安一代的脉跳，理解他们何以在左倾迷途上难以返身。1976 年 4 月 29 日，范元甄致信准女婿巴悌忠：

> ……对我，是跟随毛主席进行路线斗争，并从中改造自己世界观的幸福过程。别看这个过程中有眼泪，也有时痛苦，那却是虽有缺点的真正的战士才能理解与体验的莫大幸福。这场斗争为我在文化大革命及其后批林批孔、当前批邓反击右倾翻案风等运动准备了思想基础，使我能照伟大领袖毛主席指引的方向不断前进。我的惟一痛苦，就是我没有投身于这些伟大斗争第一线的机会。我的痛苦是战士而无战斗岗位的痛苦。[243]

马列主义乃数代中共党人难以逾越的理论关隘。中共第二个〈历史决议〉称毛泽东的文革错误“是一个伟大的马克思主义者的悲剧”，似乎只要是“马克思主义者”的错误，不仅应予原谅，似乎仍很伟大。马列成为阻碍数代中共党人反思的最大障碍。中共完全颠倒了马列主义与国家利益的关系，成了国家利益要为马列主义服务，而非马列主义为国家利益服务。

乔冠华晚年承认自己的宗教心理。一后生问他：“乔伯伯，你一生廉洁，忠心耿耿，却被整得这么惨，你不对自己的信仰动摇吗？”乔认真答曰：“我不是工农出身，参加革命、参加共产党不是因为自身受压迫，而是因为对马克思主义的信仰。我 16 岁离家，寻求真理……最终决定信仰马克思主义。如果我现在对自己的信仰动摇，岂不是我自己把一生的追求

[242] 何方：《从延安一路走来的反思》，明报出版社（香港）2007 年版，下册，页 754、781。
[243] 李南央：〈她终于解脱！〉，载《开放》（香港）2008 年 3 月号，页 68。

都否定了？”后妻章含之：“我不愿与他争执，因此我从来没有和他谈过我对理想破灭的感受。”[244]

对延安一代来说，发现具体错误与承认局部错误容易，发现并承认全局整体的错误，几近不可能。整体反思，已非针对个人，而是整套制度、整个方向，意味着从一开始就走错路，这种彻底认错无异要了延安一代的老命。他们对“自己人”的错误轻描淡写，挥挥手就算了。丁玲晚年：“无论如何不能把年轻时的理想再动摇了”，“我受难，党也在受难”，轻轻推开反思的痛苦。[245]陈企霞：“过去的事，是历史造成的，不好追究哪个人的责任。”[246]陈企霞始终认为各种不正之风只是暂时现象，新的党中央能够重新得到人民信任。[247]但反右、大饥荒、文革、六四可以不追责么？不是哪个人的责任，那是谁的责任？难不成又是美蒋反动派的责任？人民凭什么要跟党一起受难？为什么就该与党“患难与共”？

1989 年 3～4 月，胡乔木访美演讲〈中国为什么犯二十年的“左”倾错误〉，他从毛时代中挑出“发展较好”的两个时段：1953～57、1961～65。至于左误之因，胡乔木拎出五项错误：所订指标过高、经济建设离不开阶级斗争、追求空想目标、国际环境恶化、文化落后与民主缺失。推责指标过高、目标空想、国际环境恶化、文化落后，对实质性的“阶级说”、毛独裁一带而过，还在强扶红旗、硬撑赤说，“社会主义并不跟左倾错误相联系，而是跟经济进步、文化进步、社会进步、政治进步相联系的。”[248]其实胡乔木口是心非，明明 1979 年私下对李昌说：“马列那个社会主义一千年也实行不了。”[249]可又一直主持批驳“共产主义渺茫论”。

2008 年，四位城市地下党出身的“两头真”：

---

244 章含之：《跨过厚厚的大红门》，文汇出版社（上海）2002 年版，页 182。
245 邢小群：《丁玲与文学研究所的兴衰》，山东画报出版社（济南）2003 年版，页 152。
246 胡国华：〈写在陈企霞同志百日忌辰之际〉，载《新观察》（北京）1988 年第 11 期，页 24。
247 陈恭怀：《悲怆人生——陈企霞传》，作家出版社（北京）2008 年版，页 357。
248 胡乔木：〈中国为什么犯二十年的“左”倾错误〉，载《学习》杂志创刊号。参见《中共党史研究》（北京）1992 年第 5 期，页 1～5。收入《胡乔木文集》第二卷。
249 袁晞：《一蓑烟雨任平生——冯兰瑞传》，气象出版社（北京）1999 年版，页 154。

> 在一定的意义上，也可以说一代的青春浪费了，他们理想中的目标大部分都未能实现。但却很难说他们当初就作了错误的选择。[250]

还是不甘心被全盘否定，不愿承认彻底失败。延安一代虽然不得不承认各种赤灾，仍情不自禁缀上“但是……”、“也应看到……”。1989 年，逄先知论及大跃进与人民公社，回避大跃进导致大饥荒，还在为大跃进寻找“正能量”：

> 对“大跃进”和人民公社化运动本身应持否定态度，这是毫无问题的。但在那一段时间里，人们的自力更生、艰苦奋斗、奋发图强的精神面貌，是值得称道的。在这种精神力量的鼓舞下，我国在农田水利建设方面，在工业和科学技术的某些方面，都取得了一些新的成绩。这一方面也应当看到。[251]

逄先知强调的“自力更生、艰苦奋斗、奋发图强的精神面貌”，均为虚虚的形而上名词，面对大饥荒有何实际意义？除了赤潮鼓动者参与者，谁还会怀念那些给错地方的激情？至于农田水利、工业科技那点成绩，倚垫四千余万饿殍与长达 30 年短缺经济的历史天幕，还值得炫耀么？

首任中国证监会主席刘鸿儒（1930～），感叹 1992 年必须握持马克思语录才能搞股份制：

> 邓小平南巡讲话虽然明确了股份制与股票市场可进行试验，但因所有马列教科书都将股份制与股票市场作为资本主义特有经济范畴加以批判。因此，我从《马恩全集》第 29 卷找到一句非常重要的话，马克思在给恩格斯的一封信中说：“股份资本，作为最完善的形式（导向共产主义的）……”括弧里这句话十分重要，因为它明确指出股份制在社会主义制度下是可以利用的。1992 年 6 月，我在

[250] 燕凌执笔：〈《红岩儿女》第三部前言〉，燕凌等编著：《红岩儿女》第三部（上），真相出版社（香港）2012 年版，前言，页 4。

[251] 董边等编：《毛泽东和他的秘书田家英》，中央文献出版社（北京）1989 年版，页 29。

> 《人民日报》发表了〈关于我国试行股份制的几个问题〉，有人说我是找到了一棵救命的稻草，现在有马克思的论述，就好办多了。[252]

没有马克思的原话，没有那个小括弧，股份制硬是不好办哩。马克思没有说的，后人就不能办了？莫非马克思比今人还了解今世？更明白今世？必须捏着马克思语录搞改革，说明什么？

受意识形态及文化能力的双重局限，延安一代只有很少一部分精英晚年具有反思能力。绝大多数抱马列而长终，随赤潮走完一生。文革后，他们进退失据，左右为难，尴尬极了。明知必须突出赤色重围，但不知如何突出；明白必须向昨天告别，但又舍不得已投入的感情，舍不得彻底抛弃“惟一理想”。更麻烦的是他们浑身上下“一片红”——从知识结构到价值观念，每一寸思维都是红色的，难以洗褪难以脱卸。1980 年代初，一位知识分子政协委员：“小鞋穿惯了，一下子放了脚，不会跑了。”

李锐的思想认识也有一个由浅入深的漫长过程。1988 年，李锐《庐山会议实录》对毛的反思还停留在事实层次，未上升至反思左倾理论与宏观历史的高度。2006 年，李锐：“好像一个老将军说的，我们这些人都缠过脚……都是解放脚，而且戴过紧箍咒。”[253]

许良英划右后开除党籍，回乡务农，1974 年以前一直深信毛泽东和党报，对中共所有号召闻风而动，尽管 1969 年畏怯批斗喝过“敌敌畏”：

> 即使被划成右派以后也是如此。凡是毛泽东的主张，我都衷心拥护，凡是党报所宣传的，我都深信不疑。“文革”时，我也义无反顾地响应毛主席的号召，提着脑袋支持造反派。[254]

但整个 1980 年代大陆政治格局，必须首先由延安一代起身反左，迈出艰难的第一步，才有可能通过他们推动社会改革，才有可能使中共开始

[252] 刘鸿儒：〈我为股分制试验找到一句马克思的话〉，载《北京日报》2009 年 6 月 22 日。
[253] 李锐：〈开放言论，推进政治体制改革〉，载《炎黄春秋》（北京）2006 年第 10 期，页 76。
[254] 许良英：〈幻想・挫折・反思・探索〉，载燕凌等编著：《红岩儿女》第三部（上），真相出版社（香港）2012 年版，页 233、236。

“回头”。其时，延安一代 55～70 岁，只有他们有能力承担这一历史责任，国家需要他们通过修正自己去修正中共。时代需要延安一代既为上一代的赤潮画句号，又为下一代的改革开启“冒号”。

能够反思的延安老人，除了历史责任感，还得有相当的文化素质与才具禀赋。中共最早质疑马列主义的顾准，对打着进入未来天国的旗幌叫人民一再忍受当下饥饿的宣传，反感至极：“革命的目的，是要在地上建立天国——建立一个没有异化的、没有矛盾的社会。我对这个问题琢磨了很久，我的结论是，地上不可能建立天国，天国是彻底的幻想；矛盾永远存在。所以，没有什么终极目的，有的，只是进步。”[255]顾准为自己的这一“超前思想”支付了高昂代价——组织抛弃、家庭鄙夷，临终前五个子女一个都不肯来。顾准的“下场”映衬出延安一代反思的难度。

延安“两头真”晚年硬啃理论，勤读史书，提高认识，获得探究马列原教旨的能力。他们意识到艰苦奋斗一生，但走错路跟错人，不仅没有为国家民族带来成果，反而南辕北辙酿成大灾巨祸。他们希望能够找出走错路的根源，意识到这一“寻根”的重大意义。

文革后，十年为一台阶，延安一代的反思呈现某些共性：

一、1970 年代后期，文革刚结束，“主义”仍然大如天，社会主义方向、无产阶级革命路线绝对压倒人民利益。1978 年，安徽凤阳小岗村 18 农户密谋包产到户，省委书记万里违抗中央精神表态支持，与另一省委领导发生“要社会主义”还是“要群众”的争论。[256]当时的政治氛围下，万里的“我要群众”需要相当勇气。但问题是“伟大的社会主义”怎么会与人民群众产生如此严重的价值对立？“要群众”这样的常识，为什么需要勇气？应该为人民服务的“主义”何以与服务对象发生对立？抽象的“主义”怎么会高于大于具体的人民？这场“要主义还是要群众”之争，清晰说明“主义”对中共的束缚。

二、1980 年代，延安一代的反思有所深化，但仍局限于文革，认为只是毛的一念之差才使天堂瞬转地狱。绝大多数延安一代步大革命

[255] 顾准：《顾准文集》，贵州人民出版社（贵阳）1994 年版，页 370。
[256] 马龙闪：〈珍视万里的“我要群众”思想〉，载《北京日报》2008 年 12 月 8 日。

一代后尘，将文革归结为个人因素，责怪毛泽东、林彪、康生及四人帮，很少将反思延伸至文革前甚或反右，更看不到起于萍末的赤色思潮。这种止于文革的反思，既是一种情结，更是一种局限。1979 年 11 月，周扬四届文代会报告除了文革十年算冬天，其余都是春天，讲到“四人帮”以外的教训，羞羞答答，忸忸怩怩，遮遮掩掩，水过地皮湿。[257]

三、1990 年代，延安一代的反思逐渐深入，进入赤色思潮层面，怀疑“主义”的正确性，但掣肘仍十分滞重，且只能以马列之矛攻马列之盾，无有别的理论武器。韦君宜承认：

> 更多的理性分析还是留给后人去做吧！至于我本人，至今还不可能完全说透，我的思维方式也缺少讨论这些问题的理论根据和条理性。[258]

1984 年，延安干部汪澍白（1923～）请调厦门大学哲学系，决心后半生以唯实独立精神致力毛泽东研究，“30 年匆匆过去……成绩却不大理想。究其原因，在主观方面……对本身浸染很深的教条主义也没有自觉地加以清算。”[259]

“六·四”后，一批延安“两头真”流亡海外，仍以正宗马克思主义自居。2005 年，苏绍智某著第一章标题：“毛泽东不是马克思主义者”。[260]还走在中共和尚念歪经的路子上。

四、进入二十一世纪，大彻大悟，娩出不少内涵深刻的感悟：

> 今天欧美国家普通老百姓所拥有、所享受的物质文明，早已超过了马克思、恩格斯的想像，超过了他们所制定的共产主义标准。正是资本主义生产方式创造了共产主义的物

[257] 秋石：《两个倔强的灵魂》，作家出版社（北京）2000 年版，页 206、208。
[258] 韦君宜：《思痛录》，北京十月文艺出版社 1998 年版，页 4。
[259] 汪澍白：〈感受 1978 年历史转折〉，载《炎黄春秋》（北京）2008 年第 8 期，页 56。
[260] 苏绍智：《民主不能等待》，田园书屋（香港）2006 年版，页 1。

> 质基础。真想让老百姓过上好日子，就老老实实地走人类文明的大道。你消灭了资本主义生产方式，共产主义就是永远建不起来的空中楼阁。毛泽东领导的向共产主义过渡，就是这样一场几亿人参加的空忙，越搞越穷，越奋斗离共产主义越远，好像对着目标倒着走一样。[261]

只有对马列进行整体质疑，才可能分泌有品质的反思。“两头真”中，也只有寥寥精英有能力深入反思至“主义”层面。饶是顾准，他最后的思想仍带着相当红箍：“私有财产终归是要消灭的”。[262]囿于各种局限，延安一代已无法对中国未来展开深入思考，无法完成这一历史任务了。2008 年，像宗凤鸣这样的“最后清醒者”，亦走不出马克思主义迷阵，仍认为马克思“正确分析了社会主义乃资本主义高度发展的产物，是社会生产力高度发展的结果”。[263]

1980 年代以后的社会转型，延安一代青春岁月的纯洁理想成为晚年忏悔的起点，神圣信念蜕变成发霉秽物。一生追求的理想崩溃了，个人主义并非万恶之源，私有制恢复了，因为公有制比私有制更可怕，否定了个人价值，等于否定了人类社会的价值起点。延安一代晚年岁月如煎似熬，悔恨交加，所持守的价值体系被否定，依附其上的一生无从寄托，狼奔豕突，惶惶然不知所终。

1980 年代以来，中共基于“维稳”，对 1949 年后的党史国史规定“淡化”，只许有限反思。党性也阻止延安一代集体反思，叛出朝歌者只是极小一部分。这一小部分“两头真”遭到昔日战友的围讦。死硬左派以维护革命正统为己任，认定“两头真”为最可恶的叛徒，比“异教徒”更坏。

对中共来说，每承认一处“自己的错误”，包括承认斯大林与波尔布特的罪恶，都是千不情万不愿。直到 1989 年，苏联最高法院都为托洛茨基、布哈林平反了，中共才公开承认斯大林杀错了他们。[264]

---

[261] 辛子陵：《红太阳的陨落——千秋功罪毛泽东》，书作坊（香港）2008 年版，上卷，页 xxvi、xxviii。
[262] 顾准：〈从理想主义到经验主义〉。参见陈敏之编《顾准文集》，福建教育出版社 2010 年版，页 323。
[263] 宗凤鸣：《心灵之旅》，开放出版社（香港）2008 年版，页 68。
[264] 曾彦修口述、李晋西整理：〈我认识的胡乔木〉，载《炎黄春秋》（北京）2010 年第 8 期，页 42。

共产赤说确类鸦片烟，一些留欧留美者也很难清醒。牛津毕业生、译家杨宪益（1915～2009），娶英国姑娘戴乃迭，积极要求入党未果，拒绝国民党飞台机票，韩战时夫妇倾囊捐献飞机，文革被诬特务，下狱四年，母亲扫大街，儿子被逼疯并自焚英国街头。杨宪益仍于 1986 年入党，1989 年反对“六·四”镇压退党。在杨的人生轨迹中，1986 年加入中共成为难以解释的一笔，只能归之为对共产赤说的价值认定，说明识穿赤说之难。

赤色诱惑太鲜艳太美丽，不仅迷惑了数代红色士林，大洋彼岸的高鼻子也有不少被终身欺蒙。张爱玲美国丈夫、左翼作家赖雅至死都坚信文革是在进行人类最伟大的革命。斯大林形象“黑”掉后，西方左翼士林将希望寄托在毛泽东身上，认为文革是毛开辟的一条真正走向社会主义的道路，标示人类未来希望。他们在本国发动种种“反建制”运动。一些港台知青笃信中共宣传，认定中共通过文化革命进行自我改造。[265]至今，西方仍有一派学者坚持认为：民主的前途必须从马克思主义中寻找。[266]

一脱离中共立场，跳出庐山便很容易认清中共。1947 年，储安平：

> 共产党的对人，只有“敌”“我”……一切都以实际利害为出发，不存在任何人情与友谊。……我们现在争取自由，在国民党统治下，这个“自由”还是一个“多”“少”的问题，假如共产党执政了，这个“自由”就变成了一个“有”“无”的问题了。[267]

[265] 李怡编：《知识分子与中国》，远流出版事业股分有限公司（台湾）1990 年版，页 74～75；40。
[266] 金耀基：《中国政治与文化》（增订版），牛津大学出版社（香港）2013 年版，页 104。
[267] 储安平：〈中国的政局〉，载《观察》周刊（上海）第二卷第二期，1947 年 3 月 8 日。

第十一章

分裂分化

壹、最初裂纹

抗战结束后，土改伊始，毛刘分歧就渐渐浮现。1949 年后，随着一场场暴烈的政治运动，党内外矛盾剧增，尤其如何进行社会主义建设，更是无可避免地出现各种不同政见。延安一代也渐渐出现各种意味深长的裂纹。反右后，正式分化。文革后，分化日益显豁。1970 年代的凡是派、1980 年代的极左派、1990 年代的《中流》派，中坚力量都是老延安。反过来，政治上能与之抗衡的也只能是另一拨老延安——“两头真”。认识上的差异必然会在政治上实质性体现。李慎之说与邓力群的关系：“我根本不与他来往了，40 年不来往了！见面连头也不点。”[1]1982 年，邓力群拍拍温济泽肩膀，要他不要同于光远搞在一起。[2]亲不亲，政见分。

延安一代的真正分裂出现于文革后，在红色破坏力的现实面前，延安一代已不可能铁板一块。最初的分裂局限于经济政策，聚焦于农村包产到户与乡镇企业的臧否，很快上升至意识形态。1978 年，政治局议决：建立深圳、珠海、汕头、厦门四特区。大连原本也接着辟为特区，胡乔木去了一趟深圳，回京后说：深圳什么都变白色了，只有国旗还是红色的。大连特区审批遭阻。[3]所谓特区，即资本主义市场经济试验区。1980 年代初，陈云集团成为改革开放的最大阻力。1981 年 4 月，陈云集团攻击特区即租界之翻版，是卖国，明确传言：“中央领导同志（指陈云）意见，特区要取消！”邓小平一时也不敢说话。1981 年 12 月 25 日，陈云在省市书记会

---

[1] 邢小群：《往事回声》，时代国际出版有限公司（香港）2005 年版，页 69。

[2] 《温济泽自述》，中国青年出版社（北京）1999 年版，页 358。

[3] 张根生：〈听华国锋谈几件大事〉，载《炎黄春秋》（北京）2008 年第 10 期，页 10。

上："除深圳、珠海、厦门部分地区（2.1 平方公里），试办特区，不能增加；国家建设必须全国一盘棋，按计划办事。"1984 年，陈云对中组部长乔石说：党内知识分子最优秀的代表是胡乔木与邓力群。[4]中共上下集体发现：社会主义建设远不如"打倒蒋介石"那么目标清晰，社会主义道路原来是一趟没有地图的旅行，得摸着石子过河。胡乔木："建设社会主义会比推翻蒋介石、建立由共产党领导的人民政权还要困难。"[5]

1790 年，柏克："当古老的生活见解和规则被取消时，那种损失是无法加以估计的。从那个时候起，我们就没有指南来驾驭我们了，我们也不可能明确知道我们在驶向哪一个港口。"[6]赤色革命摧毁了一切传统，不仅使革命获得"彻底解放"，获得检验豁免权，也使革命失去指南，莫知所往，只能随流而泻，以触礁沉船缴学费。这不，改革开放至今仍是方向未明的没有地图的旅行，仍须"理论创新"。

1980 年代的改革开放，必须以中共发生思想裂变为前提，出现胡耀邦、赵紫阳、万里、安志文、李锐、杜润生、李昌、于光远、田纪云等一批改革派，改革开放的车轮才可能转动。邓小平虽是总设计师，没有执行者也是不行的。"在深圳真正打开局面的是梁湘。"1981～86 年，年逾六旬的"延安青年"梁湘出长深圳，开创出神奇的"深圳速度"。[7]

改革开放一启动，延安一代无可避免地发生分裂，对待资本主义的"包产到户"，1970 年代末发生严重分歧。支持者：万里、赵紫阳、李锐、杜润生、田纪云等；反对派：华国锋、胡乔木、王任重（中央农委主任）、杨易辰（黑龙江省委书记）、李尔重（河北省委书记）、马文瑞（陕西省委书记）、廖志高（福建省委书记）、金明（河北省委书记），还有李先念、徐向前，若非邓小平鼎力坚持"包产到户"，并不容易压倒反对派。[8]

港商投资上更有"原则性分歧"。1980 年代初，李嘉诚（1928～）欲投资内地，项目还未谈成，就有人说他赚了多少多少钱，他向许家屯发狠：

---

4 李锐：〈怀念同赵紫阳的交往〉，载《开放》（香港）2006 年 4 月号，页 44～45。

5 《胡乔木传》编写组编：《胡乔木谈中共党史》，人民出版社（北京）1999 年版，页 208。

6 （英）柏克：《法国革命论》（1790），何兆武等译，商务印书馆（北京）2009 年版，页 104。

7 〈梁湘：深圳特区先锋官〉。参见杜导正、廖盖隆《重大决策幕后》，南海出版公司（海口）1998 年版，页 135～147。

8 赵紫阳：《改革历程》，新世纪出版社（香港）2009 年版，页 72。

“我决定不再到国内投资，要我捐款可以。”[9]见人赚钱就浑身不舒服，见不得一点“私”，视私如敌，视富为仇，如此心态如何与商品经济对接？

1980年3月，北京当时甚缺旅遊饭店，港商包玉刚再三要求无偿捐建一高档饭店，惟一要求命名“兆龙饭店”（父名）。包这张一千万美元支票硬没人敢接，都怕同意饭店私名被指“右倾”。高层传声：“要建兆龙饭店，这不是为资本家树碑立传吗？是爱国主义还是卖国主义？”国家旅遊总局副局长庄炎林挨批：“我党一直强调自力更生，拒绝接受外援，你在搞什么名堂嘛！”庄炎林直递报告给邓小平，邓放话：“人家对我们有贡献，纪念纪念应该！”邓亲自出席赠款签字仪式并题写“兆龙饭店”。[10]

意识形态部门习惯性地坚持红色教条，中宣部成为左派大本营，一再以马列原教旨拦阻各项改革。1979 年理论务虚会，本意大幅纠正极左思潮，一开始也开得很解放，但胡乔木为邓小平起草了〈四项基本原则〉，致使历史契机悄然隐失，大陆民主化进程延缓至少三十年。[11]

1986年初出现学潮，围绕“四项基本原则”，从基层到中央都出现不同声音。浙江左士黄源：

> 学生闹事，暴露了这几年资产阶级自由化泛滥，文艺界里这股潮流，背后实际就他们暗中支持的。前几年中宣部想加以整理，未成，作协四次代表会，更烈。这次理事会上，对“决议”写上资产阶级自由化，有异议。……我们看了上海学生闹事的录影，真不像话，数十年后，学生受毒，闹事，反对四项基本原则，不是邓老提出坚决处理，是非不明，又滑过去了。[12]

寥寥数语，可窥知中共高层的思想分裂。

1987 年李锐致函赵紫阳、邓小平：“中央的改革和开放这一根本方针，他（邓力群）是一贯抵制的，认为现在经济体制改革中的一系列做法，

---

[9] 许家屯：《许家屯香港回忆录》，香港联合报有限公司 2008 年版，上册，页 275。
[10] 钟兆云、易向农：〈邓小平亲自接受“烫手支票”〉，载《扬子晚报》（南京）2010 年 9 月 18 日。
[11] 李锐：〈我的延安经历〉（三），载《争鸣》（香港）2011 年 7 月号，页 63。
[12] 上海鲁迅纪念馆编：《黄源文集》第七卷，上海文艺出版社 2009 年版，页 300。

离开了马克思主义基本原理，不过是援引西方资本主义某些经验……他从来不正面宣传改革和开放，而是从意识形态出发对改革和开放进行各种各样的指责，设置各种各样的障碍。……近年又搬出《资本论》雇七个工人即形成‘资本剥削’，来指责搞活经济、允许雇工的政策。”[13]

改革开放以来，“延安左派”一直坚决反对，认为改革开放背离毛泽东思想，违反马列主义原则，放弃计划经济更是资本主义复辟，乃是贪污腐败、两极分化等总根源，呼吁只有退回“毛时代”才能救中国；解决世界一切社会矛盾的惟一办法就是遵循马列原则——根绝私有制；市场经济瓦解了社会主义经济基础，沿海地区的开放是“香港化”；乡镇企业、个体企业的兴起是发展资本主义，多一份外资和三资企业就是多一份资本主义。他们坚决要求取消特区，铲除资本主义温床；改革开放不问姓社姓资，乃是资产阶级自由化的典型表现。1989 年 5 月 17 日晚，中共政治局常委在邓小平家开会，姚依林指责赵紫阳搞乱经济，搞的是资本主义市场经济而非社会主义商品经济。[14]

1980 年代的中共，一边倡导思想解放，一边坚持马列主义，形成意识形态的巨大怪圈。既倡导思想解放，又要求必须运行于马列圈内，绝对不能突破，思想解放从何谈起？既然设定“真理范畴”，非“马”勿视、非“马”勿听，又如何“思想解放”？“解冻”的初始目标只是针对极左思潮，有限“解放”，用马列的这一部分反对马列的那一部分，或曰用邓氏马列否定毛氏马列。但所有极左思潮都源自马列，溯源而上，不可能不追至对马列主义的反省，不可能不刨至这座赤色祖坟。

贰、“六·四”之裂

“六·四”则是延安一代彻底分裂的界碑。“六·四”枪响，对延安一代是致命的，也是最后的催醒剂。他们万万没想到起身学运的党，居然会转身镇压学运，而且比“万恶旧社会”任何一次镇压都血腥，死亡人数

[13] 李锐：〈李锐致赵紫阳邓小平函〉，载《开放》（香港）2006 年 4 月号，页 50～51。

[14] 陈一谘：《中国：十年改革与八九民运》，台湾联经出版公司 1990 年版。转引自韩文甫：《邓小平传》（治国篇），东西文化事业公司（香港）1994 年版，页 787。

多到“不便公布”。“六·四”之夜，李锐与老伴在木樨地住宅临街阳台不停对坦克叫喊“法西斯”，遭子弹扫射，赶紧蹲避。[15]一些三八式、解放牌因“六·四”被捕，如鲍彤、李洪林、王若望；有的流亡境外，如刘宾雁、苏绍智、于浩成；有的党内批判，如李锐、于光远、李昌、胡绩伟、杜润生、王若水。多数延安老干部“觉得党已无望，一片灰色绝望情绪”，“李鹏在电视上一亮相，大家就关机了。”更让一些老红军、老延安、解放牌绝望的是：儿孙在“六·四”被坦克打死，扣上暴徒罪名。[16]

一位延安老干部怒曰：

> 共产党要解放全人类，首先要解除人民说话的恐惧感。少数人的意志强加给多数人总不行。……我们这些社会主义国家，党执政后，可以不尊重人民的意志，想怎么摆弄人民就怎么摆弄人民。1958 年“大跃进”是这样，“文革”更是这样，此次天安门事件又是这样！[17]

“六·四”使中共党内矛盾激化，隐性矛盾浮出表面，争论日烈。副总理田纪云（1929～）：

> 1989 年后至 1991 年底，关于“姓资姓社”的争论甚嚣尘上。保守者以“农村社会主义教育”否定农村改革；以“反和平演变”否定改革开放。……说什么“政治上的自由化来源于经济上的自由化，经济上的自由化来源于农村的家庭承包”，“三资企业是和平演变的温床，乡镇企业是不正之风的风源，农村承包制是集体经济瓦解的根源”。那时候，可以说，从上到下，形成了一股否定改革开放的力量。[18]

---

15 张敏：《穿墙的短波》（第一卷），溯源书社（香港）2012 年版，页 467。

16 丁子霖：《寻访六四受难者》（1989～2005），开放出版社（香港）2005 年版，页 24～28、118～121、207～209、210～213。

17 杜导正：《赵紫阳还说过什么？——杜导正日记》，天地图书有限公司（香港）2010 年版，页 280、282、265。

18 杜明明、徐庆全：〈田纪云谈 1992 年中央党校讲话〉，载《炎黄春秋》2009 年第 3 期，页 1、3。

连大革命一代都因六四而分裂。1990 年 3 月，陈云致信中央，攻讦邓小平："'十年改革'的极右，处理'六四'是极左。"1991 年 3 月，陈云对邓力群说："邓小平从来不是马列主义者，而是实用主义领先，好事做了一些，但很多事都做错了，把党和国家引向险途，要害是实用主义，黑猫白猫。"[19]陈云不同意生产力标准代替马列"资社"标准。

严家其（1942～）："六四一声枪响，把马克思主义送出中国。"[20]不知何时，天安门广场已没了马恩列斯巨像，意识形态转型的脚步不可逆转。何燕凌（1922～），复旦新闻系出身，南方局地下党员，1946 年操办晋冀鲁豫区《人民日报》，2006 年卞仲耘遇难四十周年纪念会上：

> 我们为什么到解放区去？就是要求民主……向往民主自由。当时共产党民主旗帜是举得高的……后来，社会主义成了痛苦的概念。最后文化大革命一弄，觉得梦想完全破灭了。改革开放以后觉得有点希望了。但是两个事情使我慢慢地对这个党啊，几乎彻底绝望。一个是搞掉胡耀邦的宫廷政变，再一个就是六月三日夜里听到枪响，我老伴心脏病都犯了，简直是整个完蛋了。到底是怪谁？从哪来的？我就一直想这个问题。我觉得中国革命什么武装夺取政权、农村包围城市，全是错的！如果真正是像旧政协那样搞联合政府，一路走下来，什么文化大革命这一套，什么大跃进，都不会有了。根子就在中国社会整个一个封建传统，没有从根本上动摇。就是搞了一个农民武装斗争，结果在中国建立了一个专制政权。这个专制政权的首恶就是毛泽东！[21]

[19] 宋衣蒙：〈陈云批评极右与极左〉，载《镜报》（香港）1991 年 1 月号；卫天谊：〈八中全会议而不决内情〉，载《镜报》1992 年 1 月号。转引自韩文甫：《邓小平传》（治国篇），东西文化事业公司（香港）1994 年版，页 838、843。

[20] 严家其：〈谈谈"孔老夫子救世论"〉，载《动向》（香港）2010 年 3 月号，页 79。

[21] 〈卞仲耘遇难四十年纪念会记录・下〉，载《开放》（香港）2007 年 8 月号，页 72。

连红军一代都分裂了。1989 年 5 月 20 日戒严后，萧克、叶飞、张爱萍、杨得志、李聚奎、陈再道、宋时轮等七上将连署上书，反对武装镇压，强调人民解放军的枪口不能对准人民。[22]

延安一代因“六四”一裂为四：

一、“第二种忠诚”派

1990 年 4 月 30 日，许家屯权衡再三，决定出走，但十分矛盾：“一个五十多年忠诚的共产主义的信徒，‘旅遊’到资本主义美国‘休息’。这对中国共产党，对我自己，都是极大的讽刺！本来想都想不到、更极不愿见到的事，竟成为现实……”逃美后，许被开除党籍，但仍坚守马克思主义，“我愿和中国共产党内外的志同道合者，共同摸索社会主义、共产主义新的模式。”[23]港媒点评许家屯：“党性坚定，思想开放”。

香港《文汇报》总编金尧如（1923～2004），前中共台湾省委宣传部长，“六・四”后声明脱共，协助许家屯逃美。刘宾雁也属于这一派，脱党但不背弃“主义”。刘宾雁 1987 年初因“资产阶级自由化”开除出党，1988 年 3 月赴哈佛进修讲学，抨击中共时政；“六・四”后流亡海外，1989 年 7 月在巴黎与严家其等发起“民主中国阵线”，与中共彻底分道扬镳。

这一派人数较多，没有逃美走港的，在大陆沉默着。

二、花岗岩脑袋派

该派从 1970 年代的凡是派到 1980 年代的左派，再到 1990 年代的“《中流》派”。胡乔木晚年诗句：“红墙有幸亲风雨，青史何迟辨爱憎”、“铺路许输头作石，攀天甘献骨为梯”，[24]以为只要情操高尚、输头作石献骨为梯，便能最终得到后人的“辨爱憎”。还有不少范元甄式人物，范元甄对邓小平、赵紫阳“绝对大不敬，一点也没把他们当了党的化身”。[25]

---

22 张敏：《穿墙的短波》（第一卷），溯源书社（香港）2012 年版，页 464～465。

23 《许家屯香港回忆录》，香港联合报有限公司 2008 年版，上册，前言（一）、（四）。

24 李慎之：〈胡乔木请钱钟书改诗种种〉，载《百年潮》（北京）1997 年第 2 期，页 65。

25 李南央编著：《我有这样一个母亲》，开放杂志出版社（香港）2003 年版，页 24。

1980 年 8 月，复出后的丁玲在庐山全国高校文艺理论研讨会上，坚决反对文艺界普遍要求摆脱隶属政治的呼声：

> 文艺为政治服务，文艺为人民服务，文艺为社会主义服务，三个口号难道不是一样的吗？这有什么根本区别呢？……创作本身就是政治行为，作家是政治化了的人。有的作家说他可以不要政治；你是个作家，就有志向，就有理想，就有感情，这都不是与政治无关吧？[26]

1991 年 4～9 月，中共高层爆发“姓资姓社”大争论，左派借助反和平演变质疑改革开放，认为包产到户分散经营，缺乏集中统一，市场经济纯属经济自由化，背离社会主义大方向，要求恢复乡村合作社。[27]这才有次年邓小平南巡谈话那 11 字——“要警惕右，但主要是防止‘左’。”薄一波称“关键时刻的关键谈话”。

进入二十一世纪，延安左士已无力全面抵御改革开放，但执拗地想从马克思主义中寻找“正统”，既为中共革命寻找历史价值，亦为改革开放寻觅“红色依据”。他们煞费苦心地求证斯大林、毛泽东并非马克思主义正宗，而是偏支旁流。甚至列宁主义也被他们断尾放弃了。2000 年 10 月 30 日，中国社科院在京郊昌平召开“马克思主义哲学和二十一世纪”国际学术讨论会。前中宣部副部长、中央党校副校长龚育之（1929～2007）：

> 马克思主义、社会主义在世界上的命运如何？我们中国人的信心是：只要中国实现自己的现代化目标，社会主义就岿然屹立在世界上。我们中国人的观察是：社会主义经历一个长过程发展必然代替资本主义，这是社会历史发展不可逆转的总趋势，虽然道路是曲折的。

还是不肯认输，还要硬撑下去。龚育之坚信 300 年后社会主义将在全世界获胜，东风最终压倒西风。胡绳则认为二十二世纪就可实现全球

26 丁玲：〈作家是政治化了的人〉。参见《丁玲文集》第六卷，湖南人民出版社 1984 年版，页 230～231。
27 杜润生：〈中国农村改革漫忆〉，载《社会科学报》（上海）2004 年 2 月 12 日。

社会主义。[28]就算中共专政体制下实现经济现代化（政治现代化当然不可能），用的也是资本主义药方，仍无法证明是马克思主义的胜利。

谁都明白，中共之所以至今高举马列大旗，还在高唱〈国际歌〉，并非还在坚守赤色信仰，而是这一意识形态拴系着中共政权合法性，设若换旗易帜，那么……

三、浑浑噩噩派

这一派学历偏低，人数也不少，他们回避重大理论，流连于肤浅自恋，高唱青春无悔，也可称"终身不醒派"。

延安女大学员于蓝："1990 年代曾有 100 对金婚、银婚夫妇和健在的女大师生，共同回首半个世纪前的浪漫生涯，她们和革命一起经历了风风雨雨，但是她们对革命的信念始终如一。"[29]有的延安女大生还在无限怀念延安的"峥嵘岁月"："如果说每个人都有黄金时代，那么我上女大期间便是我人生的黄金时代。那是我一生中最愉快、最幸福的时光。"[30]

女红军曾志的信徒式临终遗言：

> 坚信三座大山一定能推翻，坚信中国革命一定能胜利，坚信无产阶级革命、世界大同一定能成功……我始终将自己的政治生命看得最为重要，而把家庭、子女、感情看得较轻、较淡。只要为了党的利益和需要，我可以舍弃一切，包括生命。因为我不仅是一个女人，更是一名战士。[31]

"三座大山"不是已经推翻？"中国革命"不是已经胜利？至于"无产阶级革命"，对不起，无产阶级在西方都快不存在了；"世界大同"，好像一时半会还看不到成功的曙光。但从这一段遗言中，可强烈感受到这位女红军以战士为荣的价值取向。

---

28 《龚育之回忆："阎王殿"旧事》，江西人民出版社 2008 年版，页 142、172。

29 于蓝：《苦乐无边读人生》，中央文献出版社（北京）2001 年版，页 47。

30 延安中国女大北京校友会编：《延水情》，中国妇女出版社（北京）1999 年版，页 155。

31 曾志：《一个革命的幸存者》，广东人民出版社 1999 年版，下册，页 534。

1998 年曾志病重，女儿陶斯亮携女探母，突发奇问："如果让你再选择一次，你选什么样的男人？"外孙女不假思索："我会选坏男孩！"陶斯亮："我选比较优秀的男人！"曾志认真想了想，斩钉截铁："他首先必须是共产党员！"陶斯亮母女哈哈大笑，曾志没笑，她从来不说笑话。2009 年，陶斯亮（1941～）说母亲属于"骑马挎枪走天下的那种女性"，身上那种红的狂热、革命的狂热，是渗透到骨子里的。对曾志来说，永远政治生命第一。陶斯亮认为自己不像母亲，属于温情型，原则性不强，不适合从政，故辞去中央统战部副局长。[32]三代女性三种不同选择，说明红色家庭"一代不如一代"——党性渐弱人性渐强，从严肃板正转向活泼恣肆。

"六·四"时，还有一批浑浑噩噩的延安高干。《海南日报》总编程凯撰文：海南首任省委书记许士杰（1920～1991），1938 年入党，赵紫阳一手提拔且一直以与"紫阳同志"关系铁硬自炫。"六·四"后，不仅率先表态支持"镇压暴乱"，狠批赵紫阳，且对同事梁湘落井下石，带头揭发。此前，许士杰同意并修改以省府名义电请中央与学生对话，此时全部推责于梁。全国人大记者会，许宣布梁湘有几百万经济问题。程凯认为许士杰虽非大奸大恶，但"六·四"使其自私龌龊暴露无遗，未能像梁湘一样挺直腰杆。[33]许士杰代表了大多数中共干部"跟风走"的政治品质。

四、"两头真"派

1985 年 7 月，李慎之、苏绍智、王若水、李洪林、于浩成等上福建武夷山开研讨会。李洪林论文：一、重新认识资本主义，资本主义并未像马克思所说的成为社会生产发展的阻力；二、重新认识社会主义，社会主义革命都发生在生产力水准很低的国家，所建立的并非社会主义国家；三、重新认识"资社"国家之间关系，谁更有前途，要看谁能适合生产力发展；建议把厦门办成香港一样的自由港。[34]李洪林的三个重新认识，否定了社会主义一定优于并必将代替资本主义，否定了社会主义不可动摇的神

[32] 刘畅：〈陶斯亮回忆母亲曾志〉，载《环球人物》（北京）2009 年第 4 期，页 78～79。
[33] 程凯：〈哀哉许士杰〉，载《动向》（香港）2011 年 8 月号，页 78～79。
[34] 李洪林：〈武夷山高多风雨〉，载《争鸣》（香港）2008 年 6 月号，页 61～62。

圣性。此为延安一代明确反叛马克思主义的第一步，也是中共思想界十分重要的一次裂变——堡垒终于从内部发生地基塌陷。

萧洪达（1918～2005），1939 年入党，中纪委副书记，六·四后愤然辞职，乔石再三挽留，仍坚辞。“这样六·四后中纪委一切违背良心的行动与我萧洪达无关，历史上我萧洪达不承担任何责任。”还有延安老干部“六·四”后说：“我们党十年转了一圈又回来了，真是可怕得很、可烦得很。看来要将忠心于党的同志都逼到造反才甘心。”[35]

2007 年，宗凤鸣：

> 我是搞学生运动出身的……我对镇压青年学生极度伤感，简直使我对自己终身为之奋斗的理想信仰有所破灭。“人民军队镇压人民”，开进几十万大军，用坦克、机枪来对付手无寸铁的学生，这是中外历史前所未有的，这是历史大悲剧。我很想了解为什么会有这样的决策。[36]

真正的反思需要思想资源与信息资讯。“六·四”后被邓小平钦点“黑后台”的《人民日报》总编胡绩伟，先下台，后撤销人大常委，审查三四个月，再由胡乔木亲临《人民日报》组织批判两年，初拟开除党籍，后改留党察看。1993 年，由前《中央日报》副总编陆铿安排，胡绩伟访学美国明尼苏达州立大学新闻学院，遍访美国十几座城市，十几所大学和学术机构，其后演讲，“使我这个在严密封闭和高压统治下奋斗了几十年的民主战士，得到了一次活生生的现实教育，使我在年近八十的晚年，得到一次更为彻底的醒悟，进一步转变了我从此之后的这一二十年的世界观和人生观。”[37]胡绩伟最后认识到毛泽东、邓小平与希特勒、斯大林、蒋介石的政治思想完全同质：

---

[35] 杜导正：《赵紫阳还说过什么？——杜导正日记》，天地图书有限公司（香港）2010 年版，页 139、243。

[36] 宗凤鸣记述：《赵紫阳软禁中的谈话》，开放出版社（香港）2007 年版，页 15。

[37] 胡绩伟：〈突破重围·冲进一个新世界〉，载《动向》（香港）2008 年 7 月号，页 78。

> 毛泽东继承希特勒、斯大林、蒋介石的政治遗产，坚持“四个一”的“一个党、一个领袖、一个主义、一个党军”的法西斯独裁政治制度，建立了暴君、暴党、暴军、暴政的法西斯暴力统治。……邓小平的六四屠城一脉相传的法西斯历史祸害。[38]

其实只有两派

所谓四派，真正对立的是两派：以赵紫阳、李慎之、李锐、胡绩伟等为首的民主派与以胡乔木、邓力群、林默涵、魏巍等为首的极左派，即要求自由民主的改革派与坚持马列专政的挺毛派。改革派走在最前面的，赵紫阳认为是顾准、李慎之，两人最后大彻大悟，与马列主义决裂，胡绩伟、李锐、杜润生是党内民主派。[39]

六四后，魏巍（1920～2008）“临危受命”，受邓力群委托，与林默涵等人创办马列原教旨杂志《中流》，1990 年创刊号宣言诗，豪称与资本主义复辟势力以及资产阶级自由化思潮战斗到底——

> 我们的红旗哟曾何等鲜艳，我怎忍看见她颜色暗淡？
> 我们的红旗哟像灿烂的早霞，我怎能看见她无声地落下？
> 看乱云奔涌哟黑云翻卷，阵地上出现了最大的危险。
> 叛徒们正把红旗纷纷砍倒，我的热泪滚滚哟怒火中烧。
> 他们摘掉了人民心中的红星，把人民的战斗成果输得空空。
> 他们用糖裹的毒药欺骗人民，把神圣的信念变成了一缕烟云。
> 想到这里我止不住泪洒大地，解放了的人民怎能再当雇佣奴隶？
> 诗人（按：屈原）哟，你当年在江畔如痴如醉，我今天的忧思呵也恰似洞庭湖水。
> 但我绝不效你投湖投江，必要时我将举起明亮的刀枪！
> 诗人哟，我绝不效你投身清流，我将同人民一起再一次战斗！

---

[38] 胡绩伟：〈胡绩伟访谈录〉，载《争鸣》（香港）2011 年 5 月号，页 61。
[39] 宗凤鸣记述：《赵紫阳软禁中的谈话》，开放出版社（香港）2007 年版，页 345。

我要大声呼唤全世界的同志，我们必须击退逆流继续前进！
只要我们的星球不会倒转，共产主义的太阳就不会下沉！[40]

《中流》、《真理的追求》没有广告，仅靠左派老读者支持与少量赞助，度日艰难。马列原教旨已失去1930年代的热能，毛泽东思想更是遭到新一代士林集体抛弃，辉煌不再。

极左派利用群众的不满策动二次文革，九旬马宾（部级高干）为毛泽东原教旨派领军人物。2005年5月15日，马宾致信中央，批评胡锦涛“抛弃马克思主义阶级斗争学说……莫名其妙地提出一些没有阶级性和革命性的口号和主张，例如什么‘以人为本’、‘和平崛起’、‘和谐社会’、‘小康社会’等这些资产阶级的人性论和阶级斗争熄灭论的东西。”极左派把马宾的文章、讲话汇集成册，上网炒作。开篇公然要“彻底为毛主席、江青、张春桥、姚文元、王洪文等人平反昭雪。”“必须造反，必须坚持毛泽东思想，遵循毛主席革命路线搞第二次文化大革命。”（页21）

赤色意识形态成为改革开放最凶恶最顽固的阻力。意识形态主管胡乔木、邓力群、“六·四”后主管经济的姚依林等，迭次借助赤色意识形态企图扭转改革开放大方向，举着“反和平演变”旗帜阻拦走向市场经济。若非邓小平88岁高龄南巡，沿途发表“重点防左”并放出狠话：“谁不搞改革谁就下台”，[41]中国能否走向市场化实难预料。胡乔木“六·四”后撰文：“文化大革命并非黑漆一团，一无是处”。既想为文革翻案，又质疑改革开放大方向。邓力群提出“要抓党内走资本主义道路的当权派”，认为毛泽东这一提法十分正确。[42]邓小平“九二南巡”前戳穿左派：“邓力群是想借‘反和平演变’全面恢复毛主席的主张。”[43]

2001年7月，因反对私营业主入党，《中流》、《真理的追求》被江泽民叫停。此后出现甚嚣一时的毛左网站“毛泽东旗帜网”、“乌有之乡”，继续叫骂“今上”为修正主义，要求回到“伟大的毛泽东时代”。2012年，

---

40 魏巍：〈写在汨罗江畔〉，载《中流》（北京）1990年第1期（创刊号），页11。

41 杜明明、徐庆全：〈田纪云1992年中央党校讲话〉，载《炎黄春秋》（北京）2009年第1期，页3。

42 宗凤鸣：《理想·信念·追求》，环球实业公司（香港）2005年版，页389～390。

43 刘必：〈邓制止全面恢复毛主张〉，载《镜报》（香港）1992年2月号。转引自韩文甫：《邓小平传》（治国篇），东西文化事业公司（香港）1994年版，页854。

薄熙来“唱红打黑”的重庆模式戛然倒台，“毛泽东旗帜网”、“乌有之乡”随之被关闭，毛左政治上尽失公开阵地，转入地下。但只要中共仍坚持“打左灯”，不进行意识形态“拆违”——送客马列，毛左派就握有质疑改革开放大方向的“合理性”，就还有动员底层民众进行“造反”的合法理论武器，中国就有爆发“无产阶级二次革命”的意识形态土壤。

参、反省渐深

中共十一届三中全会以后，政治高压稍缓，民间抗议越来越响。一位晋农掷评：多少年来，公社制度把我们农民像牲口一样死死拴在槽上；拴在槽上也可以，却不给草料吃，还不让我们去找草料吃。[44]“不让我们自己找吃！”言简意赅又创痛深巨的控诉。三皇五帝到唐宗宋祖，再到“万恶的旧社会”，哪朝哪代谁曾制定这样的规矩——只准饿死、不准找食？

延安一代反思者，最初只敢摆事实，不敢讲道理，不敢分析。毕竟，溯源析因，心惊肉跳，太可怕了！党性使他们稍一思考便会自动停步：这不是反党反马列主义么?!

经过1980年代的酝酿，出现“两头真”。“六•四”后，以“两头真”为代表的延安一代民主派反抗渐烈，不太听话了，从怀疑老毛到怀疑中央怀疑今上，最后质疑马列。胡绩伟说自己“老时醒，醒时老。”[45]去日既多，来日苦短，延安老干部爱国救党的迫切度越来越高。1985年，胡乔木的老下级曾彦修为“清污”写了近三万字的〈申诉书〉，“以过分对过分”，向胡乔木全面抗议，书中几次要求胡道歉。[46]

2000年10月，李慎之：

> 我们不幸而历尽坎坷，吃了自己曾经十分宝爱的“理想”的苦头，然而幸而又能活到还能反思，或许可以做个明白人的机会，因

[44] 胡国华等：《告别饥饿：一部尘封十八年的书稿》，广东教育出版社2008年版，序言，页1。

[45] 苏绍智：〈超越党文化的思想樊篱——我如何在八十年代由马克思主义信仰者转变为研究者〉，载《当代中国研究》（美・普林斯顿）2007年第2期，页14。

[46] 曾彦修口述、李晋西整理：〈我认识的胡乔木〉，载《炎黄春秋》（北京）2010年第8期，页42。

此我认为我们的反思必须到位。这样不用说什么对得起人民、对得起历史那样的大话，至少自己可以心安理得一些。[47]

要为个人主义翻案。[48]

“两头真”的晚年反思与顶抗，其胆如虎其声如钟，冲在思想解放最前列，反抗烈度最强，反思程度最深，中共高层最头痛，也最难对付。堡垒里出了“思想叛徒”，真正的窝里反，且思想会传染，“反思”越演越烈，成野火燎原之势。依靠统一声音而集权的中共，这回感到真正的透心凉。相当一部分醒悟者不惜自揭家丑以揭“党的机密”。冯亦代2000年（辞世前五年）自曝卧底劣迹——发表《悔余日录》，以实际行动裸示忏悔。鲁艺教员严文井晚年尤喜《金刚经》，到处向人荐读。[49]

“两头真”刨根反思：

一、直指中共沦为既得利益集团

苏联东欧的倾复惊雷灌耳，宗凤鸣自述：

东欧的巨变、苏联的解体，当时原苏联共产党的解散，如同一声巨雷使我迷惑不解：这究竟是怎么回事？是否共产党的意识形态要退出历史舞台，是否自己奋斗一生所追求的社会、目标方向错了？是否自己终生为之奋斗牺牲的事业到头来是走错了路？这样，中国的社会主义旗帜还能打多久？中国的社会主义改革能否成功？中国究竟向何处去？未来社会应是什么样？马克思主义还灵不灵？这些问题成了我晚年反复思考的问题。……我的反思是“理性异化”统治着我，也是马克思主义的理论武装了我束缚了我。[50]

---

47 李慎之：〈回归五四．学习五四〉，载《书屋》（长沙）2001年第5期，页21。
48 刘志琴：〈请理解老一代——怀念李慎之〉，载《炎黄春秋》（北京）2008年6月号，页28。
49 王培元：《在朝内166号与前辈魂灵相遇》，人民文学出版社（北京）2007年版，页179。
50 宗凤鸣记述：《赵紫阳软禁中的谈话》，开放出版社（香港）2007年1月初版，页292。

李慎之：

> 有几十年的时间曾被认为可以代替“资产阶级民主国家”而成为另一种现代化国家，而且被世界上一部分最忠于理想主义和牺牲精神的人们认为最后会成为全人类现代化的最后目标的社会主义——共产主义制度，经过整个二十世纪历史的比较和考验，已经彻底失败。它已失去作为一种经济～政治制度，社会～国家制度的资格，因而已为许多实行过这种制度的国家所唾弃。世界上只有极少数国家（中、朝、越、古）的官方理论还以之作为前进的目标，其中尤以中国改动的幅度为最大。其实这种目标完全是错误的、虚伪的。只是因为已经由空幻的理想主义集团的共产党退化为权力集团和利益集团，不肯放弃绝对专制的权力和利益，还要凭借这种空幻理论来把持政权而已。[51]

据说，1990 年代江泽民向老上级沈图拜年时说：今天的共产党比过去的国民党还腐败。[52]1992 年，陆定一也说：“我们党开始腐败了！”[53]

二、直评时政，重拾人文勇气

公务无隐私，必须接受评议。但大陆士林一直被教导必须“相信人民相信党”，批评领导人就是反党，大逆不道！中共领导人至今仍享有“批评豁免权”，包括去世的政治局委员、人大副委员长、政协副主席、最高法院院长、最高检察长，有关他们的一切评论（尤其负面）均须通过中宣部审核。积 60 年历练，大陆士林已十分习惯为“今上们”守讳，除了倒台的林彪、康生、四人帮，一触碰“前国家领导人”（更不用说现任），

---

[51] 李慎之：〈中国现代化的目标是民主〉，载《李慎之文集》，2003 年自印本，上册，页 11。

[52] 蔡咏梅：〈一个巧取豪夺的新富阶级——中共官僚权钱垄断面面观〉，载金钟主编《共产中国五十年》，开放出版社（香港）2006 年版，页 324。

[53] 陆德：〈再说我的父亲陆定一〉，载《炎黄春秋》（北京）2009 年第 9 期，页 7。

先就自己肝儿颤了。封建时代仅须为“今上”一人守讳，可以批评大臣，如今则得为一群“今上”守讳，连大臣都说不得了。

“两头真”的直评今上，这回真正起了历史性的“先锋模范作用”。掀掉毛崇拜，对付邓崇拜、江崇拜就好办了。宗凤鸣直指今上：

> 他（指江泽民）在“稳定压倒一切”的口号下，压制民主、自由，不顾人民的死活，压制“非典”传播的实情，打击不同政见者，实行专制主义，剥夺人民的权利，致使中国的社会主义日益权贵化，发展为腐败的市场经济，成为权贵资本主义，共产党蜕化演变为既得利益的代表了，这也可称之为政治价值观演变或“异化”。[54]

冯兰瑞（1920～）：

> 我国长期以来只有宪法而无宪政……近 20 年来，我国社会文明基本停滞不前。[55]

三、承认失败，呼吁“多党”

1996 年 5 月，陆定一最后留言：“要让孩子上学！要让人民讲话！”[56]连教育权讲话权这些最基本的人权，都需要第一代革命家临终嘱托了。陆定一还说：“以我六十多年的革命生涯经历，我认为中国应实行多党制”、[57]“新闻为政治服务是强奸民意、是混帐新闻。”[58]1925 年入党的陆定一，这辈子就这几句话值钱，可入史册。

赵紫阳认为资本主义也能走向现代文明，批驳了马克思认为惟有社会主义一条道的论断。宗凤鸣“居然”说台湾的国民党走到共产党的前面：

---

54 宗凤鸣：《心灵之旅》，开放出版社（香港）2008 年版，页 7。
55 冯兰瑞：《别有人间行路难》，时代国际出版社有限公司（香港）2005 年版，页 6～7。
56 陆德：〈我的父辈陆定一〉，载《新民晚报》（上海）2006 年 12 月 3 日，A8 版。
57 〈李锐证实陆定一临终前望中国有多党制〉，载《开放》（香港）2007 年 5 月号，页 16。
58 〈陆定一儿子述其父晚年政治反思和忏悔〉，载《开放》（香港）2007 年 6 月号，页 15。

> 国民党在台湾接受了过去的教训，进行土地改革，发展工业，使经济起飞了；对地主的土地采取回收办法，并给予补偿，使其发展工商业；对农民予以贷款，使其获得土地，从而整个社会生产力得以发展，避免了暴力的破坏。后来又适应世界民主潮流，开放党禁，结束一党专政，实行现代民主政治和新闻言论自由。客观地说，无论在经济上还是政治上，台湾都走到大陆的前面了，成为一面镜子。[59]

何方："我们的新民主主义革命，不但没什么新，而且就政权更迭来说仍然是一次改朝换代。"[60]

四、批驳赤说，吁求易帜

2006年4月，谢韬要求"收场"：

> 建立共产主义的说教表现了共产党人对发展先进生产力、改善人民生活的无能。把实现不了的许诺推向遥远的未来，用所谓"长远利益"否定"当前利益"，用未来共产主义天堂的幸福生活安抚人民，叫人民忍受现实的饥饿、贫穷的苦难，是空想社会主义欺骗人民的把戏。这一切都应该收场了。
>
> 我们的制度不能阻止把五十多万知识分子打成右派，不能阻止公社化和大跃进的疯狂发动，当法西斯式的文化大革命废止宪法，停止议会活动的时候，我们的制度没有任何反抗。说这个制度在保障民主、保障人权、保卫宪法尊严方面，形同摆设，是假民主、真专制，难道不符合事实吗！[61]

---

59 宗凤鸣：《理想・信念・追求》，环球实业公司（香港）2005年版，页283～284、326。

60 何方：《从延安一路走来的反思》，明报出版社（香港）2007年版，下册，页806。

61 谢韬：〈只有民主社会主义才能救中国〉（序言），辛子陵：《红太阳的陨落——千秋功罪毛泽东》，书作坊（香港）2008年6月二版，上卷，页xxviii～xxix、xxx～xxxi。

“两头真”对降旗易帜呼声渐烈，逼得中共只得出见“公婆”，无法再憋守“不争论”。2009 年 3 月 16 日，为给今上“不搞多党制”作注，中共理论喉舌《求是》2009 年第 6 期发表〈为什么必须坚持马克思主义在意识形态的指导地位而不能搞指导思想的多元化〉：

> 马克思主义在中国的指导地位，不是别人也不是一个党的主观意志决定的，而是历史的选择，人民的选择。……没有马克思主义就没有新中国。……搞指导思想的多元化，就是自陷困境、自毁长城。……只要……马克思主义在意识形态领域的指导地位就会坚如磐石，任何力量都不能把它动摇！[62]

此文代表“今上”表态——“不搞指导思想的多元化”，而不搞指导思想多元化，后面连着“党的一元化领导”。谁都明白（包括此文撰者），如今再倡“必须坚持马克思主义”已不是延安时期出于坚定信仰，而是出于政治利益，一种“不松劲”的姿态——保持政治高压，明示士林不要“乱说乱动”。至于“任何力量都不能把马克思主义动摇”，当然已有一种力量在动摇。结束“不争论”意味着争论将走向结束，结果当然也只有一个——歪说最终得让席正说、政治必将败给历史。

---

[62] 秋石：〈为什么必须坚持马克思主义在意识形态的指导地位而不能搞指导思想的多元化〉，载《求是》（北京）2009 年第 6 期，页 13～16。

第十二章

最后归宿

壹、走错了路

延安一代不得不承认：埋葬的“旧”社会可以指骂蒋介石，而创立的“新”社会却不能批评一个小科长（除非东窗事发），更不用说毛泽东与“今上”。这场红色大革命究竟为国家为民族带来什么？

一个依靠工运登上历史舞台并自称工人阶级先锋队的政党，一个依靠学运发展壮大的革命党，执政后竟在《宪法》中删除“罢工”、镇压学运，公然“此一时彼一时”。延安一代不可能不反思“我党”，并由此反思一生奋斗的价值。“两头真”承认“走错了路”，犯了方向路线性错误。李慎之进而彻底否定暴力革命，认同伯夷、叔齐的“以暴易暴，不知其非”[1]，大逆不道地说：“千千万万人（包括我自己在内）……跟错了一个十九～二十世纪在世界上号称最最革命的非主流思潮，使中国陷入了五十多年的最反动最黑暗的政治制度之中。”[2]走出国门的赵复三（1926～ ，中国社会科学院副院长）说出久藏心语：“中共欺骗愚弄了全国人民。”[3]

一场被发动者自诩为最伟大最科学的革命，竟是一场最残暴最反动的反革命，越革越狭，越革越穷，越革越走向自己初始的反面。一场以满足大多数人欲望为号召的革命，竟走到剿灭欲望本身——“狠斗私字一闪念”、“私是万恶之首”，完全走到人性对立面，以抽象的革命目的劈杀人类自然本性。以革命的名义消灭革命，以自由之名建立专制。觉醒者这

1 李慎之：〈风雨苍黄五十年〉，载《动态》（香港）2000 年 5 月号。
2 李慎之：〈中国现代化的目标是民主〉，参见《李慎之文集》，2003 年自印本，上册，页 10。
3 赵复三：〈总结五四经验・开辟历史道路〉，载《明报月刊》（香港）2006 年 5 月号，页 61。

才发现最初就走错了路，铺斜了栈道，架歪了逻辑。一种必须不断制造敌人以显示存在价值的政治学说，注定难以持久。

1997 年，近六十年党龄的金尧如（1923～2004），在纽约一集会上泣诉："我少年时相信共产主义，那是患的少年幻想症；如果我今天还相信共产主义，那就患的是老年痴呆症了。"李慎之晚年读懂了美国思想家尼布林（Reinhold Nibur）："人行正义的潜能使得民主成为可能；人行不义的倾向使得民主成为必要。"[4]这才真正触及何以需要民主的实质。

延安一代中还有人终于读懂德·托克维尔和阿克顿勋爵的思想：

> 社会主义意味着奴役。
>
> 民主扩展个人自由的范围，而社会主义却对其加以限制。民主尽可能地赋予每一个人价值，而社会主义却仅仅使每一个人成为一个工具、一个数字。民主和社会主义除了"平等"一词毫无共同之处。但请注意这个区别：民主在自由之中寻求平等，而社会主义则在约束和奴役之中寻求平等。

西方现代贤哲深刻认识到自由必须依赖于财富与政治制度，"自由不过是权力或财富的代名词"。[5]一个两手空空的穷光蛋当然不可能享有自由。西方既出了马克思，也出了能够辨识马克思主义的思想家。他们意识到及时修正极端观念，就可防止这些观念所带来的巨大灾祸。西方成功避赤实有深长文化原因。1920 年，罗素首次访华：

> 所有中国的不幸根由都在于贫困与生产力太低；而这一点，惟有透过工业化才能解决，一切空洞的讨论，这个主义或那个主义是

---

[4] 李慎之：〈全球化和全球价值〉，原载《万象》（沈阳）2002 年第 10 期（署名：虚中）。参见《李慎之文集》，2003 年自印本，上册，页 268。

[5] （英）哈耶克：《通往奴役之路》，王明毅等译，中国社会科学出版社（北京）1997 年版，页 20、30、29、31。

无补于事的。尽管会有很多人会从伦理角度来反对资本主义，但显然只有资本主义才能够达到工业化的目标。[6]

1922年，罗素再次访华，敏锐感觉到：

中国的工业处于初创阶段，和别的国家一样，这是一个不择手段和残酷的阶段。知识分子希望有人能告诉他们让中国成为工业国的方法，而这个方法又不那么残酷，但目前还没有任何两全其美的方法。[7]

但中共及延安一代坚信为中国找到了这一最佳方法，对于罗素"只有资本主义才能够达到工业化的目标"，理所当然地斥为资产阶级谬说。

牺牲"先烈"三千多万的中国共运，[8]换来不能看的毛时代及"六·四"，延安一代终于有人大彻大悟：不是和尚念歪了经，而是迎请来的马列本身就是一部歪经。否则，指向天堂的光灿鲜艳大旗为何引至阴森地狱？何以再演"父子相食"旧时怖事？解放十亿三十亿劳苦大众，怎么连自己都解放不了？为什么中共越努力，国事越糟糕、人民越贫困？

2000年10月，赵紫阳：

中国革命几十年了，仍然搞专制，该说："此路走错了！"[9]

李锐认为中共与"毛泽东们"一开始就南辕北辙走错了路：

毛泽东们选择的"俄国人的路"，帮助中共党人经过共产革命，取得了执政地位，但是终究没有"根本解决"中国的问题。岂

---

6 载《时事新报》（上海）1920年11月6日。参见曹聚仁：《我与我的世界》，北岳文艺出版社（太原）2001年版，下册，页647。

7 （英）伯特兰·罗素：《中国问题》，秦悦译，学林出版社（上海）1996年版，页58。

8 辛子陵：〈走世界农业文明的共同道路〉，载《香港传真》（内部刊物）2008年8月27日，中信泰富政治暨经济研究部、中国税务杂志社综合研究组主办，页1。

9 杜导正：《赵紫阳还说过什么？——杜导正日记》，天地图书有限公司2010年版，页167。

> 止是没有“根本解决”问题，简直就是同人类文明背道而驰，迟滞了国家走向现代化的进程……运动不已，生灵涂炭，几千万人非正常死亡，上亿人受到牵连，上演了一幕幕愈演愈烈的人间悲剧，使得国家、民族和社会付出了极为惨重的代价，迟滞了中国走向现代化的进程……甚而至于发生“六四风波”，动用军队弹压手无寸铁的学生和市民，导致了中国二十世纪的最后一场悲剧，所有这些，反思起来，都要从上个世纪“走俄国人的路”追根溯源。[10]

由延安老干部说出对中共革命的整体否定，乃当今大陆最开放、背景甚硬的《炎黄春秋》都无法刊登的言论。2008 年第八期《炎黄春秋》载出李锐此文，删去最关键的两句。

2006 年 4 月，李锐从共产思潮根子上拨乱反正：

> “无产阶级革命和无产阶级专政”的道路从根本上就错了。一场以消灭私有制为结局的革命，一种以排斥先进生产力为特征的社会制度，无论以什么堂皇的名义，都是没有前途的。代表先进生产力的资产阶级和私有制，无论遭到多大误解，无论怎样被妖魔化，最终都会被人类认同的。……资本家和知识分子代表先进生产力和先进文化，是不能消灭的，消灭了还得请回来。这是二十世纪国际共产主义运动的失败留给后世的最根本的教训。[11]
>
> 无论是苏俄革命的经验，还是苏联的专制制度，无论是列宁主义，还是斯大林主义，都是对自由、民主、公正、法治等人类普世价值的背离。十月革命 74 周年后，苏共下台、苏联解体。事实证明，背离人类普世价值自由、民主、科学和法治，脱离人类文明依靠科学知识即智慧发展的规律，任何制度、任何意识形态都只能为自己敲响丧钟。这个结果，是中共早期创始人始料不及的。套用一

[10] 王来棣采编：《中共创始人访谈录》，明镜出版社（香港）2008 年版，页 10～11。载《炎黄春秋》2008 年第 8 期，删去“与人类文明背道而驰”与涉及“六四”两句，页 44。

[11] 辛子陵：《红太阳的陨落——千秋功罪毛泽东》，书作坊（香港）2007 年版，页 IX～X。

> 句名言的句式：中国人在一个错误的时间，从一个错误的地方，移植了一个错误的样板。[12]

2007 年，抗大生吴象（1980 年代国务院农村发展研究中心副主任）：

> 我们这一代人，往往自以为一直是有理想有追求，并不浑浑噩噩，最后发现几十年一切努力、奋斗造成的竟然是历史的倒退。一些最珍贵的东西荡然无存了，一些曾经那么毅然摒弃、彻底决裂的东西必得再拣起来，几乎要从头做起。每想至此，是何等的茫然若失、五内俱焚！十年文革动乱是民族的大灾难，但也促成了最普遍的大觉醒。我觉醒得很迟，缺乏独到见解，常在茫然愕然恍然之中，拾人牙慧来表达自己的反思，常常因为不能摆脱思想的混沌状态而生自己的气。[13]

李慎之："社会主义无非是争取平等，资本主义无非是保障自由。自由和平等都是人类基本的价值追求。但是如果剥夺了自由，连追求平等的自由也没有了，所以自由先于平等。"[14]明确表述了自由先于平等，得先进入自由的资本主义，才有可能进入平等的社会主义，完全背叛了国际共运的原始教旨——埋葬资本主义是进入社会主义的前提。

国家体改委副主任安志文（1919～），1936 年入团、1937 年入抗大并入党、高岗秘书，2012 年总结："我一生做了两件事，第一是老老实实地学习计划经济，第二个是老老实实地学习改变计划经济。"[15]一来一去，搭进几代人，搭进多少国家灾难！

延安方向被否决，红色革命所扶立的计划经济、公有制被证谬，阶级学说被废弃，一场惊天动地的大革命成了负值的"历史弯岔"，延安一代还能得到什么历史安慰？还能为自己寻觅多少价值？有人开始追溯"始

---

12 王来棣采编：《中共创始人访谈录》，明镜出版社（香港）2008 年版，页 8。
13 吴象：《好人一生不平安》，明报出版社（香港）2007 年版，页 281～282。
14 丁东：《精神的流浪——丁东自述》，秀威资讯科技股份有限公司（台北）2008 年版，页 335。
15 林衍：〈建议重设"体改委"〉，载《中国青年报》（北京）2012 年 3 月 8 日。

作俑者”，不得不痛苦承认“走错了路”。就像拆除旧房建新房，最后发现新房竟比旧房还糟糕，连中轴线都歪了，低头一看，原来图纸就错了！

何方承认：

> 应该说，我们的路就根本上走错了。我们建设的不但不是具有无比优越性的社会主义，而且连我们一直在批判的资本主义都不如。因为资本主义总还是在发展，而且发展得很快，我们却在后退，相对说来也退得很快。……1955 年中国经济占全球份额的 4.7%，1980 年下降到 2.5%。……2005 年也仅占全世界总量的 4.1%。这就是说，我们后来这二十多年的快速发展，还没补够头二三十年的落后造成的差距，实在有点对不起祖先和后代。从这里也引出来一个问题，就是这些年来，我们究竟建设的是什么社会呢？按照邓小平的说法，显然不是社会主义。[16]

宗凤鸣：

> 实行专政就不可能实行民主，有了办法也不可能去执行。为了保权，既不允许言论自由予以公开监督，又不允许成立政治组织予以制衡，更不允许党派之间进行竞争，怎么会避免衰败呢！甚至对实行民主存有恐惧感，对党内、党外都进行控制，到处进行防范，对党内、军内，无论在职或退下来的一些领导人，行踪外出都要进行监控，就连离退休干部的任何组织也严加防范，不准成立。就是对有些老同志的追悼会也设法制止。甚至对学生会组织也加以限制。对群众的集体上访，更是抓头头予以治罪，对干部联名上书建议也不允许，至于庞大的民工更不允许成立自己的组织，农民工只能被任意宰割，这哪还有为人民的政治理念呢？这些应该说是反人民的，是反动的，实行的是恐怖统治。

---

[16] 何方：《从延安一路走来的反思》，明报出版社（香港）2007 年版，下册，页 712～713。1955 年中国经济占全球分额 4.7%，1980 年降至 2.5%，据《人民日报》（北京）1988 年 4 月 6 日。

> 回首自己一生献身于为打倒国民党的一党专政、为争取实现自由民主的新中国而献身终生了，虽不是九死一生，也是五死五生的幸存者。但是我看到的却仍是一个一党专政的政体，其腐败程度超过任何朝代，其对人民的掠夺、奴役和两极分化的严重程度超过世界上任何国家。而对不同政见、不同意见、不同教派所进行的迫害、斗争、残杀，所造成的冤假错案，更是为世人罕见。而且使这个自称伟大、光荣、正确的共产党也在蜕化、变质、名存实亡了。专政体制也腐烂了。这是多么令人伤感、令人痛心啊！真是中国人民的名字叫“苦难”！这都是由于坚持一党专政、不实行民主政治转型的结果。[17]
>
> 据说，国有资产共 3.5 万亿，1982～92 年共流失 0.5 万亿，到 1995 年又流失 0.15 万亿，每年流失约几百亿，每天流失 1 亿多。过去几十年来全国人民勒紧腰带积累起来的公共财产被这些人白白地私吞了，人民又遭到一次大掠夺，引起社会上的强烈不满。……正如戈巴契夫所说：“公有制成了无主的财产”。公有制好像一块肥肉，可以任意宰割，并逐步变成了官僚阶层所有制。”[18]

为实现经济转型，1980 年代中期实行价差甚大的“双轨制”、1990 年代市场化过程中的“权力寻租”、2000 年以后的“土地批租转让”等腐败，[19]还不都是“无产阶级专政”高度集权带来的政治病？或曰返回市场经济“必须忍受的历史阵痛”，大陆人民在为中共错误实质性买单。

国人也总结概括出红色极权政制的基本特征：一党独大的全能垄断，无远弗届无微不至，吞并一切公共领域，从政治到经济，从文化到思想，从衣着到语言，渗透所有私人空间，剥夺一切个人自由。新闻只能是政治传声筒，人大只是鼓掌机与自动投票箱，司法是党的统治工具，银行更是党的提款机，国库即党产。这一切的一切还都是不能质疑的“社会主义特色”！

---

[17] 宗凤鸣：《心灵之旅》，开放出版社（香港）2008 年版，页 54、55。

[18] 宗凤鸣：《理想・信念・追求》，环球实业公司（香港）2005 年版，页 200～201、269。

[19] 高尚全：〈深化改革是中国的唯一出路〉，载《炎黄春秋》（北京）2006 年第 9 期，页 4。

南斯拉夫不同政见者，共产主义运动叛逆者、铁托副手、南斯拉夫副总统密洛凡・吉拉斯（Milovan Djilas，1911～1995）：

> 向来没有一个宗教或独裁政治，能够希望获得像共产主义制度那样全面而无所不包的权力。
>
> 当代共产主义是具有三种基本要素以控制人民的一种极权主义。第一种是权力，第二是所有权，第三是意识形态。这些因素都被唯一的政党或……由一个新阶级所垄断。……在历史上从未有一种极权制度能将这些要素成功地同时并用，而控制人民到这种程度。[20]

苏联解体时，政治文化全面落后沙俄时代，经济也落后于全欧。一位二战英雄无限伤感：十月革命搞错了，二月革命后多么自由！要是此后着重实行民主、发展经济，俄国现在绝不会处于全欧水准之下。[21]

终身从政，一些老延安晚年流露出对从学的向往。清华女生韦君宜见差得多的同学留美后成了大科学家，十分失落。胡乔木对北大同学季羡林的学术成果欣羡不已，心情怅然。[22]陈企霞临终前："我想了好几天了，我这一辈子没有留下什么有价值的东西"，"我本来应该成为一个大作家的。"[23]

延安一代的"无用功"，1942年8月16日，那位塔斯社记者预言：

> 延安有很多青年是有献身于革命的理想的，不幸的是他们受了许多使人变蠢的宣传。他们注定是无所作为的了。看到这些青年被迫塞了这么多无用的、窒息独立思考的东西，我感到很难过。[24]

---

[20] 转引自薛山：〈绝对权力是腐败之源——谈中共的"新阶级"〉，载金钟主编《共产中国五十年》，开放出版社（香港）2006年版，页346。

[21] 何方：《从延安一路走来的反思》，明报出版社（香港）2007年版，下册，页763。

[22] 季羡林：《怀旧集》，北京大学出版社1996年版，页149。

[23] 秦晓晴：〈最后的日子——怀念公公陈企霞〉，载《文汇月刊》（上海）1988年10月号，页65～66。

[24] （苏）彼得・弗拉基米洛夫：《延安日记》，吕文镜等译，东方出版社（北京）2004年版，页54。

1950～80年代那么辉煌的延安一代，一代骄子，一生努力似乎只在凸现自身局限、证明红学赤说的荒谬，只能得到自我否定的结论。他们这一“历史不幸”才真正锥心刺骨、长夜难眠。

贰、实践而后知

辛亥前，老者曾呼：“天下之亡，不亡于长枪大剑而亡于三寸毛锥。”力主新学的张之洞，晚年见新思潮汹汹，人心日浮，天下动摇，颇生悔心，袖手嗟叹。[25]

1920年初，浙江督军、省长密电北京大总统、国务院：

> 《新社会》、《解放与改造》、《少年中国》等书以及上海《时事新报》，无不以改造新社会、推翻旧道德为标帜，掇拾外人过激言论，迎合少年浮动心理，将使一旦信从，终身迷惘。[26]

延安一代如读知这些五四“反动”的言论，不少人定会仰天长叹！

1988年9月，余英时剖析：

> 中国思想的激进化显然是走得太远了，文化上的保守力量几乎丝毫没有发生制衡的作用。中国的思想主流要求我们彻底和传统决裂。因此我们对于文化传统只是一味地“批判”，而极少“同情的了解”。甚至把传统当做一种客观对象加以冷静的研究，我们也没有真正做到。这是西方“为知识而知识”的科学精神，但却始终与中国知识分子无缘。中国人文传统的研究到今天已衰落到惊人的地步。[27]

---

25 胡思敬：《国闻备乘》，上海书店出版社1997年版，页56，84。

26 转引自陈福康：《一代才华——郑振铎传》，上海人民出版社1996年版，页23。

27 余英时：〈中国近代思想史上的激进与保守〉（香港中文大学廿五周年纪念讲座），参见余英时《钱穆与中国文化》，上海远东出版社1994年版，页219。

左倾激进因动作过大必引社会动荡，保守则可能推不动必要的变革，如何把握此间之度，确乎很难。根据历史理性，两难之下，宁右毋左。因为，较之左的破坏性，右的保守性含有更多的承传，保留了可逆性。激进的左，应在充分论证下（即在右的制约下）进行，庶可避免无经验支撑的盲目。步子慢一点，为修正纠错留下余地，误差可小得多；走得太快，步子迈得太大，再收回来就费事了。赤潮初入的五四，传统文化本可起到一定的拦滤作用，由于被新文化运动一锄头掘掉，失去验别新说的资格，文化未能防堵、制衡赤潮，只能实践而后知，支付巨大历史代价。

无论孙中山还是毛泽东，他们所领导的革命均为起于草莽的底层造反。底层造反的重弊便是缺乏执政经验与全局眼光，参加者又必定为中青年，不知执政之难，只见权力不见责任。相比之下，孙中山长年留洋，视野开阔，熟悉并理解民主自由的价值。毛共则完全是小知造反，更缺乏孙中山"革命是不得已"的审慎。孙中山、毛泽东革命的区别在于：孙中山以西方欧美民主政制为模本，从军政而训政而宪政；毛泽东则以苏共集权政制为蓝图，以专政为本，以无法实现的共产主义为目标。国共殊途殊归异种异果。两党历史再次证明"政纲是政党的灵魂"，旗号钩连内质。

红色革命向民众高调炫示"共产"，一再许诺革命将解决所有问题，以理想批判现实，以道德攻击制度缺陷，凸显社会阴暗面以强调革命的必要性急迫性，以局部苦难作为必须重起炉灶的理由，看不到现有"炉灶"本身凝聚的经验内涵。事实上，即使是万恶的专制，实在也是"存在即合理"，凝聚着一系列不得不然的历史因素。专制因权力集中而所需人员较少，管理成本低廉，与农业社会缓慢的生活节奏和落后的生产力相一致。清代官员总数未及四万，官员与人口的比例仅万分之一。以农业社会有限的供养能力与文化教育水准，不可能孵生频繁开会的代议制，也供养不起一大群议员。对弱民愚氓来说，"老爷作主"省事又省心。

国际共运用"历史必然"解释一切，为尚未得到实践检验的赤说立论，用"未来"论证未来，如此低级的论据支撑，当然只能蒙唬半瓶水的小知。一切事物既已"必定"，又何必费时耗力去研究？从哲学角度，只有当事态发展并非必然，才有必要进行研析。1944 年，哈耶克："在社会演进中，没有什么东西是不可避免的，使其成为不可避免的是思想。”[28]使某一社会现象不可避免的只能是思潮，因为它提供了“不可避免”的逻辑。天不狳“国”，乃今有“共”，大陆难逃赤劫。

时间当然是最好的检验：军政胜利无法掩饰赤色文化的失败。面对毫无起色的经济，中共一再推责，起初是“国民党留下的烂摊子”，接着“阶级敌人搞破坏”，进而“右派捣乱”、“自然灾害”、“苏修逼债”、“刘邓资反路线”、“林彪、四人帮”、“国外和平演变势力”……总能找到各种“客观原因”。军政胜利了，文化失败了，得到的不是想要的，而且比原先的还要差，这不是真正的“世纪大忽悠”么？

资料最有说服力。1978～2005年，中国GDP从3624亿人民币增至18.23万亿，年均增长9.4%；城镇居民可支配收入由343元增至10493元，农村人均纯收入由134元增至3255元；城市人均住宅建筑面积从6.1平米增至8.1平米，农民住宅从人均26平米增至29.7平米；国家财政从1132亿增至3.16万亿，外贸进出口总额从206亿美元跃至1.42万亿美元，外汇储备从1.67亿美元增至8189亿美元。[29]

再据北京国家统计局资料，2010年中国GDP总量超过日本，近40万人民币（约5.9万亿美元），世界第二，人均虽仍很低（约4400美元），至少说明改革开放的实绩，证明“西风”之效。如此“硬道理”，邓力群等极左派认为无甚足观。他们看重的是“主义”：全国工业产值国有比重不到20%、工业领域国有和集体企业就业比重只占20.3%，公有制经济不占主体地位，中国已不再是社会主义。在他们看来，“主义”高于一切，“路线”重于泰山，人民的生活、国人的意愿都必须服从他们的马列主义。

另一方面，因政治落后，政权无监督，中共政府不可能用好钱。2006年中共政府财政收入3.9万亿人民币，占当年国家GDP 19.5%。美国政府同年财政收入占国家GDP16%，但美国政府财政开支73%用于社会保障、医疗卫生、教育文化等公共事业，行政开支仅为10%；中共政府的行政开支却占到38%，用于庞大的人头费、行政经费，仅25.5%用于公共事业。同时，中国人年均工作2200小时，阿根廷1903小时、巴西1841小时、日

[28] （英）哈耶克：《通往奴役之路》，王明毅等译，中国社会科学出版社（北京）1997年版，页51。
[29] 高尚全：〈深化改革是中国的唯一出路〉，载《炎黄春秋》（北京）2006年第9期，页4。

本 1758 小时、美国 1610 小时、英国 1489 小时、荷兰 1389 小时。[30]哪个政府管理成本低？哪个政府真正“为人民服务”？哪种制度有竞争力？哪类国家“更适合人类居住”，还需要其他论据吗？东风拿什么去压倒西风？“最新最美的制度”都 60 年了，两三代人搭进去了，还能叫人民忍耐等待吗？还好意思说“面包会有的”?!

2008 年，中共栽培的“解放牌”党史专家辛子陵：

> 一个把 61%的财政收入用在普通百姓身上，一个把财政收入 15%用在普通百姓身上，在这个事实面前我们只能承认：美国政府比中国政府做得更好些。
>
> 只有在生产力高度发展的前提下，剥削才能趋于消亡。所以，剥削是与生产力发展水准相适应的历史现象，它存在的历史理由，就在于它对于历史的进步是一个不能超越的过程。[31]

大洋彼岸的夏志清评中共新阶级：

> 他们（按：中共）既然把人性也消灭了，除了炫耀自己玩弄异性、物质享受和个人权力这三方面的“成就”外，还有什么东西更能代表他们骑在人民头上的高位呢？不错，一个新的阶级是诞生了，但他们致力的目标，不是服务人民，而是奴役人民。革命却没有诞生。[32]

人文导向的“国家错误”持续发酵。1990 年代大陆文艺作品中的知识分子仍一个个性情古怪、心胸狭窄，越没受过教育的底层工农反而越有知识学问。1980 年代出现的“匪商”，文化程度很低，但赚钱多多，脑体明显倒挂。社会价值导向上仍为贬智化。美国未来学家阿尔温·托夫勒忠告中国人：“如果你们国家不采取政治和经济的措施扭转这种倾向，那么你

---

[30] 赵灵敏：〈民主决定品质〉，载《南风窗》（广州）2007 年第 11 期，页 28。

[31] 辛子陵：〈合成一个新东西〉，载《炎黄春秋》（北京）2008 年第 7 期，页 45～46。

[32] 夏志清：《中国现代小说史》，刘绍铭等译，香港中文大学出版社 2001 年版，页 370。

们国家要想实现现代化是没有希望的。”[33]社会价值导向上的混乱，至少需要半个世纪的回填与修复。

延安一代终于有了觉悟者。1984 年，于光远：“马列主义不能解决当前中国许多问题。”[34]1990 年 10 月下旬，薛暮桥致信政治局常委：“……敢于不断抛弃那些过去曾被当作‘社会主义’来遵循和实行的教条，……不宜过分地在经济工作中划分什么是社会主义、什么是资本主义，因为经济活动作为人类的一项基本生存运动，其中有任何制度下都必须遵守的共同的客观规律。”薛暮桥为中共最高层正在进行的“姓社姓资”争论提供了“来自经济学家的声音”，支持了邓小平继续改革的思路，信中的一些话也被邓小平吸收发挥，成为戳刺保守派理论堡垒的有力武器。[35]

1993 年，长期主管江苏经济口的许家屯在美国总结：

> 想靠计划来管制所有的方面，事实上做不到，主观愿望成分太大。另外，公有制确实把所有私人的积极性束缚住了……成了阻碍生产力发展的经济模式。……过去就是受了这些条条的影响不敢动，现在先把这些东西丢开。[36]

2008 年，宗凤鸣：

> 一切必须由各级领导审批，从而把经济也就捆死了。这样使一切经济单位和个人都丧失了独立性、主动性，使社会机制都丧失了活力。这样的社会制度，所有人的生活条件被控制了，实际上人的命运也就完全被集权者掌握了。人不得不服从，不得不听命于领导，人成为工具，叫干什么就干什么，分到哪里就去哪里，作“驯服工具”。只有这样，人才能生活下去。而且，也只有如此，才能

---

33 叶朗文：〈我们的人文导向出了什么问题？〉，载《工人日报》（北京）1994 年 1 月 12 日。

34 林衡：〈中国理论的探索和突破〉，载《九十年代》（香港）第 197 期，1986 年 6 月号。转引自韩文甫：《邓小平传》（治国篇），东西文化事业公司（香港）1994 年版，页 743。

35 柯良：〈中共七中全会年底才开的真相〉，原载《镜报》（香港）1991 年 1 月号。转引自韩文甫：《邓小平传》（治国篇），东西文化事业公司（香港）1994 年版，页 836～837。

36 《许家屯香港回忆录》，香港联合报有限公司 2008 年版，下册，页 601。

> 晋升，生活得稍好些。因此，有的为了晋升，就投上级之所好，唯唯诺诺，逢迎拍马，或见风使舵、说假话，奴性十足，毫无个性可言，更谈不上独立的人格，大家都不敢说真话，领导喜欢什么就说什么，领导叫干什么就干什么。采取消极的人生态度，致使社会风气每况愈下。这就是这一社会制度的悲剧和走向瓦解的来由。[37]

1980 年代，江西宜春地区农民："责任制鼓励了勤人，教育了懒人，安排了闲人，利用了残人。"张秀山时任国家农委副主任，听后十分高兴，对该地干部说："中国的农业组织现在不能太大，群众要有生产的自由。"[38]中共高层此时才承认自由与生产积极性的关系。实践生知、岁月辨伪，实践证误面前仍不肯低头的，当然绝不是"为人民服务"，而是要人民为他服务。如毛泽东发动文革——要七亿国人为他的大饥荒买单，用更大的错误去遮掩前一错误。

俞颂华、俞彪文、俞梅荪祖孙三代人生，很能说明马列主义在华运行轨迹。1920 年 10 月，上海《时事新报》、北京《晨报》特派员俞颂华（1893～1947），中国首位驻外记者，雇译员瞿秋白赴俄采访，最早贩马列入华。1937 年初，俞颂华采访延安，向国统区报导陕北赤区。其子俞彪文（1926～1957），入读东吴大学、上海沪江大学，任职国府中央信托局，1949 年拒赴台湾，出席中共开国大典，创建中国人民保险总公司，1957 年 7 月 19 日划"右"跳楼。其孙俞梅荪（1954～），1984 年毕业北大法律系，受冤入狱三年，如今为送走其祖迎来的马列主义艰苦奋斗，知名"异议分子"。[39]俞家三代一滴泪，对马列赤说走出十分标准的"否定之否定"螺旋型。

历史决定中国的现代化只能是追赶式，只能向先进国家抄袭。不幸的是我们抄袭了最坏的一份样板，一份无经验支撑的试验性样板，并用暴力推行半个世纪，弄得不可收拾，创痛深巨。对马列主义需要如此痛苦的"实践而后知"，只能说明我们的文化免疫力太弱。农业文明的古典文化对工

---

37 宗凤鸣：《心灵之旅》，开放出版社（香港）2008 年版，页 36。

38 张秀山：《我的八十五年》，中共党史出版社（北京）2007 年版，页 346。

39 俞梅荪：〈缅怀蒙冤自杀的右派父亲〉，载《开放》（香港）2008 年 9 月号，页 82～83。

业时代的马列主义，缺乏辨识检验能力。五四士林面对涌入的各式现代西说，无力辨识，很容易被奇装异服的“外来妹”拉走。一切大规模社会行为归根结底都是文化行为，都是根据文化价值进行的集体选择。

大革命一代、延安一代、解放一代，再拉上后面的红卫兵一代、后文革一代，才完成对马克思主义的证伪。一项学说，需要如此天翻地复兴师动众“实践而后知”，全世界赔上至少一亿生命（中国至少七千万），未能用祖先经验常识予以检验、有效格挡，数代红色士林的整体历史地位与代际价值，可想而知。

参、认清赤谬

根据人类发展史，贫富差距拉大乃社会进步标志，反而平均状态下难以萌生进步苗芽。以共产均财为目标的红色革命，从根子上就是错误的。

社会态势上，弱势群体任何时候都会要求“均贫富”，于是总有一些“社会边缘人”利用这一社会心理折腾起事，充当“革命领袖”。马克思主义以为只要消灭了资产阶级，穷人的一切问题便自动解决。但问题恰恰在于资产阶级乃是社会财富的主要创造者、现代化劳动的组织者，消灭了资产阶级，等于消灭了财富的创造者与现代化生产组织者。社会财富总量上不去，社会成员的生活品质就无法发生质变。人类都成为无产阶级，当然还不如都成为资产阶级。

共产主义虽被红色信徒们冠以“科学”，实质仍为政治宗教，一种信仰耳。因为，它所有的一切均需未来证明，且像所有宗教一样，崇拜教主（甚至活人）。当今全球五口水晶棺材全是“红色教主”——列宁、毛泽东、胡志明、毛泽东、金日成、金正日。

1949 年 6 月，73 岁的司徒雷登进入刚刚由中共接管的上海，一眼就看到红色狂热与人民需要之间的矛盾，看到问题的实质——马克思主义试验：

> 他们的民族主义和马克思主义的狂热信念与这个大都会的经济结构，与满足其五百万人口并为他们提供保护等这样一些实际而

> 急迫的需要又是相抵触的。这样一来，也有可能使上海成为一处极其重要的社会试验场。[40]

数代红色士林用最笨拙最“有效”的实践去鉴别马列主义，逼着全体国人跟着支付巨大学费，至少折腾国家 71 年（1921～1992）。1980 年代，邓小平对非洲某国领导人说：“我劝你们现在不要搞社会主义”、“只要经济搞上去，人民生活改善了、满意了，叫什么主义都可以！”[41]邓小平确实不是坚定的马克思主义者，此乃中国大不幸中的小幸。否则，大陆 13 亿“革命人民”至今还挣扎在饥寒交迫之中。

我国史家之所以对汤武的逆取顺守屡颂屡扬，即在于历代贤哲懂得逆取为非常之道，顺守乃治国之则，必须尊重历史经验，必须适度规随前人。最初的“否定”必须适时转为“肯定”，绝不能将传统砸烂打光，不能彻底否定前人经验。现实既然不可能重塑，一切逻辑也就不可能完全重设。赤色思潮极度扩大社会弊端的严重性，无限放大局部陋弊的危重性，彻底否定现实，蔑弃传统，宣倡必须重起炉灶，致使革命与历史脱钩，无从承接传统经验，一切都要重新摸索，等于白白放弃前人已经筑就的台阶。此乃国际共运重大歧误的第一步。中共不知其弊，跟着“走俄国人的路”，偏要挑战历史经验，以大破大立自诩，既逆取又逆守，全盘推倒传统，藐视一切经验，走到文革直接实施“两个彻底决裂”，与传统制度传统观念彻底割裂，失绳于己，失范于世，天怨人怒，岂能免乎？

马克思主义之所以产生西欧而被西方摒拒，自然不是西欧“反动力量”过于强大，而是西欧文化过滤能力相对细密，知识界主流很早就从法国大革命中意识到暴力革命的巨大负弊，产生了柏克这样的思想家，从具体政策到最高原则全面检讨暴力革命，认定秩序乃是自由的前提，不能一味追求纯之又纯的完美，否则就会因纯洁完美走向专制，革命也就只能是再一次的以暴易暴。柏克赞同美国革命，因为美国革命以英国传统的自由理念为价值基础，而这一基础理念已得到历史检验。柏克认为法国大革命以抽象理念为基础，缺乏实践支撑。指导现实政治的理论应该以现实生活

40　（美）约翰·司徒雷登：《在华五十年》，程宗家译，北京出版社 1982 年版，页 244。

41　杜导正：〈新民主主义的回归与发展〉，载《炎黄春秋》（北京）2009 年第 4 期，页 11。

为依据，而非以空想或哲理概念为依据，任何权利都必须依据事实而非出自抽象概念。柏克认为英美革命以维护传统中的美好价值为目的，法国大革命则以破坏传统为目的。当中国青年布尔什维克一味歌颂法国大革命时，柏克早在百余年前发问："这个（法国大革命）的权力是谁给的？"[42]变动社会秩序，天翻地复的彻底更变，涉及所有人的利益，难道不需要国人授权么？难道可以仅仅因为某些人发喊"造反有理"？

1830 年 3 月 14 日，歌德也有一段闪光预言：

> 任何革命都不免要走极端。在一次政治革命中，最初的要求大抵只是纠正若干弊害；但后来他们总会走入流血和恐怖而不自知。法国人在当前的文学革命里，开始要求的只是一个自由的形式；但他们并不停留在那里，而要把传统内容跟形式一齐摈弃掉。他们开始宣称描写高贵的感情和行为都是可厌的，而企图处理种种痴行怪事。魔鬼、女巫和吸血鬼代替了来自希腊神话的美好题材，古代的高贵英雄必须让位于变戏法的骗子和摇船的奴隶。[43]

欧美较早意识到共产赤说对社会基础理念的摧毁，从而凝聚起较强大的集体抗拒力量。欧美的先进是整体的，先进文化凝塑先进的政治经济，先进的政治经济又保护先进文化，建立起一套运行有效的人文理念与社会制度——自由经济、言论自由、三权分立、社会契约、个性解放、人权至上、票选表决等。若无这些现代价值理念与社会制度的牢固确立，怕也很难抵御共产幽灵。毕竟，"终极解决一切社会弊端"、"人人平等"，对谁都有诱惑力，"无比壮丽"呵！人尽其力，无争无斗，无罪无恶，难道不是千好万好么？能一开始就认识到共产赤说的乌托邦性质，并以集体意志予以抵御，汇聚成国家行为，不仅仅是政治问题，更是文化能力问题，拒绝将下位价值倒置上位价值之上。文化最实质的内核即各种价值的理性

---

[42] （英）柏克（Edmund Burke）:《法国革命论》（1790），何兆武等译，商务印书馆（北京）2009 年版，译者序言，页 xii。

[43] 歌德与爱克曼的谈话。伍蠡甫主编：《西方文论选》，上海译文出版社 1979 年版，上卷，页 481。

码放。一种优秀文化，其价值码放既合乎理想又顺应现实，中庸合度，平衡兼顾，推助社会财富增长与社会幸福度提高。

如今大陆思想界大概已有能力认识到：英国近代浓厚的保守氛围，正是来自对英法革命的深刻剖识，来自对1688年“光荣革命”非暴力原则的确认，乃是英国得以避开共产赤潮的文化绝缘层。

上帝使西方从一开始就“自觉”远离无神论。宗教作为一种传承经验的方式使欧美意外而有效地摒拒赤说。正如1790年柏克的庆幸：

> 多亏了我们对变革的坚韧抗拒，多亏了我们冷峻持重的国民性，我们还保留着我们祖先的特征。……我们不是卢梭的信徒，也不是伏尔泰的门生！爱尔维修在我们中间无所作为。无神论者不是我们的传道师，狂人也不能成为我们的立法者。我们知道我们没有发明什么，我们也不认为在道德方面有什么东西可以被发明出来。

国际共运的悲惨实践印证了柏克200年前的预言：

> 他们在自己的成功之中发现了对自己的惩罚……工业毫无生机、商业奄奄待毙；已经不纳税，但是人民却贫困了；教堂遭到洗劫，国家得不到休息……其后果则是国家破产。[44]

现实更在教育老延安：就是国共相比，国民党虽然也一党专政、首领独裁，但其基本政纲乃孙中山的“三民五权”，无论蒋介石怎么折腾，还不至于公然踢开“三民五权”，不能无限期“训政”而否认“宪政”目标。中共则以“专政”为理论基础，以剥夺民主为“理所当然”。两党在民主问题上完全“价值悖反”。最后，“腐朽没落”的国民党居然在台湾还政于民，开放党禁，实现孙中山的“三步走”。国民党可以下台，也可以再上台；陈水扁能当总统，也得接受审判。台湾体制的开放性，越来越显出自我调节的先进机能，深得大陆同胞认可。1979年，香港学人就评台：

---

[44] （英）柏克：《法国革命论》（1790），何兆武等译，商务印书馆（北京）2009年版，页115、51。

> 中华民国在台湾的三十年，以雄健的事实证明一个古老的文化社会可以在很短的时间中创造一个现代化社会的能力。一千几百万的中国人在物质十分贫乏的条件下，以智慧与勤劳改变了台湾的面貌……构成了对中国大陆一个具有巨大磁力的先进模型。[45]

擦鞋童出身的“解放一代”金敬迈：

> 正确与错误、好坏是非的标准如此荒诞，只因为多年来，我们以什么“立场”的名义，“阶级”的名义在提倡背信弃义。我们从“阶级斗争”出发，鼓励落井下石。我们根本不谈人性，我们不承认有人性……用“斗争”用“立场”来掩盖一切假恶丑，借斗争弘扬假恶丑，……人性泯灭了，道德沦丧了，这是我们作的孽！我们种下的这颗苦果是肯定要发芽的。……今天如果我们不遭到惩罚，历史也必将惩罚我们的下一代。[46]

2006 年，三八式老干部王晶尧（1922～）：

> 我们这些在座的人，都是一生的精力希望创造、献身社会主义天堂，结果怎么样？结果建立农民政权，造成人类历史上的毒瘤！列宁讲无产阶级民主比资产阶级民主要民主一百倍，我后来想，如果在无产阶级领导之下，有资产阶级民主的 1%，就了不起了。[47]

堡垒内部发出如此“不同声音”，如此明确否定“光芒万丈的社会主义制度”，公然声称“剥削”的历史合理性，直接论证社会主义不如资本主义，还有刊物敢于发表这种典型的“三反”言论，世道真的变了，无产阶级革命的时代过去了。

---

45 金耀基：《中国政治与文化》（增订版），牛津大学出版社（香港）2013 年版，页 152。

46 金敬迈：《好大的月亮好大的天哪》，时代国际出版有限公司（香港）2005 年版，页 201。

47 〈卞仲耘遇难四十年纪念会记录〉（下），载《开放》（香港）2007 年 8 月号，页 72。

一个世纪的赤色实践证明：马克思主义的核心论点——“阶级斗争”、“暴力革命”、“无产阶级专政”、“剩余价值”、“社会化大生产与生产资料私有制之间不可调和的矛盾”、“计划经济”、“公有制”等等，实为赤灾之源，夺走至少一亿人生命，致使至少 20 亿人非正常活着。[48]许诺可获得更大更多的生产力，结果反使生产力大倒退；原本为了过上好日子，可连原先的日子也过不上；出发时的目的与最终到达的车站完全反向。共产革命不仅没有成为历史的加号，反而是有史以来最大的负号。

从效率与公平角度，马列主义只盯住既有财产分配，而非追求做大蛋糕——提高生产效率以扩大可分配财物总量。只注重分配，无视更重要的财富创造，乃是共产主义的基础性偏差。实践证明：马克思主义所追求的“公平”，至少 500 年内尚无实现的社会可能。但为了这一“公平”，却结结实实伤害了中俄等赤国 50～70 年的“效率”。为了财富分配的“公平”，破坏了实现“公平”的前提——产生财富的“效率”。为得鱼反丢筌。

1949 年秋，接管上海的中共面对高失业率，迅速决定“三个人的饭五个人匀着吃”，[49]但平均主义毕竟只能维持以一时，无法撑挺以长久，片面的“公平”破坏了整体的效率。既然干好干坏一个样，“磨洋工”迅速普遍滋生，如何调动“伟大人民”的生产积极性一直缠扰赤色各国，成为社会主义天生痼疾。夺富济贫终究只能短期救穷，而非授人以渔。无产阶级在得到一笔“共产”后，很快又回到无产。资产阶级失去财产与工厂，社会也就一并失去效率，“蛋糕”再也做不大了，再也没有财富可注入扶贫的“救济池”。共产只能使穷人高兴一阵子，社会却因此失去致富的利益驱力，穷人也很快尝到“共产”的后续滋味。共富只能是虚幻的乌托邦，共贫才是结结实实的事实。历史理性通过正反两方面的事实教训世人：不让财富创造者得到比庸懒者更多的收成（即便含一定“剥削”），全社会就不可能得到财富总量的递增。不允许个人求富，等于不允许全社会富起来。那种“阶级觉悟”、无私奉献，无法从红色图纸走向现实。

---

[48] 美国总统布希在共产主义受难者纪念碑落成仪式上的演讲（2007 年 6 月 12 日于华盛顿），内有“这一意识形态夺走了估计高达 1 亿无辜的男人、女人和孩子的生命”。

From: http://www.whitehouse.gov；中国事务 http://www.chinaaffairs.org 转载。

[49] 董边等编：《毛泽东和他的秘书田家英》，中央文献出版社（北京）1989 年版，页 246。

除了经济效率低下，“伟大的社会主义”还有其他一系列无法甩脱的制度性通弊：个人专权、政治封闭、言论管制、知识分子与“伟大的党”总是离心离德、整个国家机构日益无知化低效化……由此推源，病症同一，病灶自然亦出于共同的马列主义，出自同一型号的社会制度。套用《共产党宣言》那句用语：当赤国人民发现马列主义的臀部也盖有一枚封建纹章，面面相觑，一哄而散。

许良英很晚才认识到：“自十六世纪的荷兰革命和十七世纪的英国‘光荣革命’以后，民主已成为现代文明发展的主流，生活在十九世纪的马克思竟倡言专政，是完全违背人类的历史潮流。”[50]革命并非一定神圣呵，还得看它走在哪股道上，是否行进在人性人权、自由平等的轨道上。法律的价值内涵也只是对人权人性的提炼概括。保卫个人利益等于捍卫集体利益的根须，失去个人，何为集体?!失去个权，何需国权？

延安一代很晚才知道：“万世不移”的革命目标——共产主义，1893年就被革命导师恩格斯（F. Engels, 1820～1895）扬弃：“我们没有最终的目标。我们是不断发展论者，我们不打算把什么最终规律强加给人类。关于未来社会组织方面的详细情况的预定看法吗？您在我们这里连它们的影子也找不到。”1895年，恩格斯明确承认：“历史表明我们也曾经错了，我们当时所持的观点只是一个幻想。历史做的还要更多：它不仅消除了我们当时的迷误，并且还完全改变了无产阶级进行斗争的条件。1848年的斗争方法，今天在一切方面都已经陈旧了。”[51]人家一百年前就自我修正了。

任何大型社会改革都必须以经验为地基，各种理论无非来自不同领域不同经验的选择，只能提供参考，不可能包打天下，世上也不存在一择解千愁的“主义”。中共将自己对马列主义的选择说成“历史的选择”，将赤色革命论证成“历史必然”，一党私言耳。不过，存在即合理，寰内左翼士林接受马列赤说，国家最终走了赤色之路，自有一定的客观基础，缘

---

[50] 许良英：〈幻想・挫折・反思・探索〉，载燕凌等编著：《红岩儿女》第三部（上），真相出版社（香港）2012年版，页222。

[51] 弗・恩格斯对法国《费加罗报》记者的谈话（1893年5月11日）。载中央马恩列斯著作编译局编：《马克思恩格斯全集》第22卷，人民出版社（北京）1965年版，页628～629。弗・恩格斯〈卡・马克思“1848年～1850年的法兰西阶级斗争”一书导言〉（1895年3月6日），参见《马克思恩格斯全集》第22卷，页595。

自一定国情。但“历史的选择”并非就是“历史的必然”，更不等于“历史的正确”。历史的正确只能取证于历史的结果，不可能取决于历史的发生。1978年中共启动改革，社会主义只能向资本主义“偷拳头”（杭俚：学武艺），等于承认西风压倒东风，这才是真正的“历史选择”，吃了苦头后的“猛回头”。否则，中共何以至今仍需要对改革开放“坚定不移”？

人类社会的每一寸进步都是综合力量的推动。偏向平等的社会主义与侧重效率的个人主义始终是两只主动轮，虽说不同时空会有不同偏倾，但整体上两者必定互为因果，不可偏废。西方人类史是讲究整体的斯巴达主义与偏重个人的雅典精神的交替之迹。在中国，法家与道家也对应两大价值方向。一个理想的社会，自然能较好地协调两大价值，绝不压制或牺牲某一价值以满足另一方。两者失衡，势必掀耸社会大失衡。多元兼顾，整体均衡，即老祖宗所说的“中庸”再次被证明颠扑不破。以效率为核心的历史理性一方面鼓励强者不断奋斗，追求价值创造最大化；另一方面追求仁慈为核心的道德伦理，从怜悯弱者角度，要求财富分配相对均匀，弱者也能沾享社会进步的雨露。各项制度设计应以这两点为轴心，现代理想社会的目标就是根据现实可能性，寻求两者之间的最佳平衡点。

延安整风后，中共单极强调个人服从组织，致使大陆士林半个世纪丧失独立性，斯巴达主义高涨，雅典精神沦丧，严重失衡，加上马列图纸本身之谬误，中国共运自然走不远。对延安一代士林来说，自由民主似乎只针对封建专制，只具有解构力量，仅须用于对外对敌。他们意识不到民主自由其实更重要的意义还在于建构，乃是建设现代化社会不可或缺的地基，亦须对内对己。1959年商务印书馆重印约翰・斯图亚特・密尔（John Stuart Mill，1806～1873）《论自由》，〈重印序言〉竟称：

> 自由对于我们来说，正如民主一样，是一种手段而不是目的。它的目的是在于实现人类的无阶级无剥削的幸福生活。[52]

可没有自由、民主的生活，还可能有“幸福生活”么？

52　（英）约翰・斯图亚特・密尔：许宝騤译，商务印书馆（北京）1959年版，页6。

近十年，“两头真”掌门的《炎黄春秋》杂志成为寰内思想解放排头兵，经常刊载“大逆不道”的文章，近年更是渐走渐深，触及“一党专政”、“多党制衡”、“三权分裂”等核心问题，代表了延安一代民主派的总结性愿望，燃烧出最后的余热。“两头真”虽然来得晚了一些，但他们还是真诚地向国人呈交一份心灵自白，没有自欺欺人当鸵鸟，并因此得到后人尊重。应该说，绝大多数延安一代终身保持对贫苦工农的深切关怀，始终坚忍不拔地追求理想，永不背弃价值选择，“两头真”当然根植于“一直真”。

不过，延安一代受理论层次的制约，最终仍说不清何以必须民主？自由价值何在？他们仅抽象吁求民主自由，无力指出自由乃民主价值基础，民主是对自由的政治保障，现代化必备要素。惟有民主，才有保障个人自由的合理秩序，现代化果实才能公平地为人民所享有，才能有效遏制官吏贪腐。延安一代也认识不到民主的真正优点在于及时纠错，民主也许不能实现人间天堂，但可防止进入人间地狱，决策最大依据是非暴力的“点人头”。“暂时多数”既保证决策的相对公平，也保证“暂时少数”的存在权与发展的可能性。总之，民主能在相当大的范围内相容各方，既防止少数对多数的专政，也防止多数对少数的镇压。

肆、最后归宿

2008年，八十八岁的“三八式”宗凤鸣：

> 中国向何处去？马克思主义究竟还灵不灵？是否要告别马克思？这些问题成了我晚年反复思考的问题。目的是想弄个明白……一个人、一个社会或一个国家、一个民族应该发展的方向。[53]

延安一代从救国强国出发，从青年奋斗至晚年，发现回到原点，仍须继续寻路。只是这回寻求的是下楼之路，为如何送走自己迎请来的“客人”搭梯，安全地将赤色大神扶送原籍。

[53] 宗凤鸣：《心灵之旅》，开放出版社（香港）2008年版，页3。

大多数国人都已看清当今中国困局——上层建筑与经济基础严重脱节，马克思主义与改革开放之间的矛盾日益显豁。中共需要马克思主义扶撑政权的合法性，而社会发展却明确需要拆除意识形态的违章建筑——马克思主义。共产赤说不仅成为经济改革的强大拖滞，无法解释“资本主义复辟”，而且处处拦阻“改革开放”，成为极左毛派的“复辟基地”。无论人心向背，还是客观需要，马列赤旗必须降下。只是希望“拆违”时不要压着人，不要再让历史过重地压伤现实。

中共当然也明白这一“国家病”，也知道无法回避意识形态“摊牌”，但“国家领导人”既想改革又怕失控，难措手足，还是维稳第一，“历史问题让历史来解决”，一直拖着捱着。国家再次转回晚清时代：欲新中国，先新思想；欲新思想，先新自我。只是这回要“更新”的已不是传统思想，而是当年一个劲啃学来的“马克思主义”。2008 年，李锐先生：

> 1949 年以后那段时期所实行的一整套政治、经济、文化制度和政策，恰恰是这个党、也是“一二・九”知识分子曾经反对的“一个政党、一个领袖、一个主义”的重演。凡此种种，不过是斯大林主义的翻版，又带有中国特点，是源远流长的中国专制主义复归，比斯大林式的苏联社会主义积弊更多更深……中国社会问题的症结，的确在于专制主义及其制度。斯大林模式、毛泽东晚年的所谓“社会主义”，最根本的弊端在于复活了专制主义。党执政以后，建立了一个权力不受制约的集权制度，党员和公民都不享有民主权利。这就离开甚至背离了人类近代文明主流。[54]
>
> 现在看来也是发达国家的社会主义元素最充分。瑞典没有明显的贫富分化，个人收入差异本来高达 300 多倍，但经过国家税收的平衡，下降到 4：1，基本实现共同富裕。也没有腐败，30 多年没有贪官。[55]

---

[54] 李锐：〈李昌和“一二・九”那代人〉，载《炎黄春秋》（北京）2008 年第 4 期，页 3～4。

[55] 笑蜀：〈“总起来看我还是比较乐观的——李锐谈社会主义与中国”〉，载《炎黄春秋》（北京）2007 年第 2 期，页 13。

俄中东欧朝柬古越的赤色实践证明，由一个党掌管所有社会财富与一切资源，党成为惟一大地主大资本家，实在要比自由多元的资本主义糟得多。共产主义在历史现阶段无法形成任何有效制度，亦无力承担社会责任。共产实践所提供的只是一条鲜血凝成的教训：任何政治暴力都不能享有特权，无产阶级专政这条“苏维埃渡船”无法抵达所允诺的彼岸。赤色各国知识分子更深刻地体会到西方哲谚：暴力的终点永远是暴力，由剑得到的亦将因剑而失去；暴力之下不可能有文明的演进，暴力无法给予公众长远利益。延安一代当然明白自己也是举着“火与剑”的赤色传教士。

延安一代民主派在“现代化寻找”中，首先搬掉了马克思主义这块压脚石。2008 年 1 期《炎黄春秋》新年寄语：“马克思主义不是寻求驾驭资本的制度，而是寻求消灭资本的制度。而资本在地球上至少在很长时间内是不应当也不可能被消灭的。”[56]话虽未直说，意思十分明确，马克思主义至少已被“两头真”送客了。

马克思主义、集权政制，当今中国士林都明白这是一座必须拆除的危厦，但麻烦的是：必须使它的坍塌不要压着今人。历史又回到一个世纪前的晚清，开药方成为当代士林的“主旋律”。这回，延安一代当然明白：明天只能是今天的选择之果。“两头真”开出药方：

一、加速政改

延安一代民主派普遍吁求加速政改。前广东省委书记、中顾委员任仲夷（1914～2005，1936 年入党）的认识令人敬佩：

> （政治体制改革滞后）这是当今一切社会问题的根本所在……我们现在是自己监督自己，如同用自己的左手来监督右手，是远远不够的。前广东省委书记吴南生（按：1937 年入党）说，“这种体制，鬼都会腐败。”我认为有道理……政治改革的最终目标就是建立民主的政体，这是毛泽东当年在延安回答黄炎培时向人民庄严的承

---

[56] 本刊编辑部：〈新的一年・新的期待〉，载《炎黄春秋》（北京）2008 年第 1 期，页 2。

> 诺。这是中国共产党还未完成的历史任务……天底下的民主都是大同小异的，没有什么本质的区别，都是人类创造的文明……“三权分立”的本质和科学的成分就是权力制衡，本身是没有阶级性的……政治上有竞争，执政者就不得不为民办事，不得不当“人民公仆”，不然你就会下岗，淘汰你，这是保持先进性最好的机制。……在和平环境下，对人民造成伤害的不是杀人的强盗，也非不可抵抗的天灾，而是不受制约的权力……我们不能像国民党那样，搞一个政党、一个领袖、一个主义……我不赞成老百姓造反，因为造反是没秩序的，必然会造成社会的混乱，生产力的大倒退，全民族的大灾难，但如果固步自封、不思改革，积压矛盾，就会官逼民反，民不得不反。[57]

任仲夷已走出“阶级论”迷阵，认识到当代中国政治的症结。虽然都是些常识，并非什么深刻洞见，但不少老延安不敢说，甚至不敢听。回归常识，对延安一代来说乃是一项“历史进步”呢！痛乎、惜乎、叹乎？

至于“国民弱智论”，推说百姓文化程度不高、对民主漠不关心、实行民主条件不成熟等等，也该收起来了。1950 年 7～10 月，台湾举行五次选举，800 万台人投票率在 62～82%之间。主持人吴国桢感慨：“任何一个目睹那些选举的人，必定会抛弃自己最后一点怀疑，即认为东方人不适合民主，对民主漠不关心。……我认为只有信任才能产生信任，而且除非给他们一个大胆的起步，否则是不可能有进步的。”[58]难道 2013 年的大陆“革命人民”，素质会低于 62 年前的台民么？64 年“党的教育”呵，应该有点提高吧？国人当然也清楚：一个真正“为人民服务”的政府至少应该让人民渐渐明白自己握有参与公权运作的权利，而非以“愚昧贫弱”剥夺民众的参政权，更不应该将专制论证成必须尊重的“特殊国情”。

---

[57] 关山：〈任仲夷关于政治体制改革的思想〉，载《炎黄春秋》（北京）2006 年第 11 期，页 6～9。

[58] 吴国桢：《夜来临：吴国桢见证的国共争斗》，吴修垣译，香港中文大学出版社 2009 年版，页 294、272。

第一步当然得开启言禁，保证言论自由、新闻自由，撤除禁区。反右、大饥荒、文革、六四不能再“重点保护”（严格审查），今上也可指点批评。新闻自由的要义之一在于扩大监督，及时纠误。

关于政治现代化的必要性，海内外士林当然早就认识到了。1984年香港学人金耀基（1935～）：

> 中共今日宣示推行四个现代化，而竟未及政治现代化。实则，政治现代化才是中共万题之题。[59]

因为只有政治现代化，政府的结构才可能与日益精细的经济运作相匹配，对社会的规划能力才能提高，对资源的调配才能理性化，上层建筑才能符合现实需求并服务于经济现代化。

二、告别革命

基于二十世纪形形色色的赤色思潮，寰内士林痛定思痛，普遍认为应该从历史理性上“告别革命”，从基本价值上否定剧变。毛泽东的以“破”代“立”，似是而非，甚具迷惑，为绝此弊，只能“告别革命”，彻底断绝赤色逻辑起点。

文革爆发后，章乃器（1897～1977）总结：

> 君主立宪是虚君共和而不是专制独裁，自然有它的道理。英国资产阶级革命，国内动乱了四十年，最后不得不把王室从国外请回来。清末是改良与革命赛跑，改良太慢，才发生辛亥革命，我也跟着参加了。建立民国之后，袁世凯、蒋介石还不是搞独裁。接下来又搞革命，一直革到现在，还在“不断革命”。结果又能怎样呢？我看改良的代价或许要比革命小得多。[60]

---

[59] 金耀基：《中国政治与文化》（增订版），牛津大学出版社（香港）2013年版，页96。
[60] 章立凡：《君子之交》，明报出版社（香港）2005年2月初版，页81。

2009 年，1938 年入党的陕公学员曾彦修绕了一大圈后认识到：

> 中国只有逐步地改良才是惟一的正确前途。中国这么十几亿人口的国家，是绝对来不得任何动乱的，小动乱也不行，尤其不能天天自上而下马不停蹄地搞大动乱，只能实行逐步地改良。“以阶级斗争为纲”这一类理论，恐怕在全国是再无复活的可能了。[61]

改革开放 30 年，虽然这次是“对革命的革命”，实践证明渐进式改良好处多多，一则基础扎实避免反复；二则灵活机动，易于调节纠错；三则避免社会激烈震荡，破坏性小，可逆性强，社会成本最低；四则尊重历史兼顾传统，从根本上避免赤潮再起。当然也有缺点，速率太慢。然利弊相权，选择也仍然是惟一的——宁可改良，告别革命。

孙中山辛亥前就认识到：“革命的事情是万不得已才用，不可频频伤国民的元气。我们实行民族革命、政治革命的时候，须同时想法子改良社会经济组织，防止后来的社会革命，这真是最大的责任。”[62]三民主义中的“民生”，目的就是防止社会贫富差异造成不平等，杜绝革命之源。[63] 1924 年 8 月，孙中山演讲：

> 说到用革命手段来解决经济问题，在俄国还不能说是成功。俄国近日改变一种新经济政策，还是在试验之中。由此便知纯用革命手段不能完全解决经济问题。因为这个原因，欧美许多学者便不赞成俄国专用革命的手段去解决经济问题的方法，主张要用政治运动去解决这种问题。行政治运动去解决政治经济问题，不是一日可以做得到的，所以这派人都主张缓进。[64]

---

61 曾彦修：〈我对“和谐”的一点看法〉，载《炎黄春秋》（北京）2009 年第 4 期，页 19。

62 孙中山：〈在东京《民报》创刊周年庆祝大会的学说〉（1906 年 12 月 2 日）。参见《孙中山全集》第一卷，中华书局（北京）1981 年版，页 326。

63 《孙中山全集》第八卷，中华书局（北京）1986 年版，页 471。

64 《孙中山全集》第九卷，中华书局（北京）1986 年版，页 378。

中共革命需要“二次革命”进行修正，自是回应了孙中山的预言。毛泽东与孙中山的差距，实在不是一点点。

当代西方学人的剖析更犀利：

> 革命的政权通常都是专制的政权。它在行使权力时不受法律的约束。它表达的是一小撮人的意愿。它不会，也不可能会关心其它民众的利益。……“革命”与“民主”是两个相斥的概念。
>
> 所谓的无产阶级革命，如同过去的所有革命一样，只是由一个精英集团通过暴力取代另一个精英集团。这样的革命并未呈现出任何非同寻常的特征，能使人借此欢呼“史前史的结束”。[65]

不仅李锐等“两头真”赞成以渐进的方式推动社会进步，余英时、李泽厚等海内外学界名流，亦持此论。

从世界近代史来看，理性总是与稳健持重同行。谨慎的身后是历史经验、颠扑不破的传统，理解小心谨慎的必要。“保守的革命”之所以成为一个世纪最浓缩的原则性概括，裹含了极其深刻的经验内涵，看到了红色革命的实质——捏着一张新图纸并不等于建起一个新社会，往往有可能更糟。1988 年，余英时对激进与保守的互制互补有一段精辟论述：

> 一个要求变革的时代，“激进”往往成为主导的价值，但是“保守”则对“激进”发生一种制约作用，警告人不要为了逞一时之快而毁掉长期积累下来的一切文化业绩。相反的，在一个要求安定的时代，“保守”常常是思想的主调，而“激进”则发挥着推动的作用，叫人不能因图一时之安而窒息了文化的创造生机。世界上几个主要文化大致上都是循着这种一张一弛的轨迹发展出来的。在近代的中国，我们则看到一种截然不同的景象。大多数的知识分子在价值上选择了往而不返的“激进”取向。[66]

---

65 （法）雷蒙·阿隆（Raymond Aron）：《知识分子的鸦片》（1955），吕一民、顾杭译，译林出版社（南京）2005 年版，页 39、42。

66 余英时：《钱穆与中国文化》，上海远东出版社 1994 年版，页 216。

从相当意义上，“告别革命”就是告别浪漫，以平常智慧与历史理性实现中国的民主自由。

魃虏易驱，民国难建，饱含历史沧桑的泣血总结。渐进式、非暴力最终为中国士林普遍接受，各路史家都认识到：法国大革命、俄国十月革命、中共革命因推崇暴力，“反而延迟甚至破坏了革命前早已开始的许多政治、社会方面的改革措施。”[67]

三、修正“单边改革”

邓小平的出现，提供了“第一代无产阶级革命家”自我修正的标本——从推行共产主义始，至恢复资本主义终。1991 年，邓小平对姓“社”姓“资”的不争论，实为争论不起，自己矗立的房子，不舍得拆，也不敢拆，只能将这幢违章建筑留给“历史”——江山留与后人愁。

任仲夷：“小平同志主要的不足就是没有利用他的崇高威望适时地进行他所主张的政治改革。”[68]何方评邓氏护毛：“维护毛泽东和毛泽东思想的地位，实质上也就是为了恢复‘文革’前的政治和领导体制。这就使中国错过了一个极为有利的政治改革机会，在走向现代化的道路上缺了一条腿。”[69]不要毛的公有制，但要毛的独裁制，邓小平就这样成了“半边人”。

如今，毛崇拜尚未彻底倒，邓崇拜更是动不得，由延安老人率先破冰，呼吁“民主宪政”，也算以身作则，燃烧最后的正能量。

四、走西方人的路

谢韬明确只能走西方人的路，从欧美政制汲取成功经验：

> 企图保留毛泽东模式的政治体制，只在经济上改革开放，会重蹈蒋介石国民党在大陆走向灭亡的官僚资本主义道路。只有民主宪

---

[67] 余英时：〈中国近代思想史上的激进与保守〉（1988 年 9 月）。载余英时《钱穆与中国文化》，上海远东出版社 1994 年版，页 213。

[68] 关山：〈任仲夷谈邓小平与广东改革开放〉，载《同舟共进》（广州）2004 年第 8 期。

[69] 何方：《党史笔记——从遵义会议到延安整风》，利文出版社（香港）2005 年 4 月初版，下册，页 646。

> 政才能从根本上解决执政党贪污腐败问题。只有民主社会主义才能救中国！现在正在酝酿通过党内三权分立（将决策权、监督权和执行权分离：党的代表大会及其常设委员会行使决策权，党委会行使执行权，纪律检查委员会行使监督权）实现领导体制民主化作为政治体制改革的突破口，并在一些地区试点。[70]

从“走俄国人的路”到“走西方人的路”，从绝对排斥三权分立到开始悄悄“偷拳头”，承认三权分立的精确性，青山遮不住呵！他山之石，何不借用？如果各地有一个能制衡书记和×长的议会，而非徒有摆设的人大、政协，“决策一言堂，用人一句话，开支一支笔”的诸侯制还能继续吗？花六个亿修建世界最牛县衙门的预算能够通过吗？[71]

2004 年 7 月 4 日美国国庆日，布希总统对中国网民说：

> 人类千万年的历史，最为珍贵的不是令人炫目的科技，不是浩瀚的大师们的经典著作，不是政客天花乱坠的演讲，而是实现了对统治者的驯服，实现了把他们关在笼子里的梦想。因为只有驯服了他们，把他们关起来，才不会害人。我现在就是站在笼子里向你们讲话。

让权力入笼，用宪法管住统治者，西方现代文明最智慧的实质体现。而中国现行制度则是千方百计防范人民，让人民戴着“主人”的高帽入笼被囚。看着笼外“公仆”贪污腐败为非作歹，笼内“主人”束手无策，不但无法行使“主人”之权，而且既张不开口，也拿不起笔，更迈不动步，因为“什么都没用”。大陆国人都明白：官员也是人，一半是野兽一半是天使，管住他的兽性才能使他“替天行道”，自律靠不住。制度好可使好

---

70 谢韬：〈只有民主社会主义才能救中国〉（序言），辛子陵：《红太阳的陨落——千秋功罪毛泽东》，书作坊（香港）2008 年 6 月二版，上卷，页 xxxi。

71 人民网《网路舆情》2009 年 1、2 期合刊，页 34。浙江长兴县花费了 6 个亿修建县政府大楼，“办公大楼及其周边的配套设施，总的花费达到了 20 亿元。”

官更好，坏官无法使坏；制度不好，坏官放肆行坏，好官也会变坏；好官若不同流合污，就遭逆淘汰。

从中国当代发展之需来看，正确码放基础价值，为个人正名、为个人权益脱帽加冕，乃是最急需的人文基本建设。必须鼓励社会成员理直气壮地捍卫个人权益，惟此各种政策才能有一稳定的价值支点，社会运作才能渐上层次。很简单，一切社会进化都来自社会成员的需求，如果大家都"崇高"了，都没了"需求"，社会前进还有动力么？还需要前进么？当今大陆侵权如此普遍，原因就在于个人权益十分容易被侵害，受害者甚至觉得很正常——"中国嘛，就这样！"

"两头真"只要求自己的党兑现延安开出的民主支票，他们就瞑目矣。当年中共向国民党索要民主，"往往把一切国内的问题归纳到民主问题"，[72]吁求"废除一党专政"，如今不仅"六·四"开枪，公然声称"不搞多党制"，还不准回忆反右、文革；强迫信仰"一个主义"，文网之严远甚"五四"，言论自由远低国府，政治局常委退休后在香港出回忆录都限制重重，限制民众自由者，自己也失去自由！这难道是"灿烂彼岸"么？

无论如何，延安一代即将全部走入历史帷幕，"两头真"虽不至于"带着花岗岩脑袋去见马克思"，多少获得一点最后的安慰，毕竟遗憾远大于欣慰、痛苦远高于幸福。错走一生，用错一生，偌大中国因自己的"走错"蒙受巨灾，数代十多亿国人苦熬赤祸，至少七千万国人（如加上 1949 年前的三千万则上亿）倒毙赤尘。他们"悲壮的错误"之下，垫着内战、反右、文革、上山下乡、六四……至少需要半个世纪去"拭错"。价值方向上终一生而历二世呵！早年否定的晚年再迎回来，自己推立的"新社会"再由自己去扳倒，原来革命对象的资产阶级，越富越反动，这会儿成了"响应党的号召"，越富越光荣。截然相反的价值落差，石犹碎散，人何以堪！

---

[72] 文伯：〈陕北之行〉，原载《中央日报》1944 年 7 月 29 日～8 月 7 日。转引自王健民：《中国共产党史稿》（增订本），中文图书供应社（香港）1974～75 年，第三编 · 延安时期（上），页 335。

结　语

“领错图纸”既是中共的宿命，也是国人不得不接受的“社会存在”。中共万水千山推翻国民党，满怀正义铺展“最灿烂最科学”的马列主义……然而，可歌可泣的革命并不等于“主义”的正确。军政胜利了，所奉持的主义却失败了。如同尴尬的三门峡水库——整一个设计错误的工程。

《大学》：“物有本末，事有始终；知所先后，则近道矣。”“其所厚者薄，而其所薄者厚，未之有也”。马列赤说颠倒本末，乱了“始终”，错置“厚薄”，欲得正果——红旗飘万代，当然“未之有也”。祖先经验岂能随意“只手打倒”？个体差异如何硬性拉平，何必视差别为仇敌？破坏人文生态的硬改造、强拉平，只能适得其反。

共产革命最糟糕的是“革”掉了人类承传至今的经验，否斥一切传统，惟全新“红色理论”才是真正宝货。那么，您的全新之说从何而来？是否来自历史检验？何以最美？何以正确？赤色革命者将这一论证推至“革命后”，以“来世”躲检避验，以未来为自己立论，滑过最初的质询。以“来世”挡避今世检验，论证逻辑已同宗教。

看得很清楚了，共产赤说实为政治宗教耳，以未经历史检验的“全新”蓝图吸聚徒众，依靠暴力夺取政权，走的还是啸聚山林的造反老路。惟一不同的是：这次有了一件新鲜的洋外衣——科学共产主义，号称能够一劳永逸地终极解决一切社会弊端。然而，“最科学的学说”不仅没有带来正面效应，反而带来此前造反者不可能达到的破坏能量。此前造反者不过“彼可取而代之”，逆取顺守，夺权后袭传统循前规，转“革命”为生产，很快回到传统经验。这次赤色革命，摒弃一切历史经验，从头到脚全新、否定一切既有承传，完全按照马克思蓝图操作，用几十年的时间、亿万人的生命搞一场“主义”大试验，用火与剑强迫国人进入“共产”，再夹杂一系列个人权争，大杀功臣、“运动”人民，闯下旧时造反者无法折腾出的巨祸，至今难以彻底送客“马列”。

今天为祸日烈的“官二代”，当然也是封建大尾巴。李锐：“陈云就说过，还是自己的子弟可靠。”一场天翻地复、洒血千万的大革命，到头仍然“豆腐一碗”，能不受到最起码的价值质疑么？2011年，李锐老更明确地说：“共产党则逐步蜕变成一个控制全体人民思想的党，一个绝对不允许任何不同声音存在的党，一个彻底地反对人性、反对自由的党。这个副作用在‘建立新中国’以后逐渐暴露无遗。”[1]

虽然中共至今还在坚持“当年走社会主义道路是正确的，今天市场经济道路也是正确的。”但两个正确中只可能一个正确。“今上”炫耀的经济起飞并不是靠“延安药方”，恰恰靠放弃“延安药方”，重走资本主义道路。所谓“‘当年’、‘今天’都正确”，当然是“司马昭之心”。

中共如今以“历史不可能走直线”卸责，但“不可能走直线”能够成为“只能走曲线”的理由么？总结历史，当然只能用“直线”校正“曲线”，还能有其他尺规么？阶级学说卷帘之日，便是赤潮在华全面退落之时。马列主义一被中共自己修正，市场经济一复辟，也就是马列原教旨运动在中国的正式终结。得不到经济支撑的政治，当然不可能“万岁”。连老农都质疑：“邓小平说让一部分人先富起来，解放前我们村原来就有一户地主两户富农，已经是一部分先富起来了。早知如此，何必当初？”[2]

赤潮祸华，除了风云际会等复杂的历史原因，从文化角度，还是士林不清楚现代化的人文根柢为确立个权与价值多元化，马列主义、国际共运则是反向的一元化集权。左翼士林之所以迅速接受马列赤说，除了外敌环伺、日寇侵华等外因，主要的内因则是传统文化过于注重伦理道德，崇尚自我牺牲，限制了对个人权益的认识，致使中国走向现代化时价值失偏，被马克思主义轻易领走。五四士林无力拣选西说精华，“全盘西化”的背后乃是对西学的无力剔识。中共嘲笑人家“月亮外国的圆”，自己也是“月亮马列的圆”，一辙耳。

延安一代当然明白：否定赤潮等于否定赤史。三四代中共党人，一本正经带着最深沉的“阶级感情”，坚定惨烈地推行马列赤说，末了发现捏错图纸，干了大蠢事，还留下如此这般形格势禁的“国情”——打左灯向右行，拖着一根赤色意识形态大辫子，还不知最后如何收场！

---

1 李锐：〈我的延安经历〉（三），载《争鸣》（香港）2011年6月号，页67；《争鸣》2011年7月号，页67。

2 周大伟：〈从侯宝林的“革命理论”谈起〉，载《领导者》（香港）2012年12月号，页170。

赤潮祸华，延安一代及其后人不幸“被红色”、“被马列”，至今仍不得彻底挣脱。为此，检视“延安”脚印，查找走偏之因，甚为必要。此即本人之所以弃文就史，拿出最好一段人生岁月“把一切献给党”。

说到底，革命必须捏着正确图纸。没有洛克《两篇关于政府的论文》（1689）提出民主立宪思想，明确天赋人权与社会契约概念，论证政府职能在于保护公民各项权利，即“政府守夜者理论”，美国独立革命后，何以立国？杰弗逊凭什么起草《独立宣言》？黑格尔早就援引《新约》名言，一针见血剔析学界新流派一个挤掉一个的争名现象：当你埋葬前人的时候，将要把你抬出去的人已经站在门口了。[3]一味趋新实属浅薄，世上也不可能有那么多新东西，尤其经验沉淀度很高的政经制度与人文思想。

中共至今不肯彻底认输，不仅政治上抵制欧美，还想通过“理论创新”文化上抗衡西方。这种以维护政权为轴心的“政治努力”，当然是不可能完成的“历史任务”。尤其将一党专政粉饰论证成“中国特色社会主义优越性”，故意抹煞一党专政与民主自由的价值悖反，否认政治现代化乃国家现代化不可或缺要素之一，且居枢纽之要——只有政治民主才能既保证社会各阶层成员的各项积极性，又保障现代化果实为人民享有。民主已成为现代政治的“道德世界语”。

二十一世纪的中国当然只能还是向西方学习的一个世纪，中西文化落差仍呈台阶性。当寰内还在辩论私有财产是否“神圣不可侵犯”，西方已意识到物质财富只是幸福要件之一，和谐的人际关系才是更上位的幸福指标。他们认识到私有经济尽管使人们获得相应自由，负效则是人际冲突公开化，社会力量仍须压制私欲中邪恶的一面。为此，深刻表现人际关系的现代派文学应运而出，历经百余年调适，不仅西方现代文化获得历史性进步，整个西方人文环境也获得实质性优化。西方对自身缺陷的认识，远比我们对自身缺陷的认识自觉深刻得多。读懂西方现代人文思想，大陆思想界还有很长的路要走。毕竟，现代化不可或缺的基础是思想现代化。

---

3 转引自王元化：《清园近思录》，中国社会科学出版社（北京）1998年版，页40。

跋

本人宏观论著都来自最初的“霎那间有意味的冲动”，然后慢慢扩散渗胀，从一则想法引出一段思考、飘落一些文字、积成一篇文章，最后扩展成书。如果一开始就知道面对庞然大山，一定本能地缩回去——算了吧，何必呢？此山高耸险峻，吃力不讨好，风险一望可知。

致力延安一代士林研究，纯属个人行为，无任何资助任何助手，有的只是一路惊惑一路恐惧。若不解放思想，录写真实思考，这项研究毫无意义；而一解放一自由，必然出圈撞线，除了触惹官家，还得与根深蒂固的红色观念一路搏斗，不断遭遇自幼形成的各条缚绳——“是不是太反动？会不会捉进去？”本人终究只是一双缠后再放的“解放足”，全身各处勒痕深深，还有许多难以自知的暗伤。

投入这项宏大研究，所凭所借，只是身在林泉心怀廊庙的伤史思痛。步入延安城、掌抚太行山，思考山岳般巍峨的国史，留学于世留思于后，想想总还是值得的。我始终认为学（原理探究）与术（方策制定）应该结合，既要坚持“为学术而学术”，也不能借学术而回避现实，借研史而避今。求真求知求解，最终为了求鉴。过去发生的一切都是滋润今天与未来的养料，且为惟一之源，后代只能以前辈终点为起点。任何否定历史蔑弃经验的“革命学说”，都应引起高度警惕——他想干什么?!

拙著的形成与出版，颇为曲折。2004 年夏，长沙《书屋》编辑约稿，指定写延安知识分子。此前，我向这位编辑寄赠拙著《中国知识分子的选择与探索》，内有一章“延安一代”。他发现“矿脉”，命题作文，我承应下来，月余交差。不料，2004 年 9 月 2 日“胡哥”发表收缩性讲话——防堵意识形态颜色革命，《书屋》吃了批评，拙稿〈延安一代知识分子〉终审时四比一被毙。但本人的延安思考已经展开，很难刹车，积年累月，竟有了扩展成书的雏形。

2008 年春，香港中文大学出版社黎耀强编辑得知我有研究延安一代的意向，且有前期规模性投入，鼓励我加力完成。黎先生原为香港中大《二十一世纪》编辑，拙文〈文革狂涛中的知识分子〉责编，知道我对知识分子研究有兴趣，经甘琦社长同意，向我口头约稿。《延安一代》进入该社选题行列，交稿期初定一年。既经约定，全力投入。一年后，书稿初成，再打磨半年。此时，拙文〈中共胜利的基干队伍——延安一代知识分子〉已载《二十一世纪》2009 年八月号。2009 年秋，黎耀强调离中大出版社，拙稿随遭某匿名审稿人黜落。具体评语未与我见面，转告大意：感情色彩强烈，太重褒贬，文学笔调，缺乏学术性等等。2010 年 1 月 12 日，中大出版社甘琦社长来函："怪我管理不力。评审过程中多有得罪。也的确遇到不可抗力因素——未来有一天或可相告。"与中大出版社的合作只能结束。不过，没有该社的鼓励，此著不可能开工，更重要的是若非定于香港出版，不必顾虑内地种种禁忌，我将不可能相对自由地展开思考，不可能不落违心之语，更不敢全面检讨"金光闪闪的马克思主义"。至于是否"褒贬过烈，感情过浓"从而影响客观性学术性，不便自评，只能递交读者了。

2010 年初，香港时代国际出版有限公司老板徐跃先生接纳拙著，7 月签订出版合同，徐跃表示"不考虑市场"，一时使我深感"德不孤"。可徐跃先生未能践约，且很失风度地不解释原因，一躲了之。只能推测受到官方压力，他在上海有公司。其实，他只要解释一下，我能理解。2012 年初，《开放》主编金钟先生接下拙稿，评价甚高。此时，国家强力机关拦阻，严令"十八大"后才能出版。延宕近一年，2013 年初进入校排、挑选插图。然终因拙著的学术化，论述宏观，无市场效应，2013 年 4 月，金钟先生要求从 57 万字删至 30 万，当然明白已萌"退意"。6 月中旬，金先生托蔡姐婉言示退。也巧，5 月在上海鲁研馆偶遇台北秀威资讯科技股份有限公司主编蔡登山先生，因感觉金先生"不稳"，改嫁"秀威"，蔡先生接下拙稿，组织审阅，一月后示纳，认为"很有出版价值"。7 月下旬，接到秀威"出版合同契约书"。从相当意义上，台湾"秀威"对拙著的接纳，当然是两岸政治文化的一种融合。

此前，金钟先生的"删议"已使我开始"瘦身"。2013 年 7 月 7 日结束香港中大访学，为不辜负"秀威"赏识，也为了尽量对得起读者、对自己负责，最后全力投入一月修改加工，删去五万余字。出版的延宕，客观上有助于拙著精化，虽然每次修改都使我精疲力竭。

真诚感谢钱理群先生。2010 年 8 月中旬，钱先生冒酷暑审稿撰序，给了"正当其时"的评语。钱先生对拙著的一系列点拨，深化了我的思考，融入此后几度修改。

真诚感谢李锐老，2010 年 10 月 13 日，接李南央北京来电，告知锐老看了一些章节（包括对锐老的尖锐评析），认同拙著观点。10 月 17 日，李南央电函："我父亲完全接受您对于'大公无私'的批判。让我转告您，'大公无私'的本质还是不讲人性，共产党的一切错误均源于毁灭人性。他和别人的谈话中，已开始将您的见解溶于自己的思考。"得到锐老如此肯定，深感荣幸，亦触摸到这位老延安的"一直真"。

大陆"五〇后"一代，认识真实固然不易，更困难的是表达真实。"说真话"不仅需要勇气，还需要"踩线不过线"的技巧。后人难以相信：二十世纪下半叶，数代国人面对真实的第一意识是回避。他们更难相信，"说真话"何以需要勇气与技巧?!"走向真实"的这一难度，恰恰正是中国与欧美之间的人文差距：第一步的真实都那么困难，遑论第二步第三步的评析真实！

文革"胜利结束"（华国锋语），笔者以七〇届初中生进入黑龙江大学七八级中文系。此时，已入大兴安岭八年了。毕业后，分配至浙江省政协，两年后请调高校。阅人历世，含耻的少年（成分不佳）、黯淡的青年（上山下乡）、艰难的中年（贫穷困顿），每一步都使我深感国家贫弱、文化落后、左网难挣、左脉深长。1990 年代，先入杭州大学攻硕、再入复旦大学攻博，学位论文均选题"二十世纪中国文学人性研究"。人性研究成为个人思想发展的转折点，使我认清赤潮之所以偏斜歪谬的理论根源，获得批判赤说的价值支点，研析赤源渐成无法阻遏的价值自趋。也可以说，幼年由"专政"掷入心底的羞辱还是发酵了。我承认：只要一想起文革巷口的抄家锣鼓，一忆及我与姐姐小兔般惊慌失措瑟瑟发抖，就无法不涌起"阶级仇恨"。这一辈子总得哼出一二声吧？虽不至于掷还羞辱，总还可以研析一下如此极端的左学赤说何以大行，探讨一下如何为其彻底送葬吧？

2004 年，章诒和一句"能够悲伤也是一种权利"[1]，读得我心惊肉跳，只有经历过 1950～70 年代的"陆民"才能读出内中含量。当今青年怕是很难理解"能够悲伤"何以还是"一种权利"？这阵心惊肉跳坚定了我的研究信心，认定研究"中国为什么走得这么偏"深有价值，至少应该明白红色革命使我们失去了什么，应该为后代再要回什么？

[1] 章诒和：《最后的贵族》，牛津大学出版社（香港）2004 年版，自序，页 2。

长年蹲察延安一代“否定之否定”人生轨迹，一路心情沉重。大革命一代、红军一代、延安一代，就过程而言，红色革命确实可歌可泣。周文雍、陈铁军、夏明翰、方志敏、江姐……长征的万水千山、三年南方游击的艰苦卓绝……怎能不感佩壮怀激烈的牺牲、不赞叹气薄云天的意志？可是，“砍头不要紧”，根柢在于“主义真”。烈士牺牲的价值在于“主义”的正确，而非牺牲本身的感召。壮烈牺牲并不自动等于“主义真”。革命所支付的一切代价，必须由革命扶立的新制度出示价值。马列主义的伟大必须体现于经济绩效与社会进步，而非擎举赤旗者自封的“伟光正”。

国际共运造成全球一亿人非正常死亡，“革命后”的死难者数十倍于“革命中”、数千倍数万倍于“革命前”。当俄中东欧朝越古柬等赤国齐崭崭出现“社会主义经济危机”，生产长期低迷，社会失去活力，饥馑频发，还怎么支撑国际共运的“正确性”？受害人能不探讨一下造成赤难的根源么？红色烈士，尴尬呵！拼作阶下囚，工农未解放；抛颅洒鲜血，换来大灾难。大革命后不仅未大变，反而雾更浓夜更长呵！如此壮烈牺牲与巨大实践代价，换来的只是证实共产图纸的荒谬。检视这一行行先烈的红色脚印，长夜难眠，悲从衷来。

朝鲜、古巴至今仍生活在极端贫困之中。朝鲜的“先军政治”（军事优先）使1/3国家财政用于军费，2300万人口养军170万；2009年，朝鲜约870万人缺粮，不少人得靠野生食物维持生存，1990年代饿死300万人。[2]2006年，一位生活在平壤的粤人说，平壤人均月薪不超过 30 元人民币。[3]2010年，古巴国企工人平均月薪仅约20美元。[4]

海桑迭变，星月犹然；西风残照，汉家陵阙。幸亏人事有代谢，往来成古今；风雨验真伪，正邪终自明。任何独裁者都无法挣脱自然规律，都有退出历史舞台的一天。再华丽的皇冠终将落地，再雄伟的宫殿也会衰败，飘风不终朝，骤雨不终日，惟合乎人性的认识才会凝成传统，真正“自有后来人”。各种喧嚣一时的歪理邪说毕竟行之难远，必失其“鹿”。后人总是按照自己的需求一遍遍审视前朝旧事，从而形成一轮轮“最新认

---

2 2009年7月20～24日，沪视纪实频道“眼界”节目，连播五集“直击朝鲜”。

3 刘文忠：《新海国图志》，崇适文化出版拓展有限公司（澳门）2007年版，页17。

4 周喆：〈古巴“地下餐厅”有望浮出水面〉，载《人民日报》（北京）2010年8月9日。

识”。后人不可能为前朝谬误守岁。一种不符合普遍人性的学说与制度，无论打着怎样的旗号，无论曾经得到怎样的欢呼，都不可能得到后人继承，这就是谁都无法逃脱的“最后审判”。

我们这一代学子也有千载难逢的代际机遇：只要收拾收拾旧山河，打扫打扫前几代乱搭误建的“人文违章建筑”，就能建功立业——“朝天阙”。时代需要我们完成的也似乎只是反思一段带着体温的历史，仅须摘除前面二三代的人文错误，拭净红色墨渍，就可“成果累累”。从思想史角度，我们这一代虽然未能创立新式学术体系，推出创新思想，但也留下一笔代际人文遗产——将赤说钉上“千万不要忘记”之柱。

研析延安一代的难度在于必须捧接延安一代塞给我们的“历史遗产”，我们无法选择历史，只能按“延安逻辑”迈出最初步伐。上山下乡空耗我辈青春，吮吸不到传统养分，却稀里糊涂吞下一串串歪扭错乱的红色货色。最有难度的是必须承认延安一代的抗日功绩与革命初衷，又须一步步拨找走向极端的各种原因。史看两翼，话说两面，难度自然不小。当然，还得不时掂量必须面对的“无产阶级专政”。研究带着历史体温的延安一代，势必涉及对国际共运评价，要挖到赤色思潮的祖坟。

拆刨赤厦的价值地基，必然会有“不同意见”。重新迎请“个人主义”，似乎先得牺牲一点“小我”，没有一点“为难”是不可能的。在限制性甚大的一生中，为此项研究“承受压力”已是可选择范围内的“最大值”。如果为此承受“时代局限”、支付“历史代价”，也只能“时刻准备着”。从小仰慕岳母刺字，感佩张苍水题文天祥：“宋室已亡惟有死，千秋名节不消磨”。容烈辞壮，气薄云天。如因研究赤潮而支付代价，只当“精忠报国”了。宁可枝头抱香死，不随落叶舞西风。明知当为而不为，非吾之所为也。此生也就这么一次值得的“报国”机会了。

资料上，拙著局限甚大，只能运用大陆书刊与有限的港台书刊，视角与立场不可能不受限制，尤其是难以自察的局限。二战时期，英国人十分震惊从德国反纳粹流亡者口中听到半法西斯观点。[5]我也难以避免像空气一样进入体内的红色思维，难以避免“以赤反赤”。不过，只能这样了，这

---

5 （英）哈耶克：《通往奴役之路》，王明毅等译，中国社会科学出版社（北京）1997年版，页16。

也是我们“50后”难以挣脱的代际特色。当然，使用大陆资料也有一大优势，可免却中共对我资料来源的攻讦，庶可脱“恶攻”之嫌。

近十年，我常为自己的“反动思想”不寒而栗：幼稚园就被红色影片《红霞》深深打动，至今仍会哼唱〈祝红军〉；少年时代精读《红旗飘飘》，文革岁月一遍遍守看红色影片《突破乌江》、《金沙江畔》、《英雄儿女》……为中共艰难百战唏嘘不已；青年时代读《共产党宣言》激动血沸；中年竟发生如此大弯折，临近晚年写下这么一本“反动”之极的书，每念及兹，骇怖不已。

生逢左潮，至今仍生活在这场大荒谬的拖影中，不得不“把一切献给党”，悲哉？幸哉？研究一种已被证谬的思潮，远不如研创一项新型学说有价值；搬开一块挡路旧石，总不如修筑一条新路更有意义。可我们这一代的宿命是：出生在黑夜之中，只能先挪走黑暗，才可能迎接光明。

希望后人通过拙著浓缩窥测中共革命，亦向几十年、几百年后或会出现的新一波革命者提个醒：小心革命，尤其小心提出重起炉灶的思想家！思想不仅会杀人，威力还远在原子弹之上！社会发展虽然离不开改良，似乎也需要一点革命，但对任何拆房换梁的框架性彻变一定得小心！对任何一步到位的“革命”都必须大打问号。人类社会的复杂性远远超出任何个人的认知能力，任何个人都不可能包打天下。最最重要的是：任何革命绝不能以毁弃既有文明为代价。去就有序，变化应时；一代完成一代的任务；非暴力低动荡、渐循序微代价，这两点是血淋淋的二十世纪国际共运留给人类的人文遗产，值得后人再三躬身细察。

最后，感谢拙妻张米云，没有她的一路伴行与价值认同，很难独行至今，亦无力走完这趟漫长痛苦的“延安之旅”。

再谢秀威公司厚爱，俯允补订版，使我有机会订正初版中的错误，补上延安士林代表人物小传。

裴毅然

2014年11月30日于沪·三湘

附录一

深春访锐老
——马列理论本身就全错了

原载《开放》(香港)2011年七月号　编辑改题〈李锐谈毛泽东、三峡〉

裴毅然

二〇一一年五月二十九日十时，历经跌宕曲折（因有关部门再三阻拦），终得走进北京木樨地那幢老旧的高干楼（曾住不少名流，如萧三、王光美等），见到我心目中的当代英雄——李锐老，中国政改思想界领军人物，延安一代硕果仅存的健在者。由于求见者甚众，不少还是“烂屁股”，若非京中友人引荐，我很难被允见。一起去的还有一对中年夫妇，当然也是锐老的崇拜者。

锐老坐在客厅沙发上，利索地起身握迎，真没想到九五老翁身体这么好。锐老生于一九一七年，身板略曲、握手有力、声音洪亮、反应灵敏、思维活跃、表达流畅、记忆准确、写字有力，惟右耳有点重听及对近事记忆稍欠。见锐老身体状态如此良好，暗暗为国家高兴。不过，锐老见我长须飘胸、发乱肤黑，不太像谦谦学者，侧望生疑：“你就是××介绍的那个研究延安知识分子的教授？”幸好捏有友人手书“介绍信”，连忙递上。落座之后，谈话立即进入正题。

李　锐：你研究我们延安一代，怎么研究的？

裴毅然：从你们“一二・九”一代进入中共阵营开始，从学历构成、思想追求、价值理念、人生经历等各个方面切入，主要构勒剖析你们这一代的人生际遇与思想历程，重点当然是你们延安一代红色士林对马列主义与中共革命的认识，尤其是前后发展变化的认识。

李　锐：延安是中共打败国民党的基础，抗战前只有五万党员。不过，我们延安一代的本质很难认识，一般人很难有深入认识。我近年思考三大问题：人类社会进步到底依靠什么？主义与理论是个什么东西？共产党应当怎样革命、执政？对于这三个问题，如今老中青三代都有人在谈，但多零零碎碎，很少进行系统研究。可以说，全国上上下下、党内党外糊涂为主，全明白的人不多。马列主义、共产党都是外来货嘛。

裴毅然：那么，锐老您的思考呢？

李　锐：我认为革命本身不可否认，即革命本身不可避免。当年辛亥革命，从孙中山开始，后来袁世凯复辟、蒋介石独裁，迟迟不抗日，都起了将我们这一代推向中共的作用。马日事变时，尸体就横在我家门口，十四五岁的红色少女被推去杀头时在街上大呼口号。中国的事儿首先怪蒋介石，否则共产党起不来。抗战胜利后，国共不打，事情也好得多。

裴毅然：您出生的家庭很好，从小受到良好教育……

李　锐：我父亲一九〇五年由张之洞公费派日本留学，即参加了同盟会，与宋教仁是同乡同年，早稻田大学的同班同学，同黄兴是好朋友。民国二年，我父亲当选国会议员，与谭延闿也是朋友。但我父亲死得早，一九二二年就去世了。我母亲是女子师范毕业的，湖南第一批接受现代教育的妇女。母亲对子女教育很严格，特别要有好品格。我十七岁进武汉大学，学的是工科。思想激进。“一二·九”后，自己组织起共产党。武汉大学一个教授写信给我母亲，说你的儿子有危险。一九三七年二月，母亲特地赶来武汉，在武汉大学边上租房住下，监视我行为。她跟我说：如果你父亲在世，也会赞成共产党；但蒋介石厉害，被抓住要杀头的。三七年五月，我就跑了，上北平去接党的关系了。

裴毅然：你们“一二·九”一代都是这么满怀激情与革命理想奔赴延安的。

李　锐：当然，我们就是为了救亡、为了五四精神，追求民主与科学，反对国民党，投奔共产党。就住在我们这幢楼里的王怀安，当过最高法院副院长，被打过右派，一九四〇年他从四川带了一百多名大中学生到了延安，但整风后期都被打成特务。延安那会儿竟“抢救”出 1.5 万个特务，实际一个特务也没有。我也坐了一年多的牢，那个滋味儿可不好受，连续五天五夜不让睡，眼皮都不准眨，旁边站着一个端枪的。我受刑还不算严重的。这是康生从苏联带回来的肃反经验，据说只要多少天不让睡，就会讲真话。中国自古没有人权传统。

裴毅然：关于老毛呢？锐老您在这方面很有研究。

李　锐：毛泽东嘛，李六如的夫人与我母亲是同班朋友，她告诉我母亲，当年毛泽东常去他家，不讲卫生，她经常给毛洗长褂子，那个脏呵！毛泽东比古今中外皇帝都厉害的，比列宁、斯大林还厉害的，是控制人的思想，要改造人的思想，改造最好的就数林彪了。全国人民学雷锋，都当螺丝钉。党员当驯服工具，不可以有自己的思想。共产党实际上就是一个农民党，早期的杀人放火，一点不假。苏区肃反，杀 AB 团，自己杀自己人居然杀了十万。黄克诚一生十来次挨整，第一次就是反对杀人放火。毛泽东革命有功，治国有罪，滔天大罪呵！

裴毅然：锐老，老毛的革命有功，好像仅仅只针对中共一党，对国家实在谈不上什么功绩。从抗美援朝、思想改造、三大改造、反右、三面红旗、大饥饿、文革，真是没有一件做对的。同时，也正因为“革命有功”，他才有本钱如此折腾国家。你们革命原本想为下一代开创一个更优美更合理的新社会，结果弄得我们知青一代不让读书，上山下乡，去走什么“五七道路”，读的书比你们这一代还少，开历史倒车，还自封“伟光正”！这难道是你们在延安时想要的“明天”么？

李　锐：是的，毛泽东的这笔账迟早要彻底清算。老实说，我能活到现在，还有这么个状态，也靠人家美国的科学技术，我安过两次起搏器，二〇〇八年又做心脏手术，还有搭桥支架，都是美国发明的。中国文明有世界影响的恐怕只有饮食了。中关村与硅谷是人类的希望所在。知识分子是社会与国家的大脑，工人农民不过是手足四肢，四肢要听命于大脑的。毛泽东晚年还反对知识，硬要知识分子走工农化道路，要知识分子向工人农民学习，不是历史大倒退么？一九七九年后，我去过美国三次，美国二百多年历史，真是一张白纸上好画最新最美的图画。诺贝尔奖获得者，70%在美国，18%为犹太人，12%德国人。苏联斯大林清除异己，但没有整知识阶层，所以卫星还能上天。我跟胡乔木关系很深，1955 年他要我为《人民日报》写社论，我写了一篇〈干部一定要学习自然科学〉[1]，也登了，但等于白写，很快就开始反右，只讲政治不讲科学了。

裴毅然：唉，毛泽东呵，这个毛泽东！什么大救星，明明是颗……

李　锐：我再跟你们说一个毛泽东的事儿。去世的诗人萧三，原来也住在这幢楼里，我们之间有接触，他说毛泽东是×××，很难听。杨开慧的一些手迹藏在住宅墙壁里，八十年代修故居时发现了，湖南党内刊物上曾予以刊出。前几年湖南来人告诉我，有些要害话被删去，如说毛是"生活流氓、政治流氓"。她的哥哥杨开智，1929 年去过井冈山，杨开慧知道毛泽东娶了贺子珍。她带着三个孩子住在长沙东乡六十里的板仓，毛泽东两次打长沙都经过此处。省长何键为报仇，将杨开慧逮捕，逼她登报同毛离婚，她不应允，于是将她杀害。易礼容这个人知道嘛？易礼容同我谈过杨开慧临刑前押在人力车里遊街，她大喊："我不要死！我不要死呀！"因为她还有三个孩子呵！毛泽东一

[1] 李锐：〈干部一定要学习自然科学〉，载《人民日报》（北京）1955 年 7 月 15 日。参见《李锐文集》，香港社会科学教育出版有限公司 2010 年版，页 167～171。

生好动喜斗，人品坏，我最近有一首打油诗，唉，这个你别记，……最后两句是：其乐无穷拼命斗，家亡国破全由他。

裴毅然（犯难地）：锐老，这么好的句子，为什么不让记呢？可以放到以后发表呵。

李　锐（慈祥地）：好好，你记吧，记吧。唉，中国自古以来既没有人权和民主自由传统，也没有科学尤其自然科学传统，毛泽东培养的是奴才，尤其是林彪这样的奴才，人才根本就不要，只要听话的，不要会思考的，逆淘汰呵！真是频频运动无限哀，人才不要要奴才。现在这个问题没有根本解决。胡绳晚年觉悟了，说毛泽东不过是个民粹主义者，他的《八十自寿铭》："吾十五有志于学，三十而立，四十而惑，惑而不解垂三十载，七十八十稍知天命。九十无望，呜呼尚飨。"胡乔木就一直没觉悟。

裴毅然：今年是辛亥百年与中共建党九十周年，你作为延安一代党员，对自己这一生与这场革命有什么提炼性总结？

李　锐：我认为人类进步不靠革命靠改良（改良与改革在西方是一个词 Reform），不靠主义靠科学，尤其自然科学，有绝对真理，社会科学惟有靠实践证明，事前无法预先证明。英国还有女皇、日本还有天皇，但人家近代无内战，发展得很不错。至于我自己这一生，做人与当共产党员发生根本矛盾时，我不惜牺牲一切坚持了前者，对得起自己，也对得起历史。我有种感觉，人最难受的是什么？是挨饿，我在北大荒挨饿，几乎饿死！我们需要重新认识马列主义，马列主义基本理论完全错了。我为张宣三（比我大一岁）写的书《重新认识马克思主义》写过序言，谈到这个问题。有大陆作家到美国写了一本书《谁是新中国》，说"新中国在台湾"。中国不变不行，党不改革不行。至于当今有的领导人，我说他们是系着红领巾长大的，上面来人叫我不要这么说，可这么说难道错了么？

裴毅然：不能说真话，或者说不让说真话，这样的感觉实在太不爽，社会环境也很压抑。比如我来见你，没想到会那么不容易。

李　锐（指着电话机）：唉，连我这里的电话都是监听的。最近有一个离职的外国官员要来见我，要人家通过外交部，人家说以平民身分见一位中国公民，弄得那么麻烦，就不请求了。

裴毅然：锐老，能否请您再谈一下三峡，我知道这是您心里的一大情结。

李　锐：别提了，最近找我的人多，都是为了三峡。温家宝五月十八日开会，提出三峡有问题了。三峡的种种问题，特别是水库各县的泥石流、山洪问题，泥沙淤泥等问题，以及对下流的影响等，过去论证时，反对者都再三提出过。对长江河床的变动和影响等，过去也都关心过，下游几个大湖出现的干涸等，是否有关？

裴毅然（插话）：最近报导沉入水底 330 年的江苏盱眙洪泽湖西岸明祖陵旱露，洪湖等湖泊比历史同期减少四成水量，上千座水库低于"死水位"运行，鄱阳湖水量为历史同期均值的 13%。[2]

李　锐：水利大专家黄万里来我家两次，我总记得他说的愤慨话："三峡建成出了事，在白帝城头（如岳王庙一样）也将铸三个跪着的历史罪人：中间钱正英，两边张光斗、李鹏。"黄万里了不起，黄炎培的五个儿女都被打成右派。

裴毅然：让人大代表投票表决三峡工程，本身就是一则历史笑话。这种需要高度专业基础为判断前提的活儿，怎么能让一大帮外行来搞最高决策的投票呢？

李　锐：当时发给人大代表的都是赞成三峡工程一方的材料，负面意见一律隐匿，不提供。大会投票时，不让反对的人发言；

---

[2] 张磊（记者）：〈明祖陵 300 年重见天日〉，载《扬子晚报》（南京）2011 年 5 月 20 日。郭远明、沈翀：〈长江中下游旱情：人为因素不可忽视〉，载《新华每日电讯》（北京）2011 年 5 月 25 日。

投反对和弃权票的人八百多，这是历史上没有的。我知道最后决策人邓小平也有责任。他去三峡，陪他的是长江水利委员会原负责人林一山的秘书，对他说三峡大坝修起来后，万吨轮船可直达重庆。邓小平听进去了，他是四川人嘛，便坚决主张修。其实南京和武汉长江大桥都只能通过五千吨的轮船，于是后来将万吨轮船改为“万吨船队”，这真可以当笑话了。

裴毅然：锐老，您的晚年思考使你无意中攀上历史峰巅，您已成为“一二·九”一代的标志性人物，或者说是这一代中共党员中的一道独特风景线，您的著作、文章已经入史，成为中共党史中别树一帜的“李学”，党史研究者必读呵。往深里说，您的“李学”必将提醒后面的革命者，告别暴力，告别革命。

李　锐（谦逊一笑）：哎，你留着这么长的胡子，今年多大啊？

裴毅然：我今年五十七周岁。

李　锐：哎，玉珍（锐老夫人），他只有五十多岁！只有五十多岁！

看得出，锐老为“自有后来人”而高兴。我自己的感觉则大不同，年近六旬，岁入秋暮，能为国出力的日子不多矣！

临出门前，瞟见锐老书房桌头放着封面十分熟悉的《李作鹏回忆录》，刚刚新出的港版书，他的阅读很前卫呵！

我与那对夫妇各购一套锐老新近港版《李锐文集》（得锐老题词），满载而归。我自然会一如既往关注锐老，从事“李学”，归纳整理“一二·九”一代用生命换来的“红色经验”，融入当今社会转型，并交递给下一代——远离暴力，宁要改良不要革命。

2011-5-30～31 整理・于沪

2011 年 6 月 12 日经李锐老详细审定。

附录二

延安士林代表人物小传（按字母排列，134 人）

艾思奇（1910～1966）出身云南腾冲官吏家庭（父为省民政司长）；留日入福岗工大；1935 年入党，1937 年赴延，中央文委秘书长、《解放日报》副总编；1959 年中央党校副校长，学部委员。

艾青（1910～1996）出身浙江金华地主，入杭州西湖艺专，留法生；1941 年赴延，1945 年入党，延安《诗刊》主编；1949 年后，《人民文学》副主编，1957 年“右派”，下放黑龙江、新疆；1979 年中国作协副主席。

安志文（1919～　）安子文三弟，出身陕西子洲官宦家庭，绥德师范毕业生；1936 年入团，1937 年入抗大并入党；绥德地委秘书长、高岗秘书；1949 年后，计委副主任，吉林省革委会副主任、六机部长，国家体改委党组书记，中候委。

白朗（1912～1994）罗烽妻，出身沈阳名医，嫁表兄罗烽（中共党员）；1935 年随夫赴沪，加入“左联”；1941 年赴延，《解放日报》副刊编辑，1945 年入党，《东北日报》副刊部长，《东北文艺》副主编；1949 年后，东北文协副主席、人大代表；1958 年划“右”，下放煤矿劳改；1979 年入中国作协。

草明（1913～2002）出身广东顺德乡绅家庭，广东女师生，1932 年入“左联”，1935 年被捕，次年获释；1940 年在渝入党，1941 年抵延，中央研究院研究员，参加延安文艺座谈会；1949 年后，鞍钢副书记、东北文协副主席、北京第一机床厂副书记、中国作协理事。欧阳山妻。

陈伯达（1904～1989）出身福建惠安乡绅（父亲秀才）；集美师范毕业生，1924 年入上海劳动大学中文系，1925 年加入国民党，1927 年 4 月加入中共，9 月入莫斯科中大；1937 年赴延，中央党校教员、毛泽东秘书；1949 年后，中宣部副部长、《红旗》杂志总编、中常委；1970 年被打倒，1981 年判刑 18 年。

陈荒煤（1913～1996）出身湖北襄阳军官家庭；省立二中毕业生，1927 年入团并加入“左联”，1932 年入党；1938 年秋赴延，鲁艺文学系主任，文艺评论家；1949 年后，中南军区文化部长、文化部电影局长，文化部副部长。

陈企霞（1913～1988）出身浙江鄞县商家，宁波甲种商业中学肄业；1933 年加入“左联”，9 月入团，年底转党，被捕一年余；1940 年初携妻赴延，《解放日报》副刊编辑，出席延安文艺座谈会，华北联大文学系主任；1949 年后，全国文联秘书长、《文艺报》副主编；1955 年打为“丁陈反党集团”，1957 年划“右”，取消行政十级，发生活费 96 元；1961 年入杭大中文系；文革后浙江作协副主席。

陈学昭（1906～1991）浙江海宁盐官书香之女，1922 年入上海女校，留法文学博士；1940 年赴延，《解放日报》副刊编辑，1945 年入党；1949 年后，浙江大学党支书、浙江文联副主席、专业作家；1957 年“右派”，发落杭州大学图书馆。

陈涌（1919～　）广东南海人，初级师范毕业生，1938 年入抗大并入党，《解放日报》编辑；1949 年后，《文艺报》编委，中社院现代文学组长；1957 年划“右”，文革后中办研究员、中央书记处研究室顾问、《文艺报》主编。

陈慕华（1921～2011）出身浙江青田地主，陈诚侄女；1938 年赴延，抗大四期生，6 月入党；热河军区一科参谋、医院副院长；1949 年后，国家计委交通局处长、外经委三局副局长、外经部长兼党组书记、中国银行行长兼党组书记、计生委主任、全国妇联主席、国务委员、副总理、人大副委员长，政治局候委。

池必卿（1919～2007）出身山西平定县上庄村，1935 年入太原友仁中学，校“民先”小队长，1937 年入党；平定县委组织部长，1949 年后，太原市委第一书记；文革受冲击，1969 年天津革委员副主任，1971 年再受迫害，1975 年后内蒙第二书记、贵州第一书记兼省军区第一委；中央委员、中顾委员。

邓力群（1915～2015）出身湖南桂东地主，1935 年入北大经济系，1936 年入团并转党；1937 年初赴延，马列学院教育处长、中央政治研究室组长；1949 年后，《红旗》副总编，中社院副院长，中宣部长、书记处书记；晚年自传《十二个春秋》嘲笑“全民公决”，认为中共毋须证明就代表全民利益与人类最美好未来。

丁玲（1904～1986）湖南临澧大地主之女，1923 年入上海大学中文系；1930 年参加“左联”，1932 年入党，1933 年被捕，1936 年赴延；《解放日报》副刊主编；1949 年后中宣部文艺处长；1955 年打为“丁陈反党集团”，1957 年“右派”；终身深陷赤说。

丁雪松（1918～2011）四川巴县贫家女，就读省立女子职校；1937 年入党，1938 年入抗大三期，李鼎铭秘书；抗战后与丈夫回朝鲜，1950 年返国，国务院外事办秘书长、对外友协秘书长、驻荷兰、丹麦大使。

杜润生（1913～　）出身山西太谷富农，1934 年入北师大文史系，1936 年入党，1937 年入太行山赤区；义勇军三支队长、太行山党委宣传科长、教育处长；1949 年后，中科院秘书长、中央书记处农村政策研究室主任、国务院农村发展研究中心主任。改革派。

杜导正（1923～　）出身山西定襄乡村教员，1937 年入定襄县中，同年入党；应县民运部长、《晋察冀日报》记者、新华支社副社长；1949 年后，新华社广东分社社长、《光明日报》总编、新闻出版署署长、《炎黄春秋》杂志社长。

方毅（1916～1997）出身厦门城市贫民，厦门一中生；1930 年入团，次年转党；厦漳团支书、厦门市委书记、新四军五支队政治部主任、山东省副主席；1949 年后，福建副主席、上海副市长、财政部副部长、计委副主任、外经部长；文革受迫害，文革后中科院长、国家科委主任、副总理，国务委员、政治局委员、书记处书记；认为毛泽东乃中国有史以来最大暴君。

冯牧（1919～1995）出身北京知识家庭，毕业于北平辅仁中学，1938 年入冀中赤区，1939 年抵延，入抗大、鲁艺文学系，《解放日报》文艺部编辑，1946 年入党；1949 年后，昆明军区文化部副部长、《新观察》主编、《文艺报》副主编；文革后，文化部政策研究室负责人、中国作协副主席、《文艺报》主编。

范元甄（1921～2008）李锐前妻，出身武汉富家，1937 年 8 月入党，第三厅演剧九队支书；1939 年与李锐赴延，入马列学院；1949 年后，湖南省工业厅主任秘书、航空工业总局总技术处长；至死崇拜毛泽东、抱持阶级论。

范文澜（1893～1969）出身浙江绍兴书香世家，1917 年毕业于北大国学门，孙中山秘书；1926 年入党，后失去组织关系，1939 年重新入党；北平大学女子文理学院院长，1940 年赴延，中央研究院副院长；1949 年后，中国科学院近代史所长，中央委员，学部委员。

范明（1914～2010）原名郝克勇，出身陕西临潼耕读世家，父为杨虎城部骑兵营长；1932 年入团、1933 年入复旦大学，1937 年 10 月入安吴青训班，1938 年入党； 1942 年由毛泽东改名范明；1946 年西北局统战部处长、“一野”政治部秘书长；1949 年后，入藏 18 军独立支队司令兼政委、西藏工委书记、西藏军区副司令、少将；1957 年因写小说《新西遊记》划“极右”，批斗百余天；1958 年发配长白山劳改，1962 年因彭德怀案监禁，1980 年出秦城，陕西省政协常务副主席。

冯兰瑞（1920～　）李昌妻，贵阳人，入学贵阳达德学校；1938 年 1 月入党，1940 年赴延，入中央青委、中央研究院，1949 年后《中国青年报》编委、哈工大宣传部长、黑龙江统计局副局长、中社院马列所书；晚年反思者。

傅冬菊（1924～2007）傅作义长女，1946 年毕业于西南联大外语系，1945 年入少共，1947 年入党，成功劝降其父；1949 年后，天津《进步日报》编辑、《人民日报》编辑；文革被残酷批斗，文革后，调新华社香港分社，从事统战。

顾准（1915～1974）出身上海小商人，自学得聘大学会计教授；1935 年入党，江苏文委书记，1940 年入苏北赤区，1943 赴延学习，1946 年山东财政厅长；1949 年后，上海财税局长、上海财委副主任、华东财政部副部长；1952 年打为“思想老虎”；1953 年建筑部财物司长、经济研究所研究员；1957 年划“右”，1962 年摘帽，1965 年再次划“右”，妻子汪璧 1967 年自杀；党内反思第一人。

戈扬（1916～2009）江苏海安工商地主之女，1937 年毕业于镇江师范；1941 年入党，新四军新华支社主任；1949 年后，《解放日报》驻京办事处主任、《新观察》主编，1957 年“右派”；六四后流亡美国，著名民运人士。

葛佩琦（1911～1993）出身山东平度贫农，“一二·九”分子，1937 年毕业于北大物理系；1938 年入党，潜任国民党东北行辕政治部少将督察，因与单线连络人失去联络；1951 年中国人民大学讲师，1957 年“鸣放”，《人民日报》歪曲发表其发言，钦点“大右派”，无期徒刑；1975 年特赦出狱，双目失明，生活艰难；1983 年平反。

郭小川（1919～1976）出身河北丰宁知识家庭，高中生，1937 入党，入马列学院；1949 年后，中国作协副书记兼秘书长、《诗刊》编委、《人民日报》记者。

郭汝瑰（1907～1997）出身重庆铜梁乡村教师，黄埔五期生，1928 年秘密入党，入陆军大学、庐山军官训练团；抗战期间国军师长、军务署副署长；抗战后国防部作战厅长，密递中共百余次情报，制定种种助共部署；1949 年 7 月兵团司令，12 月率部宜宾反水；1949 年后，中共不恢复其党籍、不授军衔，南京军事学院副处长；1957 年因“特嫌”一度被捕；文革被批斗，1970 年回巴县定居；1980 年准许入党，1985 年副兵团级待遇。

龚澎（1914～1970）乔冠华妻，出身合肥军官家庭，1936 年入党，次年毕业于燕京历史系；八路军总部秘书、《新华日报》记者、中共代表团秘书、香港工委外事组副组长、军调处中共新闻组长。1949 年后，外交部新闻司长、部长助理。

谷牧（1914～2009）出身山东荣成农家，文登省立第七乡师毕业生；1931 年入团，次年转党，北平“左联”负责人，1936 年入东北军从事兵运；1949 年后，济南市委书记、上海市委副书记、国家建委主任、副总理、国务委员、中央委员，书记处书记、政协副主席。

关锋（1919～2005）出身山东庆云贫家，庆云中学生；1933 年入党；乐陵县委书记；1949 年后，山东分局宣传部理论处长，1958 年参与创办《红旗》，编辑专供毛泽东阅读的《思想理论动态》，得毛赏识升任《红旗》编委，参与起草〈五·一六通知〉，进入中央文革；1967 年 8 月倒台入秦城；1982 年获释，免予起诉但不恢复党籍；晚年钻研孔庄，对文革“四不”——不看、不想、不谈、不写。

黄华（1913～2010）出身河北磁县乡警之家，燕京经济系肄业，1936 年入党，同年协理斯诺等西方记者采访红军；中组部干事、朱德秘书、军调处中共代表团新闻处长；1949 年后，外交部欧非司长、驻埃及、加拿大大使、中央委员、外长，副总理、国务委员、人大副委员长、中顾委常委。

胡乔木（1912～1992）出身江苏盐城地主（父为秀才）；1930 年入清华历史系，同年入团，1932 年入党；1933 年转浙大外语系，1935 年闹学潮勒令退学；1937 年赴延，青联宣传部长，毛泽东秘书；1949 年后，新闻总署署长，中宣部副部长、中社院长、政治局委员。

胡绩伟（1916～2012）出身四川威远富家，1936 年川大经济系肄业，1937 年入党，1939 年赴延，《边区群众报》总编、新华社西北分社社长；1949 年后，《人民日报》主编、社长；反对"六·四"镇压被罢免人大常委，"两头真"代表人物。

胡绳（1918～2000）出身苏州普通家庭，1935 年北大哲学系肄业，1938 年入党，南方局文委委员，《新华日报》编委；1949 年后，人民出版社长，出版总署党组书记，中宣部秘书长、《红旗》副总编；文革后，中央委员、中社院长，政协副主席；"凡是派"，晚年稍反思。

何其芳（1912～1977）出身四川万县大家，1935 年北大哲学系毕业生，1938 年夏抵延，同年入党，鲁艺文学系主任，出席延安文艺座谈会；1949 年后，中社院文学研究所长、中国作协书记处书记、《文学评论》主编、学部委员。

何方（1922～　）出身陕西临潼富农，1938 年赴延入抗大并入党；抗大助教、辽阳县委宣传部长、辽东省青委副书记；1949 年后，张闻天秘书、外交部办公厅副主任；1959 年受张闻天牵连，长期下放农村；文革后，中社院日本所长、荣誉学部委员、"两头真"。

何家栋（1923～2006）河南信阳人，1938 年考入铁道警备队干训班，八路军南岭支队小队长；1945 年入党，入华北联大、《新大众报》编辑；1949 年后，《工人日报》科长、工人出版社编辑室主任；1957 年因出版刘宾雁〈本报内部消息〉划"右"，开除党籍撤销职务；1962 年因编辑小说《刘志丹》打为"习仲勋反党集团"；文革批斗，母亲及二子非正常死亡；文革后，工人出版社副社长，1984 年因发表刘宾雁〈第二种忠诚〉被追究，"两头真"。

宦乡（1909～1989）出身遵义官绅（父亲贡生），1932 年肄业上海交大，留英攻读经济学；1938 年入《前线日报》，副社长兼总编；1948 年 6 月入党，天津《进步日报》主笔、政协副秘书长、外交部欧非司长、驻英代办、部长助理；文革受迫害，文革后驻欧共体兼比、卢大使，中社院副院长。

华君武（1915～2010）出身杭州留日医生家庭，1936 年毕业于上海大同大学高中部，1938 年赴延，任教鲁艺文学院，1940 年入党；1949 年后，《人民日报》美术组长、文艺部主任，著名漫画家；文革遭批斗，文革后中国美协副主席。

华国锋（1921～2008）出身山西交城工匠家庭，毕业县商校，1938 年入党，县牺盟会秘书、县委书记、地委宣传部长；1949 年后，湘阴县委书记、湘潭地委书记、湖南省委统战部长、省革委会主任、省委第一书记兼省军区政委，1971 年兼广州军区政委、公安部长、常务副总理、政治局委员、中央主席兼总理，主持逮捕"四人帮"，"凡是派"；

贺敬之（1924～ ）出身山东峄县贫农，1937 年山东滋阳简易乡师一年级肄业，入国立湖北中学；1940 年赴延，入鲁艺文学系；1941 年入党，参编《白毛女》；1949 年后，《人民日报》文艺部副主任、《诗刊》编委；1977 年文化部副部长、中宣部副部长、文化部代部长，中央委员。

韩天石（1914～2010）出身沈阳郊区农家，1933 年入北大，1938 年毕业于川大数理系；"一二·九"骨干，1936 年 1 月入团，3 月转党；"民先"成都总队长、四川工委学委书记、成都市委书记、川康特委青委书记；1940 年赴延，中央青委秘书长、西北局青委副书记、葭县县委书记、佳木斯市委书记、东北局青委书记；1949 年后，鞍山市委书记；1956 年下放昆明机床厂副厂长；文革遭残酷迫害，文革后云南省委副书记；1979 年北大党委书记，1982 年中纪委书记。

蒋南翔（1913～1988）出身江苏宜兴地主，1932 年入清华中文系，翌年入党，清华党支书，"一二·九"领导人；全国学联党团书记、南方局青委书记、中央青委宣传部长、东北局青委书记；1949 年后，清华校长兼党委书记、高教部长；1977 年后，天津市委书记、国家科委副主任、教育部长、中央党校第一副校长。

江青（1914～1991）毛泽东妻，出身山东诸城中产家庭，入诸城女子学堂、省立实验剧院；1933 年入党，1934 年 10 月在沪被捕，11 月获释从艺；1937 年 8 月抵延，恢复党籍，鲁艺一期生；1938 年 11 月与毛泽东结婚，军委秘书；1949 年后，中宣部电影处长、中央文革小组副组长、政治局委员；1976 年 10 月被捕、永远开除出党，1981 年判处死缓；1991 年 5 月 14 日自杀。

纪登奎（1923～1988）出身山西武乡农家，1937 年毕业于武乡民中（初中）；1938 年入党，鲁山县委书记、许昌地委书记；1949 后，河南省委第一书记，省革委会副主任、副总理，北京军区第一政委，政治局委员；十一届三中全会后边缘化，正部级待遇。

金尧如（1923～2004）浙江绍兴人，暨大生，1946 年 3 月在校入党，1947 年台湾工委宣传部长，后香港《文汇报》总编，负责香港宣传和统战，遊说程思远投共；文革召回，审查劳动八年；文革后回香港复职；“六四”《文汇报》开天窗发表四字社论“痛心疾首”，退党移美，协助许家屯逃美，著名“叛党分子”。

柯仲平（1902～1964）出身云南宝宁中产家庭；1926 年肄业北平法政大学法律系，入创造社出版部；1930 年入党，1935 年留日；1937 年 11 月抵延，边区文协副主席、民众剧团团长；1949 年后，西北军政委文教副主任、中国作协副主席。

康濯（1920～1991）出身湖南湘阴县城，长沙高中生；1938 年抵延并入党，鲁艺一期生；延安文化界抗联宣传部长、《工人日报》主编、晋察冀区委副书记；1949 年后，中央文学讲习所副秘书长、《文艺报》常务编委、河北省文联副主席、湖南省文联副主席、中国作协书记处书记；文革中遭迫害，失去健康；文革后，湖南省文联主席。

廖盖隆（1918～2001）出身广东信宜贫农，1938 年毕业于广东高州中学高中师范；1938 年 8 月带领同学赴延，入陕公，9 月入党；1939 年入马列学院，留院任教、《解放日报》新闻部主任、新华社副总编；1949 年后，中宣部宣传处长、朱德秘书；文革遭迫害，文革后，中央党史研究室副主任。

廖沫沙（1907～1991）出身无锡军人家庭，1925 年毕业于长沙师范；1930 年入党，1933 年参加“左联”；《新华日报》编辑主任，香港《华商报》主笔；1949 年后，北京市委教育部长、统战部长；1966 年 5 月遭批斗，1968～1975 年蹲狱八年，后发配江西林场劳改三年；1979 年平反，北京市政协副主席。

黎澍（1912～1988）出身湖南醴陵地主，1935 年入北平大学商学院，1936 年入党；湖南省委机关报《观察日报》总编、香港国新通讯社经理、香港新华社总编；1949 年后，新闻总署研究室主任、中宣部报纸处长，中央政治研究室历史组长、中社院近代史所副所长兼《历史研究》主编，1980 年《中国社会科学》总编、国务院学术委员会委员；改革派。

梁湘（1919～1998）出身广东开平华侨家庭，北师大毕业生，1936 年入党，1937 年赴延；中央党校教务处副主任、辽宁西安县长、沈阳区委书记；1949 年后，广州副市长、韶关地委副书记；文革后，广州市委第二书记、深圳市委第一书记、市长；1988 年海南省长，1989 年 9 月撤职，骗京被囚，反复审查而终。

刘白羽（1916～2005）出身北京通州商家，1936 年肄业北平民国大学中文系；1938 年赴延、入党；延安文艺界抗协支书，参加延安文艺座谈会；《新华日报》副刊部主任、北平军调处执行部记者；1949 年后，中国作协党组书记、文化部副部长，总政文化部长、《人民文学》主编；终身持守红色意识形态。

刘宾雁（1925～2005）出身长春铁路职员家庭，1944 年于天津入党；1951 年《中国青年报》记者，发表“干预现实”小说，1957 年划“右”；文革后，《人民日报》哲学版主编、中国作协副主席；1987 年“资产阶级自由化”开除党籍、罢免中国作协会籍；“六四”后在海外成立“民主中国阵线”，客死美国。

刘家栋（1917～2012）出生北京职员家庭，1935 年北师大附中生，“一二·九”分子，1936 年入党，同年入燕京；1937 年 11 月赴延入抗大，陈云秘书、富县组织部长、齐齐哈尔市委宣传部长、李富春秘书、吉林市委书记、重庆手工业管理局长；文革受迫害，1972 年后重庆文化局长、四川省委宣传部第一副部长；文革后，中纪委研究室主任、中纪委员。

刘祖春（1914～2001）出身湘西凤凰小康家庭，入常德省立三中，1934 年得沈从文资助赴京求学，1935 年考入北大；“七七”后赴晋参加游击队，1939 年赴延入抗大，同年入党；《晋冀豫日报》社长、《解放日报》副刊部主任、博古秘书、新华社办公室主任、中南局宣传部常务副部长；1949 年后，华北局副秘书长兼工业部长、中宣部常务副部长；文革后，北京市委科教部长、中顾委常委。

李普（1918～2010）出身湖南湘乡农家，长沙广雅高中毕业生，1938 年入党；区委书记、新华分社社长；1941 年入学华中大学历史系，《新华日报》记者、新华社“二野”分社社长；1949 年后，新华社采访部副主任、中宣部宣传处副处长、中南局办公厅副主任、广东省委宣传部副部长；1973 年新华社北京分社社长，总社副社长；1982 年离休，《炎黄春秋》编委，“两头真”。

李慎之（1923～2003）出身无锡知识家庭，父为《申报》、《新闻报》驻无锡记者；1945 年燕京经济系毕业生，1946 年赴延，新华社国际部副主任，1948 年 11 月入党；1949 年后，周恩来外交秘书、参加板门店谈判、日内瓦会议；1957 年主张“大民主”划“右派”；文革后，中社院副院长兼美国所长，邓小平、赵紫阳访美特别助理；1990 年因反对“六四”镇压被免职；“两头真”领衔人物。

李锐（1917～　）出身湖南平江大地主，父为国会议员；1934 年入武汉大学工学院，“一二·九”分子，1937 年 2 月入党；1939 年 12 月携妻赴延，中央青委宣传部宣传科长、《解放日报》评论部组长、高岗、陈云秘书；1949 年后，湖南省委宣传部长、水电部副部长、毛泽东兼职秘书；1959 年庐山会议开除党籍，文革入秦城监狱八年；文革后，水电部副部长、中组部常务副部长，中央委员、中顾委；“两头真”领衔人物。

李昌（1914～2010）出身湘西永顺官宦家庭，1935 年入清华大学，“民先”全国总队长，1933 年入团，1936 年转党，同年赴延；中央青委组织部长，礼山县委书记，豫鄂边区党委秘书长，四纵政治部主任；1949 年后，北京市青委书记、上海团市委书记、团中央书记、哈工大校长兼书记、中候委；文革遭残酷迫害，文革后，中科院党组书记兼中科大第一副校长、中央委员、中纪委书记。

李常青（1904～1960）出身吉林延吉县城小商贩，1929 年入北平民国大学三年级，1930 年参加“左联”，1931 年入党，5 月因校内张贴标语开除学籍；焦作中心县委书记、北平市委书记、河北省委军委书记、《东北日报》社长兼东北局宣传部秘书长；1949 年后，哈尔滨市委书记兼松江省委书记；1954 年因高岗案撤职；1957 年 11 月调教育部高教司副司长，同年划“右”，开除党籍，撤职降薪，发配内蒙师院任教；1960 年因车祸死于呼和浩特。

李之琏（1913～2006）出身河北蠡县富农，1930 年入北平大学法商学院高中部，1932 年入“左联”，1933 年入党；1934 年入狱，1937 年 5 月释放；人民自卫军政治部民运科长、冀中军区直属队政治部主任、“七大”代表、东北局组织部长林枫秘书；1949 年后，中南局组织部副部长、中宣部秘书长；1958 年划“极右”，开除党籍，行政七级降至十三级，下放京郊劳改，饿得全身浮肿，大小便失禁；1979 年复任中纪委副秘书长兼办公厅主任，中纪委常委。

林默涵（1913～2008），出身福建武平地主家庭，福州高师生，1929 年入团，两次被捕，团市委秘书，1935 年留日；1938 年 8 月抵延，9 月入党；《中国文化》编辑、延安华北书店总编，参加延安文艺座谈会，《解放日报》副刊编辑、《新华日报》副刊部主任；1949 年后，中宣部文艺处长、副部长兼文化部副部长；文革关押劳改十年；1977 年底复任文化部副部长、中国文联党组书记；1988 年与魏巍创办马列原教旨《中流》杂志，2001 年公开反对“三个代表”，不同意私营主入党。

林颖（1920～　）襄樊大户千金，初中生，1938 年入党，1941 年嫁彭雪枫；1949 年北京轻工业局副局长、纺织部机械局副局长；后嫁周恩来外交秘书马列，1957 年对历次政治运动持异议而划“右”，下放保定化纤厂，后调回纺织部。

鲁瑛（1927～2007）山东黄县人，入学临沂县办山东大学新闻系，《渤海日报》记者；1949 后，《大众日报》农村组长、《解放日报》文教组长；1973 年《人民日报》负责人、总编、白字连连；1976 年 10 月被捕、开除党籍；1980 年 12 月 10 日出庭指证姚文元，行政降三级，《人民日报》出版社图书馆资料员。

鲁藜（1914～1999）福建同安人，入学集美乡师；1936 年入“左联”并入党，1938 年赴延，入抗大；晋察冀军区民运干事、战地记者，入北方大学中文系；1949 年后，天津作协副主席，1955 年因胡风案入狱 26 年；文革后《诗刊》编委。

罗烽（1909～1991）出生沈阳文职军官家庭，入哈尔滨呼海路传习所，1929 年入党，满洲省委候委；1934 年入狱，1935 年释放，携妻赴沪入“左联”；1941 年赴延，“文协”延安分会主席，参加延安文艺座谈会；东北人民政府文化部副部长、东北文联副主席；1957 年划“右”，文革与妻子白朗同遭迫害。

吕振羽（1900～1980）出身湖南武冈农家，湖南大学工科毕业生，1936 年入党，1939 年在渝从事统战；“皖南事变”后调新四军军部；1942 年赴延，刘少奇秘书、热西地委副书记；1949 年后，大连大学校长兼书记、东北人民大学校长兼书记、学部委员；1963 年突蒙不白之冤，失去自由，文革系狱八年，身致重残；1979 年平反，中国社科院顾问。

陆平（1914～2002）出身长春小商人家庭，1933 年 2 月入团，月底转党,吉林团市委宣传委员、吉林西区区委书记；1934 年入北大教育系，“民先”总队组织部长；1938 年后，晋察冀分局青委书记、平北地委书记兼军分区政委、晋察冀军区政治部主任、三纵政治部主任；1949 年后，团中央青工部长、铁道部副部长；1957 年 10 月北大党委书记、校长；文革被打倒，1975 年七机部副部长、政协副秘书长。

马洪（1920～2007）出身山西定襄农村贫家，小学未毕业，1937 年 11 月入党，1939 年毕业于延安马列学院，《共产党人》编辑、中央研究院研究员、平泉县委书记、冀察热辽分局秘书处长、东北局副秘书长、国家计委秘书长、高岗“五虎上将”之一，1954 年贬为北京建筑公司副经理；文革后，中社院长、中候委。

马天水（1912～1988）出身河北唐县农家，县立师范毕业生，执教十年县小，1928 年加入国民党，1931 年入中共；县府财经科长、区长；1938 年抵延入抗大，繁峙县委书记、晋察冀地委书记兼军分区政委；1949 年后，皖南区委书记、华东局财经委副主任、上海市委副书记、上海革委会副主任，1972 年后主持上海，中央委员；1977 年停职审查、开除党籍，1981 年因精神病中止起诉，取保候审。

马识途（1915～　）出身四川忠县官绅，1936 年入中央大学工学院，1938 年入党，1945 年毕业于西南联大中文系；鄂西特委书记、川康特委副书记；1949 年后，四川省建委主任、西南局宣传部副部长；文革四川第一个揪出的“走资派”；文革后，四川省委宣传部副部长、省人大副主任、省文联主席、省作协主席。

马宾（1913～　）安徽滁州人，1932 年入党，新四军军法处科长，射阳县委书记、哈东地委书记、辽宁省委秘书长；1949 年后留苏，鞍钢总经理、宝钢副总指挥、冶金部副部长、国务院经研中心副总干事；铁杆毛派，呼吁发动二次文革打倒邓江“走资派”，极其欣赏南街村模式、重庆模式；不愿买房，坚持“无产”。

穆青（1921～2003）出身河南周口贫寒农家，1933年入杞县大同中学，“七七”后入八路军学兵队，1939年入党；1940年抵延，入鲁艺文学系，毕业后入《解放日报》；1949年后，新华社农村组长、华东分社社长、副社长、总编。

梅行（1919～2000）张家港泗港镇人，1935年入苏州工业专科学校；1938年入延安抗大、鲁艺，同年入党；鲁艺研究员、绥德地委宣传部科长、西北局宣传部秘书；1949 年后，东北局宣传部办公室主任，国家计委办公厅副主任、中央办公厅财经组长兼周恩来秘书、国家经委研究室主任；文革后，中央书记处研究室副主任；1990年创办左刊《真理的追求》，批判改革开放。

聂元梓（1921～ ）女，出身河南滑县名医兼地主，其兄为中共滑县组织创始人；入太原国民师范，1938 年入党；1939 年赴延，哈尔滨市委理论部长；1959年因丈夫吴宏毅（哈尔滨副市长）频有外遇而离婚；1963 年北大经济系副主任；1966 年初与老红军吴溉之结婚，半年后吴受政治事件牵连，聂奉康生之命痛苦离婚；1969年北大革委会主任，北京市革委副主任、中候委；文革后判刑17年；1984年保外就医，无生活费无医药费无住房；借室独居；1999年每月600元生活费。

潘复生（1908～1980）出身山东文登农家，1931年入省立第一乡师并入团，同年转党；次年被捕，1937 年底出狱；文登中心县委书记、湖西地委书记、冀鲁豫区书记兼军区政委；1949 年后，河南省委书记兼省军区政委、八届候委；1959年“右倾”，下放农场劳动，1962年平反，全国供销合作总社主任；1966年黑龙江省委第一书记兼省军区政委、递补中央委员；1971 年因制造冤案被免职；1982年审查结论：鉴于早年功绩与文革原因，加上已殁，不作组织处理。

彭冲（1915～2010）出身漳州城市贫民，龙溪高师生；1933年入团，次年转党；漳州地区党支书；“七七”后，新四军二支队秘书、芜湖县委书记、“三野”师副政委；1949 年后，福建省委秘书长、江苏省委秘书长、南京市长、江苏省委书记；文革遭迫害，经周恩来点名，省委第一书记兼南京军区第二政委、江苏省革委会主任；文革后，上海市委第一书记，市长；政治局委员、书记处书记、政法委第一副书记、人大副委员长兼秘书长。

乔冠华（1913～1983）出身江苏盐城工商地主，清华哲学系毕业生、留德哲学博士；1939年入党，《新华日报》国际评论主笔，新华社香港分社社长；1949年后，参加板门店谈判、外交部部长助理、副部长、部长、中央委员；文革后期背叛周恩来，1976年随“四人帮”倒台，郁郁而死。

乔石（1924～ ）出身上海职员家庭，华东联大文学系毕业生；1940年入党，同济大学总支书；1949 年后，杭州市委青委书记，华东局青委统战部副部长、鞍钢公司工程技术处长、中联部长、中央书记处候补书记、中办主任、中组部长、政法委书记、副总理、中纪委书记、中央党校校长、政治局常委、人大委员长。

齐燕铭（1907～1978）出身北京蒙古贵族，1930年中国大学国语系毕业生，任教中国大学、东北大学；1938年入党，1940年赴延，鲁艺教员、南京中共代表团秘书长；1949年后，政务院副秘书长、总理办公室主任、统战部副部长、文化部副部长、济南副市长；文革受迫害，文革后全国政协秘书长、统战部副部长。

秦川（1919～2003）出身贵州赤水富绅家庭，1933年毕业于赤水中学毕业。1934年入北平图书馆自学，1936年加入"左联"北方部，同年入团转党；1937年入延安抗大、中央党校；西北局文委宣传科长、米脂县委书记；1949年后，西北局宣传部秘书长，中宣部宣传处长、北京工业大学党委书记，《人民日报》副总编、总编、社长，中央委员。

秦兆阳（1916～1994）出生湖北黄冈乡镇塾师家庭，1937年毕业于武昌乡师；1938年赴延，入陕公、鲁艺；1939年后在华北打游击，1941年入党，任教华北联大；1949年后，《文艺报》常务编委、《人民文学》副主编，1957年因发表〈我们夫妇之间〉、〈组织部新来的年青人〉、〈在桥梁工地上〉等"干预小说"及坚持现实主义的论文而划"右"；文革后，人民文学出版社副总编辑兼《当代》主编。

钱俊瑞（1908～1985）出身无锡农家，毕业于省立三师、无锡民众教育学院；1935年入党，华中局文委书记、新四军宣传部长、新华社北平分社社长兼总编；中央秘书、华北大学教务长；1949年后，北平军管会文委会主任、教育部党组书记兼副部长，文化部党组书记兼副部长；文革入狱八年，1978年中社院世界政经研究所长，学部委员，中候委。

任仲夷（1914～2005）出生河北威县农家，就学北平中国大学政经系，"一二・九"分子，1936入党；北平西北区委书记、三纵司令部秘书长、邢台市委书记兼市长；1949年后，大连市委书记、哈尔滨第一书记、黑龙江省委常务书记、黑龙江革委会副主任；文革后，辽宁省委第一书记兼省军区第一政委（主持为张志新平反）、广东省委第一书记；中顾委员，呼吁设立"政治特区"。

芮杏文（1927～2005）出身江苏涟水地主，就学山东大学政治系，1945年入党，东北局组织部干事、锦西炼油厂机电科长；1949年后，兰州化工厂副厂长、国防一办副主任、七机部副部长、计委副主任、上海市委书记、中央委员、书记处书记（负责意识形态），随赵紫阳下台。

沙汀（1904～1992）出身四川安县袍哥家族，1926年毕业于四川一师，1927年入党，"左联"秘书及散文组长；1938年携妻与何其芳、卞之琳赴延，鲁艺文学系代主任；1940 年在重庆发表政治小说〈在其香居茶馆里〉；1949 年后，西南文联副主任、四川作协主席；文革后，中社院文学所长、中国作协副主席。

司马璐（1919～　）出身江苏海安封建家庭，小学学历，1937 年入党并抵延，1941 年派遣浙西，1943 年脱离中共；1944 年后组建“中国人民党”、“和平民主同盟”，呼吁国共停战；1950 年抵港，创办反共杂志，1952 年出版回忆录《斗争十八年》，反共名士；2002 年与 86 岁戈扬在美结婚，共同追求民主自由。

舒群（1913～1989）出身黑龙江阿城泥瓦匠家庭，就读哈尔滨一中，“九·一八”后参加义勇军，1932 年入党，1934 年在青岛被捕，次年获释赴沪参加“左联”；1937 年赴延，朱德秘书、鲁艺文学系主任、《解放日报》副刊部主任、东北大学副校长、东北电影制片厂长；1949 年后，中国作协秘书长；1950 年代后期“反党分子”，开除党籍，下放本溪合金厂副厂长；1970 年代在农村、矿山；1979 年返京，专业作家、《中国》主编。

宋平（1917～　）出身山东莒县殷实农家，清华大学化学系肄业；1937 年入党，1938 年赴延入中央党校、马列学院；马列学院教育处长、《新华日报》编辑部秘书长、周恩来秘书、哈尔滨区委副书记；1949 年后，东北总工会副主席、国家计委劳资局长、劳动部副部长、国家计委副主任；1972 年后，甘肃省委书记、国家计委副主任、国务委员、中组部长，政治局委员，“六四”后升政治局常委。

田纪云（1929～　）出身泰安教员家庭，1941 年参加八路军，1943 年保送抗属学校，中学文化；1945 年 5 月入党，冀鲁豫根据地区长；1949 年后，贵州财政厅科长、处长、厅长；1981 年后，国务院副秘书长、副总理兼国务院秘书长，12～15 届政治局委员、书记处书记、人大副委员长；改革派。

王若望（1917～2001）出身江苏武进贫家，上海药厂学徒，1933 年入“左联”，1934 年被捕，判刑 10 年；1937 年获释赴延，入陕公，同年入党；宝鸡中心县委书记、新华社淮海前线支社社长；1949 年后，华东局宣传部副处长、上海柴油机厂厂长、《文艺月报》副主编；1957 年划“右”，1968 年因反毛入狱四年；文革后，《上海文学》副主编；1987 年与刘宾雁、方励之一起开除党籍；1989 年入狱 14 个月，1992 年流亡美国，靠妻帮带孩子为生；1993 年在美成立反共组织，客死纽约。

王若水（1926～2002）出身江西泰和小资家庭，1948 年毕业北大哲学系，同年入党；北平市委政策研究室干事、《人民日报》理论组编辑、评论组长、副总编，中纪委员；1987 年以“资产阶级自由化”开除党籍；“六四”后公开反共，客死美国。

王元化（1920～2008）出身武昌基督教高知家庭，父亲留美硕士、清华教授；“一二·九”分子，1938 年入党，从事文化工作；1949 年后，上海文委文学处长、上海新文艺出版社副社长，1955 年因胡风案遭迫害，1981 年平反；1983～85 年上海市委宣传部长，上海人大常委、华东师大教授，学者。

王任重（1917～1992）出身河北景县农家，县乡师生，1932 年入团、1933 年转党；本校党支书、沧州特委书记、冀南五地委书记、冀南行署主任；1949 年后，湖北副省长、武汉市委第一书记、湖北省委第一书记兼武汉军区第一政委、中南局第一书记；文革被关押，1978 年陕西省委第一书记兼革委会主任，1979 年副总理、1980 年中宣部长、书记处书记；人大副委员长兼财经委主委。

王力（1921～1996）出身江苏淮安五代秀才之家；1935 年入团，1939 年入党；山东分局教育科长、渤海区宣传部长；1949 年后，华东局宣传部秘书长、《红旗》副总编；1960 年列席中央书记处会议，1964 年中联部副部长，列席中常委；1966 年入中央文革，1967 年 8 月被打倒，押禁秦城 14 年，五年不许阅读书报，毛泽东发话“不准提审王力”；1982 年出狱，入住北京部长楼，常逛书店，终身毛崇拜。

汪道涵（1915～2005）出身安徽嘉山留日秀才家庭（父为同盟会员），1932 年考入上海交大机械系，1933 年入党，11 月逮捕，三月后保释；“七七”后赴延，入新四军五支队，嘉山县委书记、行署专员、山东军区军工部长、山东省财政厅长；1949 年后，华东工业部长、一机部副部长、外经部副部长；1980 年上海市委第三书记兼市长，中候委、中顾委；1990 年代主持两岸“汪辜会谈”。

韦君宜（1917～2002）北京铁路局长之女，父亲留日生，母亲举人之女，清华哲学系肄业，“一二·九”分子，1936 年 5 月入党，1939 年抵延，《中国青年》编辑；1949 年后，《文艺学习》主编、《中国青年》总编、作家出版社总编、人民文学出版社社长兼总编；晚年著有自传《思痛录》。

万里（1916～　）出身山东东平贫家，曲阜省立二师毕业生，1936 年入党；东平工委书记、泰西特委宣传部长、地委书记兼军分区政委；1949 年后，南京经济部长、西南工业部长、北京副市长、市革委会副主任、铁道部长；1977 年安徽省委第一书记兼革委会主任，1980 年后中央书记处书记、副总理、农委主任、政治局委员、人大委员长；改革派。

温济泽（1914～1999）出身江苏淮阴地主，1930 年入团，1934 年毕业于复旦附中，1936 年转党；1938 年初抵延入陕公，中宣部干事、中央研究院研究员、《解放日报》副刊编辑、新华电台编辑部主任；1949 年后，中央广播局副局长兼中央电台副总编；1957 年划“右”，开除党籍，行政 9 级降至 15 级；文革后，中社院研究生院长；1980 年代初，因不同意“反资产阶级自由化”，又被整几年。

吴伯箫（1906～1982）出身山东莱芜富农，1931 年毕业于北师大英语系，莱阳乡师校长；1938 年赴延，入抗大，边区文协秘书长；1941 年入党，边区教育厅中教科长，参加延安文艺座谈会；1943 年教育厅第一个“审”出的“特务”，无数次登台示范的“坦白典型”；抗战后华北联大中文系副主任、东北大学文学院副院长；1949 年后，人民教育出版社副社长兼副总编、中国作协文学讲习所长；文革开除党籍，文革后《写作》主编。

吴南生（1922～ ）出身汕头贫家，1936 年肄业汕头商务英专，同年参加华南义勇军，1937 年入党；1944 年赴延，入中央党校；吉南地委民运部长、吉林市委宣传部长；1949 年后，南昌副市长、汕头市委副书记、华南分局宣传部副部长、中南局秘书长；文革后，广东省委书记兼深圳市委第一书记、市长，负责广东三特区。

吴冷西（1919～2002）出身广东新会乡村华侨，1937 年毕业于广州广雅中学（高中部），同年赴延入抗大、马列学院，1938 年入党，马列研究室研究员；1940 年调毛泽东身边编辑《时事丛书》、《解放日报》国际部主任；1949 年后，新华社总编、社长；1957 年 6 月《人民日报》总编兼新华社长，1964 年兼中宣部副部长；1980 年广东省委书记，1982 年广电部长，中候委，人大常委、“凡是派”。

吴学谦（1921～2008）出身上海小康家庭，1940 年入上海暨南大学外语系，1939 年 5 月入党，上海格致公学党支书，上海中学区委书记、上海地下学委书记；1949 年后，上海团工委秘书长、团中央国际联络部长；文革后，外交部第一副部长、国务委员兼外长、副总理、政治局委员。

吴德（1913～1995）出身河北丰润县贫农，就读北平弘达中学，1933 年入党，唐山工联党团书记、北平市委副书记、华北铁路工委书记；1937 年赴延，河北省委组织部长、冀东军区政委兼唐山市委书记；1949 年后，平原省委书记、天津市长、吉林省委第一书记，中候委；文革中，北京市革委会主任、市委第一书记兼北京军区政委，政治局委员，人大副委员长；随“凡是派”倒台而失势。

魏巍（1920～2008）出身郑州贫家，乡村简易师范生，“七七”入 115 师干校，1938 年抵延入抗大三期，5 月入党；晋察冀宣传科长、骑兵团政委，1951 年以散文〈谁是最可爱的人〉名世；《解放军文艺》副总编、总政文艺处副处长、北京军区文化部长、国务院文化部长；1990 年代反对改革开放，抱守马列原教旨，公开反对“三个代表”，认为资本主义复辟，极左《中流》主编，毛派精神领袖。

项南（1918～1997）出生闽西连城贫家，父亲乃周恩来特科成员，叔父牺牲，母亲下狱；12 岁随父母半工半读于沪宁，1938 年入党；阜东县政府秘书、区委书记、县宣传部长；1949 年后，安徽团省委书记、安徽大学党委书记、团中央书记处书记，1959 年划“右倾”，下放农场劳动；文革挨整，1970 年一机部农机局长、副部长，1980 年福建省委第一书记兼省军区第一政委；保守政敌利用“晋江假药案”打垮项南，撤销职务，党内警告，项南至死拒绝在处分书上签字。

谢韬（1921～2010）出身四川自贡贫家，1944 年毕业于金陵大学社会系，1946 年入党；《新华日报》记者、华北大学教员；1949 年后，中国人民大学教授；1955 年上书为胡风鸣不平，毛泽东批捕，校长吴玉章力保，圈禁校内审查，1960 年人秦城监狱；文革后，《中国社会科学》编审、中国社会科学出版社党委书记兼常务副社长、人民大学常务副校长、中社院研究生院第一副院长；“两头真”代表人物，呼吁走北欧式“民主社会主义”。

萧军（1907～1988）出身辽宁义县贫农，1925 年入东北讲武堂，1935 年出版长篇小说《八月的乡村》；1938 年抵延，任教鲁艺文学系，参加延安文艺座谈会；《文化报》主编、东北大学鲁艺文学院长，终身未入党；1948 年因“反苏”受批判，1957 年划“右”，文革遭关押劳改，文革后平反。

徐懋庸（1911～1977）出身浙江上虞下管镇工匠，1927 入上海劳动大学中学部，1934 年“左联”宣传部长、书记；1938 年抵延，同年入党；抗大教员、政教科长，晋冀鲁豫边区文联主任，《华北文化》主编，冀察热辽联合大学校长；1949 年后，中南文化部副部长、教育部副部长；武汉大学副校长、党委书记；1957 年划“右”，中科院哲学所研究员。

许家屯（1916～ ）江苏如皋人，初中生、纸厂学徒；1938 年入党，泰州县委书记、苏中区第三地委书记、“三野”师政委；1949 年后，江苏省委书记，1979 年江苏省委第一书记；1983 年香港工委书记、新华社香港分社社长、中央委员、中顾委员；1990 年因“六·四”逃美，1991 年开除党籍。

许良英（1920～2013）出身浙江临海农家，1942 年毕业于浙大物理系；1946 年入党，浙大地下党支书、杭州团市委学生部长；1949 年后，调中国科学院，1955 年因介绍“胡风分子”方然入党，停职审查一年，1957 年划“右”，回乡改造；文革后，迭次参加“资产阶级自由化”活动，致力政治民主，2008 年获美国物理学会萨哈洛夫奖。

许立群（1913～2000）南京人，1936 年毕业于清华大学。1937 年 2 月入党；川东特委青委组织部长、中央青委宣传部编辑科长、《中国青年》主编，辽西省教育厅副厅长；1949 年后，北京团市委书记、团中央宣传部副部长、中宣部理论处长、常务副部长兼《红旗》副总编、兼中央编译局长；文革人秦城监狱八年半，文革后中社院哲学所长；1990 年创办左刊《真理的追求》，批判“改革开放”。

熊复（1915～1995）出身四川邻水农家，1936 年川大教育系肄业，1936 年加入“民先”，1937 年入党，在川主编《救亡周刊》；1938 年赴延入抗大，抗大三大队政治处宣传股长、《新华日报》总编；1949 年后，中南局宣传部副部长兼《长江日报》社长、武汉市委宣传部长、中联部副部长、中宣部副部长，新华社长、《红旗》总编；“凡是派”。

熊向晖（1919～2005）出身山东掖县官僚地主（父亲县长、法庭庭长），清华中文系肄业，1936 年 12 月入党，1937 年底周恩来密谴胡宗南部，1939 年黄埔 15 期毕业，胡宗南机要秘书；1947 年密报胡宗南进攻延安情报，毛泽东称熊一人顶几个师；1949 年后入外交部，驻英代办，首赴联合国代表团成员、驻墨西哥首任大使、统战部副部长，兼职军委情报部、安全部。

于光远（1915～2013）出身上海大富商，1936 年毕业于清华物理系，“一二・九”分子，1937 年初入党，1938 年赴延，任教延安大学财经系；1949 年后，北大图书馆系教授、中宣部理论处副处长、学部委员；国家计委经济研究所长、国家科委副主任、中社院副院长、中顾委员；“改革派”。

姚依林（1917～1994）安徽贵池人，出身官僚大族，1936 年清华化学系肄业；1935 年由周小舟介绍入党,“一二・九”骨干，北平学联党团书记、天津市委宣传部长、市委书记；“七七”后，河北省委秘书长、宣传部长、晋察冀北方分局秘书长。晋察冀财经办事处副主任；1949 年后，贸易部副部长、商业部长、中办主任、中央书记处书记、中常委、副总理兼计委主任；支持“六・四”镇压。

杨献珍（1896～1992）出身湖北郧县安阳小镇小作坊家庭，1920 年毕业于武昌商专，1925 年加入国民党，次年转中共，两次入狱，关押北京草山岚监狱；1937 年进入太行山赤区，1940 年北方局秘书长、晋察冀宣传部长；1949 年后，八届中委、中央党校校长、学部委员；后批评“大跃进”受批判并降职，文革押禁秦城八年，1980 年平反，全国政协常委。

杨西光（1915～1989）出身安徽芜湖教师家庭，1933 年入团，1935 年入北大，“一二・九”分子，1936 年入党，参加西安事变；福建省委宣传部长；1940 年赴延，入马列学院，中央统战部科员、教导总团教育长；1949 年后，《福建日报》总编、复旦大学党委书记、《解放日报》总编、上海市委候补书记；文革“反党分子”，大会批斗，监禁七年；1978 年《光明日报》总编，主持“真理标准讨论”。

杨易辰（1914～1997）辽宁法库人，出身官吏富家；1935 年入北平中国大学法律系，“一二・九”分子，1936 年入党，1938 年赴延，入马列学院；冀南三地委宣传部长兼肥乡县委书记、平原分局七地委副书记、辽西省委书记；1949 年后，黑龙江省副省长；文革初期遭残酷迫害，1972 年恢复工作，文革后黑龙江省委第一书记兼省军区第一政委、最高检察长；中央委员、中顾委员。

袁永熙（1917～1999）陈布雷婿，出身贵州修文官宦世家；“一二・九”骨干，1938 年入西南联大经济系，12 月入党；联大总支书、北平学委负责人；1947 年被捕，姐夫叶公超（国府外交次长）保释；1949 年后，清华第一书记，因不满校长蒋南翔专行，肃反时以“自首变节嫌疑”降为校长助理，1957 年划“极右”，十级降至十七级，发配长城脚下放羊喂猪；1962 年刑满，河北南宫农村中学任教；文革几被打死，掷入荒野抛尸，野狗撕醒，爬至学生家；1981 年北京经济学院院长。袁氏三兄弟 1930 年代入党，一人错杀，二人划“右”。

尹达（1906～1983）出身河南滑县牛屯镇书香世家（父亲举人），1932 年毕业于河南大学国文系，1934 年毕业于中央研究院史语所研究生，参加殷墟发掘；1937 年 12 月赴延，次年 3 月入党；马列学院研究员，参加范文澜主编《中国通史简编》；北方大学图书馆长、华北大学教务处长；1949 年后，北平军管会文物部长、北大副教务长、中科院历史所长、《历史研究》杂志主编、学部委员、中央文革小组第一名成员。

叶群（1917～1971）福州人，国军少将之女，1935 年毕业北师大附中，年底入团，1936 年转党，再入天津师院高中、南京国民党青训班；1938 年赴延，入中组部训练班、中央党校二部，1943 年嫁林彪，“四野”秘书；1949 年后，教育部普教司副司长、上海市教育局副局长、广州市教育局副局长、林办主任、中央文革副组长、中央军委办事组成员；政治局委员，“九・一三”坠机身亡，开除党籍。

曾涛（1914～1997）出身江苏泰兴中农，无锡洛社乡师生，小学教员；“七七”后赴延，入安吴青训班，结业后分配浙江，1938 年入党；中心区委书记、地委组织部长、宝应县委书记兼县独立团政委；1949 年后，镇江地委副书记、上海市委副秘书长，市人委秘书长；1960 年后，新华社古巴分社社长、国务院外办秘书长、驻阿尔及利亚、南斯拉夫、法国大使；1977 年新华社长，人大副秘书长。

曾彦修（1919～　）四川宜宾人，成都联中高中部毕业生，1938 年赴延入陕公，同年入党，入马列学院；留院讲授马列基础课，1941 年调中央政治研究室，1944 年入中宣部；1949 年后，华南分局宣传部副部长、《南方日报》社长、广东教育厅长；1957 年划“右”；1979 年人民出版社总编、社长；“两头真”。

宗凤鸣（1920～2010）出身河南濮阳乡绅家族，毕业于保定育德中学（高中）；1938 年入党，县委书记、地委副书记；1949 年后，贵州安顺地委副书记、北京工业学院党委书记、哈尔滨航空发动机厂总工程师、北京航空学院党委书记；2007 年在香港出版《赵紫阳软禁中的谈话》，“两头真”。

周扬（1908～1989）出生湖南益阳大地主，上海大夏大学毕业生；1927 年 5 月入党，1928 年留日，1930 年回沪，“左联”党团书记、上海中央局文委书记；1937 年 9 月携妻与艾思奇、周立波等 12 人赴延；陕甘宁边区教育厅长、鲁艺院长、延大校长；1949 年后，中宣部副部长兼文化部副部长，主管文艺，“红色文艺沙皇”，中候委；文革押禁秦城监狱近九年，文革后中社院副院长兼研究生院长、学部委员、中央委员、中国文联主席；晚年稍悟者。

周惠（1918～2004）生身江苏灌南县农家，1938 年入党，同年入延安中央党校；中央青委延安县工作团长、士敏县委书记、夏津地委书记。1949 年后，益阳地委书记、常德地委书记、湖南省委代理第一书记；1959 年庐山会议后，降职交通部工业局副局长、水运总局副局长；文革受严重迫害，1977 年交通部副部长、内蒙第一书记、中央委员、中顾委员。

张春桥（1917～2005）出身山东巨野县地主，1932 年入读济南正谊中学，1935 年 5 月赴沪，加入“左联”；1938 年赴延，入陕公，同年入党；《晋察冀日报》副总编、石家庄市府秘书长；1949 年后，《解放日报》社长兼总编、市委宣传部文艺处长、柯庆施秘书、上海市委宣传部长；文革时期，上海市委第一书记兼革委会主任，1975 年副总理兼总政主任、政治局常委；1976 年 10 月被捕，1981 年判死缓。

朱穆之（1916～　）出身江苏江阴小商人，1937 年毕业于北大外语系，1938 年入党；129 师宣传部副部长、军分区政委、晋冀鲁豫中央局宣传科长；1949 年后，新华社副总编、副社长；文革受迫害，被关押。1972 年新华社长、中宣部副部长、文化部长、国务院新闻办主任；中央委员、中纪委员、中顾委员；改革派。

章文晋（1914～1991）出身北京官宦世家（祖父翰林，父亲天津区长）；1927 年留德，1935 年入清华机械系；1938 年入党，1943 年毕业于西南联大；1944 年入中共重庆办事处、驻南京代表团翻译；1949 年后，天津市府外事处长、驻巴勒斯坦大使、外交部欧美司长、驻加、美大使、外交部副部长。

赵紫阳（1919～2005）出身河南滑县地主，1937 年肄业武昌高级中学；1932 年入团，1938 年入党；滑县县委书记、豫北地委宣传部长、南阳地委书记；1949 年后，华南分局副书记兼农工部长、广东省委书记兼省军区政委、广东省委第一书记兼广州军区政委；文革下放湖南涟源机械厂钳工；“九・一三”后，内蒙革委会副主任、广东省委书记、四川省委第一书记兼成都军区第一政委、国务院总理，总书记，经济体制改革设计者；“六・四”下台，软禁至逝。

附录三

被革命“吃掉”的延安儿女（不完全统计，54 人）

卞仲耘（1916～1966）安徽无为地主之女，大学文化；1938 年入大别山从事兵运，1941 年入党，于西北大学、燕京大学从事学运；后入晋冀鲁豫边区，供职新华社晋冀鲁豫分社、《人民日报》编辑部、陕北广播电台编辑部；1949 年后，北师大女附中总支书记兼副校长；1966 年 8 月 5 日，被本校女红卫兵活活打死；1978 年追认“烈士”。

柴沫（1917～1966）：出身浙江慈溪农家，初一辍学入沪，烟纸店学徒，“左联”报童；1937 年冬赴延，入陕公，1938 年 1 月入党；1941 年入中央政治研究室，旋任毛秘书；抗战后，冀察热辽中央分局秘书处长、铁道部科技局长；1949 年后，天津军管会秘书长、湖南省委秘书长、中央政治研究室秘书长、中央马列学院党委副书记；因农村政策与田家英一致，文革伊始遭审查，1966 年 9 月 4 日绝望自杀。

常溪萍（1917～1968）出身山东莱阳农家，1933 年入平度中学，“一二·九”过激勒令退学；1938 年入党，“民先”总部秘书，黄县组织部长、南海公署专员；1949 年后，山东分局副秘书长、华东师大学党委书记兼副校长，1957 年主持划“右”400 余人；上海市委教卫工作部长；文革划“反党分子”，全市大会批斗，关押期间惨遭毒打，滚地哀求；1968 年 5 月 25 日在华东师大跳楼自杀。

蔡铁根（1911～1970）出身河北蔚县贫农，入读厦门大学，1936 年底参加红军，1939 年入党；115 师政治部宣传干事、华北军政大学第一总队副队长；1949 年后，解放军训练总监部条令局副局长、南京最高军事学院作训部长；大校、行政十一级；1958 年划“右”，开除党籍军籍、降至十五级，下放常州市工业局科员，妻子离婚；文革划“反革命串联组织活动”，1970 年 3 月 31 日枪毙，向子女索要“子弹费”。

陈琏（1919～1967）浙江慈溪人，陈布雷小女，1939 年加入中共，1942 年入重庆中央大学；1947 年与北平学委书记袁永熙结婚；9 月被捕，蒋介石批释；1949 年后，团中央少儿部长，丈夫划“右”，批斗大会上“火线离婚”；1962 年华东局宣传部文教处长；文革被指叛徒，1967 年 10 月 19 日跳楼自杀，定性“自杀叛党，敌性内处、开除党籍”。

陈笑雨（1917～1966）出身江苏靖江富商，入学师范，1938 年入延，就读陕公，同年入党；新华社编辑、主任、分社长、中宣部出版处副处长、《文艺报》副主编、《新观察》主编、《人民日报》文艺部主任；1966 年 8 月 24 日投永定河自尽；临终留字“死了比活着好，死了更干净”。

陈贲（1914～1966）长沙人，1934 年入清华地学系，首批“民先”队员，八路军炮兵团教员，因学员多为文盲，听不懂课，老粗团长喝令教员“混蛋”，要求抗大拒绝几位教员入学；陈回西南联大，1941 年入党；1949 年后，青海石油局研究所地质师、燃料工业部勘探司副总地质师；1957 年鸣放“经济核算”以减少国家损失，划“极右”，开除党籍公职，流放青海劳教；文革初期自尽于戈壁滩。

陈传纲（1915～1966）笔名成全，复旦新闻系毕业生，1938 年入党；1940 年携妻赴延，行政学院教务主任，1941 年入马列学院，调中央政治研究室研究经济；整风打成“王实味反党集团”；1949 年后，复旦副书记、副校长，文革中自杀。

陈家康（1913～1970）出身湖北广济资本家，入学武汉大学经济系；1935 年入党；江苏省委军委委员、长江局秘书、周恩来秘书兼英译、南方局外事组副组长、联合国中共代表董必武秘书；1949 年后，团中央联络部副部长、外交部亚洲司长、驻埃及大使、外交部副部长；文革受迫害，1970 年死于湖南茶陵干校。

邓拓（1912～1966）出身福建闽侯书香家庭，入学上海光华大学经济系、上海法政学院；1930 年入党，上海法南区委宣传部长、南市区工委书记；1932 年被捕，次年秋保释；1934 年参加闽变，失败后入河南大学经济系续读，1937 年 9 月进入五台山赤区，《晋察冀日报》社长兼总编、新华社晋察冀分社社长；1949 年后，北京市委宣传部长、《人民日报》社长兼总编，学部委员、北京市委书记处书记、华北局书记处候补书记；1966 年“五·一六通知”发布当日自杀。

范长江（1909～1970）沈钧儒婿，出身四川内江地主，入学省立六中；1927 年春于武汉入伍，参加南昌暴动；1928 年秋入南京中央政校乡村行政系，1932 年入北大哲学系；1935 年赴西北采访，首次报导红军长征；1939 年周恩来介绍入党，《新华日报》（华中版）社长、华中新闻专科学校校长、中共代表团发言人；1949 年后，新华社总编、《解放日报》社长、新闻总署副署长、《人民日报》社长、政务院文教委副秘书长；文革遭摧残，1970 年 10 月 23 日于河南确山井中发现遗体。

冯志（1923～1968）出身河北静海县贫农，初小文化，1937 年参军，1939 年入党；冀中三纵勤务员、警卫员、班长、排长、武工队长、文工队长；1947 年入华北大学中文系学习；1949 年后，新华社河北分社记者、河北省电台编辑、文艺部主任，著有长篇小说《敌后武工队》，1968 年迫害致死。

关露（1907～1982）山西右玉官僚家庭之女（父为举人），1931 年中央大学中文系肄业，1932 年入党入“左联”；“七七”后奉命在沪为谍，数欲入赤区皆不准，因“汉奸”无法与王炳南相爱；抗战后，任教苏北建设大学文学系；1949 年后，供职华北大学、电影局剧本创作所；1955 年受胡风、潘汉年牵连、被捕入狱，精神分裂；1957 年获释，1958 年被迫退职；1967 年入秦城监狱，1975 年释放，1982 年 3 月中组部下达平反书，12 月 5 日，自杀于十平米居屋。

海默（1923～1968）出身山东黄县贫家，入学北师大附属平民小学、北京育英中学；1941 年入晋察冀边区，同年入学华北联大戏剧系，1943 年抵延安，鲁艺工作团员；1949 年后，北影厂编剧，编剧影片《洞箫横吹》遭批判，文革中迫害致死。

胡仁奎（1900～1966）山西定襄县蒋村人，1925 年入北大，次年入党；抗战后盂县县长、晋察冀边区副主委兼民政厅长；1939 年打入国民党营垒，长期在渝宁从事地下工作；1949 年后，服务于中央情报部，天津外贸部管理局副局长、贸易部办公厅主任、外贸管理总局局长、海关总署署长、北京林业学院院长；1966 年 12 月 29 日迫害致死。

江隆基（1905～1966）出身陕西西乡县小地主；北大生，1927 年 6 月入党，1929 年留日，1931 年留德；1936 年回国，两次被捕，参与西安事变；陕公副教务长、华北联大教务长、延安大学副校长，边区教育厅副厅长；1949 年后，西北军政委员会教育部长、北大书记兼副校长，因反右不力 1959 年贬兰州大学党委书记兼校长；1966 年 6 月初遭批斗，6 月 25 日自杀。

孔厥（1914～1966）江苏吴县人，毕业于江苏测量专科学校，商务印书馆学徒、测量队技术员；1938 年赴延，入鲁艺；鲁艺文学系助教，与袁静合作长篇小说《新儿女英雄传》；1949 年后，任职《人民日报》副刊部、人民大学、中央电影局；1952 年因男女关系开除党籍，后任出版社编辑；文革初期，跳陶然亭湖自杀。

刘芝明（1905～1968）出身辽宁盖县商家，1929 年毕业于日本早稻田大学；上海法政大学、暨南大学教授；1931 年入党，被捕判刑十年；1937 年营救出狱后赴延，中央党校教务主任、延安评剧院长、鞍山市委书记、辽东省委宣传部副部长；1949 年后，东北局宣传部副部长、文化部常务副部长、中国文联党组书记，肃反～反右积极分子，文革中被诬“右派”包庇者，1968 年遭皮带毒打致死。

刘善本（1915～1968）出身山东昌乐泊庄书香世家，入北大附中、杭州笕桥航校，国民党空军上尉飞行员，1943 年留美；1946 年 6 月 26 日驾 B-24 轰炸机投延，国军驾机投共第一人，此后国民党空军百余人 42 架飞机投共；1946 年 9 月东北航校副校长；1949 年 2 月入党，以师长参与韩战，空军军训部副部长、空军学院副教育长，1955 年大校，1964 年少将；1968 年 3 月 10 日迫害致死。

刘克林（1925～1966）出身北洋海军部少将司长之家，1939 年入党（14 岁），不久失去组织联系，燕京新闻系毕业生，《大公报》记者；1957 年前不承认党籍，中宣部国际处干事，“九评”执笔人之一，文革划“阶级异己分子”、“刘少奇黑笔杆”（参与编辑《刘少奇文选》，刘太忙未审稿而未出版），8 月 6 日跳楼自杀。

廖鲁言（1913～1972）出身南京富家，1930 年入北平军医大学；1932 年入党并被捕，1936 年营救出狱后赴太原，山西青年抗敌决死队旅政治部主任；1939 年抵延，中央统战部友军科副科长、王明秘书、政策研究室副主任、刘少奇秘书；1949 年后，政务院参事室主任、政务院副秘书长、农工部副部长、农业部长、中候委；文革受迫害、关押，1972 年 11 月冤逝。

廖申之（1915～1968）出生湖南宁乡望族，抗战后赴延，入学陕公、马列学院，1938 年入党；1949 年后《新湖南报》副总编；1959 年划右倾，文革中自杀。

陆兰秀（1918～1970）江苏吴县高知家庭之女，父为中学校长、东南大学教授；1937 年入武大化学系，1940 年入党；1946 年 6 月被捕；1949 年后，供职煤炭工业部、全国科协，1965 年苏州图书馆副馆长；1969 年 10 月撰文批判文革，要求为刘少奇平反；1970 年 3 月 25 日被捕，7 月 4 日枪毙；文革后追认烈士。

李春潮（1913～1957）出身陕西户县村长之家，1932 年毕业于北大，1936 年先后入东京早稻田大学、帝国大学；1937 年底入党，1939 年秋赴延，新四军营教导员，负责转化日俘；1949 年后，徐州教育局长、中南局宣传部负责人、广西文教委副主任、教育厅副厅长兼党组书记；1955 年“胡风反革命集团”骨干分子，开除党籍、公职；1957 年划“右”，投水库自尽。

李炳泉（1919～1969）出身济南名医之家，1938 年入西南联大地质系，1940 年入党；罗平县委书记、《平民日报》采访部主任；1949 年后，《人民日报》记者、新华社国际部副主任、外事部主任兼全国记协书记处书记；文革中批斗毒打致死。

李又然（1906～1984）出身上海殷商，入上海群治大学法律系，1927 年入巴黎大学哲学系，加入法共；1932 年回国，1938 年赴延，1941 年入党，参加延安文艺座谈会；《谷雨》主编；惨遭“抢救”；抗战后，合江省立联中副校长、哈尔滨大学文艺学院院长、《文艺月报》主编、吉林文协主任；1949 年后，新闻总署国际新闻局翻译，后调中央文学研究所；1957 年划“右”，下放涿鹿师院，继入商务印书馆，1979 年恢复名誉，但无栖身之所、无谋食之处，路毙北京公园。

蓝珏（1919～1966）：四川泸州人，毕业于成都中学高中部；1938 年赴延，入中组部训练班，同年入党；晋绥区党委宣传科长、《救亡报》主编、《边区群众报》编委；1949 年后，《新宝鸡日报》总编、新华社新疆分社社长、通俗读物出版社副总编；因倡言引进市场经济，1957 年划“极右”，月薪从 200 多元降至 32 元，备遭凌辱，文革初期自缢。

罗广斌（1924～1967）重庆市忠县地主（父亲秀才），国军十六兵团司令罗广文胞弟，入学西南联大附中，1948 年 3 月经江竹筠介绍入党，9 月被捕，关押中美合作所，越狱脱险。1949 年后，重庆团市委统战部长、重庆青联副主席，长篇小说《红岩》作者之一；文革初期率先造反；1967 年 2 月 5 日遭批斗，“山城头号政治扒手”，10 日跳楼自杀。

马寒冰（1916～1957）出身缅甸华侨会计家庭，1936 年毕业于上海沪江大学，1937 年 10 月随作家访问团赴延而参加八路军，陕公宣传干事；1938 年 1 月入党、王震秘书，第一兵团宣传部长；1949 年后，总政文化部处长、《解放军战士》主编；1957 年初撰文不同意“双百方针”，批评王蒙小说〈组织部新来的青年人〉，认为北京不可能存在官僚主义，挨毛泽东批评，6 月 28 日服安眠药自杀。

祁式潜（1915～1966）居正女婿，出生扬州官宦世家，1931 年入金陵大学，“一二·九”分子；1937 年入党，和江中心县委书记；1945 年被捕，居正救出；1947 年任职社会部；1949 年后，上海联络局专员兼秘书处长，1956 年重新入党，中社院近代史所研究员；文革打成“小三家村”成员，1966 年 8 月 4 日批斗后服“敌敌畏”自杀。

苏曼（1914～1942）：出生广西苍梧书香之家，1935 年肄业广东勷勤大学，旋入东京大学，1936 年在东京入党；1937 年底入延安中央党校，1940 年冬广西工委副书记，1942 年 7 月 9 日因南工委组织部长郭潜叛变，与妻子（党员）等三人被捕，11 日获释，12 日晚三人集体自缢桂林逸仙中学宿舍；三份〈悔过书〉旁留言“不自由，毋宁死”，自杀是为向党报警——出了叛徒、我们被捕了。

邵荃麟（1906～1971）：出生重庆药商之家，1927 年肄业复旦大学经济系，1926 年 3 月入党，浙江团省委书记，1934 年被捕，1937 年出狱；华东局东南文委书记、香港工委副书记、文委书记；1949 年后，政务院文教副秘书长、中宣部副秘书长、中国作协会主席、党组书记；文革遭残酷迫害，冤死狱中。

田家英（1922～1966）：出身成都药铺小业主家庭，1936 年以第一名考入成都县中（高中），1937 年 5 月加入“民先”，11 月赴延，入陕公；1938 年 2 月入党，

1939 年入马列学院，留校任教；1941 年中央政治研究室、中宣部历史组员；1948 年 8 月毛泽东秘书，中央办公厅副主任，文革初期自杀。

田汉（1898～1968）出生长沙东乡贫农，日本东京高师毕业生，加入少年中国学会、创造社；执教上海大学、大夏大学；1925 年创办南国社及南国艺术学院，著名戏剧家，“左联”执委；1932 年瞿秋白介绍入党，左翼剧联党团书记；1935 年一度被捕，〈义勇军进行曲〉词作者；1949 年后，文化部艺术局长；文革押禁秦城监狱，强逼喝尿，“永远开除出党”；1968 年迫害致死。

唐麟（1911～1968）出身湖南邵阳乡绅，1927 年 8 月入团，1930 年被捕一年；1938 年入党，邵阳县委书记、川东工委书记、中央城工部党务组书记、湘南支队政治部主任；1949 年后，湖南省文化局长、省委宣传部长；1959 年受周小舟案牵连，下放宁乡黄材公社副书记；1962 年调任湖南大学副校长、文革残遭迫害；1968 年 2 月 18 日坠亡，死因不明。

王实味（1906～1947）出身河南潢川举人之家，1927 年肄业北大文院；1926 年入党，1927 年失去组织联系，1928 年任职南京国民党部；1937 年 10 月赴延，陕公队长，重新入党；1938 年调马列学院（后易名中央研究院）编译室；整风被诬托派，开除党籍；1947 年 7 月 1 日被杀，1992 年平反。

王昭（1917～1970）：出身河北平山农家，1932 年入党；平山县委书记，地委书记、四纵政委、64 军政委；1949 年后，公安部政治部主任、公安部副部长、公安学院院长、青海省委第一书记兼省长；1970 年 2 月因迫害，惨死青海狱中。

王宗一（1921～1966）出身山东费县小学教员家庭，毕业于费县师范讲习所；1936 年 10 月入党，11 月费县工委书记；1937 年底入安吴青训班，1938 年入抗大、鲁艺；鲁艺宣传科长、华北联大干部科副主任、新华社编辑；1949 年后，中宣部资料室副主任、宣传处长；文革被揪出，剃光头，低头弯腰罚劳动，唱“我是牛鬼蛇神”自辱，1966 年 9 月 9 日自杀。

闻捷（1923～1971）出身江苏丹徒铁路职工家庭，当过媒厂学徒；1938 年入党，1940 年抵延，入陕公；新华社西北总分社采访部主任；1949 年后，新华社新疆分社社长、《文艺报》记者、《人民日报》特约记者，1957 年后兰州作协副主席、上海作协理事，专业诗人；文革遭迫害，1971 年 1 月 13 日开煤气自杀。

萧也牧（1918～1970）：浙江吴兴人，毕业杭州电校，1936 年入沪为工；“七七”后入山西民族革大，1938 年入晋察冀边区，任演员、记者，1945 年入党；1949 年后，张家口铁路工人纠察队副政委；1951 年因小说〈我们夫妇之间〉遭批判，1958 年划“右”，文革中被活活打死，大小便失禁，屎尿满床，埋尸乱坟岗。

熊大缜（1913～1939）出身上海官宦之家，1935 年毕业于清华物理系，“七七”放弃留德人冀中赤区；1938 年底任冀中军区供给部长，1939 年被诬特务，由锄奸部秘密处死。

许明（1919～1966）孔原妻，辽宁锦州人，就读天津美育中学、北平女二中，1936 年入党；1937 年 10 月入延安中央党校理论班；中央社会部科长、沈阳市府人事处长、延边地委调研室主任、民运部副部长、抚顺市委秘书长；1949 年后，海关总署人事处长、总理办公室副主任，国务院副秘书长，1966 年底服安眠药自杀。

叶以群（1911～1966）出身安徽歙县书香门第，1929 高中毕业，因发表激进文章被捕，同年入东京政法大学经济系；1931 年回国，“左联”组织部长，1932 年入党；重庆文化联络社总编；1949 年后，上影副厂长、上海作协副主席、上海文学研究所副所长、《上海文学》、《收获》杂志副主编；文革“三反分子”，1966 年 8 月 2 日跳楼自杀。

扬帆（1912～1999）出身常熟书香门第，1932 年入北大中文系，先后加入“民先”、北京“左联”；1937 年入党，项英秘书、新四军军法处副处长；盐阜区社会部长、区保安处长，新四军三师保卫部长、华中局敌工部长、联络部长，华东局社会部副部长；1950 年上海公安局长，1954 年因“潘杨案”入狱 25 年，精神分裂；1980 年平反，上海市政协常委。

杨刚（1905～1957）出身湖北省代省长之女，1932 年毕业于燕京英文系；1928 年入党，1932 年退党，1938 年重新入党，香港《大公报》副刊主编；1943 年留美；1949 年后，天津《大公报》副总编、上海《大公报》军代表、周恩来秘书、中宣部国际处长、《人民日报》副总编；1957 年 10 月 7 日跳楼自杀；数日前参加批斗“丁陈”大会，深受刺激，理想崩溃。

杨朔（1913～1968）出身山东蓬莱书香之家（父为秀才），1937 年底赴延，参加延安文艺座谈会，1945 年入党，以随军记者参加平津战役；1949 年后，全国总工会文艺部长，1954 年入中国作协，文革重点批斗对象，1968 年 7 月底，要求上书毛泽东或与单位领导谈话，均遭拒绝，8 月 3 日服安眠药自杀。

杨赓（1915～1957）长沙县福临西冲人，先后就学湖南省立一中、北大法律系；1938 年 1 月入党，湖南省委青委委员、《新华日报》编辑、新华社东北社长；1949 年后，《新观察》主编、新华社东北总分社社长兼东北新闻局长，1953 年 7 月通俗读物出版社副社长；1957 年划“右”，含愤自杀。

姚溱（1921～1966）出身江苏南通教员家庭，入学南通中学，1938 年入党，1940 年入上海大同大学；1942 年赴淮南赤区，新华社华中总分社主编《消息》；1948

年 10 月被捕，备受酷刑，营救出狱；1949 年后，上海新闻出版处长、上海市委宣传部副部长、中宣部国际处长、副部长，人大副秘书长，中央钓鱼台写作班子成员；1966 年 7 月 23 日因康生一句话自杀。

俞时模（1917～1969）出身安徽枞阳贫农孤儿，入学县城私立小学；1938 年 3 月入安吴青训班，1939 年入党，入泽东青年干校；毛纺厂长、煤矿矿长、饶河县委书记、合江省团工委书记；1949 年后，东北团委组织部副部长、清华大学副书记；1958 年 2 月划“右”，降任徽州师范副校长，1965 年再降茅山茶场副场长；文革中迫害致死。

赵树理（1906～1970）出身山西沁水贫苦农家，入学长治省立四师；1937 年入党，撰有〈小二黑结婚〉、〈李有才板话〉等小说名篇；1949 年后任中国文联常委、中国作协理事、中国曲协主席；文革中批斗致死。

邹鲁风（1910～1959）出身辽宁辽阳贫苦农家，“九・一八”后参加北满游击队，1933 年入北平东北大学；1936 年入党，从事东北军兵运；鲁西游击队政治主任、平阴县长、辽阳市长、辽南省政府副主席；1949 年后，东北政府教育部副部长、人民大学副书记兼副校长、北大副校长；因不赞成人民公社某些做法，北京市委准备批判他，自沉北大校园湖中；1979 年随彭德怀案平反。

张昕（1914～1968）：出身山东利津县城贫家，山东平原第五乡师毕业生；1939 年入党，参加新四军；山东省委组织部秘书、汝南中心区委书记、新蔡县委书记、新四军五师政治部民运科长；1949 年后，西南军区政治部副主任、西南军区后勤部财务部副政委、总后武汉后勤学校政委、长春兽医大学政委；1968 年 5 月 15 日迫害致死。

张学思（1916～1970）张学良四弟，1933 年入党，1937 年毕业南京中央军校；1938 年赴延，入马列学院；抗大东北干部队长、冀中军区副参谋处长、晋察冀军分区副司令员、辽宁省政府主席兼辽宁军区司令员、东北行政委员会副主席；1949 年后，海军学校副校长兼政委、海军参谋长、1955 年少将；文革收监，含冤以殁。

周小舟（1912～1966）出身湖南湘潭地主，入读北师大国文系；1927 年 5 月入团，1935 年入党，北平市委宣传部长，“一二・九”骨干；1936 年赴延，旋任毛泽东秘书；1938 年冀中区宣传部长、易县县委书记、察哈尔地委书记、北平市委宣传部长、华北局宣传部副部长；1949 年后，湖南省委宣传部长、省委第一书记兼副省长、省军区政委、八届候委；1959 年庐山会议后降任公社副书记，1962 年调任中科院中南分院副院长；文革多次挨斗，1966 年 12 月 26 日自尽广州。

血历史64　PC0454

新銳文創
INDEPENDENT & UNIQUE

乌托邦的幻灭

——延安一代士林

作　　者	裴毅然
主　　编	蔡登山
责任编辑	林世玲
图文排版	连婕妘
封面设计	秦祯翊

出版策劃	新銳文創
發 行 人	宋政坤
法律顧問	毛國樑　律師
製作發行	秀威資訊科技股份有限公司 114 台北市內湖區瑞光路76巷65號1樓 電話：+886-2-2796-3638　傳真：+886-2-2796-1377 服務信箱：service@showwe.com.tw http://www.showwe.com.tw
郵政劃撥	19563868　戶名：秀威資訊科技股份有限公司
展售門市	國家書店【松江門市】 104 台北市中山區松江路209號1樓 電話：+886-2-2518-0207　傳真：+886-2-2518-0778
網路訂購	秀威網路書店：http://www.bodbooks.com.tw 國家網路書店：http://www.govbooks.com.tw

出版日期	2015年3月　BOD一版
定　　价	920元

Printed in Taiwan

國家圖書館出版品預行編目

乌托邦的幻灭：延安一代士林 / 裴毅然著. -- 一版. -- 台北市：新锐文创, 2015. 03
面； 公分. -- (血历史 ; PC0454)
BOD版
简体字版
ISBN 978-986-5716-52-3 (平装)

1. 中国共产党 2. 知识分子

576.25 104002096

讀者回函卡

感謝您購買本書，為提升服務品質，請填妥以下資料，將讀者回函卡直接寄回或傳真本公司，收到您的寶貴意見後，我們會收藏記錄及檢討，謝謝！

如您需要了解本公司最新出版書目、購書優惠或企劃活動，歡迎您上網查詢或下載相關資料：http:// www.showwe.com.tw

您購買的書名：________________________________

出生日期：________年________月________日

學歷：□高中（含）以下　□大專　□研究所（含）以上

職業：□製造業　□金融業　□資訊業　□軍警　□傳播業　□自由業

□服務業　□公務員　□教職　□學生　□家管　□其它______

購書地點：□網路書店　□實體書店　□書展　□郵購　□贈閱　□其他

您從何得知本書的消息？

□網路書店　□實體書店　□網路搜尋　□電子報　□書訊　□雜誌

□傳播媒體　□親友推薦　□網站推薦　□部落格　□其他__________

您對本書的評價：（請填代號　1.非常滿意　2.滿意　3.尚可　4.再改進）

封面設計____　版面編排____　內容____　文／譯筆____　價格____

讀完書後您覺得：

□很有收穫　□有收穫　□收穫不多　□沒收穫

對我們的建議：________________________________

____

____

____

請貼
郵票

11466
台北市內湖區瑞光路 76 巷 65 號 1 樓
秀威資訊科技股份有限公司 收
BOD 數位出版事業部

（請沿線對折寄回，謝謝！）

姓　　名：＿＿＿＿＿＿＿＿＿＿　年齡：＿＿＿＿　性別：□女　□男

郵遞區號：□□□□□

地　　址：＿＿＿＿＿＿＿＿＿＿＿＿＿＿＿＿＿＿＿＿

聯絡電話：(日)＿＿＿＿＿＿＿＿＿＿ (夜)＿＿＿＿＿＿＿＿＿＿

E-mail：＿＿＿＿＿＿＿＿＿＿＿＿＿＿＿＿＿＿＿＿